관 자
경제학

신동준 지음
21세기 정경연구소 소장

서양경제학을 넘어선 정치경제학

관자
경제학

인간사랑

차례

저자 서문

　관중管仲은 춘추시대 중엽 제환공을 도와 사상 최초로 패업霸業을 이룬 인물이다. 그는 중국의 전 역사를 통틀어 최고의 사상가이자 뛰어난 현실 정치가에 해당한다. 실제로 그의 저서 『관자』는 정치와 경제, 외교, 군사 등 21세기에도 극히 중시되는 모든 부문을 깊숙이 논하고 있다. 춘추전국시대의 제자백가를 논할 때 반드시 그를 짚고 넘어가는 이유다. 공자가 『논어』에서 제자들과 함께 관중을 논하며 최고의 인자仁者로 규정한 것도 이런 맥락에서 이해할 수 있다.

　주목할 것은 방대한 분량의 『관자』가 정치경제에 관한 논의를 전체의 절반가량 할애하고 있는 점이다. 여기에는 마르크스의 사회주의 경제학을 포함해 애덤 스미스와 케인즈 및 밀턴 프리드먼의 자유주의 경제학 이론이 모두 포함돼 있다. 그의 사상을 유가, 도가, 법가 등과 더불어 제자백가의 일원인 상가商家로 꼽는 이유다. 『관자』를 사상 최초의 정치경제학 텍스트로 간주하는 것도 바로 이 때문이다.

　그럼에도 아직까지 많은 사람들이 이런 사실을 잘 모르고 있다. 인구에 회자하는 관포지교管鮑之交 성어의 주인공 정도로만 알고 있는 게 그렇다. 『관자』가 『논어』나 『맹자』만큼 널리 읽히지 않는 게 결정적인 배경이다. 실제로 해방 이후 21세기 현재에 이르기까지 최근 필자가 번역한 주석서 『관자』(인간사랑, 2014)를 포함해 『관자』 완역본이 단 두 권밖에 없다. 관자의 정치사상으로 박사학위를 받은 바 있는 필자가 17년 만에 『관자』 주석서를 펴낸 것은 여타 제자백가서 주석 작업을 끝낸 뒤 『관자』에 뛰어들었기 때문이다. 『관자』가 다루고 있는 사상의 폭과 깊이가 그만큼 넓고 심오하기에 짐짓 맨 뒤로 늦춘 것이다.

원래 관자의 모국인 중국은 21세기 이전까지만 해도 『관자』에 대한 연구수준이 일본을 따라가지 못했다. 일본의 『관자』 연구가 그만큼 깊었다. 객관적으로 볼 때 일본이 메이지유신에 성공한 것은 난세의 바이블로 통하는 『관자』를 깊이 탐사한 덕분이다. 대표적인 인물로 지금의 교토 일대에서 활약한 유학자 이카이 요시히로猪飼彦博와 야스이 히라나라安井衡를 꼽을 수 있다. 이들은 21세기 현재까지도 『관자』의 주석에 빠짐없이 등장한다. 그만큼 매 구절마다 뛰어난 주석을 남겼다. 이는 일본이 일찍부터 상업을 중시하며 부국강병을 역설한 관자경제학에 공명한 결과다.

주목할 것은 21세기에 들어와 중국과 일본의 상황이 뒤바뀐 점이다. 특히 시진핑 체제가 들어선 이래 더욱 그렇다. 지난 2013년 시진핑 체제가 등장한 이래 자금성 수뇌부와 기업CEO 내에서는 '관학'에 대한 열기가 '공학'을 넘어서고 있다. '관학'의 열기가 그만큼 뜨겁다. 앞으로 이런 흐름은 더욱 강화될 전망이다. 인민들 내에서 '공학'이 압도하고 있는 것과 대비된다. '공학'에 대한 열기도 쉽게 바뀌지 않을 것이다. 세계 각지에 우후죽순 격으로 세우고 있는 '공자학원'이 그 증거다. 지도층과 일반 인민 사이에 '관학'과 '공학'의 양분화 현상이 빚어지고 있는 셈이다. 이런 현상은 역대 황제가 겉으로는 유가사상의 시조인 공자를 전면에 내세우면서도 속으로는 법가사상을 집대성한 한비자의 통치술을 구사한 이른바 외유내법外儒內法과 닮았다.

필자는 지난 1998년 모교에서 국내 최초로 관자사상을 주제로 학위논문을 쓴 바 있다. 제갈량이 그랬던 것처럼 내심 '관학'의 단초를 열었다는 자부심을 지니고 있는 이유다. 그러나 그와 동시에 관자사상의 대종을 이루고 있는 관자경제학을 널리 알려야 한다는 책임감으로 인해 오랫동안 커다란 심리적 압박을 받아온 것 또한 사실이다. 필자가 제자백가서 주석 작업의 대미에 해당하는 『관자』 주석을 끝내자마자 본서의 탈고를 서두른 이유다. G2 중국의 지도층 내에 일고 있는 거센 '관학' 열풍을 속히 알릴 필요가 있다고 판단한 결과다.

주지하다시피 동아시아의 역사문화는 춘추전국시대의 제자백가 사상에서 비롯된 것이다. 제자백가의 효시가 바로 사상 최초의 정치경제학자인 관중이다. G2시대의 한복판에 한반도가 있다. 최고통치권자를 비롯한 위정자와 기업CEO는 물론 각 분야의 지도층 모두 '관학'을 깊이 연구할 필요가 있다. 특히 G2 지도층의 뜨거운 '관학' 열풍을 감안할 때 지피지기知彼知己 차원에서라도 더욱 그렇다.

본서는 『관자』에 나오는 정치경제학 이론과 사례를 총망라한 것이다. 원래 사마천이 생존할 당시만 해도 지금과 같이 『관자』라는 단일한 책으로 존재한 게 아니다. 사마천은 관자의 저술로 알려진 별개의 책인 『승마』와 『경중』, 『구부』 등을 따로 읽었다. 그러던 것이 전한 말기 유향이 『관자』를 새롭게 편제하면서 따로 「승마」와 「구부」편을 두어야 하는데도 이를 멋대로 「경중」편에 우겨넣었다. 예컨대 '승마'는 경經에 가깝다는 차원에서 「경언」에 싣고, '거승마'와 '승마수'는 이에 대한 해설에 가깝다고 생각해 「경중」에 끼워 넣은 게 그렇다. 결과적으로 토지를 중심으로 군사와 재정 문제를 집중 논의한 「승마」가 본의 아니게 둘로 쪼개진 셈이다.

「구부九府」의 경우도 마찬가지다. 원래 별개의 책으로 존재하던 것을 유향이 「경중」에 임의로 끼워 넣어 버렸다. 경제정책 전반을 다루고 있는 「구부」를 재정정책을 집중 탐사한 「경중」에 무리하게 끼워 넣은 것은 적잖은 문제가 있다. 큰 틀에서 보면 모두 경제정책에 해당하나 초점은 각각 다르다. 본서가 사마천이 『관자』를 처음 접했을 때처럼 「승마」와 「구부」를 「경중」과 떼어서 다룬 이유다.

「승마」편의 내용을 논책論策, 「구부」편 내용을 의모議謀, 「경중」편 내용을 약계略計로 파악한 것도 같은 맥락이다. 각 편의 논술 상의 특징에 주목한 결과다. 이런 관점에 입각해 현존 『관자』를 내용별로 세분하면 「승마」는 3론論 26책策, 「구부」는 9의議 66모謀, 「경중」은 5략略 59계計로 구성돼 있다. 여기서 한 발 더 나아가 본서는 이들 계책을 동서고금의 여러 경제 이론 및 역사적 사례와 비교해 놓았다. 해당 계책이 21세기 G2시대에 지니고 있는 의미를 찾고자 한 것이다. 크게 보면 사마천이 『사기』「화식열전」과 「평준서」를 통해 상가사상을 집대성한 이후 2,200년 만에 처음으로 관중경제학을 새롭게 정비한 셈이다.

고금의 역사가 보여주듯이 지도층이 각성하지 않으면 그 폐해는 고스란히 서민이 떠안게 된다. 천하대세에 눈을 감은 채 사서삼경에 코를 박고 당쟁을 일삼다가 나라를 패망케 한 구한말의 사대부들이 그렇다. 한국에서 '관학'의 단초를 연 필자가 느끼는 위기의식은 제나라의 패망을 걱정하며 '경세제민'과 '부국강병'을 역설한 관중 못지않다. 본서를 서둘러 집필한 것도 이 때문이다. 사회 각 부문의 지도층이 각자 안팎으로 맞닥뜨리고 있는 21세기 G2시대의 난세를 슬기롭게 헤쳐 나가길 고대한 것이다.

두 번 다시 '소중화小中華' 운운하며 우물 안 개구리처럼 행동한 구한말 사대부의 전철을 밟아서는 안 된다. 그런 일이 재연됐다가는 남북이 공멸하고 만다. 최악의 시나리오에 해당한다. 위정자와 기업CEO의 심기일전의 각오와 배전의 분발이 절실히 필요한 이유다. 본서가 한반도통일을 조기에 실현해 명실상부한 '동북아 허브시대'의 개막에 앞장서고자 하는 모든 사람에게 나름 도움이 됐으면 하는 바람이다.

2015년 여름 학오재學吾齋에서 저자 쓰다.

피케티와 칼레츠키의
관자경제학

피케티의 '부등식' 이론과 관자의 균부론均富論

　지난 2015년 초 전 세계 경제학자 2만여 명이 보스턴에 운집했다. '전
미경제학회' 연례 총회 때문이다. 개막 첫날부터 진풍경이 벌어졌다. 내
로라하는 학자들 사이에 격렬한 논쟁이 벌어진 게 그렇다. 그중에서도
『21세기 자본』을 통해 자본주의 체제의 불평등 문제를 날카롭게 해부
한 토마 피케티 파리경제대 교수와 보수적인 관점에서 이를 조목조목
공박한 그레고리 맨큐 하버드대 교수의 설전이 압권이었다.

　객관적으로 볼 때 경제학 역사에서 가장 유명한 논쟁은 19세기 초반
영국 곡물법 폐지를 둘러싼 리카도와 맬서스의 논쟁이다. 리카도는 자
유무역, 맬서스는 보호무역의 관점에 서 있었다. 이 논쟁은 '중상주의'
라는 시대적 흐름을 탄 리카도의 승리로 끝났다. 20세기 초 대공황을

계기로 다시 한 번 국가의 시장개입 수위를 둘러싼 대규모 논쟁이 빚어졌다. 케인스는 국가의 적극적인 시장 개입을 주장했고, 하이에크는 가능한 한 시장에 맡길 것을 요구했다. 처음에는 케인스주의가 이긴 것처럼 보였지만 20세기 후반기로 넘어오면서 일명 '레이거노믹스'가 상징하듯이 하이에크의 신자유주의가 최후의 승리를 거머쥐었다.

피케티의 『21세기자본』을 둘러싼 최근의 논쟁은 사상 세 번째 대규모 논쟁에 해당한다. 빌미는 지난 2008년의 글로벌 금융위기가 제공했다. 지난 2014년 피케티의 『21세기자본』이 영역되면서 폴 크루그먼과 조지프 스티글리츠가 이를 적극 지지한데 반해 하버드대에서 명성을 떨치고 있는 그레고리 맨큐는 강력 비판하고 나섰다. 이런 흐름이 그대로 이어져 연례 총회 첫날부터 두 사람 사이에 날선 공방전이 오가게 된 것이다.

이날 토론에서 피케티는 주요 선진국의 300년간에 걸친 조세 자료를 분석한 결과를 토대로 부의 소수 집중 문제를 집중 거론했다. 자본주의를 유지코자 하면 이대로 방치해서는 안 된다는 게 요지이다. 맨큐는 이를 한마디로 일축했다. 부의 불균형은 경제적 기여의 당연한 대가라는 게 그의 주장이다. 냉소에 가까운 응답에 해당한다.

원래 19세기 초에 피케티보다 훨씬 유명한 경제학자가 프랑스에 있었다. 장 바티스트 세이Jean B. Say가 당사자이다. 공급이 이뤄지면 수요는 자연스럽게 생겨나므로 공급 과잉은 걱정할 일이 없다는 게 골자이다. 이른바 '세이의 법칙'이다. 이 법칙은 리카도와 맬서스간의 논쟁은 물론 케인스와 하이에크간의 논쟁에서도 핵심 논제로 등장했다. 맬서스와 케인스는 기본적으로 '세이의 법칙'을 거부했다. 시장을 그대로 방치할 경우 공급 과잉으로 인해 이내 위기에 빠진다는 게 논지였다. 마르크스는 이런 주장을 끝까지 밀고 나간 경우에 해당한다.

큰 틀에서 볼 때 피케티와 마르크스는 자본주의 병리현상에 대한 진단 내용이 서로 닮았다. 그러나 처방전은 서로 다르다. 마르크스의 『자본론』을 패러디한 저서를 펴낸 피케티는 혁명을 주장하지 않는다. 부유세 부과 등의 정치 개입으로 능히 부의 집중을 막을 수 있다고 보았기 때문이다. 그는 부유세가 한 나라에서만 부과될 경우 부자들이 다른 나라로 빠져나갈 것을 우려했다. 글로벌 차원의 부유세 도입을 역설한 이유다. 부자들의 '탈주 가능성'을 원천 봉쇄코자 한 것이다. 맨큐는 강력 반발했다. 한 개인의 부는 세대를 거치면서 분산되고 줄어들어 자연스럽게 평균치에 접근한다는 게 반박의 논지이다. 역사적으로 볼 때 일리가 있는 주장이다.

주목할 것은 이들의 논쟁이 춘추전국시대 당시 제자백가 사이에 전개된 덕치의 왕도王道 및 법치의 패도霸道를 둘러싼 이른바 왕패王霸 논쟁과 사뭇 닮아 있다는 점이다. 불행 중 다행으로 우리는 그 해법을 정치와 경제를 하나로 녹인 관자경제학에서 찾아낼 수 있다. 『관자』의 위대함이 여기에 있다.

역사적으로 볼 때 중국과 한국의 역대 왕조는 에도시대부터 『관자』를 깊숙이 탐사한 일본과는 정반대로 맹자의 가르침을 좇아 사서삼경을 중시하며 중농주의 정책기조를 견지했다. 이와 달리 『관자』는 농업을 중시하기도 했지만 상업을 전면에 내세우며 각종 금융정책 및 재정정책을 통해 국부를 쌓을 것을 주문하고 있다. 이게 공맹을 추종한 중국과 한국의 사대부들의 심기를 거슬렀다. 『관자』의 가르침을 잡술로 치부한 이유다. 사마천을 제외한 역대 사가들의 입장도 크게 다르지 않았다. 제자백가를 분류하면서 그를 잡가雜家로 규정한 게 그렇다. 남송 때 성리학이 등장하면서 이런 경향이 더욱 짙어졌다. 『관자』가 오랫동안 사대부들 내에서 일종의 금서禁書처럼 여겨진 이유다.

그러나 당나라 때까지만 해도 이렇지는 않았다. 삼국시대 당시 포의 지사布衣之士 제갈량이 자신을 관중에 비유하며 지우지은知遇之恩을 베풀어줄 주군을 기다린 게 그렇다. 당나라 때 조정대신을 지낸 윤지장尹知章이 『관자』에 전면적인 주석을 가한 것도 같은 맥락이다. 그러던 것이 성리학이 등장하면서 『관자』는 완전히 사장되다시피 했다. 유자들 내에서 『관자』에 대한 관심이 새삼 고조된 것은 아편전쟁 이후의 일이다. 패망의 위기의식을 느낀 당대의 내로라하는 유학자들 모두 『관자』의 주석 작업에 뛰어들었다. 경세제민經世濟民과 부국강병富國强兵을 두 축으로 한 『관자』의 의미를 뒤늦게 깨달은 것이다. 그러나 이미 때가 늦었다. 청조의 패망이 그렇다.

민국시대에도 『관자』에 대한 관심은 줄어들지 않았다. 이때는 여러 판본의 글자 및 주석서의 내용을 비교 검토하는 교석校釋 작업이 활발히 전개됐다. 허유휼許維遹은 중일전쟁의 와중에 중경의 서남연합대학에서 역대 주석을 망라한 『관자』의 교석 작업에 들어갔다. 문일다聞一多가 교열에 참여했다. '신 중화제국'이 들어선 지 얼마 안 돼 이들이 앞뒤로 유명을 달리하자 1953년 문일다의 부인이 남편의 유고를 초대 사회과학원장이 된 곽말약郭沫若에게 보냈다. 1956년 곽말약이 이를 토대로 송나라와 명나라 판본 17종을 구입한 뒤 역대 주석가의 저서 40여 종을 총망라한 『관자집교管子集校』를 펴냈다. 『관자집교』는 허유휼과 문일다 및 곽말약 등 3인의 합작품이다. 『관자집교』의 편찬은 주석의 차원을 뛰어넘는 교석 작업의 결정판에 해당한다.

그러나 관중이 상가의 효시라는 사실을 알게 된 것은 G2의 일원으로 우뚝 선 21세기 이후의 일이다. G2의 일원이 되는데 결정적인 공헌을 한 '사회주의 시장경제'의 기본 틀이 이미 『관자』에 상세히 기술돼 있다는 것을 뒤늦게 깨달은 것이다. 『관자』에 관한 연구를 관학管學으로 통칭하는데서 알 수 있듯이 이제 '관학'은 중국에서 하나의 독자적인 학문 영역으로 자리 잡고 있다. 개혁개방 이후 공자에 관한 연구인 공학孔學이 자리를 잡은 과정을 좇아가고 있는 셈이다.

예나 지금이나 넓은 영토와 숱한 물산, 수많은 인구를 자랑하는 중국은 국내시장 자체가 하나의 '글로벌 시장'이나 다름없다. 이미 관자가 활약하는 춘추시대부터 그러했다. 이웃한 조선 및 부여 등과 교역한 사실이 이를 뒷받침한다. 『관자』에 조선 및 부여 등의 주변국과 교역할 때 다양한 화폐를 만든 뒤 정밀한 금융정책을 통해 재정을 확충하라고 주문한 게 그 증거다. 21세기 상황도 크게 다를 게 없다. 세계의 그 어떤 나라도 중국시장에서 밀려날 경우 국부國富를 축적할 길이 없다. G1 미국도 예외가 아니다. 『관자』를 깊숙이 탐사해야 하는 이유다.

본서는 『관자』 10편 가운데 경제이론과 재정경제 정책을 집중 거론하고 있는 「승마」와 「구부」 및 「경중」편의 계책을 깊이 탐사한 책이다. 이른바 '관자경제학'이다. 놀라운 것은 관자경제학에 자유주의 시장경제의 상징인 애덤 스미스와 사회주의 정치경제학을 제창한 마르크스는 물론 재정정책을 역설한 케인즈와 통화주의자 밀턴 프리드먼의 이론까지 빠짐없이 등장하고 있는 점이다. 심지어 최근 '피케티 신드롬'의 상징인 'r〉g' 이론을 포함해 칼레츠키의 '자본주의 4.0' 이론까지 등장한다. 많은 사람이 수백 년에 걸쳐 『관자』의 보완작업에 참여하며 '관자경제학'을 정밀하게 다듬은 결과다.

실제로 『관자』 「경중」편 등에 소개된 금융정책과 재정정책은 밀턴 프리드먼의 통화이론이나 케인즈의 재정이론을 방불 한다. 21세기에나 나올 법한 온갖 이론과 정책이 등장한 것을 두고 그리 이상하게 볼 일도 아니라는 얘기다. 큰 틀에서 볼 때 프랑스의 40대 경제학자 토마 피케티의 '부등식 이론'도 관자경제학의 21세기 버전에 해당한다.

한때 칼레츠키의 '자본주의 4.0' 이론에 대한 학습 열풍이 크게 일었으나 2014년에 들어서면서 피케티의 '부등식 이론'이 압도하고 있다. 그의 역저 『21세기자본』 번역본이 낙양의 지가를 올리고 있는 게 그렇다. 이른바 '피케티 신드롬'으로 부를 만하다. 자본이 스스로 증식해 얻는 소득이 노동으로 벌어들이는 소득을 웃돌기에 소득 격차가 더 벌어진다는 게 그의 진단이다.

그는 『21세기자본』에서 대담한 해법을 제시하고 있다. 극소수의 최고 소득에는 현 수준부터 훨씬 더 높은 세율로 과세하는 방안과 누진적인 글로벌 자본세를 부과하는 방안을 제시한 게 그렇다. 그간 상대적 박탈감에 시달려 온 전 세계의 서민들이 그의 이런 주장에 열광하는 것도 이런 파격적인 제안과 무관치 않을 것이다. 고금동서를 막론하고 가진 자는 늘 소수이고, 못 가진 자는 늘 다수이기 마련이다. 소수의 가진 자들이 커다란 우려를 표하는 것도 무리가 아니다.

피케티의 '부등식 이론'과 파격적인 제안은 자본주의를 지켜내고자 하는 충정에서 나온 것이다. 새로운 탐구의 시발점이 되는 난문難問인 이른바 아포리아aporia를 제시한 셈이다. 그런 점에서 무턱대고 우려만 할 게 아니라 그의 제안을 세밀히 따져볼 필요가 있다. 타당한 내용은 적극 수용해 자본주의의 고장 난 부분을 수선하고, 그것도 불가능하다면 새로운 경제시스템을 만들어내면 된다.

피케티는 자신의 저서에서 방대한 양의 데이터를 기반으로 한 치밀한 실증연구를 시도했다. 미국의 주류 경제학이 지향하는 수학적이고 이론적인 고찰을 대던진 것이다. 그가 활용한 자료는 크게 2가지다. 첫째, 소득의 분배와 그 불평등을 다룬 자료다. 둘째, 부의 분배 및 부와 소득의 관계를 다루는 자료다.

그의 분석에 따르면 자본수익률 'r'은 경제성장률 'g'보다 늘 높게 나타난다. 그의 이론은 부등식 'r〉g'가 자본주의의 본질적인 한계임을 증명하는데 맞춰져 있다. 자본이 스스로 증식해 얻는 소득 증가율이 노동으로 벌어들이는 소득 증가율보다 항상 높기 때문에 소득격차가 점점 벌어질 수밖에 없다는 게 그가 내린 결론이다. 그가 제시한 부등식 'r〉g'가 사실이라면 자본주의 세상이 '세습자본주의'로 나아가고 있음을 알리는 섬뜩한 경고에 해당한다. 자본이 쌓여갈수록 양극화는 심해지고 그런 세상에선 재능이나 노력보다 태생이 개인의 삶을 결정지을 수밖에 없기 때문이다. 그는 이 부등식이 1980년 이후 신자유주의가 만연하면서 다시 뚜렷해지고 있다고 경고했다.

현재 그에 대한 평가는 극과 극을 달린다. 노벨경제학상을 수상한 폴 크루그먼은 '향후 10년간 가장 중요한 경제서가 될 것이다.'라며 그를 극찬했다. 반면 재무장관을 지낸 로런스 서머스 하버드대 교수는 '자본 소득을 저하시키거나 한계를 짓는 요인에 대해선 검토하지 않았다.'며 그를 혹평했다. 영국 경제지 《파이낸셜타임스》는 한술 더 떠 통계오류 등에 기초한 잘못된 결론이라며 미리 쐐기를 박고 나섰다.

그의 주장이 옳은지 여부를 예단키가 쉽지 않다. 그가 제시한 부등식 'r〉g'가 15년간 20여 국의 300년에 걸친 데이터를 분석해 얻은 결과물이기 때문이다. 앞으로 숱한 논쟁을 거치며 검증 과정을 거치게 될 것이다. 그가 제시한 이론의 타당성 여부를 떠나 분명 하나의 현상을 확인할 수 있다. 불평등에 관한 이슈가 한국을 비롯한 전 세계 모든 나라의 새로운 화두로 등장한 게 그것이다.

멀리 가서 찾을 필요도 없다. 지난 2012년 대선 기간 내내 '불평등 이슈'가 당락을 가르는 핵심 이슈로 떠오른 게 그 증거다. 당시 여야 후보들 모두 온갖 복지공약을 쏟아내며 치열한 레이스를 펼쳤다. 양측 모두 불평등과 양극화 해소를 이슈로 내세웠다. 헌법규정에도 없는 이른바 '경제민주화' 이슈가 그것이다. 피케티 이론을 빌리면 작금의 'r〉g' 현상을 누가 보다 효과적이면서도 근원적으로 해소할 수 있는가 하는 문제를 놓고 다툰 격이다.

이슈를 선점한 여당 후보는 승리했다. 그러나 이후 성장이 있어야 분배도 좋아질 것이라며 '제2의 한강의 기적'이 전면에 내걸렸다. 경제 전반에 걸친 활력이 크게 떨어져 있기에 이를 탓할 수만도 없는 일이다.

통계상으로 볼 때 현재 한국은 심각한 상황에 처해 있다. OECD 국가 가운데 미국 다음으로 불평등지수가 높고, 대학 등록금이 비싼 게 그렇다. 지난 2014년 6월 국내 한 일간지가 주요 5개국 상위 10%의 소득 비중을 분석한 결과 2012년 기준 우리나라 상위 10%의 소득 비중이 45%에 달했다. 이는 48%로 세계 최고수준에 달해 있는 미국보다 불과 3%포인트 낮은 수치이다.

더욱 심각한 것은 우리나라 상위층의 소득 비중이 DJ정부 이후 15년 동안 미국과 마찬가지로 상승 일변도로 나타나고 있는 점이다. 일본과 영국은 지난 2008년의 금융위기 이후 그 비중이 현저히 떨어지고 있다. OECD 국가 가운데 상위 10%의 소득 점유율이 2000년 이후 지속적으로 상승한 국가는 미국과 한국밖에 없다. 극히 우려스런 상황이 아닐 수 없다. 객관적으로 볼 때 피케티의 부등식이 그대로 맞아떨어지고 있는 셈이다. 모두 IMF환란 이후에 나타난 극히 부정적인 현상이라는 점에서 월스트리트 투기금융 세력에 대한 경각심을 높여야 할 때이다.

지난 2014년 4월에 빚어진 세월호 참사 이후 '관피아 척결'이 시대적 과제로 등장한 것도 이런 맥락에서 이해할 수 있다. 부정부패와 비리를 발본색원하지 않는 한 소득불평등 지수는 더욱 높아질 수밖에 없다. 이는 패망의 길이다. 부정부패와 양극화가 만연한 상황에서는 1인당 국민소득이 4만 달러를 넘을지라도 그 혜택은 극소수의 부상대고富商大賈와 부정 부패에 몸을 담근 관원에게 돌아가게 된다. 서민의 불만은 더 커질 수밖에 없다.

여기서 관자경제학이 제시한 해법을 상기할 필요가 있다. 관자경제학은 국가가 시장에 적극 개입해 부상대고의 폭리를 원천봉쇄할 것을 역설하고 있다. 이는 피케티의 주장과 닮았다. 다만 방법론에서 차이가 있다. 극소수의 부자에게 80%의 소득세율을 적용하자는 피케티의 해법은 너무 단도직입적이다. 보다 정교한 접근이 필요하다.

관자경제학은 다양한 유형의 금융정책과 재정정책을 통해 간접적인 방법으로 부상대고의 재화를 슬그머니 거둘 것을 주문하고 있다. 피케티의 노골적인 접근과는 정반대로 명예를 추구하는 부상대고의 호명지심好名之心을 적극 부추겨 자발적으로 재화를 내놓도록 하는 방안도 곁들이라고 충고했다. 부상대고도 국민의 일원인 한 이같이 접근하는 게 정답이다. 국민을 가진 자와 못 가진 자로 나눠 가진 자에게 '폭탄세금'을 퍼부어 재정을 확충하는 것은 자멸의 길이다. 관중이 『관자』「단어」편 '치미'에서 부상대고의 사치를 더욱 부추겨 가난한 자들의 일자리를 만들라고 주문한 사실을 상기할 필요가 있다. 피케티가 제시한 부등식 'r>g'는 대략 역사적 사실에 부합할 것으로 보이나 제시한 해법만은 찬

동키 어렵다.

실제로 우리는 피케티가 제시한 해법을 그대로 적용했다가 참담한 실패를 맛본 적이 있다. 노무현 정부 때의 '포퓰리즘 정책'이 그렇다. 그의 치세 때 서울의 강남 출신 등은 그야말로 '민중의 적'으로 낙인찍혔다. 당시의 광기는 중국의 문화대혁명 때를 방불 했다. 그 결과는 참담했다. 세계적인 호황 속에서 한국만 저성장을 거듭한 게 그렇다. 더 큰 폐해는 국민들을 둘로 쪼개놓은데 있다. 최악의 통치술에 해당한다.『윤문자』「대도 상」에 나오는 다음 구절이 이를 뒷받침한다.

"상인은 도를 이용해 각종 난관을 극복한다. 또 법률을 정해 각종 격차를 처리한다. 현자와 우자가 서로를 버리지 않게 하고, 유능한 자와 무능한 자가 서로를 버리지 않게 한다. 유능한 자와 무능한 자가 서로 버리지 않으면 함께 성공할 수 있고, 현자와 우자가 서로 버리지 않으면 국가대사를 토론할 수 있다. 이것이 나라를 다스리는 가장 좋은 방법이다. 나라에서 제정한 법이 민간에서 잘 시행되면 가난하고 비천한 자들이 부유하고 존귀한 자를 증오하지 않고, 부유하고 존귀한 자들도 가난하고 비천한 자를 업신여기지 못할 것이다. 나아가 우둔하고 나약한 자들이 총명하고 용감한 자를 넘어서는 짓을 감히 바라지 않을 것이고, 총명하고 용감한 자도 우둔하고 나약한 자를 멸시하지 못할 것이다."

관자경제학을 관통하는 기본이념 '균부'의 요체가 여기에 있다. 가난하고 비천한 자들이 부유하고 존귀한 자를 증오하지 않고, 부유하고 존귀한 자들도 가난하고 비천한 자를 업신여기지 못하게 하는 게 그것이다. 국가가 시장에 적극 개입해야 하는 이유다. 유능하고 현명한 자들이 무능하고 어리석은 자들을 농락하지 못하도록 만들어야 하기 때문이다. '나라에서 제정한 법이 민간에서 잘 시행되면' 운운한 것은 바로 이 때문이다. 지위고하를 막론한 공평한 법치를 주문한 것이다. 고금동서를 막론하고 이를 시행치 않고 오래도록 유지된 왕조와 국가가 없다. 안방과 문밖의 구별이 사라지고, 모든 것이 급속도로 변하는 21세기 G2시대는 더욱 그렇다.

거시사의 관점에서 볼 때 관자경제학은 20세기 경제사상사의 최대 쟁점이었던 시장경제와 계획경제의 선택 문제를 일거에 해소할 수 있는 해법을 제시하고 있다. 그게 바로 오늘날 중국이 시행하고 있는 '사회주의 시장경제'이다. 아리기가 지난 2007년에 펴낸 『베이징의 애덤 스미스』에서 중국의 '사회주의 시장경제'가 미국의 '자유주의 시장경제'보다 애덤 스미스의 『국부론』 취지에 훨씬 부합한다고 주장한 게 그 증거다. 이는 시장경제와 계획경제의 논쟁을 초월한 '새로운 시장'의 원칙을 제시한 것이나 다름없다.

실제로 관자경제학은 시장의 자율을 존중하면서도 국가의 적극적인 개입을 주문하고 있다. 애덤 스미스의 말을 빌리면 '보이지 않는 손'과 '보이는 손'의 역할분담과 상호협력이 그것이다. 이게 관자경제학을 관통하는 '균부'의 기본이념을 실현하는 길이다. 『관자』가 시종 시장을 자유방임 상태로 내버려두는 것은 부상대고의 폭리를 제도적으로 보장하는 것이고, '빈익빈 부익부' 현상을 더욱 가속화할 뿐이라고 지적한 것은 이 때문이다. 정치와 경제가 결합한 진정한 의미의 정치경제학이 유일한 해법이다. 그게 바로 관자경제학을 관통하는 '균부'의 기본이념이다.

칼레츠키의 '자본주의 4.0' 이론과 관자의 관독론官督論

　서양에서 관자경제학을 가장 잘 이해한 인물로 《타임즈》의 칼럼니스트 아나톨 칼레츠키를 들 수 있다. 정부의 간섭만 없으면 시장이 모든 문제를 해결할 수 있다는 신고전학파 경제학의 주장은 정치선전의 형태로 타락했고, 오히려 시장근본주의 이데올로기를 부추겨 위기만 확대재생산했다는 게 그의 진단이다. 자신의 저서 『자본주의 4.0』에서 경제를 이해하는 방식의 근본적인 변화가 필요하고, 정치와 경제, 정부와 시장의 관계를 새롭게 정의해 자본주의 시스템의 구조적 전환을 이뤄야 한다고 역설한 이유다.

　이는 관자경제학의 정곡을 찌른 것이기도 하다. 실제로 칼레츠키 역시 자본주의에 대한 이런 대수술의 궁극적인 목적은 '균부'의 실현에 있다고 했다. 관자 및 피케티와 취지를 같이하는 대목이다. 그러나 그가 제시한 해법은 피케티와 다르다. 공교롭게도 관중의 처방과 여러 모로 닮았다. 그는 자신의 저서에서 2008년의 금융위기 이후의 세계적인 경제 불황은 불가피한 것이 아니라 잇따른 정책적 오류에서 비롯된 인재라고 지적했다. 그의 분석에 따르면 우선 중국이 세계경제의 중요한 축으로 부상하면서 30억 명에 이르는 소비자, 생산자, 저축자들이 새롭게 세계 자본주의 체제에 합류했다. 정보통신 기술의 비약적인 발전으로 기업들의 비즈니스 모델이 크게 바뀌었고, 금본위제가 폐지되면서 정부의 거시경제 관리 능력도 확대됐다. 이러한 변화들이 상호작용하면서 세계 경제는 2008년 금융위기 전까지 거의 지속적으로 성장하는 유례없는 호황을 누렸다.

칼레츠키는 정부가 적절하게 개입하여 대출규모의 수준을 관리했으면 큰 문제없이 넘어갈 수도 있었는데 시장근본주의 사고에 함몰된 부시 행정부가 이를 시행치 않아 위기를 초래했다고 지적했다. 그의 이런 분석은 국가의 적극적인 개입을 촉구한 관자경제학의 논지와 동일하다. 일각에서 부시 행정부가 월스트리트의 유태인 투기금융 세력에게 휘둘린 나머지 금융시장에 대한 적절한 개입을 아예 포기했다는 지적을 내놓는 것도 같은 맥락이다.

실제로 부시 행정부의 고위 관원들은 금융위기가 발생한 뒤에도 정부의 개입을 늦춰 위기를 키웠다. 정상적인 경기순환의 한 과정이었던 상황이 전 세계를 휩쓴 사상 최악의 금융위기로 확대되었다는 게 칼레츠키의 분석이다. 『자본주의 4.0』의 해당 대목이다.

"월스트리트 발 금융위기의 문제점은 미국 정부가 본연의 역할을 맡기를 거부한데 있다. 부시 행정부는 현대 자본주의 시스템을 안정시키고 버팀대 역할을 하는 것이 정부의 핵심 역할이라는 사실을 제대로 알지 못했다. 전 세계의 거의 모든 은행들이 파산의 일보 직전까지 내몰리고, 세계 경제가 유례없는 불황의 위협을 맞은 이유다. 이는 경제학을 잘못 이해한 데서 비롯된 것이다. 더 정확히 얘기하면 미국 정부가 위기의 가장 중요한 단계에서 지원을 연기해 치명상을 자초한 이유는 경제이론의 탈을 쓴 정치 이데올로기 때문이다."

유태인 투기금융 세력이 전가의 보도로 내세우고 있는 자유방임의 시장근본주의를 질타한 것이다. 객관적으로 볼 때 시장근본주의는 늘 자유주의 경제학이라는 그럴듯한 얼굴을 하고 나타난다. 칼레츠키의 비판은 바로 이에 대한 통찰에서 비롯된 것이다. 2008년의 금융위기를 통해 정치와 경제가 별개의 두 영역이라는 시장근본주의의 이론적 가정은 파산했다고 단언한 게 그렇다. 그는 사람들이 이제는 이전처럼 자유주의 시장경제와 작은 정부에 대한 믿음을 갖기 어렵게 되었다고 지적했다. 그의 분석에 따르면 자본주의는 크게 3번의 변환기를 거쳤다.

첫 번째 시기는 애덤 스미스가 내세운 자유방임의 자본주의이다. 이른바 자본주의 1.0이다. 자본주의 발달 과정에서 나타나는 갈등은 정치 개혁으로 해결할 수 있다고 믿었지만, 기업 활동에 대한 정부의 개입은 최후의 방편으로만 쓰여야 한다고 본 게 특징이다. 이 시기에 정부와 시장의 상호작용은 세금을 징수하고, 관세 장벽을 세우는 데 한정되었다.

두 번째 시기는 러시아혁명과 대공황이라는 구조적 위기를 거치며 1930년대에 나타났다. 이 시기에는 경제가 정치의 한 분야가 되었다. 이른바 자본주의 2.0이다. 케인스가 이 시기의 경제적 인식을 대표하는 인물이다. 자본주의 2.0에서는 자본주의가 본질적으로 불안정하다는 인식에서 시장을 통제해 경제를 관리하는 것을 정부의 가장 중요한 기능이라고 생각했다.

세 번째 시기는 1979~1980년에 등장한 대처와 레이건의 신자유주의이다. 이 시기의 경제 이데올로기는 밀턴 프리드먼이 역설한 통화주의였다. 이른바 자본주의 3.0이다. 이 시기는 자본주의 2.0과는 정반대로 정치가 경제의 한 분야로 다뤄졌다. 정부는 언제나 비효율적이므로 시장이 부패한 정치인들을 통제해야 한다고 본 게 특징이다. 그나마 레이건과 클린턴의 시대에는 시장 이데올로기가 실용적으로 적용됐으나, 부시 행정부에서는 시장근본주의라는 화석화된 이데올로기로 변질됐다. 시장을 지나치게 이상화한 결과다. 칼레츠키가 '자본주의 3.0은 자체의 반정부 이데올로기의 모순 때문에 무너졌다.'고 진단한 이유다.

그가 기대를 걸고 있는 것은 이른바 자본주의 4.0이다. 이는 유능한 정부가 있어야만 효율적인 시장도 존재할 수 있다는 전제에서 나왔다. 정부의 적극적인 시장 개입을 주문한 것이다. 금융정책도 인플레이션을 통제하는 차원을 뛰어넘어 성장과 고용을 관리하는 쪽으로 나아가야 한다는 것이다. 이는 과거의 자본주의 2.0 시대로 돌아가는 것을 의미하는 게 아니다. 과거와 같은 관치주의적인 거대정부로는 급변하는 사회적 요구를 충족시킬 수 없기 때문이다. 자본주의 4.0에서는 정부의 역할은 커지되 정부의 크기는 줄어드는 게 특징이다. 이는 관자경제학의 부활을 의미한다. 관자경제학은 정부의 적극적인 개입을 요구하면서 세금을 축내는 용관冗官의 퇴출을 역설하고 있다. 자본주의 4.0의 기본이념은 칼레츠키가 혹여 관자경제학을 깊이 연구한 게 아닌가 하는 의심을 낳을 정도로 정곡을 찌르고 있다.

칼레츠키의 지적은 정치와 경제를 적대적인 관계로 바라본 기존의 신자유주의 관점이 얼마나 잘못된 것인지를 여실히 보여주고 있다. 관자경제학의 관점에서 접근한 것과 꼭 같다. 큰 틀에서 볼 때 자본주의 4.0 역시 '복잡계複雜系 경제학'의 일원에 해당한다. 세상은 예측하기 어려운 복잡성과 불확실성을 본질로 하고 있다는 인식에 기초한 게 그렇다. 실사구시에 입각한 정부가 주도하는 일련의 공공정책과 재정경제 정책이 중요할 수밖에 없다. 그의 주장이다.

"자본주의는 복잡계를 이루고 있어 결코 신고전학파의 주장처럼 합리적이고 효율적으로 예측될 수 있는 대상이 아니다. 지금까지 이론경제학은 합리적 예측을 위한 수학적 모델을 지나치게 중시했다. 단순한 가정들을 사용해 경제이론과 현실 사이의 간극을 넓혀온 게 그렇다. 자본주의 4.0의 경제이론은 오히려 예측 불가능성을 핵심 원리로 삼는다. 미래는 본질적으로 불확실하다. 합리적 기대라는 가정 아래 한 가지 정확한 경제 작동 모델만 존재한다는 생각은 터무니없는 착각이다. 불확실한 세상에서는 시장의 결정과 정부의 결정 모두 시행착오를 거치며 갈지자 행보로 나아갈 수밖에 없다. 정부 정책은 경제 시스템이 변화하는 여건에 적응하면서 계속 진화해가야 한다."

자연과학에서 사용하는 복잡계 이론에 의존해 미래를 열어나가는 게 정답이라는 주장이다. 주목할 것은 그가 시장과 정부의 상호작용을 역설하며 '시행착오'를 언급한 점이다. 나름 타당한 지적이기는 하나 그 시행착오를 최대한 줄일 수 있는 길이 있다. 바로 관자경제학의 기본이념인 '균부'이다. '균부'를 모든 정책의 기본지표로 삼을 경우 시행착오를 최대한 줄일 수 있다. 보다 구체적으로 말하면 부상대고의 폭리暴利와 관원과 연결된 관상유착官商癒着을 제도적으로 원천봉쇄하는 게 그것이다. 고금동서를 막론하고 이 2가지 문제를 해결하면 그 어떤 정책이든 성공할 수 있다. 아무리 뛰어나고 시의적절한 '플랜'일지라도 이 2가지 문제를 해결하지 못하는 한 아무 소용이 없다. 칼레츠키가 제시한 자본주의 4.0도 예외가 아니다. 칼레츠키의 해법은 나름 일리가 있으나 '시행착오'를 최소화하고 효과를 극대화하는 요체를 빼놓았다는 지적을 면키 어렵다.

그럼에도 시장과 국가의 역할 구분이 명확히 이뤄진 고정된 시스템이 존재한 적이 단 한 번도 없다고 지적한 것은 탁견이다. 그의 이런 지적은 국가의 적극개입을 주장한 관자경제학의 타당성을 입증해 주고 있다. 나아가 그의 이론은 현재 미국에서 벌어지는 정치적 갈등과 신고전경제학에 입각한 신자유주의의 문제점을 통찰할 수 있게 해준다. 이 또한 관자경제학이 21세기 세계경제를 일거에 혁신시킬 수 있는 새로운 패러다임으로 작동할 가능성을 암시한 것으로 볼 수 있다. 관자경제학에 기초해 G2의 일원으로 우뚝 선 중국의 '사회주의 시장경제'에 대한 새로운 인식과 깊이 있는 탐사가 요구된다.

제1부
관자경제학의
경제이론

제1장 정경합일 — 정치와 경제를 하나로 녹여라

상가商家와 유상儒商

춘추전국시대는 무려 550년에 달한다. 동서고금을 통틀어 난세가 이처럼 오랫동안 지속된 적은 없다. 이 시기에 치국평천하 방략을 둘러싸고 유가와 묵가, 법가, 도가, 병가, 종횡가 등 수많은 제자백가가 우후죽순처럼 등장해 치열한 논전을 전개했다. 이른바 백가쟁명百家爭鳴이다.

당시 공자는 생전에 천하를 주유하며 타국의 제후들에게 이른바 군자정치君子政治를 펼칠 것을 역설했다. 그러나 14년간에 걸쳐 수레를 타고 천하를 주유하며 '군자정치'를 외친 그의 철환천하轍環天下 유세는 참담한 실패로 끝났다. 그럼에도 그는 사후에 만세의 사표師表로 추앙받게 됐다. 공부하는 와중에 뛰어난 상재商才로 거만의 재산을 모은 까닭에 유상儒商의 효시로 꼽히는 자공子貢 등 수많은 제자들이 각지로 퍼져나가 그의 사상을 널리 전파한 덕분이다.

원래 치국평천하 방략을 최초로 제시한 인물은 춘추시대 중엽 제환공을 도와 사상 첫 패업을 이룬 관중管仲이다. 그는 단순히 패업을 이루는데 그치지 않고 하나의 거대한 비전을 제시했다. 부국강병으로 천하를 제패한 뒤 반드시 예의염치禮義廉恥에 기초한 문화대국으로 나아가야 한다고 역설한 게 그렇다. 부국강병은 법가와 병가 및 종횡가와 통하고, 문화대국은 유가와 묵가 및 도가와 취지를 같이한다. 학술단체의 결성 등에 초점을 맞춰 공자를 제자백가의 효시로 보는 것은 나름 일리가 있다. 그러나 치국평천하 방략 자체에 초점을 맞출 경우는 응당 관중을 효시로 꼽는 게 옳다.

관중은 치국평천하의 이론과 실제를 모두 아우른 당대 최고의 사상가이자 현실 정치가에 해당한다. 문화대혁명 당시 모택동의 부인 강청을 비롯한 이른바 사인방四人幇은 관중을 법가의 효시로 분류했으나 그를 제자백가 가운데 어느 한 쪽으로 분류하는 것은 잘못이다. 실제로 그의 저서『관자』에는 제자백가의 모든 사상이 녹아 있다.

주목할 점은 그의 사상을 관통하는 핵심어가 바로 부민부국富民富國이라는 점이다. 이는 부민부국을 치국평천하의 요체로 삼는 상가商家 이론의 핵심에 해당한다. 상가는 21세기 이전까지만 해도 제자백가의 일원으로 거론되지 않았다. 그러나 사상 최초의 '유상'으로 평가받는 자공을 통해 알 수 있듯이 춘추전국시대는 물론 그 이후의 진한시대에 이르기까지 분명 하나의 사상적 흐름으로 존재했다. 사마천이『사기』를 쓰면서「평준서」와「화식열전」을 편제한 게 그 증거다.「평준서」는 요즘으로 치면 재정경제 정책,「화식열전」은 경제경영 이론서에 해당한다.

현재 중국 학계는 관중을 효시로 하는 사상 최초의 정치경제학파를 애덤 스미스에서 시작한 서구의 자유주의 경제학과 대비시켜 통상 경중가輕重家로 부르고 있다. 원래 '경중' 용어는『관자』「경중」편에서 따온 것이다. 중국에서는 주나라 때부터 상품의 생산과 조절, 화폐의 유통,

당국의 물가통제 등을 '경중'으로 불렀다. 관중도 『관자』에서 개방적인 대외무역을 통한 모든 재화의 원활한 유통, 상평창을 통한 물가안정과 사회 안정망의 구축, 소금과 철의 전매제도를 통한 재정확충 방안 등을 '경중'으로 표현해 놓았다. 청대 말기 일부 변법개혁파가 영어 '이코노믹스'를 '경중학輕重學'으로 번역한 것도 이런 맥락에서 이해할 수 있다. 일본이 '이코노미'를 경세제민의 약자인 '경제'로 번역하며 메이지유신을 강력 추진한 것과 같은 취지다. 중국 역시 비슷한 시기에 나름 독자적인 경제발전 전략을 추진했음을 알 수 있다.

그러나 청일전쟁에서 일본이 승리를 거두면서 변법개혁파의 번역어는 이내 사라지고 말았다. 그 자리를 메이지유신을 성사시킨 일본의 번역어가 차지했다. '경중학' 대신 경제학經濟學, 현학玄學 대신 철학哲學이 널리 통용된 게 그렇다. 21세기에 들어와 중국학자들은 '관학'의 중핵을 이루고 있는 관자경제학을 다시 '경중학'으로 명명하고 나섰다. 중국 전래의 역사문화에서 새로운 경제 패러다임을 찾겠다는 의지의 표현이다. 실제로 베이징대를 포함한 중국의 유수대학 경영대학원은 『관자』를 기본텍스트로 삼고 있다.

객관적으로 볼 때 관중을 효시로 하는 정치경제학파를 '경중가'로 부르는 것은 약간 문제가 있다. 그보다는 '상가'로 표현하는 게 더 낫다. 관중은 농업을 중시했지만 사농공상士農工商에서 최하층으로 분류된 상업을 농업 못지않게 중시했다. 제자백가 가운데 유일한 경우다. 나아가 『관자』의 내용을 보면 국가가 시장에 적극 개입하는 일련의 재정경제 정책은 「경중」뿐만 아니라 「승마」와 「구부」편에서도 두루 강조되고 있다. 관중을 효시로 하는 정치경제학파를 '경중가'로 명명할 경우 「승마」와 「구부」편이 간과될 소지가 크다.

실제로 그런 우려가 현실로 나타나고 있다. 지난 2010년 베이징대 세계연구센터 연구원 자이위중翟玉忠이 펴낸 『국부책國富策』이 그 증거다. 『국부책』은 「경중」편에 나온 계책만을 집중 조명하고 있다. 「승마」와 「구부」에 나오는 계책은 「경중」편의 여러 계책을 설명할 때 그 내용을 보충하는 수준에서 스치듯이 언급하는데 그치고 있다.

본서가 관자를 효시로 하는 정치경제학파를 유가와 도가 및 법가 등의 제자백가와 어깨를 나란히 하는 '상가'로 규정하면서 「승마」와 「구부」를 「경중」편과 같은 비중으로 다룬 이유다. 필자가 분석한 바에 따르면 「승마」는 총 26책策, 「구부」는 총 66모謀, 「경중」은 총 59계計에 달한다. 여기의 '책'과 '모' 및 '계'는 출처가 된 각 편을 구분하기 위해 필자가 임의로 붙인 것이다. 모두 책모策謀, 모계謀計, 계략計略의 뜻을 지닌 것으로 아무런 차이가 없다. 나아가 자이위중의 『국부책』이 「경중」편의 59개 계책을 36개로 축소한 것은 적잖은 문제가 있다. 병서 『삼십육계』를 억지로 흉내 낸 듯하다.

역사적으로 볼 때 상가 이론을 깊숙이 흡입해 성공을 거둔 인물은 공자의 수제자 자공이다. 그는 공자의 제자 가운데 유일하게 6년 동안 시묘侍墓한 것으로 유명하다. 자공은 상가 이론을 몸소 실천해 당대 최고의 부를 이룬 장본인이다. 사마천은 그를 높이 평가했다. 공자의 제자를 다룬 『사기』「중니제자열전」을 편제하면서 자공의 사적을 기록하는데 절반가량을 할애한 게 그 증거다. 나아가 그는 『사기』「화식열전」에서 관중을 상가의 사상적 비조, 자공을 공부하며 사업하는 '유상'의 효시로 특서해 놓았다. 자공은 전 세계의 시장을 무대로 일면 열심히 학습하며 일면 분주히 사업을 벌이는 21세기 글로벌 비즈니스맨의 표상이 될 만하다.

상가의 특징 가운데 하나로 부민부국의 방략을 중농重農이 아닌 중상重商에서 찾은 점을 들 수 있다. 취지 면에서 21세기의 경제경영 이론과 하등 다를 게 없다. 『사기』에 「평준서」와 「화식열전」이 편제된 것은 기본적으로 사마천이 관중의 상가 이론과 자공의 '유상' 행보에 크게 공명했기 때문이다. 관중이 『관자』를 펴낸 지 5백여 년, 자공이 천하의 부상대고富商大賈로 명성을 떨친 지 4백여 만에 상가의 존재를 명백히 확인시켜 준 셈이다. 한비자가 전국시대 말기에 법가사상을 집대성한 것에 비유할 만하다.

그러나 사마천의 이런 업적은 이내 빛이 바랬다. 한무제 때 유학을 유일한 관학으로 못 박는 이른바 독존유술獨尊儒術과 부상대고를 억제하기 위한 염철鹽鐵 전매를 선언한 결과다. 부상대고의 폭리를 막고 재정을 확충코자 한 것은 옳다. 그러나 이를 계기로 상가의 맥이 사실상 끊어진 것은 커다란 손실이었다. 수천 년 동안 관중이 사상 최초로 창시한 정치경제학파와 자공이 보여준 '유상' 행보, 상가 이론을 집대성한 사마천의 업적이 제대로 밝혀지지 않은 것도 이와 무관치 않다. 『한비자』가 금서로 간주되면서 법가의 제왕학이 유가의 제왕학을 뒷받침하는 숨은 통치술로 전락한 것과 닮았다.

여기에는 성리학이 『관자』를 잡서로 간주하고, 안빈낙도安貧樂道를 실천한 안연顔淵을 극도로 높이면서 의도적으로 자공의 '유상' 행보를 깎아내린 게 크게 작용했다. 경세제민과 부국강병을 두 축으로 하는 『관자』의 이념적 기초가 전 인민을 고루 잘 살게 만드는 균부均富에 있다는 사실이 간과된 배경이다. 역대 왕조는 중상을 역설한 사마천의 주장을 꺼린 나머지 이전 왕조의 사서를 편찬할 때 「평준서」를 모방한 「식화지」만 편제하고 「화식열전」은 아예 편제할 생각을 하지 않았다. 상가의 존재가 오랫동안 묻힌 근본 이유다.

그러나 21세기에 들어와 상황이 일변했다. 중국 학계에서 관중과 자공, 사마천 등을 상가로 분류하는 게 하나의 흐름으로 형성돼 있다. 『사기』「화식열전」과 『관자』「경중」편이 집중 조명 대상이다. 동양 전래의 고전에서 21세기에 부응하는 새로운 패러다임을 찾아내려는 노력의 일환이다. 이전의 자부심을 되찾은 결과로 볼 수 있다.

과거 사대부들은 공자의 수제자 가운데 인仁의 표상인 안회를 지나치게 숭상한 나머지 지知의 화신인 자공을 상대적으로 낮게 평가했다. 자공이 보여준 종횡가 및 상가 행보를 탐탁지 않게 여긴 탓이다. 그러나 난세의 시기에 '지'는 '덕'보다 중시될 수밖에 없다. '지'는 변화무쌍한 시변時變을 슬기롭게 헤쳐 나갈 수 있는 지혜를 뜻한다. 공자의 제자 가운데 자공을 빼고는 현실에 뿌리를 내리고 난세의 해법을 슬기롭게 찾아나간 인물은 없다. 『사기』「중니제자열전」에 나오는 사마천의 평이 그 증거다.

"자공은 인재의 천거와 무능한 인물의 퇴출에 능했다. 때에 맞춰 재화를 잘 굴렸다. 남의 장점을 즐겨 칭찬하면서 동시에 남의 잘못을 그냥 지나치지 못했다. 늘 스승의 나라인 노나라의 안위를 위해 애썼다. 집에는 천금의 재산을 모아 놓았다. 제나라에서 숨을 거뒀다."

자공은 공자의 제자 가운데 가장 부유했다. 정반대로 원헌原憲은 비자나 쌀겨도 제대로 먹지 못하고 뒷골목에서 숨어 살았다. 사두마차를 타고 호위병들을 거느리며 제후들과 교제한 자공과 대비된다. 『사기』「화식열전」에 나오듯이 제후들은 직접 뜰로 내려와 제후의 예로 그를 맞이했다. 공자의 이름이 천하에 알려진 것도 그가 스승을 모시고 다닌 덕분이다. 사마천이 그를 공부하며 돈을 버는 '유상'의 효시로 간주한 이유다.

메이지유신 이후 일본의 자본주의가 급속도로 발전한 것도 자공을 흉내 낸 뛰어난 '유상'을 가진 덕분이다. '일본자본주의 아버지'로 불리는 시부사와 에이이치渋澤榮一가 주인공이다. 그는 유교문화와 자본주의 결합시켜 오늘의 일본을 만드는데 결정적인 공을 세웠다. 일본이 21세기 현재에 이르기까지 세계 굴지의 경제대국으로 우뚝 선 데에는 그의 공이 컸다.

원래 그는 19세기 중엽 도쿄 인근의 부상대고 집안에서 태어났다. 젊었을 때 파리 만국박람회 등을 관람하며 견문을 넓힌 그는 메이지유신 이후 '한손에 논어, 또 한손에 주판을'이라고 외치며 일본 최초의 주식회사를 설립했다. 이후 1931년 사망할 때까지 총 500여개의 굵직한 회사를 세웠다. 동서고금을 통틀어 전무후무한 일이다. 시부사와가 행한 일 가운데는 조선의 경인 및 경부철도도 포함돼 있다. 대한제국 초기의 통용화폐인 제일은행권의 도안에도 그의 초상화가 들어가 있다. 큰 틀에서 볼 때 중국에서 맥이 끊긴 상가의 전통이 일본에서 꽃을 피운 셈이다. 여러모로 그의 행보는 자공을 빼어 닮았다.

일본은 아편전쟁을 계기로 서구 열강의 동양침탈이 구체화할 당시 재빨리 제국주의 흐름에 올라타 메이지유신을 성사시킨 후 이내 동아시아 전체를 석권했다. 일본은 '부자 삼대 간다.'는 우리말 속담처럼 비록 제2차 세계대전에서 패하기는 했으나 21세기 현재까지 독일과 더불어 세계 최고의 기술을 자랑하고 있다. 시부사와의 여덕餘德으로 볼 수 있다. 조선조 사대부들이 성리학을 맹종하다가 나라를 패망으로 이끈 것과 대비된다. 일찍이 전 도쿄대 교수 미조구치 유조溝口雄三는『중국사상강의』에서 이같이 말한 바 있다.

"중국의 근세는 10세기, 조선은 14세기, 일본은 17세기에 시작됐다. 성리학의 전파 과정을 그대로 반영하고 있다. 중국은 양명학이 나오면서 상호 경쟁과정에서 오히려 성리학이 더 널리 확산되는 결과를 낳았다. 조선은 이퇴계와 기대승이 사단칠정四端七情 논쟁을 벌이면서 윤리도덕을 강조하는 형이상의 사변론으로 치달았다. 일본은 성리학과 함께 양명학을 받아들이면서 성리학을 비판하는 고학파古學派와 유교 전체를 비판하는 국학파國學派가 잇달아 출현했다. 일본이 뒤늦게 성리학을 받아들였음에도 가장 먼저 개화에 성공한 이유다."

메이지유신이 역사문화의 전통 위에서 성사됐음을 밝힌 것이다. 캠브리지대 교수 니담은『중국의 과학과 문명』에서 성리학 출현 후 동양의 과학이 급속히 후퇴하기 시작했다고 언급한 바 있다. '천조天朝'와 '소중화小中華' 운운하며 자귀자대自貴自大하던 중국과 조선이 일본을 포함한 서구 열강의 식민지 내지 반식민지로 전락한 것도 이와 무관할 수 없다. 유가를 제외한 여타 제자백가 사상을 이단으로 몰아가며 성리학을 맹종한 후과이다. 지난 2005년에 작고한 '경영학의 아버지' 피터 드러커는 21세기 기업CEO의 리더십을 이같이 정의한 바 있다.

"지위로 조직원 위에 군림하는 시대는 지나갔다. 인간적인 매력과 영향력으로 추종자를 만들어내야 한다. 리더에 대한 유일한 정의는 추종자를 거느린 사람이다."

'유상'의 효시인 자공과 같은 추종자를 거느린 공자를 칭송한 것이나 다름없다. 그는 90세 생일 때 '나는 기계나 건물이 아닌 사람을 주목했다'며 자신의 연구 성과를 '인간학'으로 압축해 설명했다. '지식노동자'라는 신조어가 나온 배경이다.

그가 서구와 동양의 정치경제 리더십에 대해 나름 공평하면서도 날카로운 분석을 내놓게 된 것은 '인간학'의 보고인 동양의 고전을 섭렵한 덕분이다. 실제로 그는 생전에 동양과 서양 문화의 장단점을 꿰뚫어 보는 '최초의 지식 르네상스인'이라는 칭송을 받았다. 그가 경영학을 학문의 반열에 올려놓은 데에는 동양의 고전을 포함한 인문학에 대한 폭넓은 지식이 크게 기여했다.

그는 생전에 할 일이 특별히 정해져 있지 않은 리더의 자유 시간을 극히 중시했다. 틈틈이 공부하며 사색할 시간이 필요하다고 지적한 것이다. 이는 공자의 수제자 자공이 몸소 실천한 '유상'의 전형이기도 하다. 21세기를 지식사회로 정의한 드러커의 해석은 사실 자공으로 상징되는 '유상'을 새롭게 풀이한 것에 지나지 않는다.

'유상'의 효시 자공은 관자를 시조로 하는 상가의 이념을 현실 속에 구현한 대표적인 인물에 속한다. 『사기』 「화식열전」에는 자공 이외에도 다양한 사업으로 거만의 재산을 모은 총 52명의 행보가 소개되어 있다. 이들 모두 주어진 시기에 다양한 방법으로 부를 쌓았다. 이들이 구사한 축재 방법은 모두 71가지이다. 이들 가운데 태공망 여상과 관중, 계연, 범리, 백규 등 5명은 경제이론가인 동시에 뛰어난 사업가에 해당한다.

주목할 것은 『사기』 「화식열전」이 21세기에 그대로 적용해도 좋은 매우 뛰어난 경제사상을 담고 있는 점이다. 유가들이 입만 열면 맹자처럼 '인의'를 들먹이는 것에 냉소를 보낸 게 그렇다. 사마천은 사람들이 부자가 되고 싶어 하는 것을 인간 본연의 심성으로 파악했다. 이익을 향해 무한 질주하며 손해를 극도로 꺼리는 인간의 호리오해好利惡害 심성을 통찰한 결과다. 사상사적으로 볼 때 이는 관자사상에서 유출된 것이다. 이를 뒷받침하는 『관자』 「해언」편 '판법해版法解'의 해당 대목이다.

"무릇 백성은 이익을 좋아하고 손해를 싫어하는 '호리오해'에서 벗어난 적이 없다. 천하의 백성과 더불어 이익을 향유코자 하는 자는 천하의 백성이 지지하고, 천하의 이익을 독점코자 하는 자는 천하의 백성이 제거하려 든다. 천하의 백성이 제거하려 들면 설령 잠시 성공할지라도 반드시 패망하고 만다. 천하의 백성이 지지하면 아무리 높은 자리에 앉아 있을지라도 결코 위태롭지 않다. 흔히 '보위를 안정시키는 관건은 천하의 백성과 더불어 이익을 향유하는데 있다.'고 말하는 이유다."

관중을 사상적 비조로 한 상가는 바로 인간의 '호리오해'를 통찰한 까닭에 '부' 자체를 긍정 평가한데서 출발하고 있다. 애덤 스미스가 『국부론』에서 개개인의 이익추구 행위를 자본주의의 출발로 간주한 것과 맥을 같이 한다. 사마천은 제환공이 사상 첫 패업을 이룬 것은 경제력 때문이고, 진시황이 천하를 통일한 것도 경제가 밑거름이 됐기에 가능했다고 보았다. 이는 상업을 농업 못지않게 중시한 관자사상을 그대로 수용한 결과이다. 사상 최초의 정치경제학파인 '관학'의 위대한 면모를 엿볼 수 있는 대목이다.

제2절
정치政治와 경제經濟

'관학'의 가장 큰 특징은 현대적 의미의 정치와 경제를 하나로 녹인데 있다. 영어 '이코노미'의 번역어인 경제經濟가 원래 그런 의미를 지니고 있었다. 이는 나라를 다스리고 세상을 구한다는 뜻의 경방제세經邦濟世 내지 경국제세經國濟世의 약자이다. 여기에는 '이코노미'와 유사한 '경제'의 의미가 크게 드러나지 않고 있다. 메이지유신 당시 일본학자들이 주목한 것은 세상을 다스리고 백성을 구한다는 뜻의 경세제민經世濟民 표현이다. 객관적으로 볼 때 이게 '이코노미'와 유사하다. 이 용어의 어원은 남북조시대까지 거슬러 올라간다. 남조 동진東晉의 도가사상가인 갈홍葛洪의 저서 『포박자抱朴子』 「내편內篇, 지진地眞」에 경세제속經世濟俗 표현이 나온다. 경세제민과 유사한 뜻이다. 시대가 흘러 수나라 때 왕통王通의 『문중자文中子』 「예악」에 처음으로 경제지도經濟之道와 경세제민經世濟民 표현이 나온다. '경제'가 '경세제민'의 약자로 사용된 첫 사례에 해당한다.

이후 당나라 때 나온 『진서晉書』「은호전殷浩傳」과 원나라 때 나온 『송사宋史』「왕안석전王安石傳」에도 '경제' 용어가 출현하고 있다. 말할 것도 없이 정치, 행정, 경제정책 등을 총괄한 개념이다. 청나라 말기 무술정변戊戌政變이 일어나자 이를 주도한 강유위康有爲처럼 경륜을 지닌 재야의 인재를 등용하기 위해 새로운 과거제도를 신설할 바 있다. 그 명칭이 '경제특과經濟特科'였다. 후대로 넘어오면서 '이코노미'의 뜻이 강화됐음을 알 수 있다.

그러나 현대적 의미의 '이코노미'와 유사한 뜻으로 사용한 나라는 일본이다. 일본은 원래 '경세제민' 내지 경국제민經國濟民 용어가 존재하지 않았다. '경세' 내지 '경국'이 '제민'과 따로 사용됐을 뿐이다. 그러던 것이 에도시대에 들어와 '경세제민' 용어가 널리 사용되기 시작했다. 여기에는 청나라 초기 중국에서 발달하기 시작한 고증학이 '경세치용經世致用'을 역설한 게 커다란 영향을 미쳤다. 일본의 유학자를 비롯해 네덜란드 학문을 공부하는 난학자蘭學者 모두 유사한 취지의 '경세제민론'을 펼치기 시작했다. 대표적인 작품이 다자이 슌다이太宰春臺의 『경제록經濟錄』이다. 그는 이같이 풀이했다.

"무릇 천하와 국가를 다스리는 것을 '경제'라고 한다. 세상의 바로잡아 백성을 구제할 의무가 있다는 뜻이다."

그가 말한 '경세제민학'은 요즘의 경제학에 정치학과 정책학, 사회학 등을 총괄한 개념에 가깝다. 그러나 에도시대 후반 화폐경제가 활성화하면서 '경제' 개념이 사회생활을 영위하는데 필요한 생산과 소비 및 매매 등의 활동을 뜻하게 됐다. 조선 정조 때 활약한 에도의 유학자 가이호 세이료海保靑陵가 바로 그런 의미로 '경제'를 정의한 대표적인 사례에 속한다. 당시 경제가 가장 발달한 오사카에서는 금융업에 종사하는 자를 일컬어 경제가經濟家로 불렀다. 현대적 의미의 '경제'와 별반 차이가 없다. 19세기 전반 상인 출신 유학자 쇼지 코오키正司考祺의 『경제문답비록經濟問答秘錄』에 나오는 "지금 세상에서 재화를 늘리고 이익을 꾀하는 것을 '경제'라고 말하는 것은 잘못이다."라는 구절이 이를 반증한다.

영어 '이코노미'를 '경제'로 번역한 것은 에도막부 말기 『국부론』을 비롯한 서구의 고전경제학 서적이 일본에 소개된 이후이다. 1862년 간행된 일종의 포켓사전인 호리 다츠노스케堀達之助의 『영화대역진수사서英和對譯袖珍辭書』는 '이코노미'를 가사家事를 행하거나 검약儉約을 행한다는 뜻으로 해석해 놓았다. 일본에서 나온 최초의 서양경제학 입문서는 메이지유신 1년 전인 1867년에 나온 간다 다카히라神田孝平 번역의 『경제소학經濟小學』이다. 이 책은 영어 '폴리티컬 이코노미'를 '경제학'으로 번역해 놓았다. 이해 말에 나온 최초의 서양 유학생 후쿠자와 유기치福澤諭吉의 『서양사정西洋事情』「외편外篇」도 그같이 번역했다.

그러나 '경제' 내지 '경제학'이 '이코노미' 내지 '폴리티컬 이코노미'의 번역어로 정착된 것은 1870년 니시 아마네西周의 『백학연환百學連環』이 나온 뒤이다. 여기서는 '이코노미'를 '홈 이코노미'를 뜻하는 가정家政, '폴리티컬 이코노미'를 뜻하는 경제經濟로 구분했다. 1881년에 나온 『철학자휘哲學字彙』는 '이코노믹스'를 개인 내지 기업 차원의 '이코노미'와 구별해 이재학理財學으로 번역했다. 메이지유신 초기에 설립된 대학과 전문학교의 경제학과 학과명이 '이재학'으로 표현된 이유다.

이후 국가 차원의 경제와 기업 차원의 이코노미를 포괄한 '경제' 용어가 널리 사용되기 시작했다. 경제학과를 '이재학과'로 표현하는 관행이 사라진 이유다. '경제' 내지 '경제학'이 청나라로 수출돼 '경중' 내지 '경중학'을 밀어낸 배경이 여기에 있다.

한국은 일본보다 훨씬 전에 '경국제세' 개념의 '경제' 용어를 사용하기 시작했다. 조선조 개국 초기 태조 6년(1397) 12월에 편찬된 『경제육전經濟六典』이 대표적이다. 오늘날 원문이 전해지지 않아 자세한 내용을 알 수는 없으나 『조선왕조실록』에 간헐적으로 기록된 바에 따르면 이전, 호전, 예전, 병전, 형전, 공전의 육전六典으로 꾸며져 있었다. 이는 훗날 『경국대전經國大典』 편찬의 기초가 되었다. 이밖에도 정도전이 편찬한 『경제문감經濟文鑑』을 들 수 있다. 이는 그 자신이 태조 3년(1394)에 지어 올린 사찬 법전인 『조선경국전朝鮮經國典』의 치전治典 내용을 보완키 위해 나온 것이다. 『조선경국전』은 지금의 헌법이나 다름없었다. 『조선경국전』과 『경제문감』에는 당시 맹자의 사상을 좇아 신권臣權 우위의 조선을 만들고자 하는 정도전의 기본입장이 선명히 드러나 있다. 군왕이 아닌 재상 중심의 중앙집권 체제를 꾀한 것이다. 1397년 부록에 해당하는 『경제문감별집』을 펴내면서 군주의 직책과 그 변천 과정을 논한 게 그 증거다. 정도전이 이방원에게 척살을 당한 것도 재상 중심의 통치체제를 꾀한 사실과 무관치 않다. 당시만 해도 '경제' 용어가 '경세제민'과는 사뭇 다른 '경국제세'의 의미로 사용됐음을 알 수 있다.

이런 관행은 조선조 후기에 들어와 변화를 겪게 된다. 숙종 때 실학자인 홍만선洪萬選이 엮은 농서 겸 가정생활서인 『산림경제山林經濟』가 그 증거다. 여기의 '산림'은 벼슬을 하지 않은 재야在野의 의미이다. 『산림경제』의 내용은 곡식·목화·기타 특용작물의 경작을 다룬 치농治農, 채소류와 화초류·담배·약초 등의 재배법을 다룬 치포治圃, 과수와 임목의 육성을 다룬 종수種樹, 가축·가금·벌·물고기의 양식을 다룬 목양牧養, 화초·화목·정원수의 관리를 다룬 양화養花, 식품저장·조리 가공법을 다룬 치선治膳 등 총 16항목에 걸쳐 일상생활을 논하고 있다. 주목할 것은 건강과 관련한 섭생攝生과 해충을 물리치는 벽충법辟蟲法, 길흉을 알아보는 선택選擇 등도 다뤄지고 있으나 주로 지금의 가정경제와 농업경제 및 임업경제 등을 두루 다루고 있는 점이다. 이는 현대적 의미의 '경제'와 별반 차이가 없다. 일본 에도시대의 경우가 그렇듯이 조선도 후기로 들어와 청대 고증학의 영향을 짙게 받으면서 '경제' 용어를 '경국제세'가 아닌 '경국제민'의 뜻으로 해석하기 시작했음을 방증한다.

실제로 『산림경제』의 증보판에 해당하는 『임원경제지林園經濟志』를 펴낸 순조 때의 실학자 서유구徐有榘는 그런 의미로 '경제' 용어를 사용했다. 『산림경제』와 비교할 때 농업경제의 진흥에 초점을 맞춘 점에서 현대적 의미의 '경제' 개념에 훨씬 가까워졌다고 할 수 있다. 농업기술과 농업경제의 양면에서 종전의 농업이 크게 개량되어야 한다고 주장한 게 그렇다. 그러나 조선은 일본과 달리 더 이상 현대적 의미의 '경제'로 나아가지 못했다. 세도정치가 만연하면서 가렴주구가 횡행한 탓이다. 비슷한 시기 에도시대의 학자들이 서구의 고전경제학 서적을 탐독하며 부민부국의 경세제민으로 나아간 것과 대비된다.

객관적으로 볼 때 현대적 의미의 '경제' 내지 '경제학'의 수용은 메이지유신을 이론적으로 뒷받침한 일본 학자들의 공이 컸다고 할 수 있다. 동아시아에서 '경제'가 '경국제세'에서 '경세제민'의 뜻으로 변환된 과정은 동경대의 법학부 정치학과와 경제학부가 분리되는 과정과 사뭇 닮아 있다.

당초 메이지정부는 1868년 에도막부를 무너뜨린 직후 1684년의 천문방天文方에서 시작된 개성학교開成學校와 1858년의 종두소種痘所에서 시작된 의학교醫學校, 1797년의 창평횡昌平黌에서 시작된 창평학교昌平學校

를 접수했다. 서양학문과 서양의학, 유학에 관한 연구를 지속시키려는 취지였다. 이듬해인 1869년 이들 연구소를 하나로 통합하며 서양의 '유니버시티'를 모방코자 했다. 이때 창평학교가 본교가 됐다. 정식 명칭은 대학교大學校였다. 한국의 모든 대학들이 하나같이 보통명사로 사용하는 '대학교'는 원래 메이지유신 직후에 나온 창평학교의 고유명사였다. 창평학교가 '대학교'로 불릴 당시 개성학교와 의학교는 고유명사인 '대학교'의 분교가 됐다.

창평학교의 전신인 '창평횡'의 '창평'은 원래 공자의 고향인 노나라 추읍陬邑의 창평향昌平鄕에서 따온 것이다. 지금의 산동성 곡부시曲阜市 동남쪽 남신진南辛鎭에 해당한다. '횡黌'은 학교를 뜻하는 말로 일본어로는 향鄕과 발음이 같다. 후지와라 세이카藤原惺窩의 제자 하야시 라잔林羅山의 건의를 받아 에도막부가 1632년에 세운 학교이다. 후지와라는 정유재란 때 끌려온 조선의 유학자 강항姜沆과 교유하며 성리학을 익힌 뒤 환속한 인물이다. 그는 도요토미 히데요시와 도쿠가와 이에야스에게도 유학을 강의할 정도로 명망이 높았다. 이에야스로부터 관직 출사를 요청받았지만 사양하고 대신 제자 하야시 라잔을 천거했다. 하야시 라잔은 왕사王師에 해당하는 쇼군將軍의 자문관 역할을 하면서 공자의 고향 이름과 동일한 '쇼헤이코昌平黌'를 개설한 뒤 쇼군에게 유가의 제왕학을 가르치기 시작했다. '쇼헤이코'는 조선으로 치면 성균관에 해당한다.

1690년 광적으로 개를 보호해 '이누쿠보犬公方'의 별칭을 얻은 5대 쇼군 도쿠가와 쓰나요시德川綱吉가 지금의 동경대 인근의 우에노上野에 있던 '쇼헤이코'를 간다神田의 유시마湯島로 옮겼다. '쇼헤이코'가 유시마성당湯島聖堂으로 불리게 된 이유다. 하야시가 요즘의 학장에 해당하는 대학두大學頭가 되었다. 일본에서 조선 및 청조와 마찬가지로 성리학이 사상 처음으로 관학官學으로 자리 잡게 된 배경이다. 이후 '쇼헤이코'는 '쇼헤이사카 학문소昌平坂學問所'로 개명되었다가 메이지 유신을 맞게 된 것이다.

메이지 정부는 창평학교를 본교에 해당하는 '대학교'로 부르며 개성학교와 의학교를 하나로 통합해 운영하면서 곧바로 명칭을 바꿨다. 창평학교는 '대학교'에서 '대학', 개성학교는 '대학남교大學南校', 의학교는 '대학동교大學東校'로 개명했다. 1871년 학제개혁에 따라 유학을 가르치는 '대학'은 시의에 부합치 않는다는 이유로 폐지되고, 서양학문을 가르치는 '대학남교'는 '남교', '대학동교'는 '동교'로 개명됐다. 1873년 '대학남교'에 법학과를 포함한 전문 과정을 개설했다. 1874년 '대학남교'와 '대학동교'가 동경개성학교東京開成學校와 동경의학교東京醫學校로 명칭이 바뀌었다.

1877년 4월 12일 동경개성학교와 동경의학교가 합병돼 처음으로 근대적 의미의 4년제 대학인 동경대학東京大學이 발족했다. 이날이 동경대 기념일이 되었다. 21세기 현재까지 입학식이 이날 거행되고 있다. 발족 당시 법학부, 문학부, 이학부, 의학부의 4학부제로 구성됐다.

1885년 법학부가 문학부에서 이관한 정치학과와 지금의 경제학과에 해당하는 이재학과理財學科와 하나로 합쳐져 법정학부法政學部가 발족했다. 이듬해인 1886년 제국대학령帝國大學令이 발포되면서 동경대 법정학부는 '제국대학帝國大學 법과대학法科大學'으로 개칭됐다. 그 안에 법률학과와 정치학과의 2개 과가 개설됐다. 경제학과에 해당하는 이재학과를 정치학과에 통합한 결과다. 이는 대학의 학과 명칭에서 정치와 경제를 하나로 합친 최초의 사례에 해당한다. 1897년 경도제국대학京都帝國大學이 개설돼 '동경제국대학'으로 개명되기 전까지 이전의 '대학교' 명칭과 마찬가지로 '제국대학'은 고유명사였다.

이후 분과대학제分科大學制가 발포되면서 정치학에서 독립해 나온 이재학이 경영학의 전신인 상업학商業學과 경제학으로 분화됐다. 이로 인해 '동경제국대학 법과대학' 내에 법률학과, 정치학과, 경제학과, 상업학과가 병존했다. 지난 1974년 서울대가 학과통합 방안의 하나로 이른바 계열별 모집을 시행할 때 법과대학과 경영대학 및 사회대학 정치외교학과와 경제학과 등을 하나로 묶은 것과 닮았다.

삼일운동이 일어나는 1919년 분과대학제가 폐지되면서 정치학과는 '동경제국대학 법학부'로 남게 되고 경제학과와 상업학과는 따로 경제학부를 만들어 독립했다. 이게 21세기 현재까지 1백년 가까이 지속되고 있다. 당시에는 나름 일리가 있는 체제이기는 하나 학과를 세분하는 게 능사는 아니었다. 1953년 신제대학원新制大學院이 개설될 당시 학부 간 통섭을 위해 경제학부와 문학부 사회학과를 포함해 사회과학연구과社會科學硏究科를 개설한 게 그 증거다.

사회과학연구과는 지난 1963년 다시 법학정치학연구과法學政治學硏究科로 바뀌었다. 경제학연구과經濟學硏究科와 사회학연구과社會學硏究科가 떨어져 나간 결과다. 2004년 로스쿨인 법과대학원法科大學院 제도가 실시되면서 실무법조인 양성을 위한 법조양성전공法曹養成專攻과 전래의 법학정치학 4개 전공을 하나로 묶은 종합법정전공總合法政專攻의 2개 전공과정으로 재차 변경됐다.

주목할 것은 로스쿨이 개설되는 해에 공공정책대학원公共政策大學院을 개설한 점이다. 이는 정치학과 경제학을 하나로 통섭해 나가고자 하는 움직임의 일환으로 볼 수 있다. 향후 또 다시 어떤 식으로 개편될지 알수 없으나 '통섭'을 화두로 하는 21세기 G2시대의 흐름에 비춰볼 때 정경학부 등으로 개편될 가능성도 배제할 수 없다.

사실 이게 관자경제학과 가까울 뿐만 아니라 애덤 스미스와 마르크스 등 고전경제학자들이 말한 진정한 의미의 '경제학'에 부합한다. 실제로 1821년 4월 런던에서 제임스 밀, 리카도, 맬서스 등을 주요 회원으로 '정치경제학 클럽'이 발족한 바 있다. 리카도의 '경제학 및 과세의 원리'를 비롯한 각종 저서의 간행과 런던대학의 설립 등이 이어지면서 '정치경제학'의 학문체계를 보다 확고히 하고자 하는 취지에서 발족된 것이다. 이 단체는 이후 제본스, 마샬, 피구, 케인즈 등 주요한 경제학자를 회원 또는 명예회원으로 맞이하면서 계속 활동을 이어갔으나 1880년 무렵부터 기세가 이전만 못했다. '폴리티컬 이코노미'를 뜻하는 '정치경제학' 용어 대신 '경제학'을 뜻하는 '이코노믹스' 명칭이 점차 확산되기 시작한 배경이다.

'정치경제학' 용어는 1920년대 초반까지만 해도 '경제학' 용어와 동일한 비중으로 사용됐다. 그러던 것이 제1차 세계대전 이후 오직 '이코노믹스' 용어만 통용되는 상황이 빚어져 21세기 현재까지 이어져 오고 있다. 유럽에서 유행한 '정치경제학'의 별칭인 거시경제학 대신 미국 중심의 미시경제학이 득세한 결과다.

21세기에 들어와 새삼 '정치경제학' 용어가 부쩍 늘어나고는 있으나 학자마다 그 의미를 다양하게 사용하고 있어 정치와 경제를 하나로 녹인 '정치경제학' 본연의 모습을 되찾을 수 있을지 여부는 미지수이다. 원래 애덤 스미스에 의하면 '정치경제학'은 국민과 국가를 모두 부유하게 만드는 것을 목적으로 한다. 관자경제학이 부민富民을 전제로 부국강병을 역설한 것과 같은 취지이다.

고금동서의 역사가 보여주듯이 국가와 시장은 명확히 분리할 수 있는 게 아니다. 국가가 개입하는 정도와 수준을 조절하는 게 중요하지 과거의 '래세 패르laissez-faire(시장방임주의)'처럼 양자를 엄격히 구분하려 드는 것은 시장을 독과점 업체의 폭리 행위에 내맡기는 것과 같다. 마르크스가 제시한 획일적인 국가통제 경제도 문제지만 이런 식의 '래세 패르' 또한 시장과 나라를 공히 망치는 길이다. 양자의 조화가 필요한 이유다. 그런 점에서 관자경제학과 애덤 스미스 등이 역설한 '정치경제학'의 근본취지를 되살필 필요가 있다.

제3절
독사讀史와 독경讀經

　관중은 춘추전국시대를 대표하는 최고의 정치가일 뿐만 아니라 중국의 전 역사를 통틀어 최고의 사상가에 해당한다. 공자가 제자들 앞에서 관중을 수시로 언급하며 인仁을 실천한 인물로 칭송한 게 그렇다. 관중의 패업을 존왕양이尊王攘夷의 위업으로 평가한 결과다. '존왕양이'는 왕실을 받들어 천하질서를 바로잡고, 외적의 침입으로부터 중원의 역사문화를 수호한다는 뜻이다. 훗날 순자와 한비자도 똑같은 취지로 관중의 '존왕양이' 업적을 기렸다.

　주목할 것은 공자의 사상적 후계자를 자처한 맹자의 엇갈린 행보이다. 그는 난세에도 오직 덕치로 평천하를 이뤄야 한다는 왕도王道를 역설하며 관중의 패업을 가차 없이 깎아 내렸다. 강력한 무력과 법치로 상징되는 패도覇道를 적극 수용한 순자의 입장과 대비된다. 치세에는 왕도가 바람직하지만 난세에는 패도도 수용할 수 있다는 게 순자의 기본입장이다. 이를 선왕후패先王後覇라고 한다. 순자의 '선왕후패' 입장이 관중의 '존왕양이' 위업을 인仁으로 해석한 공자의 입장과 같은 것임은 말할 것도 없다. 순자의 제자인 한비자도 거의 같은 입장이다.

그럼에도 남송 때에 이르러 맹자를 사상적 교주로 삼은 주희가 성리학을 집대성해 사상계를 평정하면서 맹자의 왕도 주장만이 횡행하게 됐다. 순자와 그의 제자인 한비자가 이단으로 몰리게 된 근본 배경이다. 이를 계기로 원래 치국평천하에 초점을 맞춘 공자사상은 문득 수신제가에 방점을 찍은 도덕철학으로 변질되고 말았다. 그 후유증은 실로 막대했다. 19세기에 들어와 성리학에 함몰된 청조와 조선이 서구 열강 및 일제의 식민지 내지 반식민지로 전락한 게 그렇다. 아편전쟁을 전후로 국가패망의 위기가 고조되자 많은 지식인들이 『관자』의 주석 작업에 매달린 사실이 이를 반증한다.

대표적인 인물이 중국의 초대 사회과학원장을 지낸 곽말약이다. 그는 1956년에 메이지유신의 사상적 기초가 된 일본의 역대 『관자』 주석을 포함해 중국의 역대 주석을 총망라한 『관자집교』를 펴냈다. 비록 문화대혁명 등의 우여곡절을 겪기는 했으나 문득 21세기에 들어와 G2의 일원으로 우뚝 선 배경이 여기에 있다. 경세제민과 부국강병을 두 축으로 하는 관자경제학의 이치를 터득한 결과다.

고금의 역사가 가르치듯이 난세에는 난세의 논리가 작동한다. 그게 바로 부국강병 이론으로 상징되는 패도이다. 관중이 바로 그 효시에 해당한다. 객관적으로 볼 때 『관자』는 『한비자』 및 『손자병법』 등과 더불어 부국강병 계책의 보고이다. 춘추시대 중엽 관중이 40여 년 동안 제환공을 보필하면서 제나라를 최강의 나라로 만들어낸 사실이 이를 뒷받침한다.

마키아벨리의 『군주론』은 서양의 역사를 전사前史와 후사後史를 나누는 분기점에 해당한다. 강력한 법치와 무력을 배경으로 한 군주의 단호한 결단을 촉구한 덕분이다. 『관자』의 논지가 꼭 이와 같다. 동양 전래의 수제치평修齊治平 논리를 적용하면 『군주론』과 『관자』 모두 치국평천하에 방점을 찍고 있다. 플라톤의 『국가론』과 『맹자』가 이상주의에 입각해 철인왕哲人王과 왕도를 실천하는 왕자王者를 역설하며 수신제가 차원으로 기울어진 것과 대비된다.

일찍이 아리스토텔레스는 『정치학』 제7장에서 지도자의 삶을 크게 2가지 유형으로 나눈 바 있다. '철학적 삶βίος φιλοσοφικός'과 '정치적 삶βίος πολιτικός'이 그것이다. '철학적 삶'은 '관조적 삶' 내지 '이론적 삶'으로도 표현된다. '정치적 삶'이 '활동적 삶' 내지 '실제적 삶'으로 표현되는 것과 대립한다. '철학적 삶'은 『대학』에서 말하는 수신제가, '정치적 삶'은 치국평천하로 바꿔 표현해도 크게 틀리지 않는다.

동양은 수천 년 동안 독서인이 정치와 행정을 전담했다. 그게 바로 송대의 사대부士大夫이고 명청대의 신사紳士이다. 사대부와 신사는 죽을 때까지 책을 손에서 놓지 않는 수불석권手不釋卷을 당연시했다. 공자가 그 모범을 보였다. 삼국시대의 조조를 비롯해 '신 중화제국'의 창업주인 모택동 모두 '수불석권'을 행했다. 독서는 크게 수신제가 차원에서 경전을 읽는 독경讀經과 치국평천하 차원에서 사서를 읽는 독사讀史로 나눌 수 있다. 독경은 아리스토텔레스가 말한 '철학적 삶', 독사는 '정치적 삶'을 지향한다. 이를 하나로 묶어 도식화하면 다음과 같다.

〈지도자의 2가지 삶의 유형〉

철학 = 관조 = 이론 = 이상 = 형이상形而上 =

독경讀經 = 수제修齊 = 왕도王道 = 덕치德治

⇕

정치 = 활동 = 실제 = 현실 = 형이하形而下 =

독사讀史 = 치평治平 = 패도覇道 = 역치力治

　서양에서 '철학적 삶'을 역설한 대표적인 사상가가 바로 플라톤이다. 동양에서는 왕도와 덕치를 역설한 맹자가 플라톤과 닮았다. '정치적 삶'을 강조한 서양의 대표적인 사상가는 마키아벨리이다. 동양에서는 패도와 법치를 강조한 한비자가 마키아벨리와 유사한 논지를 펼쳤다. 소크라테스와 공자, 아리스토텔레스와 순자는 '정치적 삶'과 '철학적 삶'을 하나로 녹이는 절충주의 입장을 보였다.

　마키아벨리는『군주론』에서 '철학적 삶'을 미화해 놓은 플라톤의『국가론』을 정면으로 비판하면서 군주의 강력한 리더십을 역설하고 나섰다. '정치적 삶'을 특징으로 하는 인간 중심의 르네상스 운동을 이론적으로 뒷받침한 일대 쾌거에 해당한다. 실제로 서양은 이를 계기로 르네상스의 꽃을 활짝 피우면서 세계사의 주역으로 등장하는 일대 전기를 맞이했다. 동양이『관자』와『한비자』등을 멀리하며 성리학의 등장을 계기로 '정치적 삶'에서 오히려 '철학적 삶'으로 빠져든 것과 대비된다. 동서양의 우위가 역전된 결정적 배경이 여기에 있다. 21세기에 들어와 중국의 자금성 수뇌부와 기업CEO들이 '관학'에 열을 올리는 것도 이런 맥락에서 이해할 수 있다. 과거의 잘못을 답습하지 않겠다는 굳은 결의의 표현이다.

21세기의 G2시대는 중원의 주인공이 바뀌는 과거의 왕조교체기에 해당한다. 여러모로 어지러울 수밖에 없다. 한반도는 미중이 한 치의 양보도 없이 치열한 각축을 벌이고 있는 '총칼 없는 전쟁'의 한복판에 있다. 전 국민의 지혜를 하나로 모을 필요가 있다.

객관적으로 볼 때 치국평천하 방략을 둘러싼 제자백가의 백가쟁명은 크게 '철학적 삶'에 방점을 찍은 이상론과 '정치적 삶'에 무게중심을 둔 현실론으로 대별할 수 있다. 묵자와 맹자가 전자를 대표하고, 관자와 상앙 및 한비자 등이 후자를 대표한다. 난세의 시기에는 '정치적 삶'에 초점을 맞출 필요가 있다. 필자가 본서를 펴낸 이유이기도 하다.

'정치적 삶'에 대한 이해는 21세기에 들어와 G2로 우뚝 일어선 '신 중화제국'을 이해하는데도 매우 중요하다. 중국의 G2 부상은 춘추전국시대를 화려하게 수놓은 이들 제자백가의 학문을 발견한데서 시작됐다. 핵심은 '관학'이다. 『관자』는 단순히 치국 차원에 머물지 않는다. 평천하의 방략이 무궁무진하다. 중국의 자금성 수뇌부와 기업CEO들이 '관학'에 열광하는 이유다. 이들은 '신 중화질서'의 구축과 세계시장의 석권을 염두에 두고 '관학'에 몰두하고 있는 것이다. 중국이 '시진핑 개혁'을 통해 소비 중심 성장을 내걸고 쾌속항진을 지속하고 있는 이유다. 미국이 이른바 '오바마 리쇼어링'을 통해 제조업 부활을 내걸었지만 별다른 성과를 내지 못하고 있는 것과 대비된다. 새로운 G1의 자리를 놓고 두 나라가 벌이고 있는 승패의 조짐이 서서히 그 모습을 드러내고 있는 셈이다. 지난 2008년의 금융위기 이후 미국과 유럽의 모델을 그대로 좇는 나라가 단 하나도 존재하지 않는 게 이를 뒷받침한다.

주목할 것은 중국이 지난 1949년 출범 때부터 시종 궁극적으로는 미국을 제압하고 천하를 호령하는 '신 중화질서'의 구축에 사활을 걸고 있는 점이다. 제2차 세계대전 이전에 일본이 '대동아공영권' 운운하며 동아시아에서 우두머리 역할을 하고자 했던 것과 비교할 때 그 스케일이 다르다. 중국이 다른 나라와는 정반대로 미사일과 인공위성부터 만든 뒤 이제 독자적인 브랜드의 자동차와 스마트폰 등을 만들려고 시도하는 것도 이런 맥락에서 이해할 수 있다.

우리 속담에 나오듯이 꼭 과천을 거쳐 서울로 가는 길만 고집할 필요가 없다. 어떤 노선을 택하든 서울로 가기만 하면 된다. G2 중국이 가는 노선이 꼭 이와 같다. 그들이 궁극적으로 이르고자 하는 목적지는 말할 것도 없이 G1이다. 우열이 확실히 가려질 때까지 G1 미국과 G2 중국의 힘겨루기가 지속될 수밖에 없다. 그 한복판에 한국이 있다. 제자백가 특히 '관학'에 대한 깊은 탐사가 필요한 이유다.

사실 제자백가의 학문을 꿰지 못하면 21세기 G2시대의 난세를 타개하는 방략을 찾는 게 매우 어렵다. 그럼에도 한국에서는 위정자와 기업 CEO 가운데 이를 실감하는 사람이 그리 많지 않은 듯하다. 극단적인 명분론에 함몰돼 '정치적 삶'과 동떨어진 행보를 보인 조선성리학의 유폐로 보인다.

'신 중화질서'로 요약되는 새로운 G1의 시대의 전단계로 다가온 G2시대의 난세는 과거 서양이 걸었던 길을 이제 동아3국이 거꾸로 되짚어가는 엄중한 시기가 다가왔음을 예고하고 있다. 이런 시기에 우리가 궁극적으로 지향할 목표는 바로 '팍스 시니카'의 흐름에 적극 편승한 '팍스 코레아나'이다. 이는 소프트웨어로 전 세계를 제패하는 것을 뜻한다. 하드에어는 '팍스 시니카'를 이용하면서 그 알맹이에 해당하는 소프트웨어는 '한류문화' 내지 '한류상품'으로 채워 넣는 것을 말한다.

이미 좋은 전례가 있다. 싸이의 강남스타일이 전 세계를 열광시킨 여파로 서울의 강남 일대가 한류문화의 메카가 된 게 그렇다. 다양한 유형의 '한류문화'와 '한류상품' 개발에 발 벗고 나서야 하는 이유다. 그 어느 때보다 위정자를 비롯한 기업CEO의 심기일전心機一轉 각오와 불퇴전不退轉의 용맹정진이 절실하다.

과거 일본은 메이지유신을 전후로 난세리더십의 보고인 『관자』를 비롯해 『한비자』와 『상군서』, 『손자병법』, 『전국책』 등을 치밀하게 연구해 부국강병을 이뤘다. 『관자』는 상가, 『한비자』는 법가, 『손자병법』은 병가, 『전국책』은 종횡가의 바이블에 해당한다. 이들이 지향하는 것은 오직 하나, 바로 부국강병이다. 그 연원이 바로 『관자』이다. '관학'을 깊이 연구해야 하는 이유다.

제2장 경세제민 ― 세상을 다스려 백성을 구하라

제1절
이민利民과 균부均富

관중을 효시로 하는 상가商家는 오랫동안 사람들의 뇌리에서 사라진 제자백가였다. 그러나 춘추전국시대는 물론 그 이후의 진한시대에 이르기까지 상가는 분명 하나의 사상적 흐름으로 존재했다. 전한 초기 사마천이 『사기』를 쓰면서 「평준서」와 「화식열전」을 편제한 사실이 이를 뒷받침한다.

『사기』「화식열전」에서 말하는 '화貨'는 조개가 상품과 화폐로 변용돼 사용되고 있는 점에 착안해 조개 패貝와 변화할 화化를 조합해 만든 회의문자이다. 조개를 화폐로 사용할 당시의 원시경제 상황을 반영하고 있다. '식殖'은 증식을 뜻한다. '화식'은 곧 자원의 생산 및 교환을 통해 재화의 이익을 추구하는 상공업활동을 의미한다. 사마천은 『사기』「태사공자서」에서 「화식열전」을 편제하게 된 배경을 이같이 기술해 놓았다.

"포의布衣의 필부가 정사에 해를 끼치지도 않고, 백성을 방해하지도 않고, 때에 따라 매매하면서 그 이식으로 재부를 쌓았다. 지자知者도 이를 택한 바 있다. 그래서 「화식열전」을 열전의 제69편에 편제하게 된 것이다."

거만의 재산을 모은 부상대고에 대한 그의 기본적인 입장이 잘 드러나 있다. 이들 중에는 목장 주인, 하층 장사꾼, 부녀자 등도 있다. 사마천은 이처럼 다양한 부류의 사람이 부상대고가 된 비결을 이른바 성일誠壹에서 찾았다. 하나같이 모든 정성을 기울여 주어진 사업에 매진한 덕분으로 파악한 것이다.

그러나 『한서』를 쓴 반고는 사마천의 이런 입장에 극히 비판적인 모습을 보였다. 그는 비록 「화식열전」을 흉내 내 『한서』「화식전」을 편제하기는 했으나 그 취지만큼은 정반대이다. 사마천이 '성일'의 구체적인 실례로 든 행상인 출신 옹락성雍樂成 등의 치부 방법을 두고 '교화를 해치고 풍속을 깨뜨리는 대란의 길이다.'라며 혹평을 가한 게 그렇다. 똑같이 '화식'이라는 표현을 쓰면서도 『사기』「화식열전」과 『한서』「화식전」의 차이를 이처럼 극명하게 보여주는 대목도 없다.

이는 기본적으로 사마천은 '상가', 반고는 '유가'의 관점에서 상공업을 바라본 결과다. 21세기 G2시대의 관점에서 볼 때 사마천의 견해가 옳은 것임은 말할 것도 없다. 여기에는 돈이 없어 궁형을 당한 개인적인 경험이 적잖이 작용했을 것으로 보인다. 당시에는 속죄금을 내고 죽을 죄까지도 사면을 받는 속사贖死 제도가 있었다. 궁형은 죽을죄보다 가벼운 죄이다. 사마천도 돈을 내기만 했으면 얼마든지 궁형을 면할 수 있었다. 그러나 그 비용이 엄청났다. 사마천의 집에는 그런 큰돈이 없었다. 그는 이를 원통하게 생각했을 공산이 크다. 그가 이익을 향해 무한 질주하는 인간의 호리지성好利之性을 통찰케 된 것도 이런 배경과 무관치 않을 듯싶다.

『관자』와 『사기』「화식열전」의 키워드 가운데 하나가 백성에게 이익을 안기는 이민利民인 것도 이런 맥락에서 이해할 수 있다. 관중은 『관자』「해언」편 '판법해'에서 전설상의 성군인 순임금만이 오직 백성들의 이익을 위해 헌신했다고 보았다. 해당 구절이다.

"무릇 자신을 위하는 이기利己는 추호도 없고 오직 백성만을 이롭게 한 이른바 '불리리인不利利人'의 행보를 보인 사람은 오직 순임금뿐이다. 당초 그는 역산歷山에서 밭을 갈고, 하빈河濱에서 그릇을 굽고, 뇌택雷澤에서 고기를 잡았다. 이때 자신은 조금도 이익을 취하지 않고 그 이익으로 백성을 가르치고, 백성이 모든 이익을 갖도록 했다."

관중이 '이민'을 부국강병의 요체로 간주한 배경이다. 그가 '부민'을 생략한 채 곧바로 부국강병으로 나아가고자 한 제환공의 성급한 행보를 제지한 것도 이런 맥락에서 이해할 수 있다. '부민'이 이뤄져야 부국강병이 가능하다고 본 것이다. 『관자』「구언」편 '치국'에 이를 뒷받침하는 대목이 나온다.

"무릇 치국의 도는 반드시 먼저 백성을 부유하게 만드는 이른바 필선부민必先富民에서 출발해야 한다. 백성이 부유하면 치국치민治國治民이 쉽고, 가난하면 어렵게 된다. 어떻게 그렇다는 것을 알 수 있는가? 백성이 부유하면 향리에 안거하며 가정을 중시하는 안향중가安鄕重家의 성향을 보이고, '안향중가'의 성향을 보이면 관원을 존경하며 범죄를 두려워하는 경상외죄敬上畏罪의 모습을 보인다. '경상외죄'의 모습을 보이면 치국치민이 쉽다. 백성이 가난하면 향리에 안거하지 못하고 가정을 경시하는 위향경가危鄕輕家의 성향을 보이고, '위향경가'의 성향을 보이면 관원을 능멸하고 금령을 어기는 능상범금陵上犯禁의 모습을 보인다. '능상범금'의 모습을 보이면 치국치민이 어렵다. 다스려지는 나라는 늘 부유하나, 어지러운 나라는 반드시 가난한 이유다. 치국치민을 잘하는 자는 반드시 먼저 백성을 부유하게 하는 '필선부민'을 행한 뒤 치국치민에 임한다. 무릇 치국의 길은 반드시 우선 백성을 잘살게 하는 데서 시작한다. 백성들이 부유하면 다스리는 것이 쉽고, 백성들이 가난하면 다스리는 것이 어렵다."

관자사상을 관통하는 최고의 이념 가운데 하나를 꼽으라면 단연 '필선부민'으로 표현된 부민富民을 들 수 있다. '부민'은 백성을 이롭게 하는 이민利民에서 시작한다. 『관자』「외언外言」편 '오보'에 이를 뒷받침하는 대목이 나온다.

"치국의 방법으로 백성에게 이익을 주는 것보다 나은 게 없다."

관중의 경제사상을 '이민' 내지 '부민'으로 요약하는 이유다. 백성에게 이익을 주는 '이민' 정책을 펼쳐야 백성이 부유해지는 부민을 달성케 되고, 부민이 완성돼야 나라도 부유해지는 부국이 가능해지고, 부국이 돼야 강병도 실현할 수 있다는 게 그의 생각이다. 이는 전 인민을 고루 잘살게 만드는 균부均富 사상으로 요약된다. '필선부민'과 '균부'는 동전의 양면 관계를 이루고 있다. 관자경제학의 '균부' 이념은 노자가 역설했듯이 남는 것을 덜어내 부족한 부분을 메우는 이치와 같다. 『도덕경』 제77장의 해당 대목이다.

"천도는 마치 활을 당기는 것과 같다. 높은 것은 내리누르고 낮은 것은 들어 올린다. 남는 것은 덜어내고 부족한 것은 보탠다."

'남는 것은 덜어내고 부족한 것은 보탠다.'는 구절의 원문은 '유여손지有餘損之, 부족보지不足補之'이다. 국가공동체가 오래도록 번영할 수 있는 길이 바로 '유여손지, 부족보지'에 있다. 내부의 민력을 하나로 모으는 경세제민이 이뤄져야 부국강병을 이룰 수 있고, 궁극적으로 예의염치를 아는 문화대국을 건설할 수 있다. 여기서 유출된 게 바로 『관자』 「경언」 편 '목민'에서 역설한 족식지례足食知禮의 기본원리이다. 말할 것도 없이 '균부'의 기본이념에서 흘러나온 치국평천하의 이치이다. 이를 도식으로 정리하면 다음과 같다.

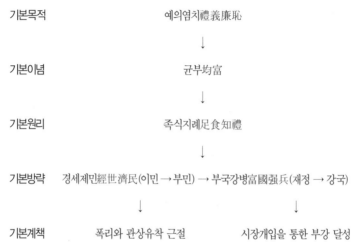

〈관자 정치경제학의 이념과 원리〉

기본목적	예의염치禮義廉恥
	↓
기본이념	균부均富
	↓
기본원리	족식지례足食知禮
	↓

기본방략　경세제민經世濟民(이민 → 부민) → 부국강병富國强兵(재정 → 강국)

	↓	↓
기본계책	폭리와 관상유착 근절	시장개입을 통한 부강 달성

관중이 군민일체君民一體의 필요성을 역설한 것도 이런 맥락에서 접근해야 제대로 된 해석이 가능하다. 신하에게 전적으로 맡겨서는 안 된다는 취지를 담고 있다. 늘 폭리를 꾀하는 부상대고와 유착할 가능성을 염두에 둔 것이다. 결국 믿을 것은 백성밖에 없다는 얘기가 된다. 『관자』 「단어」편 '군신 상'에 이를 뒷받침하는 구절이 나온다.

"군주가 백성과 더불어 일체를 이루는 것이 곧 나라로써 나라를 지키고 백성으로써 백성을 지키는 길이다."

'이민'을 전제하지 않은 한 '부민'은 달성할 길이 없고, 국가가 적극 개입하지 않으면 '균부'를 실현할 길이 없다는 게 『관자』를 관통하는 기본 정신이다. 『관자』「단어」편 '치미'에서 남는 것을 덜어 부족한 것을 보충하라고 주문한 것도 이런 맥락에서 이해할 수 있다. 풍년이 든 해에 비축해 두었다가 흉년이 들었을 때 서민의 기근을 해결할 때 사용하라고 주문한 이유다. '균부'의 이념을 역설한 것이다. 사치성 소비를 부추긴 '치미'에 다음 구절이 이를 뒷받침한다.

"백성들로 하여금 가장 좋은 음식을 물리도록 먹고, 지극한 즐거움을 물리도록 즐기고, 심지어 새알에 장식을 한 뒤 삶아 먹고, 땔감에 조각을 한 뒤 불을 때도록 허용해야 합니다. 불사약不死藥의 단사丹砂가 나는 광산의 굴을 막지 않으면 이를 판매하려는 상인의 발길이 그치지 않을 것입니다. 부자가 원하는 만큼 소비토록 하면, 덕분에 빈자도 일자리를 얻게 됩니다. 이것이 백성을 기르고, 부자와 빈자가 서로 협력해 먹고 살게 하는 길입니다. 이는 어느 한쪽의 노력만으로는 이룰 수 없습니다. 반드시 재화의 축적이 전제돼야 합니다."

서구의 이분법적 사고의 세례를 받은 일부 학자들은 '치미'의 이 대목을 매우 비판적으로 보고 있다. 근검을 역설한 『관자』의 기조와 어긋난다는 것이다. 이는 『관자』가 '치미'에서 부자들의 사치를 허용한 기본입장을 제대로 파악치 못한 결과다. '부자가 원하는 만큼 소비토록 하면 덕분에 빈자도 일자리를 얻게 된다.'라고 언급한 대목에 주목할 필요가 있다. 관자는 '균부'에 방점을 찍고 부자의 사치성 소비를 언급한 것이다. '치미'의 다음 일화를 보면 '균부'에 관한 관자의 기본입장을 보다 분명히 알 수 있다. 하루는 제환공이 관중에게 물었다.

"많이 있는데도 얼마 없다고 말하고, 실제로는 손에 넣고자 하면서도 겉으로는 겸양하고, 행동은 은밀히 하면서도 말은 공개적으로 하고, 남의 재난을 은근히 기뻐하며 아무 탈이 없는 것을 두려워하는 경우가 있소. 과인의 머릿속에 이런 생각이 계속 떠도니 이를 어찌해야 좋소?"

관중이 대답했다.

"그것은 옛날 군주가 재리財利를 모을 때 쓴 방법으로 그같이 해도 아무 문제가 없었습니다. 그러나 지금은 재리가 분산되어 있는데다, 백성들이 주시하고 있습니다. 반드시 재리를 백성에게 고루 나누는 '균부'의 방법을 구사해야 하는 이유입니다."

제환공이 물었다.

"구체적으로 어떤 것이오?"

관중이 대답했다.

"예컨대 부자에 대해서는 3년상 등의 구상久喪을 지키게 해 시간을 허비토록 만들고, 장례 의식을 거창하게 해 많은 재화를 소비토록 만듭니다. 그 위에 친척과 친구의 대대적인 문상을 조장해 서로 친목을 다지게 합니다. 이후 이를 하나의 풍속으로 고정시켜 나가면 됩니다. 이를 일컬어 많은 백성이 지켜야 하는 관습인 이른바 중약衆約이라고 합니다."

"구체적으로 어찌해야 '중약'이 가능한 것이오?"

관중이 대답했다.

"우선 부자의 분묘를 크고 아름답게 조성토록 합니다. 이는 빈자들의 일자리를 만들기 위한 계책입니다. 또 분묘를 아름답게 꾸미도록 합니다. 이는 화공畵工과 조공彫工의 고용을 위한 계책입니다. 이어 관곽을 크게 짜도록 합니다. 이는 목공木工의 고용을 위한 계책입니다. 나아가 수의壽衣와 수금壽衾 등을 많이 장만토록 합니다. 이는 여공女工의 고용을 위한 계책입니다. 이것도 충분치 않습니다. 흙을 모아 담장을 쌓고,

둘레에 울타리 나무를 심고, 부장품을 대거 묻게 합니다. 후장厚葬을 통해 백성이 서로 먹고 살도록 조치한 것입니다. 연후에 비로소 백성이 서로를 이롭게 하고, 나라 또한 수비와 출정 준비를 합당하게 할 수 있습니다."

이 일화를 통해 관중이 '균부'에 초점을 맞춰 부자의 사치성 소비를 권장했음을 분명히 알 수 있다. 주의할 것은 군주를 위시한 위정자에게 사치성 소비를 권한 적이 없다는 점이다. 이들은 치국평천하를 담당하고 있는 까닭에 늘 근검한 행보를 보여야 한다. 이들이 사치성 향락에 빠지면 이내 관상유착을 빚어 부정비리의 근원이 되기 때문이다. 사치성 소비는 부유한 상공인과 토호의 행보만으로도 충분하다는 게 관자의 기본입장이다.

『관자』를 읽을 때 주의할 대목이다. 관중은 늘 '균부' 이념을 염두에 두고 모든 재정경제 정책을 시행했다. 그런 사례가 부지기수로 많다. 상가사상을 집대성한 사마천도 이에 공명했다. 『사기』「순리열전」에 전국시대 노나라 재상 공의휴公儀休를 예로 든 게 그렇다. 해당 대목이다.

"공의휴는 노나라의 박사博士였다. 그는 뛰어난 재능과 덕망으로 노나라의 재상이 되었다. 법을 숭상하고 이치를 따르며, 변칙적으로 바꾸는 일이 없게 되자, 자연히 모든 관리들의 행동도 단정해졌다. 봉록을 누리는 자는 일반 서민들과 이익을 다투지 않게 하고, 높은 봉록을 누리는 자는 사소한 이익을 탐하지 못하게 했다. 어떤 빈객이 그에게 생선을 선물했다. 그가 이를 받지 않았다. 빈객이 묻기를, '소문에 재상께서 생선을 좋아하신다고 하기에 생선을 보낸 것인데 왜 받지 않는 것입니까?'라고 했다. 그가 대답키를, '생선을 좋아하기 때문에 받지 않았소. 오늘날 나는 재상의 자리에 있기에 충분히 생선을 살 수가 있소. 지금 생선을 받다가 파면되면, 누가 다시 나에게 생선을 주겠소? 나는 이 때문에 받지 않은 것이오.'라고 했다. 어느 날 그가 채소를 먹어보니 맛이 좋았다. 그는 이내 자기의 밭에 있는 채소들을 뽑아 폐기시켰다. 또 자기 집에서 짜는 베가 질이 좋은 것을 보고는 당장 그 베 짜는 여인을 쫓아내고는 베틀을 불태웠다. 그러면서 말하기를, '농부와 직녀織女는 어디에서 그 물건들을 팔아야 한다는 말인가?'라고 했다."

벼슬아치들이 백성들과 이익을 다투지 않는 것을 당연시한 것이다. 로마가 극성했을 때의 '노블레스 오블리주' 정신과 통한다. 관자경제학이 바로 이런 입장에 서 있었다. 이를 통해 부자의 사치성 소비를 권장한 근본배경이 바로 '균부' 이념의 실현에 있다는 사실을 알 수 있다.

일각에서 관자경제학을 두고 '자유주의 시장경제'와 대치되는 '국가주의 시장경제'로 규정하는 것은 나름 일리가 있으나 정곡을 찌른 것은 아니다. 관자경제학은 결코 '자유주의 시장경제'와 대립한 적이 없다. 오히려 '자유주의 시장경제'를 존중했다고 보는 게 옳다. 다만 시장 질서를 교란하는 자는 가차 없이 솎아내야 한다고 역설했다. 『관자』「승마」와 「구부」 및 「경중」편에 나오는 모든 재정경제 정책이 부상대고의 폭리를 원천봉쇄하는데 초점이 맞춰져 있는 게 그 증거다.

관중이 볼 때 국가가 시장에 개입하지 않고 방임하면 시장은 반드시 자본이 많고 힘이 센 부상대고 등의 부호가 관원과 유착해 폭리를 취하게 된다. 역사적 사실에 비춰볼 때 관중의 이런 관점이 타당하다. 특히 난세의 시기에 더욱 그렇다. 이를 방치해서는 결코 '균부'의 이념을 달성할 길이 없게 된다. 관중이 국가의 적극적인 개입을 역설한 근본배경이다. 부상대고의 폭리를 차단해 그 이익을 국고로 환수한 뒤 부국강병과 약자를 위한 복지사업에 쓸 것을 권한 이유다.

관자경제학을 굳이 현대 경제학의 잣대를 이용해 평가코자 할 경우 '자유주의 시장경제'와 '국가주의 시장경제'의 혼합으로 보는 게 타당한 이유다. 중국의 '사회주의 시장경제'의 본질이 바로 여기에 있다. 관자경제학에 대한 이해가 전혀 없는 서구의 경제학자들은 그 실체를 제대로 보지 못하고 변죽만 울리고 있을 뿐이다.

서구 학자들이 말하는 중국의 '사회주의 시장경제'는 자본주의만이 시장경제를 제대로 운용할 수 있다는 이분법적인 발상에서 나온 것이다. 여기에는 마르크스의 책임이 크다. 그 역시 시장을 부르주아의 프롤레타리아에 대한 착취의 장소로 간주했기 때문이다. 그런 식으로 접근하면 '사회주의 시장경제'의 진면목을 제대로 간취할 수 없다.

오늘의 G2 중국을 가능케 한 '사회주의 시장경제'는 '균부주의 시장경제'로 표현하는 게 옳다. 그게 정곡을 찌른 해석이다. 시장의 자율성을 보장하되 질서교란자를 솎아내기 위해 국가가 적극 개입한다는 점에서는 자본주의와 국가주의를 혼합한 국가자본주의國家資本主義에 해당한다. 정치학적으로 해석하면 군주주의와 민주주의를 혼합한 군주민주주의君主民主主義, 자유주의와 평등주의를 결합한 자유평등주의自由平等主義, 개인주의와 국가주의를 뒤섞은 개인국가주의個人國家主義에 가깝다. 서구의 이분법적 접근으로는 그 의미를 제대로 파악키가 쉽지 않다.

관자경제학의 궁극적인 목적은 부국강병을 통해 예의염치를 아는 문화대국의 건설에 있다. 하드웨어와 소프트웨어, 정치와 윤리도덕이 하나로 융합된 명실상부한 21세기 G1 국가의 모델에 해당한다. 주의할 것은 이것이 반드시 '균부주의' 이념을 전제로 하고 있다는 점이다. 일국의 전 국민을 포함해 전 세계의 모든 인민이 고루 잘 사는 유일한 길은 부자가 '리세스 오블리주richesse oblige'를 실천하고, 국가가 적극 나서 시장 질서를 교란하는 자를 솎아내며 사회적 약자인 빈자를 적극 부조하고 나서는 길밖에 없다. 그게 관자경제학을 관통하는 '균부'의 기본 이념이다. 관자경제학의 두 축이 백성을 이롭게 하는 이민利民에 기초한 경세제민과 부민을 전제로 한 부국강병에 있다. 경세제민과 부국강병의 기본 이념이 바로 '균부'이다. 이는 치국평천하의 대전제에 해당하는 것으로 마르크스의 표현을 빌리면 관자경제학의 철칙鐵則에 속한다.

제2절
선부先富와 후교後敎

　사마천은 『사기』 전편에 걸쳐 큰 뜻을 가슴에 품은 진취적인 인물을 상세히 소개해 놓았다. 이들 모두 사마천처럼 온갖 고난을 무릅쓰고 자신이 세운 목표를 이룰 때까지 끊임없이 전진한 자들이다. 목숨을 버릴지언정 결코 굴하는 법이 없다. 죽음보다 못한 궁형의 굴욕을 감수하고 끝내 『사기』를 완성한 사마천의 의지를 빼닮았다. 사마천이 불요불굴의 의지로 인간승리를 이룬 인물로 꼽은 사람은 주문왕과 공자, 굴원, 좌구명, 손빈, 여불위, 한비자 등이다. 모두 '대의멸친'과 관련된 자들이다.

　그러나 『사기』 「화식열전」에 나오는 주인공들은 '대의멸친'과 동떨어진 사람들이다. 그럼에도 사마천은 이들 부상대고富商大賈에게 찬사를 아끼지 않았다. 관중을 사상적 비조로 하는 상가에 대한 확고한 신념이 없다면 불가능한 일이다. G2의 일원으로 우뚝 선 중국의 눈부신 경제발전도 따지고 보면 『사기』 「화식열전」이 역설한 상가의 정신을 되찾은 결과로 볼 수 있다. 관자경제학의 위대한 면모를 엿볼 수 있는 대목이다.

이는 『관자』「경언」편 '목민'의 다음 구절에 요약돼 있다.

"무릇 백성을 다스리는 목민자牧民者는 반드시 4시四時의 농경에 힘쓰고 창름倉廩을 잘 지켜야 한다. 나라에 재물이 많고 풍성하면 먼 곳에 사는 사람도 찾아오고, 땅이 모두 개간되면 백성이 안정된 생업에 종사하며 머무는 곳을 찾게 된다. 창름이 풍족하면 백성들이 예절禮節을 알게 되고, 입고 먹는 의식衣食이 족하면 영욕榮辱을 알게 된다."

'창름'의 '창'은 곡식을 갈무리하고, '름'은 쌀을 갈무리하는 곳으로 국고의 재물을 상징한다. 여기의 예절은 '예의염치'의 도덕적 가치, 영욕은 존비귀천尊卑貴賤의 국법질서와 존엄을 말한다. 그는 국가가 존립하기 위해서는 백성들 개개인이 예의염치를 좇고 국법질서와 국가존엄을 이해하는 이른바 지례지법知禮知法이 전제돼야 한다고 설파한 것이다.

주목할 점은 '지례지법'의 관건으로 창고를 채우고 백성들을 배불리 먹이는 실창족식實倉足食을 든 점이다. 실창족식은 '부민', 지례지법은 나라의 '부국강병'을 의미한다. 관중은 나라를 다스리는 요체로 곧 〈부민 → 부국강병〉의 도식을 제시한 셈이다. 관중이 부국강병을 중시한 것은 말할 것도 없이 그래야만 나라를 존속시킬 수 있고, 나아가 문화대국을 건설할 수 있다고 보았기 때문이다. 이를 뒷받침하는 『관자』「해언」편 '형세해'의 해당 대목이다.

"군주의 가장 큰 공적은 부국강병을 이루는 것이다. 나라가 부유하고 병사가 강하면 제후들이 그 정령에 복종하고, 이웃한 적국이 그 위세를 두려워한다. 진귀한 보물 등의 예물을 타국 제후에게 보내지 않을지라도 제후들이 감히 침범하지 못한다. 군주의 가장 큰 죄는 빈국약병貧國弱兵을 초래하는 것이다. 나라가 가난하고 병사가 약하면 출병해도 승리하지 못하고, 방어에 나서도 견고하지 못하다. 가장 귀중한 보물 등이 포함된 예물을 보내며 이웃의 적국을 섬길지라도 패망의 화를 면치 못한다."

그러나 '부국강병'은 반드시 '부민'을 전제로 해야만 한다. 부민이 이뤄져야 부국이 가능하고, 부국이 가능해야 강병이 실현될 수 있다는 게 관중의 확고한 생각이었다.

주목할 것은 이게 공자가 역설한 선부·후교先富後敎 사상과 일치하고 있는 점이다. 원래 『관자』「경언」편 '목민'에서 언급한 〈실창족식의 부민 → 지례지법의 부국강병〉 도식은 공자가 『논어』「안연」에서 언급한 '족식'과 '민신民信'의 상호관계와 똑같다.

이에 따르면 하루는 자공이 정치에 대해 묻자 공자가 이같이 대답한 바 있다.

"족식足食과 족병足兵, 민신民信이 이뤄져야 한다."

'족식'은 경제수요의 충족, '족병'은 국방수요의 충족, 민신民信은 백성의 대정부 신뢰를 뜻한다. 자공이 재차 물었다.

"만일 부득이하여 반드시 하나를 버리기로 한다면 세 가지 중에서 무엇을 먼저 버려야 합니까?"

'부득이'는 외적의 침공 등으로 인한 극단적인 위기상황을 전제로 한 것이다. 공자의 대답은 간명했다.

"거병去兵해야 한다."

'거병'은 병력감축을 뜻한다. 자공이 또 물었다.

"만일 부득이하여 반드시 하나를 버리기로 한다면 나머지 두 가지 중에서 무엇을 먼저 버려야 합니까?"

공자가 대답했다.

"거식去食해야 한다. 자고로 먹지 못하면 죽을 수밖에 없으나 사람은 누구나 죽기 마련이다. 그러나 '민신'이 없으면 나라가 설 수조차 없게 된다."

'거식'은 경제축소를 뜻한다. 공자의 이런 주장은 외견상 '족식'에 해당하는 '실창'을 강조한 관중의 주장과 배치되는 것처럼 보인다. 실제로 성리학자들은 그같이 해석했다. 『관자』「경언」편 '목민'에 나온 〈실창족식의 부민 → 지례지법의 부국강병〉 도식과 『논어』「안연」에 나온 공자사상은 서로 배치된다는 것이다.

그러나 공자가 '민신'을 가장 중요한 국가존립의 요건으로 거론한 것은 국가존립을 위한 최소한의 조건인 '족식'과 '족병'을 포기해도 좋다고 말한 게 아니다. 이런 오해는 자공의 질문이 극단적인 위기상황을 전제로 한 것이라는 사실을 간과한데 있다. 성리학자들은 이를 무시한 채 '민신'에 초점을 맞춘 채 '족식'과 '족병'을 가벼이 취급해도 탈이 없다는 식의 엉뚱한 풀이를 한 것이다.

공자가 '민신'을 강조한 것은 나라가 패망의 위기에 직면했을 때 군주가 솔선수범하는 자세를 보여야만 백성이 그를 믿고 위기상황을 극복할 수 있다는 취지이다. 지배자와 피지배자 모두 생사를 같이 하는 국가공동체의 주체라는 점을 부각시키고자 한 것이다. 결코 평시조차 '거식'과 '거병'을 해도 좋다고 말한 게 아니다.

너무나 간단하면서도 당연한 얘기이다. 그런데도 성리학자들은 단순히 문면 그대로 해석하며 '믿음이 무기나 식량보다 더 중요하다.'는 식의 황당한 풀이를 했다. 이런 황당한 풀이를 질타한 최초로 인물이 바로 명대 말기에 활약한 이탁오李卓吾이다. 그는 『분서』「잡술雜術, 병식론兵食論」에서 이같이 갈파했다.

"무릇 윗사람이 되어 백성들이 배불리 먹고 안전하게 살 수 있도록 지켜주기만 하면 백성들도 그를 믿고 따르며, 부득이한 상황에 이르러서도 차라리 죽을지언정 윗사람 곁을 떠나지 않을 것이다. 이는 평소 윗사람이 그들의 안전과 식량을 충분히 제공해주었기 때문이다. 공자가 『논어』「안연」에서 '거병'과 '거식'을 거론한 것은 실제로 군사와 식량을 버리게 하려는 의도가 아니다. 이는 어쩔 수 없는 위기상황을 전제로 한 것이다. 어쩔 수 없는 위기상황에서 비롯된 것이라면 백성들도 '거병'과 '거식'의 부득이한 상황을 감내하면서 윗사람을 불신하는 지경까지는 이르지 않게 된다. 그래서 마지막에 '민신'을 언급한 것이다. 그럼에도 어리석은 성리학자들은 이와 정반대로 '믿음이 무기나 식량보다 더 중요하다.'고 지껄이고 있다. 성인이 하신 말씀의 참뜻을 제대로 파악치 못한 탓이다."

이탁오는 『관자』「경언」편 '목민'에 나오는 〈실창족식의 부민 → 지례지법의 부국강병〉 도식이 『논어』「안연」에 나오는 〈민신 → 족식, 족병〉 도식과 하등 차이가 없다는 사실을 밝혀낸 최초의 인물이다. 성리학자들이 '믿음이 무기나 식량보다 더 중요하다.'는 식으로 엉뚱하게 해석한 〈거식 → 거병 → 민신〉 도식은 나라가 패망할 위기에 처하는 등의 특수상황을 전제로 한 것이다. 이를 밝혀낸 것은 탁견이다.

외적이 쳐들어왔을 때와 같은 비상상황에서는 군민君民이 하나가 되어 싸워야 한다. 식량이 달리고 병력이 거의 소진된 상황에서 군주가 콩 한 알이라고 백성들과 나눠먹겠다는 자세로 솔선수범해야 백성들이 군주와 생사를 같이한다는 각오로 적을 물리칠 수 있다. 공자는 바로 이 경우를 말한 것이다. 민심을 얻는 게 관건이다. 관중도 이를 통찰했다. 이를 뒷받침하는 『관자』「경언」편 '목민'의 해당 대목이다.

"정치가 흥하는 것은 민심을 따르는데 있고, 폐해지는 것은 민심을 거스르는데 있다. 백성은 근심과 노고를 싫어하는 까닭에 군주는 그들을 평안하고 즐겁게 만들어야 하고, 빈천을 싫어하는 까닭에 군주는 그들을 부귀하게 만들어야 하고, 위험에 빠지는 것을 싫어하는 까닭에 군주는 그들을 잘 보호하여 안전하게 만들어야 하고, 후사가 끊어지는 것을 싫어하는 까닭에 군주는 그들을 잘 길러야 한다. 백성을 평안하고 즐겁게 만들면 백성은 군주를 위해 근심과 노고를 감수하고, 부귀하게 만들면 군주를 위해 빈천을 감수하고, 잘 보호해 안전하게 만들면 군주를 위해 위험에 빠지는 것을 감수하고, 잘 기르면 군주를 위해 후사가 끊어지는 것을 감수한다. 형벌은 민의民意를 두렵게 만들기에 부족하고, 살육은 민심을 복종토록 만들기에 부족하다. 형벌이 번다할지라도 민의가 이를 두려워하지 않게 되면 군주의 명령이 시행되지 않고, 많은 사람을 살육할지라도 민심이 이에 복종치 않으면 군주의 자리가 위태롭게 된다. 백성이 바라는 4가지 욕망을 따르면 먼 곳의 사람도 절로 다가와 친해지고, 백성이 싫어하는 4가지 혐오를 행하면 좌우에 있는 자조차 배반케 된다. 그래서 '주는 것이 곧 얻는 것임을 아는 것이 다스림의 요체이다.'라고 말하는 것이다."

'주는 것이 곧 얻는 것임을 하는 것이 다스림의 요체이다.'라는 언급은 천고의 명언이다. 이는 상가사상의 키워드에 해당한다. 상가사상의 요체가 바로 여기에 있다고 해도 과언이 아니다. 『관자』「단어」편 '참환'은 민심을 군심으로 돌려 표현해 놓았다. 해당 대목이다.

"병력을 장악하고도 군심을 얻지 못하면 홀로 싸움에 나선 것과 같고, 무기를 완비하지도 못한데다 날카롭지도 않으면 무기 없이 싸우는 것과 같다."

위기상황에서는 처자식의 마음을 뜻하는 민심이 곧 군심이고, 군심이 곧 민심이 된다. 군심 즉 민심을 얻지 못하면 아무리 많은 병력을 보유하고 있을지라도 승리를 거둘 길이 없다. 공자가 『논어』「안연」에서 '민신'을 역설한 것도 이런 맥락에서 이해해야 한다.

그러나 사실 이를 알아채는 게 그리 쉬운 일이 아니다. 내로라하는 유학자들이 거의 빠짐없이 『논어』에 주석을 달았음에도 『논어』「안연」의 〈거식 → 거병 → 민신〉 도식이 『관자』「경언」편 '목민'의 〈족식 → 족병 → 민신〉 도식과 사실은 같은 것이라는 사실을 눈치 채지 못한 게 그렇다. 이는 유학들이 3강5륜 등의 윤리도덕을 강조하며 지나치게 유심론적으로 기울어진 후과로 볼 수 있다. 이런 식의 논리를 내우외환의 비상시국에 적용하면 군민君民이 일치단결해 적과 싸울 생각은 하지 않은 채 매일 모여 적을 성토하는 것과 다름없다.

실제로 그런 일이 병자호란 때 남한산성에서 빚어졌다. 김상헌을 비롯한 척화파들은 연일 '독 안의 쥐' 신세가 되었는데도 산성에 들어오기 전보다 더 격한 어조로 매일 청나라 군사를 성토하는데 여념이 없었다. 주화파인 최명길이 쓴 항복문서를 마구 찢으며 울분을 토로한 게 전부다. 이런 식의 인물들이 나라를 망친 것이다. 아무 대책도 없이 '오랑캐' 운운하며 자고자대自高自大한 후과다. 구한말 일본에 나라를 빼앗길 때도 비슷한 모습이 재연됐다.

21세기 현재도 별반 달라진 게 없다. 통일을 이룰 수 있는 절호의 기회가 찾아왔는데도 정치권의 이전투구 양상으로 오히려 위기상황을 자초하고 있는 게 그렇다. 당쟁으로 날을 새며 '믿음이 무기나 식량보다 더 중요하다.'고 떠벌인 조선 유학자들의 한심한 작태가 21세기 현재까지 이어지고 있는 셈이다.

명나라는 이탁오의 이런 지적을 받아들이기는커녕 그를 옥에 가두고

자진으로 몰아감으로써 이내 패망하고 말았다. 대책도 없이 자고자대하는 자들의 말로가 이렇다. 공자가 단순히 느낌으로 관중의 패업을 칭송한 게 아니다. 공자와 관중이 부국강병의 방략에 일치하고 있다는 것은 『관자』와 『논어』의 관련대목을 비교하면 쉽게 알 수 있다. 춘추시대는 이미 초기부터 힘 있는 제후가 천자를 대신해 천하를 호령하는 모습을 보였다.

이를 역사상 최초로 이론적으로 정립해 제왕학의 기본이론을 만들어낸 사람이 바로 관중이다. 그가 정립한 제왕학 이론은 기본적으로 물은 배를 띄우기도 하지만 배를 전복시키기도 한다는 뜻의 이른바 '수가재주水可載舟, 수가복주水可覆舟'의 이치 위에 서 있다. 『관자』「외언」편 '오보'에서 최고의 치국평천하 원리로 백성에게 이익을 안겨주는 '이민'을 거론한 게 그렇다. 그래야만 백성이 부유해지는 '부민'을 달성할 수 있고, '부민'이 이뤄져야 부국강병을 실현할 수 있다는 논리이다. 관자의 제왕학 이론은 21세기 G2시대에도 그대로 적용할 만한 것이다.

관중이 균형재정을 뜻하는 절용節用을 역설한 것도 이런 맥락에서 이해할 수 있다. 이는 불요불급한 사업에 대한 방만한 투자를 억제하고 남아도는 관원인 용관冗官 등을 퇴출시켜야만 가능한 일이다. 관중이 재정의 건전화를 사치억제 정책과 함께 실시한 이유다. 이는 부국부민을 이루기 위해서는 우선 지배층의 자기절제가 선결돼야 한다는 판단에 따른 것이다.

당시 관중이 실시한 일련의 재정경제 정책은 중본억말重本抑末 정책으로 구체화했다. '중본억말'의 본本은 식재植栽와 목축牧畜 및 어염魚鹽 등의 농축수산업을 의미한다. 요즘의 경제정책으로 표현하면 제1차 산업인 농업을 포함해 제2차 산업인 일반 제조업을 강력 후원한 것에 비유할 수 있다. 말$_末$과 관련해 그가 시행한 일련의 정책을 보면 더욱 뚜렷하게 나타난다. '말'을 두고 적잖은 사람들이 상업 일반으로 이해하고 있으나 이는 잘못이다. 『관자』「단어」편 '치미'의 다음 대목이 그 증거다.

"상인은 결코 국가에 대해 아무것도 도움을 주지 않는 자가 아니다. 그들은 특정 지역을 가리지 않고 두루 거처하며, 군주를 가리지 않고 영업을 한다. 또 물건을 내다팔아 이익을 내야 하는 까닭에 사들인 재화를 쟁여두지도 않는다. 나라의 산림을 이용해 이익을 얻는 경우가 대표적이다. 이들 덕분에 시장의 세수稅收가 2배 가까이 늘어난다. 상인으로 인한 혜택이 매우 많다. 먼저 국가에 대량소비의 풍속을 조장해 생산과 소비의 순환을 원활하게 만들고, 군신이 서로 협력토록 조장해 친하게 만들고, 군신들이 재물을 사적으로 은닉하지 않게 만들고, 빈민들이 노동으로 먹고 살도록 만들 필요가 있다. 상인들로 하여금 도성과 시장 안에서 자유로이 오가며 영업할 수 있도록 배려하는 이유다. 이는 치국의 중요한 계책이다."

이를 통해 짐작할 수 있듯이 관중이 반대한 것은 사치소비재의 생산 및 유통을 비롯해 고리대 이식을 주업으로 하는 금융서비스산업이다. 이를 뒷받침하는 『관자』「구언」편 '치국'의 해당 대목이다.

"옛날 역대 군주의 치국 행보를 보면 법제도 같지 않고, 호령도 같지 않았다. 그럼에도 모두 천하를 호령한 왕이 된 이유는 무엇인가? 반드시 나라가 부유하고 곡물이 풍부한 국부속다國富粟多를 이룬 덕분이다. 무릇 '국부속다'는 농업의 흥기에서 비롯된다. 선왕이 농업을 중시한 이유다. 무릇 치국의 급선무는 반드시 먼저 상공업의 흥기를 통한 사치품의 제작과 유통을 금하는 금말문교禁末文巧에 있다. '금말문교'가 시행되면 놀고먹는 백성인 유식자游食者가 사라지게 된다. '유식자'가 사라지면 반드시 백성 모두 본업인 농사에 매진한다. 백성이 농사에 매진하면 농토가 개간되고, 농토가 개간되면 곡식이 많아지고, 곡식이 많아지면 나라가 부유해진다. 나라가 부유해지면 무력이 강해지고, 무력이 강해지면 전쟁에서 승리하고, 전쟁에서 승리하면 영토가 넓어진다. 성왕은 백성의 숫자를 늘리고, 무력을 강화하고, 영토를 넓히고, 나라를 부유하게 하는 것이 반드시 식량에서 비롯된다는 사실을 통찰했다. '금말문교'를 통해 농사를 중시한 이유다. 지금 상공업에 종사하며 사치품의 제작 및 유통으로 생계를 잇는 자는 1일 일하면 5일을 먹고 산다. 농부는 1년 동안 열심히 일해도 가족이 먹고살기도 빠듯하다. 백성이 본업인 농사를 버리고 말업未業인 사치품의 제작 및 유통과 관련한 상공업에 힘쓰는 사본사말舍本事末을 행하는 이유다. '사본사말'이 유행하면 농토는 황폐해지고 나라 또한 가난해진다."

　'중본억말'의 '말'을 상업 일반으로 해석해서는 안 되는 이유다. 농전農戰을 역설한 상앙도 마찬가지다. 그 역시 상업 일반을 억제할 것을 주장한 적이 없다. 이들이 지목한 것은 농사증산의 의욕을 저하케 만드는 금융서비스산업이다. 고금동서를 막론하고 이식을 통해 돈이 돈을 만들어 내는 것만큼 백성들의 생산의욕을 저상시키는 것도 없다. 나라의 부강을 가로막는 핵심 걸림돌에 해당한다. 관중은 이를 통찰했다.『관자』「구언」편 '치국'의 다음 대목이 그 증거다.

　"무릇 농부는 약간의 여유가 있는 수확기를 제외하고는 매달 먹고살기가 빠듯하다. 그런데도 관부는 때도 없이 납세 독촉에 성화이고, 견디지 못한 백성은 고리대를 빌려 세금을 납부한다. 농사는 시령時令이 있는 까닭에 비가 충분히 내리지 않으면 백성은 고리대를 빌려 일꾼을 쓰게 된다. 가을에 부상대고는 5의 가격으로 곡물을 구입하고, 춘궁기 때

10의 가격으로 곡물을 내다판다. 이 또한 2배의 고리대에 해당한다. 관시關市에서 거두는 세금, 국가창고인 부고府庫의 잡세, 수확의 10분의 1을 거두는 농지세, 관부에서 부과하는 각종 요역도 마찬가지이다. 이 역시 사계절 내내 이뤄지고 있는 것으로 일종의 고리대에 해당한다. 이처럼 나라에서 백성에게 원본의 배를 취하는 세금의 징수 방법이 모두 4가지가 된다. 1명의 농부가 4명의 고리대 채권자를 먹여 살리는 꼴이다. 견디지 못한 농부가 몰래 달아나면 관부는 곧바로 잡아들여 형을 가하지만 이를 저지할 길이 없다. 이는 곡물이 부족하고, 백성에게 쌓아놓은 것이 없기 때문이다."

사실 21세기 현재 목도하는 바와 같이 제1, 2차 산업에 제대로 육성되지 않은 가운데 금융서비스업을 기반으로 한 제3차 산업만 기형적으로 비대해질 경우 경제는 이내 파탄 나고 만다. 아리스토텔레스가 『정치학』에서 고리대금업자를 이 세상에서 가장 악질적인 자로 비난한 것도 바로 이 때문이다.

이를 통해 알 수 있듯이 관중은 결코 상업 일반을 중본억말의 '말'로 본 적이 없다. 그는 오히려 이를 중시했다. 그가 물류物流와 인류人流를 뜻하는 이른바 수재輸財를 중시한 게 그 증거다. '수재'는 요즘 용어로 풀이하면 일반 재화를 비롯해 인력 및 정보의 신속하고도 원활한 유통을 의미한다. 고금동서를 막론하고 농업과 공업 등 제1, 2차 산업의 생산력 증대는 필연적으로 물류 및 인류의 원활한 흐름을 자극할 수밖에 없다. 관중이 제나라로 들어오거나 제나라에서 빠져 나가는 모든 물류 및 인류에 대한 관세를 완전히 철폐한 것도 이런 맥락에서 이해할 수 있다.

당시 타국을 넘나들며 장사를 하는 상인들이 제나라의 도성인 임치성에 몰려든 것은 말할 것도 없다. 물류와 인류의 원활한 유통은 동시에 농민은 물론 상공업자들의 자본과 기술이 제나라로 물밀듯이 유입하는 계기로 작용했다. 임치성이 전국시대 말기까지 가장 번화한 도시로 존재한 이유다. 당시 임치성에는 대략 20만 명가량의 인구가 상주한 것으로 추정되고 있다.

관중은 금융자산이 버블을 일으키는 것을 우려해 금·은 등의 유동성 재화가 곡물 및 염철 등의 제1, 2차 산업 생산물보다 비싸지 않도록 시장에 적극 개입해 가격변동 등을 조절했다. 생산과 유통의 안정성을 확보하기 위한 조치였다. 21세기에 들어와 미국이 주도한 시장만능주의의 천박한 '신자유주의'가 굉음을 내고 붕괴한 것과 대비되는 대목이다.

주목할 것은 당시 관중이 부국부민을 이루기 위해서는 우선 지배층의 자기절제가 선결돼야 한다는 역설한 점이다. 이를 뒷받침하는 『관자』「외언」편 '팔관'의 해당 대목이다.

"나라를 다스리는데 사치하면 국고를 낭비하게 되어 인민들이 가난하게 된다. 인민들이 가난해지면 간사한 꾀를 내어 나라를 어지럽히게 된다."

관중은 이를 막기 위해서는 재화의 고른 분배가 이뤄져야 한다고 역설했다. 그의 이러한 주장은 땅과 노동력의 균배를 의미하는 균지분력均地分力과 전 인민에게 재화를 고르게 나눠주는 여민분화與民分貨를 의미한다. 빈부의 격차가 적어야만 통치가 제대로 이뤄질 수 있다는 판단에 따른 것이다. 이는 공자의 주장과 맥을 같이 한다. 공자는 『논어』「계씨」에서 이같이 역설했다.

"적은 것이 걱정이 아니라 고르지 못한 것이 걱정이다!"

이 또한 관자경제학이 기본이념인 '균부' 사상에서 나온 것이다. 제자백가의 사실상의 효시를 관중으로 보는 이유다. 『관자』에 제자백가의 사상이 모두 녹아 있는 게 그렇다. 그 가운데서도 '상가' 사상이 가장 두드러진다.

과거 '치국평천하'와 동떨어진 성리학의 '수신제가' 논리에 매몰된 조선조의 사대부들은 지나친 숭문崇文으로 인해 천무賤武와 천상賤商을 일삼다가 나라를 통째로 일본에 넘기고 말았다. 해방 이후에도 사대부의 후예를 자처한 문사文士들 역시 부국강병과 거리가 먼 이념논쟁으로 날을 새우다가 민생을 도탄에 빠뜨리는 우를 범했다. 조선조 내내 문사에게 무시당했던 무신의 후예인 무사武士들이 정변을 통해 정치 전면에 나선 후 30년 넘게 통치 권력의 주류를 형성한 배경이 여기에 있다.

당시 육사출신이 주축이 된 이들 '무사'들은 공리공론을 일삼은 '문사'들과 달리 부존자원도 없고 아무런 기술도 없는 국내 상황을 감안해 수출 위주의 '산업입국'을 기치로 내걸었다. 오늘날 삼성과 LG 등의 글로벌기업이 등장케 된 것도 이들이 '산업입국'의 기조를 견지한 덕분으로 볼 수 있다. 난세에는 이론에 밝은 '문사'보다 실천력과 결단력이 돋보이는 '무사'가 난국타개에 훨씬 뛰어나다는 사실을 구체적으로 증명한 셈이다.

문제는 그 다음이다. '무사'에 식상한 국민들의 선택으로 재차 집권에 성공한 문민정부와 국민의 정부, 참여정부 등의 '문사'들은 그간 상대적으로 소홀했던 '민주'와 '인권'을 전면에 내세워 적잖은 성과를 거뒀다. 그러나 이들 모두 정작 가장 중요한 부국강병을 소홀히 하는 우를 범하고 말았다. IMF환란과 중산층의 붕괴로 인한 빈부의 양극화가 그 증거이다. 미국이 주도한 '신자유주의'를 맹종한 후과가 아닐 수 없다. 실용정부가 출범 초기 미국과의 쇠고기 협상을 서두르다가 '촛불정국'을 자초한 것도 같은 맥락이다.

4대 강국이 한반도를 둘러싸고 치열한 각축전을 전개하고 있는 21세기 G2시대의 난세 상황에서 부국강병은 우리의 생존을 보장키 위한 선결요건에 해당한다. 한반도의 지정학적 특성에 비춰 이런 난세의 상황은 21세기 말까지 지속될지도 모를 일이다. 그런 점에서 아직까지 대기업을 적대시하는 반反기업정서가 식지 않고 있는 것은 극히 안타까운 일이다.

이는 치세와 난세를 불문하고 기업존립의 이유이자 경영철학의 대원칙인 흥업보국興業報國 이념이 부재한 현실과 무관치 않다. 여기에는 여러 원인이 복합적으로 작용했으나 정치적 격변 속에 기업이 권력과 유착해 불법정치자금을 제공하며 생존을 꾀하거나 특혜를 받아온 어두운 과거가 크게 작용하고 있는 게 사실이다. 이제 한국의 기업들은 2010년 벽두에 오바마 미국 대통령이 '월스트리트와의 전쟁 불사'를 선포한데서 알 수 있듯이 전 세계에 윤리경영의 돌풍이 불고 있는 현상을 간과해서는 안 된다.

상황이 이처럼 긴박하게 돌아가고 있는데도 여야 정치권은 민생을 외면한 채 소모적인 논쟁으로 날을 새우고 있다. 한반도를 둘러싼 4대 강국이 21세기 동북아시대의 주도권을 장악키 위해 치열한 각축전을 전개하고 있는 터에 반역사적인 모습을 보여주고 있는 셈이다. 그러나 우리가 하기에 따라서는 21세기의 동북아시대를 얼마든지 우리의 시대로 만들 수 있다.

지리경제학의 관점에서 볼 때 우리나라는 대륙과 해양으로 뻗어나가는 동북아의 허브에 해당한다. 최고통치권자인 대통령을 비롯해 기업인과 일반 국민이 합심하기만 하면 영화 '명량'에서 12척의 배로 왜선을 대파한 이순신 장군처럼 위업을 만들어낼 수 있다. 난세일수록 튼튼한 안보를 꾀하며 활발한 비즈니스를 중시하는 숭무중상崇武重商의 정신이 절실히 필요한 이유다. 이는 결코 무인에게 쿠데타를 꾀하거나, 상인에게 폭리를 취하게 하려는 취지가 아니다. 오직 견실한 부국강병을 통해 나라를 지키고 민생을 안정시키고자 하는 것이다.

국가든 기업이든 공동체의 흥성은 구성원 모두의 업적이고, 패망은 구성원 모두의 책임이다. 명말청초의 거유 고염무가 『일지록』에서 천하의 흥망성쇠는 필부에게도 책임이 있다는 이른바 '천하흥망天下興亡, 필부유책匹夫有責'을 역설한 취지를 깊이 새겨볼 필요가 있다. 과거와 같이 기업은 무너졌는데 기업주가 후안무치한 얼굴로 대로를 활보하거나, 강성노조가 사실상의 주인이 되어 기업을 좌지우지하는 상황이 지속되어서는 안 되는 이유이다. 기업의 성패가 국가존망과 직결되어 있기 때문이다.

제3절
시장市場과 상인商人

고금동서를 막론하고 시장은 인민들이 삶을 영위하는 현장이다. 인민들이 먹고 입는 모든 것이 시장을 통해 유통되기 때문이다. 시장과 상업을 중시한 상가의 위대함이 여기에 있다. 사마천이 상가 이론을 집대성하게 된 데에는 당시의 경제상황이 크게 작용했다.

사가들은 사마천이 활약하는 기원전 2세기 초 무렵 전한 제국의 인구를 대략 4-5천만가량으로 보고 있다. 당시의 기준에서 볼 때 전한 제국 자체가 하나의 거대한 글로벌 시장이었다. 실제로 사방에서 제왕보다 더 큰 위세를 떨치는 부상대고들이 우후죽순처럼 출현했다. 이런 상황에서 상가 이론이 나오지 않는 게 오히려 이상할 지경이다.

그럼에도 중국의 역대 왕조 모두 중상 대신 중농을 택했다. 여기에는 한무제 때 나온 독존유술獨尊儒術 선언 이외에도 여러 요인이 복합적으로 작용했다. 가장 큰 이유로 부실한 보건영양으로 인한 자연적인 인구감소와 왕조교체기에 군웅할거로 인한 인위적인 인구감소를 주요 원인으로 들 수 있다. 인구가 크게 늘지 않는 상황에서 중상으로의 전환 필요성을 절박하게 느끼지 못한 것이다. 실제로 진시황 때 4천만가량에 달한 인구는 1,800년이 지난 명나라 말기에도 겨우 1억 3천만 명으로 늘어나는데 그쳤다. 왕조교체기 때마다 1억 명을 기준으로 늘어났다 줄어드는 양상을 반복한 것이다.

건륭제 치세 말기인 18세기 말에 이르러 인구가 4억 명에 육박하면서 중상주의로의 전환 필요성이 크게 높아졌다. 비록 중상주의로의 공식적인 전환이 이뤄지지는 않았지만 백성들의 자발적인 상업 활동이 매우 활성화됐다. 당시 중국의 GDP가 전 세계 GDP의 3할에 달한 것도 이런 맥락에서 이해할 수 있다.

그러나 19세기에 들어와 서구 열강의 침탈이 가속화하면서 정책전환을 꾀할 여유가 없었다. 인구 또한 아편전쟁 이래 20세기 중반까지 1백여 년 넘게 혼란스런 상황이 지속된 까닭에 겨우 1억 명 정도 늘어나는 수준에서 그쳤다. 1949년에 중화인민공화국이 들어설 당시 인구는 5억4천만 명 수준이었다. 그러나 이후 대약진운동의 실패로 수천만 명이 기아로 숨지고, 문화대혁명의 혼란기에 수많은 사람이 희생된데 이어 당국의 강력한 산아억제 정책이 대대적으로 전개됐음에도 인구폭발은 가공할만했다. 모택동이 사망하는 1970년대 말까지 9억 명 수준에 육박했다. 중화인민공화국이 들어선 후 불과 20여년 만에 인구가 근 2배 이상 늘어난 셈이다.

모택동은 역대 왕조와 마찬가지로 중농의 기조를 견지했다. 경제 및 과학기술 발전을 뜻하는 전專 대신 이념을 뜻하는 홍紅에 초점을 맞춘 결과다. 모택동이 더 오랫동안 살았더라면 불과 20여년 만에 인구가 2배로 폭증한 상황에서 중상주의로의 전환은 불가피했다. 공교롭게도 모택동은 이때 숨을 거뒀다.

그의 사후 '홍' 대신 '전'을 주장했다가 두 차례에 걸쳐 내침을 당했던 등소평이 대권을 거머쥔 후 '흑묘백묘론'을 전면에 내걸고 대대적인 개혁개방을 선언했다. 당시 그 누가 권력을 잡았을지라도 중상주의로 전환하지 않고는 체제를 유지할 수 없었다. 중상으로의 전환은 필연이었다. 많은 사람들이 '개혁개방' 자체에 초점을 맞춘 나머지 인구폭발로 인한 중상주의로의 전환배경을 간과하고 있다.

중국의 전 역사를 통틀어 중상주의로의 전환은 한무제의 '독존유술' 선언 이후 2천여 년 만에 처음 있는 일이다. 2010년 현재 중국의 인구는 공식집계로 14억 명이다. 이들을 먹여 살리기 위해서는 앞으로도 계속 중상주의로 나아갈 수밖에 없다. 중국이 '세계의 공장'에 이어 '세계의 시장'이 될 수밖에 없는 이유가 여기에 있다.

21세기의 상황은 부상대고가 우후죽순처럼 등장하며 상가가 가장 극성했던 전한 초기의 상황과 닮아 있다. 중국의 유수 대학 경영대학원에서 『사기』「화식열전」과 『관자』 등에서 새로운 경제경영 이론을 찾아내려는 움직임이 활발히 전개되고 있는 것도 이와 무관치 않다.

고금동서를 막론하고 도시는 서양의 산업화과정에서 유행한 '도시의 공기는 자유를 준다.'는 속담이 암시하듯이 상공업의 발전과 밀접한 관련을 맺고 있다. 동양도 서양 못지않게 매우 오래 전부터 도시가 발전했다. 춘추전국시대 당시 중원의 교통요지가 일찍부터 상공업 도시로 발전한 게 그렇다. 이는 철제농구와 우경牛耕의 보급과 밀접한 관련이 있다. 철제농구와 그 밖의 철제품은 전국시대에 들어와 널리 사용되기 시작했다. 우경은 춘추시대 말경에 확산된 것으로 추정된다. 철제농구와 우경의 보급은 농업생산을 증대시켰다. 그간 개간이 불가능했던 토지도 개간이 가능하게 되었을 뿐만 아니라 심경深耕을 통해 효율적인 경작이 가능하게 되었다. 단위면적 및 농민 1인당 수확량이 대폭 늘어난 이유다.

개간이 가능한 토지는 오래전부터 개척되어 진행된 중원지역보다 주변지역에 머물던 동쪽의 제나라, 북쪽의 연나라, 남쪽의 초나라, 서쪽의 진나라 등에 많았다. 이들 지역이 전국시대 중기에 들어와 비약적인 발전을 하게 된 것도 이와 무관치 않다고 보아야 한다. 실제로 이들 지역 모두 중앙집권적인 지배체제를 구축했다. 새로운 경지의 확대는 종족 단위의 집단농경에 의하지 않고도 개별가족에 의한 농경이 가능하게 되었음을 의미한다. 인구도 기하급수로 늘어나면서 농촌에 잉여인구가 나타나고, 잉여인구가 도성이나 교통의 요지 등 경제력이 집중된 도시로 몰렸다. 종족집단을 기초로 하는 농촌과 농업도시가 해체되고 상공업을 중심으로 한 도시가 폭발적으로 늘어난 배경이 바로 여기에 있다.

이들 도시는 21세기의 대도시와 마찬가지로 상공업자를 중심으로 한 세력이 주축을 이뤘다. 이런 새로운 도시를 많이 거느린 나라일수록 탄탄한 경제력을 배경으로 막강한 군사력을 보유할 수 있었다. 군현제가 도시의 독립성을 인정하는 체제로 운용된 배경이다. 당시 타국의 도성은 기능 및 역할에 따라 구역이 나뉘어져 있었다. 크게 왕궁, 관부, 서민 거주구역으로 나눌 수 있다. 왕궁과 관부 지역은 기와를 이은 광대하고 장엄한 건축물들이 세워져 있었다. 조나라 도성 한단邯鄲의 왕궁 터에서 동서 264미터, 남북 296미터, 높이 16미터의 높고 큰 토대가 발견됐다. 몇 개 층으로 이뤄진 고층 건물이 세워져 있던 곳이다. 서민이 거주하는 지역에는 수공업자의 자영공장과 시장이 있었다. 『사기』「소진열전」은 제나라 도성 임치성의 번화한 모습을 이같이 표현해 놓았다.

"도로에 수레가 지나갈 때면 바퀴가 서로 부딪치고, 걸어가는 사람들은 어깨를 부딪친다. 입고 있는 옷이 이어져 장막과 같고, 땀을 흘리면 마치 비가 내리는 듯하다."

실제로 발굴조사 결과 동기와 철기 및 도기 등의 실용품을 비롯해 골기骨器와 옥기玉器 및 석기石器 등의 장식품 제작공장이 발견됐다. 병장기 등을 제작하는 관영 무기창도 있었다. 이들 공장에서 만들어진 제품은 매우 다양했다. 수공업 사이에 분업이 활발히 이뤄졌음을 알 수 있다.

큰 도시에서는 거주구의 한 구석에 반드시 시가 설치되어 있다. 시는 교역의 장으로서 상설의 상점도 있어 많은 상인으로 번잡했다. 그 가운데는 투기적인 상업에 종사하는 상인도 있다. 대표적인 인물이 제나라의 도陶라는 교통요지에 살던 주공朱公이다. 그는 농경이나 목축으로 얻은 이익을 투기적인 상업에 투자해 몇 차례에 걸쳐 거만의 부를 쌓았다. 월왕 구천의 책사였던 범리范蠡가 바로 주공이라는 전설이 만들어진 것도 이런 맥락에서 이해할 수 있다. 당시의 사람들 모두 병세를 알아본다는 평계로 오왕 부차의 변을 맛보는 식의 이른바 문질상분問疾嘗糞의 계책을 낸 범리와 같은 인물만이 그런 부를 이룰 수 있다고 생각했을 공산이 크다. 이는 도주공의 투기가 일반인의 상식을 뛰어넘었음을 반증한다.

유사한 인물로 전국시대 말기에 최강국인 진나라의 상국相國 자리까지 오른 여불위呂不韋로 들 수 있다. 원래 그는 중원 한나라 양척 땅의 상인이었다. 그는 도시간의 투기적인 상업에 의해 거부를 쌓았다. 그를 역사적인 인물로 만든 것은 역시 사람에 대한 투기였다. 조나라 도성 한단에 인질로 잡혀와 있던 진시황의 부친 공자 자초子楚에 대한 투기가 상상을 초월하는 부와 권력을 그에게 안겨준 것이다. 이는 당시 경제력이 집중된 대도시에는 농촌도시와는 완전히 차원이 다른 조직원리가 작동했음을 시사한다. 대표적인 예로 의리를 중시하는 이른바 유협遊俠의 윤리를 들 수 있다. 유협도 그 내막을 보면 도주공 및 여불위가 행한 일종의 투기와 취지를 같이하는 것이다. 부귀 대신 명성을 겨냥한 것만이 다를 뿐이다.

경제력이 집중된 전국시대의 큰 상업도시는 각 나라에 물적으로도 인적으로도 중요한 존재였다. 도시 가운데서도 시장이 있는 도시를 특히 성시城市로 부른 것도 바로 이 때문이다. 지배층은 성시의 자유스런 교역을 보증하기 위해 시리市吏를 두기는 했으나 성시의 자치를 최대한 보장했다. 망명자나 살인자에 이르기까지 수많은 유민流民이 성시에 모여든 이유다. 이런 치외법권적인 성시에서 큰 힘을 갖는 자가 바로 인망 있는 유협遊俠이었다. 사마천은 특별히 「유협열전」을 편제해 이들을 다뤘다. 각국의 성시는 이들 유협에 의해 관리된 측면이 있다. 미국의 마피아와 중국의 삼합회三合會를 연상하면 될 것이다. 지배층도 이들의 폭력을 빌리는 등 공생관계를 형성하며 성시를 인재의 공급원으로 여겼음을 방증한다.

성시는 전국시대 중기에 비약적으로 발전했다. 서쪽 진나라가 상앙의 변법을 대대적으로 실시한 것도 이런 흐름과 무관할 수 없다. 시류에 뒤떨어질 경우 이는 패망을 의미했다. 동쪽의 제나라와 북쪽의 연나라, 남쪽의 초나라도 진나라를 흉내 내 중앙집권적인 체제를 강화했다. 이는 통일화폐의 발행과 시장의 발전을 가져왔다. 이들 나라의 시장에서는 모든 나라의 화폐가 사용됐다. 화물의 교환비율에 따라 자연스럽게 환전이 이뤄진 것이다. 큰 거래에서는 일종의 태환 화폐로 황금이 사용됐다. 21세기 현재와 하등 다를 바가 없었다.

상공업이 가장 발달했던 제나라는 일찍부터 대형의 도전刀錢이 널리 통용시키고 있었다. 전국시대에 들어오면서 나라의 주인공이 강씨姜氏에서 전씨田氏로 바뀌었음에도 부국강병 정책만큼은 나름 춘추시대 중엽에 나온 관중의 부국강병 책략이 지속되고 있었음을 방증한다. 보조화폐도 발행했다. 그만큼 교역이 활발했음을 보여준다. 초나라에서는 저울질하여 가치를 정하는 칭량화폐稱量貨幣인 금판金版이 유통됐다. 청동으로 만든 의비전蟻鼻錢도 널리 사용됐다. 한, 위, 조 등 중원의 삼진三晉에서는 도시마다 화폐를 발행한 까닭에 그 종류가 매우 많았다. 이들 화폐에는 하나같이 발행 도시의 이름이 새겨져 있었다.

사마천이 『사기』「화식열전」에서 봉토도 없으면서 제후와 같은 재산을 가진 이른바 소봉가素封家를 높이 평가한 것도 도시의 발전을 전제로 한 것이다. 이들 소봉가는 단순히 돈을 모으는데 그치는 게 아니라 사회경제 발전을 이루는데 큰 역할을 수행했다. 소봉가 가운데 가장 높은 사람은 무관의 왕에 해당하는 소왕素王이다. 왕 밑에 공후公侯 등이 존재하듯이 '소왕' 밑으로 소후素侯 등이 있다. 사마천은 『사기』「화식열전」에서 '소왕'의 대표적인 인물로 백규白圭를 들었다.

백규는 전국시대 말기 이미 전설적인 인물이 되어 있었다. 후대인들은 그를 재신財神으로 받들었다. 북송 때 진종 조항趙恒은 그를 상성商聖으로 추존키도 했다. 『사기』「화식열전」은 그를 탁월한 경제이론가이자 당대의 이재가理財家로 묘사해 놓았다.

백규의 치부는 전국시대라는 난세와 불가분의 관계를 맺고 있다. 전국시대는 비록 춘추시대의 연속선상에 있기는 하나 춘추시대에 비하면 난세의 심도가 훨씬 깊었다. 약육강식이 일반화됨에 따라 열국 모두 부국강병에 박차를 가했다. 농공산품의 급속한 증산은 시장을 크게 활성화시켰다. 제품의 증가와 소비의 확대가 급속히 진행되면서 수많은 거상이 일거에 출현하게 된 배경이 여기에 있다. 백규도 그들 가운데 한 사람이었다.

『전국책』과 『맹자』 및 『한비자』 등에 그에 관한 단편적인 일화가 실려 있다. 이에 따르면 당초 백규는 위혜왕을 섬겼다. 지금의 하남성 개봉인 위나라 수도 대량大梁은 황하 수변에 위치한 까닭에 늘 홍수의 위협에 시달렸다. 백규는 뛰어난 치수 능력을 발휘해 수재를 막아냈다. 그러나 상앙이 위혜왕을 떠나 서쪽 진나라로 간데서 알 수 있듯이 위혜왕은 뜻만 크고 지략이 없는 인물이었다. 백규는 이내 위나라를 떠나 북쪽의 중산국과 동쪽의 제나라를 차례로 순방했다. 중산국과 제나라 왕은 그를 곁에 두고 자문을 받고자 했으나 백규는 이를 완곡하게 거절했다.

그는 제나라를 떠난 뒤 서쪽 진나라로 들어갔다. 당시 진나라는 상앙이 진효공의 두터운 신임을 배경으로 변법을 강력 시행하고 있었다. 법가인 상앙은 중농억상 정책을 펼친 까닭에 상가인 백규와 뜻이 맞지 않았다. 마침내 백규는 관직을 버리고 상업에 종사하기로 결심했다. 그는 주나라 왕실이 있는 낙양 출신이었다. 낙양은 이전부터 상업이 발달한 곳이었고 백규 역시 본래 상업에 뛰어난 재주를 지니고 있었다. 그가 이내 거만의 재산을 모은 배경이다.

당시 상업이 크게 발전한 덕분에 대규모 상방商幇이 형성돼 있었다. 이들 대부분은 통상적인 매매와 경영을 했으나 일부는 진귀한 물건을 매점매석해 치부하거나, 고리대로 폭리를 취했다. 당시 사람들이 상인들을 크게 두 부류로 나눈 이유다. 하나는 성고誠賈 또는 염고廉賈이다. 이른바 선한 상인인 양상良商의 부류이다. 다른 하나는 간고奸賈나 탐고貪賈이다. 이른바 간녕한 상인인 영상佞商의 부류이다.

백규는 말할 것도 없이 '양상'에 속한다. 그가 백배의 이익까지 남겨 일거에 치부할 수 있는 보석 장사를 마다하고 대신 면화와 비단 등의 농부산물農副産物에 뛰어든 게 그 증거다. 『한비자』「내저설 하」에 따르면 그는 위나라에서 재상까지 지냈다. 지혜가 그만큼 뛰어났다는 얘기다. 그는 농업 생산이 신속하게 발전하는 것을 목격하고 농부산물 교역이 오히려 더 큰 이윤을 낼 수 있다는 사실을 간취했다. 농부산물 교역은 비록 마진이 적기는 했으나 교역량이 큰 까닭에 오히려 더 큰 이윤을 얻을 수 있었다.

농부산물 교역은 예나 지금이나 유통기간이 짧기 때문에 물류의 흐름을 정확히 짚어야만 성공할 수 있다. 늘 상황이 급변하는 전장과 별반 다를 바가 없다. 백규는 시기가 오면 마치 맹수와 맹금이 먹이에 달려드는 것처럼 민첩하게 움직였다. 그가 스스로 병법가가 용병하듯 사업에 임했다고 술회한 대목이 이를 뒷받침한다.

당시 그는 특유의 상술을 발휘했다. 이를 이른바 '8자결八字訣'로 요약했다. 『사기』「화식열전」 본문에 나온 '인기아취人棄我取, 인취아여人取我予'가 그것이다. 세인들이 버리고 돌아보지 않을 때 자신은 해당 재화를 사들이고, 세인이 재화를 취하고자 할 때 자신은 팔아넘겼다는 뜻이다.

백규가 언급한 '8자결'의 요체는 세인의 행보와 정반대의 모습을 보이는 데 있다. 이를 시장의 원리에 적용하면 상품의 공급이 수요를 넘어 아무도 구하지 않는 상황이 도래하면 이때 사들이고, 수중에 있는 상품의 공급이 수요를 따르지 못해 가격이 크게 오르면 이때 대량 처분하는 식이다.

『사기』「화식열전」에 소개된 일화에 따르면 어느 날 많은 상인들이 면화를 대거 팔아치웠다. 급한 사람은 가격을 헐값으로 넘기기도 했다. 백규는 종업원들을 시켜 면화를 모두 사들이도록 했다. 이때 사들인 면화가 너무 많아 다른 상인의 창고를 빌려서 보관할 정도가 됐다. 얼마 후 면화를 모두 팔아넘긴 상인들은 모피를 사들이느라 혈안이 되었다. 앞으로 모피의 수요가 크게 몰려 사람들이 시장에서도 살 수 없는 지경에 이를 것이라는 소문을 좇은 결과였다. 백규의 창고에는 때마침 좋은 모피가 대량 보관되어 있었다. 백규는 모피의 가격이 더 오를 것을 기다리지 않고 창고에 쌓여 있는 모피를 몽땅 팔아 치웠다. 얼마 후 면화농사가 흉작이었다. 상인들이 몰려드는 수요에 응하기 위해 동분서주했다. 백규는 사들였던 면화를 모두 팔아치워 다시 큰돈을 벌었다. 수확기에 곡물을 사들이며 생사 등을 팔고, 누에고치가 나올 시기에는 비단이나 풀솜을 사들이며 쟁여놓은 곡물은 되판 것도 같은 맥락이다. 그때마다 그는 큰돈을 벌었다. '인기아취, 인취아여'의 8자결을 그대로 실행한 덕분이다.

사마천이 볼 때 부를 쌓은데 성공한 상인들은 모두 때를 아는 이른바 지시知時의 달인이었다. 백규의 '지시'는 시장의 동향을 예의 주시하면서 상품의 적정 매매 시기를 정확히 포착한데 있다. 전장에서 용병하는 것과 마찬가지로 시변時變을 좇아 임기응변한 것이다. 농부산물의 교역은 현물매매이든 선물매매이든 풍흉의 정확한 예측에 좌우될 수밖에 없다. 백규의 성공 비결은 결국 정확한 시황市況 정보에 따른 결단으로 요약할 수 있다.

주목할 것은 백규가 단순히 시세를 이용해 이익을 극대화하는 식의 모리배謀利輩가 아니었다는 점이다. 그가 궁극적으로 도모한 것은 시장 전체의 안정이었다. 수요공급의 조절을 뜻하는 균수均輸가 아직 제대로 체계화되지 않았던 당시 상황에서 나름 수용과 공급의 균형자 역할을 한 것이다. 실제로 그의 재빠른 '균수' 덕분에 늘 시장은 안정을 되찾았고, 경제 또한 원활히 돌아갔다. 상인의 역할이 어떤 것인지를 몸소 보여준 셈이다. 이는 애덤 스미스가 『도덕감정론』에서 '윤리 없는 경제는 악이다!'라고 갈파한 것과 취지를 같이한다.

손무와 오기가 용병하고 상앙이 변법을 시행한 것처럼 사업을 운영한 백규는 이를 실천한 인물에 해당한다. 주목할 것은 그가 여기서 한 발더 나아가 창조경제의 효시 역할을 수행한 점이다. 새로운 제품을 시장에 내놓는 식의 경영전략으로 새로운 시장을 창조적으로 개척한 게 그 증거다. '기회를 잡으면 사나운 짐승과 매가 먹이를 보고 달려가듯 민첩했다.'는 사마천의 평가가 이를 뒷받침한다. 리스크를 감수하고 과감히 도전한 결과다. 백규의 '인기아취, 인취아여'의 8자결은 상략과 상술이 어떤 것인지를 잘 보여주고 있다. 전장에서 사용되는 전략전술과 하등 다를 바가 없다.

사마천이 『사기』「화식열전」을 기술하면서 병가의 원리를 상가의 상략 상술에 그대로 적용한 이유가 여기에 있다. 백규가 취한 상략과 상술이 시류에 편승하는 통상적인 상략 및 상술과 정반대로 나타난 것도 바로 이 때문이다. 범인들이 생각하는 통상적인 전략전술은 구사하지 않는 것만도 못하다. 상대방에게 이미 그 수를 읽힌 것은 전략전술이랄 것도 없다. 그런 점에서 통상적인 방략과 정반대의 모습을 보여준 백규는 상략과 상술의 진수가 무엇인지를 극명하게 보여준 셈이다. 그는 그 취지를 이같이 풀이해 놓았다.

"지혜가 임기응변에 부족하거나, 그 용기가 결단하는데 부족하거나, 그 어짊이 확실하게 버리고 취하는 수준이 안 되거나, 그 강인함이 지킬 바를 끝까지 지키는 수준에 이르지 못한 사람은 아무리 내 비술을 배우고자 해도 결코 가르쳐주지 않았다."

학자들은 그 핵심을 추출해 이른바 '상재4품론商才四品論'으로 요약했다. 백규의 경영철학을 상징하는 '상재4품론'은 21세기 글로벌 비즈니스맨의 기본 덕목으로도 전혀 손색이 없다. 그 대강은 이렇다.

첫째, 지족권변智足權變이다. 지혜가 임기응변에 족한 수준을 말한다. 고금을 막론하고 시장의 변화는 변화무쌍하다. 생존경쟁의 현장이기 때문이다. 여기서 살아남기 위해서는 변화의 양상과 추이를 면밀히 분석하고 전망을 예측할 수 있는 능력이 있어야 하고, 그에 따른 임기응변의 재치도 있어야만 한다. 그러기 위해서는 반드시 어제의 성과나 통상적인 사고에 얽매여서는 안 된다. 사고가 유연해야만 한다. 이는 끊임없이 공부하며 연구하고 사색해야만 가능하다. 기업CEO는 반드시 공부하며 사색하는 시간을 확보해야만 한다. 21세기의 경영전략 및 정책 결정의 출발은 반드시 '지족권변'에서 시작할 필요가 있다.

둘째, 용족결단勇足決斷이다. 용기가 결단하는데 족한 수준을 말한다. 시장의 변화양상은 늘 불확정한 모습을 보이는 까닭에 여러 해석이 나올 수밖에 없다. 참모들의 다양한 분석을 토대로 최종적인 결정은 결국 기업CEO의 몫이다. 화급을 다투는 상황에서 머뭇거리면 안 된다. 결정을 미루고 우물쭈물하는 것은 차라리 잘못된 선택을 하는 것만 못하다. 잘못된 선택은 최악의 경우가 아니면 시행착오를 통해 반전의 계기를 잡을 수 있다. 그러나 계속 유예하며 결단하지 못하는 것은 몰사를 의미한다. 전장에서 적군의 코앞까지 진격하는데도 지휘관이 우물쭈물하며 결사항전이든 퇴각이든 결단하지 못하는 상황을 상기하면 쉽게 이해가 될 것이다. 지리멸렬이 이에 해당한다. 『한비자』 「난세」에서 역설하듯이 지리멸렬하면 하늘을 나는 용조차 개미 밥이 되고 만다.

셋째, 인능취여仁能取予이다. 어짊이 먼저 내주어 나중에 더 크게 취하는 수준이 되는 것을 말한다. 매사가 그렇지만 먼저 내주어야 더 큰 것을 얻을 수 있다. 직원에게 따뜻한 관심을 베풀고 아낌없는 격려를 보내 직원들의 자발적인 참여를 유도하고, 소비자에게 합리적인 가격과 좋은 품질의 제품 및 서비스를 제공해 충실한 고객으로 만드는 것이 이에 해당한다. 장기적인 이익을 얻게 되는 비결이다. 이는 노자가 『도덕경』 제36장에서 역설한 제왕리더십의 요체이기도 하다.

"상대방이 날개를 접게 만들고자 하면 반드시 먼저 상대방이 날개를 활짝 펴도록 해주고, 상대방을 약하게 만들고자 하면 반드시 먼저 강하게 해주고, 상대방을 폐하고자 하면 반드시 먼저 흥하게 해주고, 상대방을 빼앗고자 하면 반드시 먼저 주어야 한다."

취여取予의 비결이 여기에 있다. 마중물을 부어야 펌프로 물을 길을 수 있는 것과 같다. 『도덕경』의 이 논리를 통치에 적용한 인물이 바로 관중이다. 『관자』 「경언」편 '목민'의 해당 구절이다.

"백성들이 좋아하는 일락佚樂 · 부귀富貴 · 존안存安 · 생육生育 등의 4욕四欲을 따라 다스리면 먼 곳의 사람도 저절로 다가와 친해진다. 정반대로 백성들이 싫어하는 우로憂勞 · 빈천貧賤 · 위타危墮 · 멸절滅絶의 4오四惡를 행하면 가까운 사람도 배반케 된다. 그래서 '주는 것이 도리어 받는 것임을 하는 것이 통치의 요체이다.'라고 하는 것이다."

주는 것이 도리어 받는 것임을 아는 이른바 '지여위취知予爲取'가 바로 백규가 말한 '인능취여'와 취지를 같이 하는 것이다. 이를 통해 나라를 다스리는 이치나 기업을 운영하는 이치나 하등 다를 게 없다는 사실을 알 수 있다. 이익을 전면에서 내세운 시장의 논리에서는 '인능취여' 내지 '지여위취' 논리가 더 크게 작동한다고 보아야 한다.

넷째, 강유소수强有所守이다. 강인함이 지킬 바를 끝까지 지키는 수준이 될 정도로 의지가 있는 것을 말한다. 사업을 하다보면 늘 부침이 있을 수밖에 없다. 곤경에 처할지라도 쉽게 좌절하지 말고 견인불발堅忍不拔의 의지를 보여야 하는 이유다. 그러기 위해서는 모름지기 굳건한 의지가 있어야 한다. 곤경 속에서도 굳건한 의지를 유지하기 위해서는 평소 거래선 및 고객들로부터 반드시 신용을 얻어 두어야만 한다. 신용을 잃지 않고 강건한 의지를 지니고 있는 한 언젠가는 반드시 성공을 기할 수 있다.

백규가 언급한 '상재4품론'은 전장을 방불하는 상전商戰에 그대로 적용할 수 있는 덕목이다. 그가 식사용으로는 좋지 못한 곡식을 사용하지만 묘용苗用으로는 제일 좋은 볍씨를 사용하고, 의식衣食에 대한 경비를 최대한 절약하면서 일꾼들과 함께 땀을 흘리며 즐거이 일을 한 것 등이 그렇다. 당시 그는 21세기에 들어와 부쩍 강조되고 있는 윤리경영 내지 정도경영을 몸소 실천한 것이나 다름없다. 여러모로 상도商道의 전형으로 내세울 만하다. 실제로 백규가 보여준 상도는 『손자병법』「계」에서 언급한 이른바 병도兵道와 맥을 같이한다.

"병도는 백성들로 하여금 장수와 뜻을 같이하도록 함으로써 장군과 함께 생사를 같이 할지라도 두려워하지 않게 만든다."

백규는 장수들이 전장에서 『손자병법』의 '병도' 원리를 좇아 병사들과 생사고락을 함께 하듯이 일꾼들과 동고동락한 셈이다. 이는 일꾼들에게 자신의 능력을 알아주는 이른바 지우지은知遇之恩을 베푼 것에 해당한다. 종업원들로 하여금 목숨을 바쳐 일하게 하는 비결이 여기에 있다. 사마천이 『사기』「화식열전」에서 백규를 '상도'의 표상으로 내세운 것은 상인을 높이 평가하는 관자경제학의 세례를 받은 덕분이다. 『관자』「단어」편 '치미'에 이를 뒷받침하는 구절이 나온다.

"상인은 결코 국가에 대해 아무것도 도움을 주지 않는 자가 아니다. 그들은 특정 지역을 가리지 않고 두루 거처하며, 군주를 가리지 않고 영업을 한다. 또 물건을 내다팔아 이익을 내야 하는 까닭에 사들인 재화를 쟁여두지도 않는다. 나라의 산림을 이용해 이익을 얻는 경우가 대표적이다. 이들 덕분에 시장의 세수稅收가 2배 가까이 늘어난다. 상인으로 인한 혜택이 매우 많다. 먼저 국가에 대량소비의 풍속을 조장해 생산과 소비의 순환을 원활하게 만들고, 군신이 서로 협력토록 조장해 친하게 만들고, 군신들이 재물을 사적으로 은닉하지 않게 만들고, 빈민들이 노동으로 먹고 살도록 만들 필요가 있다. 상인들로 하여금 도성과 시장 안에서 자유로이 오가며 영업할 수 있도록 배려하는 이유다. 이는 치국의 중요한 계책이다."

춘추전국시대에 활약한 제자백가 가운데 상인 내지 상업을 이토록 중시한 자는 없었다. 그를 '상가'의 효시로 간주하는 이유다. 상가는 시장市場을 전장戰場과 유사한 관점으로 바라본다. 국가총력전 양상으로 치닫고 있는 21세기 G2시대의 관점과 서로 통한다.

전쟁의 승패는 전장에서 결판이 나고, 비즈니스의 승패는 시장에서 결정된다. 사람들은 당장 죽고 사는 문제와 직결된 전장을 더 살벌한 것으로 여기나 21세기 글로벌 경제 전쟁 하에서 해당 기업이 시장에서 퇴출돼 임직원이 실직자가 되는 것을 감안할 경우 시장도 살벌하기는 마찬가지다. 상략과 상술이 전략전술과 똑같은 원리에 의해 작동하는 이유다. 실제로 『손자병법』「구지」편에 상략상술과 하등 다를 바 없는 천고의 명언이 나온다.

"용병은 이익이 있을 때 움직이고, 이익이 없으면 머무른다."

'이익'은 부富와 더불어 상가의 키워드에 해당한다. 병가에서 말하는 '이익'은 승리勝利를 말한다. 싸워 이겨 얻는 이익을 의미한다. 흔히 전리戰利로도 표현한다. 기본취지는 장사하여 얻는 이익을 뜻하는 상가의 상리商利와 같다. 전리를 얻기 위해서는 병법에서 역설하고 있듯이 싸우지 않고도 미리 승부를 예측할 수 있는 지혜가 필요하다. 상리의 경우도 하등 다를 바가 없다. 이익을 예측하는 일에서 멀리 내다보는 안목과 경륜이 필요하다. 일반인의 식견을 뛰어넘어야 하는 것은 말할 것도 없다. 이게 경영의 성패를 좌우한다.

　객관적으로 볼 때 백규는 21세기 G2시대의 기업CEO 리더십과 사뭇 닮았다. 시장을 전장으로 간주해 병법에 나오는 모든 계책을 가차 없이 구사한 게 그렇다. 반면 사마천이 공부하며 일하는 유상儒商의 표상으로 내세운 공자의 수제자 자공은 전 세계를 무대로 활약하는 '글로벌 비즈니스 맨'의 모습과 닮았다. 여러 정보망을 동원해 상대의 속셈을 속속들이 파악한 뒤 뛰어난 언변으로 상대를 설득하는 게 그렇다. 일각에서 자공을 종횡가의 효시로 보는 이유다. 사마천도 유사한 입장이다. 『사기』「중니제자열전」의 절반가량을 자공의 뛰어난 유세행보를 묘사하는데 할애한 게 그렇다. '글로벌 비즈니스 맨'은 외교관과 별반 다를 게 없다. 기업의 이익이 나라의 이익이 되는 21세기 경제전의 관점에서 볼 때 '글로벌 비즈니스 맨'과 '외교관'을 엄히 구분하는 것도 의미가 없다. 모두 나라를 위해 헌신하는 전사戰士에 해당하기 때문이다. 관자경제학을 토대로 한 '상가'의 위대한 면모를 엿볼 수 있는 대목이다.

제3장 부국강병―재정을 확충해 강국을 만들라

제1절
관독官督과 상판商辦

중국 학계는 상가를 '경중가'로 부른다. 『관자』「경중」편의 편명에서 따온 것이다. '경중'은 원래 재화와 화폐 등을 관장하는 부서를 뜻한다. 일찍이 주나라는 경제정책을 총괄하는 태부大府를 비롯해 관할영역에 따라 옥부玉府와 내부內府, 외부外府, 천부泉府, 천부天府, 직내職內, 직금職金, 직폐職幣 등의 9개 부처를 설치했다. 관중은 이들 9개 부처를 중상정책의 산실로 파악하면서 '경중'을 재화로 풀이한 것이다. 『사기』「화식열전」에도 경중9부輕重九府 표현이 나온다. 『사기』「관안열전」역시 관중의 부국강병 정책을 설명하면서 『관자』의 '경중' 용어를 그대로 사용하고 있다.

사마천이 『사기』「화식열전」에서 중상을 역설한 것은 『관자』의 가르침에 크게 공명한 결과다. 21세기에 들어와 중국 학계는 관중에서 시작해 자공을 거쳐 사마천에 의해 집대성된 최초의 정치경제학파 흐름을 '경중가'로 요약하고 있다. 외교학파에 해당하는 소진과 장의 등이 합종책과 연횡책을 주도한 점에 주목해 종횡가縱橫家로 명명한 것과 같은 취지이다. 호가총胡家聰은 『관자신탐管子新探』에서 춘추전국시대에 '경중가' 명칭이 이미 하나의 호칭으로 통용됐다고 주장했으나 뚜렷한 근거를 제시한 것은 아니다. 이에 대해 북경사범대 교수 주계전周桂鈿은 '상가'와 '경중가'를 구분하고 있다. 지난 2014년 12월 3일자 《북경일보》에 실린 그의 주장이다.

"제자백가 가운데 유가, 법가, 도가, 묵가 등은 사람들에게 널리 알려져 있다. 그러나 경중가에 대해서는 아는 사람이 매우 적다. 『관자』 「경중」편 '경중 갑'은 국가 물자와 민간 물자의 유통 및 조절에 관한 견해를 발표하는 정치경제학파를 경중가로 규정했다. 경중가는 고대의 정치경제학자로서 국가의 경제개입, 시장관리, 계층 간 이익 균점을 꾀하는 자를 말한다. 이에 대해 상가는 경영 과정의 경험적인 교훈을 종합해 경영 이론을 세우는 자를 지칭한다."

나름 일리 있는 분석이기는 하나 '상商'을 비즈니스로 한정시켜 해석한 것은 문제가 있다. 고대에 '상'은 경제 전반을 지칭하는 용어로 사용됐다. 굳이 경중가와 상가를 나누는 것은 용어상의 혼란만 초래할 뿐이다. 경제학파에 해당하는 관중은 부국강병의 관건을 중상에서 찾았다는 점에서 '경중가'보다는 '상가'로 표현하는 게 타당하다.

상가의 가장 큰 특징은 부민부국의 방략을 농업이 아닌 상업에서 찾은데 있다. 관중의 '중상' 이론은 취지 면에서 21세기의 경제경영 이론과 하등 다를 게 없다. 이를 통찰한 인물이 미국의 사회학자 조반니 아리기이다. 그는 지난 2007년에 펴낸 『베이징의 애덤 스미스』에서 중국의 '사회주의 시장경제'가 미국의 '자유주의 시장경제'보다 애덤 스미스의 『국부론』 취지에 더 부합한다고 주장한 바 있다.

그는 이 책에서 애덤 스미스를 자본주의 이론가가 아니라 철저한 시장주의자로 평가했다. 애덤 스미스가 『국부론』을 통해 예언한 것은 자본주의가 아니라 '다양한 시장'의 도래였고, 이것이 지금 현재 진행 중인 중국의 '사회주의 시장경제'를 이해할 수 있는 단초를 제공한다는 것이다.

아리기의 주장에 따르면 중국은 등소평의 개혁개방 이후 지난 30년간 서구 학자들이 평가하는 '자본주의화'의 길을 걸은 게 아니라 '시장화'의 길을 걸은 셈이다. 아리기가 '자본주의'가 아닌 '시장주의'를 중국경제의 특징으로 꼽은 것은 이른바 '유교자본주의' 내지 '유교사회주의'를 달리 표현한 것으로 해석할 수 있다. 이는 애덤 스미스가 『국부론』에서 최고의 성세를 구가했던 건륭제 치하의 중국경제를 긍정적으로 평가한 것과 맥을 같이 하는 것이기도 하다. 실제로 애덤 스미스가 '보이지 않는 손'을 언급한 것은 관청이 시장 교란자들을 솎아내는 역할을 수행한 건륭제 치하의 청나라를 모델로 삼은 결과다. 중국의 학자들은 이를 관독상판官督商辦으로 부르고 있다.

중국이 수천 년 간에 걸쳐 '관독상판'의 전통을 이어온 것은 진시황 때 이미 상비군과 관료조직을 확립한 사실과 무관치 않다. 역대 왕조 모두 비록 중농주의 경제정책을 관철했음에도 유통경제를 담당하는 상인의 역할과 비중을 결코 과소평가하지 않았다. 청조 말기까지 염상鹽商에게 소금 전매의 특권을 부여하면서 그들로부터 수령한 염세로 재정을 충실히 한 사실이 이를 뒷받침한다. 조선조가 이른바 육의전六矣廛에 해당 물품에 대한 전매권을 부여하고 세금을 부과한 것도 같은 맥락이다. 큰 틀에서 볼 때 중국의 '사회주의 시장경제'는 전래의 '관독상판'을 재현한 것으로 볼 수 있다.

중국은 지난 30년 동안 놀라운 발전을 통해 전래의 '관독상판' 전통에 입각한 이런 '투 트랙' 전략이 옳았다는 것을 여실히 증명했다. 현재 중국정부가 주도하는 투자가 과연 얼마나 생산적인가 하는 문제에 대한 논란이 지속되고 있으나 중요한 건 결과다. 지금까지는 성공적이다. 다만 중국 역시 초고속성장에 따른 여러 문제를 안고 있다. 치솟는 임금으로 인해 이미 노동집약적 산업중 상당수는 저비용을 강점으로 내세운 베트남 등지로 빠르게 이전되고 있다. 공기업의 비효율과 관원의 부패도 심각하다. 게다가 세계경제가 위기국면에 처해 있는 만큼 수출 위주의 성장정책을 지속하기도 어렵게 됐다. 지난 2013년 출범한 시진핑 정부도 이를 잘 알고 있다. 내수를 강화해 수출의존을 줄이는 쪽으로 나아가고 있는 게 그 증거다. 사안의 심각성을 모르면 문제가 되지만 이를 알고 있는 한 얼마든지 적절한 대응책을 찾아낼 수 있다.

관중이 위정자의 검약을 중시한 것도 '관독상판'의 맥락에서 이해할 수 있다. 위정자의 사치할 경우 이내 국고의 탕진으로 이어질 수밖에 없다고 본 결과다. 이를 뒷받침하는 『관자』「외언」편 '팔관'의 해당 대목이다.

"나라를 다스리는데 사치하면 국고를 낭비하게 되어 인민들이 가난하게 된다. 인민들이 가난해지면 간사한 꾀를 내어 나라를 어지럽히게 된다."

이는 유가 및 법가와 맥을 같이하는 것이다. 고금을 막론하고 관원을 위시한 위정자가 사치를 부리면 이는 곧 부정부패로 이어지게 마련이다. 부정부패는 시장의 왜곡을 초래한다. 시장의 왜곡은 경제의 밑동을 썩게 만든다. 국가패망의 전조에 해당한다. 관원의 사치를 엄금하고, 관청에서 쓸모없는 관원인 용관冗官을 쓸어내야 하는 이유다.

앞서 누누이 애기했지만 『관자』는 제자백가의 모든 사상을 포함하고 있지만 가장 두드러진 것은 역시 상가의 이론이다. 그 핵심어가 바로 '부민부국' 사상이다. 이는 상가 이론의 키워드에 해당한다. 관중이 역설한 '부민부국' 사상에 공명해 상가의 이론을 집대성한 사마천은 『사기』「화식열전」에서 나름 해당 분야에서 최고의 부를 이룬 사인私人을 소왕素王으로 표현해 놓았다. 원래 '소왕'은 『장자』가 처음으로 언급한 것이다. 후대인들은 이 명예로운 칭호를 공자에게 올렸다. 제왕에 버금하는 무관의 제왕이라는 뜻이다.

전 세계의 시장이 하나로 통합되는 21세기 스마트시대로 들어오면서 '소왕'의 차원을 넘어 무관의 황제에 해당하는 이른바 소제素帝 내지 소황素皇이 출현했다. 전 세계의 IT시장을 호령한 애플제국의 창업주 스티브잡스가 그렇다. 잡스가 사망한 후 그에 버금하는 '소제' 내지 '소황'을 찾기가 힘들어졌지만 전혀 없는 것도 아니다. 2014년 가을 뉴욕 증시 상장으로 일약 중화권 최고 부자로 등극한 중국 최대 전자상거래 기업 알리바바阿里巴巴의 창업주 마윈馬雲이 그렇다. '소왕'의 경우는 부지기수로 많다. 국가총력전 양상의 21세기 경제전에서 나라의 흥망을 좌우하는 관건은 이들 '소왕' 내지 '소제'가 쥐고 있다고 해도 과언이 아니다.

21세기에 들어와 중국학자들은 『국부론』에 비견되는 자본주의 이론을 찾던 가운데 우연히 『관자』를 발견하고 '상가'를 제자백가의 일원으로 공식 거론하고 나섰다. 그러나 엄밀히 따지면 최초의 발견자는 일본 학자들이었다. 일본 학자들이 만들어낸 경제경영 이론의 가장 큰 특징은 전쟁터와 비즈니스 정글을 동일시한데 있다. 일본 특유의 경제경영 이론에 『관자』와 『손자병법』 및 『한비자』를 관통하는 상가와 병가 및 법가의 난세리더십 이론이 대거 수용된 이유다.

주목할 것은 상가사상을 집대성한 사마천이 『도덕경』의 키워드인 '도치'를 상가사상의 최고 이념으로 삼은 점이다. 법가사상을 집대성한 한비자가 『도덕경』에 사상 최초의 주석을 가하면서 '도치'를 법가사상의 최고 이념으로 끌어들인 것과 닮았다. 이를 뒷받침하는 『사기』「화식열전」의 해당 대목이다.

"최상의 통치는 백성을 천지자연의 도에 부합하도록 이끄는 도민道民이다. 그 다음은 백성을 이롭게 하는 식으로 이끄는 이민利民, 그 다음은 가르쳐 깨우치는 식으로 이끄는 교민敎民, 그 다음은 백성들을 가지런히 바로잡는 식으로 이끄는 제민齊民이다. 마지막으로 최하의 통치는 백성과 이익을 다투는 식으로 이끄는 여민쟁리與民爭利이다."

도민은 도가, 이민은 상가, 교민은 유가, 제민은 법가와 병가의 통치이념을 요약해 놓은 것이다. 사마천은 '도치'를 상징하는 '도민'을 최상의 이념으로 언급하면서 상가의 기본 이념인 '이민'을 그 다음에 배치했다. 상가를 유가보다 더 높인 것이다. 사마천의 이런 분류는 결코 터무니없는 게 아니다. 고금동서를 막론하고 정치의 성패는 결국 인민의 의식衣食 문제를 제대로 해결하는지 여부로 판가름 나기 때문이다. 관중은 이를 통찰했다. 상가의 관점에서 치국평천하의 원리를 언급한 『관자』「경언」편 '목민'의 다음 구절이 이를 뒷받침한다.

"치국평천하에 성공하려면 다음 조건을 충족시켜야 한다. 첫째, 나라를 기울지 않는 땅에 세운다. 둘째, 식량을 마르지 않는 창고에 쌓는다. 셋째, 재부를 다함이 없는 창고에 저장한다. 넷째, 정령을 민심에 부응토록 하여 물 흐르듯 시행되게 한다. 다섯째, 백성에게 쟁론의 여지가 없는 관직을 맡긴다. 여섯째, 거역하면 반드시 죽는 길을 밝힌다. 일곱째, 반드시 이익을 얻는 문을 열어둔다. 여덟째, 불가능한 일을 하지 않는다.

아홉째, 얻을 수 없는 일을 구하지 않는다. 열째, 오래 지속할 수 없는 일을 하지 않는다. 열한째, 복구할 수 없는 일을 하지 않는다.

나라를 기울지 않는 땅에 세우는 것은 덕이 있는 자에게 정사를 맡기는 것이다. 곡식을 고갈되지 않는 창고에 쌓는 것은 오곡의 생산에 힘쓰는 것이다. 무진장한 창고에서 갈무리하는 것은 뽕과 삼을 기르고, 육축六畜을 양육하는 것이다. 명령을 물 흐르듯 내리는 것은 명령이 민심에 부응하는 것이다. 백성에게 쟁론의 여지가 없는 관직을 맡기는 것은 각기 능력에 따라 적재적소에 배치하는 것이다. 거역하면 반드시 죽는 길을 밝히는 것은 형벌을 엄하게 하는 것이다. 반드시 이익을 얻는 문을 열어 두는 것은 공을 세우면 반드시 상을 주는 것이다. 불가능한 일을 하지 않는 것은 민력民力을 헤아리는 것이다. 얻을 수 없는 일을 구하지 않는 것은 백성이 싫어하는 것을 강요하지 않는 것이다. 오래 지속할 수 없는 일을 하지 않는 것은 구차하게 잠시 가능한 것을 꾀하지 않는 것이다. 복구할 수 없는 일을 하지 않는 것은 백성을 속이지 않는 것이다.

유덕자에게 정치를 맡기면 나라가 평안하고, 오곡의 생산에 힘쓰면 음식이 풍족하고, 뽕과 삼 및 육축을 양육하면 백성이 부유해지고, 명령이 민심을 따르면 위령威令이 행해지고, 백성에게 각기 능력에 따라 관직을 맡기면 나라에 필요한 인재가 완비되고, 형벌을 엄히 하면 백성이 사악한 짓을 멀리하고, 공을 세울 때 반드시 상을 내리면 백성이 어려운 일도 가볍게 여기고, 민력을 헤아리면 일이 이뤄지지 않는 경우가 없고, 백성이 싫어하는 것을 강요하지 않으면 속임과 거짓이 일어나지 않고, 구차하게 잠시 가능한 것을 꾀하지 않으면 백성에게 원망하는 마음이 없게 되고, 백성을 속이지 않으면 아랫사람이 윗사람을 친근하게 여긴다."

치국평천하의 출발이 국가기강을 바로 세우고 백성과 국가의 창고를 가득 채우는데서 시작한다고 역설한 점에 주목할 필요가 있다. 정치와 경제가 동전의 양면 관계를 이루고 있다는 사실을 통찰한 결과다. 최초의 정치경제학자인 관중이 상가 이론을 제시한 배경이 여기에 있다.

현재 서구의 내로라하는 학자들 중에는 관자경제학에 기초한 '사회주의 시장경제'의 앞날과 관련해 부정적인 견해를 피력하는 사람이 적지 않다. 일각에서는 중국이 과거 일본이 걸었던 전철을 밟을 것이라는 비관적인 전망까지 내놓고 있다. 그러나 중국과 일본은 다른 점이 더 많다. 객관적으로 볼 때 이는 '관독상판'의 전통에 기인한 것이다. 크게 2가지를 들 수 있다.

첫째, 중국에선 금융과 통신, 에너지, 핵심 제조분야를 포함해 광범위한 분야에서 외국기업의 참여가 배제되고 있다. 심지어 자국 기업들을 배제시키는 경우도 있다. 이들 업종은 전략산업으로 간주돼 정부의 엄한 통제를 받고 있다. 국영기업 형태로 운영되는 이들 기업 모두 글로벌 시장 진출을 위한 전위대이자 중국의 '사회주의 시장경제'를 세상에 널리 알리는 전도사 역할을 수행하고 있다.

둘째, 경공업과 소매업, 수출부문 등은 애덤 스미스가 『국부론』에서 역설했듯이 철저히 자유경쟁에 맡겨두고 있다. 실제로 현재 중국에서는 월마트와 스니커즈, 테스코 등 서구의 소매 체인들이 중국 업체와 치열한 경쟁을 벌이고 있다. 나이키 운동화를 비롯한 중국의 주요 수출품들 모두 해외 다국적기업에 의해 제조되거나 그들의 주문을 받아 생산되고 있다. 폐쇄적이었던 일본과는 근본적인 차이가 있다.

『관자』와 『사기』「화식열전」 등 동양 전래의 고전에서 '인간경영'의 요체를 추출해낸 뒤 잘 다듬어 정밀한 이론으로 주조해낼 경우 얼마든지 21세기의 새로운 경제경영 패러다임으로 유통될 수 있다. 이는 결코 불가능한 게 아니다. 이미 수천 년 전에 21세기의 시각에서 볼지라도 놀랄 수밖에 없는 뛰어난 수준의 경제경영 이론서가 나왔다.『관자』와『사기』「화식열전」이 그 실례이다. 이를 얼마나 현대적인 의미로 재해석해낼 수 있느냐가 관건일 뿐이다.

제2절
재정財政과 전매專賣

관중이 추진한 부국강병의 계책은 일종의 부민부국술富民富國術에서 나온 것이다. 『관자』는 '부민부국술'을 「승마」와 「구부」 및 「경중」편에서 상세히 소개해 놓았다. 필자가 분석한 바로는 총 151개에 달한다. 세분해 보면 「승마」에 나오는 계책이 26개, 「구부」가 66개, 「경중」이 59개이다. 학자들은 '부민부국술'을 통상 경중지술輕重之術로 표현한다.

'경중지술'의 성패는 국가의 흥망을 좌우한다. 21세기 스마트혁명 시대의 경제전쟁 상황에서 관중의 '경중지술'이 글로벌 기업CEO을 비롯해 세계의 뛰어난 정치지도자들에게 각광을 받는 것도 이런 맥락에서 이해할 수 있다. 관중이 역설한 '부국술'은 기본적으로 '인재경영'과 불가분의 관계를 맺고 있다. 관중이 제환공에 의해 재상으로 발탁되자마자 습붕과 빈서무 등 천하의 인재를 두루 천거한 사실이 이를 뒷받침한다.

인재를 그러모으지 못하면 부국강병의 실현이 불가능하다는 얘기나 다름없다. 실제로 세계의 부를 거머쥐는 비결도 관중의 '부국술'을 떠나서는 생각할 수 없다. 관중의 '부국술'에 깊은 관심을 기울여야 하는 이유다. 관중이 보여준 일련의 '부국술'은 『관자』의 「승마」와 「구부」 및 「경중」편에 소상히 소개돼 있다.

주목할 것은 관중이 위정자의 절검을 역설하면서도 부유한 상공인의 사치를 적극 권장한 점이다. 『관자』「단어」편 '치미'에서 부자의 사치 행각을 오히려 권장한 게 그렇다. 경제에 도움이 된다고 본 것이다. 상가의 특징이 약여하게 드러나는 대목이다. 원래 '치미'의 치侈는 크게 베푼다는 뜻이고, 미靡는 많이 소비한다는 의미이다. 한마디로 사치스런 소비를 상징한다. 이를 뒷받침하는 「치미」의 해당 대목이다.

"음식을 배불리 먹는 것은 백성의 기본 욕구이고, 풍치 있게 노는 풍류風流는 백성의 소원이다. 백성의 욕구와 소원을 만족시키면 능히 그들을 부릴 수 있다. 지금 백성들로 하여금 가죽을 걸치고, 짐승의 뿔을 쓰고, 야생풀을 먹고, 들판의 물을 마시게 하면 과연 누가 이들을 부릴 수 있겠는가? 욕구와 소원을 이루지 못한 사람으로는 공업功業을 이룰 수 없다. 가장 좋은 음식을 물리도록 먹고, 지극한 즐거움을 물리도록 즐기고, 심지어 새알에 장식을 한 뒤 삶아 먹고, 땔감에 조각을 한 뒤 불을 때도록 허용해야 한다. 불사약不死藥의 단사丹砂가 나는 광산의 굴을 막지 않으면 이를 판매하려는 상인의 발길이 그치지 않을 것이다. 부자가 원하는 만큼 소비토록 하면, 덕분에 빈자도 일자리를 얻게 된다. 이것이 백성을 기르고, 부자와 빈자가 서로 협력해 먹고 살게 하는 길이다. 그러기 위해서는 우선 부자의 분묘를 크고 아름답게 조성토록 한다. 이는 빈자들의 일자리를 만들기 위한 계책이다. 또 분묘를 아름답게 꾸미도록 한다. 이는 화공畵工과 조공彫工의 고용을 위한 계책이다. 이어 관곽을 크게 짜도록 한다. 이는 목공木工의 고용을 위한 계책이다. 나아가 수의壽衣와 수금壽衾 등을 많이 장만토록 한다. 이는 여공女工의 고용을 위한 계책이다. 이것도 충분치 않다. 흙을 모아 담장을 쌓고, 둘레에 울타리 나무를 심고, 부장품을 대거 묻게 한다. 이는 후장厚葬을 통해 백성이 서로 먹고 살도록 조치하려는 것이다. 연후에 비로소 백성이 서로를 이롭게 하고, 나라 또한 수비와 출정 준비를 합당하게 할 수 있다."

관중은 여기서 부자를 중심으로 한 왕성한 소비를 역설하고 있다. 그 이유는 크게 3가지이다. 첫째, 경기가 좋지 않을수록 부자의 소비를 촉진시켜 민생을 안정시킬 필요가 있다. 둘째, 빈부격차를 해소키 위해 부자는 사치품을 비롯한 각종 재화를 열심히 소비하고 빈자는 이를 위한 생산에 종사하는 방안을 적극 강구할 필요가 있다. 셋째, 농업증산을 위한 자금 조달 방안으로 소비 확대와 유통 촉진만큼 좋은 게 없다. 이는 여타 제자백가 모두 근검절약을 통한 소비억제를 역설한 것과 극명한 대조를 이룬다. 제자백가서 가운데 사치품을 포함한 소비 촉진을 통해 경제를 활성화하고, 민생을 안정시키는 방안을 제시한 것은 『관자』밖에 없다. 관중을 상가의 효시로 보는 것도 바로 이 때문이다.

관중은 기본적으로 경제를 활성화하기 위해서는 재화의 유통을 뜻하는 이른바 수재輸財가 원활해야 한다고 주장했다. '수재'는 물류物流과 인류人流을 포함한 개념이다. 일반 재화를 비롯해 인력 및 정보의 신속하고도 원활한 유통을 의미한다. 관중이 제조업 분야의 생산력 증대와 이를 지원키 위한 재정 분야의 건전화 정책을 추진한 배경이다. 염철鹽鐵에 세금을 부과해 재정을 충당한 게 그 실례다. 그가 염철세를 통해 국부를 쌓은 뒤 패업을 이루어야 한다고 주장한 것은 바로 이 때문이다.

원래 소금과 철은 철제농구로 농경을 해야 하는 농민들의 입장에서 볼 때 일상생활에 빼놓을 수 없는 것이다. 이 두 가지에 세금을 부과한다면 기왕의 모든 잡세를 없앨지라도 능히 국가재정을 충당할 수 있다고 주장했다. 이른바 염철론鹽鐵論이다. 『관자』「경중」편 '경중 갑'에 염철 가운데 소금을 재정에 적극 활용한 일화가 나온다. 이에 따르면 하루는 관중이 제환공에게 이같이 말했다.

"지금 천하의 제후국 가운데 지하자원의 이익을 독점적으로 챙기는 나라인 이른바 음왕지국陰王之國은 모두 3개국입니다. 제나라도 그 안에 있습니다."

제환공이 물었다.

"그에 관해 보다 자세히 들려줄 수 있겠소?"

관중이 대답했다.

"초나라는 여수汝水와 한수漢水 유역에서 황금이 나고, 제나라는 거전渠展에서 소금이 나고, 연나라는 요동遼東에서 자염煮鹽이 납니다. 이것이 바로 지리를 독점적으로 취하는 '음왕지국'입니다. 그러나 초나라의 황금은 사실 제나라에서 나오는 치석菑石과 유사한 것입니다. 다만 가공기술이 공교工巧하지 못하고 잘 활용할 줄 몰라 천하가 이를 귀중하게 생각지 않을 뿐입니다. 만일 제가 초나라의 황금을 손에 넣을 수만 있다면 농부는 밭을 갈지 않아도 밥을 먹고, 여인은 길쌈을 하지 않아도 옷을 입게 해줄 수 있습니다. 지금 제나라는 거전에서 소금이 나오고 있습니다. 청컨대 군주는 명을 내려 땔나무로 쓰는 섶과 풀인 시초柴草를 베어다가 바닷물을 끓이도록 조치하십시오. 그러면 소금을 대량 생산할 수 있습니다. 여기에 염세를 징수하면 재정을 튼튼히 할 수 있습니다."

"잘 알겠소."

이에 10월에 염세를 걷기 시작해 이듬해 정월에 이르러 순염純鹽 3만

6천 종鍾을 얻었다. 제환공이 관중을 불러 물었다.

"이 소금을 어찌 이용하는 게 좋겠소?"

관중이 대답했다.

"초봄에 농사일이 시작되면 대부에게는 무덤이나 집을 손질하고, 누대와 정자를 세우고, 담장을 쌓거나 하는 일을 못하게 하십시오. 또 북해 소금이 나오는 지역의 백성들에게는 사람을 고용해 소금을 만드는 일을 금하도록 하십시오. 그러면 소금 가격은 반드시 앉아서 10배로 오르게 됩니다."

"좋은 말이오. 그렇다면 그 일을 과연 어찌해야 하오?"

관중이 대답했다.

"청컨대 양梁, 조趙, 송宋, 위衛, 복양濮陽 등지에 팔아 저들 모두 이 소금에 의지해 살아가도록 만드십시오. 나라에 소금이 없으면 병사의 몸에 부종이 생기는 까닭에 수비를 중시하는 나라에서는 소금이 매우 소중합니다."

"좋은 말이오."

이내 소금을 팔도록 명해 순금純金 1만1천여 근을 얻었다 제환공이 관중을 불러 물었다.

"이 순금을 어찌 이용하는 게 좋겠소?"

관중이 대답했다.

"청컨대 명을 내려 조하朝賀 때의 예물과 납세 때의 세금 모두 반드시 금으로 바치게 하십시오. 그러면 앉은 자리에서 금값이 100배로 뛰어오를 것입니다. 고가의 황금으로 여타 재화를 통제하면 천하의 재리가 모두 군주에게 귀속됩니다. 이를 일컬어 재용財用이 마치 바닷물을 길어 올리는 것처럼 영원히 마르지 않고, 노름판에서 돈 대신 사용하는 산가지를 쓰는 것처럼 무궁무진한 읍해수마挹海輸碼라고 합니다. 이것이 바로 지하자원의 이익을 독점하는 군주인 음왕陰王의 사업입니다."

소금의 전매를 적극 권한 것이다. 『관자』「구부」편 '해왕海王'에 나오는 일화도 마찬가지다. 염철의 전매를 재정경제 정책에 적극 활용한 대표적인 인물은 바로 한무제이다. 『사기』「평준서」에 당시의 상황이 자세히 소개돼 있다.

이에 따르면 한무제는 재위기간 내내 흉노의 침공을 원천적으로 봉쇄하기 위해 여러 차례에 걸쳐 대대적인 원정에 나섰다. 변경에 배치한 수십만 명의 병사들을 먹이기 위해 많은 식량이 변경으로 운송됐다. 게다가 흉노의 투항을 권장하기 위해 투항한 흉노에게 막대한 상금을 내렸다. 돈이 넘쳐나던 국고가 이내 바닥을 드러낸 이유다. 이를 해결하기 위해 한무제가 추진한 것이 바로 원수 4년(기원전 119)에 시행된 염철의 전매제도이다.

이를 주도한 인물은 상홍양桑弘羊과 공근孔僅 등의 상인출신 관원이었다. 이들은 상인들이 부를 축적한 배경을 훤히 꿰고 있었다. 소금은 생활하는데 필수품이고 철은 무기와 농기구의 재료이다. 농기구는 전국시대 이후 보급되어 필수품이 되어 있었다. 지방의 염철 산지에 염관 36개소와 철관 48개소를 설립해 소금과 철을 직접 관리했다. 철은 농기구의 제조를 국가가 독점하는 방식으로 통제했다. 소금은 민간에게 생산을 맡긴 뒤 생산된 소금을 모두 국가가 사들이는 방식으로 수익을 올렸다. 염철의 전매로 얻은 이익은 원가의 약 10배에 달할 정도로 엄청났다. 이는 국고를 관리하는 대사농大司農에 귀속되었다.

한무제는 이것으로도 부족해 원봉 원년(기원전 110)에 균수법均輸法과 평준법平準法을 실시했다. 균수법은 관에서 필요로 하는 물자의 조달과 수송을 균수관이라는 국가기관이 주체가 되어 행한 것을 말한다. 실제로는 각 지방의 산물을 조세로 징수한 뒤 이를 부족한 곳에서 팔아 이익을 거두는 방식이 적용됐다. 평준법은 각 군국에서 물가가 쌀 때 대량 매입해 중앙의 평준관平準官 산하에 저장해 두었다가 물가가 등귀하거나 부족해지면 방출해 그 차액을 국가의 수입으로 삼는 정책이다. 물자의 조달과 수송을 뜻하는 균수 및 물가의 안정을 뜻하는 평준을 통해 나름 국고수입을 극대화하려고 한 것이다.

상인들의 폭리를 막아 서민경제를 살린다는 게 명분이었다. 『관자』가 역설한 재정경제 정책과 같다. 그러나 그 내막을 보면 적잖은 문제가 있었다. 전한제국의 안보를 위협하는 흉노를 소탕하는 군사비용으로 사용코자 한 것은 나름 이해할 수 있으나 문제는 흉노가 일거에 소탕될 대상이 아니라는데 있었다. 전쟁비용이 한없이 들어갈 수밖에 없었다. 나아가 염철의 전매가 재정위기를 타개하는데 도움을 주기는 했으나 그 여파로 많은 자영 상인들이 커다란 타격을 받았다.

당시 상인들에게 치명타를 안긴 것은 원봉 원년(기원전 110)에 실시된 이른바 고민령告緡令이다. 재산내역을 허위 신고한 상인을 밀고하면 조사 후 사실로 들러날 경우 전 재산을 몰수하고 신고한 자에게 재산의 절반을 상금으로 주는 제도를 말한다. 상인에 대해 배나 수레를 기준으로 과세하면서 재산내역을 허위로 신고한 자를 엄벌에 처하는 법령이 있었으나 허위 신고가 줄지 않자 이런 편법을 동원한 것이다. 그 결과 정부는 상인들로부터 막대한 토지와 노비, 재산 등을 거둬들일 수 있었다.

주목할 것은 원정 4년(기원전 113)에 실시한 화폐의 통합이다. 그 이전까지만 해도 동광을 소유하고 있던 각 군국에서도 자유롭게 화폐를 주조했다. 그러나 품질이 일정하지 않고 화폐가치가 균일하지 못해 물가의 폭등이 빈발했다. 이에 중앙에 수형도위水衡都尉를 설치한 뒤 독점적으로 화폐를 주조하기 시작했다. 화폐의 가치가 안정되자 각종 경제 정책를 효과적으로 시행할 수 있게 되었다. 매우 성공적인 개혁이었다. 실제로 이후에 주조된 오수전五銖錢은 당나라 때까지 화폐의 기본형태가 되었다.

이런 강력한 경제정책을 강행하기 위해서는 잘 훈련된 유능한 실무관료가 필요했다. 한무제 때 국법에 따라 엄격한 법치를 실시하는 이른바 혹리酷吏가 등장한 배경이 여기에 있다. 사법과 경찰분야에서 활동한 혹리는 사실 사사로운 정리에 좌우되지 않고 국가정책을 철저히 집행한 뛰어난 관원을 말한다. 장탕張湯을 비롯해 의종義縱, 왕온서王溫舒, 두주杜周 등이 그들이다. 이들의 주요 임무는 호족의 억압이었다. 진시황 때를 방불할 정도로 혹법이 난무했다. 위법이 드러날 경우 목숨을 내놓을 각오를 해야 했다. 혹리의 횡행은 염철의 전매와 무관치 않다.

관중이 처음으로 제시한 염철의 전매는 6백년 뒤 전한제국 초기에 『염철론』이라는 책으로 정립되었다. 이는 한소제 때 열린 '염철회의'에서 유가와 법가가 전개한 공방전을 대화체 식으로 정리한 것이다. 당시 염철회의는 유가와 법가 사이에 부국강병에 관한 사상투쟁의 성격을 띠고 있었다. 논의를 주도한 상홍양桑弘羊은 법가사상에 통달한 상인출신 관료였다. 이 회의에서 겉으로는 유가의 덕치를 내세우고 안으로는 법가의 법치를 추구하는 내법외유內法外儒의 통치술이 만들어졌다. 이는 부국강병을 통해 예의염치를 아는 문화대국을 이루고자 한 관자사상과 맥을 같이 하는 것이다.

원래 관중은 금융자산이 버블을 일으키는 것을 우려해 금·은 등의 유동성 재화가 곡물 및 염철 등의 제1, 2차 산업 생산물보다 비싸지 않도록 시장에 적극 개입해 가격변동 등을 조절했다. 생산과 유통의 안정성을 확보하기 위한 조치였다. 사마천이 『사기』를 저술하면서 시장의 자율성을 강조한 「화식열전」에 이어 상황에 따른 국가의 시장개입 필요성을 언급한 「평준서」를 편제한 이유가 여기에 있다. 일부 악덕 상인이 주도하는 폭리를 통한 시장질서의 교란을 우려한 것이다. 이 또한 관자사상에 뿌리를 둔 것이다. 이를 뒷받침하는 『관자』「외언」편 '오보'의 해당 대목이다.

"나라를 흥하게 하는 6가지 덕이 있다. 첫째, 밭을 개간하고, 민가를 건설하고, 재배를 강구하고, 사민을 권장하고, 농사를 면려하고, 담장과 지붕을 수리하는 것이다. 이를 일컬어 백성의 생활물자를 풍부하게 하는 후생厚生이라고 한다. 둘째, 잠재된 이익인 미개발 자원을 개발하고, 적체된 물건을 수송하고, 도로를 닦고, 관문과 시장을 편리하게 하고, 상인이 원활히 오고가는 것을 도와주는 것이다. 이를 일컬어 백성을 위해 재화를 수송하는 수재輸財라고 한다. 셋째, 고인 물을 터서 통하게 하고, 막혀 있는 도랑의 물을 트고, 범람하는 홍수를 막기 위해 제방을 터 흐르게 하고, 쌓여 있는 진흙을 준설하고, 막혀 있는 운하의 물을 소통시키고, 나루터의 다리를 수축한다. 이를 일컬어 백성에게 편리를 제공하는 유리遺利라고 한다. 넷째, 징세를 줄이고, 부역을 가볍게 하고, 형벌을 느슨히 하고, 이미 범한 죄를 사면하고, 작은 과실을 용서하는 것이다. 이를 일컬어 정사를 관대히 하는 관정寬政이라고 한다. 다섯째, 어른과 노인을 봉양하고, 어린이와 고아를 자애롭게 대하고, 홀아비와 과부를 긍휼히 여기고, 병든 자를 문안하고, 재난과 초상을 당한 이를 위로하는 것이다. 이를 일컬어 백성의 위급상황을 구제하는 광급匡急

이라고 한다. 여섯째, 얼고 추운 자를 입혀주고, 주리고 목마른 이를 먹이고, 빈한한 자를 구제하고, 피폐해진 자를 진휼하고, 막다른 길에 이른 자를 도와주는 것이다. 이를 일컬어 곤궁한 처지에 놓인 백성을 구하는 진궁賑窮이라 한다. 무릇 이 6가지는 덕이 흥성하는 길이다. 이들 6가지 덕을 베풀면 백성은 바라는 것을 얻지 못하는 경우가 없게 된다. 무릇 백성은 반드시 자신들이 바라는 것을 얻은 뒤에야 군주를 따른다. 백성이 군주를 따른 뒤에야 비로소 정사도 잘 펼칠 수 있다."

시장의 자율성은 최대한 보장하되 국가가 적극 개입해 시장 질서를 교란하는 자를 솎아내고, 과부와 홀아비 등 사회적 약자들을 적극 돕고 나서라고 주문한 것이다. 사마천이 『사기』를 저술하면서 「화식열전」 이외에 「평준서」를 따로 편제한 이유가 바로 여기에 있다.

사마천은 『사기』「평준서」에서 한나라 건국 초기부터 한무제에 이르기까지 1백여 년에 걸친 한나라의 경제정책 및 경제발전 과정을 세밀히 기술해 놓았다. 이는 중국 역대 사책 가운데 사상 최초의 경제사 관련 저작에 해당한다. 『사기』「평준서」는 주로 경제정책의 변동 및 득실을 다루고 있는 게 특징이다. 가장 눈에 띄는 것은 물가와 상품유통을 규제하는 균수均輸와 평준平準의 정책이다. '균수'는 가격이 싼 지방에서 물건을 사서 비싼 곳에 팔고, 쌀 때 사두었다가 비쌀 때 파는 물가안정책을 말한다. '평준'은 물가를 균일하고 공평하게 관리하는 법을 의미한다. '평준서' 명칭은 여기서 나왔다. 국가가 재화의 원활한 유통을 위해 적극 개입하는 것을 말한다.

이는 관중이 『관자』 전체의 절반가량을 정치경제 문제에 할애한 것과 취지를 같이 한다. 정치경제 이론은 「정언」의 '목민'과 「단어」의 '치미' 및 「구언」의 '치국' 등에 두루 나오고 있다. 그러나 재정경제 정책은 「승마」와 「구부」 및 「경중」편에 집대성돼 있다. 「경중」편의 경우 도중에 '경중 정' '경중 경'이 사라지기는 했으나 현존하는 것만으로도 계책의 골자를 충분히 이해할 수 있다.

『관자』의 「승마」와 「구부」 및 「경중」편이 제시한 총 151개의 계책은 21세기 G2시대의 관점에서 보아도 그대로 써먹을 만한 게 매우 많다. 모두 부국강병의 방략에서 나온 것이다. 부국강병의 궁극적인 목적은 『관자』「경언」편 '목민'에서 역설했듯이 예의염치를 아는 문화대국의 건설에 있다. 거시적 차원에서 국가의 존재의미를 풀이한 것이다.

제3절
부국富國과 강병强兵

고금을 막론하고 전쟁의 승패는 결국 경제력에 의해 결정된다. 나라가 부유해야만 우수한 무기를 확보할 수 있고, 우수한 무기를 확보해야만 승리를 거둘 수 있다는 논리 위에 서 있다. 그러기 위해서는 민생안정을 뜻하는 부민富民이 전제돼야 한다. 그래야 부국富國을 이룰 수 있고, 이를 토대로 강병强兵을 구축해 이웃 나라의 침탈을 미연에 막을 수 있다. 궁극적인 목표는 말할 것도 없이 예의염치를 하는 문화대국文化大國의 실현이다. 『관자』「구언」편 '치국'의 다음 대목은 춘추전국시대 당시 부국 강병의 논리가 등장케 된 배경을 잘 보여주고 있다.

"백성이 농사를 지으면 농토가 개간되고, 농토가 개간되면 곡식이 많아지고, 곡식이 많아지면 나라가 부유해지고, 나라가 부유하면 군사가 강해지고, 군사가 강해지면 전쟁에서 승리하고, 전쟁에서 승리하면 영토가 넓어진다."

'부민'을 통한 부국강병의 논리가 일목요연하게 정리돼 있다. 지속적으로 부국강병을 유지하기 위해 민생의 안정에 힘쓰고 생산을 지속적으로 늘려야 한다는 게 요지이다. 『관자』에 나타난 군사사상의 핵심이 여기에 있다. 부민부국을 용병 및 전쟁승리의 근본 배경으로 간주한 탓이다. 『관자』「경언」편 '칠법'의 다음 대목이 이를 뒷받침한다.

"백성을 제대로 다스리지도 못하면서 능히 군사를 강하게 한 경우는 일찍이 없었다. 백성을 능히 다스리면서도 군사운영의 책략에 밝지 못하면 역시 그리 할 수 없다. 군사운영에 밝지 못한데도 반드시 적국을 이긴 경우는 일찍이 없었다. 군사운용에 밝을지라도 적국을 이기는 책략에 밝지 못하면 역시 적국을 이기지 못한다. 군사력으로 반드시 적국을 제압하지 못하는데도 능히 천하를 바로잡은 경우는 일찍이 없었다. 군사력으로 반드시 적국을 제압할 수 있을지라도 천하를 바로잡는 명분을 분명히 하지 않으면 역시 그리 할 수 없다."

복잡한 대외문제를 일거에 해결하는 또 다른 형태의 정치수단으로 전쟁을 상정한 결과다. 『관자』가 명분을 중시하며 군대의 출동을 자제하는 신중한 태도를 견지한 이유가 여기에 있다. 『손자병법』의 군사사상과 정확히 일치한다. 『손자병법』 역시 전쟁 없이 문제를 해결하는 것을 최상의 갈등해결 방안으로 간주했다. 전쟁 자체가 엄청난 국력과 인명의 희생을 수반한다는 사실을 통찰한 결과다.

『관자』의 이런 군사사상은 후대의 병가뿐만 아니라 법가에게도 지대한 영향을 미쳤다. 전국시대 중기 상앙이 농사지으며 싸우는 농전農戰을 통해 서쪽 진나라를 가장 부강한 나라로 만든 게 그 증거다. 당시 상앙은 농한기를 이용해 백성들을 쉼 없이 훈련시켰다. 덕분에 백성들 모두 전쟁에 나가서는 목숨을 걸고 용감하게 싸우는 전사가 되었다. 진나라가 최강의 병력을 보유한 배경이 여기에 있다. 『손자병법』을 비롯한 전래의 모든 병서가 전쟁과 경제의 상호 관련성을 역설한 것도 바로 이 때문이다. 이를 뒷받침하는 『관자』「경언」편 '칠법'의 해당 대목이다.

"군사운용의 책략인 위병지수爲兵之數를 논하면 다음과 같다. 첫째, 재부財富를 쌓아야 하고, 그 재부가 천하무적이어야 한다. 둘째, 기술이 뛰어난 공인을 선발해야 하고, 그 기술이 천하무적이어야 한다. 셋째, 날카로운 무기를 제작해야 하고, 그 무기가 천하무적이어야 한다. 넷째, 정예병을 선발해야 하고, 그 용맹이 천하무적이어야 한다. 다섯째, 정령에 의한 교육을 강화해야 하고, 그 수준이 천하무적이어야 한다. 여섯째, 군사 훈련을 강화해야 하고, 그 훈련의 수준은 천하무적이어야 한다. 일곱째, 천하의 실정을 두루 알아야 하고, 그 정보의 수준은 천하무적이어야 한다. 여덟째, 시기를 잘 포착하고 책략에 밝아야 하고, 그 운용이 천하무적이어야 한다. 군사가 국경 밖으로 출병하기 전에 이들 8가지 사항에서 천하무적을 이룬 연후에 비로소 천하를 바로잡을 수 있다."

『관자』가 전쟁에 신중을 기하는 신전愼戰의 입장을 취하고 있는 것도 이런 맥락에서 이해할 수 있다. 부득이하여 전쟁에 참여할 때까지 차질 없이 정사에 매진해야 한다고 역설한 게 그렇다. 힘의 비축을 중시한 것이다. 『관자』「단어」편 '세勢'에 이를 뒷받침하는 대목이 나온다.

"적이 도리를 어겨 황당한 일이 빚어졌을 때 천지에 아직 징벌의 조짐이 나타나지 않았는데도 먼저 징벌에 나섰다가 성공하지 못할 경우 오히려 그에 따른 징벌을 당한다. 하늘은 인사人事에 근거해 징조를 보이고, 성인은 하늘의 징조를 좇아 행동한다. 천도天道에 따른 화난이 아직 적국에 빚어지지 않았을 때는 함부로 공벌에 나서서는 안 되고, 인사에 따른 화난이 아직 적국에 빚어지지 않았을 때는 함부로 진공에 나서서는 안 된다. 이때는 자신의 백성을 일치단결시키면서 천시와 지리가 올 때까지 기다려야 한다. 인사에 따른 화난이 이미 빚어지고 이어 천시의 징조가 나타나면 성인은 이를 놓치지 않고 대업을 완성시킨다. 이는 천도와 함께 하는 것이다. 성인은 단정하고 고요한 자세를 견지하며 남과 다투지 않고, 행동에 실수가 없고, 본래 살벌한 마음을 갖고 있지 않다. 이는 지도地道와 함께 하는 것이다. 무릇 천도와 함께 하지 못하면 먼저 몸을 숨기고 덕행을 닦아야 한다. 그러나 이미 천도와 함께 했으면 응당 모든 힘을 다해 일을 성사시키고, 대공을 이룬 후에는 순리대로 대공을 굳게 지켜야 한다. 그러면 아무도 그를 대신할 수 없게 된다."

매사가 그렇듯이 시기時機가 존재한다. 너무 일러도 안 되고 너무 늦어도 안 된다. 미리 충분히 대비하고 있다가 결정적인 시기가 왔을 때 전광석화電光石火처럼 움직이는 게 관건이다. 적이 기급공격을 가해올 때 이를 되받아쳐 승리를 일구기 위해서는 평소 준비가 철저히 이뤄져 있어야 한다. 이는 평소 철저한 훈련과 잘 정비된 무기가 있어야 가능한 일이다. 『관자』「외언」편 '병법'에 이를 뒷받침하는 대목이 나온다.

"군사통제는 평소의 무비武備에 따른 결과이고, 군사운용은 평소의 교련教鍊에 따른 결과이다. 평소 무기를 제대로 갖추지 못하면 군사를 통제할 수 없고, 평소 훈련을 제대로 하지 못하면 군사를 운용할 수 없다. 군사운용이 제대로 이뤄지지 않으면 피동적이 되고, 군사통제가 제대로 이뤄지지 않으면 구차해진다. 용병이 신속하면 가히 필승을 거둘 수 있다. 서로 다른 길로 출동하거나 철군하면 병사들을 상하게 만든다. 적진 깊숙이 들어가 위태로워지면 병사들은 스스로 경계하면서 마음과 힘을 하나로 합치게 된다. 용병에 뛰어난 자가 지휘하면 군사가 마치 허공에 머무는 듯하여, 적은 마치 그림자와 싸우는 것처럼 보인다. 적이 미리 대비하지 못하게 하면서 아군의 형체를 남기지 않으면 이루지 못할 게 없고, 아군의 형체를 남기지 않으면서 흔적을 남기지 않으면 변화시키지 못할 게 없다. 이를 일컬어 병도兵道라고 한다. 마치 없는 듯이 보이다가 실재하고, 뒤에 머무는 듯이 보이다가 앞서 나오는 게 그렇다."

일각에서는 이런 병법원리에 주목해 『관자』에 나오는 모든 병법 이론을 하나로 묶어 '관자병법'으로 부르기도 한다. 그 내용이 제법 많아 『손자병법』 정도의 분량에 달한다. '관자병법'의 특징은 전쟁을 치국평천하의 치도와 직결시켜 해석한 데 있다.

많은 사람들은 춘추시대 말기 오자서伍子胥와 함께 오왕 합려闔閭의 패업을 도운 손무孫武를 병가사상의 효시로 꼽고 있다. 세계 최대의 관찬 도서목록인 건륭제 때의 『사고전서총목제요四庫全書總目提要』가 손무를 '1백 세대에 걸쳐 병법을 얘기할 때마다 거론하는 병가의 시조'로 칭송해 놓은 것도 같은 맥락이다. 후대인들은 그를 병성兵聖으로 불렀다. 그를 『손자병법』의 저자로 간주한 탓이다.

그러나 엄밀히 말하면 병가의 효시는 춘추시대 중기 제환공을 도와 패업을 이룬 관중으로 보는 게 옳다. 이를 뒷받침하는 대목이 『관자』의 「경언」의 '칠법'과 '유관', 「잡어」의 '금장', 「외언」의 '병법', 「단어」의 '지도'와 '세' 등에 산재해 있다. 사람들은 여기에 나오는 전략전술 등을 통틀어 '관자병법'이라고 한다.

'관자병법'의 가장 특징 가운데 하나는 전쟁을 정치의 연장으로 간주하고 있는 점이다. 마키아벨리의 『전술론』과 클라우제비츠의 『전쟁론』에서 역설하는 이른바 정전政戰의 입장과 하등 다를 게 없다. 삼국시대의 조조는 이런 입장에 입각해 현존 『손자병법』인 『손자약해孫子略解』를 새롭게 펴낸 바 있다. 『도덕경』의 부득이용병不得已用兵 취지를 병도兵道의 원리로 격상시킨 이른바 집이시동戢而時動을 역설한 게 그렇다. 평시에는 무기를 거두어 두었다가 부득이할 때 용병한다는 뜻이다. 이는 『관자』「잡어」편 '금장'의 다음 대목과 취지를 같이하는 것이다.

"무릇 천하를 보유한 군주가 적국의 민정民情에 문제가 있다는 사실을 알고 토벌에 나서면 제업帝業, 적국의 국사國事에 문제가 있다는 사실을 알고 토벌에 나서면 왕업王業, 정사政事에 문제가 있다는 사실을 알고 토벌에 나서면 패업霸業을 이룰 수 있다."

여기의 '제업'이 바로 『도덕경』에서 말하는 '부득이용병'이다. 제자백가서를 박람博覽한 조조가 『손자약해』 서문에서 '집이시동'을 역설한 것은 『관자』「잡어」편 '금장'의 이 대목에 힌트를 얻은 것인지도 모른다. 주목할 것은 『관자』「잡어」의 '금장'에서 병가가 최상의 전략으로 언급하고 있는 벌모伐謀의 계책을 상세히 언급해 놓은 점이다.

"계책을 써 적국을 제압하는 벌모伐謀의 계책은 모두 5가지이다. 첫째, 친총분위親寵分威이다. 적국의 군주가 총애하는 신하를 가까이하여 그의 권세를 깎아내림으로써 두 마음을 품게 하는 계책이다. 적국 군신의 친밀한 관계가 벌어져 충성하는 신하가 등용되지 못하면 적국은 이내 위기에 처하게 된다. 둘째, 친증후뢰親憎厚賂이다. 적국의 군주가 미워하는 대신을 찾아낸 뒤 은밀히 후한 뇌물로 매수해 적국의 내부 정황을 소상히 파악하는 계책이다. 적국 대신이 몸만 조정에 있을 뿐 마음은 밖에 두고 있는 만큼 적국 내부의 정황을 소상히 파악하는 게 가능하다. 셋째, 색내폐외塞內蔽外이다. 적국 군주가 음탕한 짓을 즐긴다는 얘기를 들으면 이를 조장하기 위해 곧 악대와 미희를 들여보내 궁 안에서 그의 이목을 막고, 아첨을 잘하는 자와 준마를 들여보내 궁 밖에서 그의 이목을 가리는 계책이다. 적국 군주의 이목이 안팎으로 막히고 가려지면 적국은 이내 패망케 된다. 넷째, 심친음도深親陰圖이다. 적국의 군주와 형제처럼 친밀히 지내면서 은밀히 잠입시킨 변사辯士를 받아들이게 만든 뒤 계책을 도모하고, 짐짓 투항한 용사를 받아들이게 만든 뒤 만용을 부추기는 계책이다. 이후 적국의 동맹국에 다시 사람을 들여보내 적국과 맺은 맹약을 파기하게 하고, 사자의 왕래를 끊게 하고, 적국과 적대토록 상황을 유도한다. 그러면 반드시 다투게 되고, 두 나라가 서로 적대하면 반드시 폐단이 나타나게 된다. 다섯째 심찰자적深察自賊이다. 깊이 잠입해 적국 군주의 계모를 알아내고, 충신을 삼가 존중하는 자세로 접근해 이간책으로 군신이 서로 불신한 나머지 마음이 떠나도록 만드는 계책이다. 마음이 떠나면 서로 합할 수 없는 까닭에 반드시 내분이 일어나 충신을 죽이게 된다. 충신이 이미 죽은 까닭에 적국의 정권을 쉽게 빼앗을 수 있다. 이 5가지가 벌모의 계책으로 공업을 이루는 방안이다."

이는 『손자병법』에도 나오지 않는 것이다. 『손자병법』은 단지 계책을 써 상대를 제압하는 '벌모'만을 언급해 놓았을 뿐이다. 여기에 나오는 5가지 '벌모' 계책인 친총분위親寵分威, 친증후뢰親憎厚賂, 색내폐외塞內蔽外, 심친음도深親陰圖, 심찰자적深察自賊 등은 21세기 군사전략에도 그대로 사용할 수 있는 것이다. 기본취지는 『손자병법』「모공」이 역설했듯이 적을 착각에 빠뜨리는 궤도詭道에 있다. '궤도'는 『손자병법』을 비롯한 모든 병서의 기본전략이기도 하다.

객관적으로 볼 때 원래 관중은 병가뿐만 아니라 제자백가의 사상적 효시에 해당한다. 그만큼 폭이 넓고 깊다. 실제로 관자병법은 그 내용이 『손자병법』을 방불한다. 『관자』에 따르면 군사력의 강약에 의해 국가의 존망과 안위가 결정된다. 『관자』가 군비폐지론에 해당하는 송견宋銒 등의 침병지설寢兵之說과 묵자의 겸애지설兼愛之說을 반대하며 전쟁불가피론에 입각해 군비강화를 역설한 이유다. 고대 성왕들의 전성시대에도 군대가 있었다는 게 논거다.

이는 상가의 이론이 이념적인 지표에서는 유가와 제휴하고, 구체적인 실천 방안에서는 병가와 손을 잡게 되었음을 의미한다. 경세제민과 부국강병을 두 축으로 하고 있는 관자사상의 궁극적인 목표가 예의염치를 아는 문화대국의 건설인 점을 감안하면 자연스런 결과로 볼 수 있다.

관중은 기본적으로 『손자병법』과 클라우제비츠의 『전쟁론』처럼 군사를 정치의 연장으로 간주했다. 정사가 제대로 이뤄지지 않는 한 전쟁에서 결코 승리할 수 없다고 역설한 이유다. 관중의 패업은 군사력을 동원해 이룩한 것이다. 이는 부민부국이 전제됐기에 가능했다. 부민부국은 정치의 영역이다. 그는 정치가 제대로 되지 않으면 패업은커녕 나라를 보전하는 일조차 불가능하다고 보았다. 이를 뒷받침하는 『관자』 「내언」 편 '패언'의 해당 대목이다.

"옛날의 명군은 준마駿馬와 주옥珠玉을 가볍게 여기고 정사와 군사를 중시했다. 그러나 나라를 망친 군주들은 문인에게는 정사를 맡기지 않은 채 말을 타라고 하고, 무인에게는 군사를 맡기지 않은 채 주옥만을 주었다. 이들은 대궐을 꾸미는데 힘쓰고 나라의 방비를 소홀히 함으로써 결국 영토가 깎이고 말았다."

관중은 문인에게 정치를 맡겨야 하듯이 무인에게 군사를 맡겨야 나라를 제대로 보위할 수 있다고 본 것이다. 군사를 중시하는 중군重軍 사상에 해당한다. 확고한 무력을 구비하고 있어야만 천하의 제후들을 능히 제압할 수 있다고 판단한 결과다. 『관자』 「경언」 편 '이정立政'에 이를 뒷받침하는 해당 대목이 나온다.

"무력을 가볍게 여기는 이론이 득세면 아무리 험난한 요새가 있을지라도 나라를 지킬 수 없다."

'이정立政'은 임정臨政의 뜻으로 여기의 '이'는 임한다는 뜻의 이位와 같다. 관중이 '이정'에서 중군을 언급한 것은 그 대전제에 해당하는 부국부민을 역설키 위한 것이다. 관중이 중상주의에 입각한 일련의 정책을 펼치면서 동시에 군사력 강화에 세심한 주의를 베푼 이유다.『관자』「경언」편 '권수'의 해당 대목이다.

"국토를 수비하는 바탕은 성城이고, 성을 지키는 바탕은 병력이고, 병력을 보유하는 바탕은 인간이고, 인간을 보전하는 바탕은 곡식이다. 땅이 제대로 개간되지 않아 곡식생산이 부진하면 국토수비의 바탕인 성도 결코 견고할 수 없다."

고금을 막론하고 경제력이 뒷받침되지 않는 군사력 강화는 이내 한계를 드러낼 수밖에 없다.『관자』는 부국강병 방안을 매우 체계적으로 제시했다. 〈부민 → 부국 → 강병 → 승적勝敵 → 정천하正天下 → 문화대국건설〉의 도식이 그것이다. '승적'의 이치는 싸우지 않고도 이기는 부전승不戰勝에 있다. 그는 자신의 주장을 뒷받침하기 위해『손자병법』을 방불하는 구체적인 실천방안을 대거 제시했다.『관자』「경언」편 '칠법'에 나오는 다음 대목이 그 증거다.

"주어진 형세에 맞는 법령과 문물제도가 갖춰져 있지 않으면 제대로 다스릴 수 없다. 백성들을 잘 다스릴지라도 용병의 술수를 모르면 나라를 지킬 수 없다. 군사력을 강화할 줄 알아도 적국과 싸워 이기는 이치를 모르면 역시 승리를 거둘 수 없다. 반드시 승리를 거둘지라도 천하를 바로잡아 다스리는 대의명분을 밝히지 못하면 대업을 이룰 수 없다."

치국治國은 법령과 문물제도의 완비에서 출발하고, 보국保國은 용병의 술수를 파악하는데서 출발하고, 무력을 배경으로 천하를 호령하는 패천하霸天下는 승적의 이치를 아는데서 출발하고, 천하인의 지지를 받는 문화대국을 건설키 위해서는 반드시 대의명분을 기치로 내건 데서 출발한다고 설파한 것이다. 단계별 목표를 이루기 위한 구체적인 방안을 제시한 셈이다. 이를 도식으로 정리하면 다음과 같다.

〈치민유기治民有器 즉 부민부국의 건설 → 위병유수爲兵有數 즉 강병강국의 완성 → 승적유리勝敵有理 즉 천하패권의 장악 → 정천하유분正天下有分 즉 예의염치를 아는 문화대국의 건설〉

『손자병법』이 막강한 무력을 배경으로 한 부전승을 최고의 병법으로 내세운 것과 맥을 같이한다. 나라든 기업이든, 개인이든 천하대세에 올라타면 흥하고, 거스르면 패망한다. 온갖 유형의 흥망성쇠도 천하대세의 큰 흐름 속에 있기 때문이다.

전쟁터에서 용병을 하거나 들에서 농사를 짓거나 모든 일은 때가 있기 마련이다. 때를 놓치면 같은 기회가 두 번 다시 오지 않는다. 특히 군사작전에서 한번 놓친 기회는 다시 돌아오지 않을 뿐만 아니라 오히려 적국에 물실호기勿失好機로 작용할 수 있다. 『관자』가 임기응변臨機應變을 역설한 이유다. 이는 관자경제학과 관자병법을 관통하는 키워드이기도 하다.

제2부

관자경제학의
재정정책

제1장 「승마乘馬」 – 3론論 26책策

策
論

「승마」는 토지세제 가운데 군사상의 세금이나 부역을 뜻하는 군부軍賦를 의미한다. '승'은 4마리 말이 이끄는 병거兵車를 지칭한다. 통상적인 의미의 승마乘馬와 승객乘客 등의 '승'으로 해석해서는 안 된다. 우리말은 구분이 되어 있지 않으나 중국어에는 '승마'와 '승객'의 경우는 2성의 '청chéng', 병거의 의미로 사용될 때는 4성의 '성shèng'으로 읽는다. 4대의 화살을 뜻하는 승시乘矢 및 4개의 호리병을 뜻하는 승호乘壺처럼 '4'를 뜻할 때와 사승史乘 및 야승野乘처럼 춘추시대 진晉나라 역사책에서 유래한 사서史書의 의미일 때도 4성의 '성'으로 읽는다. 우리말도 병거와 사서의 의미일 때는 승마의 뜻과 구분하기 위해 '성'으로 읽는 게 합리적이다.

「승마」를 '성마'의 뜻으로 새긴 고전은 『한서』「형법지」이다. 해당 대목이다.

"1기畿는 사방 1천리를 말한다. 세금으로 농지세와 군부軍賦가 있었다. 농지세는 나라가 필요로 하는 식량, 군부는 군수품을 충족시켰다. 이같이 하여 4정井을 1읍邑, 4읍을 1구丘라 했다. 1구는 16정에 해당한다. 군마軍馬 1필, 소 3마리를 부담했다. 4구는 1전甸이다. 1전은 64정에 해당한다. 군마 4필과 소 12마리, 무장한 갑사甲士 3명, 보졸步卒 72명을 부담했다. 이를 '성마지법乘馬之法'이라고 했다."

이는 춘추시대의 역사적 사실과 부합한다. 기원전 548년의 일을 기록한 『춘추좌전』 「노양공 25년」조 역시 「승마」를 '성마지법'의 의미로 새겼다. 해당 대목이다.

"초나라의 위엄蔿掩이 군사를 담당하는 사마司馬의 직책을 맡았다. 영윤令尹 자목子木이 그에게 군부軍賦를 책임지우며 갑옷 및 병기의 수를 조사케 했다. 10월 8일, 위엄이 농지 현황을 기록하고, 산림의 목재를 측량하고, 수택藪澤의 산출물을 모으고, 고지대와 커다란 토산을 구분하고, 소금기가 많은 지역을 조사해 부세를 경감하고, 국경의 수몰지대를 조사하고, 지하에 물이 많은 곳을 알아보고, 소규모 경지의 경계를 정하고, 소택지에 방목하고, 평탄하고 비옥한 땅을 정비하여 경계를 정했다. 이어 각종 수입을 헤아려 부세제도를 확정했다. 또 백성들에게 수레와 말에 관한 세를 납부케 하고, 백성들로부터 병거와 보졸에 필요한 무기를 비롯해 갑옷과 방패 등을 징수했다. 임무를 완수한 후 그 기록을 자목에게 넘겨주었다. 이는 예에 맞는 일이다."

그럼에도 청나라 말기 당대의 석학인 오여륜吳汝綸과 하여장何如璋은 『관자』를 주석하면서 이를 '성마'가 아닌 '승마'의 뜻으로 새기면서 혼란이 생겼다. 특히 곽말약이 『관자』의 주석을 총망라한 『관자집교管子集校』를 펴낼 때 이를 그대로 인용하면서 원래의 뜻이 완전히 사라지고 말았다. 오여륜의 해석이다.

"「승마」라는 편명은 '천하의 말과 소를 부릴 때도 일정한 한도가 있어야 한다. 각자 감당할 수 있는 능력을 감안해 부려야 한다.'는 취지에서 나온 것이다. 마馬는 원래 숫자를 셀 때 사용한 산가지를 뜻한다. 오늘날 저울추와 같다. 승乘은 가감승제加減乘除의 '승'으로 곱셈을 의미한다. 나라를 다스리는 법제는 모두 숫자를 기준으로 제정된다. 이 숫자를 계산해 고저, 장단, 다과를 알아내 적절히 안배해야 한다는 의미를 담고 있다."

병거를 뜻하는 '승'과 말을 뜻하는 '마'가 엉뚱한 뜻으로 풀이됐음을 알 수 있다. 『관자』「경언」편 '승마'의 '승마복우乘馬服牛'를 비롯해 「잡어」편 '소문'에 나오는 '환공승마桓公乘馬'와 '과인승마寡人乘馬'의 단 세 구절에서만 통상적인 '승마'의 뜻으로 사용됐을 뿐이다. 나머지는 모두 '성마'의 뜻이다. 하여장도 유사한 잘못을 범했다. 당대의 내로라하는 학자들의 이런 왜곡된 해석은 역대 왕조가 『관자』를 얼마나 등한시했는지 여실히 보여준다. 『관자』의 키워드인 '경세제민'과 '부국강병'의 이치를 망각한 후과가 이토록 심했다. 청조의 패망이 결코 우연히 빚어진 게 아니라는 얘기다.

「승마」는 『한서』「식화지食貨志」에 나오는 '식화' 개념과 통한다. '식화'의 명칭은 『서경』의 홍범팔정洪範八政에 나오는 '일왈식一曰食, 이왈화二曰貨' 구절에서 따온 것이다. 천하를 다스리는 8가지 기본원칙 가운데 먹는 것이 가장 중요하고 그 다음으로 재화가 중요하다는 취지를 담고 있다. 말 그대로 먹을 것과 재화에 대한 기록이라는 뜻으로 「식화지」는 한 시대의 사회경제 역사를 집약해 놓은 것이기도 하다. 『한서』「식화지」는 『사기』「평준서平準書」를 모방한 것이다. 역대 왕조 모두 이전 왕조의 사서를 펴낼 때 예외 없이 「식화지」를 편제했다. 그만큼 중시한 것이다. 『사기』「평준서」를 비롯해 역대 사서의 「식화지」는 해당 왕조의 경제정책을 정리해 놓은 점에서 매우 귀중한 자료에 속한다.

「평준서」와 「식화지」의 연원을 거슬러 올라가면 『관자』의 「승마」로 이어진다. 다음 구절에 나오듯이 '토지는 국정의 근본이다.'라고 선언한 게 그렇다. 안타깝게도 후대의 사가들은 이를 간과했다. 오여륜과 하여장의 「승마」 편명에 대한 엉뚱한 풀이가 나오게 된 근본배경이다.

현존 『관자』의 「승마」는 크게 3개의 논론論으로 구성돼 있다. 경언편經言篇에 편제된 '승마'와 경중편輕重篇에 편제된 '거승마'와 '승마수'가 그 것이다. 사마천이 읽었다는 '문승마'는 도중에 실전됐다. 이들 모두 『한서』「식화지」의 '식食' 즉 토지세 관련 정책을 깊이 분석한 것들이다. 현존 「승마」 관련 3개의 논의는 토지의 선악善惡을 구별해 등급별로 적정한 수준의 세금을 매겨야 한다는 게 골자이다. 관중의 경제정책을 다룬 『국어』「제어齊語」에 이를 뒷받침하는 구절이 나온다. 관중이 토지세와 관련해 제환공에게 건의한 내용이다.

"토지의 비척肥瘠을 따져 세금을 매기면 백성들이 임의로 옮길 생각을 하지 않을 것입니다. 천택川澤을 관할하는 관원은 시령時令을 좇아 짐승과 약초를 채포採捕하는 시기를 엄히 준수케 하십시오. 그러면 백성들이 요행히 이득을 얻으려 하지 않을 것입니다. 평지와 고지, 산지, 도랑, 우물, 곡식을 심는 밭, 뽕과 마를 심는 땅은 고르게 분배하십시오. 그러면 백성들은 원한을 품지 않을 것입니다. 농민이 씨뿌리고 거둬들이는 시절을 빼앗지 않도록 하십시오. 그러면 백성들이 부유하게 될 것입니다. 또한 임의로 희생을 사용치 마십시오. 그러면 우양牛羊이 매우 빨리 번식할 것입니다."

'토지의 비척' 운운은 토지정책에 관한 관중의 기본입장을 드러낸 것이다. 이에 관해 『국어』「제어」는 더 이상 자세한 언급을 하지 않았다. 그 구체적인 내용이 바로 『관자』의 「승마」에 나오는 것이다. 고전 문헌 가운데 토지정책에 관한 관중의 입장을 자세히 설명해 놓은 것은 오직 「승마」밖에 없다. 많은 학자들이 '승마'와 '거승마' 및 '승마수'를 일종의 토지관련 논문으로 간주하는 이유다.

본서도 이런 입장에서 접근했다. 내용별로 분석하면 경언편에 나뉘어 실린 '승마'에는 모두 18개의 논의가 나온다. 이를 보충설명하고 있는 '거승마'와 '승마수'는 각각 3개와 5개의 논의로 구성돼 있다. 사마천이 한나라 궁궐의 장서실에서 읽었다는 「승마」는 바로 현존 『관자』 「경언」의 '승마'와 「경중」의 '거승마'와 '승마수'를 통칭한 것이다.

제1론
승마乘馬 18책 – 땅의 이익을 확대하라

1. 입국지책立國之策 물이 충분한 곳에 도읍하라

무릇 국도國都를 세울 때는 큰 산 아래가 아니면 반드시 큰 내 부근을 택해야 한다. 지대가 높으면 물이 부족한 곳을 피해야 물을 충분히 쓸 수 있고, 지대가 낮으면 큰 물 근처를 피해야 도랑과 제방 축조의 수고를 덜 수 있다. 풍족한 자원을 좇아 농업생산에 유리한 곳을 택해야 한다. 성곽이 반드시 그림쇠와 곱자에 들어맞거나, 도로가 반드시 먹줄과 수준기水準器에 들어맞을 필요가 없는 이유다. 이상이 국도 건립을 뜻하는 입국立國에 관한 논의이다.

'입국지책'은 나라를 세울 때 첫 번째 과제로 등장하는 건도建都 문제를 다루고 있다. 물이 풍족하고 농업생산에 유리한 곳을 택하는 게 관건이다. 이런 조건을 무시하면 아무리 번듯한 도성을 지었을지라도 무용지물에 해당한다. 성곽이나 도로가 그림쇠나 곱자, 또는 먹줄과 수준기에 꼭 들어맞을 필요가 없다고 언급한 이유다. 고금 동서를 막론하고 모든 왕조의 도성이 강을 옆에 낀 곳에 위치한 것도 이런 맥락에서 이해할 수 있다. 『관자』과 정치와 경제를 하나로 녹인 사상 최초의 정치경제학서로 평가받는 것도 이와 무관치 않을 것이다.

2. 대수지책大數之策 위정의 기본원칙을 정하라

천도天道를 좇아 인위적으로 다스리지 않는 자는 황제, 인도人道를 행하되 억지로 다스리지 않는 자는 왕, 인도를 행하되 스스로를 존귀하게 여기지 않는 자는 패자霸者가 될 수 있다. 스스로를 존귀하다고 여기지 않는 것은 군주의 길, 신분이 귀해도 법도를 어기지 않는 것은 신하의 길이다. 이상이 큰 위정爲政의 기본원칙인 대수大數에 관한 논의이다.

'**대수**'지책'은 앞에 나온 '입국지책'과 같은 맥락에서 나온 것이다. 건국했을 때 도읍을 정하는 것 못지않게 국가목표에 해당하는 통치이념이 중요할 수밖에 없다. '대수'는 커다란 계책을 의미한다. 여기서는 통치이념을 지칭하는 것이다. 주어진 상황에 따라 왕도와 패도를 기치로 내세울 수 있다. 천자天子를 자칭할 경우는 도가에 입각한 '천도'를 내세우는 게 옳다. 한 지역을 다스리는 왕을 자칭할 경우 천도보다는 한 단계 낮지만 예의염치를 아는 유가의 '인도'를 전면에 내세울 필요가 있다. 이때도 '천도'를 흉내 내야만 한다. '억지로' 운운한 이유다. 마지막으로 안팎의 상황이 여의치 않을 때는 병가와 법가의 '패도'를 구사해 안팎을 평정할 필요가 있다. 이때도 반드시 도가의 '천도'에 가까운 노력을 기울여야 한다. '스스로를 존귀하게 여기지 않아야 한다.'고 언급한 이유다. 천도에 가까운 노력을 기울여야 할 당사자는 군주 자신이다. 그게 군도君道이다. 신하의 경우는 국법과 전래의 관행을 좇아 공평무사하게 법을 집행하는 당사자이다. 그게 신도臣道이다. '군도'는 왕도, '신도'는 패도에 가깝다. '대수지책'은 왕도와 패도로 상징되는 통치이념에 관한 논의를 요약 정리해 놓은 게 특징이다.

3. 음양지책陰陽之策 토지를 바르게 구획하라

토지土地는 국정의 근본이고, 조정朝廷은 의리가 행해지는 중심이고, 시장市場은 재화 유통의 기준이고, 황금黃金은 재정을 가늠하는 척도이고, 제후의 영토와 천승千乘의 병력은 군부軍賦의 기본이다. 이들 5가지는 누구라도 그 이치를 쉽게 알 수 있다. 이를 시행하는 데는 법도가 있다.

토지는 국정의 근본이기에 이를 제대로 관리해야 국정이 바로 선다. 토지 제도가 공평하고 조화롭지 못하면 국정을 바로 세울 수 없다. 정사가 바르지 못하면 농업 등의 각종 생산 활동을 제어할 수 없다. 춘하추동 사계절은 음양陰陽의 변화과정이고, 밤과 낮이 길고 짧은 것은 음양의 작용이고, 밤낮의 변환은 음양의 변화이다. 덕분에 음양이 바르게 된다. 설령 음양이 바르지 않을지라도 남는 것을 덜어낼 수 없고, 모자라는 것을 더할 수도 없다. 하늘도 이를 능히 덜어내거나 더할 수 없다.

정사를 바르게 할 수 있는 것은 땅 덕분이니, 땅을 바르게 구획해 관리하지 않을 수 없다. 땅을 바르게 구획해 관리하려면 먼저 반드시 땅의 실제 상황부터 바르게 해야 한다. 땅이 길거나, 짧거나, 작거나, 크거나 모두 바르게 구획해야 한다. 장단대소長短大小를 모두 바르게 구획하는 게 그것이다. 땅이 바르지 구획되지 못하면 관부도 이를 제대로 다스릴 수 없고, 관부가 이를 제대로 다스리지 못하면 생산도 잘 이뤄지지 않고, 생산이 잘 이뤄지지 않으면 재화가 부족하게 된다. 이를 두고 이같이 물을 수 있을 것이다.

"어떻게 재화가 많은지 알 수 있는가?"

"생산이 잘 이뤄지기 때문이다."

또 이같이 물을 수 있을 것이다.

"어떻게 그것을 알 수 있는가?"

"재화가 많기 때문이다."

재화가 많고 생산이 잘 이뤄지면 세상에 더 이상 바랄 게 별로 없다. 이를 시행하는 데는 법도가 있다. 이상이 음양의 계책에 관한 논의이다.

'음양 지책' 역시 앞에 나온 '입국지책' 및 '대수지책'과 마찬가지로 건국과정에서 주의해야 할 기본사항을 언급하고 있다. 토지를 국정의 근본으로 규정한 게 그렇다. 주목할 것은 토지를 군부軍賦 및 재화가 유통되는 시장市場과 연결시킨 점이다. 국가의 존립은 부국강병의 토대 위에서 가능하다는 얘기를 돌려서 표현한 것이다. 이를 음양陰陽의 순환 이치에 비유한 것은 춘추시대 당시 광범위하게 퍼져 있던 음양론陰陽論을 반영한 것으로 보인다. 음양론은 후대의 미신적인 오행론五行論과 뒤섞인 '음양오행론'과 달리 『주역』과 『도덕경』을 관통하는 키워드이다. 『주역』의 음양론에 비춰볼 때 땅은 만물을 생장케 만드

는 '음'의 결정체에 해당한다. 곡물을 포함한 모든 재화가 땅에서 나온
다. 지리地利가 바로 이를 뜻한다. '지리'를 최대한 활용할 줄 알아야만
부국을 이룰 수 있고, 부국이 이뤄져야 강병을 완성할 수 있다. 『관자』
를 관통하는 '경세제민'과 '부국강병'의 취지가 선명하다. '재화가 많고
생산이 잘 이뤄지면 세상에 더 이상 바랄 게 별로 없다.'고 언급한 게
그렇다. 땅은 군사 측면에서는 나라를 지탱하는 기본요건인 '영토'가 되
고, 경제 측면에서는 재화를 생산하는 '경지' 내지 옥토沃土가 된다. '음
양지책'은 바로 이를 논한 것이다.

4. 작위지책爵位之策 등급의 차이를 분명히 하라

　조정은 의리가 행해지는 중심이다. 조정의 작위가 바르면 백성이 원망
하지 않고, 백성이 원망하지 않아야 나라도 어지럽지 않게 된다. 연후에
등급에 따른 명분도 이치에 맞게 된다. 작위 제도가 바르지 않으면 나
라를 바르게 다스릴 수 없고, 등급에 따른 명분도 이치에 어긋나게 된
다. 한 나라의 백성이 모두 귀한 신분이 될 수는 없는 일이다. 모두 귀한
신분이 되면 일이 이뤄지지 않아 나라에 불리하다. 일이 이뤄지지 않고
나라에 불리하다는 이유로 귀한 신분을 모두 없앨 수도 없다. 그러면
백성은 스스로 다스려나갈 길이 없게 된다. 작위의 존비尊卑를 분별하는
이유다. 그리하면 선후의 차례와 귀천의 의리를 알 수 있다. 이를 행하
는 데는 법도가 있다. 이상이 작위爵位에 관한 논의이다.

'작위 지책' 역시 앞서 나온 논의와 마찬가지로 건국과정에서 극히 중요할 수밖에 없는 존비귀천尊卑貴賤의 관작官爵을 언급한 것이다. 제자백가의 효시에 해당하는 관자는 국가기강의 관건을 법제의 완성에서 찾고 있다. '관작'은 법제의 기본 틀에 해당한다. 존비귀천의 구별이 있어야 하는 이유다. 이는 어디까지나 역할 상의 차이에 따른 것일 뿐 인격의 고하를 지칭한 게 아니다. 군주를 포함해 일개 서민에 이르기까지 국가공동체의 모든 사람을 사농공상士農工商으로 상징되는 사민四民으로 분류한 게 그렇다. '사'는 통치자 그룹을 말한다. 군주도 여기에 속한다. 최고의 선비가 곧 군주인 셈이다. 사실 이는 모든 제자백가가 하나같이 역설한 것이기도 하다. '한 나라의 백성이 모두 귀한 신분이 될 수는 없는 일이다.'라고 언급한 게 이를 뒷받침한다. '작위지책'은 바로 이를 언급한 것이다.

5. 시사지책市事之策 재화의 흐름을 원활히 하라

시장은 재화 유통의 기준이다. 모든 재화가 저렴하면 과도한 이윤이 생기지 않고, 그러면 모든 생산 활동이 발전하고, 그래야만 재화의 수급에 평형을 이루게 된다. 시장의 일은 깊이 생각하는데서 시작하고, 실질을 숭상하는 자세에서 마침내 성취된다. 오만한 자세로 임하면 실패한다. 깊이 생각하지 않으면 생산이 이뤄지지 않고, 실질을 숭상하지 않으면 성공을 거둘 수 없다. 오만한 자세로 시장의 흐름을 방치하지 않아야 실패하지 않는다. "시장을 통해 그 나라의 치란治亂과 재화의 많고 적음을 알 수 있으나 시장 자체가 많고 적은 재화를 생산하는 곳은 아니다."라고 말하는 이유다. 이를 시행하는 데는 법도가 있다. 이상이 시장에 유통되는 재화인 시사市事에 관한 논의이다.

'시사 지책'은 상가의 효시인 관자의 사상을 관통하는 키워드 부민부국富民富國의 기본이념을 논한 것이다. 고금동서를 막론하고 시장은 일정한 외부규율이 필요하다. 방치할 경우 유협遊俠과 결탁한 부상대고富商大賈의 손에 놀아날 수밖에 없다. 애덤 스미스가 『국부론』에서 말한 '보이지 않는 손'은 하나의 이념형일 뿐이다. 현실의 시장은 그처럼 단순하지 않다. 『관자』가 시종 국가의 시장 개입을 요구한 이유다. 그게 바로 앞서 언급한 바 있는 동양 전래의 관독상판官督商辦이다.

'관독상판'은 광의와 협의의 뜻이 있다. 광의는 바로 상인들이 시장에서 자유경쟁을 벌이고, 관청이 시장 질서를 교란하는 자들을 솎아내는 책임을 맡는 것을 말한다. 애덤 스미스가 『국부론』에서 언급한 '보이지 않는 손'은 시장에서 상인들이 자유경쟁을 벌이는 것을 말한다. 진입과 퇴장이 자유로운 게 특징이다. 문제는 실물 시장에서는 이런 '보이지 않는 손'을 교란하는 자들이다. 이들은 동서고금을 막론하고 반드시 존재했다. 이익을 향해 무한 질주하는 인간의 호리지성好利之性 때문이다. 국가가 시장 질서를 교란하는 자를 솎아 내는 '심판관' 역할을 수행해야하는 이유다. 기원전에 관자는 이를 통찰했다. 『관자』 전편에 걸쳐 국가가 적극 개입해 물가와 시장 질서를 관리할 것을 역설한 것은 바로 이때문이다.

'관독상판'을 협의로 해석해 청나라 말기 양무파洋務派가 시행한 관민 합작의 회사로 풀이해서는 안 되는 이유다. 19세기 말 당시 양무파는 민수용民需用 공장을 세우기 위해 관변 상인에게 민간자본 유치의 책임과 권한을 위임한 바 있다. 청나라 말기 정1품을 상징하는 예모禮帽인 홍정紅頂과 나라를 위해 대공을 세운 자에게 하사하는 황마괘黃馬掛를 하사받은 이른바 '홍정상인'으로 불린 호설암胡雪巖이 세운 일련의 기업이 이에 해당한다.

홍정상인 호설암에 대한 평가는 극명하게 엇갈리고 있다. 그를 높이는 자들은 시성詩聖 두보에 빗대어 상성商聖으로 부르고 있다. 이에 반해 그를 비판하는 자들은 관상유착의 대표적인 사례로 지목하면서 그를 간상奸商으로 매도하고 있다. 그를 객관적으로 평가하기 위해서는 반드시 그가 활약한 아편전쟁 직후의 상황을 감안해야 한다. 객관적으로 볼 때 그는 사업수완도 뛰어났지만 사업을 통해 나라에 이바지하는 사업보국事業報國의 숭고한 정신을 지니고 있었다. 한마디로 상도商道를 아는 자였다. 그의 사업수완에 초점을 맞춰 '간상'으로 폄하하는 것은 아무래도 지나쳤다.

실제로 21세기 G2시대의 중국인민은 그를 '상성'에 가까운 매우 출중한 당대의 거상巨商으로 여기고 있다. 전래의 상략商略과 상술商術을 꿰고 있었을 뿐만 아니라 역대 왕조의 시장 정책이 '관독상판'의 기조를 유지하고 있다는 사실을 통찰하고 있었다. 그가 관상官商에서 출발해 부를 축적한 이유다. 실제로 중국 근대문학의 효시로 일컬어지는『아큐정전』의 작가 노신魯迅은 호설암을 이같이 평했다.

"호설암은 중국 봉건 시대 최후의 상인이다. 첫째 중국의 상도를 집대성한 인물이고, 둘째 과거를 계승하며 미래를 연 인물이고, 셋째 다시는 나오지 않은 인물이기 때문이다."

확실히 그는 가난한 집안에서 태어나 맨주먹으로 시작해 거만의 부를 쌓아 천하를 호령한 거상에 해당하다. 전국시대 말기 최강국인 진나라의 승상 자리에 오른 여불위呂不韋를 방불한다. 아편전쟁과 태평천국의 난으로 인해 청조가 위기에 처했을 때 막대한 자금을 헌납해 국가 재건에 앞장서고, 서양의 선진 기술을 도입해 근대화 사업에 이바지한 게 그렇다. 객관적으로 볼 때 그는 역대 왕조가 시행해 온 '관독상판'의 이치를 통찰하고 '사업보국'을 몸으로 보여준 당대의 거상에 해당한다. 노신의 호평이 이를 뒷받침한다. 그를 '관상' 내지 '간상'으로 몰아가는 것은 개인주의 경제행위를 금과옥조로 간주하는 서구 경제학을 맹종한 탓이다.

크게 보면 중국이 등소평의 '개혁개방' 선언 이후 세계 최빈국에서 문득 미국과 어깨를 나란히 하는 G2의 일원으로 우뚝 선 것도 바로 '관독상판'의 이치를 통찰한 결과로 볼 수 있다. 통상 '사회주의 시장경제'로 표현하고 있으나 그 본질은 '관독상판'의 변용에 지나지 않는다. 중국에서 수천 년 동안 하나의 불문율처럼 여겨진 '관독상판'의 관행에 대한 정확한 이해가 필요한 이유다. 『관자』에 그 해답이 있다.

6. 황금지책黃金之策 통화량을 재화의 수급에 맞춰라

황금은 재정을 가늠하는 척도이다. 황금의 이런 이치를 잘 분별하면 나라 재정의 사치하거나 검소한지 여부를 알고, 이를 알면 재화의 수급도 균형을 이루게 된다. 검소에 치우치면 생산이 억제되고, 사치에 치우치면 물자의 낭비가 빚어진다. 검소에 치우치면 금값이 떨어지고, 그리되면 생산의 발전에 불리해져 결국 생산의 억제 현상이 나타난다. 사치에 치우치면 금값이 귀해지고, 그리되면 물건 값이 떨어져 결국 물자의 낭비 현상이 나타난다. 물자를 소진한 후 그 모자란 것을 알면 이는 재화의 수요량을 헤아리지 못한 탓이고, 생산이 이뤄진 뒤 재화가 남아도는 것을 알면 이는 필요한 물자의 규모를 조절하지 못한 탓이다. 모두 허락해서는 안 된다. 이같이 해야 치국의 원칙을 파악했다고 할 수 있다.

'**황금**지책'은 화폐의 중요성을 언급하고 있다. 고금동서를 막론하고 시장에 유통되는 재화의 매개수단이 화폐이다. 재화보다 많은 화폐를 유통시키면 재화의 가격이 올라가고, 정반대로 화폐의 유통이 경색된 이른바 전황錢荒이 빚어지면 화폐의 가치가 천정부지로 치솟게 된다. 재화와 유통 화폐의 수량 및 액면 가액 사이에 균형을 맞춰야 하는 이유다. '검소에 치우치면 생산이 억제되고, 사치에 치우치면 물자의 낭비가 빚어진다.'고 언급한 게 그렇다. 고금을 막론하고 소비가 활성화되지 않으면 생산도 감소하게 마련이다. 생산과 소비의 상호관계에 관한 대원칙에 해당한다. 주목할 것은 '검소에 치우치면 금값이 떨어지고, 그리되면 생산의 발전에 불리해져 결국 생산의 억제 현상이 나타난다.'고 분석한 대목이다. 생산과 소비의 변동이 화폐의 유통과 밀접한 관련이 있다고 지적한 것은 21세기 관점에서 볼지라도 탁견이다.

7. **병거지책**兵車之策 군비의 수요를 정확히 헤아려라

천하의 모든 우마차는 짐을 싣는 데 일정한 한도가 있다. 하루 밤에 갈 수 있는 거리가 있으니 이를 기준으로 도로의 원근을 대략 계산할 수 있다. 마찬가지로 제후가 보유하고 있는 병거兵車 등을 토대로 무기의 규모와 군비軍備 부담의 경중을 대략 계산할 수 있다. 군비 부담을 가중시킨 이후 다시 줄이는 것은 백성의 부담 능력을 정확히 알지 못한 탓이고, 군비 부담을 줄인 이후 다시 가중하는 것은 군비 수요를 정확히 알지 못한 탓이다. 모두 허락해서는 안 된다. 이같이 해야 치국의 원칙을 파악했다고 할 수 있다.

'병거 지책'은 군사와 재정의 상호관계를 논한 것이다. 정확한 예측을 토대로 군비를 부담해야만 재정에 무리가 없다는 게 골자이다. 21세기 재정의 관점에서 보면 일종의 균형예산의 필요성을 언급한 것으로 해석할 수 있다. 고금을 막론하고 모든 나라는 규모의 차이는 있을지언정 일정 비율의 군사비를 지출하지 않을 수 없다. 평시에도 군인을 육성하는 이치와 같다. 그 부담이 만만치 않다. 반드시 국가재정의 범위 내에서 군사비를 지출해야 하는 이유다. 군사비는 통상 직업군인을 포함한 군인들의 용역인 군역軍役의 비용과 무기를 비롯한 군사시설인 군비軍備로 이뤄진다. '군역'은 고정비용에 해당하나 신식 무기 등의 '군비'는 가변비용에 해당한다. 군사비의 폭발적인 증대는 주로 여기서 이뤄진다. 전쟁이 임박하거나 진행될 때 이런 현상이 빚어진다. 아무리 재정이 튼튼한 나라도 이를 오랫동안 감당키가 어렵다. 『손자병법』을 비롯한 역대 병서 모두 속전속결速戰速決을 외친 이유다.

8. 지균지책地均之策 토지별 생산량을 따져라

식량을 생산할 수 없는 땅과 수목이 자랄 수 없는 산지는 일반 토지의 100분의 1로 환산한다. 물이 마른 연못도 100분의 1로 환산한다. 초목이 자라지 않는 땅도 100분의 1로 환산한다. 가시나무로 뒤덮인 곳처럼 사람이 들어갈 수 없는 곳도 100분의 1로 환산한다. 갈대 등의 수초가 있는 늪처럼 낫과 새끼줄을 갖고 들어가 벌채할 수 있는 곳은 10분의 1로 환산한다. 향리의 뒷산처럼 목재나 차축으로 쓸 수 있는 나무를 도끼를 갖고 들어가 벌채할 수 있는 곳은 10분의 1로 환산한다. 구불구불 올라가는 심산처럼 관곽이나 수레를 만들 수 있는 나무를 도끼를 갖고 들어가 벌채할 수 있는 곳은 10분의 1로 환산한다. 강하의 수면처럼 그물을 갖고 들어갈 수 있는 곳은 5분의 1로 환산한다. 산림山林처럼 관곽이나 수레를 만들 수 있는 나무를 도끼를 갖고 들어가 벌채할 수 있는 곳도 5분의 1로 환산한다. 연못처럼 그물을 갖고 들어갈 수 있는 곳도 5분의 1로 환산한다. 이를 일컬어 산림과 하택河澤의 면적을 생산물의 가액을 토대로 농경지의 면적으로 환산하는 지균地均이라고 한다.

'지균 지책'은 토지의 등급을 나눠 세금을 공평히 부과하라는 취지이다. 지난 1972년 산동성 임기현臨沂縣의 은작산銀雀山 한묘漢墓에서 출토된 죽간인 『전법田法』에 유사한 내용이 나온다. 『전법』의 해당 대목이다.

"산에 나무가 있지만 큰 목재가 없고 도끼로 자를 정도의 나무만 있다면 9를 경작지 1로 계산한다. 황폐한 곳에 낫으로 자를 정도의 나무만 있으면 10을 경작지 1로 계산한다. 그물로 물고기를 잡을 수 있는 강은 7을 경작지 1로 계산하다. 그물이 들어가지 않는 작은 계곡은 100을 경작지 1로 계사한다."

'지균지책'의 취지가 전한 때까지 그대로 이어졌음을 알 수 있다. 토지의 등급을 나눠 세금을 부과하는 것은 말할 것도 없이 공평을 기해 농민의 자발적인 생산 참여를 독려키 위한 것이다. 지리地利를 최대한 활용코자 하는 속셈이다.

9. 기제지책器制之策 군비제도를 갖춰라

사방 6리를 폭暴, 5폭을 부部, 5부를 취聚라고 한다. '취'에는 시장이 있다. 시장이 없으면 백성의 일용품 공급이 부족해진다. 5취를 1향鄉, 4향을 1방方이라고 한다. 이것이 관제官制이다. 관제가 정해지면 읍邑을 세운다. 5가家를 1오伍, 10가를 1연連, 5연을 1폭暴, 5폭을 1장長이라고 한다. 이를 두고 모향某鄉이라고 부른다. 4향을 1도都라고 한다. 이것이 읍제邑制이다. 읍제가 정해지면 생산 활동을 확립한다. 4취聚를 1리離, 5리를 1제制, 5제를 1전田, 2전을 1부夫, 3부를 1가家라고 한다. 이것이 생산 조직 제도인 사제事制이다. 사제가 정해지면 군비제도를 확립한다. 사방 6리는 1승의 병거가 나오는 땅이다. 1승은 4필의 말이 필요하다. 말 1필에 갑사甲士 7인과 방패를 든 병사 5인이 따른다. 결국 1승은 갑사 28인과 방패를 든 병사 20명 이외에도 병거를 따르며 잡역에 종사하는 인부 30인으로 구성된다. 이상이 군비제도인 기제器制에 관한 논의이다.

'기제지책'은 군사제도와 일반 행정제도를 논한 것이다. 춘추전국시대는 정도의 차이만 있을 뿐 거의 모든 나라가 군사제도와 행정제도를 통합해 운용했다. 이는 『주례』의 규정을 좇은 것이기도 하다. 주나라 왕실이 비록 명목에 그치기는 했으나 6군軍을 두고, 만승지국萬乘之國의 대국이 통상 3군을 운용한 게 그렇다. 춘추시대 중엽 제환공齊桓公에 이어 사상 두 번째로 패업을 이룬 진문공晉文公은 진나라의 패권을 계속 유지하기 위해 편법으로 6군을 운용한 바 있다. 기원전 588년에 기존의 중구中軍, 좌군左軍, 우군右軍의 3군三軍 체제에 중항中行, 좌항左行, 우항右行의 3항三行 체제를 덧붙인 게 그렇다. 서진 초기 『춘추좌전』을 주석한 『춘추경전집해春秋經傳集解』를 펴낸 두예杜預는 이 대목에서 진나라가 이때부터 왕을 참칭하는 이른바 참왕僭王을 시작했다고 지적했다.

10. 중세지책中歲之策 토지별 세율을 고르게 하라

사방 6리는 1승의 병거가 나오는 땅이고, 사방 1리는 9명의 농부가 경작하는 땅이다. 황금 1일鎰은 100 승 병거의 하루 숙박비용에 해당한다. 황금이 없으면 명주로 대체한다. 가는 명주 33제制는 황금 1일에 해당한다. 명주가 없으면 베로 대체한다. 거친 베 100필疋은 황금 1일에 해당한다. 1일의 황금은 100승의 병거가 하루 동안 먹을 것에 해당한다. 이는 군비를 부담하는 지역의 사방 6보步 농지에서 1두斗의 곡물을 내는 것과 같다. 이를 일컬어 수확량이 중등인 해에 내는 세율인 중세中歲라고 한다.

'중세' 지책'은 토지별 세율을 공평히 할 것을 주문하고 있다. 황금 1일鎰은 고대의 칭량稱量 단위로 대략 20량兩에 해당한다. 일설에는 24량을 '1일'로 보기도 한다. 1량은 24수銖이고, 16량은 1근斤이다. 100승 병거의 하루 숙박비용이 황금 1일鎰이면 만만치 않은 비용으로 봐야 한다. 33제制의 '제'는 피륙 등의 길이 단위로 1장丈 8척尺에 해당한다. 수확량이 중등인 해에 내는 세율인 중세中歲를 기준으로 군비를 부담해야 한다고 언급한 것은 군비로 인해 재정이 피폐해지는 것을 막아야 한다는 취지이다.

11. 시사지책市社之策 시장 세수의 통계를 내라

사방 6리의 지역을 사社라고 하고, 그 가운데 사람이 모여 사는 곳을 앙央이라고 한다. '앙'에 사람이 모여 재화를 교역하는 시市가 있다. '시'가 없으면 일상생활에 필요한 물품을 공급할 길이 없어 백성이 궁핍해진다. 시장을 만들면 통행세인 관세關稅와 영업세인 시장세市場稅를 매긴다. 황금 100일을 1협篋, 재화 1곡롱穀籠을 10협이라고 한다. 시장에 상인 30명이 모이면 1월과 12월에 세를 거둔다. 이때 황금 1일을 거두는 것을 일컬어 정분征分이라고 한다. 봄에 세율을 공포하는 것을 서비書比, 여름에 조사하는 것을 월정月程, 가을에 재정통계를 내는 것을 대계大稽라고 한다. 이때 시장의 교역에 참여한 사람의 숫자를 기록한다.

'시사' 지책'은 시장에서 거두는 세금과 회계연도 세입세출의 상호관계에 관한 논의에 해당한다. 여기서 말하는 사社는 원래 토지신을 말한다. 고대인은 땅에서 만물이 생육한다고 생각해 토지신을 제사지냈다. 여기서 토지신을 제사지내는 장소의 의미도 지니게 됐다. 제사를 지내는 날 마을 사람들이 모두 모인 까닭에 자연스레 사회社會가 형성됐다. 메이지유신 당사자들이 영어 '소사이어티'를 '사회'로 번역한 것은 '사회'의 이런 특징에 주목한 결과다. '사'에서는 토지신에 대한 제사 이외에도 매우 다양한 행사가 치러졌다. 기우제를 지내거나, 명을 어긴 자를 처벌하거나, 전쟁의 포로를 희생犧牲으로 바치거나 한 것이 그렇다. 『주례周禮』는 25가家마다 1개의 '사'를 세운 것으로 기록해 놓았다. 이후 '사'가 마을을 뜻하는 읍邑 내지 리里의 의미로 사용된 것도 이런 맥락에서 이해할 수 있다.

고금을 막론하고 한 해의 세출은 그 해의 세입 내에서 이뤄진다. 군비 부담에 관한 1년 치 예산문제를 논한 '중세지책'과 취지를 같이한다. 봄에 세율을 미리 공포하고, 여름에 징수와 관련한 조사를 마치고, 가을에 세입세출의 통계를 맞춰보는 것은 21세기의 예산 및 결산 관행과 별반 차이가 없다. 중국이 춘추전국시대 당시부터 이미 많은 인구를 보유한 가운데 시장 등에서 거둔 세수를 토대로 정밀한 세입세출 예산을 편성했음을 알 수 있다.

12. 경정지책經正之策 수시로 농지를 정비하라

3년마다 제방을 정비하고, 5년마다 농지의 경계를 정비하고, 10년마다 농지의 구획을 조정한다. 이것이 경지를 정례적으로 정비하는 경정經正이다. 1길의 깊이를 파서 물이 나오면 홍수가 쉽게 나지 않고, 5자의 깊이를 파서 물이 나오면 큰 가뭄이 쉽게 오지 않는다. 1길의 깊이를 파서 물이 나오는 곳은 10분의 1, 2길을 파서 물이 나오는 곳은 10분의 2, 3길을 파서 물이 나오는 곳은 10분의 3, 4길을 파서 물이 나오는 곳은 10분의 4, 5길을 파서 물이 나오는 곳은 절반을 감면한다. 산간 지역도 동일한 비율로 감면한다. 5자를 파서 물이 나오는 곳은 10분의 1, 4자를 파서 물이 나오는 곳은 10분의 2, 3자를 파서 물이 나오는 곳은 10분의 3, 2자를 파서 물이 나오는 곳은 10분의 4를 감면한다. 1자를 파서 물이 나오는 곳은 늪지대와 같은 비율로 징수한다.

'경정지책'은 세금을 매기기 위해 경지를 탐사한 당시의 경험을 종합해 놓은 것이다. 토지의 등급을 나눠 세금을 부과하는 것은 공평한 조세를 통해 농민의 자발적인 생산 참여를 독려키 위한 것이다. 토지별 생산량의 적절한 분배를 논의한 앞의 '지균지책'과 취지를 같이한다. 고금동서를 막론하고 과세가 적정하지 않으면 납세자들로부터 심한 불만을 사게 된다. 미국의 독립운동이 납세에 대한 불만에서 시작된 것은 유명한 일이다. 공평한 토지 평가를 주문한 '경정지책'도 같은 취지에서 나온 것이다. 앞의 '음양지책'에 언급된 것처럼 토지는 국정의 근본에 해당하기 때문이다.

13. 노역지책勞役之策 노역을 차별화해 부과하라

도성의 문밖에서 사방의 변경에 이르기까지 성인 남자는 하루 동안 2리釐, 미성년 남자는 1리를 기준으로 하여 3일 동안 무상으로 노역勞役

을 제공한다. 정월에 농사를 시작한 뒤 적당한 때 공전公田을 경작케 한다. 눈이 녹으면 씨를 뿌리기 시작해 여름에 김매는 것으로 마친다. 선비 가운데 식견이 깊고, 학문이 넓고, 사물에 정통한 자로서 아직 벼슬을 살지 않고 있는 자도 무상으로 3일 동안 노역을 제공한다. 상인 가운데 물가의 흐름을 알고 날마다 시장에 나와 교역을 하면서 관영 상인이 아닌 자도 무상으로 3일 동안 노역을 짊어진다. 공인工人 가운데 물품의 모양이나 쓸모를 연구하고 날마다 시장에 나와 물품을 교역하면서 관영 공인이 아닌 자 또한 무상으로 3일 동안 노역을 제공한다. 3일간의 노역을 채우지 못할 경우 빠진 날짜의 차액만큼 곡식을 대납토록 한다.

'노역지책' 역시 앞의 '경정지책'과 마찬가지로 노역勞役의 공평한 부담 문제를 논의한 것이다. 고대에는 일반 서민의 경우 세금 이외에도 무보수의 '노역'을 부담해야만 했다. 서민들에게는 커다란 고통이었다. 요역徭役으로 표현키도 한다. 무거운 세금을 견디지 못해 살던 곳을 떠나 각지를 유랑하는 유민流民이 되는 것처럼 무거운 노역의 부담을 견디지 못해 유민이 되기도 한다. 진시황 사후 첫 번째 반란인 진승陳勝과 오광吳廣의 난이 대표적이다. 진시황이 급서한 지 꼭 1년 만에 빚어진 이 사건은 이후 사상 최초의 제국인 진제국이 일거에 무너지는 계기로 작용했다. '진승과 오광의 난'은 항우와 유방이 천하를 다투는 초한전楚漢戰의 발단에 해당한다. 이 난은 크게 2가지 방향을 전개됐다. 초기에는 말할 것도 없이 진제국과 정면 대결하는 양상으로 진행됐다. 그러나 군웅이 사방에서 봉기한 이후에는 영토를 확장하는 과정에서 이들과 충돌하는 새로운 상황이 빚어졌다. 진승과 오광은

이 과정에서 이내 몰락하고 말았다. 항우와 유방은 바로 이들의 몰락을 계기로 역사의 무대에 새 주인공으로 등장한 경우에 해당한다.

사마천이 『사기』「진섭세가陳涉世家」를 편제해 진승의 공적을 기린 것은 바로 이런 차원에서 나온 것이다. 진승이 봉기를 들지 않았다면 새로운 세상이 열리지 않았다는 취지이다. 훗날 반고는 『한서』를 저술하면서 사마천의 이런 편제에 크게 불만을 품고 진승의 행적을 '세가'가 아닌 '열전' 차원으로 깎아내렸다. 『한서』에 「진섭세가」가 아닌 「진승항적전」이 편제된 이유다. 반고는 「진섭세가」는 말할 것도 없고 「항우본기」조차 '열전'으로 폄하한 뒤 「진승항적전」으로 함께 묶어 처리한 것이다. 진승과 항우 모두 일종의 반란집단에 지나지 않는다고 본 것이다.

당초 진승과 오광의 봉기는 그 배경이 매우 단순했다. 두 사람은 마을의 이장 같은 역할을 했다. 진나라는 행정조직과 군사조직이 통일돼 있었던 까닭에 이장이 군리軍吏 역할도 겸했다. 두 사람은 수자리를 서기 위해 현위縣尉의 지휘 아래 9백여 명의 백성들을 이끌고 지금의 북경 근방인 밀운현 서남쪽 어양漁陽을 향했다. 도중에 잠시 휴식을 취하기 위해 안휘성 숙현 남쪽의 대택향大澤鄉 일대에 머물렀다. 이때 공교롭게도 갑작스레 큰 비가 내렸다. 이내 물이 범람해 길이 모두 끊겼다. 정해진 기일에 도착키가 어렵게 됐다. 진나라 법은 매우 엄격해 기한을 어긴 자는 모두 참수형에 처해졌다. 진승과 오광이 서로 모의했다.

"지금 도망쳐도 죽고, 모반을 일으켜도 죽는다. 이왕 죽을 것이라면 나라를 위해 죽는 것이 가하지 않겠는가?"

오광의 말에 진승이 맞장구를 쳤다.

"지금 천하가 진나라의 통치로 고통을 받은 지 오래되었다. 내가 듣건 대 지금 보위에 앉아 있는 호해胡亥는 막내아들로 부당하게 즉위한 것이고, 응당 보위를 계승할 사람은 장남 부소扶蘇라고 한다. 백성들은 부소가 현명하다는 얘기만 여러 곳에서 들었을 뿐 그가 죽은 사실을 모르고 있다. 전국시대 말기 초나라 명장 항연項燕은 여러 차례 전공을 세우고 사졸을 아껴 초나라 사람 모두 그를 좋아한다. 어떤 사람은 그가 죽었다고 말하고, 어떤 사람은 그가 도주해 숨었다고 한다. 만일 우리무리가 거짓으로 부소와 항연을 자칭하며 천하를 위해 앞장서면 이에 호응하는 자가 많을 것이다."

진승과 오광이 곧 현위를 죽인 뒤 무리를 모아놓고 선동했다.

"우리 모두 기한을 넘긴 까닭에 참수되고 말 것이다. 설령 정상을 참작해 참수를 면할지라도 수자리를 서다 죽는 자가 10 가운데 6, 7은 될 것이다. 이왕 죽을 것이라면 큰 이름을 내야 할 것이다. 왕후장상이 어찌 씨가 따로 있을 수 있겠는가!"

'왕후장상' 운운의 원문은 '왕후장상王侯將相, 영유종호寧有種乎?'이다. 진승은 젊었을 때 머슴이 되어 남의 농사를 지은 적이 있었다. 하루는 밭두둑에서 일손을 멈추고 휴식을 취하다가 문득 동료 머슴들에게 이같이 말했다.

"만일 부귀하게 되면 우리 서로 잊지 말도록 합시다."

머슴들이 크게 비웃으며 핀잔을 주었다.

"당신은 머슴으로 있는 주제에 어찌 부귀를 이룬다는 것인가?"

진승이 탄식했다.

"아! 연작燕雀이 어찌 홍혹鴻鵠의 뜻을 알겠는가!"

연작은 제비와 참새 등의 작은 새로 소인을 상징한다. 많은 사람들이 홍혹을 기러기인 홍안鴻雁이나 고니인 황혹黃鵠 등의 큰 새를 지칭한 것으로 새기고 있으나 이는 잘못이다. 전국시대 중엽 진나라를 최강의 군사대국으로 만든 상앙의 스승 시자尸子가 쓴 『시자』에 이런 구절이 나온다.

"홍혹은 날개가 합쳐지지 않는다. 사해를 품은 마음이 있기 때문이다."

'홍혹은 봉황처럼 상서로운 새로 풀이해야 하는 이유다. '홍혹'을 '홍곡'으로 읽는 것도 잘못이다. '곡鵠'은 과녁을 뜻하는 '적的'의 의미이다. 진승은 남의 머슴살이를 할 때부터 '홍혹'의 마음을 품고 있었으니 확실히 범상치 않은 인물이었음에 틀림없다. '노역지책'은 노역에 관한 공평한 부담이 이뤄지지 않을 경우 왜곡된 현실에 불만을 품고 반란을 획책하는 진승과 같은 인물이 무수히 등장할 수밖에 없다는 사실을 경고한 것이다. 이런 이치가 21세기라고 달라질 리 없다.

14. 교화지책敎化之策 성실히 임하도록 교화하라

총명한 자만 알고 어리석은 자는 모르는 방법으로 백성을 교화敎化할 수 없고, 재능 있는 자만 할 수 있고 재능 없는 자는 할 수 없는 방법으로도 백성을 교화할 수 없다. 한 번 명을 내렸을 때 백성이 기꺼이 복종하지 않는 정책으로는 나라를 크게 다스릴 수 없다. 백성이 각자 자신의 능력을 마음껏 발휘토록 만들지 못하는 군주는 큰 공을 세울 수 없다. 성실한 상인이 아니면 장사로 먹고 살 수 없고, 성실한 공인이 아니면 기술로 먹고 살 수 없고, 성실한 농부가 아니면 농사로 먹고 살 수 없고, 믿을 만한 선비가 아니면 조정에 설 수 없어야 한다. 그래야 자리가 비어 있어도 신하가 감히 스스로 그 자리를 요구하지 못하고, 군주가 진귀한 수레와 갑옷을 갖고 있어도 신하가 감히 이를 갖지 못하고, 군주가 사업을 시작할 때 신하가 감히 자신이 할 수 없는 일을 할 수 있다고 속이지 못한다. 군주가 신하를 정확히 파악하고 있으면 신하 또한 군주가 자신을 소상히 알고 있다는 사실을 알게 된다. 신하가 감히 자신의 모든 힘을 기울여 일하지 않을 수 없고, 모두 성실한 자세로 군주를 위해 애쓰는 이유가 여기에 있다.

'교화' 지책'은 군주의 기본임무 가운데 하나인 교화敎化 내지 교민敎民의 문제를 논한 것이다. 관건은 군주와 신민 모두 성실한 자세를 견지하는데 있다. '성실한 상인이 아니면 장사로 먹고 살 수 없고, 성실한 공인이 아니면 기술로 먹고 살 수 없고, 성실한 농부가 아니면 농사로 먹고 살 수 없고, 믿을 만한 선비가 아니면 조정에 설 수 없어야 한다.'고 언급한 게 그렇다. 관자사상의 특징 가운데 하나는 애민愛民을 전면에 내세우면서 이를 실천하기 위한 방안으로 존군尊君을 역설한 데 있다. 이런 '존군애민' 사상은 여타 제자백가도 마찬가지다. 『도덕경』이 제왕을 천지와 더불어 위대한 존재로 표현하고, 『순자』와 『한비자』 공히 '존군'을 언급했다.

군주를 낮추는 경군輕君을 언급한 제자백가는 맹자밖에 없다. 구실은 백성을 높이는 귀민貴民이다. '애민' 내지 '귀민'은 결코 '존군'은 대립개념이 아니다. 그런데도 맹자는 이같이 해석한 것이다. 『맹자』가 지나친 이상주의에 함몰됐다는 지적을 받는 이유다. 마치 플라톤이 『국가론』에서 이상국을 실현하기 위한 방안의 하나로 부인婦人의 공유제를 언급한 것과 닮았다. 매사가 그렇듯이 이상론에 치우칠수록 현실과 더욱 동떨어진 비현실적인 주장을 펴게 마련이다.

15. 사민지책四民之策 각자 맡은 일을 다 하게 하라

속담에 이르기를, "땅을 고르게 나눠주어 각자 경작토록 함으로써 백성으로 하여금 농사철을 잃지 않게 한다."고 했다. 그래야 백성은 계절의 빠르고 늦은 변화, 시간의 귀중함, 춥고 배고픈 설움 등을 절실히 깨닫는다. 백성이 밤에 늦게 자며 새벽에 일찍 일어나고, 부자형제가 농사짓는 일을 잠시도 잊지 않고, 매년 똑같은 농사를 지으면서도 권태롭게 여기지 않고, 힘들고 괴로운 일도 마다하지 않는 이유다. 땅을 고르게 나눠주는 일을 소홀히 해 상황을 악화시키면 식량증산의 수익도 충분히 거둘 수 없을 뿐만 아니라, 백성 또한 노력勞力을 다할 길이 없게 된다. 농사지을 시기를 제때 알려주지 않으면 백성은 긴장하지 않고, 농사짓는 방법 등을 제대로 지도하지 않으면 백성은 성과를 거두기 어렵다. 세금 등을 통해 국가가 백성과 함께 생산된 재화를 공정히 나누고자 하면 먼저 세금을 적절히 안배해 징수함으로써 백성이 자신의 수익과 납세액을 정확히 알 수 있도록 해야 한다. 공정한 분배를 세심히 행하면 백성은 있는 힘을 다한다. 백성을 특별히 독려하지 않을지라도 부자형제가 서로를 권하며 열심히 생산에 애쓰는 이유가 여기에 있다. 이상이 사농공상士農工商으로 구성된 사민四民에 관한 논의이다.

'사민'지책'은 땅을 고르게 분배해 농사를 짓게 하는 균지분력均地分力과 농부와 함께 생산된 재화를 고르게 나누는 여지분화與民分貨를 언급한 것이다. '균지'는 모든 농부에게 땅을 고루 분배한 뒤 농사를 짓게 하는 것이고, '분력'은 각 호당 독자적으로 농산물을 생산토록 하는 조치를 뜻한다. 경자유전耕者有田의 원칙에 부합한다. 공자도 『논어』「계씨」에서 "군주와 경대부는 재물이 적은 것을 근심하지 않고 고르지 못한 것을 걱정한다."고 언급한 바 있다. 이 또한 '경자유전' 원칙을 통해 천하 만민을 부유하게 만들고자 한 것이다. '분화'는 생산된 재화를 공정히 나눠 생산의지를 고취하는 것을 말한다. 그러기 위해서는 공평한 조세가 선결돼야 한다. 제1차 산업의 종사자인 농민이 고무돼 생산에 매진하면 제2차 산업에 종사하는 공인과 제3차 산업 종사자인 상인도 덩달아 열심히 일하게 된다. 군주를 비롯한 사인士人은 이들 농공상이 생산한 재화 덕분에 먹고 사는 자들이다. 나라를 보위하고 백성의 안녕과 재산을 지키기 위해 더욱 매진해야 하는 이유다. 그게 바로 4민이 치국평천하에 동참하는 길이다. 모두 맡은 바 역할을 충실히 수행하는 게 관건이다.

16. 성인지책聖人之策 백성에게 재화를 잘 나눠줘라

성인聖人이 성인인 이유는 백성에게 재화를 잘 나눠주기 때문이다. 성인이 백성에게 재화를 잘 나눠주지 못하면 일반 백성과 하등 다를 바가 없게 된다. 자신도 부족하면서 어떻게 성인이라는 명성을 얻을 수 있겠는가? 그래서 나라에 일이 있으면 백성을 동원하지만, 일이 없으면 살던 곳으로 돌아가 머물게 한다. 오직 성인만이 백성에게 산업을 제대로 맡길 줄 안다. 백성의 본성은 그대로 방치하면 나쁜 길로 빠지지만 외부의 헛된 욕망이 들어오지 못하게 차단하면 바른 길로 나아간다. 윗사람이 옳은 일을 한 번 하면 아랫사람은 이를 본받아 선행을 2배로 열심히 하게 된다. 이상이 성인에 관한 논의이다.

'**성인**지책'은 치국평천하의 정점에 있는 군주의 역할을 논한 것이다. 주의할 점은 인의仁義를 토대로 덕치를 행하는 유가의 성인 또는 엄법嚴法을 토대로 법치를 행하는 법가의 성인이 아닌 '상가'의 성인을 언급한 점이다. 백성에게 재화를 잘 나눠주는 군주가 바로 상가에서 말하는 성인의 진면목이다. 원문은 '선분민자善分民者'이다. 「경언」편 '목민'에서 '주는 것이 곧 얻는 것임을 하는 것이 다스림의 요체이다.'라고 말한 것과 취지를 같이한다. 원문은 '지여지위취자知予之爲取者, 정지보야政之寶也'이다. 이 구절의 지知는 주는 것이 곧 얻는 것이라는 뜻의 여지위취予之爲取를 목적어로 하는 동사이다. 보寶는 관건關鍵 내지 요체要諦를 의미한다. 이 구절은 『도덕경』 제36장에서 따온 것이다. 해당 대목이다.

"상대를 가까이 끌어 들이고자 하면 반드시 먼저 그의 날개를 펴주고, 상대를 약하게 만들고자 하면 반드시 먼저 그를 강하게 해주고, 상대를 폐하고자 하면 반드시 먼저 그를 흥하게 해주고, 상대방을 빼앗고자 하면 반드시 먼저 그에게 내주어야 한다."

『관자』가 도가의 기본서인 『도덕경』과 맥을 같이하는 결정적인 대목이 바로 여기에 있다. 이를 통상 취여지도取予之道라고 한다. '취여지도'는 『관자』를 관통하는 키워드 가운데 하나이다. 사상사적으로 보면 모두 도가에서 유출된 것이다. 이를 통해 관자를 효시로 하는 상가가 법가 및 병가 등과 마찬가지로 최상의 통치를 제도帝道로 삼은 이유를 대략 짐작할 수 있다. 상가에서 말하는 '제도'가 바로 상도商道이다. 법가의 법도法道 및 병가의 병도兵道와 상응하는 개념이다. 유가에서는 제도보다 한 단계 아래에 있는 왕도王道를 최상의 치도로 여기는 까닭에 상가와 법가 및 병가처럼 '제도' 차원의 치도를 뜻하는 용어가 없다. '성인'

에 대한 정의가 유가와 다를 수밖에 없는 이유다.

17. 실시지책失時之策 때를 놓치지 않도록 하라

농사철은 농사의 관건인 까닭에 지체하거나 정지시킬 수 없다. "오늘 힘써 일하지 않으면 내일 수확할 게 없고, 과거는 흘러간 까닭에 다시 돌아오지 않는다."고 말하는 이유다. 이상이 실시失時에 관한 논의이다.

'**실시**' 지책'은 농사철을 언급한 것이다. 여기의 시時는 농사철을 뜻하는 농시農時를 말한다. 오늘 힘써 일하지 않으면 내일 수확할 게 없다는 구절의 원문은 '금일불위今日不爲, 명일무화明日亡貨'이다. 여기의 무亡는 무無의 뜻이다. 이를 글자 그대로 잃을 망亡 내지 실失의 의미로 해석하는 견해도 있다. 어느 쪽으로 해석하든 뜻은 같다. 씨를 뿌려야 결실을 거두는 이치를 언급한 것이다. 때를 놓치면 두 번 다시 그런 기회는 오지 않는다. '과거는 흘러간 까닭에 다시 돌아오지 않는다.'고 언급한 이유다. 제1차 산업의 주역인 농민들을 고취하기 위해서는 지도자의 솔선수범이 절실히 필요하다. 농사철을 어겨서는 안 된다는 취지의 실시失時를 언급한 것도 이런 맥락에서 이해할 수 있다.

18. 지리지책地里之策 토지등급에 맞게 도시를 세워라

상등의 땅인 상지上地는 사방 80리 되는 곳에 1만 호의 도시 또는 1

천 호의 도시 4개를 세울 수 있다. 중지中地는 사방 100리 되는 곳에 1만 호의 도시 또는 1천 호의 도시 4개를 세울 수 있다. 하지下地는 사방 120리 되는 곳에 1만 호의 도시 또는 1천 호의 도시 4개를 세울 수 있다. 상지 80리와 하지 120리 모두 중지 100리에 상당한다. 이상이 일정한 지역을 뜻하는 지리地里에 관한 논의이다.

'지리 지책'은 토지의 등급에 따른 도시都市의 건설 규모를 언급한 것이다. 도시는 크게 2가지 뜻이 있다. 첫째, 도성都城 안의 시장이 밀집돼 있는 번화가를 뜻한다. 『한서』「왕가전王嘉傳」에 '도시' 표현이 나온다. 둘째, 통상적인 의미의 도시인 성시城市를 뜻한다. 원래 성城은 도읍都邑 주변에 쌓은 방어용 담장을 의미한다. 담장 안을 '성', 담장 밖을 곽郭이라고 했다. 『관자』에 '성곽' 표현이 많이 나온다. 도都가 성城과 연결된 것을 도성都城이라고 한다. 도성의 규모는 엄격한 규정이 있다. 가장 큰 도성이 곧 국도國都 즉 수도首都가 된다. 국도 밑에 대도大都, 중도中都, 소도小都가 존재한다. 시市는 재화가 유통되는 시장을 말한다.

도都는 읍邑과 구분해야 한다. 『주례』의 주에 따르면 4정井이 1읍邑이 되고, 사방 2리里에 달한다. 또 4현縣이 1도都가 되고, '도'는 사방 20리에 달한다. 양자를 합쳐 도읍都邑이라고 한다. '도읍' 역시 크게 2가지 뜻이 있다. 첫째, '성시'의 뜻이다. 『상군서商君書』「산지算地」의 '도읍'은 이런 의미로 사용된 것이다. 둘째, 수도首都 즉 경성京城 내지 경도京都의 뜻이다. 우리나라는 주로 두 번째 의미로 사용된다. 지리地里는 도시와 도읍 등의 일정한 구역을 의미한다.

제2론
거승마巨乘馬 3책 – 곡물 가격을 조절하라

1. 곡지지책穀地之策 곡물 생산 시기를 놓치지 마라

제환공이 관중에게 청했다.

"청컨대 경제계획인 승마乘馬의 계책에 관해 묻고자 하오."

관중이 대답했다.

"나라에 비축된 곡물이 없는 것은 정령 때문입니다."

"'나라에 비축된 곡물이 없는 것은 정령 때문이다.'라는 말은 무슨 뜻이오?"

관중이 대답했다.

"농부 1인이 100무畝의 땅을 경작하고, 봄 농사는 25일 내에 이뤄집니다."

"'봄 농사는 25일 내에 이뤄진다.'는 말은 무슨 뜻이오?"

관중이 대답했다.

"동지 이후 60일이면 양지의 얼음이 녹고, 75일이면 음지의 얼음까지 녹습니다. 언 땅이 녹으면 파종을 시작하는데 동지 이후 100일이 지나면 다시 파종할 수 없습니다. 그래서 봄 농사는 25일 내에 이뤄진다고 말한 것입니다. 지금 군주가 부대扶臺를 수축하려고 하자 중앙과 동서남북의 5방方 백성이 요역徭役에 동원됐습니다. 군주가 봄철이 다 가도록 공사를 끝내지 못해 백성이 봄 농사를 마무리 지어야 하는 25일 간의 시간을 허비하면 5방의 경지가 황폐해질 것입니다. 농부 1명에게 요역을 부과하면 100무의 땅이 경작되지 않고, 10명에게 요역을 부과하면 1천무의 땅이 경작되지 않습니다. 100명에게 요역을 부과하면 1만 무의 땅이 경작되지 않고, 1천 명에게 요역을 부과하면 10만무의 땅이 경작되지 않습니다. 봄에 이미 25일 간의 파종시기를 잃었는데 또 여름에 요역을 부과하면 이는 봄에 파종을 못한데 이어 여름에 김매는 일까지 그르치는 셈이 됩니다. 가을에도 요역을 그치지 않으면 이를 일컬어 곡물과 경지를 거듭 잃는 곡지삭망穀地數亡이라고 합니다. 곡물 생산의 시기를 놓친데 이어 군주까지 무거운 세금의 강제징수를 그치지 않으면 백성은 평소 수확할 양의 10분의 5밖에 거두지 못했는데 다시 그것의 10분의 9를 세금으로 내야 합니다. 게다가 화폐납부를 강제할 경우 이는 더 이상 버티지 못하는 백성을 도적과 폭도로 내모는 것입니다. 형벌이 많아지는 이유입니다. 도적과 폭도를 무력으로 진압코자 하면 나라는 이내 대규모 동란인 내전內戰으로 치닫게 됩니다."

'곡지지책'은 곡물 생산과 농사철의 상호관계를 언급한 것이다. 요역을 줄여 농사철을 빼앗지 않고, 과도한 세금을 매기지 않는 게 관건이다. '곡지지책'에서 가장 문제가 되는 것은 '백성은 평소 수확할 양의 10분의 5밖에 거두지 못했는데 다시 그것의 10분의 9를 세금으로 내야 한다.'는 대목이다. 일부 주석가는 가난한 백성이 먹을 것도 부족해 부득불 부자들로부터 5할의 이율이 고리대를 얻어 세금을 내는 것으로 풀이했다. 또 일각에서는 관중이 활약할 당시 제나라는 수확량의 10분의 4를 납세했는데 후대의 학자들이 이를 제대로 알지 못해 10분의 9를 납세한 것으로 기록했다고 보고 있다. 이밖에도 백성의 곡물은 10인데 9를 세금으로 거둬간다는 의미로 새기는 견해도 있고, 군주가 9을 가져가고 백성은 1밖에 먹지 못한다는 의미로 해석하는 견해도 있다. 이는 곽말약처럼 원문 그대로 풀이하는 게 낫다.

백성이 보유한 양은 겨우 수확할 양의 절반밖에 안 되는데 다시 세금으로 그 절반의 10분의 9를 내야 한다는 뜻으로 새길 경우 농민의 손에 떨어지는 것은 결국 전체 수확량의 20분의 1밖에 안 된다는 얘기가 된다. 이는 거의 약탈 수준이라고 보아야 한다. 관중이 '게다가 화폐 납부를 강제할 경우 이는 더 이상 버티지 못하는 백성을 도적과 폭도로 내모는 것이다.'라고 언급한 게 그 증거다. 이를 가렴주구苛斂誅求라고 한다. 고금동서를 막론하고 위정자가 '가렴주구'를 자행하면 이내 민란民亂이 잇따르고, 결국 새 왕조가 들어서게 된다. 단 한 번의 예외가 없다. 관중은 이를 통찰했다. '도적과 폭도로 내몰린 백성을 무력으로 진압코자 하면 나라는 이내 대규모 동란으로 치닫게 된다.'고 경고한 이유다.

2. 경운지책耕耘之策 열심히 밭 갈고 김매게 하라

관중이 말했다.

"승마의 계책은 비단 여기에 그치지 않습니다. 왕업을 이루는 군주는 백성의 농사철을 빼앗지 않습니다. 오곡이 풍성해지는 이유입니다. 오곡이 풍성해지면 병사들은 작록을 경시하고, 백성은 포상을 가벼이 여깁니다. 까닭에 치국에 뛰어난 군주는 농부에게는 한서寒暑를 막론하고 논밭을 갈고 김을 매는 경운耕耘에 힘쓰게 하여 수확물이 군주에게 귀속되도록 하고, 여인에게는 길쌈에 힘쓰게 하여 완성품이 국고로 들어오게 합니다. 이는 백성들로 하여금 원망을 품지 않게 하고, 민의民意를 상하지 않게 하고, 물가의 등락을 조절하는 계책입니다. 백성들로 하여금 불가불 그같이 하도록 만드는 게 관건입니다."

'경운 지책'은 나라가 패망하는 배경을 설명한 '곡지지책'과 정반대로 나라가 흥하는 계책을 언급한 것이다. 농사철을 빼앗지 않는 게 관건이다. 이같이 해야 풍성한 수확을 할 수 있고, 나아가 백성들 모두 맡은 바 직무를 열심히 수행케 된다. 풍성한 수확은 크게 3가지 긍정적인 효과를 초래한다. 첫째, 백성들이 원망을 품지 않는다. 둘째, 민의를 상하지 않게 한다. 셋째, 물가의 등락을 조절할 수 있다. 주목할 것은 '백성들로 하여금 불가불 그같이 하도록 만드는 게 관건이다.'라고 지목한 대목이다. 자발적인 참여를 유도해야만 소기의 성과를 거둘 수 있다고 언급한 것이다. 21세기 G2시대에도 그대로 통용되는 얘기다. 하긴 치국평천하의 이치가 고금의 차이에 따라 달라질 리는 없다.

3. 순우지책舜虞之策 곡물과 농기구를 대여하라

제환공이 관중에게 물었다.

"백성들로 하여금 불가불 그같이 하도록 만들려면 구체적으로 어찌해야 하오?"

관중이 대답했다.

"순舜임금의 우虞나라는 승마의 계책을 구사했습니다."

"'승마의 계책을 구사했다.'는 말은 무슨 뜻이오?"

관중이 대답했다.

"100무의 땅을 경작하는 농부에게 계책을 내어 말하기를, '지금부터 약 25일 동안은 파종을 하는 봄 농사의 기간이다. 나라에서 자금을 대여해 줄 것이다. 가을에 곡물이 익으면 전국의 곡물가격을 절반으로 내릴 것이다.'라고 하십시오. 또 농부들에게 말하기를, '대여 받은 자금을 상환할 때 곡물로 환산해 각 주리州里의 창고로 가져오도록 하라.'고 하십시오. 그러면 나라의 곡물 가운데 절반이 국고와 관고에 있는 상황에서 곡물가격은 10배가량 오를 것입니다. 조정은 원근의 모든 현과 리 및 읍의 공인工人에게 명하여 공용公用에 응해 각종 무기와 농기구를 만들도록 한 뒤 통고키를, '나라에 이미 전폐錢幣가 바닥이 나 부득불 곡물로 계산할 것이다.'라고 하십시오. 그러면 국가는 곡물의 가격을 좌우할 수 있는 까닭에 오른 가격을 10으로 칠 경우 원본에 해당하는 매입가격 1을 제외하면 9의 이익을 얻는 셈입니다. 농민들로 하여금 대여 받은 돈을 곡물로 바꿔 상환케 하고, 조정은 다시 곡식을 화폐로 삼아 공인들로부터 무기와 농기구를 구매하면 나라에서 필요로 하는 곡물과 무기 및 농기구를 모두 충족시킬 수 있습니다. 그러면 굳이 백성에게 다시 세금을 더 거둘 이유가 없게 됩니다. 모두 순임금의 우虞나라가 시행한 승마의 계책이기도 합니다."

'순우'지책'은 전설상의 성군인 순임금의 우虞나라에서 실시한 곡물 수매 및 화폐 정책을 논한 것이다. 봄에 영농자금을 대주고, 농민들로 하여금 대여 받은 돈을 곡물로 바꿔 상환케 하고, 조정은 다시 곡식을 화폐로 삼아 공인들로부터 무기와 농기구를 구매하는 게 관건이다. 궁극적인 목표는 백성들로부터 더 이상의 세금을 더 거둬들이지 않는 방법으로 생산의욕을 고취하는 데 있다. 여기서 관중의 조세에 대한 기본원칙을 읽을 수 있다. 국가를 운영하기 위해서는 반드시 세금이 필요하지만 되도록 조세저항이 큰 명목상의 세금을 직접적으로 거두지 말고 간접적인 방법으로 조달하는 게 그것이다. 후술하는 바와 같이 염철鹽鐵의 전매도 바로 이런 취지에서 나온 것이다. 모두 백성의 생산의욕을 고취코자 한 것이다.

'순우지책'은 국가가 시장에 적극 개입해 곡물을 일괄 구매하고 일괄 판매하는 관자경제학의 요체에 해당한다. 봄철에 농민에게 대출하고, 가을에 시세에 따라 대출 금액에 해당하는 곡물을 징수하고, 구매한 곡물을 실물 화폐로 활용해 국가가 필요로 하는 다른 물자를 구매하는 게 그렇다. 과정을 거칠 때마다 커다란 차익을 남길 수 있고, 이를 부국강병의 재원으로 활용할 경우 직접적인 징세를 피하면서 백성의 생산의욕을 고취할 수 있다. 장병들의 녹봉과 최신 무기의 구입, 전공戰功에 대한 후한 포상 등이 모두 이때의 차익으로 충당된다. 이처럼 '순우지책'은 부상대고가 끼어들어 폭리를 취할 여지를 원천봉쇄하고, 국가로 하여금 넉넉한 재정을 기반으로 유사시를 대비한 부국강병에 더욱 박차를 가할 수 있게 만드는 계책에 해당한다.

객관적으로 볼 때 '순우지책'은 천하를 거머쥐고 다스리는 득천하得天
下와 치천하治天下이 방략을 언급한 것이다. '순임금의 우나라가 시행한
승마의 계책이기도 하다.'는 언급이 그렇다. 관자가 굳이 전설적인 성군
인 순임금이 다스린 우나라를 거론한 근본배경이 여기에 있다. 관자경
제학이 생각하는 이상적인 정책을 전설적인 성군에 가탁해 그 타당성
을 입증코자 한 것이다.

제2론
승마수乘馬數 5책 – 경제 정책을 수립하라

1. 왕국지책 王國之策 천시를 좇아 일을 행하라

제환공이 관중에게 물었다.

"순임금의 우虞나라가 이미 승마의 계책을 구사했으니, 과인 또한 승마의 계책을 구사하고 싶소. 과연 어찌해야 좋은 것이오?"

관중이 대답했다.

"무력을 앞세운 치도인 강도强道로 천하를 호령코자 하는 전국戰國은 국력을 기울여 성곽과 해자를 수축합니다. 그런 나라는 늘 농사에 커다란 피해를 끼칠 수밖에 없습니다. 이에 대해 덕치를 기반으로 한 왕도王道로 천하를 호령코자 하는 왕국王國은 천시天時를 좇아 일을 행합니다."

"'천시를 좇아 일을 행한다.'는 말은 무슨 뜻이오?"

관중이 대답했다.

"모든 일을 정령을 좇아 실행하면서 농업생산을 늘리고, 물가를 조정하는 정책인 경중輕重의 기능을 군주가 장악하는 것을 말합니다. 그러면 굳이 백성에게 직접 세금을 징수할 필요가 없습니다."

'왕국지책'은 왕도를 구현하는 계책을 논하고 있다. 원래 「승마」편 '승마수'는 '거승마'에서 언급한 일반 원칙에 기초한 다양한 정책의 장단점을 언급한 것이다. 경제정책을 보다 광범위하고 구체적으로 논의하고 있는 게 특징이다. 곡물생산과 물가조절 및 유통, 토지정책, 세금징수, 백성의 숫자 문제, 노동력 보호 등을 두루 언급한 게 그렇다. 이런 점에 주목해 원래는 통합된 것이었으나 유향이 편집하는 과정에서 둘로 나눴다는 주장이 설득력을 얻고 있다. 그게 통설이다. 실제로 '거승마'에서는 농사철을 지키는 게 농업생산에 매우 중요하다는 언급에 그치고 구체적인 정책 등에 대해서는 입을 다물었다. 구체적인 정책이 '승마수'에 나온다. 여기의 수數는 술수術數 내지 술책術策의 의미이다. 그런 점에서 통설은 나름 일리가 있다. 그러나 원칙을 밝힌 대목과 그 원칙에 입각한 구체적인 정책이 반드시 같은 편에 편제될 필요는 없다. 원래부터 2개편으로 나뉘어 있었을 가능성도 배제할 수 없다.

여기의 '왕국지책'은 왕업을 이루는 경제정책을 언급한 것이다. 물가를 조정하는 권한을 군주가 장악하는 게 관건이다. 이 또한 '거승마'에서 살펴보았듯이 백성들로부터 직접 세금을 징수하는 방식을 지양해 백성들의 생산의욕을 고취코자 하는 심모에서 나온 것이다. '거승마'와 '승마수'가 서로 불가분의 관계를 맺고 있음을 쉽게 짐작할 수 있다.

2. 국용지책國用之策 민력을 피폐케 하지 마라

패도覇道로 천하를 호령코자 하는 패국覇國은 재화의 생산 및 유통과정에 나타나는 경중귀천輕重貴賤을 조절하면서, 그 과정에서 얻은 차익으로 나라에서 필요로 하는 국용國用의 재정을 충당한다. 왕도로 천하를 호령코자 하는 왕국은 물가를 조정하는 경중輕重의 계책을 통해 재화 생산의 시초단계부터 통제한다. 왕국에서는 흉년 등으로 인해 국용의 재정이 전체 규모에서 1분分가량 부족하면 물가 조정을 통해 부족한 1분을 채운다. 같은 맥락에서 2분이 부족하면 2분, 3분이 부족하면 3분, 4분이 부족하면 4분, 5분이 부족하면 5분, 6분이 부족하면 6분, 7분이 부족하면 7분, 8분이 부족하면 8분, 9분이 부족하면 9분, 10분이 부족하면 10분을 채우는 식이다. 군주가 물가를 조절해 등락에 따른 차익으로 해마다 10분의 3가량의 곡물을 비축할 경우 10년이면 반드시 3년치의 여유분을 확보할 수 있다. 가뭄과 홍수 등으로 인한 흉년에는 백성이 농사를 제대로 지을 수 없는 만큼 궁실과 전각의 수축 사업 등을 통해 매우 궁핍한 궁민窮民을 고용함으로써 그들의 생계를 돕는다. 궁실과 전각의 수축 사업은 군주의 쾌락을 위한 게 아니라 균부均富를 실현하기 위한 것이다.

지금 승마의 계책을 모르는 군주는 사계절 내내 백성을 동원해 궁실과 전각의 수축 공사를 벌이고 있다. 백성이 농사철을 놓쳤는데도 봄에 파종하는 춘경春耕의 절기를 잃었다는 것을 깨닫지 못하고, 여름에 김을 매는 하운夏耘과 가을을 수확하는 추수秋收의 절기까지 잃었다는 사실도 모른다. 양식이 떨어진 부모가 자식을 내다파는 일이 부쩍 많아지는 것은 당연한 이치이다. 그러면 용맹하고 강의剛毅한 자는 폭란을 일으켜 조정에 대항하고, 가난하고 병든 자는 문전걸식하며 빌어먹게 된다. 군주가 법률로 이를 막고 나설 경우 백성은 형륙刑戮을 당할지라도 군주에게 귀의하지 않는다. 모두 승마의 계책을 모른 탓이다.

'국용 지책'은 왕도와 패도 등의 치도治道와 재정의 상호관계를 언급한 것이다. 무력으로 천하를 호령하는 패도의 나라는 재화의 생산 및 유통과정에 개입해 그 과정에서 얻은 차익으로 나라에서 필요로 하는 재정을 충당한다. 이에 반해 왕도로 천하를 호령코자 하는 나라는 아예 재화 생산의 시초단계부터 통제해 재정을 충당한다. 말할 것도 없이 재화 생산 단계부터 개입해 재정을 충당할 것을 권한 것이다. 제자백가서 가운데 치도를 재정과 연결시켜 해석한 유일한 사례에 해당한다. 관자를 정치경제학의 효시로 꼽는 것도 이 때문이다.

'국용지책'에서 주목할 것은 크게 2가지다. 첫째, 관자는 후대의 맹자와 달리 왕도와 패도의 질적인 차이를 인정하지 않았다. 단지 양적인 차이만 인정했을 뿐이다. 왕자는 재화의 생산단계부터 개입하는데 반해 패자는 재화의 유통단계에 개입하는 게 그렇다. 훗날 순자가 왕도가 바람직하기는 하나 난세의 시기에는 힘으로 천하를 통일하는 패도도 가하다는 이른바 선왕후패先王後覇를 주장한 것과 닮았다. 공자가 『논어』에서 관자의 패업을 높이 평가하고, 순자가 관자사상에 입각한 '선왕후패'를 주장한 것은 관자사상이 공자를 거쳐 순자에게 흘러갔음을 암시한다. 공자사상의 정맥이 성리학을 집대성한 주희의 주장처럼 맹자에게 이어진 게 아니라 순자로 이어졌음을 뒷받침하는 대목이다.

둘째, 왕도와 패도 등의 치도와 달리 나라를 위망危亡에 빠뜨리는 난도亂道를 재정과 관련시켜 해석한 점이다. 이 또한 순자가 '난도'를 크게 위도危道와 망도亡道로 세분한 것과 취지를 같이한다. '지금 승마의 계책을 모르는 군주는' 운운한 대목이 바로 위도와 망도의 '난도'를 설명한 것이다. '국용지책'은 난도가 무엇보다 먼저 군주의 무절제에서 비롯된다고 보고 있다. 사계절 내내 백성을 동원해 궁실과 전각의 수축 공사 등을 벌이는 게 그렇다. 이는 농사에 치명상을 남긴다. 봄에 파종하는 춘경春耕의 절기를 잃었다는 것을 깨닫지 못하고, 여름에 김을 매는 하운夏耘과 가을을 수확하는 추수秋收의 절기까지 잃었다는 사실도 모르는 게 그렇다. 그 결과는 참혹하다. 굶주림을 견디지 못한 부모들이 자식을 내다파는 일까지 자행하는 참사가 빚어지는 이유다. 이는 중국에서 20세기 초까지 극도의 기한飢寒에 시달릴 때 지속적으로 벌어진 참사이기도 했다. 이는 군주의 목숨까지 위협한다. 굶주림을 참지 못한 백성이 유민流民이 되어 천하를 횡행하면 용맹하고 야심 많은 자들이 이내 반기를 들어 조정에 대항한다고 지적한 게 그렇다. 천하가 뒤집히는 이유다. 실제로 왕조교체기 때마다 이런 일이 예외 없이 빚어졌다. 관자는 이를 통찰한 것이다. 치도와 난도를 재정과 연결시켜 역사 전개 및 왕조의 순환배경을 설명한 셈이다. 제자백가 가운데 이런 분석을 시도한 사람은 전무했다. 실로 탁견이다.

3. 시의지책時宜之策 때에 부합하는 경제정책을 펴라

관중이 제환공에게 말했다.

"승마의 계책에 입각한 물가의 기준을 정할 때는 먼저 각 제후국의 물가와 비슷하게 정해야 합니다. 물가가 낮으면 재화가 밖으로 흘러나가고, 물가가 높으면 각국의 재화가 흘러들어와 높은 차익을 얻습니다. 적대국이 상호 경쟁적으로 투매投賣를 시도하고, 물가조절에 밝은 경제전문가인 경중가輕重家가 판매차익을 극대화하기 위해 서로 다투는 것은 이 때문입니다. 왕도로 천하를 호령코자 하는 왕국의 승마 계책은 재화의 시장 유통을 통제하는 것만으로도 충분합니다."

제환공이 물었다.

"'재화의 시장 유통을 통제한다.'는 말은 무슨 뜻이오?"

관중이 대답했다.

"농부 1명이 농사를 지어 5명을 먹여 살리는 경우가 있는가 하면, 4명 내지 3명 또는 2명을 먹여 살리는 경우도 있습니다. 이는 민력을 집중시켜 논밭을 경작한 뒤 토지에서 나오는 수익과 물가를 적절히 조합한 결과입니다. 시의時宜에 부합하는 경제정책을 펴기 위한 치국 방략이기도 합니다. 군주가 이 계책으로 물가를 통제하지 않으면 오히려 부상대고가 아래에서 이를 행합니다. 그리되면 나라의 경제정책이 사실상 없는 것이나 다름없게 됩니다."

'시의 지책'에서는 나라 안팎의 물가 차이가 국가통치에 어떤 영향을 미치는가 하는 문제를 언급한 것이다. 여기서는 자국의 물가를 각 제후국의 물가와 비슷하게 정할 것을 주문하고 있다. 타국보다 물가가 낮으면 재화가 밖으로 흘러나가고, 물가가 높으면 각국의 재화가 무차별적으로 흘러들어온다는 게 이유다. 모두 바람직하지 못한 상황이다. 적대국이 상호 경쟁적으로 투매를 시도하고, 물가조절에 밝은 자들이 판매차익을 극대화하기 위해 서로 다투는 것은 바로 이 때문이다. 시의에 부합할 수 있도록 물가를 수시로 조절하는 게 관건이다.

'시의지책'은 군주가 이를 시행하지 않으면 부상대고가 아래에서 이를 시행하며 폭리를 취하게 된다고 경고하고 있다. 이는 군권君權을 훼손할 뿐만 아니라 장차 조정에서 시행하는 모든 재정정책을 무력화하는 결과를 낳는다. 『관자』가 시종 물가 및 시장에 대한 통제권을 장악해야 한다고 역설한 이유다.

4. 포백지책布帛之策 재화 가격을 합리적으로 정하라

제환공이 관중에게 물었다.
"승마의 계책은 곡물의 시장 유통을 통제한 것뿐이오?"
관중이 대답했다.
"포백布帛을 비롯한 여러 재화의 가격 역시 합리적으로 정해져야 합니다. 이들 재화의 가격은 화폐 가치에 따라 오르내립니다. 다만 곡물가격만큼은 독자적으로 오르내립니다."
"'독자적으로 오르내린다.'는 말은 무슨 뜻이오?"
관중이 대답했다.
"곡물가격이 높으면 다른 재화의 가격이 내려가고, 곡물가격이 낮으면 다른 재화의 가격이 올라가는 것을 말합니다."

'포백지책'은 앞에 나온 '시의지책'을 보충하는 내용으로 꾸며져 있다. 곡물뿐만 아니라 포백 등의 여타 재화도 국가가 적극적으로 나서 가격을 합리적으로 조절해야 한다고 주장한 게 그렇다. 주목할 것은 곡물가격을 독립변수로 간주한 점이다. '곡물가격만큼은 독자적으로 오르내린다.'고 진단한 게 그렇다. 곡물가격이 높으면 다른 재화의 가격이 내려가고, 곡물가격이 낮으면 정반대의 상황이 빚어진다고 언급한 이유다. 이를 현대 경제학 용어로 풀이하면 곡물이 여타 재화와 보완재의 관계가 아닌 대체재의 관계를 이루고 있다는 사실을 언급한 것이다. 21세기 현재는 세계의 기축통화인 달러와 금값이 이런 관계를 맺고 있다. 관자가 활약할 당시만 해도 곡물은 백성의 생존은 물론 국가존망의 관건으로 작용했다. 먹을 양식이 모자라면 곡물가격이 천정부지로 치솟기 마련이다. 억만금의 재산이 있을지라도 아무 소용이 없다. 21세기도 크게 다를 게 없다. 전쟁이 빚어져 해상 및 육상의 운송로가 봉쇄될 경우 이런 양상이 빚어진다. 『관자』가 시종 곡물을 물가정책의 기준으로 삼아야 한다고 주장한 것도 이런 맥락에서 이해할 수 있다. 『사기』「화식열전」에 이를 대표하는 사례가 실려 있다. 해당 대목이다.

"장안 인근의 선곡宣曲에 사는 임씨任氏의 조상은 원래 진나라 때 세곡을 모아두는 창고가 있던 독도督道의 창고지기였다. 진나라가 패망했을 때 사방의 군웅이 앞 다투어 함양성에 입성해 금옥을 탈취해 갔다. 이때 임씨는 재빨리 창고의 곡식을 빼다가 굴속에 감추었다. 항우와 유방이 대규모 창고가 있는 형양滎陽에서 대치할 때 백성들은 농사를 지을 길이 없었다. 쌀값이 천정부지로 치솟아 한 섬에 무려 1만 전까지 나갔다. 먹고 살기 위해서는 곡식이 필요했다. 결국 군웅들 모두 함양성에서 탈취한 보옥을 내놓고 쌀을 사갈 수밖에 없었다. 보옥이 모두 임씨의 것이 되었다. 임씨가 일거에 부자가 된 배경이다. 당시 부유한 자들 모두 사치를 일삼았지만 오직 임씨만은 허세를 버리고 절약하며 검소하게 생활했다. 농사와 목축에 힘쓴 그는 사람들이 농사와 목축에 필요한 용품을 다퉈 싼 것으로 샀지만 비싸도 질 좋은 것을 샀다. 이에 임씨 집안은 여러 대에 걸쳐 부유했다. 자신의 밭과 가축에서 나온 것이 아니면 먹지 않고, 여럿이 함께 하는 공적인 업무가 끝나지 않으면 술과 고기를 먹지 않는 가훈을 지켰다. 이로 인해 임씨 집안은 마을의 모범이 되었고, 가세 또한 더욱 부유해져 마침내 천자까지 이들 집안을 존중해 주었다."

초한전 당시 항우와 유방이 지금의 하남성 형양을 둘러싸고 치열한 접전을 벌인 것은 진나라 때 이곳에 대규모 곡식창고를 설치했기 때문이다. 이곳을 차지하는 자는 군량을 아무 걱정 없이 넉넉히 조달할 수 있었다. 형양은 천하의 요충지에 해당했다. 2가지 점에서 그러했다. 첫째, 이곳은 관중으로 들어가는 사실상의 관문에 해당했다. 이곳을 장악해야 함곡관을 거쳐 관중으로 들어갈 수 있었다. 둘째, 형양 인근에는 오창敖倉이라는 거대한 곡물창고가 있었다. 삼국시대 관도대전 당시 조조가 원소의 곡물창고를 불태운 바로 그곳이다. 이곳을 장악해야 군량을 여유 있게 조달할 수 있었다. 초한전 때와 하등 다를 바가 없었다. 한나라 역시 진나라를 좇아 형양의 대규모 곡식창고를 그대로 운용한 결과다. 형양의 전략적 중요성은 이루 말할 수 없었다.

사마천이 『사기』「화식열전」의 이 대목에서 역설코자 하는 것은 본업인 농사를 통해 부를 쌓는 이른바 본부本富의 중요성이다. 본업인 농목업의 성공사례 통해 가장 바람직한 치부의 방안을 제시코자 한 것이다. 사례의 주인공인 임씨는 원래 조세로 거둬들인 곡식인 세곡稅穀을 모아 두는 창고지기 집안 출신이다. 그가 치부케 된 직접적인 계기는 전란의 와중에 창고의 곡식을 재빨리 은닉한데 있다.

기원전 210년, 진시황이 천하순행 도중 문득 지금의 산동성 사구沙丘

에서 급서했다. 힘의 공백으로 인해 천하가 갑자기 혼란에 빠졌다. 군벌들은 온갖 귀중품을 약탈하는데 여념이 없었다. 그러나 임씨는 곡식만 챙겨 동굴 속에 숨겨 두었다. 난세에 농사가 될 리 없다. 곡식 값이 천정부지로 뛰어오를 것은 명약관화했다. 장롱 속의 금붙이는 휴지나 다름없었다. 선견지명이 그를 거부로 만들었다.

당시 임씨는 전쟁 상황에서 가장 필요한 것은 곧 식량이라는 점을 익히 알고 있었다. 남들이 전혀 생각하지 못하고 있을 때 땅굴을 파고 식량을 저장한 것은 적의 허점을 찌르는 병법에서 말하는 이른바 출기불의出其不意의 전술과 하등 다를 바가 없다. 실제로 전쟁이 계속되자 임씨가 비축한 식량은 금은보다 더 귀한 재화가 되었다.

임씨의 일화는 재화의 본질을 설명하고 있다는 점에서 의미하는 바가 크다. 모든 재화의 가격은 일정하게 고정돼 있지 않고 상황에 따라 부침한다는 사실이 바로 그것이다. 사람은 모두 자신이 살아온 방식대로 사물을 본다. 사물의 가치가 사람마다 다를 수밖에 없는 이유다. 자신에게는 하찮은 것이 다른 사람에게는 귀중한 재화로 간주되는 것은 바로 이 때문이다. 이를 포착하는 게 바로 거상巨商이 될 수 있는 안목이다. 남들은 전혀 상품으로 간주하지 못하는 것을 상품으로 간주하는 식견을 말한다.

고금을 막론하고 땅을 기반으로 한 '본부'는 뿌린 만큼만 거둔다. 더하고 덜 할 게 없다. 그러나 상업을 통해 부를 쌓는 말부末富는 급변하는 시황市況에 대한 폭넓은 정보 및 객관적인 자료에 기초한 정확한 분석, 과감한 결단 등 개인의 수완에 따라 이익의 폭이 들쭉날쭉하다. 사마천은 '본부'를 가장 바람직한 치부 방안으로 간주했다. 그러나 현실적으로 볼 때 '본부'로 치부하는 길이 '말부'로 치부하는 길보다 훨씬 어렵다. 근면과 성실이 몇 배나 더 필요하기 때문이다. 안방과 문밖의 구별이 사라진 21세기 상황에서는 더욱 그렇다.

그러나 관자가 활약할 당시는 물론 20세기 말에 이르기까지 수천 년 동안 곡물가격은 인민의 생명은 물론 국가의 존망까지 좌우하는 주요 변수로 작용했다. '신 중화제국'이 건립될 당시인 20세기 중엽 이른바 대약진운동의 실패로 인해 수천만 명이 아사한 게 그렇다. 21세기 상황도 크게 다르지 않다. 북한이 1990년대의 이른바 '고난의 행군' 와중에 수백만 명이 아사한데 이어 21세기 현재까지도 식량을 자급자족하지 못해 어려움을 겪고 있는 현실이 이를 뒷받침한다. '포백지책'에서 관자가 곡물가격이 높으면 다른 재화의 가격이 내려가고, 곡물가격이 낮으면 다른 재화의 가격이 올라간다고 언급한 것도 이런 맥락에서 이해할 수 있다. 고금동서를 막론하고 전쟁과 같은 비상시국에는 결국 곡물의 가격이 모든 재화 가격의 기준이 될 수밖에 없다.

5. 승마지책乘馬之策 물가조절로 고루 잘살게 하라

제환공이 물었다.

"승마 계책을 꾀하려면 무엇을 실천해야 하오?"

관중이 대답했다.

"먼저 각 군현의 가장 비옥한 상토上土에서 그보다 못한 중토中土와 하토下土에 이르기까지 토양에 따라 그에 상응하는 일정 비율의 세금을 거둬들입니다. 이어 토양의 비옥도에 따라 징세의 기준을 정하면 백성이 이리저리 옮겨 다니지 않습니다. 나아가 빈자를 구휼하고, 부족한 부분을 보충하면 백성이 군주를 옹호할 것입니다. 상토에서 거둔 여유분으로 하토의 부족분을 채우고, 사계절에 따른 물가의 등락을 통제하고, 시장의 개폐 권한을 장악하면 민생은 마치 각진 물건을 평지에 세운 것처럼 안정될 것입니다. 이를 일컬어 승마의 계책이라고 합니다."

'승마 지책'은 토지정책에 관한 최종적인 결론을 도출하고 있다. 상토, 중토, 하토에 이르기까지 토양의 비옥도에 따라 그에 상응하는 일정 비율의 세금을 거둬들이라고 조언한 게 그렇다. 공평한 과세를 역설한 것이다. '토양의 비옥도에 따라 징세의 기준을 정하면 백성이 이리저리 옮겨 다니지 않고, 나아가 빈자를 구휼할 수 있다.'고 언급한 게 그렇다. 주목할 것은 '상토에서 거둔 여유분으로 하토의 부족분을 채우고, 사계절에 따른 물가의 등락을 통제하고, 시장의 개폐 권한을 장악하면 민생은 마치 각진 물건을 평지에 세운 것처럼 안정될 것이다.'라고 언급한 점이다. 이는 백성이 군주를 옹호하는 계책으로 언급된 것이다. 앞서 언급한 모든 승마 계책의 궁극적인 목적이 바로 여기에 있다고 해도 과언이 아니다. 이는 단순히 군주를 높이는 존군尊君 차원에서 나온 게 아니다. 나라를 유지하고 『관자』「경언」편 '목민'에서 역설한 예의염치의 문화대국을 건설키 위한 전제조건으로 제시된 것이다. 서양에서 이를 통찰한 인물이 바로 마키아벨리였다. 그는 『군주론』 제9장에서 이같이 역설한 바 있다.

"일반 서민이 군주가 될 수 있는 '시민 군주국'의 경우 귀족은 인민의 압력을 감당할 수 없다는 사실을 깨달을 때 무리들 가운데 1인을 내세워 군주로 삼고, 인민들 역시 귀족에게 대항키 어렵다는 사실을 깨달을 때 무리들 가운데 1인을 내세워 군주로 삼는다. 귀족의 도움으로 보위에 오른 군주는 인민의 도움으로 등극한 군주의 경우보다 권력 유지가 훨씬 어렵다. 스스로 군주와 대등하다고 여기는 자들이 주변에 포진해 있기 때문이다. 이에 반해 인민의 지지로 보위에 오른 군주는 홀로 우뚝 설 수 있다. 주변에 복종할 마음이 없는 자가 거의 없거나 극히 소수에 지나지 않기 때문이다."

마키아벨리가 말하는 '시민 군주국'은 공화국과 군주국의 중간 형태이다. 최고통치권자를 추대에 의해 옹립하기는 하나 공화국이 아닌 경우가 바로 '시민 군주국'에 해당한다. 요즘으로 치면 '제왕적 대통령'을 선출할 경우 이와 비슷한 유형이 될 것이다.

역사적으로 볼 때 『군주론』에 나오는 귀족은 동양 전래의 사대부士大夫와 통한다. 21세기의 관점에서 보면 『군주론』의 귀족과 동양 전래의 사대부 후신이 여전히 존재한다. 2014년 초의 세월호사건 이후 인구에 회자케 된 입법부 중심의 이른바 '정피아'와 사법부와 행정부의 중추를 이루고 있는 고시 출신의 '관피아'들이 그들이다. 후진국형의 '전관예우' 관행이 버젓이 통용되고, '유전무죄, 무전유죄'의 풍자어가 나도는 현실이 이를 방증한다.

'정피아'와 '관피아'의 입장에서 볼 때 5년 단임의 대통령은 지나가는 나그네에 불과할 뿐이다. 최고통치권자가 사정의 칼날을 휘두르면 죽은 듯이 엎드린 채 폭풍우가 지나가길 기다리면 된다. 정년이 법적으로 보장돼 있고, 공무원연금의 누적 적자가 아무리 클지라도 혈세로 이를 메우게 돼 있기 때문이다. 말 그대로 '철밥통'이다. 끼리끼리 해먹는 관계와 정계의 이런 한심한 '그들만의 리그'를 혁파하지 않는 한 선진국으로의 진입은 불가능하다.

고금동서를 막론하고 난세에 군주가 결단할 때 결단하지 못하고 우물

쭈물하게 되면 이내 국기國紀가 흔들리게 된다. 춘추시대 중엽 제환공을 도와 최초로 패업을 이룬 관자가 군주의 민첩하지 못한 이른바 불민不敏을 국가패망의 가장 큰 요인으로 꼽은 것은 바로 이 때문이다. '불민'은 임기응변에 능하지 못한 것을 말한다. 마키아벨리 역시 후술하는 바와 같이 군주가 신민들로부터 경멸輕蔑과 증오憎惡의 대상이 되는 것을 패망의 핵심요인으로 꼽았다. 모두 최고통치권자의 우유부단優柔不斷에서 비롯된 것이다. 결단력이 필요한 시점에 우유부단한 모습을 보이는 것은 치명타이다.

기득권세력의 반발이 강할 때는 단순한 개혁으로는 불가능하다. '혁명적 개혁'인 변법變法으로 맞서야 한다. 군주의 확고한 의지와 강력한 추진력이 관건이다. 이를 성사시키기 위해서는 반드시 인민의 강력한 지지라는 대전제를 충족시켜야 한다.

예나 지금이나 인민의 지지를 얻지 못하는 군주와 정권 내지 왕조는 이내 패망의 길로 들어설 수밖에 없다. 「승마」는 바로 이를 깊숙이 논의한 『관자』의 정수에 해당한다. 정치가 군사 및 경제와 불가분의 관계를 맺고 있다는 사실을 통찰한 결과다. 이를 통해 「승마」의 '승'을 단순히 말 위에 올라탄다는 통상적인 의미의 '승'이 아니라 병거兵車를 뜻하는 '성'으로 읽어야 하는 이유를 대략 짐작할 수 있다.

제2장 「구부九府」 – 9의議 66모謀

謀
議

「구부」는 사마천이 생전에 읽었던 「경언」편 '목민'과 「승마」 및 「경중」과 마찬가지로 원래는 독립된 책으로 존재했던 것이다. 전한 말기 유향이 『관자』를 편제하면서 「승마」와 마찬가지로 「경중」에 끼워 넣었다. 모두 경제정책을 논하고 있다는 점에서 나름 일리가 있으나 주안점이 약간씩 다르다는 점에서 볼 때 「구부」를 「경중」에 끼워 넣은 것은 적잖은 문제가 있다. 「구부」를 최초로 언급한 사서는 『사기』「관안열전」이다. 여기서 사마천은 이같이 말했다.

"나는 일찍이 관중이 쓴 『목민牧民』과 『산고山高』, 『승마乘馬』, 『경중輕重』, 『구부九府』를 읽어보았다. 그 내용이 매우 상세했다. 관중의 저서를 읽고 나니 그의 행적을 알고 싶어 전기를 쓰기로 했다."

모두 독립된 책으로 존재한 관자의 저서를 읽었다는 취지이다. 그럼에도 후대의 사가들은 이를 제대로 파악치 못한 나머지 『사기』「화식열전」의 경중구부輕重九府 구절에 주목해 「구부」를 「경중」에 속해 있는 논문으로 파악했다. 유향이 관자의 저서를 하나로 모아 현존 『관자』를 편제할 때 「승마」와 더불어 「구부」를 「경중」에 끼워 넣은 것도 같은 맥락이다. 「구부」 역시 「승마」와 마찬가지로 「경중」의 내용과 별반 차이가 없다고 간주한 것이다.

그러나 「구부」는 국가의 상업 및 화폐정책에 관한 논의를 정리해 놓은 것이다. 그 내용은 서로 긴밀히 연결돼 있다. 토지를 기반으로 한 군사와 재정 문제를 논한 「승마」 및 재정정책 전반을 다루고 있는 「경중」과 구별되는 이유다. 유향의 분류와 달리 「구부」를 「경중」에서 떼어내 원래의 모습을 회복시킬 필요가 있다.

원래 「구부」의 명칭은 『주례』에서 유래한 것이다. 당나라 초기『한서』를 주석해 명성을 떨친 안사고顏師古는 「식화지 하」에 나오는 '강태공이 주나라에 화폐의 주조와 유통을 관장하는 부서인 구부환법九府圜法을 설립했다.'는 구절을 두고『주례』를 인용해 이같이 주석했다.

"『주례』에 따르면 원래 주나라는 경제정책을 총괄하는 태부大府를 비롯해 관할영역에 따라 옥부玉府와 내부內府, 외부外府, 천부泉府, 천부天府, 직내職內, 직금職金, 직폐職幣 등의 9개 부서를 설치했다. '구부'로 부른 이유다. 환법圜法의 '환'은 재화의 수급균형과 원활한 유통을 의미한다."

비슷한 시기 장수절張守節도 『사기』를 주석한 『사기정의史記正義』에서 비슷한 주석을 달아 놓았다.

"『관자』는 '경중'이 화폐를 가리킨다고 했다. 무릇 백성을 다스리는 방법으로 '경중지법輕重之法'이 있다. 원래 주나라에는 태부를 비롯해 옥부, 내부, 외부, 천부, 천부, 직내, 직금, 직폐 등의 9개 부서가 있었다. 이를 '구부'라고 불렀다."

『주례』는 '구부'에 대해 자세한 설명을 실어 놓았다. 태부와 옥부, 내부, 외부, 직내, 직폐는 천관天官으로 불린 총재冢宰 휘하의 관서이다. 또 천부泉府는 지관地官인 사도司徒, 천부天府는 춘관春官인 종백宗伯, 직금은 추관秋官인 사구司寇의 소관이었다. 가장 중요한 것은 '태부'와 '천부泉府'였다. 먼저 '태부'에 관한 기록을 보자.

"태부는 태재太宰를 도와 구부를 주관한다. 징수한 재물은 향후 사용할 물자를 비축할 각 부府에 보낸다. 무릇 각 관서의 관원과 도성 주변의 왕기王畿 내 채읍采邑의 관원을 비롯해 임시로 직무를 맡은 관원 모두 규정에 따라 태부에서 필요한 재물을 가져가야 한다. 재물을 배분할 때는 모두 제도에 따른다. 국경 부근의 시장인 관시關市에서 거둔 세금으로는 왕의 선식膳食과 의복을 공급하고, 왕기의 세금으로는 빈객을 접대한다. 왕기에서 멀리 떨어진 곳에서 거둔 세금은 소와 말의 사료를 공급하는데 사용한다. 왕기에서 200-300리 떨어진 곳에서 거둔 세금은 신하들을 포상하는데 사용한다. 왕기에서 100-200리 떨어진 곳에서 거둔 세금은 장인들의 품삯을 지불할 때 사용한다. 왕기에서 300-400리 떨어진 곳에서 거둔 세금은 타국에 공물을 보낼 때 사용한다. 왕기에서 400-500리 떨어진 곳에서 거둔 세금은 제사를 지낼 때 사용한다. 산택山澤에서 거둔 세금은 장례를 지내거나 기근을 구할 때 사용한다. 공공사업에 사용하고 남은 재물은 왕이 제후와 신하와 관계를 돈독히 하고자 할 때 사용한다. 제후국이 바친 재물은 제후가 상을 당했을 때 조문하는 용도로 사용한다. 무릇 왕과 국가에서 필요로 하는 모든 재물은 태부에서 수령한다. 음력으로 여름이 되면 지난 1년 동안의 세입세출 상황을 통계 내어 태재에게 보고한다."

『주례』가 후대에 만들어진 점을 감안할지라도 주나라 때부터 이미 이와 유사한 정교한 재정정책을 강구했을 공산이 크다. 다음은 화폐의 수급을 관장한 '천부'에 관한 기록이다.

"천부는 시장에서 거둔 세금으로 백성들에게 반드시 필요하면서도 시장에 적체된 물건을 원가로 구입한다. 연후에 물건마다 가격표를 붙여 급히 필요로 하는 구매자를 기다린다. 구매자들은 각급 기관의 책임자, 채읍의 관계자는 읍재邑宰, 왕기 및 여타 지역 거주민은 해당 지역 관원을 통해 구매 증명서를 떼야만 물건을 구매할 수 있다. 제사를 지내기 위해 외상으로 가져간 자는 10일, 장례를 치르기 위해 외상으로 가져간 자는 3개월 내에 갚아야 한다. 물건을 대여 받는 자는 주관하는 관원과 함께 물건 상태를 점검한 뒤 가져가야 한다. 이때 반드시 국가가 규정한 세율을 좇아 일정한 이자를 납부해야 한다. 무릇 국정에 필요한 모든 재물은 천부에서 수령해 간다. 음력으로 연말이 되면 재정의 수지 상황을 통계 낸 뒤 나머지 물건은 직폐에 납부한다."

이를 통해 '구부'가 대략 어떤 일을 했는지 짐작할 수 있다. 주나라 때의 '부'는 국가에서 상품을 비롯해 금은과 주옥 등의 화폐를 저장하는 창고를 지칭했다. 단순히 물자를 비축하는 기능뿐만 아니라 시장의 수요를 조절하는 기능까지 갖추고 있었다. 특히 '천부'의 기능은 두드러졌다. 필자가 『관자』 주석서를 펴내면서 「구부」를 「경중」에서 떼어낸 이유다. 「구부」는 바로 이런 기능을 집중 탐사한 내용으로 꾸며져 있다. 상인의 상업 활동과 이에 부응한 화폐 정책이 골자이다. 『관자』에 수록된 '구부'는 모두 9개장으로 꾸며져 있다. 사어事語, 해왕海王, 국축國蓄, 산국궤山國軌, 산권수山權數, 산지수山至數, 지수地數, 규탁揆度, 국준國准이 그것이다. 각 장에 나오는 책모策謀를 살펴보면 '사어'는 2개, '해왕'은 3개, '국축'은 11개, '산국궤'와 '산권수'는 각각 7개, '산지수'는 11개, '지수'는 6개, '규탁'은 16개, '국준'은 3개의 책모로 꾸며져 있다. 총 66개의 책모이다.

「구부」의 내용 가운데 가장 중요한 것은 '국축'이다. 일각에서는 '국축'에 나오는 책모를 「승마」와 「구부」 및 「경중」을 통틀어 최고의 계책으로 꼽고 있다. 실제로 「승마」의 '승마수'와 「경중」의 '경중 갑', 「구부」의 '지수'와 '규탁' 및 '산권수' 등은 모두 '국축'의 내용을 대량 인용하고 있다. 국가가 주도하는 일련의 경제정책 및 재정정책의 총론 성격을 띠고 있기 때문이다.

실제로 후대인 가운데 상품 및 화폐와 관련한 논의에서 '국축'의 글을 인용한 사례가 매우 많다. 반고가 『한서』를 저술할 때 '국축'의 내용을 요약해 「식화지 하」에 실어 놓은 게 대표적이다. 「식화지 하」의 해당 대목이다.

"제환공의 재상 관중은 '경중'의 계책에 뛰어났다. 그는 말하기를, '작황이 풍년일 때가 있고 흉년일 때가 있다. 곡물 가격도 높을 때가 있고 낮을 때가 있다. 국가 정책 역시 급할 때가 있고 느슨할 때가 있다. 여타 재화의 가격 또한 높을 때가 있고 낮을 때가 있다. 군주가 이를 조절하지 못하면 부상대고가 시장을 장악해 백성의 어려운 틈을 타 100배의 폭리를 챙긴다. 각종 재화의 과부족은 계절에 따라 다르다. 계절의 변화를 중시하고 정상적인 가격대를 유지해야 하는 이유다. 균형을 잃으면 모든 재화의 가격이 폭등하게 마련이다. 군주는 반드시 이런 이치를 깨닫고 평준화 조치를 통해 물가의 균형을 유지해야만 한다. 1만 호의 인구를 보유한 도시는 1만 종鍾의 곡식과 1천만 관貫의 화폐를 비축해야 한다. 1천 호의 인구를 보유한 도시는 1천 종의 곡식과 1백만 관의 화폐를 비축해야 한다. 또 봄갈이와 여름 김매기에 필요한 모든 농기구와 종자, 식량 등을 국가에서 공급해야 한다. 그러면 부상대고와 권문세가가 일반 백성들의 재물을 교묘히 빼앗는 일이 불가능해진다."

이는 「국축」의 내용을 초록抄錄한 것이다. 후대인들이 『한서』「식화지」처럼 원래 화폐를 뜻하는 화貨를 화폐정책의 의미로 통용한 것은 '국축' 등을 수록한 「구부」에서 비롯된 것이다. 『한서』「식화지」는 사마천이 쓴 『사기』「평준서」를 흉내 낸 것이다. 「평준서」의 기원을 거슬러 올라가면 바로 『관자』의 「승마」와 「구부」로 연결된다. 중국 전래의 경제이론을 포함해 일련의 경제정책 및 재정정책의 연원이 바로 『관자』에 있다고 해도 과언이 아니다. 경세제민과 부국강병을 역설한 관중을 '상가'의 개창자이자, 제자백가의 효시로 간주하는 것도 바로 이 때문이다.

제1의
사어事語 2모 - 수요와 공급을 맞춰라

1. 지수지모至數之謀 최고의 치도를 강구하라

제환공이 관중에게 물었다.

"치국의 지극한 계책인 지수至數를 들려줄 수 있겠소?"

관중이 반문했다.

"'지수'가 무슨 뜻입니까?"

제환공이 대답했다.

"태사泰奢가 나에게 이르기를, '수레의 휘장과 덮개를 호화롭게 치장하지 않고 의복이 다양하지 않으면 여공女工의 사업이 발달하지 않고, 제례 때 희생을 써야 하는데 제후와 대부가 태뢰太牢와 소뢰小牢에서 소와 양을 쓰지 않으면 사육이 번성하지 않고, 누대와 궁실을 높고 아름답게 치장하지 않으면 각종 목재가 쓸모가 없게 됩니다.'라고 했소. 이 말을 어찌 생각하오?"

"이는 치국 방략이 아닙니다."

"어째서 '치국방략이 아니다.'라고 말하는 것이오?"

관중이 대답했다.

"이는 천자가 제후에게 분봉分封할 때 쓰는 방략입니다. 천자는 관할 지역이 사방 1천리, 중원의 제후는 사방 100리, 멀리 떨어진 곳의 자작에 해당하는 제후는 사방 70리, 남작에 해당하는 제후는 사방 50리입니다. 천자가 제후들을 제어하는 것은 마치 마음이 머무는 가슴이 수족을 지휘하는 것과 같습니다. 천자가 명을 내려 재화 수급의 완급과 과부족을 조절하는 이유입니다. 재화가 아래로 유통돼도 천자의 걱정거리가 되지 않습니다. 그러나 영토가 좁거나 군사를 일으켜 대국과 맞서려는 나라의 경우는 다릅니다. 농부는 한서를 막론하고 농사에 힘쓰며 그 곡물을 군주에게 바치고, 여인들은 힘쓰며 그 옷감을 국고에 바칩니다. 이는 민심을 거스르거나 민의를 손상케 하려는 게 아닙니다. 비축한 곡물이 없으면 백성을 다스릴 수 없고, 비축한 재화가 없으면 백성을 격려할 수 없기 때문입니다. 태사가 건의한 계책은 영토가 좁은 제후국에서는 쓸 수 없습니다."

'지수지모'는 나라를 유지하고 운용하는 기본 계책을 언급하고 있다. 여기의 태사泰奢는 가공의 인물로 제국의 운용 원리를 언급하고 있다. 요즘으로 치면 G1의 논리와 닮았다. 이에 대해 관자는 태사의 주장을 천자가 제후에게 분봉할 때 사용하는 방법에 지나지 않는다고 일축하면서 제나라 같은 제후국은 곡물 등의 재화를 넉넉히 비축하는 방략을 구사해야 한다고 역설했다. 나라마다 사정이 다른 만큼 자국의 사정에 부합하는 정책을 펼쳐야 한다고 주장한 것이다. 관건은 곡물과 재화의 비축에 있다.

고금동서를 막론하고 곡물과 재화의 비축이 충분해야 적국이 침공해 왔을 때 능히 군량과 군비를 충분히 제공할 수 있고, 백성들 또한 계속 생업에 종사하며 비상상황을 견뎌낼 수 있다. 부국이 전제돼야 강병을 이룰 수 있는 게 그렇다. 「구부」의 첫 머리에 재화의 기본이치를 설파한 '지수지모'를 언급한 것은 「구부」편 자체가 곡물을 비롯한 재화와 금은과 주옥 등의 화폐를 비축 필요성을 역설하고 있기 때문이다. 이는 『관자』「경언」편의 첫 장인 '목민'에서 역설한 내용이기도 하다.

주목할 것은 태사의 주장이 G1 미국의 '신 자유주의' 입장과 유사한 주장을 펴고 있는 점이다. 대량의 소비가 커다란 수요를 창출하고, 이는 다시 대량 생산을 자극해 결국 경제발전의 선순환 구조를 만들어낸다는 식의 논리를 편 게 그렇다. 활발한 소비가 유효수요를 확대해 생산을 자극한다는 논리는 맞다. 그러나 제조업이 피폐해진 G1 미국의 현재 모습을 통해 확인할 수 있듯이 자체 생산이 뒷받침되지 않은 무질서한 과소비는 사치풍조를 만연케 해 오히려 역효과를 초래한다. 현재의 방만하고도 무절제한 소비행태는 분명 미국의 건국이념인 청교도 정신과 배치되는 것이기도 하다.

객관적으로 볼 때 소비증대를 통한 생산증대 효과는 정치적으로 통일된 천자의 나라에서만 통할 수 있다. 관중이 활약한 춘추시대 중엽은 매우 어지러운 시대였다. 게다가 나라마다 비록 큰 틀에서는 한자라는 문자를 사용키는 했으나 음과 글자 모양이 서로 달랐고, 도량형 또한 통일돼 있지 않았다. 천하가 시끄러운 난세의 상황에서 특히 제나라처럼 동쪽에 치우친 제후국이 마치 사상 최초로 천하를 통일한 진시황 때처럼 세계적인 규모의 경제시스템을 운용코자 할 경우 이는 패망을 자초하는 길이다. 관자는 바로 이 점을 지적한 것이다. 21세기 G2시대에도 그대로 적용되는 주장이다.

2. 전승지모全勝之謀 온전한 승리를 꾀하라

제환공이 또 관중에게 물었다.

"일전佚田이 과인에게 이르기를, '치국에 능한 자는 타국의 자원을 활용하고, 타국의 인민을 부립니다. 어찌하여 타국 제후의 도움을 얻어 천하를 제어하지 않는 것입니까?'라고 했소."

관중이 대답했다.

"일전의 말은 잘못됐습니다. 치국에 능한 자를 보면 우선 토지를 대거 개간하면 백성이 몰려와 안거安居하고, 창고에 곡식을 가득 채우면 백성이 예절을 알게 됩니다. 나라에 비축된 곡물이 없으면 적의 공격을 부르고, 축조한 성이 견고하지 못하면 적의 공격을 받게 됩니다. 나라를 안정시키지 못하면 천하 또한 다스릴 수 없습니다. 일전의 말은 잘못됐습니다."

관중이 또 말했다.

"매년 곡물 수확량의 1할을 비축할 경우 10년이면 10할을 비축할 수 있습니다. 2할을 비축할 경우 5년이면 1년 치 수확량을 비축할 수 있습니다. 1년 치 곡물의 절반을 비축할 경우 부족한 식량은 백성들로 하여금 채소를 채취해 보충토록 하면 매년 곡물의 절반을 군주가 장악할 수 있습니다. 해마다 이런 식으로 작황을 살펴 수확량의 일부를 국고에 비축하는 일을 수년 동안 지속하면 이내 10년 치의 수확량을 비축할 수 있습니다. 그러면 부자가 빈자, 용자勇者가 겁자怯者, 지자智者가 우자愚者, 기밀을 엄수하며 계책이 정교한 모자謀者가 그렇지 못한 불모자不謀者, 의협심을 자랑하는 의자義者가 그렇지 못한 불의자不義者, 정예훈련을 받은 연사練士가 그렇지 못한 오합지졸烏合之卒을 이기게 됩니다. 결국 전승全勝의 모든 요건을 갖추는 셈이 됩니다. 그러면 풍우風雨처럼 출병하고, 뇌정雷霆처럼 움직여 천하를 종횡무진하며 홀로 출정했다가 홀로 회군하는 독출독입獨出獨入을 행할지라도 저지할 자가 없고, 외부의 지원도 전혀 필요치 않게 됩니다. 일전의 말은 잘못됐습니다."

'**전승**' 지모의 일전佚田 역시 앞에 나온 '지수지모'의 태사와 마찬가지로 가공의 인물이다. 그는 태사와는 정반대로 외국의 자원과 인민을 활용해 부국강병을 꾀하는 계책을 제시하고 있다. 전혀 틀린 말은 아니나 순서가 잘못됐다. 내치를 착실히 한 뒤 외치를 활용하는 선내후외先內後外의 기본원칙에 어긋난다. 관자가 '나라를 안정시키지 못하면 천하 또한 다스릴 수 없다.'며 '선내후외'의 중요성을 언급한 사실이 이를 뒷받침한다.

일전의 주장은 일본과 한국이 차례로 걸은 길이기도 하지만 중국이 '개혁개방' 선언 이후 지난 1980년대부터 지속적으로 전개해온 수출주도형 경제성장의 논리와 닮았다. 당시 중국의 학계 내에서는 이른바 '국제 대순환론'이 제기돼 이를 이론적으로 뒷받침했다. 국제시장을 무대로 외화를 대거 벌어들여 중국의 경제발전을 꾀해야 한다는 게 요지이다. 나름 일리가 있는 주장이다. 그러나 이는 한국과 일본처럼 인구는 많고 자원이 부족한 나라의 경우에 통할 수 있다. 중국처럼 세계 최대의 인구와 광대한 영토, 막대한 지하자원을 보유한 나라는 정반대의 방법을 택할 필요가 있다. 그게 바로 관중이 언급한 '선내후외'의 계책이다.

자금성의 수뇌부는 지난 2008년에 터져 나온 월스트리트 발 금융위기를 거치면서 비로소 이를 깨닫기 시작했다. 수출위주의 성장 전략을 대폭 수정해 내수위주의 경제발전 전략을 채택한 이유가 여기에 있다. 지난 2013년 초 시진핑 체제가 등장한 후 이는 확고부동한 국가발전 전략으로 확정됐다. 농업현대화와 농촌개혁을 골자로 하는 '신형 도시화' 정책으로 내수 증진을 경제성장 원동력으로 삼겠다는 정책기조가 그렇다. 만시지탄이기는 하나 올바른 방향 전환이라고 할 수 있다.

문제는 한국이다. 수출경쟁국인 일본의 엔저 정책 속에 정치권은 정쟁으로 날을 새우며 일련의 개혁을 치지도외하는 바람에 기업은 안팎으로 곱사등이 신세가 돼 있다. 경제전의 일선 지휘관에 해당하는 기업 CEO들의 심기일전 각오가 절실한 상황이다.

제2의
해왕海王 3모 – 염철 전매를 실시하라

1. 산해지모山海之謀 자원을 손에 넣어라

제환공이 관중에게 물었다.

"나는 백성에게 가옥세를 물릴 생각이오. 어떻소?"

관중이 대답했다.

"이는 백성들로 하여금 멀쩡한 집을 마구 허물도록 부추기는 것입니다."

제환공이 말했다.

"나는 백성에게 수목세를 물릴 생각이오."

"이는 백성들로 하여금 생나무를 마구 베도록 부추기는 것입니다."

제환공이 말했다.

"나는 백성에게 가축세를 물릴 생각이오."

"이는 백성들로 하여금 살아 있는 가축을 마구 죽이도록 부추기는 것입니다."

제환공이 다시 물었다.

"나는 백성에게 인두세를 물릴 생각이오. 어떻소?"

"이는 백성의 정욕을 억눌러 민호民戶를 줄어들게 만드는 것입니다."

제환공이 정색을 하고 물었다.

"그렇다면 나는 나라를 어찌 다스려야만 하오?"

관중이 대답했다.

"오직 산해山海의 자원을 손에 넣고 관리하면 됩니다."

'산해'지모'에서는 산과 바다의 자원을 장악해 재정을 튼튼히 하는 기본원칙을 언급하고 있다. 구체적인 방안은 뒤에 나오는 '해왕지모'와 '산왕지모'에 나온다. '산해지모'는 훗날 전한의 한선제漢宣帝 때 염철론鹽鐵論으로 불리는 세기사적인 재정정책으로 구체화됐다. 소금과 철을 국가가 전매하는 게 골자이다.

'염철론'이 제기된 발단은 재위기간 내내 외정에 몰두한 한무제漢武帝의 방만한 재정운영에 있었다. 한무제는 기원전 141년에 즉위해 기원전 87년에 죽을 때까지 모두 54년 동안 재위했다. 한무제의 조부와 부친은 이른바 문경지치文景之治의 성세를 구가한 한문제漢文帝와 한경제漢景帝였다. 사가들은 '문경지치'를 전설시대의 요순지치堯舜之治 내지 당태종의 정관지치貞觀之治에 버금할 정도로 높이 평가했다. 그러나 그 내막을 보면 당시의 불가피한 정세를 미화한 수식어에 지나지 않았다. 사상 최초의 제국인 진나라가 패망한 후 기원전 202년 재차 천하를 통일한 한나라는 진나라와 달리 천하를 일원적으로 지배할 능력이 없었다. 황제는 관중關中과 그 주변의 십여 개 군만을 보유했을 뿐이다. 산해관 이동의 산동山東 지역은 8~9명의 제후왕에 의해 다스려졌다. 이들의 영지는 이름만 제후국일 뿐 실제로는 독자적인 조정과 군대, 재정 수입을 보유한 독립국이나 다름없었다.

한문제와 한경제가 재위할 당시 국가 권력은 개국공신들에 의해 점거되어 있었고, 제국의 뿌리에 해당하는 농민들은 대토지를 보유한 호족들의 지배하에 있었다. 말만 황제일 뿐 제국의 인민을 실질적으로 장악하지 못했다. 이 틈을 타 각 지역의 호족들은 농민들을 이용해 대토지를 경영하면서 소금과 철 및 술의 제조와 판매를 통해 막대한 부를 쌓았다. 심지어는 구리 광산을 개발해 동전을 제조하기도 했다. 한문제와 한경제는 이른바 황로술黃老術로 불린 도가의 무위지치無爲之治로 대응했다. 조세를 대폭 삭감하고 제도의 변경을 기피하며 호족의 폭리행위를 방임한 셈이다.

물론 이때 '무위지치'만 행해진 것은 아니다. 점진적이고 제한적인 방법이기는 하나 제국의 위세를 높이려는 시도가 지속됐다. 한문제 때 제후왕의 세력을 삭감하기 위해 실시된 중건제후衆建諸侯의 계책이 대표적이다. 이로 인해 한경제 때는 '오초칠국吳楚七國의 난亂'이 빚어지기도 했다. 난을 조기에 진압한 덕분에 한무제가 즉위할 당시에는 제후에게 조세를 거둬 의식衣食만 해결하고 정사에 간여하지 못하도록 한 좌관률左官律과 부익법附益法 등이 마련됐다.

한무제는 '문경지치'를 통해 비축된 국력을 바탕으로 제후국을 무력화하는데 성공했다. 진나라 때와 유사한 군현제郡縣制를 실시하고, 현량과 문학 효렴孝廉과 무재茂才 등 각종 관원선발 제도를 정비해 관료제를 확립할 수 있었던 배경이다. 혹리酷吏를 동원해 호족집단을 제압하고, 민간의 동전 제조를 금지하고, 시장을 장악한 유협游俠의 활동을 엄금하고, 성인 남자에게 인두세를 징수하면서 요역과 병역을 지게 한 게 그렇다. 소금과 철과 술의 생산과 판매권을 국가에 귀속시킨 것은 바로 이런 배경에서 빚어진 것이었다.

한무제는 오수전五銖錢의 주조를 통해 재정의 기반을 튼튼히 하고, 소금과 철의 전매를 통해 부상대고의 폭리를 원천적으로 봉쇄했다. 대표적인 게 고민령告緡令이다. 토지겸병을 일삼는 호족들을 고발토록 한 조치였다. 이밖에도 각지에 균수관均輸官과 평준관平準官을 배치해 물자의 유통을 직접 관리했다. 표면상의 이유는 인민을 억압하는 호족 세력의 제거였으나 실은 지속된 외정을 뒷받침하기 위한 재정 수입의 확충이 근본목적이었다. 덕분에 비록 재정은 크게 피폐해졌지만 제국을 위협한 흉노 등의 침공을 효과적으로 차단할 수 있었다. 동쪽의 고대국가 고조선이 패망한 것도 이때였다.

그러나 흉노의 무력은 막강했다. 대규모 외정에도 불구하고 이들의 위협을 근원적으로 해결할 길은 없었다. 이로 인한 손실이 막대했다. 이내 재정이 바닥 나 병사들에게 봉록을 제대로 주기도 어렵게 됐다. 한무제는 궁여지책으로 황실의 재정수입을 국가재정으로 돌렸으나 이것만으로는 부족한 재정을 메우는데 한계가 있었다. 한무제가 부호들에게 재산세를 부과하는 동시에 막대한 규모의 화폐를 주조하는 편법으로 전비를 충당했다.

당시 오랜 전란으로 인해 농토가 크게 황폐화하고, 화폐의 남발로 물가가 천정부지로 치솟아 곳곳에서 폭동이 빈발했다. 한무제는 뒤늦게 사태의 심각성을 깨닫고 말년에 이르러 기원전 89년에 윤대輪臺에서 스스로의 잘못을 시인하는 이른바 '윤대죄기조輪臺罪己詔'를 발표했다. 40여 년 지속된 대흉노 전쟁의 포기가 골자였다. '윤대죄기조'는 한무제가 총애하던 이사장군貳師將軍 이광리李廣利가 전군을 들어 흉노에 투항한 충격적 사건이 발생한 이후에 나왔다. 당시 수속도위搜粟都尉 상홍양桑弘羊이 서역의 윤대에 둔전을 열어 흉노와의 장기전에 대비하자고 주장한 데 대한 답으로 내려진 것이다. 한무제는 지난 일을 후회하며 이후 다시는 군대를 내보내지 않았다. 이어 승상 차천추車千秋를 부민후富民侯로 봉하면서 휴식을 통해 백성을 부유하게 만들 뜻을 밝혔다. 결국 그는 천하를 일원적으로 다스리고자 했던 평생의 목표를 포기한 채 생을 마감했다.

그의 사후 소금과 철 및 술의 전매정책에 대한 격론이 빚어진 근본배경이 여기에 있다. 염철 전매를 통해 거둔 수익을 쏟아 부어 전쟁을 치렀음에도 만족할 만한 성과를 거두지 못한 게 발단이었다. 한무제 사후 그의 뒤를 이어 즉위한 한소제 때 열린 '염철회의'는 바로 '윤대죄기조'의 정신을 계승해 한무제 시대를 마감하고 새로운 시대의 문을 열고자 하는 노력의 일환이었다.

'염철회의'는 한소제가 즉위한 지 6년째 되는 기원전 81년에 열렸다. 이는 군국郡國의 태수와 제후왕이 천거한 현량賢良과 문학文學 60여 명이 궁정에 모여 어사대부 상홍양 등 정부 당국자와 만나 염철 전매의 폐지를 건의코자 한데서 시작됐다. 이 자리에서 국정 현안에 대한 심도 있는 토론이 전개됐다. 현량과 문학들은 소금과 철 및 술 등의 전매를 관리하는 관청과 균수均輸를 담당하는 관청의 철폐를 역설했다. 국가가 백성과 이익을 다퉈서는 안 되고, 근검절약의 모범을 보인 뒤에야 백성의 교화도 가능할 수 있다는 게 논거였다. 이에 대해 상홍양은 전매와 균수 모두 주변의 이적夷狄을 제압해 변방을 안정시키는 데 필요한 재정의 바탕이 되는 까닭에 철폐할 수 없다고 주장했다. 그 결과 소금과 철 및 술의 전매정책의 계속 시행 여부를 논의하던 회의는 외교와 국방 등 광범한 문제의 토론으로 확대되었다.

『한서』「두주전杜周傳」에 따르면 염철회의를 소집한 실질적인 당사자는 대장군 곽광霍光이었다. 이를 발의한 인물은 곽광의 막료 두연년杜延年이다. 한문제 때의 정책으로 돌아가려는 속셈이었다. 염철회의가 끝난 후 곽광의 정적인 상관걸上官傑과 상홍양 일파가 숙청된 점을 보면 이 회의는 권력투쟁의 성격을 띠고 있었다. 결국 소금과 철의 전매는 계속 유지됐으나 술의 전매는 폐지됐다.

염철회의에서 현량과 문학은 민民을 전면에 내세웠으나 사실은 호족을 대변한 것이었다. 이는 전한 말기까지 지속됐다. 전한 말기 한애제漢哀帝 때 대토지 소유를 제한하는 법안을 만들려 시도하고, 왕망王莽이 신新나라를 세운 후 대토지 소유를 금지하는 이른바 '왕전王田'을 실시키도 했으나 결국 호족들의 반발로 실패하고 말았다.

사상사적으로 볼 때 염철회의는 유가와 법가의 치국평천하 이론이 정면으로 충돌한 사건에 해당한다. 결국 어느 한 쪽의 일방적 승리가 아닌 공존으로 귀결됐다. 한소제의 뒤를 이어 즉위한 한선제 때 이를 뒷받침하는 일화가 나온다. 『한서』「원제기元帝紀」에 따르면 한선제 때 태자는 인자하고 유학을 좋아했다. 이후 한원제한元帝로 즉위하는 그는 부황인 한선제가 법가를 추종하는 관원을 대거 기용하는 것을 보고 이같이 건의했다.

"폐하는 지나치게 형법에 의존하고 있으니 마땅히 유생들을 기용해야 할 것입니다."

한선제가 크게 노해 이같이 힐난했다.

"우리나라가 제도를 가진 이래로 본래 패도와 왕도를 잡용雜用해 왔다. 어찌 오로지 덕교德教에만 의지하여 주나라시대의 정치만을 쫓으려 하는 것인가?"

한선제는 겉으로 왕도를 추종하는 유가를 내세울지라도 속으로는 패도를 추종하는 법가의 통치술을 구사해야 한다는 사실을 통찰하고 있었다. 이른바 외유내법外儒內法이다. 한원제를 비롯한 극소수의 황제를 제외하고는 역대 왕조의 황제 모두 '외유내법'에 입각해 천하를 다스렸다. 이는 현실과 동떨어진 한원제의 비현실적인 행보로 인해 외척세력인 왕망의 신나라가 들어섰다는 사실을 통찰한 결과이기도 했다.

『염철론』은 한선제 때 환관桓寬이 한소제 때의 염철회의를 정리한 책의 명칭이기도 하다. 『한서』「공손하전公孫賀傳」에 따르면 환관은 여강군廬江郡의 태수승太守丞을 지낸 인물로 박식하고 글을 잘 지었다고 한다. 그가 염철회의 회의록을 어떻게 손에 넣었는지는 알 길이 없으나 염철회의 내용을 토대로 대작을 쓴 것만은 분명하다.

크게 보면 염철회의 논쟁은 그 뿌리가 「구부」의 '해왕'에 닿아 있다. 21세기 현재 세계 각국이 정도의 차이만 있을 뿐 염철론에 입각한 전매정책을 실시하고 있다. 이런 점 등에 비춰 관자가 최초로 제기한 염철론의 의미는 자못 심대하다고 평할 수 있다. 그 단초가 바로 '해왕'의 첫머리에 나오는 '산해지모'에 있었던 셈이다.

2. 해왕지모海王之謀 소금을 전매하라

제환공이 관중에게 물었다.

"산해山海의 자원을 장악해 잘 관리하면 된다.'는 말을 무슨 뜻이오?"

관중이 대답했다.

"바다의 자원을 통해 왕업을 이루고자 하는 해왕지국海王之國은 소금
에 세금을 매겨 전매專賣하는 이른바 정염책正鹽策을 펴야 합니다."

"'정염책'은 구체적으로 무엇을 말하는 것이오?"

관중이 대답했다.

"10명이 사는 집은 10명분의 소금을 먹고, 100명이 사는 집은 100 명
분의 소금을 먹습니다. 1달 단위로 계산하면 성인 남자는 5승升 남짓,
성인 여자는 3승 남짓, 어린아이는 2승 남짓의 소금을 먹습니다. 이는
개략적인 수치입니다. 100승은 1부釜가 됩니다. 만일 소금 1승 당 반전半
錢의 세금을 부과하면 1부에 50전, 1전을 부과하면 1부에 100전이 됩니
다. 또 1승 당 2전을 부과하면 1부에 2백전, 1종鍾은 10부에 해당하니 1
종鍾에 2천전, 10종에 2만전, 100종에 2십만 전, 1천종에 2백만 전이 됩
니다. 1만 승乘의 병거를 보유한 만승지국萬乘之國의 대국은 인구가 대략
1천만 명에 달합니다. 개략적으로 계산할 경우 날마다 소금을 먹는 백
성들로부터 대략 2백만 전의 세금을 거둘 수 있습니다. 10일이면 2천만
전, 1달이면 6천만 전에 달합니다. 대국의 납세 인구는 대략 100만 명가
량 됩니다. 이들에게 1달 동안 30전의 인두세를 부과해 징수하면 3천만
전이 됩니다. 지금 성인 남녀와 어린아이에게 인두세를 부과하지 않고
도 능히 2개의 대국에서 거둬들이는 인두세인 6천만 전의 세금을 거둘
수 있습니다. 군주가 인두세의 징수 명령을 내려 이르기를, '장차 성인
남녀와 어린아이를 막론하고 인두세를 거두겠다.'고 하면 반드시 커다란
소동이 일어날 것입니다. 그러나 염세鹽稅의 계책을 쓰면 배나 되는 이익
이 군주에게 자연스레 귀속되고, 백성 또한 징수대상에서 빠져나갈 수
없게 됩니다. 이것이 자연스레 세수를 거둬 재정을 확충하는 계책입니

다."

'**해왕**' 지모'는 소금을 전매해야 하는 이유를 설명하고 있다. 바다의 자원을 통해 왕업을 이루는 '해왕지국海王之國'의 건설이 목적이다. 이는 백성에게 직접적인 세금을 거두지 않고도 재정을 충실히 하는 방안이기도 하다. '해왕지모'는 이를 정염책正鹽策으로 표현했다. 『손자병법』을 비롯한 역대 병서에서 역설한 정병책正兵策과 닮았다.

그렇다면 기병책奇兵策에 준하는 기염책奇鹽策은 없는 것일까? 비록 조정에서 사용치는 않았으나 일반 염상鹽商들이 '기염책'을 구사했다. 소금의 암매暗賣가 그것이다. 이들은 관원과 결탁한 뒤 소금의 암매를 통해 막대한 부를 쌓았다. 왕조교체기 때 '기염책'으로 거만의 재산을 쌓은 염상들이 반란의 선봉에 선 것도 이런 맥락에서 이해할 수 있다. 막대한 자금과 인력을 일거에 동원할 수 있었기 때문이다. 대표적인 인물로 당나라를 멸망의 수렁으로 밀어 넣은 황소黃巢와 원나라 말기 주원장과 자웅을 겨룬 장사성張士誠을 들 수 있다.

3. 산왕지모山王之謀 철을 전매하라

관중이 제환공에게 말했다.

"지금 산의 자원을 통해 왕업을 이루고자 하는 산왕지국山王之國의 철 전매 계책도 해왕지국의 소금 전매 계책과 같습니다. 성인 여자는 1명당 실을 잇는 바늘과 실을 끊을 때 사용하는 전도剪刀를 각각 1개씩 갖춘 연후에 비로소 포백布帛 등의 직조織造 작업을 제대로 할 수 있습니다. 농사를 짓는 성인 남자는 1명 당 반드시 쟁기와 보습, 호미를 각각 1개씩 갖춰야 파종과 김매기 등의 농경農耕 작업을 제대로 할 수 있습니다. 인력거와 크고 작은 마차를 만드는 공인은 반드시 도끼와 톱, 망치, 끌을 각각 1개씩 갖춰야 수레 상자와 바퀴를 만드는 등의 조거造車 작업을 제대로 할 수 있습니다. 도구를 갖추지 않고도 작업할 수 있는 자는 이 세상에 아무도 없습니다. 만일 바늘 1개에 1전의 세금을 매기면 바늘 30개는 성인 1인의 인두세에 해당합니다. 도전 1개에 6전의 세금을 매기면 도전 5개는 성인 1인의 인두세에 해당합니다. 또 쟁기에 10전의 세금을 매기면 쟁기 3개는 성인 1인의 인두세에 해당합니다. 나머지 물건에 대한 과세도 이를 기준으로 하면 됩니다. 철로 만든 제품을 손에 들고 작업하는 농부와 공인 모두 이 세금을 부담하지 않을 수 없습니다."

제환공이 물었다.

"그렇다면 국내에 산과 바다의 자원이 없으면 산왕과 해왕의 왕업을 이룰 수 없는 것이오?"

관중이 대답했다.

"다른 나라의 산과 바다를 이용하면 됩니다. 제염을 예로 들면 먼저 바다 가까이에 있는 나라로 하여금 그 소금을 우리에게 팔도록 합니다. 살 때는 1부釜 당 50전을 주고, 팔 때는 100전에 내다 팔면 됩니다. 염철鹽鐵의 전매 계책은 직접 생산하지 않고도 남이 만든 제품으로도 가능한 까닭에 무역을 통해 싸게 산 뒤 비싸게 파는 식으로 차익을 얻으면 됩니다. 이를 두고 남이 만든 제품을 이용해 차익을 얻는 계책인 용인지수用人之數라고 합니다."

'산왕 지모' 역시 '해왕지모'와 마찬가지로 산의 자원을 통해 왕업을 이루는 산왕지국山王之國의 건설이 근본목적이다. 일종의 정철책正鐵策에 해당한다. 무기의 생산과 직결된 야금冶金을 국가에서 관리한 것은 매우 오래된 전통이었다. 관청의 명칭이자 관직의 명칭이기도 한 철관鐵官의 설치가 그 증거다. 제나라의 수도가 있던 산동성 임치臨淄 일대에서 출토된 '제철관승齊鐵官丞'의 인장이 이를 뒷받침한다. 진시황은 천하를 통일한 후 소부少府 내에 '철관'을 설치했다. 전한이 들어서면서 야철 수공업이 비약적으로 발전했다. 이를 체계적으로 관리하기 위해 도성과 주변 지역을 관할하는 경조윤京兆尹과 좌풍익左馮翊 및 우부풍右扶風 밑에 철관장鐵官長과 철관승鐵官丞 등의 속관을 두었다. 지방 군현郡縣과 후국侯國에도 총 50개에 달하는 '철관'을 설치했다.

『한서』「식화지」와 『사기』「평준서」의 관련 기록에 따르면 철광이 있는 곳에는 대철관大鐵官을 설치하고 야금과 제련, 주조, 교역 등을 총괄케 했다. 철광이 없는 곳에는 소철관小鐵官을 설치하고 철기鐵器와 주조, 교역을 담당케 했다. '철관'의 임명은 대사농大司農과 군수郡守의 소관 사항이었다. 한무제 원수 4년(기원전 119) 제나라의 염상 출신 동곽함양東郭咸陽을 대농승大農丞에 임명해 염철 사무를 전담케 했다. 염철의 전매를 결정한 원정 2년(기원전 115)에는 염철로 거만의 재산을 모은 남양출신 상인 공근孔僅을 대농령大農令에 임명해 염철의 전매 업무를 총괄토록 했다. 『관자』「구부」편의 '해왕'에 나온 염철의 전매가 사상 처음으로 법제화된 셈이다.

관중이 언급했듯이 21세기 G2시대에 다른 나라의 산과 바다를 이용해 국부를 쌓은 대표적인 국가로 일본을 들 수 있다. 일본은 한국과 마찬가지로 부존자원이 그리 많지 않다. 인력人力에 의존할 수밖에 없는 구조다. 일본의 수뇌부는 이를 통찰하고 있다. 전자제품 등을 만들 때 없어서는 안 될 희토류를 대량 구매해 비축하고 있는 게 그 증거다. 희토류의 83%를 중국으로부터 수입해 비축해 놓고 있다.

지난 2010년 중국은 동중국해에서 일본 명칭 센카쿠열도인 조어도釣魚島를 놓고 일본과 영유권 분쟁을 벌일 때 문득 일본으로 수출하던 희토류를 끊어버렸다. 당시 전 세계 IT시장에서는 스마트폰 수요가 폭발적으로 증가하면서 희토류 사용이 급증하고 있었다. 일본이 억류한 중국선장과 선박을 곧바로 송환했다. 희토류가 그만큼 중요했기 때문이다.

이에 놀란 미국과 유럽연합 및 일본은 곧바로 연합해 중국의 희토류 금수조치를 세계무역기구인 WTO에 제소했다. 지난 2014년 8월 WTO 상급위원회는 중국의 희토류 금수조치를 WTO 협정 위반으로 최종 판정했다. 미국과 일본 등의 제소를 그대로 받아들인 것이다. WTO는 "중국 정부는 텅스텐과 몰리브덴 등 희토류에 적용하는 수출 할당량이 정당한 조치임을 입증하지 못했다."며 WTO 규정 준수를 촉구했다. 이는 말 그대로 '희귀한 흙 종류'의 뜻인 희토류가 지니고 있는 희소가치가 그만큼 크다는 것을 반증한다. WTO판정은 일본이 미국 및 유럽연합과 손을 잡고 승리를 이끌어낸 사례에 속한다. 다른 나라의 산과 바다를 이용해 국부를 쌓아온 일본의 속성을 여실히 보여주는 사례에 속한다.

제3의

국축國蓄 11모 − 비축 물량을 확보하라

1. 전폐지모錢幣之謀 화폐를 통제하라

관자가 말했다.

"부자의 잉여 재화를 빼앗아 빈자를 구휼救恤할 수 있는 군주는 능히 천하를 다스릴 수 있다. 나라에 10년 치 곡물을 비축하면 백성은 먹을 곡물이 부족할 때 각자 자신의 기술과 재능을 최대한 발휘해 군주의 녹봉을 얻고자 할 것이다. 군주가 염철의 전매를 통해 전폐錢幣를 쌓아 두면 백성은 재용財用이 부족할 때 각자 자신의 사업을 통해 얻은 수익을 군주의 전폐와 바꾸고자 할 것이다. 군주가 백성의 식량을 제어하고, 백성의 재화를 장악하고, 국고에 비축한 재화로 민수民需의 부족분을 보충하면 군주에게 기대지 않는 백성이 없게 된다. 오곡 등의 곡물은 백성의 목숨을 좌우하는 것이고, 황금과 화폐는 백성의 유통수단인 통화通貨에 해당한다. 치국에 능한 군주는 유통수단인 통화를 장악해 백성의 목숨을 좌우한다. 민력을 최대한 활용하는 방안이 여기에 있다."

'**전폐**지모'는 화폐에 관한 기본정책을 논하고 있다. 이는 국축國 蓄의 일환으로 나온 것이다. 원래 '국축'은 국가의 재화 및 화폐 비축 계책을 말한다. 역사적 연원이 매우 깊다. 『예기』「왕제」에 나오는 '명산대택名山大澤은 제후들의 봉지에 포함시키지 않는다. 국가 소유로 한다.'는 구절이 이를 뒷받침한다. 국가 차원에서 재화를 비축코자 한 것이다. 전한 때 반고가 편제한 『백호통白虎通』에도 유사한 구절이 나온다.

"백성들과 자원을 공유토록 해야 한다. 한 제후가 이를 독점케 해서는 안 된다. 그래야 산의 나무가 무성해지고, 샘이 마르지 않는 이로움이 천리에 이르도록 널리 통하게 된다. 자원이 균등하게 풍족해지고, 없는 곳이 없게 되는 이유다."

'국축'은 「구부」편의 핵심에 해당한다. 자원의 비축備蓄과 이익의 균점 均霑 이치를 역설하고 있기 때문이다. 정치와 경제를 하나로 녹인 진정한 의미의 정치경제학 이론은 여기서 출발한다고 해도 과언이 아니다. 정치와 경제를 분리시킨 가운데 인간 개개인의 사적인 이익에 방점을 찍고 있는 서구의 경제학 이론과 극명하게 대비되는 대목이다. 『관자』가 국가의 시장 개입을 당연시하면서 '경세제민'과 '부국강병'을 역설한 근본이유가 여기에 있다.

'전폐지모'는 거부의 잉여 재화를 거둬 빈자를 구휼救恤할 것을 주문하고 있다. 이익의 균점 차원에서 나온 제안이다. 염철의 전매를 통해 전폐를 비축해 둘 것을 제안한 것도 같은 맥락이다. 재용財用이 부족해지는 틈을 타 부상대고가 폭리를 취하는 것을 미연에 방지코자 한 것이다. 오곡 등의 곡물과 황금과 동전 등의 통화를 장악할 것을 주문한 것도 마찬가지이다. 부상대고의 폭리를 막고 민생의 안정을 기하고자 한 것이다. 정치와 경제를 하나로 녹인 정치경제학의 진면목이 여기서 드러난다.

2. 사리지모死利之謀 이익에 목을 매는 본성을 활용하라

무릇 백성은 가까운 사람을 신임하는 신친信親과 이익을 위해 목숨을 내던지는 사리死利를 행한다. 천하가 모두 그러하다. 또한 백성은 군주가 이익을 주면 기뻐하고, 빼앗으면 화를 낸다. 인정人情이 모두 그러하다. 선왕은 이를 통찰한 까닭에 늘 베푸는 모습을 보여주고, 빼앗는 모습을 조금도 드러내지 않았다. 백성이 군주를 받들며 군주와 화합할 수 있었던 이유다. 규정에 없는 잡세의 징수는 군주가 백성의 재리財利를 강제로 거두는 것이고, 정상적인 징수는 군주가 미리 계획을 세워 거두는 것이다. 패왕의 대업을 이루는 군주는 강제로 징수하는 방식을 폐하고, 미리 계획을 세워 징수하는 방식을 택한다. 천하가 기꺼이 복종하는 이유다.

'사리지모'는 이익을 향해 무한 질주하면서 손해 보는 것을 극도로 꺼리는 인간의 호리오해好利惡害 성향을 '경세제민'과 '부국강병'에 적극 활용할 것을 주문하고 있다. '백성은 가까운 사람을 신임하는 신친信親과 이익을 위해 목숨을 내던지는 사리死利를 행한다. 천하가 모두 그러하다.'고 언급한 게 그렇다. '백성은 군주가 이익을 주면 기뻐하고, 빼앗으면 화를 낸다. 인정人情이 모두 그러하다.'고 언급한 것도 같은 맥락이다. 이런 '호리오해' 성향은 난세에 더욱 선명하게 나타난다. 민생을 안정시켜야 한다고 주문한 것이나 다름없다. 이를 무시한 채 엉뚱하게도 맹자처럼 인의仁義로 상징되는 윤리도덕을 역설할 경우 반드시 실패하고 만다. 타산지적으로 삼을 만한 실례가 있다. 장개석의 패퇴가 그렇다.

장개석은 1936년 12월에 터져 나온 서안사건西安事件 이후 1937년 여름 중일전쟁이 터질 때까지 사소한 개인적 사업에 몰두하는 우를 범했다. 전통 의상인 장삼을 걸치고 한가하게 태평천국의 난을 제압한 증국번의 위대함을 설파하고 다닌 게 그렇다. 이는 애국심을 북돋워 근본부터 다진다는 생각에서 나온 것이었다. 그는 끊임없이 순시를 다니며 정열적으로 강연에 몰두했다. 1944년에는 한 해 동안에 무려 41번에 걸쳐 민중연설을 했다. 고향에서 휴가를 보낼 때조차 그는 시간을 쪼개 고향인 봉화현과 인근에 위치한 학교 교직원 및 학생들을 상대로 강연을 했다. 이들 강연에서 그는 맹자가 내세운 '인의'를 역설했으나 별다른 효과는 없었다. 게다가 그는 자신이 고안한 이른바 '신생활운동'에 커다란 열정을 보였다. 그러나 이 운동이 성과를 거두기 위해서는 초보적인 민생문제 해결이 우선돼야 했다. '신생활운동'이 하나의 구호에 그친 이유다. 일본이 물러난 뒤 4년 동안 진행된 국공내전의 와중에 병력과 자금, 무기 등 모든 면에서 유세했음에도 결국 패해 대만으로 쫓겨난 것은 바로이 때문이다. 전국시대 말기 천하를 주유하며 '인의'를 역설하고 다닌 맹자가 실패한 것과 닮았다.

난세의 이치를 몰랐다고 평할 수밖에 없다. 난세에 윤리도덕을 전면에 내세우는 것은 목마른 자에게 물을 주지 않고 빵을 주는 것이나 다름없다. 난세에는 인간의 '호리오해' 성향을 토대로 정책을 펼쳐야 소기의 성과를 거둘 수 있다. '사리지모'에서 구체적인 방안으로 미리 계획을 세워 염철세鹽鐵稅처럼 간접적으로 세금을 거두는 방식을 제안한 것도 이런 맥락에서 이해할 수 있다.

3. 무적지모無敵之謀 명령이 한 곳에서 나오게 하라

재리財利가 전적으로 군주 1곳에서 나오면 천하무적天下無敵이 되고, 2곳에서 나오면 무력이 절반가량이 무력화되고, 3곳에서 나오면 병력을 동원해 작전을 펴는 일이 불가능해지고, 4곳에서 나오면 반드시 나라가 패망하고 만다. 선왕은 이를 통찰한 까닭에 부상대고가 폭리를 취하는 것을 강력 금지하고, 이익을 얻는 방도까지 제한했다. 이익을 주거나, 이익을 빼앗거나, 가난하게 만들거나, 부유하게 만들거나 하는 것이 모두 군주의 결정에 달려 있었다. 백성이 군주를 받드는 것이 마치 일월을 우러러 보는 듯하고, 군주를 친근히 여기는 것이 마치 부모를 대하는 듯했던 이유다.

'무적지모'는 천하무적의 부국강병을 이루는 비책을 제시하고 있다. 모든 재리財利가 군주 1곳에서 나오는 게 관건이다. '이익을 주거나, 이익을 빼앗거나, 가난하게 만들거나, 부유하게 만들거나 하는 것이 모두 군주의 결정에 달려 있었다.'고 언급한 이유다. 이는 『한비자』「팔설」의 다음 대목과 취지를 같이하는 것이다.

"호랑이처럼 사나운 짐승일지라도 발톱과 어금니를 잃으면 그 위력은 작은 생쥐와 같게 된다. 군주가 좋아하는 자를 이롭게 하지 못하고, 싫어하는 자를 해롭게 하지 못하면 아무리 백성들로부터 '두려움과 존경의 대상'이 되고자 할지라도 이는 불가능한 일이다."

한비자가 군주에게 반드시 호랑이의 조아爪牙를 지니고 있어야 한다고 역설한 이유다. 모든 재리가 군주 1곳에서 나와야 한다고 언급한 관자의 주장과 같은 취지이다. 관자의 이런 주장은 적과 싸울 때 명령이 한 곳에서 나와야 승리를 거둘 수 있는 것과 똑같은 논리 위에 서 있다. 이는 기본적으로 부상대고가 난세의 어지러운 틈을 이용해 폭리를 취하는 것을 봉쇄코자 하는 취지에서 나온 것이다.『관자』를 관통하는 키워드 '경세제민'는 바로 여기서 출발하고 있다.『한비자』「외저설 우하」에서 '명군은 관원을 다스릴 뿐 백성을 다스리지 않는다.'며 이른바 치리불치민治吏不治民을 강조한 것과 닮았다. 붕당세력이 무리를 이뤄 사리사욕을 꾀하면서 백성들을 착취하는 것을 봉쇄하는 게 관건이다. 한비자와 관자 모두 이를 국가 흥망의 요체로 꼽았다.

주목할 것은 G1 미국이 이와 반대되는 방향으로 나아가는 바람에 쇠락의 길을 걷고 있는 점이다. 주지하다시피 미국의 경제는 크게 볼 때 이익만 추구하는 월스트리트 금융자본에 휘둘리고 있다. 지난 2008년의 월스트리트 발 금융위기가 그 증거다. 이와 대비되는 것이 관독상판官督商辦 전통에 입각한 중국의 경제정책이다. 중국에서는 국가가 적극 개입해 시장 질서를 어지럽히며 폭리를 꾀하는 자들을 솎아내는 것을 당연시한 까닭에 국가정책을 좌지우지하는 이익집단이 등장할 길이 없다. 경제가 왕조 말기에 어지러운 모습을 보인 것은 관상유착官商癒着에 따른 가렴주구와 비리부패로 인한 것일 뿐이다. 결코 미국처럼 소수의 이익집단이 제도적으로 폭리를 취하는 것을 용인한데 따른 게 아니다.

4. 균부지모均富之謀 고루 잘 살게 만들라

무릇 나라를 다스리면서 물가조절의 경중輕重 계책에 밝지 않으면 여러 조치를 취할지라도 결코 백성을 제대로 통제할 길이 없다. 백성의 이익을 잘 조절하지 못하면 대치大治를 강구했다고 말할 수 없다. 만승지국萬乘之國의 대국은 1만금의 재물을 축적하고, 천승지국千乘之國의 중국은 1천금의 재물을 축적한다. 이는 무슨 까닭인가? 나라가 재리를 크게 잃으면 신하가 충성을 모두 바치려 하지 않고, 병사들이 목숨을 바쳐 싸우려 하지 않기 때문이다. 풍흉이 번갈아 들기에 곡물가격은 귀천貴賤이 있게 마련이고, 정령 또한 시기와 상황에 따라 완급緩急이 있게 마련이다. 물가가 오르내리는 이유다. 군주가 물가를 제대로 통제하지 못하면 부상대고가 폭리를 노려 시장을 좌우한다. 백성이 재용財用 부족으로 곤경에 처하면 100배의 폭리를 취하기도 한다. 경지를 똑같이 나눠줄지라도 강자强者는 이를 오랫동안 보유하고, 재화를 똑같이 나눠줄지라도 지자智者는 더 많은 이익을 얻는다. 예컨대 지자가 남보다 10배의 이익을 얻을 때 우자愚者는 본전도 지키지 못하는 일을 벌인다. 군주가 이를 잘 조절하지 못할 경우 그 차이는 100배로 벌어진다. 무릇 백성이 지나치게 부유하면 군주는 백성을 녹봉으로 부릴 수 없고, 백성이 지나치게 가난하면 형벌로 위엄을 세울 수 없다. 법령이 행해지지 않고, 백성이 다스려지지 않는 것은 모두 빈부의 차이가 심해 균부均富를 이루지 못한데 따른 것이다.

'균부지모'는 백성의 이익을 잘 조절해 대치大治를 이루는 계책을 언급한 것이다. 비상시를 능히 넘길 수 있을 정도로 재화를 비축하는 게 관건이다. 이를 제대로 이행하지 않으면 적이 쳐들어왔을 때 병사들이 목숨을 바쳐 싸우려 들지 않는다. 아무런 보상도 받지 못할 것을 알고 있기 때문이다. 이는 결국 국가의 패망을 의미한다. 이런 주장이 나오게 된 것은 나라의 존망을 가르는 전쟁이 빚어졌을 때도 인간의 '호리오해' 성향은 전혀 달라지지 않는다는 사실을 통찰한 덕분이다. 나라를 위해 목숨을 바친 전몰장병들의 유족에게 충분히 보상할 수 있을 정도의 재화를 평소 넉넉히 비축해 두라고 주문한 셈이다.

주목할 것은 군주가 물가를 제대로 통제하지 못하면 부상대고가 시장을 좌우하며 폭리를 취하게 된다. 이 경우 서민들의 불만이 이내 폭발하고 만다. '법령이 행해지지 않고, 백성이 다스려지지 않는 것은 모두 빈부의 차이가 심해 균부均富를 이루지 못한데 따른 것이다.'라고 지적한 것은 천고의 명언이다. 고금동서를 막론하고 빈부의 차가 극심하게 벌어지면 그 나라는 이내 패망하고 만다. 단 한 번의 예외도 없다. 『관자』가 지속적으로 '균부'를 역설한 것도 이 때문이다. 관자의 '균부' 정신을 가장 잘 이어 받은 대표적인 인물로 공자를 들 수 있다. 『논어』「계씨」에서 "적은 것이 걱정이 아니라 고르지 못한 것이 걱정이다!"라고 언급한 게 그 증거다.

큰 틀에서 볼 때 전국시대 중엽 서쪽 변방의 진나라를 최강의 나라로 만든 상앙도 관자의 '균부' 이념에 공명했다. 그는 이를 균민均民으로 표현했다. 『상군서』「거강」의 해당 대목이다.

"나라가 부유한데도 국고를 계속 채우면서 부유한 백성의 부를 덜어내는 이른바 빈치貧治의 방법으로 다스리면 이는 기존의 부에 새로운 부를 보태는 중부重富를 실현하는 것이다. '중부'를 실현하는 나라는 강해진다. 그러나 나라가 가난한데도 국고를 비우면서 부유한 백성을 더욱 부유하게 만드는 부치富治의 방법으로 나라를 다스리면 이는 빈궁에 빈궁을 보태는 중빈重貧을 자초하는 것이다. '중빈'을 자초하는 나라는 쇠약해진다."

'균민'의 관건은 부유한 자의 부를 덜어내는데 있다. 『상군서』「거강」은 이를 '빈치'로 표현했다. 이를 두고 많은 주석가들이 '부자를 가난하게 만든다.'는 식으로 해석했다. 이는 상앙의 '균민' 사상을 크게 왜곡한 것이다. 상앙이 「거강」에서 말한 '빈치'는 부민富民의 재물을 덜어내 '균민'을 만드는 식으로 부국富國을 실현함으로써 강병强兵을 달성하자는 게 기본취지이다. 상가의 효시인 관중이 부민을 토대로 부국을 만들어 강병을 실현코자 한 것과 대비된다. 부국강병의 기본취지는 동일한데도 대전제에 해당하는 부민에 대한 해석 및 접근방식이 다르다. 상가와 법가가 갈리는 대목이다.

상가가 '중상'에 방점을 찍은데 반해 법가가 유가와 마찬가지로 '중농'에 방점을 찍은 것도 바로 이 때문이다. 바로 '부민'에 대한 견해 차이로 인한 것이다. 시장의 '보이지 않는 손'에 대한 해석 차이와 맥을 같이한다. 상앙이 「거강」에서 부유한 농민이 나라에 바치는 양곡의 수량에 의거해 관작을 내리면 나라가 부강해진다고 역설한 것도 이런 맥락에서 이해할 수 있다. 해당 대목이다.

"나라에 군주를 원망하는 백성이 없으면 강국이라고 한다. 군사를 일으켜 다른 나라를 공격할 경우 전공에 따라 작위를 내리고 관직에 임명하면 반드시 승리한다. 군대를 멈추고 농사를 지을 경우 나라에 바치는 식량의 대소에 따라 작위를 내리고 관직에 임명하는 이른바 속작속임粟爵粟任을 행하면 나라가 부유해진다. 군사를 일으켜 적을 이기고, 진군을 멈춰 나라가 부유해지면 그런 자는 능히 천하를 호령하는 왕자가 된다."

훗날 한비자는 '속작속임'의 효과에 부정적인 견해를 피력했으나 상앙이 실시한 2차례의 변법이 '속작속임' 등의 '균민' 사상에 기초해 성공을 거둔 것 또한 부인할 수 없다. 변법의 골자를 기록해 놓은 『사기』「상군열전」의 다음 대목이 이를 뒷받침한다.

"상앙은 사람들로 하여금 힘을 다해 본업에 종사케 했다. 밭갈이와 길쌈을 열심히 해 곡식이나 비단을 많이 바친 자에게는 본인의 부역과 부세를 면제했다. 상업이나 수공업에 종사하면서 태만하고 게으른 나머지 가난하게 된 자는 모두 체포해 관청의 노비로 삼았다."

상앙이 꺼린 것이 상업이나 수공업 자체가 아니라 폭리를 취하는 상인과 사치한 물건을 제조하는 수공업자였고, '속작속임'이 나름 커다란 효과를 거뒀음을 뒷받침하는 대목이다. 똑같이 부국강병을 역설했음에도 그 전제조건과 관련해 관중이 추구한 '부민'과 상앙이 추구한 '균민' 가운데 어느 것이 나은 것인지는 획일적으로 말할 수 없다. 관중이 활약한 춘추시대 중기와 상앙이 변법을 실시한 전국시대 중엽은 시대상황이 완전히 다르다. 난세의 심도가 깊어지면 깊어질수록 '부민' 대신 '균민' 쪽으로 진행될 수밖에 없다. 전쟁이 총력전으로 전개되기 때문이다. 일제가 이른바 '태평양전쟁' 말기에 기업에 비행기 헌납 등을 강요한 게 그 실례이다. 상앙은 『상군서』「거강」에서 '부민' 대신 '균민'이 필요한 이유를 이같이 밝혔다.

"군대는 적이 감히 행하지 못하는 일을 행하면 강해지고, 전쟁은 적이 수치스러워 하는 일을 하면 유리해진다. 군주는 다양한 임기응변의 통치술을 귀하게 여기고, 나라는 변화가 적은 법의 안정을 귀하게 여긴다. 나라에 물자를 많이 비축하는 것은 강하기 때문이고, 적게 비축하는 것은 약하기 때문이다. 병거 1천 대를 보유하는 나라가 간신히 1천 대를 유지하는데 필요한 물자만 보유하고 있는 것은 국력이 약하기 때문이다. 전쟁을 염두에 두고 미리 계획하고 준비해 유사시에 용병할 수 있으면 그 나라는 강해진다. 전쟁준비가 어수선하고 병사가 나태하면 그 나라는 쇠약해진다."

'빈치'를 전제로 한 '균민'의 취지가 선명히 드러나고 있다. 바로 무력을 극대화하기 위한 것이다. 고금동서를 막론하고 막강한 무력은 반드시 튼튼한 경제적 기반 위에서만 가능하다. 나아가 생명과 재산을 보호하는 국가안전이 보장돼야만 국민들이 안심하고 생업에 종사할 수 있다. 그래야 궁극적으로 정부도 국민의 신뢰를 얻게 된다. 먹고사는 문제가 해결돼야 예의염치도 알게 된다는 관자사상과 맥을 같이하는 것이다.

21세기 G2시대의 관점에서 볼지라도 균민 내지 균부 이념에 입각한 진정한 민주정치도 실현할 수 있다. 아무리 고상하고 거창한 이념을 내걸지라도 인민들이 먹는 문제가 해결되지 않는 한 공허할 수밖에 없다. 인민들 모두 인간으로서의 최소한의 예도 갖추기 어렵다. 나라도 존립의 근거를 잃게 된다.

5. 취산지모聚散之謀 재화의 유통을 조절하라

군주는 산가지를 이용해 개략적인 수치를 파악하는 방식으로 경지의 개간과 곡물 수확의 규모 등을 조절해야 한다. 백성이 먹고 살기 위해서는 일정 크기의 경지가 있어야 한다. 수확량과 비축량을 미리 계산하면 곡물을 충분히 공급할 수 있다. 그럼에도 백성이 기아에 허덕이며 먹지 못하는 것은 무슨 까닭인가? 부자들이 과도하게 곡식을 저장하고 있기 때문이다. 군주가 화폐를 주조해 백성에게 유통시키면 백성 모두 필요한 만큼의 화폐를 보유하게 될 것이다. 그럼에도 백성의 일상적인 경비 지출을 충족시키지 못하는 것은 무슨 까닭인가? 부상대고가 동전과 비단 등의 전폐錢幣를 과도하게 쌓아 놓고 있기 때문이다. 군주는 과도하게 한곳에 비축된 곡물과 전폐를 분산시켜 식량의 과부족을 해소하고 재리의 취산聚散을 조절해야만 한다. 그러지 못하면 아무리 농사를 강조하며 생산을 독려하고 매일 쉬지 않고 전폐를 만들지라도 단지 지금처럼 빈한한 백성이 부호富豪 밑으로 들어가 노비처럼 일하는 현상만 조장할 뿐이다. 그러고도 어찌 나라를 잘 다스릴 수 있겠는가?

'취산'지모'는 부상대고가 폭리를 취하기 위해 재화 및 화폐를 과도하게 비축하는 현상을 강력 제재할 것을 주문하고 있다. 이를 방치할 경우 결국 백성들을 노비로 만드는 결과를 낳기 때문이다. 구체적인 방안으로 백성에게 일정 크기의 경지를 나눠주고, 수확량을 감안한 일정 수준의 곡물을 비축하고, 적정 수준의 화폐를 보유토록 하는 방안 등을 제시하고 있다. 모두 앞서 언급한 '균부' 사상의 일환으로 나온 것이다. 고금을 막론하고 시장을 교란하는 부상대고를 엄단하지 못하면 서민들은 이내 부상대고 밑으로 들어가 노비처럼 일하게 된다. 『사기』「화식열전」을 통해 상가사상을 집대성한 사마천도 유사한 견해를 피력한 바 있다. 「화식열전」의 해당 대목이다.

"무릇 세상 사람들은 다른 사람이 자신보다 10배 부유하면 헐뜯고, 1백배가 되면 두려워하고, 1천배가 되면 그의 일을 해주고, 1만배가 되면 그의 하인 노릇을 한다. 이것이 사물의 이치이다."

천하인 모두 막대한 금력 앞에 머리를 숙이는 이치를 언급한 것이다. 동서고금의 고전을 통틀어 금력金力의 위세를 이처럼 절절하게 묘사해 놓은 대목은 없다. 사마천이 얘기하고자 한 것은 배금拜金이 아니라 '금력' 자체이다. 이처럼 막강한 위력을 발휘하는 금력은 결코 제왕의 권력이 부럽지 않다. 그가 「화식열전」에서 누누이 무관의 자산가인 소봉素封을 역설한 이유다. '소봉'의 최고 위치는 황제에 준하는 소황素皇 내지 소제素帝이다. 21세기라고 이런 이치가 달라질 리 없다. 실제로 비록 요절하기는 했으나 애플제국의 창업주 스티브 잡스가 누렸던 명성과 금력은 오바마 대통령의 위세를 압도했다. '이것이 사물의 이치이다.'라고 단언한 사마천의 언급이 통렬하게 가슴에 와 닿는 대목이다. 부상대고가 제왕의 권력을 뛰어넘는 위세를 부리는 것은 망국의 조짐이다. '취산지모'에서 관자가 '그러고도 어찌 나라를 잘 다스릴 수 있겠는가?'라고 물은 이유다.

6. 민용지모民用之謀 비축 재화로 백성의 부족분을 메워라

풍년을 만나 수확량이 늘어나면 시장에서 곡물이 잘 팔리지 않는다. 개와 돼지까지 사람이 먹는 곡물을 먹는 이유다. 반대로 흉년을 만나 수확량이 줄어들면 시장에서 곡물가격이 천정부지로 치솟아 곡물 1부釜가 동전 10관貫에 달한다. 노상에서 아사하는 백성이 속출하는 이유다. 이 어찌 모든 경지가 비옥하지 못해 수확량이 적었기 때문이겠는가? 지난해의 곡물가격이 지나치게 낮아 개와 돼지까지 사람이 먹는 곡물을 먹어치우면서 이듬해에 먹을 것이 부족해진 탓이다. 곡물가격이 지나치게 낮으면 생산원가의 반값에 내놓을지라도 다 팔 수 없어 농부는 본전을 찾을 길이 없게 된다. 반대로 곡물가격이 지나치게 높으면 평소 가격의 10배를 주어도 살 길이 없어 소비자의 수요를 충족시킬 길이 없다. 이 어찌 원래부터 재화가 모자라고, 생산하고 비축한 물량이 부족해 그런 것이겠는가? 백성이 재화의 생산 및 유통을 통해 이익을 얻을 수 있는 시기時機를 놓치고, 물가가 크게 오르내린 탓이다. 치국에 능한 군주는 비축한 재화로 민용民用의 부족분을 채워주고, 구매의 방식으로 민용의 여유분을 비축해 둔다. 백성이 보유한 재화가 남아돌면 가격이 낮아지는 까닭에 군주는 낮은 가격으로 거둬들이고, 재화가 부족하면 가격이 높아지는 까닭에 군주는 높은 가격으로 이를 방출할 수 있다. 낮은 가격에 거둬들이고 높은 가격에 방출하는 까닭에 군주는 반드시 10배의 차익을 거두고, 물가 또한 능히 안정시킬 수 있다.

'민용 지모'는 국가가 비축한 재화로 민용民用의 부족분을 채워주고, 구매하는 방식으로 민용의 여유분을 비축해 둘 것을 조언하고 있다. 이 또한 부상대고의 폭리를 막기 위한 사전조치에 해당한다. 이는 21세기 G2시대의 경제전쟁에도 그대로 적용된다. 대표적인 예로 해운업을 들 수 있다. 해운업은 생산수단으로 대규모 선단船團을 필요로 하는 까닭에 대규모 장치를 설치함으로써 경상적인 생산이 가능해지는 석유화학, 철강, 자동차, 조선 등의 장치산업裝置産業과 닮았다. 거액의 자본을 필요로 하고, 규모의 경제로 인한 코스트 절감의 효과가 큰 점 등이 그렇다. 문제는 경기의 영향을 너무 크게 받는다는 점이다. 한국의 해운업은 상대적으로 영세한데다 자금의 여력이 없어 불황일 때 헐값에 선박을 팔고, 호황일 때 다시 비싸게 사들이는 악순환에 빠져 있다. 수조 단위의 선박기금이 필요한 이유다. 이는 정부가 앞장서야만 한다. 2014년 초 전 국민을 슬픔 속에 몰아넣은 '세월호사건'도 열악한 연안운송사업의 현실을 보여준다. 이 또한 동일한 접근이 필요하다. '민용지모'에서 '곡물가격이 지나치게 낮으면 생산원가의 반값에 내놓을지라도 다 팔 수 없어 농부는 본전을 찾을 길이 없게 된다. 반대로 곡물가격이 지나치게 높으면 평소 가격의 10배를 주어도 살 길이 없어 소비자의 수요를 충족시킬 길이 없다.'고 지적한 이유다.

해운업계의 이런 악순환을 끊기 위해서는 정부의 적극적인 개입과 더불어 업주의 열성적인 자구노력이 뒷받침돼야 한다. 대표적인 예로 홍콩의 선박왕으로 널리 알려진 '환구항운그룹環球航運集團'의 창업주 포옥강包玉剛을 들 수 있다. 지난 1991년 작고한 그는 생전에 성공비결을 묻는 사람들에게 이렇게 답했다.

"그 어떤 비결도, 비법도 없습니다. 첫째는 끈기, 둘째는 기회, 셋째는 신용에 의존했을 뿐입니다."

1967년 그의 선박회사가 중동 석유운반용 유조선 임대에 참여할 때 그는 미국과 유럽의 석유회사들에게 중국 유조선에 대한 신뢰를 심어주기 위해서 직접 나서서 석유운반을 지휘했다. 그의 치밀한 계산 덕분에 유조선은 8시간이나 앞당겨 임무를 완수했다. 중국선박을 임대한 미국 석유회사가 크게 만족해했다. 그가 국제 해운업계의 치열한 경쟁에서 살아남을 수 있었던 비결은 바로 파트너와 맺은 끈끈한 우호관계에 있다. 1961년부터 일본의 선박공장에 선박제작을 의뢰한 후 해운업계의 불황이나 조선업이 비수기일 때조차 손해를 감수해가며 변함없이 같은 공장에서 선박을 주문한 게 그렇다.

그는 해운업을 시작하면서 은행의 탄탄한 지원이 있어야 성공을 거둘 수 있다는 점을 통찰했다. 창업 초기 홍콩 상해은행의 임원인 산더스를 직접 찾아갔다. 은행 측은 위험부담이 크다는 이유로 대출을 꺼리는 눈치였다. 그러나 포옥강의 소신과 안정감 있는 투자스타일을 신뢰한 산더스는 대출을 승인한 후 적극적인 지원에 나섰다. 1970년 두 회사는 '환구항운투자 유한회사'라는 합자회사를 설립했고, 그는 홍콩 상해은행의 이사가 되었다.

크게 보면 세상은 나름 공평한 부분이 있다. 기회만큼은 모든 사람에게 거의 비슷하게 다가오기 때문이다. 그 기회를 꽉 붙잡고 활용하는 것은 전적으로 본인에게 달려 있다. 성공한 사람들은 평소 준비를 착실히 하고 있다가 기회가 다가오면 이를 놓치지 않고 꽉 붙잡는데 반해, 실패한 자들은 주변 환경과 현실만 탓하며 머뭇거리다 기회를 날려 보낸다. 똑같은 기회 앞에서 성공과 실패가 갈리는 이유다. 세상을 살면서 남의 탓을 하는 자는 결코 성공의 기회를 포착할 수 없다. '민용지모'에서 군주에게 평소 재화를 충분히 비축해 두었다가 민용의 부족분을 채워주라고 주문한 것도 같은 맥락이다. 준비를 착실히 하고 있다가 나라를 위기로 빠뜨릴 계기가 오면 주저 없이 비축한 재화를 푸는 게 그렇다. 위기가 닥쳐왔을 때 이를 슬기롭게 헤쳐 나가는 것 역시 성공의 또 다른 얼굴이다.

7. 영농지모營農之謀 자금을 대고 곡물을 거둬들여라

무릇 물가를 조절하는 경중輕重 계책의 가장 큰 이로움은 풍년일 때 비교적 높은 가격으로 사들여 물가를 안정시키고, 흉년일 때 비교적 싼 값으로 방출해 물가를 안정시키는데 있다. 이처럼 각종 재화의 수급 불균형에 따른 가격 파동은 미리 비축해 놓은 나라의 평준平準 기금을 동원해 미리 차단함으로써 풍흉과 상관없이 물가를 늘 일정하게 유지시킬 수 있다. 평준의 기준을 잃게 되면 물가가 등락을 거듭한다. 명군은 이를 통찰한 까닭에 반드시 평준 기금을 확고히 장악한다. 예컨대 민호가 1만 호인 도읍은 반드시 곡물 1만 종鍾과 동전 1천만 관貫를 비축케 하고, 1천 호인 도읍은 반드시 곡물 1천 종과 동전 100만 관을 쌓아 두도록 하는 게 그렇다. 또 봄에 파종하고 여름에 김을 매는 춘경하운春耕夏耘의 수요에 응하기 위해 관부에서 보유하고 있는 가래와 쟁기 등의 각종 농기구와 각종 작물의 종자와 곡물 등을 넉넉히 공급한다. 부상대고가 재화를 대거 비축해 놓고 매점매석의 방법으로 백성의 재물을 강압적으로 약탈할 여지를 없앤 것이다. 구체적으로 어찌해야 이를 실현할 수 있는가? 봄에 잠농蠶農 자금을 대여하면서 견직물을 거둬들이고, 여름에 영농營農 자금을 대여하면서 수확한 곡물을 거둬들여야 한다. 백성이 농사를 폐하지 않고, 나라는 재리를 잃지 않는 이유다.

'영농지모'는 앞에 나온 '민용지모'의 구체적인 해법에 해당한다. 관건은 풍년일 때 비교적 높은 가격으로 곡물을 사들여 물가를 안정시키는 이중사경以重射輕과 흉년 때 비교적 싼 값으로 곡물을 방출해 물가를 안정시키는 이천설평以賤泄平에 있다. '영농지모'는 '이중사경'과 '이천설평'의 계책을 성사시키기 위해 미리 비축해 놓은 나라의 '평준平準 기금'을 적극 동원할 것을 주문하고 있다. 21세기 관점에서 볼지라도 탁월한 계책이 아닐 수 없다. 경기에 민감하게 반응하는 해운업계의 안정적인 수익을 보장하기 위해 설립코자 하는 '해운보증기금'도 이런 맥락에서 이해할 수 있다.

박근혜 정부는 지난 2014년 말 선박금융을 전담하다시피 해 온 3개 정책금융기관인 수출입은행과 산업은행, 무역보험공사의 관련 부서들을 하나로 모은 해양금융종합센터를 설립했다. 당초 박근혜 정부는 대선공약인 선박금융공사 설립을 추진하다가 WTO 규정 위배 등의 문제가 불거지자 그 대안으로 5천억 규모의 해운보증기금 설립 방안을 제시했다. 기금의 규모가 4분의 1로 줄어든 것이다. 한국의 선박금융은 세계 조선 1위, 해운업 5위권 위상과 달리 세계 비중이 6% 안팎에 그치고 있다. 기금의 규모도 대폭 확대하고 취급 영역도 항만과 물류, 해양플랜트, 기자재 등으로 늘려나갈 필요가 있다. '영농지모'에서 부상대고의 폭리를 막기 위해 '봄에 잠농 자금을 대여하면서 견직물을 거둬들이고, 여름에 영농 자금을 대여하면서 수확한 곡물을 거둬들여야 한다.'고 언급한 것도 바로 이런 취지에서 나온 것이다. 해운보증기금을 대폭 확대해 한국의 영세한 해운업계를 먹잇감으로 삼는 국제선박 펀드의 포식 행각을 차단할 필요가 있다.

8. 국리지모國利之謀 재화와 이익을 군주에게 귀속시켜라

무릇 오곡 등의 곡물은 모든 재화 가격의 기준이 된다. 곡물가격이 오르면 다른 재화의 가격은 반드시 내리고, 가격이 내리면 다른 재화의 가격은 반드시 오른다. 양자는 서로 반대로 작용하는 까닭에 균형을 맞추기가 어렵다. 군주는 곡물과 다른 재화의 가격이 반대로 움직이는 것을 적절히 조종해 물가의 변동을 최소화해야 한다. 그러면 백성에게 굳이 세금을 물리지 않을지라도 국리國利가 모두 군주에게 돌아간다. 무릇 가옥세는 백성들로 하여금 방과 집을 모두 허물게 만드는 것과 같다. 이를 훼성毀成이라고 한다. 가축세는 목양牧養을 그치도록 만드는 것과 같다. 이를 지생止生이라고 한다. 경작지에 부과하는 농지세農地稅는 농경을 금하는 것과 같다. 이를 금경禁耕이라고 한다. 인두세는 인정을 버리도록 부추기는 것과 같다. 이를 이정離情이라고 한다. 가구별로 부과하는 호구세戶口稅는 형제의 분가를 막고 대호大戶에게만 유리하게 작용한다. 이를 양영養贏이라고 한다. 이 5가지 과세 방안은 결코 동시에 사용해서는 안 된다. 패왕의 대업을 이룬 군주가 비록 이를 간혹 사용하면서도 끝까지 관철하지 않은 이유가 여기에 있다. 천자는 화폐를 발행해 세금을 거두고, 제후는 곡물 수급을 조절해 세금을 거두는 게 훨씬 낫다. 평년작을 거둔 해의 곡물에 대해서는 1석 당 10전의 세금을 매긴다. 성인 남자는 매달 4석의 곡물이 필요하다. 관부에 비축된 곡식을 살 경우 매달 40전을 세금으로 내는 것과 같다. 성인 여자는 매달 3석이 필요하다. 매달 30전을 내는 것과 같다. 어린아이는 매달 2석이 필요하다. 매달 20전을 내는 것과 같다. 흉년이 든 해는 곡물가격이 2배로 올라 곡물가격이 1석 당 20전이 된다. 성인 남자는 80전, 성인 여자는 60전, 어린아이는 40전을 세금으로 내는 게 된다. 이같이 하면 군주가 호령까지 발포하며 세금을 거둘 필요가 없게 된다. 단지 곡물의 생산과 비축을 통제하기만 하면 된다. 성인 남녀부터 어린아이에 이르기까지 나라에 세금을 내지 않는 경우가 없다. 이때 국가는 1인 당 곡물 매입대금의 이익으로 백성 10명, 10인이면 100명, 100인이면 1천명에게 그 이익을 나눠줄 수 있다. 시장에 나온 재화가 많아지면 가격이 낮아지고, 부족하면 높아지게 마련이다. 부족할 때 비축한 재화를 방출하면 가격의 폭등을 막을 수 있고, 넘칠 때 매입해 비축하면 가격의 폭락을 막을 수 있다. 명군은 이를 통찰한 까닭에 시장에 나온 재화와 비축 물량의 과부족을 자세히 살펴 화폐와 해당 재화의 유통을 통제한다. 곡물가격이 떨어지면 화폐를 풀어 곡물을 사들이고, 포백의 값이 떨어지면 화폐를 풀어 포백을 사들이는 식이다. 평준平準의 원칙에 입각해 재화의 수급을 통제하고, 물가의 등락을 조절하면 군주는 쉽게 그 차익을 손에 넣을 수 있다.

'국리지모'는 곡물가격을 기준으로 삼아 여타 재화의 가격을 안정화하는 방안을 제시하고 있다. 이는 곡물가격이 오르면 다른 재화의 가격이 내려가고, 가격이 내리면 다른 재화의 가격이 오르는 현상을 완화시켜 물가 전반의 안정을 꾀하고자 하는 취지에서 나온 것이다. 가옥세, 가축세, 전무세, 인두세, 호구세의 과제로 인한 부정정인 영향을 극소화하는 게 목적이다. 부상대고가 빈틈을 이용해 폭리를 취하는 것을 제도적으로 차단하는 게 요체이다.

'국리지모'는 구체적인 방안으로 시장에 나온 재화와 비축 물량의 과부족을 자세히 살펴 화폐와 해당 재화의 유통을 통제할 것을 주문하고 있다. 곡물가격이 떨어지면 화폐를 풀어 곡물을 사들이고, 포백의 값이 떨어지면 화폐를 풀어 포백을 사들이는 식이다. 그게 바로 '평준平準의 원칙'이다. 이를 통해 군주는 손쉽게 재화의 수급을 통제하고, 물가의 등락을 조절할 수 있다. 그러면 군주가 굳이 호령까지 발포하며 세금을 거둘 필요가 없게 된다. 곡물의 생산과 비축을 통제하는 방식으로 물가를 조정하며 재정을 확충코자 하는 것은 염철의 전매와 취지를 같이한다. 백성에게 세금을 물리지 않고도 넉넉한 재정을 확보한다는 점이 그렇다. 21세기 G2시대에도 그대로 적용할 수 있는 탁월한 계책에 해당한다. '균부' 차원에서라도 다양한 활용방안을 적극 모색할 필요가 있다.

9. 대준지모_{大準之謀} 물자 전반에 걸친 평준을 꾀하라

전방의 만승지국_{萬乘之國}과 후방의 천승지국_{千乘之國} 사이에 있는 나라를 저국_{抵國}, 전방의 천승지국과 후방의 만승지국 사이에 있는 나라를 거국_{距國}, 영토가 정방형으로 생겨 사면으로 적국을 마주하는 있는 나라를 구국_{衢國}이라고 한다. 백승지국_{百乘之國}의 소국이 '구국'의 상황에 처해 있으면 그 군주를 일컬어 남에게 기대어 간신히 목숨을 이어가는 탁식지군_{託食之君}이라고 한다. 천승지국이 '구국'의 상황이면 장차 영토의 3분의 2가량을 빼앗기고, 만승지국이 '구국'의 상황이면 영토의 3분의 1가량을 빼앗긴다. '구국'의 상황에 처한 백승지국의 군주를 왜 '탁식지군'이라고 하는 것인가? 믿는 것이라고는 1백승의 병력밖에 없고, 천승지국과 만승지국 사이에 끼어 포위된 모습으로 시종 위협을 받고, 대국의 군주들이 서로 화목하지 못해 상호 공격을 가하면 반드시 먼저 백승지국으로 진공해 방어 거점으로 활용하기 때문이다. 백승지국의 입장에서 볼 때는 설령 약간의 공리_{功利}가 있을지라도 이를 자신의 것으로 만들 수 없다. 나아가 대신이 밖에서 전사할 경우 봉지를 내려 그 공로를 기려야 하고, 전장의 병사들이 적군을 포로로 사로잡을 경우 포상과 녹봉으로 이를 기려야만 한다. 땅을 논공행상에 모두 쓰고, 세금으로 거둔 자금 또한 전사한 장병의 자손을 돕는 데 모두 써 버리는 셈이다. 백승지국의 군주는 말만 군주일 뿐 보유한 영토가 하나도 없고, 나라 또한 명칭만 백승지국일 뿐 실제로는 1척의 땅도 활용할 길이 없게 된다. 이런 나라의 군주를 일컬어 '탁식지군'이라고 하는 이유다. 이때 천승지국과 만승지국 모두 내부가 텅 비게 되고, 소국은 형편이 더 어려워져 모든 여력을 소진하게 된다. 과연 무엇으로 이를 보충할 수 있는가? 해답은 이렇다.

"먼저 백승지국은 조정에서 일종의 국채인 궤부軌符를 발행하고, 계절적 요인에 따른 물가의 등락을 이용해 물가 조절로 차익을 거두는 경중의 계책을 쓴다. 그런 연후에 비로소 재정을 어느 정도 보충할 수 있다. 천승지국은 천연자원의 채취를 봉금封禁한 뒤 원료의 공급과 유통을 장악해 이익을 거둔다. 또 그해의 풍흉을 토대로 물가를 조절하는 경중의 계책을 구사한다. 그런 연후에 비로소 재정을 충족시킬 수 있다. 만승지국은 그해의 풍흉을 토대로 민용民用의 완급을 조절하고, 호령을 발포해 전시 물자 전반에 대한 총체적인 균형인 대준大準을 꾀한다. 그리해야 만승지국은 능히 재정을 풍족하게 유지할 수 있다."

'대준大準'의 지모'는 국가의 규모에 따른 부국강병의 계책을 언급한 것이다. 소국의 경우는 일종의 국채인 궤부軌符를 발행해 물가를 조절하면서 그 차익으로 재정을 충당하는 게 관건이다. 중국의 경우는 천연자원의 채취를 봉금封禁한 뒤 원료의 공급과 유통을 장악해 그 이익으로 재정을 충당한다. 대국의 경우는 그해의 풍흉을 토대로 민용民用의 완급을 조절하고, 호령을 발포해 전시 물자 전반에 대한 총체적인 균형인 대준大準을 꾀하는 게 답이다. 유사시 적이 급습을 가해올 경우까지 대비한 만전지계萬全之計에 해당한다.

주목할 것은 외부의 세력에 기대어 목숨을 이어가는 '탁식지군'이다. '대준지모'에서는 사방으로 강국에 둘러싸여 있는 소국의 군주를 지칭하는 말로 사용됐다. 그러나 21세기 G2시대의 경제전 관점에서 보면 전혀 다른 해석도 가능하다. 미국의 대통령이 당사자이다. 구매력평가지수에 따른 중국의 역전에도 불구하고 명목상으로 볼 때 G1 미국의 지난 2014년 GDP는 17조 달러이다. G2 중국의 10조 달러보다 훨씬 많다. IMF는 이 또한 2019년이면 중국이 미국보다 20% 앞설 것으로 전망하고 있으나 아직까지는 외형상 미국이 중국을 앞서고 있는 게 현실이다.

주목할 것은 달러를 찍어내는 연방준비은행의 발권 권한을 대통령이 아닌 유태인 금융자본이 장악하고 있는 점이다. 통상 한국의 한국은행, 영국의 영란은행, 중국의 인민은행처럼 나라마다 통화정책과 발권 권한을 가진 중앙은행이 있다. 이들 은행 모두 정부의 조정과 감독을 받는다. 그러나 미국은 이와 딴판이다. FRB로 불리는 미국의 연방준비제도이사회가 이를 장악하고 있다. 수백 개의 은행연합으로 구성된 연방준비제도의 통화정책을 결정하고 12개 지역연방준비은행을 통할하는 최고 의사결정기구에 해당한다. 산하에 미국 국채의 매매 등을 뜻하는 공개시장조작정책을 수립하고 집행하는 연방공개시장위원회가 있다.

FRB는 재할인율, 연방기금금리 등의 금리 결정, 공개시장조작, 지급준비율 결정 등 미국의 모든 통화정책을 결정한다. 은행지주회사에 대한 감독을 비롯해 소비자금융 보호, 금융위기 시 금융기관에 대한 긴급 구제금융 등의 권한도 지니고 있다. 이사회는 7명의 이사로 구성된다. 임기는 각 14년으로 대통령이 임명하고 상원에서 승인한다. 이사는 2년마다 1명씩 교체된다. 겉으로는 그럴 듯해 보이나 문제는 이들 이사진이 1%도 안 되는 월스트리트의 유태인 금융자본 이익을 대변하는데 있다. 미국정부는 매년 달러를 찍어내는 FRB로부터 돈을 빌려오고 이자를 지급한다. 그 이자가 천문학적인데다가 해마다 늘고 있다. 이자가 1년에 무려 6천억 달러에 달할 정도이다.

많은 전문가들이 미국을 유태인 금융자본에 의해 움직이는 나라로 보는 이유다. 거대 독점자본가 그룹의 상위 5개 기업이 모두 유태계 자본인 사실이 이를 뒷받침한다. 객관적으로 볼 때 대통령을 비롯한 미국정부 모두 월스트리트를 장악한 유태인 자본가에 얹혀사는 셈이다. '대준지모'에서 말하는 '탁식지군'과 별반 다를 게 없다.

유태인은 오늘날 온 세계에 흩어져 정치, 경제, 금융, 학술, 문화예술, 영상산업, 정보산업, 유통 등에 커다란 힘을 행사하고 있다. 유태인 금융자본의 상징은 로스차일드가이다. 당초 그는 프랑크푸르트에서 일어났다. 제1대의 마이야-암세르-로스차일드는 아들이 5형제가 있었다. 그는 아들들을 모두 어릴 적부터 상인으로 철저하게 훈련시킨 다음, 당시의 유럽 5대 도시에 배치했다. 5대 도시는 프랑크푸르트, 비엔나, 나폴리, 파리, 그리고 런던이었다. 5형제는 모두 각 도시에서 금융업으로 성공을 거두었다. 로스차일드가는 돈을 꿔주는 입장에서 전쟁이 일어날 때마다 더욱더 큰 발언권을 얻게 되었고, 강력한 세력으로 중앙은행을 지배했다. 로스차일드가의 금융 지배력은 유럽에만 국한되지 않았다. 대서양 건너 미국에서도 엄청난 힘을 발휘하게 되었다. 바로 FRB를 통한 것이다. 전문가들은 비밀리에 돈을 움직이는 기술을 토대로 국왕이나 귀족의 사적인 비밀을 장악함으로써 배후에서 국가를 임의로 조종하는 방법을 터득한 결과로 보고 있다.

현재 이스라엘에는 460여만 명, 미국에는 600만 명의 유태인이 살고 있다. 이스라엘의 유태인이 전통을 보존하는 역할을 맡고 있다면, 미국의 유태인은 본토 밖에서 전 세계 유태인을 지원하는 역할을 한다. 많은 사람들이 미국의 중동정책은 워싱턴이 아닌 이스라엘의 예루살렘에서 만들어진다고 말하는 이유다. 미국은 세계인구의 1000분의 1밖에 안 되는 이스라엘에 미국 대외원조의 5분의 1을 할애하고 있다. G1 미국을 좌지우지하는 만큼 세계경제를 쥐락펴락하는 것도 가능하다.

실제로 지난 1997년 IMF환란 당시 옥스퍼드대 경제학박사 출신인 말레이시아 수상 마하티르는 그 배경에 월스트리트 유태인 금융자본의 음모가 깔려 있다고 질타한 바 있다. 환 투기꾼 소로스가 IMF와 짜고 태국의 바트화를 폭락시킨 여세를 몰아 동남아시아와 동아3국 가운데 가장 약한 고리인 한국의 경제를 초토화시키면서 알짜기업을 거의 공짜로 접수했다는 것이다. 실제로 많은 전문가들은 나폴레옹 전쟁 이래 21세기 현재에 이르기까지 유태인 금융자본이 부를 축적하는 방법으로 즐겨 사용한 방법으로 환란을 들고 있다. G2시대에 한국이 이런 내막을 알지 못하면 이내 침몰하고 말 것이다. 하지만 그 내막을 알면 적절한 대응책을 세울 수 있다.

IMF환란 당시 중국은 폭풍을 피해나갈 수 있었다. 관독상판官督商辦 전통을 유지한 덕분이다. 역대 왕조 모두 유가의 이념을 좇아 중농주의 기조를 유지했음에도 결코 유통경제를 담당하는 상업의 역할을 과소평가하지 않았다. 청조 말기까지 염상에게 소금 전매의 특권을 부여하면서 그들로부터 수령한 염세로 재정을 충실히 한 게 그 증거다. 큰 틀에서 볼 때 중국의 '사회주의 시장경제'는 전래의 '관독상판'을 재현한 것이다. 중국은 21세기에 문득 G2의 일원이 된 근본배경이다. 자금성 수뇌부는 지난 2008년의 금융위기 이후 내수의 중요성을 절감했다. 2013

년 출범한 시진핑 정부가 내수의 활성화에 사활을 걸다시피 하는 이유다.

지난 2014년 말 중국의 실질적인 구매력이 미국을 앞선 것도 이런 맥락에서 이해할 수 있다. IMF는 홈페이지를 통해 중국이 미국을 넘어 세계 1위 경제 대국이 될 것이라는 전망을 내놓았다. IMF가 분석한 전망치에 따르면 구매력평가인 PPP를 기준으로 한 중국의 2014년 GDP는 17.6조 달러로 미국의 17.4조 달러를 앞서고 있다. 2015년에는 차이가 더 벌어져 중국이 19.2조 달러에 이르면서 미국보다 1조 달러 가량 더 많을 것으로 예상했다. '관독상관'의 개가로 볼 수 있다.

10. 민사지모民事之謀 민사를 조절해 천하를 다스려라

벽옥璧玉은 월지月氏 지역, 황금은 여수와 한수 유역, 진귀한 구슬은 적야赤野 일대에서 나온다. 이들 지역 모두 주나라 도성으로부터 동서남북으로 약 7,800리가량 떨어져 있다. 물길이 통하지 않고, 산이 가로막혀 있어 배와 수레로는 오갈 수 없다. 선왕은 길이 멀어 이를 가져올 수 없다는 것을 안 까닭에 그 희소성을 감안해 주옥珠玉을 고급 화폐인 상폐上幣, 황금黃金을 중급 화폐인 중폐中幣, 도포刀布를 하급 화폐인 하폐下幣로 삼았다. 이 3종의 화폐를 손에 넣는다고 해서 몸을 따뜻하게 하는 것도 아니고, 먹는다고 해서 배가 부른 것도 아니다. 그러나 선왕은 이것으로 재물과 백성의 일상생활인 민사民事를 조절해 천하를 다스렸다. 이를 두고 저울대를 뜻하는 '형衡'으로 부르는 이유다. '형'은 사물을 저울질하여 물가를 오르내리는 식으로 조절한다. 물가를 붙박이처럼 고정시켜서는 안 되는 이유다.

'**민사**지모'는 화폐정책을 언급한 것이다. 주옥 등의 고급 화폐인 상폐上幣와 황금 등의 중급 화폐인 중폐中幣, 도포刀布 등의 하급 화폐인 하폐下幣 등 3종의 화폐로 물가를 조절하는 게 관건이다. '도포'는 화폐 대용으로 쓰던 도전刀錢을 비롯해 삼베 및 비단 등의 포폐布幣를 총칭하는 말이다. 화폐정책의 핵심은 중폐에 대한 통제에 있다.

중폐에 대한 통제는 과거 미국이 달러를 금의 태환권兌換券으로 활용한 것과 닮았다. 지난 1960년 11월 아이젠하워 정부는 '골드 러쉬'를 계기로 표면화된 경제불안을 잠재우기 위해 이른바 '달러방위'를 선언했다. 국제수지개선을 위하여 취한 각종정책을 총칭하는 말이다. 이후 케네디와 존슨정부 때 점차 강화돼 결국 닉슨정부 때 달러의 금태환 정지를 선언했다. 초기의 달러방위 대책은 수출 진흥에 초점을 맞췄다. 이후 '바이 아메리칸' 정책 등을 강화하면서 대외원조의 삭감을 실시했다. 그러나 국제수지가 계속 악화됐다. 1963년 7월 케네디 대통령은 금리평형세를 창설했다. 이어 존슨정부는 민간기업의 대외투융자에 대한 직접규제와 해외여행의 제한 조치 이외에 각종 국제협력 체제를 구축했다. 달러가치를 유지하기 위한 노력이었다. 그럼에도 국제수지가 계속 악화하자 1971년 8월 15일 닉슨정부는 마침내 극약처방을 내렸다. 달러의 금태환 금지를 선언한 것이다. 문제는 달러의 무차별적인 발권을 통제할 장치가 사라진데 있다. 세계금융이 계속 불안정한 모습을 보이는 근본 이유가 여기에 있다. 재화 및 화폐의 유통 및 발행 등과 관련해 '관독상판'이 필요한 이유다.

11. 선왕지모先王之謀 직접적인 방법으로 세수를 거두지 마라

  지금 군주가 백성들로부터 상화와 중화 및 하화를 유통시키면서 화폐로 세금을 거둘 요량으로 10일 내의 세금완납을 명하면 재화의 가격이 10분의 1이 떨어지고, 8일 내의 세금완납을 명하면 10분의 2가 떨어지고, 5일 내의 세금완납을 명하면 10분의 5가 떨어지고, 아침에 명을 내려 저녁까지 완납할 것을 명하면 10분의 7이 떨어진다. 선왕先王은 이런 이치를 안 까닭에 백성을 대상으로 직접 납세를 독촉하는 징구徵求 대신 경중의 계책에 입각한 호령號令을 발해 세금을 거뒀다.

  '**선왕**지모'는 앞에 나온 '민사지모'의 보충에 해당한다. 재화의 가격과 세금의 상호관계를 논한 게 특징이다. 화폐로 세금을 완납할 것을 독촉하면 재화의 가격이 폭락한다는 게 골자이다. 청조는 동서양이 최초로 충돌한 아편전쟁에서 패한 뒤 지정은地丁銀으로 상징되는 단일세인 은납銀納을 독촉하다가 재정이 파탄의 위기에 몰린 바 있다. '선왕지모'를 간과한 탓이다.

  청나라의 강희제 이래 건륭제 때까지 130년간에 이르는 이른바 강건성세康建盛世는 중국의 전 역사를 통틀어 최고의 성세에 해당한다. 그러나 달이 차면 기울 듯이 건륭제 말기에 들어와 쇠락의 조짐이 나타나기 시작했다. 아편의 흡연이 대표적이다. 청국은 건륭제 말기인 1780년대부터 영국의 동인도 회사와 무역을 하게 된다. 동인도 회사는 중국으로부터 차, 도자기, 목면 등을 수입했다. 영국의 수출품은 모직물, 면직물 등이었다. 당시 영국은 상류사회에서 차를 마시는 풍습이 널리 퍼지면서

차는 말할 것도 없고 도자기를 감상하며 비단으로 만든 옷을 즐겨 입는 등 청나라 상류층을 모방하는데 열중했다. 애덤 스미스의 『국부론』은 바로 영국 상류사회의 청나라 모방 풍조를 토대로 국가의 부를 쌓는 방략을 논한 것이다.

주목할 것은 영국이 수출품 가운데 대량 수출이 가능한 품목이 존재하지 않은 점이다. 대규모 무역적자가 이어진 배경이다. 당시 영국은 미국 독립 전쟁의 전비 조달과 산업혁명에 의한 자본축적으로 인해 은의 국외유출을 억제하는 정책을 취했다. 청나라 조정은 서양 물품을 취급하는 상인들의 조직인 공항公行의 관세를 자의적으로 부과하였고 외국 상인의 무역을 제한했다. 영국 상인들이 고민 끝에 찾아낸 무역적자 해소 방법이 바로 식민지 인도에서 재배한 아편을 밀무역하는 방안이었다.

영국 상인들은 청국의 하층민을 대상으로 아편장사를 시작했고, 이게 주효했다. 청조는 이미 가경 원년(1796)에 아편의 수입을 금지하고 있었다. 금지령은 19세기에 들어와서도 여러 번 발령되었으나 별다른 효과가 없었다. 모든 계층에 퍼져 나간 아편 흡입 풍조는 청나라의 기둥을 갉아먹었다. 부패와 전투력 상실, 국가기강 해이, 농촌경제 파탄, 재정 고갈 등이 일시에 진행됐다.

주목할 것은 아편의 수입대금을 은으로 결제하면서 유일한 통화인 지정은 보유고가 격감한 점이다. 은과 동전의 교환 비율이 1 대 800에서 1 대 2,000으로 치솟았다. 지정은제의 근간이 흔들린 것이다. 서민들은 헐값으로 곡물을 내다팔고 천정부지로 치솟은 지정은을 구입해 세금을 납부해야만 했다. 민생이 결단날 수밖에 없었다.

객관적으로 볼 때 황금은 상폐, 지정은은 중폐, 동전은 하폐에 속했다. 중폐가 안정돼야 상폐와 하폐의 유통이 가능해진다. 지정은의 급등은 상폐와 하폐의 유통까지 교란시켜 결국 통화체제의 붕괴를 초래하게 된다. 아편전쟁의 패배가 바로 이런 파괴적인 결과를 초래했다. 21세기에 들어와 중국 정부는 지난 2008년의 월스트리트 발 금융위기를 겪으면서 아편전쟁 당시의 참사를 새삼 상기할 수밖에 없었다. 시진핑체제가 들어선 후 아프리카와 남미의 천연 자원에 투자를 집중해왔던 차이나머니가 미국 뉴욕의 명물인 월도프 아스토리아 호텔을 비롯해 유럽의 명품 브랜드 기업에 이르기까지 대대적인 인수합병에 나선 이유가 여기에 있다. 중국은 세계 최대 외환보유국이자 미국의 최대 채권국이다. 차이나머니의 대대적인 인수합병 공세는 4조 달러에 달하는 막대한 달러 재산이 일거에 반 토막 날 수도 있다는 사실을 뒤늦게 깨달은 결과다.

중국의 유럽 투자액은 지난 2010년 61억 유로에서 2년 만에 270억 유로로 4배 이상 급증했고, 2013년에만 유럽기업 120개를 인수했다. 주로 그리스와 이탈리아 등 재정위기를 겪고 있는 남유럽 국가가 공략대상이다. 이탈리아 명품 브랜드 세루티와 모터사이클 업체 베넬리를 비롯해 유럽 최대 여객항인 그리스 아테네의 피라에우스항 운영권이 이미 중국에 넘어갔다. 글로벌 금융위기 이후 한계에 몰린 유럽의 명품 브랜드 기업이 싼 가격에 시장으로 쏟아져 나오자 중국이 대거 매수에 나선 것이다.

크게 보면 이는 IMF환란이 보여주듯이 달러를 풀었다 죄는 식으로 세계경제를 농락해온 월스트리트 유태인 금융자본의 장난에 더 이상 휘둘리지 않겠다는 의지의 표현이기도 하다. 차이나머니의 최근 움직임은 일종의 카운터펀치에 해당한다. 인위적인 달러 가치 조작 및 발권 등을 통해 앉은 자리에서 거만의 부를 쌓는 월스트리트의 유태인 금융 자본가 입장에서 보면 일종의 부메랑을 맞고 있는 셈이다. 과거 마르크화와 엔화의 인위적인 절상을 통해 최신제품을 앞세운 일본과 독일의 무차별 공습을 피해갔지만 중국 정부는 미국의 압력이 먹히지 않기 때문이다. 이 또한 '관독상판'의 개가로 볼 수 있다.

제4의

산국궤 山國軌 7모 - 생산과 소비를 따져라

1. 국궤지모 國軌之謀 국가의 경제총량을 계산하라

제환공이 관중에게 청했다.

"청컨대 국가차원의 경제총량 회계인 국궤 國軌 계책에 관해 묻고자 하오."

관중이 대답했다.

"논밭인 전무 田畝에도, 백성의 숫자인 인구 人口에도, 재화의 수급을 뜻하는 재용 財用에도, 백성의 일상적인 생활비용인 민용 民用에도, 동전과 비단 등의 유통수단인 전폐 錢幣에도, 마을 단위인 향리 鄕里에도, 현 縣 등의 기초 지방 단위에도, 제후가 다스리는 일국 一國에도 회계가 있습니다. 회계를 기반으로 국가경제 전체를 총괄하는 계책인 궤수 軌數에 통달하지 않으면 나라를 잘 이끌고자 해도 불가능한 일입니다."

'국궤'는 경제총량의 회계 방략을 언급한 것이다. 회계를 소홀히 할 경우 재화의 생산과 수급의 균형을 맞추고 물가의 안정을 꾀할 수 없다는 게 논거이다. 21세기 재정 이론에 그대로 적용되는 주장이다. 중국을 포함한 동아시아는 이미 수천 년 전부터 회계를 극히 중시해 왔다. 숫자를 1만 단위로 끊어 읽는 게 그렇다. 1천 단위로 끊어 읽는 서양과 커다란 차이가 있다.

지난 2014년 9월 《월스트리트저널》은 미국 노스이스턴대 교수 카렌 푸슨 등을 인용해 한국어가 수학을 배우기에는 영어보다 유리하다는 연구결과를 발표해 눈길을 끈 바 있다. 이들의 주장에 따르면 중국, 한국, 일본, 터키 등은 숫자를 셀 때 영어보다 더 간단한 말을 사용하기 때문에 어린이들이 쉽게 이해할 수 있다는 것이다. 동양에서는 숫자를 셀 때 9개 단어만 사용한다. 십일, 십이 등과 같이 먼저 십을 발음하고 뒤에 나머지 숫자를 붙이는 방식으로 숫자를 읽는다. 억, 조, 경 단위도 쉽게 이해할 수 있다. 각 숫자가 놓인 위치에 따라 가치가 달라지는 구조 덕분이다.

반면 영어는 24개 이상의 단어를 사용해야 한다. 사용하는 단어가 많은 만큼 수를 세거나 연산할 때 복잡해지게 마련이다. 영어의 경우 10을 넘어가면 발음은 물론 위치에 따른 가치가 명확하지 않다. 11를 '텐 원'이 아닌 '일레븐', 12를 '텐 투'가 아닌 '투엘브' 등으로 읽는 게 그렇다. 나아가 17을 '텐 세븐'이 아닌 '세븐틴', 71은 '세븐티 원'으로 읽는 까닭에 70단위와 10단위의 구별이 쉽지 않다. 실제로 영어를 사용하는 어린이들은 두 자릿수 덧셈이나 뺄셈을 할 때 혼란을 겪어 실수를 많이 한다. 푸슨 교수는 이게 작은 이슈처럼 보일 수 있으나 문제를 해결하기 위해 추가로 필요한 정신적 작업은 더 많은 실수를 초래한다고 지적했다. 관자가 '국궤지모'에서 회계를 역설한 것도 이런 맥락에서 이해할 수 있다.

2. 별궤지모別軌之謀 해당지역의 회계를 비교해 살펴라

제환공이 관중에게 물었다.

"궤수軌數를 실행하려면 어찌해야 하오?"

관중이 대답했다.

"예컨대 어떤 향리의 논밭은 얼마나 되고, 일상 비용은 얼마이고, 수확한 곡물가격은 어떠한지 등을 묻습니다. 또 어떤 현의 인구는 얼마이고, 논밭은 얼마나 되고, 화폐의 규모와 유통 수준은 어떠하고, 곡물가격의 고하와 화폐유통의 과부족은 얼마나 되고, 1년간의 곡물 소비와 잔여분은 얼마인지 등을 묻습니다. 다시 어떤 향리의 1년간 방직생산 규모와 제품 수준은 어떠하고, 1년간의 평균 시장가격에 얼마이고, 소비되는 의복의 수요와 옷감의 잔여분은 어떠한지 등을 묻습니다. 이어 이런 회계 내용을 종류별로 나눠 해당 지역의 생산과 수급관계 등을 비교해 살피는 별궤상의別軌相宜를 행합니다."

제환공이 물었다.

"'별궤상의'는 구체적으로 무엇을 말하는 것이오?"

관중이 대답했다.

"예컨대 땅의 모습은 매우 다양한 까닭에 첫째, 왕골과 부들이 잘 자라는 소택지沼澤地가 있습니다. 둘째, 화살대와 박달나무 및 산뽕나무가 생장하는 산지山地가 있습니다. 셋째, 밑이 푹 꺼져 물이 고인 웅덩이인

와지窪地가 있습니다. 넷째, 물고기와 자라 등이 사는 지당池塘이 있습니다. 이 4가지 땅에서 나는 재화를 군주가 잘 관리하며 통제하면 많은 수익을 얻을 수 있는 까닭에 굳이 백성에게 직접 세금을 걷지 않아도 됩니다. 1무畝의 경지에서 곡물 120석을 생산하는 상지上地를 놓아두고 군주가 회계 계책인 궤수軌數를 써 물산을 통제하지 않으면 부상대고가 이를 대신하게 됩니다. 그들 수중에 화폐가 집중돼 재력을 자랑하게 되면 백성은 농사로 이득을 얻으려 하지 않습니다. 이는 군주의 실책입니다."

'별궤 지모'는 앞에 나오는 '국궤지모'의 연장선상에 있다. 회계 내용을 종류별로 나눠 해당 지역의 생산과 수급관계 등을 비교해 살피는 별궤別軌를 마련하는 게 골자이다. '별궤'는 말 그대로 '국궤'의 특수한 경우를 말한다. 소택지沼澤地, 산지山地, 와지窪地, 지당池塘이 관리 대상이다. '별궤'를 잘 관리하면 많은 수익을 얻을 수 있고, 굳이 백성에게 직접 세금을 걷지 않아도 된다고 언급한 점에 주목할 필요가 있다. 「구부」편의 논지가 그렇듯이 인민의 생산의욕을 고취하면서 가장 효율적인 재정확충 방략을 주문한 것이다. 염철 전매의 취지와 꼭 같다. 재화의 생산과 수급, 유통 등을 통제하지 않으면 부상대고가 그 틈을 노려 폭리를 취하게 된다고 언급한 게 그렇다. 『관자』의 키워드인 '경세제민'과 '부국강병'이 부상대고를 비롯한 힘 있는 자들의 폭리를 근절하는데서 출발하고 있음을 거듭 확인할 수 있다.

3. 대괘지모大軌之謀 종합적인 회계 수치를 구하라

제환공이 관중에게 물었다.

"회계 계책인 궤수軌數를 쓰려면 구체적으로 어찌해야 하오?"

관중이 대답했다.

"이를 은밀히 추진하지 않으면 부상대고가 이를 알고 먼저 군주를 통제하려 들 것입니다."

"그 말은 무슨 뜻이오?"

관중이 대답했다.

"우선 어떤 향리의 논밭은 얼마이고, 인구는 얼마나 되고, 길쌈을 하는 여인은 어떠하며 옷을 만들고 남은 옷감은 얼마인지 등을 묻습니다. 또 각 주리州里를 순시하면서 논밭은 얼마나 되고, 인구는 얼마이고, 곡물의 과부족 상황은 어떠한지 등을 묻습니다. 이때 논밭의 규모와 수확량 및 소비되는 곡물의 규모에 대한 보고가 올라올 것입니다. 이를 비교조사하며 통계를 내면 회계의 기준 수치를 얻을 수 있습니다. 이를 일컬어 종합적인 회계 수치인 대괘大軌라고 합니다. 연후에 '대궤'를 기준으로 재화와 전폐를 유통시키면 됩니다.

소비하고도 남을 정도의 곡물을 생산한 농가에 대해서는 관부에서 잉여 곡물을 매수하면서 전폐로 값을 지불합니다. 부자 등의 대가大家에게는 많이 주고, 서민인 소가小家에게는 조금만 줍니다. 산간의 밭 등 비옥도가 떨어지는 하지와 중지를 경작하는 일반 농가에 대해서도 전폐를 빌려주어 기본적인 생활을 이어갈 수 있도록 해줍니다. 풍년이 들어 오곡의 수확이 많으면 상지를 경작하는 농부에게 말하기를, '나라에서 빌려준 액수는 얼마이고, 지금 향리의 곡물가격은 얼마이고, 10분의

7은 곡물로 돌려받고 나머지는 전폐로 대신하겠다.'고 말합니다. 그러면 시중에 곡물이 줄어들어 곡물가격은 올라가고, 전폐의 가치는 떨어지게 됩니다.

상지의 잉여 곡물이 관부의 수중에 있으면 중지와 하지의 곡물은 잉여분이 없는 까닭에 곡물가격은 이내 10배로 뛰어오르게 됩니다. 하지를 경작하는 농부는 관부에서 부족분을 구휼해 주는 까닭에 큰 손실을 입지는 않습니다. 상지의 잉여 곡물을 관부가 쟁여두고 있는 한 곡물가격은 앉은 자리에서 곧바로 10배로 뛸 수밖에 없습니다. 여인들이 짠 베와 비단 등의 포백布帛은 국용國用에 부합할 경우 관부에서 일괄적으로 수매해 조달합니다. 이때 포백의 가격을 시가로 계산해 주면서 말하기를, '지금 관부에는 전폐가 바닥났고, 곡물만 있다. 대금을 같은 가격의 곡물로 환산해 일괄적으로 지급할 것이다.'라고 합니다. 곡물로 포백의 값을 지불하면 나라에서 필요로 하는 포백에 대한 수요는 자연스레 해결됩니다.

곡물이 시장에 많이 나와 가격이 원래 수준으로 돌아가면 관부는 다시 회계 수치를 참고해 전폐를 대여하는 방식으로 곡물을 국고로 흡수합니다. 그러면 곡물가격이 다시 10배로 뛰어오르게 됩니다. 예컨대 먼저 부호와 대금업자들에게 말하기를, '군주가 장차 각 지역을 순시하려 한다. 그대들이 일부 비용을 추렴해 부담토록 하라.'고 합니다. 또 순시하는 길에 있는 각 현에 통고하기를, '부가富家는 보유한 잉여 곡물을 함부로 시장에 내놓지 말라. 순시하는 도중 식량이 달리면 인마人馬에 필요한 곡물을 백성들로부터 빌릴 것이다.'라고 합니다. 사방의 주변 현 모두 그 영향을 받아 곡물을 시장에 내놓지 않게 되면 곡물가격이 다시 앉은 자리에서 10배로 뛰어오르게 됩니다. 이때 관부는 부잣집과 대금업자에게 명하기를, '부가에서 빌린 전폐는 모두 같은 가격의 곡물로 환산해 일괄적으로 상환할 것이다.'라고 합니다. 그러면 곡물가격은 내려가고, 전폐의 가치는 오르게 됩니다. 전국 모든 도시와 현에 이 방식을 그대로 도입하면 각 지역의 곡물가격이 앉은 자리에서 모두 10배로 뛰어오를 것입니다. 연후에 가격이 올라간 곡물로 전에 빌린 곡물을 상환하면 됩니다.

그러면 국내에 유통되는 전폐 가운데 9할이 관부로 귀속되고, 1할만 민간 사이에 유통됩니다. 그 여파로 화폐가치가 올라가고 물가가 내려가면 필요한 재화를 수매해 국고에 비축하면서 값이 올라간 화폐로 그 대금을 지불합니다. 화폐가 민간에 널리 통용되고, 재화가 관부의 수중에 있으면 해당 재화의 가격은 10배로 뛰어오르게 됩니다. 이때 관부가 다시 시장가격으로 재화를 내다 팔면 물가가 다시 내려가고, 이런 수매 과정을 반복하면 모든 재화는 일정한 가격에서 평형을 이루게 됩니다. 회계를 통한 물가의 평준 계책은 시장가격이 균형을 이루기 전에 미리 진행돼야 성공을 거둘 수 있습니다. 군주가 정령을 발해 재화를 수매하고 방출하는 방식으로 재정을 충당하면 굳이 백성에게 강제로 세금을 징수할 필요가 없습니다. 이를 일컬어 회계를 통해 국가경제 전체를 통제하는 계책이라고 합니다."

'대궤**지모**'는 회계를 통해 국가경제 전반을 통제하는 '국궤지모'의 핵심을 언급한 것이다. 그게 바로 경작지와 인구, 곡물의 수량 등을 비교조사하며 통계를 낸 종합적인 회계 수치인 '대궤'이다. '대궤'를 기준으로 재화와 화폐를 유통시키는 게 관건이다. 실물경제와 화폐경제를 일치시켜 재화의 가격을 안정시키고 재정을 튼튼히 하고자 한 것이다. 주목할 것은 '대궤'에 입각해 국가경제 전반을 통제할 경우 반드시 곡물가격과 화폐의 유통을 연계시켜 차익을 모두 국고로 환수하고, 부상대고가 개입할 여지를 주지 말아야 한다는 점이다. 예컨대 물가가 내려가면 필요한 재화를 수매해 국고에 비축하면서 값이 올라간 화폐로 그 대금을 지불하는 식이다. 모든 재화의 가격을 일정하게 유지해 민생의 안정을 꾀하고자 한 것이다. 사마천이 『사기』「평준서」에서 역설한 평준不準의 이념과 꼭 같다. 「평준서」의 사상적 연원을 거슬러 올라가면 '대궤지모'에 닿게 된다. 사마천을 상가사상의 집대성자로 보는 이유다.

4. 천재지모天財之謀 천연자원을 체계적으로 관리하라

제환공이 관중에게 물었다.

"백성에게 군이 세금을 걷지 않고도 과연 재정을 충족시킬 수 있는 것이오?"

관중이 대답했다.

"국궤의 방법을 동원해 좋은 시기를 택해 천연자원인 천재天財를 관리하면 재정은 절로 충족됩니다. 군이 백성에게 무엇을 더 요구하겠습니까!"

"어떻게 '천재'를 관리한다는 것이오?"

관중이 대답했다.

"봄에 백성을 농사와 요역으로 바쁘게 만들고, 여름과 가을과 겨울에는 '천재'의 일부를 봉금封禁하거나 개발開發하는 방식으로 접근하면 됩니다. 이들 모두 부상대고가 시기時機를 틈타 폭리를 거두는 대상입니다. 이들은 물가가 위아래로 출렁일 때 매점매석을 통해 빈자의 재리를 빼앗습니다. 군주는 반드시 사계절의 시기에 맞춰 재화의 수급을 통제하는 사무四務를 행해야 합니다."

"구체적으로 무엇을 '사무'라고 하는 것이오?"

관중이 대답했다.

"봄에 백성이 필요로 하는 생산용 물자를 군주가 미리 준비해 두고, 여름과 가을과 겨울 역시 같은 방식으로 미리 준비해 두는 것을 말합니다. 예컨대 봄에는 농사의 시기를 감안해 미리 겹옷을 준비합니다. 여름에는 적삼을 비롯해 삽과 채롱, 새끼줄, 삼태기, 자루, 대광주리, 밥통, 볏단 등의 농기구를 준비합니다. 이때 이들 농기구를 몇 사람이 며칠 동안 필요로 하는지 등을 통계 냅니다. 또 영농자금이 없는 농가는 필요로 하는 농기구를 관부에서 대여해준 뒤 농사철이 끝나면 다시 돌려받고, 차용증을 없앱니다. 이같이 하면 노력勞力은 백성에게서 나오고, 생산물은 군주에게 나오는 게 됩니다. 봄철 가장 바쁜 10일 동안 파종을 방해하지 않고, 여름철 가장 바쁜 10일 동안 김매기를 방해하지 않고, 가을철 가장 바쁜 10일 동안 수확을 방해하지 않고, 겨울철 가장 바쁜 20일 동안은 경지정리를 방해하지 않으면 됩니다. 이를 일컬어 시기에 맞춰 농사를 짓는 시작時作이라고 합니다."

'천재天財'은 천연자원의 보존문제를 집중적으로 다루고 있다. 부상대고가 천연자원의 물가가 출렁일 때 이를 틈타 폭리를 취하는 것을 제도적으로 차단하는 게 관건이다. 계절에 따라 농민들의 생산과 수확 활동을 적극 돕고 나서야 한다고 역설한 이유다. 시기에 맞춰 농사를 짓는 시작時作을 고취하는 게 핵심이다.

21세기 G2시대의 관점에서 볼 때 '천재지모'의 이치를 적극 활용하고 있는 회사가 세계시장 점유율 1위 회사인 다국적 곡물기업 카길이다. 쌀, 밀, 옥수수, 콩 등 모든 종류의 농산품을 취급하며 2013년 매출만 136조원을 상회했다. 세계 곡물시장 점유율이 40%를 상회한다. 주목할 것은 세계에서 가장 많은 기상위성을 보유한 미국이 카길과 같은 거대 곡물회사와 연결돼 최신의 기상정보를 공유하는 점이다. 곡물은 늘 기상의 영향을 받을 수밖에 없다. 남보다 빨리 정확한 기상정보를 손에 넣으면 곡물을 미리 비축하거나 방출하는 등 여러 대안을 사전에 검토해 이익을 극대화하거나 손해를 극소화할 수 있다. 더구나 이런 고급 기상정보는 모두 비공개이다. 카길이 세계 최대의 곡물회사로 성장한 것도 이와 무관할 수 없다. 관자가 '부상대고가 시기時機를 틈타 폭리를 거두는 대상이다.'라고 말한 것도 바로 이런 거대 공룡기업의 전횡을 우려했기 때문이다.

5. 궤관지모軌官之謀 회계전담 관서를 세워라

제환공이 관중에게 물었다.

"좋은 말이오. 내가 회계전담 관서인 궤관軌官를 세우고자 하는데 어찌하는 게 좋소?"

관중이 대답했다.

"염철鹽鐵의 전매 계책을 이용하면 됩니다. 거기서 나온 자금으로 쉽게 회계전담 관서를 세울 수 있을 것입니다."

"거기서는 어떤 일을 하는 것이오?"

관중이 대답했다.

"소금이 나는 동해의 용하龍夏 일대의 상지上地는 황금 9천근을 풀어 전폐를 황금의 보조 화폐로 쓰도록 만드십시오. 부자 등의 대가大家에게는 황금을, 농가 등 소가小家에게는 전폐를 빌려줍니다. 또 기산岐山 주변에서 쟁구崢丘의 서쪽 새구塞丘에 이르는 지역은 모두 산지가 모여 있는 하지下地입니다. 이곳은 빈부의 정황을 잘 살펴 전폐의 대여 규모를 조절합니다. 수릉壽陵 주변에서 동쪽 소사少沙에 이르는 지역은 모두 중지中地입니다. 이곳에서는 전폐의 유통을 장악한 뒤 대가에게는 황금을, 소가에게는 전폐를 빌려주도록 하십시오. 이들 3곳에서 나오는 곡물을 모두 손에 넣고 적절히 조절하면 곡물가격을 20배로 올릴 수 있습니다. 양산梁山과 위수渭水를 비롯해 쇄양瑣陽 일대에서 생산된 우마가 제나라 평원에 널리 퍼져 있습니다. 사육 두수와 햇수 및 크기 등을 살핀 뒤 말하기를, '군대와 전차부대 편성에 쓰기 위해 그대들의 우마를 사들이고자 한다. 다만 전폐가 떨어져 같은 가격의 곡물로 환산해 지불토록 하겠다.'고 합니다. 그러면 저렴했던 우마의 가격은 오르고, 비싼 곡물가격은 떨어집니다. 대가와 소가가 우마 사육 대금으로 받은 곡물을 시장에 내다 팔면 곡물가격은 평균 수준으로 돌아오고, 우마는 완전히 국가 소유가 됩니다."

'**궤관**'지모'는 회계를 전담하는 관서인 '궤관'의 설치 및 활용에 관한 방략을 얘기하고 있다. 염철의 전매 이익을 활용해 관서를 설치하고, 지역별로 다양한 화폐정책을 구사해 곡물 가격을 조절할 것을 주문하고 있다. 지역별 특성을 감안해 정교한 화폐정책을 구사하는 게 관건이다. 곡물가격의 안정을 꾀하면서, 동시에 그 차익으로 재정을 충당코자 하는 것이다. 두 마리 토끼를 동시에 잡는 방안에 해당한다. 사마천도 『사기』「화식열전」에서 지역별 특성과 특산물을 논하면서 다양한 정책을 강구할 것을 주문했다.

6. 속죄지모贖罪之謀 벌금을 활용하라

관중이 제환공에게 말했다.

"청컨대 요역을 태만히 하면 벌금을 내 속죄贖罪토록 하고, 남의 경지를 겸병하면 원상을 회복케 하십시오. 경지 보유의 상한에 못 미칠 때는 제외하되, 나머지 경우는 예외 없이 적용토록 하십시오. 이같이 하면 속죄금 등을 이용해 전마戰馬를 1천 필 이상 쓸 수 있고, 나라에서 필요로 하는 전차도 능히 구비할 수 있습니다. 굳이 백성에게 전차와 우마를 징발할 필요가 없게 됩니다. 국내 곡물가격의 등락에 관한 결정권은 군주의 손 안에 있고, 산림과 농기구 가격의 오르내림도 군주에게 달려 있고, 계절적 원인에 따른 물가의 등락도 군주에게 달려 있습니다. 군주가 농지를 순시하다가 농지 한가운데 나무가 심어져 있는 것을 본 적이 있을 것입니다. 이를 일컬어 곡물 생산에 손해가 되는 곡적穀賊이라고 합니다. 집 주변에는 뽕나무를 심어야 하고, 뽕나무가 아닌 다른 나무를 심으면 이는 부녀자의 양잠에 방해가 됩니다. 집을 짓거나 기계를 만들 때 소요되는 자재는 나라의 산림자원이 아니면 달리 얻을 곳이 없습니다. 연후에 군주는 산림의 목재에 가격을 3등급으로 나눠 선포하기를, '나무의 굵기가 한 주먹 이하이면 땔나무, 한 줌 이상이면 건물 개축용 자재, 세 아름 이상이면 관곽으로 쓰도록 하라.'고 합니다. 이어 땔나무와 건물 개축용 자재, 관곽용 자재의 가격이 각각 얼마인지를 정합니다."

　　　　지모'는 속죄금贖罪金을 적극 활용해 부국강병을 달성할 것
'속죄'을 주문하고 있다. 속죄금을 전마와 전차 등의 군비 구입 비용에 충당하는 게 그렇다. 이때 역시 곡물가격의 등락에 관한 결정권을 손에 넣고 목재나 농기구의 가격을 조절하는 정교한 대응이 필요하다. 목재를 종류별로 구분해 땔나무와 건물 개축용 자재, 관곽용 자재의 가격을 정하는 식이다. 주의할 것은 가격을 멋대로 정하는 게 아니라 수급 현황 및 수송상의 난이難易 등을 종합적으로 감안해야 하는 점이다. 궁극적인 목적은 말할 것도 없이 재화의 안정적인 공급과 민생 안정이다. 재정확충은 부상대고의 폭리를 막는 것으로 절로 이뤄진다. 「구부」에 나오는 모든 계책이 그렇다.

7. 중장지모重葬之謀　부자의 후장에 무겁게 과세하라

관중이 제환공에게 말했다.

"염철의 전매를 통해 수익을 얻는 방식으로 회계 작업을 진행하면 곡물을 국고에 비축한 뒤 가격을 1에서 10으로 올릴 수 있습니다. 그러면 군주는 능히 유통되는 재화의 10분의 9를 통제할 수 있습니다. 백성은 먹고 입는 의식衣食 문제가 해결돼야 원망을 품지 않습니다. 경지에 매기는 세금인 전부田賦를 면제하고, 대신 목재 가격을 통해 산림자원의

이용에 세금을 매깁니다. 또 매우 부유한 거가巨家의 친속에 대한 중장重葬에는 세금을 무겁게 물리고, 대신 살림살이가 빠듯한 소가小家의 친속에 대한 비장非葬에는 세금을 가볍게 합니다. 이어 거가의 화미華美한 건물 신축과 개축에는 세금을 무겁게 물리고, 소가의 누추한 오두막 신축과 개축은 세금을 가볍게 합니다. 군주가 국내에 통용되는 재화에 대해 회계의 기준 수치를 확립하면, 백성의 빈부에 대한 조절은 마치 군주가 먹줄을 이용해 제어하는 것과 같게 됩니다. 이를 일컬어 국가차원의 회계 계책이라고 합니다."

‘중장지모'에서는 빈부의 차이에 따른 차별적인 누진과세를 얘기하고 있다. 중장重葬은 후장厚葬, 비장非葬은 박장薄葬과 같은 말이다. 고금을 막론하고 ‘중장'은 부유한 자들의 전유물과 같다. 공자도 어렸을 때 부모를 잇고 가난한 살림 탓에 ‘비장'을 해야만 했다. 빈민 출신인 명태조 주원장도 끼니를 잇지 못할 정도로 빈한했던 까닭에 부모상을 ‘비장'으로 치렀다. ‘중장'을 행하는 강남의 사대부들에게 원망怨望을 품게 된 배경이다. 주원장이 보위에 오른 뒤 강남의 부자들에게 무거운 세금을 매긴 것도 이와 무관치 않다.

주원장이 ‘중장지모'의 취지를 알고 그랬는지 여부는 알 수 없으나 결과적으로 건국 초기에 대대적으로 ‘중장지모'를 시행한 셈이다. 고금을 막론하고 부귀한 자들의 거만한 행보를 방치하는 것은 적잖은 문제가 있다. 그 정도가 심해지면 통치기반이 흔들리게 된다. 모든 왕조가 건국 초기에 균부均富 이념을 전면에 내세우는 이유다. 주원장의 경우 비록 도가 지나쳐 잔혹한 학살로 진행되기는 했으나 빈민 출신인 자신의 탁발托鉢 행각을 조롱한 강남의 사대부들을 엄벌에 처한 것은 나름 일리가 있다. 이른바 문자지옥文字之獄이 그것이다. 청조의 강희제와 옹정제 등도 '문자지옥'을 행하기는 했으나 참상의 규모로 볼 때 주원장의 '문자지옥'은 전례가 없는 것이었다.

제5의
산권수山權數 7모 - 자원 개발을 도모하라

1. 천권지모天權之謀 가뭄과 홍수에 대비하라

제환공이 관중에게 청했다.

"청컨대 시의에 따른 이재理財의 계책인 권수權數에 관해 묻고자 하오."

관중이 대답했다.

"하늘은 시령時令, 땅은 재원財源, 사람은 능력能力, 군주는 정령政令을 적극 활용해 사물을 조화시키는 저울인 권형權衡으로 삼습니다. 하늘의 권형인 천권天權이 시령을 잃으면 사람의 권형인 인권人權과 땅의 권형인 지권地權 모두 능력과 재원을 잃게 됩니다."

제환공이 물었다.

"어째서 천권이 무너지면 인권과 지권도 무너진다고 하는 것이오?"

관중이 대답했다.

"은나라 탕왕의 치세 때 7년 동안 큰 가뭄이 있었고, 하나라 우왕의 치세 때 5년 동안 큰 홍수가 있었습니다. 백성은 먹을 게 없어 자녀를 팔기도 했습니다. 탕왕은 장산莊山에서 나는 금속으로 화폐를 주조해 먹을 게 없어 자녀를 파는 백성을 구했습니다. 우왕은 역산歷山에서 나는 금속으로 화폐를 주조해 먹을 것이 없어 자녀를 파는 백성을 구했습니다. 이처럼 천권이 무너져 홍수와 가뭄이 나면 인권과 지권 역시 능력과 재원을 상실하고 맙니다. 왕자王者가 해마다 곡물 수확량의 10분의 3을 3년 남짓 비축하면 대략 1년 치 곡물을 모을 수 있습니다. 이를 37년 동안 지속하면 11년 치 곡물을 모으게 됩니다. 수확량의 3분의 1 비축은 백성을 크게 상하게 만드는 수준은 아닙니다. 오히려 농부들로 하여금 농사를 더욱 소중히 여겨 열심히 경작토록 만듭니다. 설령 천권이 무너져 가뭄과 홍수가 날지라도, 백성이 길에서 아사하거나 문전걸식하는 일은 일어나지 않을 것입니다. 이것이 바로 시령을 제어하며 천권에 대비하는 계책입니다."

'천권 지모'에서는 「구부」편 '산권수'를 관통하는 키워드인 권변權變의 계책을 언급한 것이다. '권변'은 상황변화에 따른 임기응변의 계책을 말한다. 여기서는 천권天權과 지권地權, 인권人權을 두루 얘기하고 있으나 가장 중요한 것은 하늘의 저울인 '천권'이다. 천권은 통상 장마와 가뭄 등의 모습으로 나타난다. 탕왕과 우왕 등의 사례를 든 것은 가뭄과 홍수의 폐해가 국가의 흥망을 좌우할 정도로 심각한 타격을 가했기 때문이다. '천권지모'가 제시한 해법은 일련의 화폐정책을 통한 곡물의 비축이다. 모두 가뭄과 홍수 등의 재해에 따른 흉년에 대비코자 한 것이다.

21세기라고 이런 이치가 변할 리 없다. 지난 1970년대 중반까지만 해도 남한보다 잘 살았던 북한이 세계 최빈국으로 전락해 지난 1990년대에 이른바 '고난의 행군' 때 수백만 명이 아사한 게 그 증거다. 당시 김정일이 이끄는 북한 정권은 국제적으로 고립된 데다 자연재해까지 겹치자 식량을 구할 길이 없어 수백만 명의 아사자가 발생하는데도 손을 쓸 길이 없었다. 일련의 화폐정책을 통한 식량의 비축을 역설한 '천권지모'를 소홀히 한 탓이다. 객관적으로 볼 때 김일성의 항일 빨치산 운동에서 따왔다고 하는 '고난의 행군' 구호는 계속되는 경제난과 기아를 호도하기 위해 주민들의 일방적인 희생을 강요한 사기극에 지나지 않았다. 2014년 가을에 이르러 3대 세습의 김정은 정권이 완연한 패망 조짐을 보이는 것도 이런 맥락에서 이해할 수 있다.

2. 국권지모國權之謀 천재지변과 인재를 모두 대비하라

제환공이 관중에게 물었다.

"내가 장차 천권과 인권 및 지권의 3권三權 계책을 행하고자 하는데, 어찌하면 좋소?"

관중이 대답했다.

"양산梁山 남쪽에서 나는 염료용 꼭두서니 풀과 화폐로 사용되는 옥석玉石 모두 다른 곳에서는 구할 수 없는 것입니다. 이를 이용해 곡물을 비축하면 됩니다. 1년에 수확량의 10분의 1을 5년 동안 비축하면 비축한 곡물가격을 10배로 끌어올릴 수 있습니다. 또 화폐를 주조하기 위해서는 동광을 개발해야 하는데 이때는 곡물의 2년 치 비축량을 풀어 인부를 모집한 뒤 구리를 채굴하고 동의 제련소를 만들면 됩니다. 이어 타국과 협력해 물가를 조절해야 합니다. 재화의 가격이 다른 곳보다 높으면 외부에서 들여와 가격을 낮추고, 낮으면 재화를 외부로 유출시켜 가격을 높입니다. 이같이 하면 해당 재화의 가격을 타국과 맞출 수 있습니다. 재화를 밖으로 유출시키기만 하면 재화에 대한 통제권을 잃는 실권失權, 재화를 들여오기만 하면 부상대고에게 폭리만 안겨주는 실책失策을 초래하게 됩니다. 군주가 홍수와 가뭄을 미리 대비하지 않으면 백성은 각자 방비책을 강구합니다. 그러면 부유한 백성이 가난한 백성을 노비처럼 부리게 됩니다. 이를 금하기 위한 형벌이 잇달아 등장하고, 나라를 어지럽히는 동란이 빚어지는 배경이 여기에 있습니다. 빈부의 격차가 더욱 벌어지고, 정령을 좇지 않는 부자의 존재가 빈자보다 더욱 위험해지고, 창고에 비축한 곡물이 빈자에 대한 구휼 등으로 텅 비게 되는 것도 이 때문입니다. 모두 3권을 잃는 탓입니다."

"어찌해야 3권의 계책을 차질 없이 행할 수 있는 것이오?"

관중이 대답했다.

"풍년일 때도 수확량의 절반을 비축하고, 흉년일 때도 절반을 비축해야 합니다."

"흉년일 때는 구휼에 나서야 할 터인데, 어찌하여 절반을 비축해야 한다는 것이오?"

관중이 대답했다.

"흉년이 들면 곡물가격이 쉽게 올라 1이 10이 되고, 10이 100이 됩니다. 흉년 때의 곡물가격으로 풍년 때의 곡물을 조절해야 하는 이유입니다. 흉년 때는 동일한 양으로 풍년 때 사들인 가격의 10배를 받을 수 있고, 풍년 때는 동일한 가격으로 흉년 때 내다판 곡물의 10배를 사들일 수 있습니다. 결국 본전인 1을 빼면 9가 차익으로 남는 셈입니다. 이런 식으로 풍년의 곡물 유통을 통제하면 3권을 모두 군주의 수중에 넣을 수 있습니다. 이를 일컬어 천권과 인권 및 지권에 기초해 국가차원에서 대비하는 권형인 국권國權이라고 합니다."

'국권' 지모'는 천권과 지권 및 인권을 종합한 국권國權의 계책을 언급하고 있다. '국권'은 일련의 화폐정책으로 흉년을 대비한 곡물을 비축함으로써 민생의 안정을 꾀하고 부자의 빈자에 대한 착취를 원천적으로 차단해 국가의 기반을 튼튼히 하는 것을 의미한다.

주목할 것은 자국 시장의 물가와 타국 시장의 물가를 비교해 균형을 유지해야 한다고 주문한 점이다. 재화의 가격이 타국보다 높으면 외부에서 들여와 가격을 낮추고, 낮으면 재화를 외부로 유출시켜 가격을 높이는 식이다. 이를 소홀히 하면 재화가 일방적으로 유출돼 재화에 대한 군주의 통제권을 잃는 실권失權, 재화가 일방적으로 유입돼 부상대고에게 폭리만 안겨주는 실책失策을 초래하게 된다. 이는 21세기에도 그대로 적용되는 이치이다. 정치와 경제를 하나로 녹인 계책을 구사해야만 '실권'과 '실책'을 막을 수 있다. 관중을 효시로 하는 '상가' 사상의 위대한 면모가 여기에 있다.

실제로 지난 2008년에 터져 나온 월스트리트 발 금융위기는 정치가 경제와 유리된 채 부상대고에게 폭리만 안겨주는 정책을 지속한데 있다고 해도 과언이 아니다. 이는 여러모로 1930년대의 대공황과 닮았다. 대공황 당시에도 예금주의 급작스런 출금으로 인해 은행들 모두 보유자산을 투매하는 상황이 빚어졌다. 자산가격의 급락과 함께 은행의 지불정지와 도산이 초래된 배경이다. 2008년의 금융위기 때와 꼭 닮았다. 당시 은행들은 유동성 확보를 위해 은행 간 거래에서 앞 다투어 대출 회수에 나섰다. 은행의 보유자산 매각이 급증함에 따라 자산 가격이 급락하고 결국 은행의 파산으로 이어진 게 그렇다. 일각에서 IMF환란을 포함해 2008년의 금융위기에 이르기까지 유태인 금융자본의 농간으로 보는 것도 이와 무관치 않다. 유동성을 극대화해 '버블'을 키워 놓았다가 갑자기 긴축기조로 돌아서면서 채권을 회수해 금융시장을 교란하는 패턴이 동일하기 때문이다.

3. 국제지모國制之謀 재정정책으로 나라를 다스려라

제환공이 관중에게 물었다.

"청컨대 치국과 관련된 재정정책인 국제國制에 대해 묻고자 하오."

관중이 대답했다.

"나라는 고정된 정책이 없지만, 땅은 생산량이 일정합니다."

"'나라는 고정된 정책이 없지만, 땅은 생산량이 일정하다.'는 말은 무슨 뜻이오?"

관중이 대답했다.

"상지上地인 고전高田은 10석, 중지中地인 한전閒田은 5석, 하지下地인 용전庸田은 3석을 생산합니다. 나머지는 모두 곡물을 생산하지 못하는 황전荒田에 속합니다. 100무畝의 땅은 농부 1인의 힘으로 경작할 수 있습니다. 상지인 고전의 곡물가격을 1로 하면 중지인 간전의 곡물가격은 10, 하지인 용전의 곡물가격은 30, 황전의 곡물가격은 100이 됩니다. 곡물의 유통을 통제할 수 있으면 100무에서 얻은 수입이 통제하지 않은 상황에서 얻는 1천무의 수입보다 더 많게 할 수 있습니다. 그러면 국력 면에서 백승지국이 천승지국, 천승지국이 만승지국에 필적하는 이유가 여기에 있습니다. '땅은 생산량이 일정하고, 나라는 고정된 정책이 없다.' 고 말한 것은 바로 이 때문입니다."

"좋은 말이오."

관중이 말했다.

"지금 소국은 대국이 되고자 하고, 대국은 천하를 통일코자 합니다. 그러나 이는 국가차원의 권형인 국권國權의 계책에 통달하지 않으면 이룰 수 없는 것입니다."

"지금 당장 '국권'의 계책을 시행하려면 어찌해야 하오?"

관중이 대답했다.

"군주는 좁은 영토로 광대한 영토에 필적하는 계책인 광협지수廣狹之數에 통달하면 영토가 좁다고 하여 영토가 광대한 나라를 두려워하지 않을 것입니다. 또 물가를 조절해 재정을 확충하는 계책인 경중지수輕重之數에 통달하면 재화가 적다고 하여 재화가 많은 나라를 두려워하지 않을 것입니다. 이것이 국가대책의 요체입니다."

'국궤'지모'는 재정정책인 '국제' 문제를 거론하고 있다. 한정된 땅에서 생산되는 재화의 양은 일정한데 반해 재정정책을 통해 그 규모를 대폭 확대할 수 있다는 게 골자이다. 좁은 영토로 광대한 영토에 필적하는 계책인 광협지수廣狹之數와 물가를 조절해 재정을 확충하는 계책인 경중지수輕重之數를 꿰는 게 관건이다. 관자는 소국이 대국으로 발돋움하고, 대국이 천하를 통일하는 방략이 여기에 있다고 단언했다. 그는 구체적인 방안으로 곡물의 유통을 통제해 100무畝에서 얻은 수입을 통제하지 않는 상황에서 얻는 1천무의 수입보다 더 크게 하는 방안을 제시했다. 이는 곡물의 수급을 조절해 가격의 등락을 의도하는 바대로 이끄는 것을 의미한다.

앞서 얘기한 것처럼 세계 최대의 곡물기업인 카길이 바로 국가를 대신해 이런 작업을 대신함으로써 천문학적인 부를 쌓고 있다. 국고國庫로 들어갈 부가 사고私庫를 채우고 있는 셈이다. 지난 2014년 7월 《포브스》에 따르면 '카길&맥밀런 가문'이 보유한 재산은 43조원에 달한다. 미국에서 4번째로 돈이 많다. 이 회사는 지난 1865년 윌리엄 카길이 세웠다. 카길이 무리하게 사업을 확장하다 부채가 급증하자 사위인 존 맥밀런이 회사를 인수해 카길&맥밀런 가문이 탄생했다. 이 가문이 회사 지분 88%를 보유하고 있다. 기업 이익이 곧 가문의 부로 이어지는 구조다. 이들은 부를 축적하는 과정에서 지나치게 사익을 추구한다는 비판을 받았다. 지난 2003년 WTO 협상에서 카길이 내놓은 의견이 미국 정부안에 그대로 반영되자 일부 사람들은 WTO 협상은 '카길 협상'이라고 비판한 바 있다. 시장 지배력을 이용해 싼 값에 곡물을 사들여 비싸게 판다는 지적이다. 고령화 속도가 빨라진 일본이 생산량 감소분을 카길 등을 통해 문제를 해결하고 있다며 긍정적인 평가를 내리는 견해도 있기는 하다. 곡물업계의 슈퍼리치 카길&맥밀런 가문이 지니고 있는 야누스의 얼굴이다.

4. 준도지모准道之謀 모든 재화의 물가를 고르게 하라

제환공이 관중에게 물었다.

"천하를 통일하고 해내海內를 신복臣服케 만들어 오래도록 칭송을 받고자 하는데, 과연 그런 계책이 있는 것이오?"

관중이 대답했다.

"있습니다. 정답을 말하면, '먼저 회계 계책인 궤수軌數를 통해 모든 곡물의 생산과 유통의 총량을 계량화하고, 또 평준平準의 계책을 통해 재화의 유통을 원활히 함으로써 가격을 평준화하고, 이어 시장가격이 형성되기 전에 경중輕重의 계책을 구사해 재정을 튼튼히 하는 식으로 경제 전반을 통제하면 능히 성공을 거둘 수 있다.'고 하겠습니다. 국고에 비축해 놓은 재화의 가치가 1에서 10으로 뛰면 본전을 뺀 9를 국용國用에 쓸 수 있습니다. 정령의 완급과 경중의 계책을 적절히 운용하면 비축한 재화의 가치를 1에서 10, 10에서 100으로 늘릴 수 있습니다. 이들 계책을 통해 얻은 전체 차익 가운데 10분의 4는 비축하고, 10분의 5는 계속 재화를 구입하는데 사용하면 됩니다. 모두 군주가 재화를 방출하거나 수매하는 결색決塞의 규모에 달려 있습니다."

제환공이 물었다.

"'결색'은 구체적으로 무엇을 말하는 것이오?"

관중이 대답했다.

"군주가 인애仁愛를 고창하지 않으면 백성은 서로 돕지 않을 것이고, 군주가 부자자효父慈子孝를 고창하지 않으면 백성은 친인척을 소홀히 대하거나 실수를 저지르게 될 것입니다. 이는 국가동란의 단초에 해당합니다. 군주는 재화유통의 차익으로 만들어진 재정수입의 10분의 1을 써서 인효仁孝를 기리는 안내문을 내걸고 표지판을 높이 세운 뒤 향리의 효자들에게 예물을 보내 격려하고, 효행을 실천한 경우 형제의 다소를 막론하고 모두 병역을 면제해 줍니다. 이런 식으로 인효를 권장하면서 비축한 재물을 널리 베풀면 백성은 예의염치를 중시하면서 재화를 가벼이 여기게 됩니다. 나라는 이 틈을 이용해 경중의 계책을 구사합니다. 그러면 시중에 유통되는 전체 재화의 절반 이상을 국고에 비축할 수 있습니다. 비축한 재화의 10분의 5를 활용해 다시 똑같은 방식으로 '결색'의 계책을 구사하면 마치 일월의 순환처럼 자연스럽게 국고를 확충할 수 있습니다. 이것이 장구히 천하를 보유하는 길입니다. 이를 일컬어 모든 재화의 물가를 고르게 만드는 평준의 이치인 준도准道라고 합니다."

'준도 지모'는 재화의 물가를 고르게 만드는 평준의 이치를 언급한 것이다. '준도'는 재화의 가격이 오를 때 방출하고 내릴 때 수매하는 이른바 결색決塞을 달리 표현한 말이다. '결색'은 크게 3가지 단계로 이뤄진다. 첫째, 회계 계책인 궤수軌數이다. 모든 곡물의 생산과 유통의 총량을 계량화하는 것을 말한다. 둘째, 물가를 고르게 하는 평준平準의 계책이다. 재화의 유통을 원활히 함으로써 가격을 평준화하는 것을 말한다. 셋째, 시장가격이 형성되기 전에 구사하는 경중輕重의 계책이다. 재정을 튼튼히 하는 것으로 전제로 경제 전반을 통제하는 것을 말한다. 이상 3가지 계책을 차례로 구사하면 능히 성공을 거둘 수 있다. 그게 가격의 등락에 따라 재화를 방출하거나 수매함으로써 물가를 고르게 하고 재정을 확충하는 '결색'의 계책이다. 관자는 이 계책이 천하를 장구히 보유하는 길이라고 주장했다. 이는 부상대고의 폭리를 제도적으로 차단하는 계책이기도 하다.

5. 군병지모君柄之謀 권력의 칼자루를 놓지 마라

제환공이 관중에게 청했다.

"청컨대 재정을 통해 백성을 교화하는 계책인 교수敎數에 관해 묻고자 하오."

관중이 대답했다.

"백성 가운데 농사를 잘 짓는 자, 육축을 잘 기르는 자, 식목과 조림에 뛰어난 자, 채소와 과일을 잘 심어 번성케 하는 자, 의술에 뛰어나 백성의 질병을 잘 고치는 자, 천시에 밝아 풍흉과 해당 곡물이 생장 여부를 잘 예측하는 자, 양잠에 정통해 누에를 병들지 않게 하는 자들은 모두 황금 1근 또는 이에 상당하는 곡물 8석을 상으로 내려줍니다. 국가는 그들의 지식과 경험을 소중히 여기고, 그들의 말을 잘 기록해 보존하고, 병역을 면제해주어 전업專業에 더욱 매진토록 만듭니다. 이는 재정을 통한 치국 계책의 근본입니다. 국용國用은 국가와 백성이 행하는 소비와 비축의 상호관계 속에서 충족됩니다. 이같이 한 연후에 국내 사방으로 귀천의 기준을 세우고, 정령의 완급을 조절하고, 재화의 유통을 시기에 따라 방출 또는 수매하는 식으로 경중의 계책을 통해 조절하는 등 5가지 기예技藝에 뛰어난 자를 발탁해야 합니다."

"'5가지 기예에 뛰어난 자를 발탁해야 한다.'는 말은 무슨 뜻이오?"

관중이 대답했다.

"첫째, 시문에 능한 시자詩者는 사물을 기술하는 일에 쓸 수 있습니다. 둘째, 천시에 밝은 시자時者는 그해의 풍흉을 기술하는 일에 쓸 수 있습니다. 셋째, 역사에 밝은 춘추자春秋者는 흥망성쇠를 기록하는 일에 쓸 수 있습니다. 넷째, 노제路祭 등의 제사를 주관하는 행자行者는 백성의 이해관계를 계도하는 일에 쓸 수 있습니다. 다섯째, 『역易』에 밝은 역자易者와 점복에 밝은 복자卜者는 각각 성패와 길흉을 예측하는 일에 쓸 수 있습니다. 백성 가운데 이 5가지 일에 능한 자는 말 1필로 경작할 수 있는 땅과 의복 1벌을 내려줍니다. 이는 군주를 미신에 빠지지 않게 하는 계책입니다. 5가지 기예에 능한 이들 5가五家는 일이 있을 때마다 즉각적인 해답을 제시토록 합니다. 천시에 능한 '시자'가 미리 천문기상을 일러주는 까닭에 군주는 농사의 시기를 잃는 일도 없고, 계책을 그르치는 일도 없습니다. 만물이 크게 흥성해질 것입니다. '춘추자'는 군주에게 밝은 정사를 통한 재리財利를 잃지 않게 해주고, 앞으로의 득실을 예측해 감계鑑戒로 삼게 합니다. 시문에 능한 '시자'는 인사人事의 내용을 기록하며 부당한 언사言辭와 타협치 않습니다. 노제를 주관하는 '행자'는 행로를 명확히 밝혀 옆길로 가지 않도록 돕습니다. 『역』에 밝은 '역자'와 점복에 밝은 '복자'는 길흉화복이 뒤섞이지 않도록 도움을 줍니다. 이를 일컬어 군주가 권력의 칼자루를 확고히 쥐는 군병君柄이라고 합니다."

'군병'지모'는 재정을 통해 백성을 교화하는 계책의 일환으로 나온 것이다. 백성의 교화는 군주가 권력의 칼자루를 확고히 쥐는 군병君柄이 전제돼야 가능한 일이다. 이는 농사를 잘 짓는 자에 이어 시문에 능한 시자詩者와 천시에 밝은 시자時者, 역사에 밝은 춘추자春秋者, 노제路祭 등의 제사를 주관하는 행자行者, 점복에 밝은 역자易者와 복자卜者 등 5가지 기예에 능한 이른바 5가五家를 적극 활용하는 계책으로 나온 것이다. '군병'이 있어야 이들 5가로 하여금 능력을 최대한 발휘토록 만들 수 있다. 튼튼한 재정을 배경으로 한 부국강병을 달성코자 하는 취지이다. 『한비자』「팔경」은 군주가 권력의 칼자루인 권병權柄

을 확고히 장악해야 하는 이유를 이같이 설명해 놓았다.

"인정은 좋아하고 싫어하는 두 가지 흐름이 있다. 상과 벌을 사용하는 이유다. 상벌을 쓰면 금령을 확립할 수 있다. 그러면 나라를 다스리는 도구를 완비하는 셈이다. 군주는 권력을 행사하는 권한인 '권병'을 손에 움켜쥐고 권세를 배경으로 삼는다. 그래야 금령禁令을 차질 없이 집행해 신하의 사악한 짓을 제지할 수 있다."

여기서는 금령을 차질 없이 집행키 위한 전제조건으로 거론했으나 '군병지모'는 5가를 발탁해 활용할 수 있는 전제조건으로 언급해 놓았다. 결국은 같은 말이다. 상과 벌은 원래 동전의 양면 관계를 이루고 있기 때문이다. 벌을 면제하는 게 곧 상이고, 상을 내리지 않는 게 벌이 되는 이치를 생각하면 쉽게 이해할 수 있다.

6. 수국지모守國之謀 나라를 굳건히 지켜라

제환공이 관중에게 물었다.

"군주가 권병을 쥐는 계책은 잘 들었소. 그렇다면 나라를 굳건히 지키는 수국守國의 계책은 어떤 것이오?"

관중이 대답했다.

"군주가 이미 농사에 뛰어난 자들을 관리하는 것에 이어 5가지 기예技藝에 밝은 자들을 관리할 수 있으면 다음으로 역사와 인사의 득실 및 만물의 생멸 이치에 밝은 인재를 손에 넣으면 됩니다. 그러면 군주는 이미 '수국' 계책을 구사한 것이 됩니다. 여타의 인물들은 통상적인 방법으로 관리하면 됩니다."

제환공이 물었다.

"'통상적인 방법으로 관리하면 된다.'는 말은 무슨 뜻이오?"

관중이 대답했다.

"곡물은 백성의 생명을 좌우하고, 지혜는 백성의 입신立身을 돕습니다. 군주가 지혜를 관장하면 백성은 어리석고, 군주가 어리석으면 백성이 지혜를 씁니다. 백성이 부유하면 군주는 가난하고, 백성이 가난하면 군주는 부유합니다. 이를 일컬어 마치 백성이 생산하는 곡물과 이를 활용하는 군주의 지혜가 서로 모순되고 대립하듯이 사물의 정면과 반면이 혼재한 정반正反이라고 합니다. 치국의 관건인 국기國機는 정령 발포의 완급, 군도君道는 법도를 밝히며 장악하는 도법度法, 인심의 제어는 삿된 짓을 금하는 금령의 발포인 금무禁繆에 있습니다."

"'도법'과 '금무'는 구체적으로 무엇을 말하는 것이오?"

관중이 대답했다.

"'도법'은 사람의 역량을 헤아려 공을 세우게 하는 양력거공量力擧功, '금무'는 과거의 잘못을 징계하며 앞일을 삼가 경계하는 징전비후懲前毖後를 뜻합니다. 이같이 하면 화란의 싹을 미연에 제거할 수 있고, 백성들 또한 과거의 일로 인해 걱정하거나 원한을 품는 일이 없을 것입니다."

"청컨대 인심을 제어하는 '금무'의 계책에 관해 보다 상세히 듣고자 하오."

관중이 대답했다.

"중원의 진晉나라에 어떤 불충한 신하가 심지어 군주를 시해코자 했습니다. 이를 일컬어 중대한 공적인 범죄인 공과公過라고 합니다. 진나라는 일률적으로 '공과'를 범한 자의 일족이 다시는 군주를 섬길 수 없도록 했습니다. 이는 진나라의 실수였습니다. 제나라는 '공과'를 범한 자에 대해 주모자와 방조자를 구분해 치죄治罪합니다. 사악한 자를 형벌에 처하고 선량한 자를 표창하는 것이 바로 인심을 제어하며 경계시키는 계책입니다. 이를 일컬어 국가차원에서 계율을 통해 민심을 경계시키는 국계國戒라고 합니다."

'수국지모'는 말 그대로 나라를 지키는 계책을 언급한 것이다. 이는 농사에 뛰어난 자에 이어 5가지 기예에 능한 자들을 잘 관리한 뒤 생각할 수 있는 것으로, 역사와 인사의 득실 및 만물의 생멸 이치에 밝은 인재를 손에 넣는 게 요체이다. 『관자』「경언」편의 '목민'에서 역설한 예의염치의 문화대국 건설과 취지를 같이한다. 예의염치를 아는 문화대국의 건설은 반드시 부국강병이 전제돼야 가능한 일이다. '수국지모'에서는 신상필벌信賞必罰의 원칙이 관철돼야 부국강병을 이룰 수 있다고 언급해 놓았다. '신상필벌'은 병가와 법가가 만나는 접점이기도 하다.

고금동서를 막론하고 군주가 준수해야 할 기본 책무 중의 하나가 바로 나라를 지키는 '수국'이다. 나라를 지킬 수 있어야 백성의 생명과 재산도 보호할 수 있다. 그러기 위해서는 먼저 먹고 입는 의식衣食을 가능케 하는 농사에 밝은 자를 널리 우대해 그들의 지혜를 적극 활용할 줄 알아야 한다. 이어 천시와 지리 및 인화에 밝은 5가의 지혜를 활용해야 한다. 그래야 '경세제민'과 '부국강병'이 가능하다. 마지막 단계로 역사와 인사의 득실 및 만물의 생멸 이치에 밝은 천하의 기인奇人을 과감히 발탁해 그의 지략을 적극 활용함으로써 문화대국의 건설에 나서야 한다. 그 출발점이 바로 나라를 온전히 지키는 '수국'에 있다. 21세기라고 그 이치가 달라질 리 없다. 굉음을 내고 무너져 내리고 있는 북한의 현실이 반면교사에 해당한다.

7. 승시지모乘時之謀 때맞춰 보물과 정령을 사용하라

제환공이 관중에게 물었다.

"경중輕重의 계책으로 평준平準을 달성하면 국가 차원의 권형인 국권國權의 계책은 끝나는 것이오?"

관중이 대답했다.

"아직 아닙니다. 신이神異한 보물을 운용해야만 합니다."

"'신이한 보물을 운용해야 한다.'는 말은 무슨 뜻이오?"

관중이 대답했다.

"제나라 도성 임치의 북쪽 성곽인 북곽北郭에 사는 어떤 자가 땅을 깊이 파 샘물이 나오는 곳에 이르러 신구神龜 한 마리를 얻은 적이 있습니다. 그 가치가 수백 리의 땅에 해당합니다."

"신구의 가치가 어찌하여 수백 리의 땅에 해당한다는 것이오?"

관중이 대답했다.

"먼저 신구를 얻은 북곽에 사는 자에게 사람을 보내 커다란 널빤지 위에 신구를 안치하라는 명을 내리십시오. 이어 정중히 사자를 시켜 10승의 수레에 1백금의 황금을 싣고 북곽에 사는 자의 집으로 가 명하기를, '그대에게 중대부의 관복을 입을 수 있는 영예를 내리겠다.'고 하십시오. 또 명하기를, '동해신의 자식이 신구와 비슷한데 지금 그대의 집에 살고 있다. 지금 그대에게 중대부의 관복을 평생토록 입을 수 있는 영예와 함께 황금 1백금의 보상을 내리도록 하겠다.'고 하십시오."

이로 인해 신구는 값을 매길 수 없는 보물이 되어 커다란 누대 속에 감춰졌다. 날마다 4마리의 소를 죽여 제사를 지내고, 값을 따질 수 없는 천하의 보물이라는 뜻의 '무자無貲'로 칭했다. 4년 뒤 고죽국을 칠 때 부호인 정씨丁氏가 비축한 곡물이 무려 삼군三軍이 5달 동안 먹을 수 있는 양에 달한다는 얘기를 듣게 됐다. 제환공이 곧 정씨를 불러와 이같이 말했다.

"과인에게 천하의 보물이 있다. 내가 지금 출정해야 하는 까닭에 우선 급한 대로 이 보물을 그대에게 맡기고 곡물을 빌리고자 한다."

정씨는 북쪽을 향해 군주에게 재배한 뒤 곡물은 기꺼이 내주겠으나 감히 천하의 보물은 담보로 받을 수 없다며 사양했다. 제환공이 다시 정씨에게 명했다.

"과인은 이미 늙었다. 과인의 자식들도 이 일을 알지 못하니 조용히 담보로 받아두도록 하라."

정씨가 신구를 갖고 돌아와서는 집을 개축하면서 신구를 위한 방과 자리를 특별히 마련한 뒤 깊숙이 감춰 두었다. 과연 제환공이 고죽국을 칠 때 정씨가 바친 곡물은 삼군이 5달 동안 먹을 수 있는 양이었다. 제환공은 환군한 뒤 보물의 이용 방안을 강구한 끝에 신구와 같은 보물을 재정 관리에 적극 활용하는 이른바 공구貢龜 제도를 만들었다. 무늬가 있는 거북은 7천금, 나이가 든 거북은 4천금, 흑백의 어린 거북은 1천금으로 정했다. 보물을 진공하는 '공구' 제도 덕분에 제나라는 토지 수입의 2배에 가까운 수익을 얻게 되었다. '공구'를 사용하는 기본원칙은 나라의 재정이 급박할 때는 담보물로 제공하고, 나라가 안정됐을 때는 재화의 유통을 촉진하는 도구로 사용하는 것이다. 관중이 재화의 유통을 촉진하는 방책을 언급했을 때 제환공이 물었다.

"'재화의 유통을 촉진한다.'는 말은 무슨 뜻이오?"

관중이 대답했다.

"시중에 나온 재화의 가격이 독점 내지 매점매석 등으로 인해 크게 부풀려지면 군주는 계책을 잃고 백성은 생업을 잃게 됩니다. 천하를 잘 다스리는 자는 독점이나 사기가 아닌 계책으로 재화의 유통을 통제합니다."

"'독점이나 사기가 아닌 계책으로 재화의 유통을 통제한다.'는 말은 무슨 뜻이오?"

관중이 대답했다.

"만승지국은 1만금에 달하는 보물이 없어서는 안 되고, 천승지국은 1천금에 달하는 보물이 없어서는 안 되고, 백승지국은 1백금에 달하는 보물이 없어서는 안 됩니다. 이런 보물과 완급을 감안한 정령을 섞어 쓰는 것을 두고 시기를 조절하는 승시乘時라고 합니다."

'승시' 지모'에서는 시기時機의 중요성을 역설하고 있다. 물가 조절을 포함한 모든 경제정책도 때가 있다. 그때를 놓치면 효과가 반감하거나 심지어 역효과가 날 수도 있다. 통상 기회가 왔는데도 머뭇거리며 결단하지 못하면 오히려 커다란 화를 자초할 수 있다. 국가와 기업, 개인의 경우 모두 똑같다. 평소 때가 오길 기다리며 차분히 준비해 두어야 하는 이유다. 이런 준비가 돼 있지 않으면 절호의 기회가 왔을지라도 재빨리 올라타지 못하거나 심지어 기회가 왔다는 사실조차 모를 수가 있다. 이는 패망의 길이다.

주의할 것은 개인이나 기업 또는 국가공동체든 이런 일이 통상 정상에 올라설 때 빚어진다는 점이다. 자만심에 빠진 나머지 천하대세가 바뀌고 있다는 사실을 간과 내지 무시한 탓이다. 천하를 호령하던 제국이 홀연 역사무대에서 퇴장하는 게 그렇다. 개인과 기업도 하등 다를 게 없다.

한때 핀란드를 일컫는 또 다른 대명사였던 노키아의 몰락이 그 증거다. 지난 2014년 2분기에 중국시장에서 삼성이 창립 4년밖에 안 된 샤오미小米에게 밀린 것을 두고 일부 외신은 삼성이 노키아의 전철을 밟고 있다고 경고한 바 있다. 가장 큰 문제는 삼성이 스스로 대체 불가능한 상품을 만들어내지 못하고 있다는 점이다. 삼성의 모바일 메신저 챗온은 고객들이 샤오미와 화웨이 등으로 옮겨가는 것을 막지 못하고 있다. 구글에 지나치게 의존하며 에코시스템에 대한 통제를 이양한 것도 악재이다. 상품을 차별화할 선택지를 스스로 좁히는 결과를 초래할 수 있기 때문이다. 발상의 전환과 심기일전의 분발이 요구되는 대목이다.

제6의
산지수 山至數 11모 - 종합 대책을 강구하라

1. 국곡지모 國穀之謀 국고의 곡식을 재정에 활용하라

제환공이 관중에게 물었다.

"양취梁聚가 과인에게 말하기를, '고대에는 부세賦稅를 가볍게 하여 적게 거두는 정책을 폈는데 백성에 대한 징세가 이때보다 더 적당했던 적은 없습니다.'라고 했소. 그의 말이 과연 맞는 것이오?"

관중이 대답했다.

"양취의 말은 잘못됐습니다. 부세를 가볍게 하면 국고는 비게 되고, 상공인 등에게서 거두는 잡세의 수입이 적으면 무기와 농기구를 충분히 공급할 수 없게 됩니다. 무기와 농기구를 충분히 공급할 수 없으면 제후들도 가죽이나 비단 제품을 입을 수 없게 되고, 국고가 비면 병사들도 녹봉을 충분히 받지 못하게 됩니다. 밖으로 가죽이나 비단 제품이 대량 수출되지 못하고, 안으로 병사들이 비천해지는데서 알 수 있듯이 양취의 말은 잘못됐습니다. 군주는 국내에 많은 산지를 보유하고 있고, 산에서는 금과 구리가 대량 매장돼 있는 까닭에 능히 화폐를 주조할 수 있습니다. 녹봉으로 주는 곡물인 녹미祿米를 화폐로 환산해 지불하는 까닭에 국내에서 생산되는 곡물은 모두 국고에 모입니다. 덕분에 국고에 저장한 곡물인 국곡國穀의 가격은 10배로 뛰어오르고, 농부는 밤늦게 자고 아침 일찍 일어나는 야침조기夜寢蚤起를 행하는 까닭에 군주는 근농勤農을 독촉할 필요도 없습니다. 오곡이 10배나 증산돼 먹는 문제가 해결되는 까닭에 병사들은 녹봉을 절반만 받을지라도 군주를 위해 목숨을 바치고, 농부들은 '야침조기'를 행하며 더욱 열심히 농사를 짓습니다. 치국에 뛰어난 군주는 백성을 부리는 사민使民을 말하지 않고, 백성이 부려지지 않을 수 없는 부득불사不得不使의 계책을 구사합니다. 또한 백성을 쓰는 용민用民을 말하지 않고, 백성이 쓰이지 않을 수 없는 부득불용不得不用의 계책을 구사합니다. 백성 가운데 쓰이지 않거나 부려지지 않는 불용불사不用不使가 없는 이유입니다. 양취의 말은 잘못됐습니다."

'국곡 지모'는 '산지수山至數'의 일환으로 나온 것이다. '지수'는 지극한 계책이라는 뜻이다. 여기서는 최고 수준의 경제정책이라는 뜻으로 사용됐다. 내용면에서 보면 주로 정치와 경제의 안정적인 운용을 주로 얘기하고 있다. 경중지술을 이용해 대부 또는 부상대고의 폭리를 제도적으로 차단하라고 주문한 게 그렇다. 이는 중국이 역사적으로 볼 때 지주세력을 대표한 사대부 및 부르주아의 중국 버전인 부상대고의 서민에 대한 착취가 그만큼 심했음을 반증하는 것이기도 하다.

자이위중은 『국부책』에서 중국이 아편전쟁 이후 해양세력인 서구 열강에 맞서기 위해 동부 연안 지역을 집중 개발한 것을 이런 차원에서 해석하고 있다. 중부와 서부 지역은 동부 연안 시장에 자원을 공급하는 공급기지 역할만 수행하는 바람에 일종의 착취를 당하고 있다는 것이다. 상하이 등 발전된 동부 연안의 도시민을 사대부, 중부와 서부의 주민을 서민으로 해석한 것이나 다름없다. 그는 사회혼란과 민족갈등의 배경을 여기서 찾고 있다. 나름 일리 있는 분석이다.

'국곡지모'는 국고에 비축한 곡물의 활용방안을 언급한 것이다. 여기에 나오는 양취는 가공의 인물로 유가의 덕정德政을 상징한다. 관자는 양취의 재정정책을 강력 비판하고 있다. '부세를 가볍게 하면 국고는 비게 되고, 상공인 등에게서 거두는 잡세의 수입이 적으면 무기와 농기구를 충분히 공급할 수 없게 된다.'는 이유를 들었다. 부국강병의 계책이 시작부터 어그러질 수 있음을 경고한 것이다. '밖으로 가죽이나 비단 제품이 대량 수출되지 못하고, 안으로 병사들이 비천해진다.'고 언급한 게 그렇다.

관자가 해법으로 제시한 것은 일련의 화폐정책을 통한 국곡國穀의 활용이다. 장병에게 녹봉으로 주는 녹미祿米를 화폐로 환산해 지불하는 방법을 동원해 국내 생산의 곡물을 모두 국고에 쌓아 두는 게 그것이다. 곡물의 가격을 통제해 재정을 튼튼히 하고자 한 것이다. 곡물의 가격이 오르면 농부들은 누가 말하지 않아도 아침 일찍 일어나 열심히 농사짓게 되고, 장병들 역시 헌신적으로 국방에 임한다는 게 논거이다. 21세기 G2시대에 그대로 적용할 수 있는 이론이다.

국공내전 당시 장개석의 국민당군은 병력과 무기 등 모든 면에서 우수했으나 결국 모택동이 이끄는 홍군에게 패퇴하고 말았다. 이는 장성들이 녹미와 무기를 빼돌려 사복을 채우는 식의 비리와 부정이 만연한 사실과 무관치 않다. 이처럼 부정비리가 만연한 상황에서 병사들이 목숨을 바쳐 싸우고자 할 리 없다. 구한말 임오군란 때 이런 일이 빚어졌다. 6·25전쟁 때도 유사한 사건이 재발했다. 이른바 국민방위군 사건이 그것이다. 1·4후퇴 당시 간부들이 약 25억 원의 국고금과 물자를 착복해 방위군 1천여 명이 아사 내지 동사한 사건을 말한다. 들끓는 여론으로 인해 사건의 책임자인 김윤근 등 국민방위군 주요 간부 5명이 형장의 이슬로 사라졌다.

2. 삼유지모三游之謀 수확량의 3할만 유통시켜라

제환공이 관중에게 고했다.

"어떤 사람이 과인에게 뛰어난 선비를 불러 가르침을 받을 것을 청하면서 말하기를, '어찌하여 다양한 재능을 지닌 인재인 백능百能을 관리하지 않는 것입니까?'라고 했소."

관중이 물었다.

"'백능'이 무슨 뜻입니까?"

제환공이 반문했다.

"지사智士는 그 지혜를 다하고, 모사謀士는 그 계략을 다하고, 공인工人은 그 기교를 다하도록 하는 것을 뜻하오. 이같이 하면 가히 치국에 성공할 수 있지 않겠소?"

관중이 대답했다.

"그의 말은 잘못됐습니다. 녹봉이 박하면 병사들은 목숨을 바쳐 싸우려 하지 않고, 재화의 가치가 떨어지면 병사들은 포상을 가볍게 여기고, 물가가 떨어지면 병사들은 구차하게 요행을 바랍니다. 이 3가지 나태한 현상이 나타나면 과연 어떤 계책을 쓸 수 있겠습니까? 수확량의 10분의 7을 국고에 비축하고, 나머지 10분의 3을 민간에 유통시키는 삼유三游를 행하면 됩니다. 그러면 꾀가 많은 병사는 그 계략을 다하고, 지혜로운 병사는 그 지혜를 다하고, 용맹스런 병사는 그 목숨을 다할 것입니다. 그의 말은 망령된 것입니다. 치국의 방략 가운데 재화를 비축하고 물가를 조절하는 경중의 계책과 통하지 않는 것을 일컬어 망언妄言이라고 합니다."

'삼유 '지모'는 수확량의 10분의 7을 국고에 비축하고, 나머지 10분의 3을 민간에 유통시키는 이른바 삼유三游를 통해 지자智者와 모사謀士 및 공인工人 모두 맡은 바 역할을 충실히 이행토록 만드는 계책을 뜻한다. 초점은 수확량의 10분의 7을 쌓아두는 국고의 비축에 맞춰져 있다. 유사시를 대비코자 하는 것이다. 특히 전쟁이 벌어질 때의 상황은 더욱 그렇다. 국고가 바닥이 나면 병사들은 더 이상 싸울 수가 없기 때문이다. 관중이 '재화를 비축하고 물가를 조절하는 경중의 계책과 통하지 않는 것을 일컬어 망언이라고 한다'고 언급한 것은 바로 이 때문이다. 국고에 곡물과 재화를 쌓아두는 국축國蓄을 국가의 존망을 좌우하는 국가대사로 파악했음을 알 수 있다.

3. 협광지모狹廣之謀 좁은 영역에서 넓은 영역을 통제하라

제환공이 관중에게 물었다.

"과거 주나라가 천하를 차지했을 때 제후들이 신복臣服하고, 호령이 천하에 통했소. 그러나 나중에는 신하에게 정권을 찬탈 당했소. 이는 무슨 까닭이오?"

관중이 대답했다.

"군주는 땅을 분봉해 준 뒤 해당 지역의 공물貢物을 거둬 시장에 유통시켰습니다. 황금의 거래도 한 계책이고, 강양江陽에서 나는 구슬의 거래도 한 계책이고, 진秦나라 명산에서 나는 푸른색 안료인 증청曾靑의 거래도 한 계책입니다. 이를 일컬어 소수의 귀한 것을 이용해 다수의 부유한 것을 통제하는 이과위다以寡爲多, 좁은 영역을 이용해 넓은 영역을 통제하는 이협위광以狹爲廣이라고 합니다. 모두 경중의 계책에 속합니다."

"천하의 모든 재정정책이 결국 경중의 계책에 속하는 것이오?"

관중이 대답했다.

"지금 나라의 곡물가격이 10배나 오르면 다른 재화의 가격이 일제히 떨어집니다. 대부는 부상대고에게 부탁키를, '그대는 나를 위해 곡물을 팔고, 다른 재화를 구매해 주시오.'라고 할 것입니다. 그 경우 곡물가격이 1이라면 9배의 차익을 남길 것입니다. 곡물가격이 오르면 다른 재화의 가격이 일제히 떨어지는 상황에서 대부가 적극 나서면 결국 국부國富로 귀속돼야 할 곡물 판매이익의 10분의 9배가 대부의 소득이 됩니다. 또 곡물가격이 원상회복하는 과정에서 대부가 비축한 곡식을 내다팔며 다른 재화를 사들이면 곡물가격은 더욱 곤두박질치고 다른 재화의 가격은 치솟습니다. 이때 대부가 비축한 재화를 내다 팔면 시중에 유통되는 화폐의 10분의 9배가 대부의 수중에 떨어집니다. 그러면 나라의 화폐와 곡물이 모두 대부의 수중에 있는 게 됩니다. 천자는 주인이 아닌 손님의 위지로 격하되고, 정령도 제때 반포될 길이 없습니다. 곡물의 교역에 정통한 관원들이 달아나면 제후들이 이들을 받아들여 관원으로 임명합니다. 타국이 서로 연합해 붕당을 만든 뒤 물가를 조작하고, 민용民用 재화를 독점하며 투기를 일삼습니다. 그러면 안으로는 대부들이 스스로 사리를 꾀해 충성을 다하지 않고, 밖으로는 제후들이 서로 손을 잡고 전횡하고, 곡물의 교역에 정통한 관원은 더욱 멀리 달아납니다. 천자가 제후들을 호령하는 권병權柄을 잃은 이유가 여기에 있습니다."

'협광 지모'는 앞서 '국제지모國制之謀'에서 좁은 영토로 광대한 영토에 필적하는 계책으로 언급한 광협지수廣狹之數와 서로 통한다. 다만 '광협지수'는 재정정책을 통해 여타 지역의 재화를 통제하는데 초점을 맞추고 있는데 반해, '협광지모'는 자국의 대부가 폭리를 취하며 외세와 결탁하는 것을 방지하는데 방점을 찍고 있는 게 다르다. '천자'를 거론한 것은 '협광지모'가 제후국의 치국 차원이 아니라 천자의 평천하 차원에서 나온 것임을 방증한다. 천자가 제후들을 호령하는 권병을 확고히 장악하는 게 관건이다.

관자는 '협광지모'의 구체적인 방안으로 소수의 귀한 것을 이용해 다수의 부유한 것을 통제하는 이과위다以寡爲多와 좁은 영역을 이용해 넓은 영역을 통제하는 이협위광以狹爲廣의 계책을 제시하고 있다. '이협위광'은 앞서 나온 '광협지수'와 같은 뜻이다. '이과위다'는 황금과 구슬 등 진귀한 물건을 이용해 부를 축적하는 것을 말한다.

'협광지모'의 초점은 대부가 사적으로 비축한 재화를 임의로 방출 내지 수매해 가격을 조작함으로서 시장을 교란하며 폭리를 취하는 것을 막는데 맞춰져 있다. 관자가 이를 강력 주문한 것은 부귀한 자들의 폭리행위가 오래전부터 관행처럼 이어져 왔음을 반증한다. 실제로 21세기 현재까지 그런 관행은 근절되지 않고 있다. 한때 시진핑과 자웅을 겨룬 보시라이와 저우융캉 등의 부패사건이 그 증거다.

4. 수응지모數應之謀 경중 계책으로 최고의 효과를 얻어라

제환공이 또 관중에게 물었다.

"종신토록 천하를 보유하며 잃지 않으려면 어떤 계책을 구사해야 하오?"

관중이 대답했다.

"청컨대 천하에 널리 시행하지 말고, 오직 제나라에만 시행토록 하십시오."

"그게 무슨 말이오?"

관중이 대답했다.

"영토의 광협廣狹과 토양의 비척肥瘠에 따른 곡물 생산량과 1년간의 곡물 소비량은 대략 정해져 있습니다. 치국에 능한 자가 곡물을 굳게 지키는 이유입니다. 이때 명하기를, '어떤 현의 경지가 얼마나 넓고 좁은지 여부를 논하지 말고 반드시 곡물을 비롯한 각종 재화를 일정 수준 비축하되, 각 현과 주리의 관부는 미리 농부에게 필요한 영농자금을 대여토록 하라.'고 해야 합니다. 가을이 되면 나라의 곡물가격이 3분의 1

로 떨어집니다. 군주는 각 군현郡縣의 대부에게 명해 대여해 준 자금을 기준으로 각 읍리邑里에서 수확한 곡물을 거둬들이게 합니다. 매수하는 곡물가격을 시장가격과 같게 해 국고에 비축하면 국내에서 생산된 곡물의 3분의 2가 국고에 있게 됩니다. 이듬해 봄이 되면 곡물가격이 2배로 오르는 것은 정해진 이치입니다. 여름이 되어 비축한 곡물을 시장가격으로 대여하면 백성은 파종을 위해 부득불 나라에서 곡물을 대여 받아 농사를 짓게 됩니다. 다시 가을이 되면 관부에서 농부들에게 전하기를, '너희들에게 빌려 준 곡물의 양이 얼마이다. 지금 군주가 명하여 이를 모두 전폐錢幣로 환산해 거두도록 했다.'고 합니다. 그러면 백성이 말하기를, '지금 돈이 없으니 곡물로 갚겠습니다.'라고 할 것입니다. 그러면 백성은 수확한 곡물의 10분의 3만 수중에 남긴 채 나머지 곡물을 국고로 보낼 것입니다. 곡물가격은 번갈아 오르내리고, 계절에 따라 변동하는 만큼 재정확충의 대상으로 삼지 못할 게 하나도 없습니다. 군주는 대부들이 비축한 곡식을 유통수단으로 활용해 곡물을 국고로 들어오게 해야 합니다. 먼저 농부들이 보유한 곡물을 대상으로 삼아 계절에 따른 시세의 차이를 이용해 국고로 들어오게 합니다. 낮은 가격으로 사들이고, 높은 가격으로 파는 게 관건입니다. 이것이 국가가 곡물의 생산과 유통을 통제하는 방법입니다. 그러면 대부들이 어찌 폭리를 취하기 위해 집에 곡물을 대거 쟁여둘 수 있겠습니까? 나라 안팎의 곡물 유통도 같은 이치입니다. 타국의 곡물가격이 10일 때 우리가 20으로 올리면 타국의 곡물이 제나라로 들어오고, 20일 때 우리가 10으로 낮추면 제나라의 곡물이 타국으로 빠져나갈 것입니다. 치천하에 능한 군주는 곡물가격을 엄하게 통제해 곡물가격이 떨어지지 않도록 함으로써 국내의 곡물이 밖으로 흘러나가는 것을 미연에 막습니다. 곡물이 가격이 높은 곳으로 흘러들어가는 것은 마치 물이 위에서 아래로 흐르는 이치와 같습니다. 우리 제나라는 흉년이 들지 않은데다 전폐를 사용해 곡물을 대거 비축해 둔 덕분에 장차 곡물가격이 오르면 타국의 곡물이 모두 제나라로 흘러들어올 것입니다. 이것이 바로 우리 제나라가 10분의 1을 비축하면 타국 곡물의 10분의 1이 흘러들어와 천하가 제나라의 재리財利에서 벗어나지 못하고, 대부 역시 폭리를 꾀할 엄두를 내지 못하게 만드는 방법입니다. 곡물을 낮은 가격에 사들여 비축하고 높은 가격에 방출하는 계책은 늘 한 나라로 하여금 10국의 재부를 일거에 거머쥘 수 있게 해주는 비책입니다. 그러면 제후들이 신복하며 감히 배반할 생각을 하지 못하고, 대신들 또한 군명君命에 복종하며 충성을 다할 것입니다. 이것이 바로 경중의 계책으로 천하를 제어하는 길입니다. 이를 일컬어 반드시 뛰어난 효과를 얻는다는 뜻의 수응數應이라고 합니다.”

'수응 지모'는 앞서 나온 '협광지모'의 구체적인 방안을 언급하고 있다. 가격을 시장가격과 같게 해 곡물을 대거 국고에 비축하고, 가격조절을 통해 타국의 곡물을 제나라로 흘러들게 만드는 게 관건이다. 이는 관자가 언급했듯이 튼튼한 재정을 바탕으로 천하의 제후들을 호령하는 패천하覇天下의 계책에 해당한다. 『사기』 등의 사서는 제환공이 제후들을 소집한 9번의 회맹 가운데 병거를 동원한 회맹인 병거지회兵車之會가 6번, 병거를 동원하지 않은 회맹인 승거지회乘車之會가 3번에 이른 것으로 기록해 놓았다. 병거를 동원하지 않은 3번의 '승거지회'는 '수응지모' 등의 재정정책을 통해 제후들을 소집했을 가능성이 높다.

5. 국회지모國會之謀 국가차원의 회계정책을 세워라

제환공이 관중에게 청했다.

"청컨대 국가차원의 회계정책인 국회國會에 관해 묻고자 하오."

관중이 대답했다.

"군주가 대부의 경제를 통제하지 못하면 휘하의 대원隊員을 잃는 것과 같습니다. 또한 백성의 경제를 통제하지 못하면 치국의 기반基盤을 잃는 것과 같습니다. 대부의 경제를 통제하려면 1현一縣, 일현의 경제를 통제하려면 1향一鄕, 일향의 경제를 통제하려면 1가一家, 일가의 경제를 통제하려면 1인一人의 회계를 파악해 통제해야 합니다."

"그 회계 방법은 구체적으로 어떤 것이오?"

관중이 대답했다.

"기준이 되는 화폐의 유통량을 보면 됩니다. 1현은 반드시 해당 현의 토지 현황, 1향은 반드시 해당 향의 토지 현황, 1가는 반드시 해당 가정의 비용과 맞아야 합니다. 나라가 각 군郡의 경제를 시기에 맞게 통제하지 않으면 치국의 기반을 잃고, 각 향의 경제를 시기에 맞춰 통제하지 않으면 휘하의 대원을 잃는 것과 같습니다."

"그같이 하려면 어찌해야 하오?"

관중이 대답했다.

"국가의 재부를 쌓을 때 왕자王者는 백성, 패자霸者는 대부, 나라를 해치고 자신까지 망치는 망자亡者는 자신에게 쌓습니다."

"'백성에게 재부를 쌓는다.'는 말은 무슨 뜻이오?"

관중이 대답했다.

"청컨대 잔대棧臺에 비축한 전폐錢幣를 꺼내 성양城陽 일대의 백성에게 대여하고, 녹대鹿臺에 비축한 포백布帛을 꺼내 제수濟水 남쪽인 제음濟陰 일대의 백성에게 대여하십시오. 이어 백성에게 명하기를, '백성이 부유하면 군주가 가난하지 않고, 백성이 가난하면 군주가 부유할 수 없다. 백성에게 세금으로 거둘 전폐가 없으면 국고 또한 저장할 재화가 없는 법이다. 앞으로 모든 재화를 백성에게 비축토록 하겠다.'고 하십시오. 풍년이 들어 오곡이 잘 익으면 곡물가격이 크게 떨어집니다. 나라는 비축해 둔 전폐를 풀어 전해에 비해 떨어진 가격으로 곡물을 사들이기 시작합니다. 이같이 하면 곡물가격이 다시 올라가고, 전폐의 가치가 떨어집니다. 전폐가 민간에 모두 흩어질 즈음이면 전폐의 가치는 크게 떨어지고, 곡물가격은 다시 오른 상황이 됩니다. 한 해의 수확물을 4분하여 군주와 백성이 각각 2분씩 보유했다가 이런 식으로 곡물을 국고에 매수하는 방식을 2년 동안 지속하면 군주는 결국 한 해의 수확물에 해당하는 4분을 보유하고, 백성은 1분만 보유하는 게 됩니다. 이 사이 곡물가격은 3배로 뛰어오릅니다. 나라에서 매해 거두는 인두세는 가구별로 10전에 불과합니다. 백성이 국가에서 곡물을 사다 먹으면 국가는 10무畝에서 생산된 곡물을 대여할 때마다 10전의 수익을 얻습니다. 한 가구가 경작하는 100무에서 생산된 곡물을 대여할 때 얻는 100전이 수익은 10가구에서 거둬들인 인두세와 같습니다. 이는 국고에 비축한 곡물을 방출하고, 전폐로 곡물을 수매해 다시 국고에 비축한 결과입니다. 이후 다시 국가가 보유한 전폐 가운데 일부를 백성에게 빌려주는 방식을 통해 국내에서 생산된 곡물의 4분의 3을 국고에 저장하고, 나머지 4분의 1만 민간 내에서 유통시킵니다. 이 방식은 거듭 반복해 사용할 수 있는 것입니다. 그밖에도 군주로부터 땅을 분봉 받은 대부들이 곡물을 비축하고 무례하게 굴면 응당 회계를 통해 통제하는 계책을 구사해 대부가 비축한 곡물을 빼앗아야 합니다."

제환공이 물었다.

"'회계를 통해 통제하는 계책을 구사해 대부가 비축한 곡물을 빼앗는다.'는 말은 무슨 뜻이오?"

관중이 대답했다.

"우선 생산된 곡물의 4분의 3을 장악한 뒤 국고 비축량을 감안하며 곡물을 대량 방출합니다. 곡물이 사방으로 방출되면 곡물가격이 10분의 3으로 떨어질 것입니다. 이때 백성이 보유한 4분의 1은 국가에서 미리 곡물가격을 원래의 상태로 만든 뒤 전폐를 사용해 전량 수매해 두어야 합니다. 그래야 대부들이 비축한 곡물로 폭리를 취하지 못하게 됩니다. 이어 군주가 대부에게 전폐로 녹봉을 주면 곡물 전체인 10을 장악하는 셈이 됩니다. 이후 군주는 다시 10분의 3을 국고에 비축한 뒤 나머지 7을 모두 방출해 빈자를 구휼해 인의의 행보를 펼칩니다. 대부가 곡물을 비축하고 무례하게 구는 것을 제압하기 위해서는 국고에 비축한 곡물을 민간에 대량 방출해 곡물가격을 일거에 떨어뜨리는 것도 하나의 계책입니다. 또한 각 향리와 민가의 곡물을 이용해 대부의 봉지인 군郡에 비축한 곡물을 세수로 거둬들이는 것도 하나의 계책이 될 수 있습니다. 이밖에도 곡물과 전폐를 대거 풀어 인의의 행보를 보이면서 모든 물가를 일거에 낮추는 것도 또 다른 계책이 될 수 있습니다. 요약하면 시기時機를 맞춰 나아가고 물러가는 식의 계책을 구사하는 게 관건입니다. 왕자는 시기에 올라타고 성인은 시기를 좇아 바뀐다는 뜻의 '왕자승시王者乘時, 성인승역聖人乘易'이라는 말이 나오게 된 이유가 여기에 있습니다."

'국회' 지모'는 국가차원의 회계정책인 국회國會를 집중 논의하고 있다. '국회'는 국가차원의 경제총량 회계인 국궤國軌와 대략 유사한 뜻이다. '국회'가 경제총량 이외에도 국가정책과 관련한 모든 회계를 뜻한다는 점에서 좀 더 포괄적이다. 요체는 국가의 재부를 백성에게 쌓는 부민富民의 달성에 있다. 『관자』를 관통하는 키워드인 경제세민의 특징은 부민을 전제로 한 부국강병을 추구하는데 있다. '국회지모'에서 관자가 '부를 쌓을 때 왕자王者는 백성, 패자霸者는 대부, 나라를 해치고 자신까지 망치는 망자亡者는 자신에게 쌓는다.'고 언급한 이유다. 왕업을 이루고자 할 경우 평소 화폐정책을 통해 곡물을 비롯한 재화를 국고에 대거 비축해 두는 게 관건이다.

'국회지모'에서 왕자는 시기에 올라타고, 성인은 시기를 좇아 바뀐다는 뜻의 '왕자승시王者乘時, 성인승역聖人乘易' 구절을 언급한 것도 이런 맥락에서 이해할 수 있다. 이는 『주역』을 관통하는 키워드인 변역變易과 취지를 같이하는 것이다. 『주역』의 '변역' 이치를 풀이한 게 바로 임기응변臨機應變이다. 임기응변의 기機는 변역의 변變과 취지를 같이한다. 양자를 합쳐 통상 기변機變으로 표현하는 게 그 증거다. '기변'은 우리말의 '낌새'를 뜻하는 기미幾微와 통한다. '기미'는 극히 미세한 변화의 조짐을 지칭할 때 사용하고, '기변'은 미세한 변화의 조짐이 표면화한 경우를 지칭할 때 사용한다. 『주역』에서 말하는 '변역'은 낌새를 눈치 채고 스스로 변화하는 것을 뜻하는 셈이다. '임기응변'의 기본취지가 바로 여기에 있다. 이는 크게 '임기'와 '응변'으로 나눠볼 수 있다.

임기응변의 '임기'는 '기'의 변화 조짐을 뜻하는 기변의 상황에 맞닥뜨린 경우를 지칭한다. '응변'은 이런 임기 상황에서 인간 스스로 변화하는 것을 뜻한다. 임기는 천지자연의 끝없는 순환과 변역에 맞닥뜨린 상황 내지 그 원인, 응변은 이런 상황에서 개개인이 자신의 지혜를 동원해 내린 결단 또는 결과에 해당한다.

임기응변에는 반드시 인간의 지략이 개입돼 있는 까닭에 임시변통臨時變通과 엄밀히 구분된다. 변통에는 지식과 계책을 동원해 적극적으로 변신해나간다는 의미가 없다. 임시변통은 갑자기 터진 일을 우선 간단하게 둘러맞춰 처리하는 임시방편臨時方便과 같은 의미로 사용된다. 영어를 포함한 서구의 언어에는 임기응변을 뜻하는 용어가 없다. 변역의 요지는 시변時變에 부응하는 군자의 자강불식自强不息에 있다. 『주역』「혁괘革卦」는 변혁變革으로 나온다. 혁명革命 용어가 「혁괘」에서 나왔다. 「혁괘」는 군주의 변혁을 대인호변大人虎變, 신하의 보필을 군자표변君子豹變으로 표현해 놓았다. 장려하게 털갈이를 한 호랑이와 표범처럼 아름답다는 뜻이다. 군주와 신하가 합세해 '혁명'을 완수하는 것을 이같이 표현한 것이다.

6. 농시지모農市之謀 농사와 시장을 교란하지 마라

제환공이 관중에게 물었다.

"특特이라는 어떤 경중가輕重家가 나에게 일러주기를, '천자가 수의壽衣로 겨우 3백 벌을 쓰는 것은 매우 인색합니다. 대부들이야말로 이를 기준으로 삼아 시행할 만합니다.'라고 했소. 이를 어찌 생각하오?"

관중이 대답했다.

"이는 경중가가 할 말이 아닙니다. 대부가 분묘를 크게 쌓고 묘실을 아름답게 치장하면 이는 농사農事와 시장에서 일하는 시용市庸을 빼앗는 일입니다. 나라를 이롭게 하는 계책이 될 수 없습니다. 백성이 사후에 각종 직물을 관곽의 치장용으로 허비하며 땅 속에 묻히도록 허용해서는 안 됩니다. 치국에 밝은 군주는 시기時機에 올라타 완급을 조절하며 정령을 발포해 뜻을 이룹니다. 이는 국가차원의 회계정책인 국회國會의 한 사례에 해당합니다."

'농시지모'는 농사와 시장을 교란해서는 안 된다고 주문하고 있다. 나라를 피폐하게 만들기 때문이다. 여기의 특特은 가공의 인물로 후장厚葬을 중시한 유가를 상징한다. 관자가 '농시지모'에서 치국평천하의 해법으로 제시한 계책은 국가차원의 회계정책인 국회國會이다. 상가의 특징이 여실히 드러나는 대목이다. 그는 구체적인 방안으로 시기時機에 올라타 완급을 조절하며 정령을 발포하는 계책을 들었다.

고금을 막론하고 백성이 먹고 입는 것을 제대로 뒷받침하지 못하면 시끄러워질 수밖에 없다. 정도가 심해지면 민란이 접종接踵해 이내 정권이 뒤집히고 왕조가 전복된다. 단 하나의 예외도 없다. 마키아벨리가 인민의 지지를 역설한 것도 같은 맥락이다. 『군주론』 제9장의 해당 대목이다.

"군주가 인민의 지지를 얻는 방법은 상황에 따라 달라지는 까닭에 어떤 고정된 원칙이 존재하는 것은 아니다. 그러나 분명히 말할 수 있는 것은 반드시 인민을 자기편으로 잡아두어야만 한다는 점이다. 그렇지 않으면 역경에 처했을 때 속수무책의 처지에 놓이게 된다."

귀족의 전횡으로 인해 군주가 허수아비로 전락하거나 정권 내지 왕조를 빼앗기는 것을 막으려는 취지이다. 어떤 상황이든 반드시 인민을 자기편으로 잡아두는 게 필요한 만큼 여론을 늘 군주에게 유리한 쪽으로 이끌라고 주문한 것이다. 마키아벨리는 인민의 지지를 얻는 고정불변의 원칙은 존재하지 않는다고 했으나 꼭 그런 것만은 아니다. 『관자』「경언」편 '목민'이 역설했듯이 인민이 먹고 사는 문제만큼은 불변의 원칙에 해당한다.

7. 대비지모大憊之謀 왕업의 근본강령을 지켜라

제환공이 관중에게 물었다.

"묻건대 조정 내에서 이권을 둘러싼 쟁탈이 빚어지는 것은 무슨 까닭이오?"

관중이 대답했다.

"종친에서 시작합니다."

"'종친에서 시작한다.'는 말은 무슨 뜻이오?"

관중이 대답했다.

"군주는 형제가 10명이면 10개국, 5명이면 5개국을 분봉합니다. 그러나 3대를 지나면 위패의 서열인 소목昭穆을 막론하고 아직 같은 조상을 제사지내고 있다는 것을 보여줄 뿐입니다. 10대를 지나면 조상의 신위를 한 곳에 죽 늘어놓은 것에 지나지 않습니다. 이들 사이에 한번 이권을 둘러싼 쟁탈이 빚어지면 모두 무력에 호소하는 까닭에 들판에 시체가 즐비한데도 싸움을 그치지 않습니다. 야심 많은 경중가가 그 사이에 끼어들어 사리사욕을 꾀하며 말하기를, '다른 성씨에게 분봉해도 안 되고, 자원을 나눠줘도 안 된다.'고 합니다. 그러나 천지만물은 끝나면 다시 시작하고, 사계절의 운행처럼 흥망을 반복합니다. 성인은 완급을 조절해 정령을 발하고, 열고 닫는 결색決塞의 계책으로 정책을 펴고, 물가를 조절하는 경중輕重의 계책으로 재정을 확충하고, 인의仁義의 계책으로 백성을 계도합니다. 능히 천지와 더불어 세상을 다스리는 이유입니다. 이것이 왕업을 이루는 근본강령인 대비大轡입니다."

'대비大轡'는 왕업을 이루는 근본강령을 언급한 것이다. 대비大轡의 '비'는 원래 마소의 고삐를 뜻하는 말로 여기서는 강령의 의미로 사용됐다. 패업보다 한 단계 높은 왕업을 제시한 까닭에 덕치를 상징하는 '인의仁義의 계책'을 언급했다. 완급을 조절해 정령을 발하고, 열고 닫는 결색決塞의 계책으로 정책을 펴고, 물가를 조절하는 경중의 계책으로 재정을 확충하는 것까지는 패업의 계책에 해당한다. 이를 통해 관자는 왕업과 패업을 양적인 차이에 불과한 것으로 파악했음을 알 수 있다. 사실 이게 성리학이 들어서기 이전까지 유가의 기본 입장이었다. 전한시대 유학자들이 『춘추공양전』을 끌어들여 한고조 유방의 패업을 왕업으로 미화하며 왕자王者와 패자覇者의 차이를 질적인 차이가 아닌 양적인 차이에 불과한 것으로 해석한 게 그 증거다.

8. 행폐지모行幣之謀 화폐정책을 적극 실시하라

제환공이 관중에게 물었다.
"청컨대 화폐정책인 행폐승마行幣乘馬에 관해 묻고자 하오."
관중이 대답했다.

"먼저 3명의 성인 남자로 구성된 1가구부터 계산하십시오. 사방 6리 내에서 병거 1승乘을 내면 27명의 병사가 딸립니다. 화폐정책 역시 사방 6리를 기본단위로 합니다. 토양의 비척肥瘠, 수확량의 다소多少, 곡물가격의 등락 폭, 필요한 화폐의 규모, 곡물가격 상승 시의 화폐 규모 등을 계산합니다. 화폐정책은 사방 6리를 기준으로 하여 전국 단위의 필요 화폐량을 산출해 내는 것을 말합니다. 이를 일컬어 '행폐승마'라고 합니다."

제환공이 물었다.

"'행폐승마'의 계책을 시행하려면 어찌해야 하오?"

관중이 대답했다.

"우선 병사의 녹봉을 화폐로 주고, 대부의 식읍 수입을 화폐로 지급하고, 관부의 인마 비용을 화폐로 계산합니다. 그러면 국내의 곡물은 모두 국고에 있고, 화폐만 민간에서 유통됩니다. 나라의 곡물가격이 10배로 뛰어오르고, 각종 재회의 가격이 10분의 2로 떨어지는 것은 경중의 계책을 쓴 결과입니다. 피혁皮革과 근각筋角, 우모羽毛, 죽전竹箭, 기계器械 및 여타 재화가 나라가 정한 규격에 맞고 군주의 수요에 부응하는 것은 국가와 생산자가 문서에 물품의 구매 내역을 적어 넣는데 합의했기 때문입니다. 국가의 곡물은 각 향鄕과 주州에 비축합니다. 이때 백성에게 통고하기를, '모월 모일, 국가와 맺은 채권채무 관계는 모두 해당 향과 주에서 곡물로 결산하라.'고 합니다. 이같이 하면 백성들로부터 거마를 빌려 곡물을 운송하는 등의 일을 바로 당일에 해결할 수 있습니다. 나라의 재정정책은 곡물가격의 회계에서 나오고, 각종 교환을 곡물로 환산해 얻는 이익은 화폐정책을 추진한데서 나옵니다. 지금 비록 화폐를 관부에서 보관하고 있지만 이를 교묘하게 이용해 물가의 등락을 조절하는 것은 모두 상인입니다. 무릇 화폐가치가 높으면 물가는 떨어지고, 화폐가치가 낮으면 물가는 올라가고, 곡물가격이 올라가면 황금의 금값은 떨어지고, 곡물가격이 떨어지면 금값은 올라가게 마련입니다. 군주가 곡물과 화폐 및 황금을 마음대로 조절해 만물의 균형을 이룰 수 있어야 능히 천하도 안정시킬 수 있습니다. 이것이 천하를 지키는 계책입니다."

'행폐승마'는 화폐의 발행과 유통 등 화폐와 관련한 모든 계책을 의미한다. 여기의 '승마'는 앞서 언급한 것처럼 부국강병을 겨냥한 경세제민의 정책을 뜻한다. 관자가 '행폐승마'에서 제시한 방안은 화폐가치가 높으면 물가가 떨어지고, 낮으면 물가가 올라가는 이치를 활용해 재화가격의 안정을 꾀하고 재정을 확충하는 계책이다. 주목할 것은 이 계책 역시 사방 6리를 기본단위로 한 군사행정 제도와 발맞춰 화폐정책을 시행하는데서 출발하고 있는 점이다. 정치와 행정, 군사, 경제, 재정 등을 하나로 묶어 치국평천하에 임하라고 주문한 셈이다. 정치와 경제를 엄격히 분리하는 것을 당연시하는 서구 경제학의 관점과 커다란 괴리가 있다. 21세기 G2시대에는 관자가 제시한 '행폐승마'의 계책이 훨씬 타당하다.

9. 통국지모通國之謀 목축 등을 치국과 연결시켜라

제환공이 관중에게 청했다.

"물가를 평준화하는 준형准衡과 물가를 조절해 재정을 확충하는 경중

輕重, 국가차원의 회계정책인 국회國會에 관해서는 내가 이미 들었소. 청컨대 현 단위의 회계 계책인 현수縣數에 관해 묻고자 하오."

관중이 물었다.

"낭모狼牡에서 풍회馮會의 입구, 용하龍夏에서 해장海莊의 북쪽에 이르기까지 모두 금수禽獸가 출몰하는 가운데 우양牛羊을 방목하는 곳입니다. 어찌하여 목축업을 치국의 계책에 연결시키지 않는 것입니까?"

제환공이 반문했다.

"'치국의 계책에 연결시킨다.'는 말은 무슨 뜻이오?"

관중이 대답했다.

"시장 입구에 관원 1인을 두고 가축의 주인과 값을 전문적으로 기록하게 합니다. 해당 관원이 가축을 잘 먹여 병이 없고 달아날 우려가 없으면 읍리邑里 수준의 녹봉 대신 현縣 수준의 녹봉을 주어 격려합니다. 대부와 백성이 향리에서 우마를 모아 교배하는 행사에 참여하지 않는 것을 일컬어 제사의 예의가 없는 '무예의無禮義'라고 하니 강력 처벌해야 합니다. 대부가 우양을 희생으로 사용해 춘추제사를 지내는 것을 금하고, 백성이 우양을 향리의 이문里門 밖으로 끌고 나가 제사지내는 것을 금해야 합니다. 이같이 하면 풍회와 용하 일대에서 기르는 우양의 희생 가격이 10배로 뛰어오르게 됩니다. 이는 제사의 예의에서 나온 것으로, 농사를 지을 수 없는 목지牧地에서 거둔 수익입니다. 모두 목축업을 통제해 얻은 것입니다. 이를 일컬어 목축 등을 치국과 연결시키는 계책인 통국通國의 계책이라고 합니다."

'**통국**지모'는 목축의 진흥을 통해 재정의 확충을 꾀하는 계책을 말한다. 소와 말을 이용한 희생犧牲 의식을 통제해 목축의 이익을 극대화하는 게 관건이다. 현 단위의 회계 계책인 현수縣數는 곧 중앙재정이 아닌 지방재정의 확충방안을 의미한다. 여기서는 농사를 지을 수 없는 초지를 적극 활용해 재정을 확충하는 방안을 언급해 놓았으나 산이 많은 산지山地와 수초가 우거진 습지濕地에도 그에 부합하는 지방재정 계책을 마련할 수 있을 것이다. 이는 바로 다음에 나오는 '지세지모'에 자세히 거론돼 있다.

10. 지세지모地勢之謀 불리한 지세를 극복하라

제환공이 관중에게 청했다.

"청컨대 지역의 형세인 지세地勢에 관해 묻고자 하오."

관중이 대답했다.

"각 나라의 지세를 보면 첫째 산이 많거나, 둘째 저습지에 물이 많거나, 셋째 산릉과 평지가 각각 절반이거나, 넷째 자주 범람하거나, 다섯째 물이 땅 속으로 스며들거나 하는 나라가 있습니다. 이 5가지 유형의 불리한 지세는 군주의 근심거리입니다. 산이 많은 지역과 저습지에 물이 많은 지세는 해마다 곡물의 3분의 1을 비축해야 합니다. 산릉과 평지가 각각 절반인 지세는 해마다 곡물의 10분의 3을 비축해야 합니다. 자주 범람하는 지세는 해마다 곡물의 10분의 2를 비축해야 합니다. 물이 땅속으로 스며드는 지세를 보유한 나라는 여타 제후국의 곡물원조에 많은 노력을 기울여야 합니다. 이들 지세 모두 수공업 발전을 통해 정교한 목기 등을 제작해 천하의 곡물과 교환할 수 있어야 합니다. 이것이 때와 장소를 잘 이용해 5가지 유형의 불리한 지세를 해결하는 계책입니다."

'지세지모'는 앞에 나온 '통국지모'와 마찬가지로 지방재정의 확충 방안을 언급한 것이다. 산지와 저습지 등 모두 5가지 지형에서 재화를 산출해 재정을 튼튼히 하는 계책이 제시돼 있다. 곡물을 비롯해 해당 지역의 실정에 부합하는 수준의 재화를 비축하는 게 관건이다. 흉년 등의 비상시를 대비코자 한 것이다. 곡물을 가장 많이 비축해 두어야 하는 곳은 산지와 저습지이다. '지세지모'는 이밖에도 이 땅속으로 스며드는 탓에 경작이 불가능한 지역은 여타 제후국의 곡물 원조 가능성도 염두에 두어야 한다고 충고하고 있다. 이는 아무리 척박한 땅일지라도 영토인 바에야 척촌尺寸도 포기할 수 없고, 해당 지역 거주민의 민생 역시 결코 방치할 수 없다는 기본인식에서 나온 것이다.

11. 국부지모國簿之謀 국가차원의 회계 원칙을 지켜라

제환공이 관중에게 물었다.

"그렇다면 지금 해내海內를 호령하며 타국의 제후국을 군현郡縣으로 삼는 나라는 불리한 국세國勢를 극복하는 해결책이 쓸모없는 것이오?"

관중이 대답했다.

"지금 타국 제후들도 각 주州를 관리하면서 경제정책을 정비하고, 계절에 따른 흐름을 장악하고, 시장을 조절하는 계책을 시행하고 있습니다. 동서남북의 산물을 서로 교역해 모자란 것을 보충토록 해 나라 경제를 고르게 조절하는 게 그렇습니다. '제후의 자리에 오르면 응당 물가의 등락을 통제해 여타 제후에 대응하라.'고 말하는 이유입니다. 이미 천하를 손에 넣었다면 화폐를 통해 곡물가격의 등락을 통제하고, 시기에 맞춰 물가를 평준화하면 됩니다. 곡물이 풍족하면 밖으로 내보내고, 부족하면 유출을 제지합니다. 군주는 각 향과 주를 때에 따라 순시해 백성이 작은 이익을 놓고 서로 다투는 일이 없고, 안거낙업安居樂業하며 죽을 때까지 고향을 떠날 생각이 없도록 만들어야 합니다. 군주는 국가경제의 전체 국면을 통제해 모든 이익이 군주로부터 나오도록 만드는 재정정책을 실시해야 합니다. 이를 일컬어 국가차원의 회계 원칙인 국부國簿라고 합니다."

'국부'지모'는 국가경제 전체 차원의 회계장부를 작성하는 국부國簿를 언급한 것이다. '국부'의 작성은 제후들을 호령하는 패업의 전제조건이기도 하다. 관건은 동서남북의 산물을 서로 교역해 모자란 것을 보충하는데 있다. 한 지역의 경제로는 천하를 호령하는 물자를 조달하는데 한계가 있기 때문이다. 일차적인 목적은 국가경제의 균형을 이루는데 있다. 관자가 '제후의 자리에 오르면 응당 물가의 등락을 통제해 여타 제후에 대응하라.'고 언급한 이유다.

'국부지모'는 천하를 손에 넣은 뒤의 조치에 대해서도 언급하고 있다. 바로 화폐를 통해 곡물가격의 등락을 통제하고, 시기에 맞춰 물가를 평준화하는 게 그것이다. 결국 내치內治와 외치外治를 하나로 묶어 천하를 호령하라는 얘기가 된다.

21세기 G2시대의 관점에서 보면 일종의 국제교역에 관한 기본원칙을 논한 것이나 다름없다. 그 해법이 국내경제와 국제경제의 여건을 고르게 만드는데 있다. G1 미국과 G2 중국의 경우는 국내경제가 곧 국제경제에 해당하는 만큼 그대로 적용할 만하다. 한국도 국제경제 체계 속에 속해 있는 까닭에 결코 남의 얘기가 될 수 없다. 특히 내수보다 수출에 크게 의존하고 있는 까닭에 오히려 더 큰 영향을 받고 있다고 볼 수 있다. '국부지모'를 구사해 국내경제와 국제경제의 불균형을 적극 시정하고 나설 필요가 있다.

제7의
지수地數 6모 – 국내 상황을 점검하라

1. 지수지모地數之謀 땅에서 나는 이익을 최대한 거둬라

제환공이 관중에게 물었다.

"지리地利를 활용하는 계책인 지수地數에 관해 들려줄 수 있겠소?"

관중이 대답했다.

"사해 안의 땅은 동서로 2만8천리, 남북으로 2만6천리입니다. 그 가운데 산맥의 길이는 8천리, 강하의 길이도 8천리, 구리가 산출되는 산은 467곳, 철이 산출되는 산은 3,609곳입니다. 사람들이 토양에 따라 오곡을 가려 심고, 무기를 만들고, 화폐를 주조하는 이유입니다. 이러한 지리조건을 살펴 잘 활용하면 재용에 여유가 있고, 그렇지 못하면 부족하게 됩니다. 지금까지 태산과 양보산에서 하늘과 땅에 봉선의 의식을 거행한 군왕은 모두 72명입니다. 흥망득실의 원인이 모두 여기에 있습니다. 이를 일컬어 국가의 재용을 뜻하는 국용國用이라고 합니다."

"흥망득실의 원인이 모두 여기에 있다.'는 말은 무슨 뜻이오?"

관중이 대답했다.

"옛날 하나라 걸桀은 천하를 보유했지만 국용이 부족했고, 은나라 탕왕은 사방 70리의 좁은 영토로도 국용이 충분했습니다. 하늘이 은나라 탕왕湯王 때만 비를 내려 곡식을 자라게 한 것도 아니고, 땅이 탕왕 때만 재화를 내준 것도 아닙니다. 탕왕의 재상 이윤伊尹이 재화의 생산 및 유통 등과 관련해 경중輕重과 개합開闔, 결색決塞 등의 계책을 구사하고, 정령의 완급을 잘 조절하고, 지리적 조건을 최대한 활용한 덕분입니다. 옛날 황제黃帝가 백고伯高에게 묻기를, '나는 천하를 단합시켜 일가로 만들고자 하는데, 과연 그런 계책이 있소?'라고 하자 백고가 대답키를, '청컨대 잡초를 베어낸 후 표지를 세워 경계로 삼고, 산해山海의 이익을 엄격히 관리해 작란의 소지를 미연에 방지하면 능히 천하를 단합시켜 일가를 만들 수 있습니다.'라고 했습니다. 황제가 다시 백고에게 청하기를, '그 계책을 보다 구체적으로 들려줄 수 있겠소?'라고 하자 백고가 대답키를, '겉에 단사丹沙가 있는 산은 금광金鑛, 자석慈石이 있는 산은 동광銅鑛, 화감암인 능석陵石이 있는 산은 연광鉛鑛과 주석광朱錫鑛 및 황동광黃銅鑛, 붉은 색의 자토赭土가 있는 산은 철광鐵鑛이 지하에 묻혀 있습니다. 모두 지하에 묻혀 있는 자원을 겉으로 드러내 보인 것입니다. 만일 산이 지하에 묻힌 자원을 겉으로 드러내 보이면 군주는 그 산을 엄히 봉금한 뒤 제사를 올리십시오. 봉금한 산의 10리마다 제단 1개를 만들고, 거마를 이용하는 자는 거마에서 내려 걸어가게 하고, 행인은 속히 그 앞을 지나가게 합니다. 명을 어기는 자가 있으면 즉각 사형에 처하고 결코 사면해서는 안 됩니다. 그러면 이를 채취하려는 자가 없을 것입니다.'라고 했습니다. 황제가 이를 시행한 지 10년 만에 갈로산葛盧山을 개발하자 광물이 광수鑛水를 좇아 밖으로 나왔습니다. 치우蚩尤를 관원으로 보내 이를 다스리게 하면서 칼과 갑옷 및 창 등의 병기를 만들었습니다. 그해에 9개 제후국을 겸병한 이유입니다. 이후 다시 옹호산雍狐山을 개발하자 광물이 광수를 좇아 밖으로 나왔습니다. 다시 치우를 관원으로 보내 이를 다스리게 하면서 날카롭기 그지없는 옹호극雍狐戟과 예과芮戈 등의 병기를 만들었습니다. 그해에 12개의 제후국을 겸병한 이유입니다. 이후 천하의 군주가 문득 창을 내던지고 화를 내며 출병하는 돈극일노頓戟壹怒를 행하면 곧바로 병사들의 시체가 들판을 덮게 됐습니다. 전쟁이 빚어지게 된 근원이 여기에 있습니다."

'지수' '지모'의 지수地數는 지리地利를 최대한 활용하는 계책을 뜻한다. 주로 지리적 조건과 관련한 재무관리 계책을 언급한 것이다. '지수지모'는 천하의 흥망이 재무관리를 제대로 하는지 여부에 달려 있다고 보고 있다. 전설적인 폭군인 하나라 걸과 은나라 창업주 탕왕을 비교한 이유다. 같은 인민과 같은 영토를 다스렸는데도 오직 탕왕만이 성공한 것은 재상 이윤이 재화의 생산 및 유통 등과 관련해 경중의 계책을 구사하고, 정령의 완급을 조절하고, 지리적 조건을 최대한 활용한데 있다고 본 게 그렇다.

비록 전설적인 폭군과 성군을 대비시켜 '지수지모'를 설명하기는 했으나 21세기 G2시대의 관점에서 볼지라도 전혀 터무니없는 얘기가 아니다. 지리적 이점을 최대한 활용한 나라가 성공한 사례를 무수히 찾아볼 수 있기 때문이다. 대표적인 예로 싱가포르를 들 수 있다.

정식 명칭이 '싱가포르 공화국'인 이 나라는 1819년 영국이 무역 거점으로 개발한 도시에서 출발했다. 1963년 말라야 연방에 가입했다가 2

년 뒤 탈퇴해 현재에 이르고 있다. 이 나라는 영토도 좁고 인구도 얼마 안 되지만 나름 장점이 있다. 해상 동서교통의 중요 지점에 자리 잡고 있는 게 그것이다. 오랫동안 집권해 독재자 소리를 듣기도 한 리콴유는 이런 이점을 최대한 살려 싱가포르를 아시아 최고의 자유무역항과 아시아금융허브로 만들어냈다. 덕분에 아시아에서 가장 잘 사는 나라가 됐다. 지난 2013년 기준으로 1인당 GNP가 미국보다 많은 5만3천 달러에 달한다. 일본보다 무려 1만 3천 달러나 더 많다.

2. 광산지모鑛山之謀 광산 채굴을 조절하라

제환공이 관중에게 물었다.

"청컨대 천연자원인 천재天財와 지리地利의 소재에 관해 묻고자 하오."

관중이 대답했다.

"겉에 자토赭土가 있는 산은 지하에 철광鐵鑛, 납이 있는 산은 지하에 은광銀鑛이 있습니다. 일각에서는 말하기를, '겉에 납이 있는 산은 지하에 철분 성분의 은덩어리인 주은광鉒銀鑛, 자토가 있는 산은 철분 성분의 금덩어리인 주금광鉒金鑛, 자석이 있는 산은 구리와 금이 섞여 있는 동금광銅金鑛이 묻혀 있다.'고 합니다. 모두 지하에 묻혀 있는 자원을 겉으로 드러내 보인 것입니다. 만일 산이 지하에 묻힌 자원을 겉으로 드러내 보이면 그 산을 엄히 봉금토록 하십시오. 영을 어기고 입산하는 자가 있으면 즉각 사형에 처하고 결코 사면해서는 안 됩니다. 영을 어긴 자 가운데 왼쪽 발을 들여놓았으면 왼쪽 발, 오른쪽 발을 들여 놓았으면 오른쪽 발을 자르십시오. 이는 명을 받아 임의로 채굴하는 것과 정반대되는 것입니다. '천재'와 '지리'의 소재가 바로 여기에 있습니다."

"'천재'와 '지리'로 천하에 공명을 떨친 인물로는 누구를 들 수 있소?"

관중이 대답했다.

"주나라 문왕과 무왕이 있습니다."

"구체적으로 무엇을 했다는 것이오?"

관중이 대답했다.

"무릇 보옥은 월지국月氏國 변경 일대의 산, 황금은 여수汝水와 한수漢水의 오른쪽 합류지점, 진귀한 구슬은 적야赤野의 말광末光 일대에서 나옵니다. 이들 지역 모두 주나라 도성으로부터 7,800리나 됩니다. 매우 먼 까닭에 쉽게 이를 수도 없습니다. 선왕이 그 경중을 분별해 주옥은 가장 가치가 높은 상폐上幣, 황금은 중폐中幣, 도포刀布는 하폐下幣로 정한 이유입니다. 징세를 명하는 정령이 급하면 금값이 오르고, 늦추면 내렸습니다. 선왕은 정령의 완급을 통해 금값을 조절하면서 하폐인 도포와 상폐인 주옥을 유통시켰습니다. 주나라 문왕과 무왕이 천하에 공명을 떨친 이유입니다."

'광산 지모'는 앞에 나온 '지수지모'와 마찬가지로 지역별 특성을 최대한 활용한 국용의 확충 계책을 언급하고 있다. 주로 화폐정책의 일환으로 지하자원을 적극 개발할 것을 주장한 게 약간 다를 뿐이다. 주목할 것은 화폐의 종류를 크게 주옥을 중심으로 한 상폐上幣, 황금을 중심으로 한 중폐中幣, 도포刀布를 중심으로 한 하폐下幣로 나눌 것을 주문한 점이다. 21세기 G2시대의 관점에서 보면 '상폐'는 기업들이 주로 사용하는 기업어음인 CP, 중폐는 5만 원권 지폐, 하폐는 1만원권 이하의 지폐와 동전으로 보면 된다. 현재 한국경제에서 5만원권은 '광산지모'에서 얘기하는 황금의 역할을 하고 있다. 5만 원권 지폐의 회수율이 작다고 걱정할 이유가 없다는 얘기다. 재화 유통의 기준 역할을 하면 그것으로 충분하다.

3. 준형지모准衡之謀 국가차원에서 사물을 고르게 하라

제환공이 관중에게 물었다.

"나는 안으로 타국의 약탈로부터 제나라의 자원을 지키고, 밖으로 타국이 보유한 자원을 적극 활용할 생각이오. 이게 가능하겠소?"

관중이 대답했다.

"가능합니다. 물살이 격하면 흐름이 빠르듯이 정령이 급하면 물가도 치솟습니다. 선왕은 호령의 완급을 조절해 안으로는 나라의 자원을 지키고, 밖으로는 타국에서 이익을 취했습니다."

"그같이 하려면 어찌해야 하오?"

관중이 대답했다.

"옛날 주나라 무왕은 은나라 주紂가 비축해 둔 거교巨橋의 곡식을 손에 넣은 뒤 곡물가격을 올리는 계책인 귀적지수貴糴之數를 구사했습니다."

"'귀적지수'를 실행하려면 어찌해야 하오?"

관중이 대답했다.

"주나라 무왕은 변경인 중천重泉 일대의 수자리를 설치한 뒤 백성에게 명하기를, '자신의 창고에 곡물 100고鼓를 비축한 자는 수자리를 면제해 준다.'고 했습니다. 백성이 모두 곡물을 모아 중천의 수자리를 피했습니다. 덕분에 곡물가격이 20배로 치솟으면서 거교에 비축된 곡물 역시 20배로 뛰어올랐습니다. 무왕은 20배로 치솟은 거교의 곡물로 포백布帛을 구입하며 5년 동안 백성들의 군복 납부 의무를 면제해 주고, 또 황금 100만 금金을 구입해 백성의 세금 납부 의무를 종신토록 면제해 주었습니다. 이것이 바로 국가차원에서 사물을 고르게 하는 계책인 준형지수准衡之數입니다."

'준형

지모'는 곡물 등의 재화 가격을 조절하는 방식으로 재정을 확충하고 백성의 군납 및 납세 부담을 덜어주는 계책을 언급한 것이다. 재화의 수급과 관련된 정책을 백성의 군납 및 납세 부담 문제와 연결시킨 점에서 매우 독특하다. 궁극적인 목적은 재화의 수급과 분배를 고르게 하는데 있다. 저울질을 고르게 한다는 뜻의 '준형' 표현을 쓴 이유다. 이 또한 큰 틀에서 보면 염철의 전매와 취지를 같이하는 것이다. 인민의 생산의욕을 고취하면서 재정을 자연스럽게 확충할 수 있다는 점에서 일석이조의 계책에 해당한다.

4. 제염지모製鹽之謀 다양한 제염으로 세수를 확보하라

제환공이 관중에게 물었다.

"지금도 국가차원에서 사물을 고르게 하는 계책인 준형지수准衡之數를 시행할 수 있는 것이오?"

관중이 대답했다.

"가능합니다. 초나라는 여수汝水와 한수漢水의 황금, 제나라는 거전渠

展의 염전소금인 해염海鹽, 연나라는 요동遼東의 끓인 소금인 자염煮鹽이 있습니다. 이 3가지 자원은 가히 주나라 무왕이 구사한 계책인 귀적지수貴糴之數의 곡물에 버금합니다. 10인으로 구성된 가구는 10인분, 100인으로 구성된 가구는 100인분의 소금을 먹습니다. 성인 남자는 1달 평균 5되, 성인 여자는 3되, 어린아이는 2되 정도입니다. 소금 가격을 1되당 반전半錢씩 올리면 1부釜에 50전, 1전씩 올리면 1부에 100전, 10전씩 올리면 1부에 1천전이 오르는 셈이 됩니다. 군주가 마른 풀과 땔나무를 채취해 소금물을 끓이는 식의 제염製鹽을 허용하면 염세의 누적 액수가 3만종鍾에 이르게 됩니다. 청컨대 따뜻한 봄이 오면 시령時令을 맞춘 실시로 수익을 내도록 하십시오."

"'시령을 맞춘 실시로 수익을 낸다.'는 말은 무슨 뜻이오?"

관중이 말했다.

"따뜻한 봄이 와 막 농사를 시작할 때 명을 내려 백성이 담장을 개수改修하거나, 묘지를 손보거나 하는 일을 금하십시오. 또 대부에게는 집이나 정자를 임의로 영건營建하지 못하게 하고, 북쪽 바닷가 염전 일대의 백성에게는 머슴을 고용해 소금을 만드는 일을 금하십시오. 그러면 소금 값이 반드시 40배로 뛸 것입니다. 이때 군주는 황하와 제수를 따라 남쪽의 양梁과 조曹, 송宋, 위衛, 복양濮陽 등지로 소금을 반출해 팔도록 하십시오. 그러면 틀림없이 큰 이득을 얻을 것입니다. 음식에 소금이 없으면 몸에 부종이 생기는 까닭에 나라를 지키는 장병들에게 소금의 사용은 매우 중대한 일입니다. 군주는 마른 풀과 땔나무를 채취해 소금물을 끓이는 방식의 제염을 통해 천하의 이익을 그러모으십시오. 그러면 타국 모두 우리 제나라의 자원을 멋대로 빼내가지 못할 것입니다."

'**제염**' 지모'는 앞에 나온 '준형지모'의 일환으로 나온 것이다. 소금의 전매를 통해 재정을 확충하는 계책을 집중 거론하고 있다. 주목할 것은 제염의 방식으로 해안에서 이뤄지는 해염海鹽 이외에도 내륙에서 소금을 얻을 때 사용하는 자염煮鹽 등의 방식을 두루 거론하고 있는 점이다. 춘추시대부터 다양한 유형의 제염법을 발전시켜 재정확충에 적극 활용했음을 반증한다. 전통적으로 뜨거운 햇볕 아래 수분이 증발하면서 만들어진 소금은 크게 정염井鹽과 휴염畦鹽, 화염花鹽 등 3종류가 있었다. 넓이가 1척, 높이가 1척이나 되어 흰색의 광채를 내는 것은 공물로 바쳐졌다고 한다. 『사기』「화식열전」에 소금으로 치부한 노나라 출신 상인 의돈猗頓의 얘기가 실려 있다.

5. 재리지모財利之謀 재화와 이익을 유출시키지 마라

제환공이 관중에게 물었다.

"나는 본업인 농업을 크게 흥성케 해 오곡을 넉넉히 확보코자 하오. 이게 가능하겠소?"

관중이 대답했다.

"불가합니다. 농업이 흥성하면 유통되는 재화가 매우 많아지는데, 군주가 이를 제대로 통제하지 못하면 재화는 밖으로 새어나갑니다. 풍년이 들어 오곡이 잘 익으면 국내의 곡물가격은 떨어지고, 타국의 곡물가격은 올라가게 마련입니다. 곡물은 곧 밖으로 새어나갈 수밖에 없습니다. 그러면 제나라 백성은 늘 앉은 자리에서 약탈을 당하는 꼴이 됩니다. 치국에 능한 군주는 배를 타고 대해를 건널 때 시시각각 바뀌는 풍향을 세밀히 관찰하듯이 곡물가격의 변동을 예의 주시합니다. 타국의 곡물가격이 높으면 우리도 높이고, 천하의 가격이 낮으면 우리도 낮춰야 합니다. 타국의 곡물가격이 높은데 우리만 낮으면 국내의 재리財利가 이내 밖으로 새어나가게 됩니다."

'재리財利'는 곡물의 국가 간 이동과 관련한 재정확충 계책을 언급한 것이다. 타국의 곡물가격이 높으면 함께 높이고, 가격이 낮으면 같이 낮추는 식으로 곡물의 외부 유출을 막아야 한다는 게 골자이다. 부의 유출을 막아야 한다는 게 논거이다. 주목할 것은 풍년이 들어 오곡이 잘 익었을 때 국내의 곡물가격이 떨어지고 곡물이 이내 외부로 유출되는 현상을 두고, 앉은 자리에서 약탈을 당하는 꼴이 된다고 풀이한 대목이다. 이는 21세기 G2시대의 경제전 현상과 관련해 암시하는 바가 크다.

미중의 경제전이 대표적이다. 현재 내로라하는 학자들 간의 견해는 극명하게 엇갈리고 있다. 영국의 정치경제학자 자크 마틴은 지난 2009년 펴낸 『중국이 세계를 지배하면』에서 '팍스 아메리카나'가 퇴장하고 지축을 뒤흔드는 '팍스 시니카'의 도래할 것임을 예언한 바 있다. G2 중국의 패권 장악을 가장 단언적으로 예언한 견해에 속한다.

물론 마틴의 견해와 정반대되는 견해도 적지 않다. 설령 경제면에서 중국이 미국을 추월할지라도 막강한 군사력 등으로 인해 미국의 G1 유지는 지속될 것이라는 주장이 그렇다. 소장 미래학자 최윤식이 최근에 펴낸 『2030 대담한 미래』가 대표적이다. 그는 이 책에서 중국은 40년 안에 미국을 따라잡을 수 없고, 영원이 미국의 문턱을 넘지 못한 채 쇠락할 것이라는 전망까지 내놓았다. 미국의 지속적인 패권을 주장한 미국학자들보다 더 심하다. 중국에 대해서는 거의 저주에 가까운 전망에 해당한다.

싸움은 상대가 있게 마련이다. 『손자병법』이 설파하고 있듯이 상대방이 모르고 있을 때는 출기불의出其不意로 그 허점을 치고 들어가 소수의 병력으로도 대군을 격파할 수 있다. 과거 영국이 소수의 함포를 이끌고 와 아편전쟁에서 승리를 거둔 배경이다. 지피지기知彼知己의 기본원리를 무시한 청조의 지나친 자부심이 화근이었다. 조선조가 일제에게 패망한 것도 비슷한 맥락이다. 양이洋夷나 다름없는 왜이倭夷에 지나지 않는다고 얕보면서 메이지유신 이후 급속한 서구화를 통해 부국강병에 매진하고 있는 현실을 애써 무시한 것이다.

자금성 수뇌부는 쑹훙빙의 『화폐전쟁』이 중국과 한국에서 낙양의 지가를 올린 데서 알 수 있듯이 월스트리트를 장악하고 있는 유태인 금융자본의 행각을 익히 알고 있다. 특히 2008년의 금융위기 이후 경제발전의 전략을 수출 위주에서 내수 진작 쪽으로 완전히 전환시켰다. 곳간에 쟁여둔 4조 달러를 거의 무차별적으로 살포하며 세계 각지의 자원과 기업을 인수합병하고 있는 저간의 움직임도 바로 이 때문이다. 풀었다 죄이는 식으로 앉은 자리에서 거액의 부채를 탕감하며 이익을 취하는 유태인 금융자본가에게 농락당하지 않겠다는 의지의 표현이다.

쑹훙빙의 『화폐전쟁』은 동서의 대결을 영국의 금 본위와 청국의 은 본위 대립 및 각국의 환율전쟁 등으로 단순화한 면이 있기는 하나 유태인 금융자본이 벌인 나폴레옹 전쟁 이래의 행각을 적나라하게 고발하고 있다. 객관적으로 볼 때 한국을 한없는 나락으로 밀어 넣은 IMF환란을 포함해 21세기 월스트리트 금융위기에 이르기까지 유태인 금융자본이 저지른 폭리행각은 커다란 문제를 안고 있다.

최윤식의 『2030 대담한 미래』가 지니고 있는 가장 큰 문제는 쑹훙빙과는 정반대로 이점에 관해서는 입을 다문 채 미국의 장래에 대해 장밋빛 전망만 내세우고 있는 점이다. 미국은 자의적으로 인플레이션을 만들어 최대 채권국인 중국 등이 갖고 있는 막대한 부채를 일거에 털어낸 뒤 보호무역주의를 강화해 기존산업을 보호하고, 미래형 산업에 적극 투자하는 쪽으로 방향을 잡았다는 게 논거다. 미국이 IT, 바이오, 뇌공학, 양자역학을 중심으로 한 나노기술, 우주기술, 로봇기술 등 미래 산업을 선도할 최고의 기술을 보유하고 있다는 점 등을 들었다.

　미국이 나노기술 등에 세계 최고의 기술을 지니고 있는 것은 맞다. 문제는 제조업 현황이다. 세계의 IT산업은 한, 중, 일 등 동아3국이 선도하고 있다. 전기자동차 등은 오히려 중국이 앞서나가는 형국이다. 로봇기술과 우주기술 역시 일본이 앞선 측면이 있다. 한국도 무서운 속도로 뒤쫓고 있다. 제조업에 관한 한 미국의 우위를 점치기가 어렵다는 점이다. 미국은 일본의 무차별공습이 이뤄진 지난 1980년대 이래 제조업보다 금융업 쪽으로 방향을 돌린 뒤 인플레이션 효과 내지 IMF환란 등을 통해 알짜 기업 등을 공짜로 먹는 일에 익숙해져 있다. 이는 동서고금을 막론하고 세상을 호령했던 제국이 패망할 때 보인 전형적인 모습이다. 인위적인 인플레이션 조작 등을 통해 천문학적인 부채를 앉은 자리에서 탕감하는 금융기법은 제국의 통화가 나름 기축통화로 작동할 때나 가능한 일이다.

　객관적으로 볼 때 달러가 현재의 위세를 계속 이어나가기는 어렵다. 자금성 수뇌부가 위안화의 국제통화 도약을 위해 2014년 10월 중순 상하이와 홍콩증시 주식연동거래인 이른바 후강통滬港通을 개설한 게 그 증거다. 상하이와 홍콩 증시 시총은 각각 17조 위안, 25조 위안으로 둘을 합치면 미국 증시에 이어 세계에서 두 번째로 큰 증권시장이 된다. 덕분에 해외 투자자들 모두 상하이 주식을 직접 매매할 수 있게 되었다. 중국은 후강퉁 개설을 계기로 위안화를 달러와 유로화에 이은 세계 3대 기축통화로 격상시킬 생각이다.

4조 달러에 이르는 세계 최대 외환보유액을 지닌 중국은 투자 여력이 충분하지만 미국과 일본, 서구 국가의 견제 탓에 세계은행이나 아시아개발은행의 지분과 발언권을 확대하는데 제약을 받아 왔다. 시진핑 주석이 한국을 비롯해 아시아 각국을 방문하면서 자국 주도의 아시아인프라투자은행인 AIIB와 신개발은행인 NDB, 상하이협력기구인 SOC개발은행 설립을 서두르는 것도 같은 맥락이다. 월스트리트에 똬리를 튼 유태인 금융자본이 기축통화인 달러를 임의로 주무르면서 풀었다가 죄는 식으로 재미를 보는 일이 점차 불가능해진다는 얘기다. 이 경우 달러의 위상 추락이 급속이 이뤄지면서 미국은 커다란 위기에 봉착할 수 있다. 오히려 국가분열을 우려해야 할 나라는 중국이 아니라 미국이다. 연방정부가 재정위기에 봉착해 '디폴트'를 선언할 경우 캘리포니아 주를 비롯한 일부 주에서 독립운동의 목소리가 가시화될 공산이 크다. G1의 자리를 둘러싼 미중간의 암투는 아무리 늦어도 2030년 이전에 결말이 날 전망이다.

문제는 우리다. 영국의 정치경제학자 자크 마틴은 '중국 시계는 우리가 경험적으로 아는 시계보다 빨리 간다.'는 표현을 통해 새로운 형태의 조공朝貢체제 등장 가능성을 내다본 바 있다. 이미 그런 조짐이 보이고 있다. 과거와 똑같은 모습은 아니겠지만 한중 관계에서 중국의 크기와 우월성에 바탕을 둔 조공체제의 색깔이 입혀질 가능성은 크다. 일본이 미국의 암묵적인 지지 아래 지난 2013년 8월 항공모함으로 전환

할 수도 있는 이즈모함을 공개한데 이어 최근 '집단자위권'을 공공연히
내세우며 군사대국의 길로 치닫고 있는 게 그 반증이다. 비록 지역적으
로 동남아 등에 한정된 형식이기는 하나 메이지유신 이래 일본이 주도
해 온 '팍스 야포니카' 체제를 수호하겠다는 의지의 표현이다. 러시아도
푸틴의 강력한 영도체제 하에 과거 소련의 영광을 되찾고자 하는 '팍스
러시아나'를 꾀하고 있다. 우리의 현명한 대응이 절실한 상황이다.

6. 재보지모財寶之謀 타국의 재화를 이용하라

제환공이 관중에게 물었다.

"지리地利를 활용하는 계책은 이게 끝이오?"

관중이 대답했다.

"아직 아닙니다. 제나라는 교통이 편리한 지역에 위치해 있습니다. 도
로가 사통팔달로 뚫려 있어 유객遊客과 상인은 반드시 이곳을 지나가
야 합니다. 제나라로 오는 유객과 외국 상인 모두 제나라 음식을 먹고,
제나라 화폐를 쓰고, 그들의 양마良馬와 황금을 자산으로 삼아 소비합
니다. 우리가 시의를 좇아 정령의 완급을 조절하면서 물가의 등락을 통
제해야만 비로소 천하의 재보財寶가 제나라를 위해 사용될 것입니다.
치국에 능한 군주는 자신의 것이 아닌 타국의 재화를 이용할 줄 알고,
자국의 백성이 아닌 타국의 백성을 부릴 줄 압니다."

'재보지모'는 관광객인 유객遊客과 국제상인의 적극 유치를 통
한 재정확충 계책을 언급한 것이다. 이들을 적극 끌어들여

크게 소비토록 만드는 게 관건이다. 관중이 '제나라로 오는 유객과 외국 상인 모두 제나라 음식을 먹고, 제나라 화폐를 쓰고, 그들의 양마良馬와 황금을 자산으로 삼아 소비한다.'고 언급한 게 그렇다. 관광과 문화의 중심지로 부상해 천하의 부를 그러모을 것을 주문한 것이나 다름없다. 관자는 이를 부국강병을 통해 천하를 호령하는 비책으로 간주했다. '자신의 것이 아닌 타국의 재화를 이용할 줄 알고, 자국의 백성이 아닌 타국의 백성을 부릴 줄 알아야 한다.'고 역설한 게 그렇다.

21세기 G2시대의 관점에서 볼지라도 암시하는 바가 매우 크다. 대표적인 예로 영종도 종합개발을 들 수 있다. 현재 세계 카지노 시장은 매년 크게 성장하고 있다. 2015년에는 근 2천억 달러에 이를 것으로 보고 있다. 그간 미국이 앞서 왔으나 2015년이 되면 미국은 730억 달러에 그치는데 반해 아태지역은 800억 달러로 올라서며 미국을 누를 것으로 전망되고 있다. 아태지역을 국가별로 보면 마카오가 시장의 70%를 점하고 있고, 다음으로 호주와 싱가포르 및 한국 순이다.

현재 세계의 카지노산업은 복합리조트로 변화하면서 대형화, 집적화되고 있다. 싱가포르와 마카오가 이런 변신에 성공한 케이스다. 우리도 이들을 벤치마킹할 필요가 있다. 원래 싱가포르는 지난 1965년 이후 약 40년간 카지노 영업을 불법으로 간주해온 나라다. 그러나 2005년 거센 반대에도 불구하고 복합카지노리조트 개발을 과감히 결정했다. 중국인 관광객을 놓치지 않으려는 고육책이었다. 개발업체의 선정 과정에서 사회 인프라 투자를 요구하면서 객장 이용 내국인의 사회적 안전망을 만드는데 주의를 기울였다. 덕분에 싱가포르는 아무런 마찰 없이 성공적으로 개장할 수 있었고, 4만개 이상의 일자리를 새로 만들어냈다. 관광수익도 50% 이상 증가했다. 특히 관광 및 엔터테인먼트 분야 수익은 개장 직후 개장 전의 2009년 대비 2천%나 증가했다.

1999년 중국에 반환된 마카오도 유사한 경우다. 마카오는 이미 2006년에 매출액에서 라스베가스를 누른데 이어 최근에는 국제회의, 인센티브 관광 등 MICE 산업 허브도시로 변신을 꾀하고 있다. 홍콩, 주하이, 선전 등 중국 내 인근 지역과 연계된 관광 상품을 내놓은 것도 같은 맥락이다. 홍콩과 주하이 및 마카오를 하나로 잇는 Y형 대교가 2016년 완공되면 사업이 더욱 번창할 것이다. 이 다리를 이용할 경우 홍콩에서 마카오까지 불과 30분밖에 걸리지 않다.

영종도에 복합카지노리조트가 들어설 경우 결국 마카오 및 싱가포르와 경쟁할 수밖에 없다. 베이징을 기준으로 할 경우 지리적으로 우리가 훨씬 유리하다. 베이징에서 영종도까지 비행기로 2시간이면 올 수 있으나 마카오는 4시간, 싱가포르는 6시간이나 걸린다. 현재 영종도는 미단 시티 카지노, 한상드림 아일랜드, 파라다이스 시티가 한창 건설 중에 있다. 파라다이스 시티는 2017년, 미단 시티는 2018년, 한상드림 아일랜드는 2020년 개장 예정이다. 규모면에서 싱가포르나 마카오보다 훨씬 크다. 영종도 개발은 관자가 염철의 전매를 역설한 것과 하등 차이가 없다. 서민에게 증세의 부담을 안기지 않고 효과적으로 국가재정을 확충할 수 있기 때문이다. 세계 관광객의 대종을 이루고 있는 '여우커遊客'들로 하여금 라스베가스나 마카오나 싱가포르 대신 영종도로 발걸음을 돌리도록 만들 필요가 있다.

제8의
규탁揆度 16모 − 화폐 총량을 측정하라

1. 대회지모大會之謀 경제운용 기본계획부터 세워라

제환공이 관중에게 물었다.

"수인씨燧人氏 이래의 중대한 경제운용 계획인 대회大會에 관해 들려줄 수 있겠소?"

관중이 대답했다.

"수인씨 이래 역대 군왕 가운데 경중의 계책으로 천하를 다스리지 않은 사람이 없었습니다. 공공共工이 천하를 다스릴 때는 수변水邊에 사는 백성이 10분의 7, 육지에 사는 백성이 10분의 3이었습니다. 그는 자연조건인 이런 천세天勢를 잘 활용해 천하를 다스렸습니다. 황제黃帝가 다스릴 때는 맹수의 조아爪牙를 피하기에 급급했습니다. 날카로운 무기가 없었던 탓입니다. 단지 산림을 불태우고, 짐승의 둥지를 부수고, 늪지대를 불살라 짐승을 밖으로 내몰아 백성의 안전을 꾀했습니다. 연후에 비로소 천하를 다스릴 수 있었습니다. 요순堯舜의 시대에 이르러 비로소 세상이 크게 교화되는 대치大治가 이뤄졌습니다. 모두 북쪽 월지月氏의 벽옥과 남쪽 장강 및 한수의 진구한 구슬을 화폐로 만들어 사용한 덕분입니다. 사냥꾼을 이용해 원수 같은 맹수의 가죽을 벗기고, 대부들로 하여금 화폐를 주고 그 가죽을 사도록 한 게 그렇습니다."

"구체적으로 어떤 것이오?"

관중이 대답했다.

"천자가 명하기를, '조례朝禮 때 제후의 자식으로서 인질로 와 칭신稱臣하는 자는 쌍호雙虎의 갖옷, 경대부는 표범 갖옷, 여타 대부들은 표범 가죽으로 옷깃을 한 갖옷을 공물로 바치도록 하라.'고 했습니다. 이에 대부들은 봉읍에서 거둔 곡물과 재물을 풀어 호표의 가죽을 사면서, 산속에 사는 포수를 동원해 마치 부모의 원수를 몰아내듯이 맹수를 포획했습니다. 군주는 예복을 갖춰 입은 채 조정에서 군림하고, 맹수는 숲속에서 포수에게 포살되고, 대부는 맹수의 가죽을 사기 위해 보유한 재물을 소비하고, 천하의 백성은 그에 따른 수익을 얻을 수 있었던 비결이 여기에 있습니다. 이것이 바로 요순이 시행한 '대회'의 계책이었습니다."

'대회지모'는 규탁揆度의 일환으로 나온 것이다. 여기의 '규'와 '탁' 모두 헤아린다는 뜻이다. 탁度을 도량度量의 뜻인 '도'로 읽을 수도 있으나 문맥상 헤아린다는 뜻의 '탁'으로 읽는 게 옳다. '규탁'은 주로 국가대사와 경제정책의 상호관계를 언급한 것이다. 첫머리에 나오는 '대회지모'의 '대회'는 앞에 나온 국가 차원의 회계계획인 국회國會와 취지를 같이한다. 다만 '대회'는 국가 전체 차원의 경제계획에 초점을 맞추고 있는데 반해 '국회'는 회계 자체에 방점을 찍고 있는 게 약간 다르다.

'대회지모'는 군주의 명을 좇아 신민이 각자의 위치에서 필요한 재화를 매매함으로써 재화의 생산과 소비가 균형을 이루며 자연스럽게 굴러가는 계책을 언급한 것이다. 예컨대, 군주는 신하들에게 맹수의 가죽으로 만든 갖옷을 공물로 바칠 것을 명하고, 대부는 맹수의 가죽을 사기 위해 보유한 재물을 소비하고, 포수를 비롯한 일반 백성은 그에 따른 수익을 얻을 수 있다는 것이다. '대회지모'는 크게 2가지 논거 위에 서 있다. 첫째, 모든 경제행위는 상호 보완적이다. 서로에게 이득이 되는 쪽으로 이끌 필요가 있다. 둘째, 군주가 새로운 경제행위를 총괄할 필요가 있다. 호표의 가죽을 공물로 납부하라고 명해 천하의 모든 사람이 이득을 보도록 하는 게 그렇다. 관자는 '대회지모'가 전설적인 성군인 요순이 구사한 경세제민의 방략이라고 했다. 일종의 왕도 행보로 해석한 셈이다.

2. 국기지모國機之謀 나라의 기틀을 바로 세워라

제환공이 관중에게 물었다.

"속담에 이르기를, '사리事理의 2가지 명칭과 교정矯正을 위한 5가지 명칭을 장악하면 능히 천하를 다스릴 수 있다.'고 했소. '사리의 2가지 명칭'은 무엇을 뜻하는 것이오?"

관중이 대답했다.

"천도는 양陽, 지도는 음陰입니다. 이를 일컬어 '사리의 2가지 명칭'이라고 합니다."

"그렇다면 '교정의 5가지 명칭'은 무엇을 뜻하는 것이오?"

관중이 대답했다.

"저울추인 권權, 저울대인 형衡, 그림쇠인 규規, 곱자인 구矩, 수준기인 준准을 일컬어 '교정의 5가지 명칭'이라고 합니다. 이를 색깔로 표현하면 청青, 황黄, 백白, 흑黑, 적赤의 5색五色이 됩니다. 소리로 표현하면 궁宮, 상商, 우羽, 치徵, 각角의 5성五聲이 됩니다. 맛으로 표현하면 산酸, 신辛, 함鹹, 고苦, 감甘의 5미五味가 됩니다. 사리의 2가지 명칭과 교정의 5가지 명칭은 태산太山과 대택大澤이 마르고 닳는 동산갈택童山竭澤이 이뤄질 때까지 군주가 신민을 제어할 때 반드시 구사해야만 하는 계책입니다. 5미를 이용해 사람의 미각을 통제하고, 5성을 이용해 사람의 청각을 통제하고, 5색을 이용해 사람의 시각을 통제하는 게 그렇습니다. 군주가 사리의 2가지 명칭과 교정의 5가지 명칭을 잃으면 망국亡國, 대부가 이를 잃으면 실세失勢, 백성이 이를 잃으면 패가敗家를 초래하게 됩니다. 이를 일컬어 나라의 지극히 중요한 기틀인 국기國機라고 합니다."

'국기지모'는 음양오행의 이치를 국가통치술과 연관시켜 해석하고 있다. 여기서 말한 '2가지 사리事理'는 음양의 이치를 언급한 것이다. 인민의 잘못된 풍속 등을 교정하는 도구인 5명은 '5가지 명칭'에 해당한다. 사물의 무게를 재는 저울의 뜻인 권형權衡과 그림쇠 등의 규구規矩와 수준기의 준准이 그것으로 오행사상을 흉내내 5가지로 나눴으나 한마디로 요약하면 기강紀綱이 된다. 『주역』이 역설하고 있듯이 천지만물은 음양의 조화로 나타난다. 나라를 다스리는 이치도 크게 다르지 않다. 다만 나라를 다스릴 때는 음양의 이치 이외에도 법기法紀

내지 관기官紀 등으로 표현되는 기강이 비로 잡혀 있어야 한다. 그게 군주가 할 일이다. '국기지모'는 이를 국기國機로 표현해 놓았다. 나라의 존폐를 좌우할 정도로 중요한 계기가 되는 사안이라는 뜻이다. 보다 구체적으로 말하면 뒤에 나오듯이 먹고사는 문제를 해결하는 농사와 나라를 지키는 군사가 바로 '국기'에 해당한다.

3. 마농지모馬農之謀 군사와 농사 책임을 엄중히 물어라

관중이 제환공에게 말했다.

"경중가의 법전에 이르기를, '병마를 관장하는 사마司馬를 자천自薦한 자가 직무를 제대로 이행치 못했을 때는 곧바로 죽여 그 피를 전고戰鼓에 바르는 흔고釁鼓를 통해 전신戰神에게 제사를 지낸다. 농사를 관장하는 사농司農을 자천한 자가 직무를 제대로 이행치 못했을 때는 곧바로 죽여 그 피를 땅에 뿌리고 토지신에게 제사를 지낸다. 일반 관직을 자천한 자가 직무를 제대로 이행치 못했을 때는 곧바로 두 발꿈치를 잘라 문지기로 삼는다.'고 했습니다. 소인들이 감히 간사한 말로 군주를 속여 관직을 얻지 못한 이유입니다. 능력이 없는데도 서로를 보증하며 천거하여 관직을 맡은 자를 위시해 밤에 야경을 돌며 딱따기를 치는 문지기의 미관말직이라도 능력도 없이 자리를 차지한 자는 응당 법에 따라 조치해야 합니다."

'마농지모'는 앞에 나온 '국기지모'의 국기國機에 해당하는 농사와 군사의 기본이치를 얘기하고 있다. 군사를 관장하는 사마司馬와 농업을 관장하는 사농司農의 역할에 대한 설명이 그렇다. 관자는 '사마'와 '사농'을 바로잡아야 소인들이 감히 간사한 말로 군주를 속여 관직을 어지럽히는 일이 없을 것이라고 했다. 능력이 없는 자들이 붕당을 만들어 사리사욕을 챙길까 우려한 것이다. '밤에 야경을 돌며 딱따기를 치는 문지기의 미관말직이라도 능력도 없이 자리를 차지한 자는 응당 법에 따라 조치해야 한다.'고 역설한 이유다.

이는 21세기 G2시대에도 그대로 적용되는 얘기다. G1의 자리를 놓고 미중이 치열하게 다투는 G2시대는 여러모로 과거의 왕조교체기 때와 닮았다. 난세의 전형에 해당한다. 난세에 살아남기 위해서는 엄정한 기강이 바로서야 한다. 이는 인민의 의식衣食과 직결된 '사농'과 국가방위를 책임진 '사마'가 제대로 된 역할을 수행해야 가능한 일이다. 남북이 분단된 가운데 주변4강이 치열한 다툼을 벌이는 한반도의 상황은 특히 그렇다. '관피아 척결'이 상징하듯이 관기官紀의 숙정肅正 작업이 절실하다.

4. 자주지모自主之謀 상인에 휘둘리지 마라

제환공이 관중에게 청했다.

"청컨대 경중의 계책을 망각해 평준平準을 잃는 실준失准에 관해 묻고자 하오."

관중이 대답했다.

"'실준'은 모든 면에서 남의 통제를 받아 자주自主가 없는 경우를 말합니다. 이를 일컬어 '실준'이라고 합니다."

"구체적으로 그게 어떤 것이오?"

관중이 대답했다.

"지금 타국이 군사를 일으켜 제나라를 치면 신하 가운데 나라를 이롭게 하고 군주의 명성을 드높인 자를 분봉해 주고, 전차와 병사를 이끌고 나가 진퇴를 거듭하며 공명을 이룬 자도 분봉해 주어야 할 것입니다. 이는 타국이 군주의 신하를 봉한 것이지, 군주가 봉한 게 아닙니다. 타국이 이미 사방 10리의 땅으로 군주의 신하를 봉했는데 매번 전쟁이 빚어지면 군주는 군량미를 바친 부상대고에게도 사방 20리의 땅을 분봉해 줘야 할 것입니다. 이 또한 군주가 그들을 부유하게 만들어준 게 아니고, 타국이 부유하게 만들어준 것입니다. 주변국이 늘 전쟁을 벌여 군주의 백성을 더욱 부유하게 만들면 빈자는 더욱 가난해지고, 부자는 더욱 부유해집니다. 이것이 바로 '실준'의 계책입니다."

"구체적으로 그게 무슨 뜻이오?"

관중이 대답했다.

"지금 타국이 군사를 일으켜 제나라를 치면 백성은 농기구를 내던지고 전장에서 무기를 들고 싸워야 합니다. 그러면 농사를 지을 수 없습니다. 이는 하늘의 재앙인 천흉天凶이 아니라 사람의 재앙인 인흉人凶입니다. 군주가 아침에 징세의 정령을 발포해 저녁까지 완납할 것을 요구하면 백성은 급히 재물과 곡물을 싸들고 시장으로 나가 싼 값에 내놓을 수밖에 없습니다. 상인이 이를 대거 사들여 창고에 쟁여두면 나라가 보유한 재화의 절반이 상인의 수중에 있게 됩니다. 전쟁이 끝나 백성이 고향으로 돌아와 농사를 지을 때가 되면 물가는 전쟁 이전 수준으로 돌아갑니다. 이때 상인이 쟁여놓은 물건을 내다팔면 나라가 보유한 화폐의 절반가량이 이들의 수중으로 들어갑니다. 그러면 화폐 가치는 10

분의 3이 오르고, 재화의 가격은 10분의 3이 떨어집니다. 상인이 만일 가치가 10분의 3이나 오른 화폐로 가격이 10분의 3이나 떨어진 재화를 사들이면 나라의 재화는 모두 상인의 수중에 떨어지는 게 됩니다. 군주는 속수무책이 될 수밖에 없습니다. 그러면 부자가 빈자를 노비처럼 부리는 상황이 빚어지고, 군주는 이를 통제할 길이 없게 됩니다. 이것이 바로 경중의 계책을 상실한데 따른 '실준'입니다."

'자주지모'는 경중의 계책을 망각해 평준平準을 잃는 실준失准의 후과를 집중 논의하고 있다. 부상대고에게 휘둘리지 않는 자주적인 재정정책이 관건이다. 이웃나라와 전쟁을 벌일 경우 부상대고만 좋은 일을 시킨다고 경고하고 있다. 부상대고가 전쟁을 기화로 폭리를 취하는 현실을 지적한 것이다. 군주가 부상대고에게 휘둘려 자주적인 재정정책을 펴지 못할 경우 '부익부 빈익빈'의 악화로 자칫 나라가 결단날 수도 있다. 부자의 빈자에 대한 착취를 방치 내지 조장한 결과다.

미국의 전설적인 부호인 록펠러의 성장과정이 대표적인 사례에 속한다. 원래 그는 남북전쟁이 터지자 군수물자 판매로 떼돈을 번 인물이다. 방법이 기상천외했다. 남군의 무기를 빼돌려 북군에 팔고, 북군의 무기를 빼돌려 남군에 파는 식이었다. 이쪽저쪽으로 무기와 군수물자를 팔 때마다 전쟁리스크 프리미엄으로 인해 엄청난 마진이 붙었다. 그는 보급물자를 일부러 망가뜨리거나 공급을 지연시키는 등의 수법을 구사해 전쟁이 일찍 끝나는 것을 막았다. 관자가 '자주지모'에서 '전쟁 때 세금 독촉에 몰린 백성이 급히 재물과 곡물을 싸들고 시장으로 나가 싼 값에 내놓으면 상인이 이를 대거 사들여 창고에 쟁여두고, 전쟁이 끝나 백성이 귀향해 농사를 지을 때 상인이 쟁여놓은 물건을 내다팔면 나라가 보유한 화폐의 절반가량이 이들의 수중으로 들어간다.'고 언급한 게 바로 이런 경우다.

그는 이같이 치부한 재원을 배경으로 1862년 석유정제사업에 뛰어들어 1870년에 스탠더드오일을 설립했다. 철도회사를 JP모건과 함께 장악했다. 철도 운송료를 다른 회사는 비싸게 받고 자신의 회사는 싸게 받았다. 악질적인 것은 모든 석유를 철도로만 운송하게 만들기 위해 육송 파이프를 파괴한 점이다. 상대 회사들이 서로 규합해 대항했다. 그러나 주동자들 모두 록펠러의 하수인들이었다. 미국 석유의 99퍼센트가 록펠러의 손에 들어갔다. 이후 독과점 반대법의 통과로 스탠더드오일은 30개로 분할됐다. 이는 위장에 지나지 않았다. 모두 록펠러 소유나 다름없었다. 오히려 주가는 30퍼센트 이상 급등했다.

1873년 독일 출신 메리트 형제가 소유한 메사비 광산을 손에 넣은 경우 역시 매우 악질적이다. 독일에서 갓 이민 온 메리트 형제는 미네소타의 메사비에 자리를 잡았다. 인디안 말로 '거인'을 뜻하는 메사비는 미국 내 철광산맥 중에서도 가장 크다. 동쪽 배빗에서 서남쪽 그랜드래피즈까지 180킬로미터 가량 뻗어 있다. 높이는 평균 1백 미터 가량으로 채광하기에 최적이었다. 메리트 형제는 우연히 그 곳이 원래 풍부한 철광생산지라는 사실을 알게 된 후 전 재산을 기울여 철광회사를 세웠다. 뒤늦게 이 소식을 들은 그는 메사비 광산을 손에 넣기 위해 절치부심했다.

그가 스탠더드오일을 설립한 지 3년 뒤인 1873년 미국 내 유동성 자금이 갑자기 경색됐다. 자금을 대부받지 못한 메리트 형제는 이내 커다란 어려움에 빠졌다. 이때 문득 알고 지내는 목사 로이드가 찾아 왔다.

얘기 도중 로이드가 호언했다.

"내가 잘 아는 친구 가운데 돈이 많은 자본가가 있소. 내 얼굴을 봐서라도 틀림없이 큰돈을 선뜻 내줄 것이오."

메리트 형제가 뛸 듯이 기뻐했다. 곧바로 양측은 이같이 약정했다. 〈메리트 형제는 42만 달러를 콜 대부로 빌린다. 이율은 3퍼센트. 구두약속으로 다른 증빙은 없으며 이것으로 증빙으로 한다.〉 메리트 형제는 너무나도 쉽게 이렇게 싼 이자의 돈을 빌리게 되어 몹시 기뻤다. 보름 뒤 로이드가 문득 메리트 형제를 찾아왔다. 문을 들어서자마자 굳은 얼굴로 말했다.

"내 친구는 바로 록펠러요. 그는 내게 당신들에게 빌려 준 42만 달러를 즉시 돌려받도록 요구했소."

두 형제는 아연실색했다.

"이미 그 돈을 광산개발에 모두 투입했는데 당장 무슨 재주로 그 많은 돈을 구한단 말이오?"

결국 법정으로 가게 됐다. 원고 측 변호사가 의기양양하게 말했다.

"차용증서에 나와 있는 것처럼 메리트 형제가 빌린 돈은 콜 대부입니다. 콜 대부가 무엇입니까? 빌려 준 사람이 언제라도 돌려받을 수 있는 대부입니다. 그래서 이자도 일반 대부보다 싼 것입니다. 채무자는 즉각 돈을 상환하거나 파산을 선언하거나 둘 가운데 하나를 택해야 합니다."

메리트 형제는 독일에서 이민 온 사람들이다. 영어도 능통하지 못한데 콜 대부가 무엇인지 알리도 없다. 결국 두 형제는 파산을 선고받았다. 광산은 록펠러에게 넘겼다. 가격은 52만 달러. 몇 년 뒤 록펠러는 이를 근 2천만 달러에 JP모건에 팔아 치웠다. 40배의 폭리였다. 세계 최대 금융재벌 가운데 하나인 JP모건의 치부과정도 록펠러 못지않았다. 이들 역시 남북전쟁에서 군수물자를 빼돌리는 방법으로 큰돈을 번 뒤 이를 토대로 은행을 세우고, 부동산과 보험 등으로 사업을 확장해 오늘의 JP모건을 만들었다. IMF환란 때 태국을 상대로 갑자기 빌려준 달러를 환수해 혼란에 빠뜨린 뒤 여세를 몰아 동아3국 가운데 '호구'에 해당하는 한국경제를 쑥대밭으로 만든 것도 같은 수법이다. 마침 환란의 여세로 대통령에 당선된 김대중 당선자는 환 달러 투기의 대명사인 소로스를 자택으로 불러들여 급전을 빌리는 '코메디'를 연출했다. 소로스는 훗날 IMF와 짜고 환란을 일으킨 주범으로 몰린 인물이다.

록펠러와 JP모건, 소로스 등이 고리대금의 수법으로 치부한 것은 고금동서를 막론하고 지탄받을 일이다. 아리스토텔레스는 『정치학』에서 세상에서 가장 흉악한 악질로 '고리대금업자'를 지목한 바 있다. 관자가 '자주지모'에서 군주에게 자주적인 재정정책을 펴야 한다고 주장한 것도 바로 이런 악덕 고리대금업자들을 경계한 것이다. 이를 제대로 하지 못하면 결국 백성들이 피땀 흘려 모은 민부民富와 이를 토대로 한 국부國富가 '고리대금업자'에게 헐값으로 넘어가게 된다. 한국이 6·25에 버금하는 IMF환란의 재앙을 입은 것은 전적으로 '자주지모'에서 얘기했듯이 하늘의 재앙인 천흉天凶이 아니라 사람의 재앙인 인흉人凶에 해당한다. 어리석게 '국제적인 고리대금업자'인 유태인 금융업자들에게 당한 것이다.

한국민이 유태인 금융업자에게 당한 것은 IMF환란 때만도 아니다. 이후에도 계속 유사한 일을 당했다. IMF환란을 자초한 김영삼 정부와 이후 '금모으기 쇼'를 벌인 김대중 정부만 탓할 일도 아니다. 이명박 정부 초기에 빚어진 '키코' 사태 역시 천흉이 아닌 인흉에 해당한다.

'키코'는 약정환율과 환율변동의 상한과 하한을 정해놓고 환율이 상하한 선에서 움직이면 환차손을 줄이고 일부 환차익을 얻을 수 있는 상품이다. 그러나 환율이 하한 이하로 떨어지면 계약이 해지돼 떨어진 환율로 적용받아 손실을 입는다. 더구나 상한 이상으로 오를 경우는 약정액의 1–2배를 계약 종료 시 환율로 매입해 약정환율로 은행에 팔아야 한다는 옵션이 붙어 손실이 눈덩이처럼 커지게 된다. 지난 2008년 6월 글로벌 금융위기 당시 키코에 가입한 한국의 무수한 수출중소기업들이 엄청난 피해를 봤다. 공정위는 '키코는 불공정계약이 아니어서 약관법상 문제없다.'는 결정을 내렸다. 키코 피해기업이 민사소송을 제기한 후 5년간의 법적 다툼 끝에 2013년 9월 26일 대법원 역시 피해 책임은 원칙적으로 가입자가 져야 한다고 확정 판결함으로써 사건을 마무리 지었다. 키코를 방치한 노무현 정부의 관료, 아무 문제가 없다고 판단한 공정위, 키코의 배후에 대한 조사도 없이 아무 문제가 없다는 식의 최종 판결을 내린 법원 모두 '천흉'이 아닌 '인흉'을 방조한 자들이다.

　가장 많은 키코 상품을 팔아 한국의 수출중소기업에 최대 피해를 입힌 장본인은 유태인 금융자본인 한국시티은행이다. 키코로 손실을 입은 중소기업 숫자는 594곳으로 이 가운데 한국시티은행 피해기업은 전체의 약 20퍼센트에 달한다. 키코 사태가 불거질 당시 한국시티은행은 '불완전 판매'의 책임을 외면하는 철면피한 모습을 보였다. 한국시티은행은 소송과정에서 자본력을 앞세워 김앤장과 광장 등 대형 로펌에 고액의 수임료를 주고 재판을 맡겼다. 일부 패소 판결이 나면 강제집행 정지를 통해 피해 중소기업에 배상금을 단 한 푼도 안 주었다. 부도위기에 처한 중소기업들은 대부분 소송비용을 감당할 능력이 없어 중도에 포기했다. 2011년 한국시티은행을 상대로 소송을 벌이던 업체 수는 83곳이었지만 2012년에 들어와서는 3분의 1 이상이 줄어들었다.

키코 상품을 만들어낸 것은 말할 것도 없이 월스트리트를 장악한 유태인 금융업자들이다. 『베니스의 상인』에 나오듯이 키코를 만든 자들은 기본적으로 상도商道가 없는 자들이다. 유태상인들은 예로부터 그리스 상인과 더불어 뛰어난 상술로 명성이 높았다. 그러나 십자군 전쟁을 거치면서 악명을 떨치게 됐다. 소년 십자군을 무슬림에게 판 게 원인이었다. 나폴레옹 전쟁 때는 로스차일드 가문은 투자자들을 착각에 빠뜨린 뒤 헐값에 나온 유럽의 주식시장의 주식 절반가량을 손에 넣은 바 있다. 제1차 세계대전 후 독일이 막대한 배상금 문제로 대규모 경제공황에 빠졌을 때 공장과 농지 등을 차지한 사람들 대부분이 유태인이었다. 수천 년 동안 여러 민족으로부터 원성의 대상이 된 배경이 간단치 않다. IMF환란과 키코사태를 통해 확인할 수 있듯이 한국은 이미 '베니스 상인'이 칼질하는 고리대금의 먹잇감으로 전락해 있다. 관계 당국과 은행업무 담당자들의 대오각성이 절실하다.

5. 국형지모國衡之謀 국가차원에서 물가의 평준을 실현하라

관중이 제환공에게 말했다.

"군주는 경중의 근본根本을 장악해 부상대고가 말초末梢라도 장악하는 일이 없게 해야 합니다. 생산의 시초 단계부터 장악함으로써 부상대고가 혹여 소비의 최종 단계라도 장악하는 일이 없게 해야 하는 것입니다. 시장으로 유입되는 재화는 관문關門을 설치해 통제하고, 곡물은 봄가을로 나눠 통제하고, 나머지 물자는 미리 일괄 조달 등의 수매계약을 통해 통제하면 됩니다. 재화가 움직일 때마다 그에 상응하는 조치를 취하는 게 관건입니다. 예컨대 재화의 수급을 미리 예측해 사전 조치를 취하면 부상대고는 매점매석할 길이 없고, 유통을 통제하면 부상대고는 폭리를 취할 길이 없게 됩니다. 사방에서 생산되는 재화의 유통을 통제하며 물가를 조절하면 투기를 꾀하는 상인이 사라지고, 물가 또한 귀천貴賤이 사라져 평준을 이룹니다. 이를 일컬어 국가차원에서 물가의 평준을 실현하는 국형國衡이라고 합니다. '국형'의 계책으로 통제하면 나라의 재리財利가 모두 군주에게 귀속될 것입니다.'

'국형 지모'는 앞에 나온 '자주지모'와 같은 취지이다. 부상대고가 재화의 생산에서 소비에 이르는 전 과정에서 잠시라도 끼어들어 폭리를 취하는 일이 없게 해야 한다고 주문한 게 그렇다. 천흥이 아닌 인흥을 경계한 것이다. 재화가 움직일 때마다 그에 상응하는 조치를 취해 끼어들 여지를 미연에 봉쇄하는 게 관건이다. 관자는 군주가 재화의 유통을 통제해 물가의 평준을 실현하는 동시에 투기 상인이 발을 붙이지 못하도록 하는 계책을 국형國衡으로 규정했다. 국가 차원의 균형均衡을 이룬다는 뜻이다. '나라의 재리가 모두 군주에게 귀속된다.'고 언급한 것은 군주 개인의 사고私庫가 아닌 국고國庫를 지칭한 것이다.

고금동서를 막론하고 부상대고의 투기적 개입을 묵인 내지 방조해 폭리를 취하게 하면 그 피해는 고스란히 서민들이 떠안게 된다. 실제로 IMF환란은 20년이 가까이 되는 현재까지 한국경제에 커다란 내상內傷을 안기고 있다. 멀쩡한 알짜기업이 외국의 투기자본에 헐값에 팔려 나가 국부를 대거 유출한 후과다. IMF환란 당시 이웃한 중국과 일본이

환란의 소용돌이에서 비켜난 점에 주목할 필요가 있다. 일본의 증권과 주식시장은 워낙 덩치가 큰 까닭에 월스트리트의 투기자본이 감히 손을 댈 길이 없었고, 중국은 '베니스 상인'의 속성을 꿰뚫어 본 까닭에 문호를 닫고 있었기에 끼어들 여지가 없었다. 설령 중국이 문호를 개방했을지라도 이런 지경에 이르도록 방치하지는 않았을 것이다. 아편전쟁 이후 1백년 가까이 무차별적인 침탈을 당한 탓에 그만큼 교훈도 많이 얻었기 때문이다.

문제는 한국이다. 아직도 대다수 경제 관료과 경제학자, 기업CEO들이 정치와 경제를 분리시킨 서구 경제학을 맹종하고 있다. 달러가 기축통화로 작동하는 한 안방을 국제 투기꾼에게 거저 내준 것이나 다름없다. 미국의 연방준비제도와 IMF를 사실상 장악하고 있는 월스트리트의 유태인 금융업자들의 농간에 더 이상 놀아나서는 안 된다. 그 폐해를 서민들이 온통 떠안고 살기 때문이다. 경제 관료와 경제학자, 기업 CEO 모두 21세기 G2시대를 살면서 정치와 경제를 하나로 녹인 '관자경제학'을 깊숙이 천착해야 하는 이유가 여기에 있다.

6. 지치지모至治之謨 재화 유통을 잘 살펴 지치를 이뤄라

관중이 제환공에게 말했다.

"수완이 좋은 사람에게 궁금宮禁 내지 관부官府의 전매점포를 맡겨 이를 잘 관리하면 시장이 한가해지고, 시장이 한가해지면 밭에서 농사짓는 사람이 많아지고, 농사짓는 사람이 많아지면 백성의 재용이 풍족해지고, 백성의 재용이 풍족해지면 군주가 거두는 세금이 줄어들지 않습니다. 그러나 지금은 그렇지 않습니다. 시장의 물가가 높은데도 국가가 비축한 재화를 내놓지 않으면 높아진 물가는 다시 쉽게 내려가지 않고, 물가가 낮은데도 국가가 재화를 수매하지 않으면 떨어진 물가는 다시 쉽게 오르지 않습니다. 경제를 잘 운용하는 자는 이같이 하지 않습니다. 시장의 물가가 높으면 국가는 저가로 비축한 재화를 풀고, 시장의 물가가 낮으면 국가가 고가로 재화를 사들입니다. 이것이 여유분을 이용해 부족분을 메우는 계책입니다. 무릇 백성의 재리를 제대로 조절하지 못하는 군주는 대치大治를 이룰 수 없고, 재화 유통의 시작과 끝을 제대로 살피지 못하는 군주는 지치至治를 이룰 수 없습니다. 국가가 시장의 물가를 제대로 통제할 수만 있으면 연간 재정수입을 20배로 올릴 수 있고, 소금과 철 및 주석과 황금의 전매를 통해서도 연간 재정수입을 20배로 올릴 수 있습니다. 국가가 관부의 점포와 소금, 철, 주석, 황금 등 5가지를 잘 관리하며 전매를 실시하면 백성에게 직접 세금을 거둘 필요가 없습니다.”

‘지치 지모'는 국가의 시장 개입 수준을 언급한 것이다. 여기의 지치至治는 지극한 치도, 대치大治는 경세제민에 입각한 치국평천하를 의미한다. 국가가 시장에 적극 개입해 재화의 유통을 잘 살펴 물가를 적절히 조절함으로써 여러 이해관계를 조율하는 게 관건이다. 관자가 ‘시장의 물가가 높은데도 국가가 비축한 재화를 내놓지 않으면 높아진 물가는 다시 쉽게 내려가지 않고, 물가가 낮은데도 국가가 재화를 수매하지 않으면 떨어진 물가는 다시 쉽게 오르지 않는다.’고 지적한 이유다. 이는 부상대고가 끼어들어 폭리를 취할 틈을 만들어주는 것이다. 관자가 국가의 적극적인 개입을 주문한 이유다. 그 효과는 엄청나다. 관자가 연간 재정수입을 20배로 올릴 수 있다고 주장한 게 그렇다. 그는 여기서 한 발 더 나아가 소금과 철 및 주석과 황금의 전매를 통해서도 연간 재정수입을 20배로 올릴 수 있다고 주장했다.

주목할 것은 전매 방안으로 제시한 내용 가운데 관부의 점포 운영이 소금과 철과 주석 및 황금 등의 4가지 전매 품목과 함께 거론된 점이다. 관부의 점포 운영은 관영상업官營商業으로 21세기 G2시대의 용어로 풀이하면 일종의 공기업公企業에 해당한다. 사마천은 『사기』「화식열전」에서 국가가 직접적인 상행위에 개입하는 것을 격하게 비판했다. 비록 「평준서」에서 국가의 적극적인 시장개입을 수용했음에도 염철 전매에 대해 부정적인 입장을 피력한 이유다. 관원에게 시장에서 장사하며 이익을 꾀하도록 하는 관영상업은 결국 백성과 이익을 다투는 이른바 여민쟁리與民爭利에 지나지 않는다며 강하게 비판한 게 그렇다. 사마천은 「화식열전」에서 최악의 치도로 군주가 백성과 더불어 이익을 다투는 '여민쟁리'를 꼽은 바 있다.

같은 '상가'에 속해 있음에도 사마천과 관자의 입장이 여기서 갈리고 있다. 염철에 대한 사마천의 부정적인 시각은 염철을 '여민쟁리'의 일환으로 본 결과다. 그렇다고 사마천이 염철의 전매를 통한 재정확충의 취지를 이해하지 못한 것은 아니다. 부상대고의 폭리를 묵인한 것은 더욱 아니다. 그가 우려한 것은 염철의 전매를 통해 얻은 국고수익이 외정外征의 전비로 사라지고, 농민과 서민에게는 불량제품의 철제농구와 비싼 가격의 불량 소금이 제공된데 있다. 동일한 사안일지라도 운용방식에 따라 전혀 다른 결과가 나올 수 있다. 염철에 대한 관자와 사마천의 이견은 바로 여기서 나온 것이다. '상가'의 이치에 대한 이견에서 비롯된 게 아니다.

매사가 그렇듯이 아무리 좋은 제도를 만들지라도 결국은 이른바 '운용지묘運用之妙'에서 판가름 나게 마련이다. 제도 자체가 좋은 결과를 보장하는 게 아니기 때문이다. 결국은 사람 문제로 귀결된다. 운용의 묘를 기해야만 소기의 성과를 거둘 수 있다는 말이다.

『송사宋史』「악비전岳飛傳」에 따르면 송나라 말기 여진의 금나라 침공으로 수도인 지금의 하남성 개봉인 변경汴京이 함락하자 송은 남쪽으로 수도를 옮겼다. 망명정권인 이른바 남송의 시작이다. 선봉장인 종택宗澤 밑에 악비岳飛라는 젊은 장수가 있었다. 농민 출신인 그는 용력도 뛰어났지만 지혜도 갖추고 있었다. 하루는 종택이 악비가 세운 계책을 보고 말했다.

"자네는 용맹과 재능은 있으나 사군의 진영을 짜는 방식이 조금 약한 것 같네."

악비는 전혀 주눅이 들지 않은 모습으로 당당히 말했다.

"진을 친 후에 싸운다는 것은 병법의 기본상식입니다. 그러나 운용의 묘는 자기 마음에 달려 있습니다."

여기서 '운용지묘' 성어가 나왔다. 임기응변을 달리 표현한 것이다. 악비는 과연 금나라와 싸워 대공을 세우고 명장으로 이름을 떨쳤다. 전쟁에서 승패를 좌우하는 것은 '운용지묘'의 임기응변이다. 이 또한 말할 것도 없이 남모르게 갈고 닦은 실력이 뒷받침돼야 가능한 일이다.

7. 빈복지모賓服之謀 경중 계책으로 천하가 조공케 만들라

제환공이 관중에게 물었다.

"경중의 계책은 끝이 없는 것이오?"

관중이 대답했다.

"사계절이 순환하는 것처럼 끝이 없습니다. 나라에 전쟁 등의 우환이 있을 때는 경중의 계책으로 곡물가격을 조절해 군용軍用에 응하고, 비축한 재화로 장병에게 포상을 내립니다. 천하가 공물을 바치며 복종하는 빈복賓服을 행하고 해내가 하나로 통일되면 성신誠信과 인의仁義를 행한 자를 포상합니다. 이같이 하면 백성은 예의염치를 숭상하고, 기괴한 짓을 하는 자가 없게 됩니다. 제후들이 귀순하지 않을 때는 경중의 계책을 구사해 전쟁을 치르고, 제후들이 귀순한 후에는 경중의 계책을 구사해 인의를 앞서 실천합니다."

'빈복 지모'는 국가가 시장에 적극 개입해 재화의 유통을 통제하며 재정을 확충하는 최종 목적이 어디에 있는지를 선명히 드러내고 있다. 천하를 하나로 통일한 뒤 성신誠信과 인의仁義를 전면에 내건 통일제국이 그것이다. 예의염치를 아는 문화대국을 말한다. 문맥에 비춰 진시황이 천하통일을 이룬 뒤에 삽입됐을 가능성이 높다. 천하를 하나로 통일한 뒤의 방략을 언급한 게 그렇다. 그러나 관자가 진시황의 천하통일 이전에 이미 통일제국을 구현하는 방략의 일환으로 '빈복 지모'를 언급했을 가능성도 배제할 수 없다. 빈복賓服의 표현이 그렇다. 원래 '빈복'은 손님에 해당하는 제후국이 주인인 천자에게 공물을 바치고 복종한다는 뜻이다. 대략 주나라 왕실에 대한 제후국의 기본입장을 언급한 것으로 보이나 하나의 이념형으로 통일제국의 이상향을 제시한 것으로 해석할 수도 있다. 동서고금을 통틀어 전 인민이 예의염치를 아는 문화대국의 건설은 아직 등장하지 않았기 때문이다. 인의예지를 아는 문화대국의 건설은 상가의 이상향에 속한다. 유가가 『예기』「예운」에서 대동大同의 세계를 언급한 것과 같다. 관자는 '빈복지모'에서 『관자』「정언」편의 '목민'에서 제시한 이상향의 실현 방안을 재차 언급한 셈이다.

8. 사용지모使用之謀 백성이 절로 사용되게 하라

관중이 제환공에게 말했다.

"1년 경작해 5년을 먹으면 곡물가격은 5배로 오르고, 1년 경작해 6년을 먹으면 곡물가격은 6배로 오릅니다. 이런 식으로 2년 동안 경작하면 11년을 먹을 수 있습니다. 군주가 부자의 넘치는 재산을 덜어내 빈자를 구휼하면 능히 천하를 다스릴 수 있습니다. 천하를 다스린다는 것은 곧 군주가 정책적으로 부자의 것을 덜어내 빈자의 모자라는 것을 보태 주는 것을 뜻합니다. 이같이 하면 능히 천하를 하나로 통일시킬 수 있습니다. 천하의 백성을 부릴 때는 그들이 사역을 당한다고 느끼지 않도록 해야 하고, 쓸 때는 이용을 당한다고 느끼지 않도록 해야 합니다. 치천하治天下에 능한 군주는 백성을 부리는 사민使民을 말하지 않고, 백성이 부려지지 않을 수 없는 부득불사不得不使의 계책을 구사합니다. 또한 백성을 쓰는 용민用民을 말하지 않고, 백성이 쓰이지 않을 수 없는 부득불용不得不用의 계책을 구사합니다."

'사용지모'는 앞에 나온 '빈복지모'와 마찬가지로 통일제국을 다스리는 천자의 치천하의 방략을 언급한 것이다. '백성을

부리는 사민使民을 말하지 않고, 백성이 부려지지 않을 수 없는 부득불
사不得不使의 계책을 구사한다.'고 언급한 게 그렇다. '부득불사'는 백성이
쓰이지 않을 수 없는 부득불용不得不用과 취지를 같이하는 것이다. 그런
점에서 '사용지모'에 나오는 군주 역시 '빈복지모'와 마찬가지로 주왕실
의 '왕'보다는 진시황의 천하통일 이후에 등장하는 '황제'의 모습에 가
깝다. 사실 문맥상 상가의 이상국인 문화대국의 천자로 해석하는 게 훨
씬 자연스럽다.

　주목할 것은 천자의 치천하를 위한 구체적인 방략으로 '군주가 정책
적으로 부자의 것을 덜어내 빈자의 모자라는 것을 보태 주는 것을 뜻
한다.'고 언급한 대목이다. 이는 『상군서』에서 역설한 균민均民의 취지와
서로 통하는 것으로 21세기 G2시대의 관점에서 보면 일종의 복지정책
이치를 언급한 것이나 다름없다. '군주가 부자의 넘치는 재산을 덜어내
빈자를 구휼하면 능히 천하를 다스릴 수 있다.'고 언급한 게 그렇다. 전
국시대 중엽 서쪽 변방의 진나라를 최강의 나라로 만든 상앙도 『상군
서』에서 유사한 언급을 했다. 바로 균민均民의 이치이다. 『상군서』「거강」
의 해당 대목이다.

　"식량이 생겨나면 상업자금이 사라지고, 식량이 사라지면 상업자금
이 생겨난다. 나라의 근간이 되는 식량은 저렴하고, 식량생산에 종사하
는 사람이 많아야 한다. 식량을 사는 사람이 적을 경우 농민은 곤궁하
고, 간사한 상인은 고무되기 때문이다. 그러면 병력이 쇠약해지고, 끝내
나라는 반드시 약화돼 패망하게 된다. 상업자금 1냥兩이 나라 안에서
생겨나면 식량 12석石이 나라 밖으로 사라진다. 식량 12석이 나라 안에
생겨나면 상업자금 1냥이 나라 밖으로 사라진다. 국가가 나라 안에서
상업자금이 생기는 것을 좋아하면 산업자금과 식량 모두 사라져 창고

와 금고는 텅 비고, 나라 또한 쇠약해진다. 국가가 나라 안에서 식량이 생기는 것을 좋아하면 산업자금과 식량 모두 불어나 창고와 금고가 모두 채워지고, 나라 또한 부강해진다."

상앙이 추진한 일련의 변법이 '중농억상'이 아닌 '중농경상'의 관점에서 접근하고 있음을 방증하는 대목이다. 이를 통해 상앙의 농전農戰 사상이 '균민' 사상 위에서 전개됐음을 알 수 있다. 사상사적으로 보면 상앙의 '농전'도 관자가 이미 「경중」편 '경중 기'에서 언급한 것이다. '경중 기'의 마지막 절이 '농전'으로 끝나고 있는 게 이를 뒷받침한다.

주목할 것은 상앙이 실시한 2차례의 변법 모두 관자의 '균부' 사상에서 유출된 '균민' 이념에서 출발하고 있는 점이다. 변법의 골자를 기록해 놓은 『사기』「상군열전」의 다음 대목이 이를 뒷받침한다.

"사람들로 하여금 힘을 다해 본업에 종사케 한다. 밭갈이와 길쌈을 열심히 해 곡식이나 비단을 많이 바친 자에게는 본인의 부역과 부세를 면제한다. 말업末業인 상업이나 수공업에 종사하면서 태만하고 게으른 나머지 가난하게 된 자는 모두 체포해 관청의 노비로 삼는다."

상앙이 꺼린 것은 폭리를 취하는 상인과 사치한 물건을 제조하는 수공업자였다. 폭리와 사치품의 만연으로 인해 농민의 근농勤農 정신이 훼손되고, 폭리행위 등에 현혹돼 농사를 팽개치고 장사나 수공업에 나설까 우려했다. 실제로 그는 상업과 수공업 자체를 배척한 적이 없다. 관자사상의 세례를 받은 상앙이 상업과 수공업 등을 배척하며 '경세제민'과 '부국강병'을 추구했다고 보는 것 자체가 비논리적이다. 법가사상의 시원이 관자였고, 『상군서』의 키워드 '균민'의 사상적 뿌리가 『관자』의 '균부' 사상에 있음을 뒷받침하는 대목이다.

9. 권도지모權道之謀 비상시 임기응변으로 임하라

관중이 제환공에게 말했다.

"치국에 능한 군주는 나라를 다스리는 것이 마치 저울대의 양끝에서 황금과 저울추가 서로 균형을 이루는 것과 닮았습니다. 저울추를 무겁게 하면 황금이 기울어집니다. 임기응변하는 권도權道로 다스리면 국세國勢가 강력해지고, 불변의 상도常道를 다스리면 국세가 쇠미해집니다. 지금 곡물가격이 제나라만 높으면 타국의 곡물이 마치 물이 위에서 아래로 흐르듯 대거 유입될 것입니다. 물가가 높으면 재화가 모이고, 낮으면 흩어집니다. 높은 가격으로 인해 유입된 재화가 낮은 가격에도 불구하고 유출되지 않게 하려면 국가가 적극 나서 재화를 수매하는 식으로 조절해야 합니다. 이같이 하면 천하의 재리가 우리 제나라에 귀속될 것입니다. 재화라는 것은 비축하면 가격이 오르고, 방출하면 가격이 내리고, 민간에 산포散布하면 나라가 풍족해집니다. 또한 전폐錢幣라는 것은 가치가 높아지면 백성이 목숨까지 걸며 이익을 탐하고, 낮아지면 내버린 채 쓰지 않게 마련입니다. 경중의 계책으로 화폐의 유통을 합리적으로 조절해야 하는 이유입니다."

'권도 지모'는 앞에 나온 '빈복지모' 내지 '사용지모'와 마찬가지로 통일제국의 '황제'가 왕도와 섞어 사용하는 패도의 계책을 얘기하고 있다. 이른바 왕패병용王霸竝用의 계책이 그것이다. 『한서』「원제기」는 이를 왕패잡용王霸雜用으로 표현해 놓았다. 역대 왕조의 황제가 하나같이 구사한 외유내법外儒內法의 통치술을 말한다. 관자는 '권도지모'에서 이를 재정정책에 응용하고 있다. 물가가 높으면 재화가 모이고, 낮으면 흩어지는 까닭에 국가가 시장에 적극 개입해 재화를 비축해야 한다고 주문한 게 그렇다. 화폐의 유통을 합리적으로 조절해야 한다는 화폐정책을 언급한 것도 같은 맥락이다. 21세기 G2시대의 관점에서 보면 재정을 중시하는 케인즈의 계책과 금융을 중시하는 밀턴 프리드먼의 계책을 섞어 사용하는 것에 비유할 수 있다.

10. 사명지모司命之謀 백성의 생명과 재산을 지켜라

제환공이 관중에게 물었다.

"오곡은 백성의 생명을 좌우하는 사명司命의 관건이고, 화폐는 재화가 유통하는 길이고, 호령은 유통의 완급을 조절하는 수단이오. 속담에 이르기를, '호령이 보물보다 중하고, 사직社稷이 친척보다 중하다.'고 했소. 이는 무슨 뜻이오?"

관중이 대답했다.

"무릇 난이 일어나 성이 함락되고 종묘사직이 다시 제사를 받지 못하면 신하들 모두 순난殉難을 당하게 됩니다. 그러나 부모가 죽은 뒤에는 자식이 순사殉死할 필요는 없습니다. 국가가 부모보다 중요한 실례입니다. 적이 쳐들어왔을 때 성채만 있고 지킬 사람이 없는 것을 일컬어 폐허를 지키는 수허守虛, 사람은 있는데 무기와 곡물이 없는 것을 일컬어 화난 속에 머무는 여화與禍라고 합니다."

'사명지모'는 재정정책을 국가안위와 연결시켜 풀이하고 있다. 객관적으로 볼지라도 고금동서를 막론하고 경제정책을 포함한 일련의 경제정책 모두 유사시 나라를 지키기 위한 안위와 직결돼 있다. 적이 쳐들어왔을 때 성채만 있고 지킬 사람이 없는 수허守虛를 언급하며 사람은 있는데 무기와 곡물이 없는 것을 두고 화난 속에 머무는 여화與禍로 표현한 게 그렇다. 무기와 곡물은 병사와 백성이 성을 굳건히 지키며 적과 맞설 수 있는 최소한의 조건에 해당한다. 군주가 이를 제대로 이행하지 못할 경우 곧 화난 속에 머무는 '여화'를 자초하는 게 된다. 이는 곧 패망을 의미한다. 공자가 『논어』 「안연」에서 나라를 지키는 최소한의 조건으로 족식足食과 족병足兵, 민신民信을 든 것도 바로 이 때문이다.

11. 옥폐지모玉幣之謀 여러 화폐를 만들어 대응하라

제환공이 관중에게 물었다.

"내가 듣건대, '해내의 진귀한 물산으로 만든 화폐인 옥폐玉幣의 제조 방법은 모두 7가지가 있다.'고 했소. 이에 관해 들려줄 수 있겠소?"

관중이 대답했다.

"첫째, 음산陰山에서 나는 옥돌을 이용하는 방법입니다. 둘째, 연나라 자산紫山의 은을 이용하는 방법입니다. 셋째, 발發과 조선朝鮮에서 나는 꽃무늬 호표虎豹 가죽을 이용하는 방법입니다. 넷째, 여수汝水와 한수漢水의 우구右衢에서 나는 황금을 이용하는 방법입니다. 다섯째, 강양江陽에서 나는 구슬을 이용하는 방법입니다. 여섯째, 진秦나라 명산에서 나는 선약仙藥인 증청曾靑을 이용하는 방법입니다. 일곱째, 월지月氏의 변산邊山에서 나는 벽옥을 이용하는 계책입니다. 이를 일컬어 소수의 귀한 것을 이용해 다수의 평범한 것을 통제하는 이과위다以寡爲多, 소국이 좁은 영역을 이용해 대국의 넓은 영역을 통제하는 이협위광以狹爲廣 계책이라고 합니다. 천하의 모든 계책은 경중輕重의 계책 안에 들어 있습니다."

'옥폐지모'는 다양한 유형의 진귀한 화폐를 만들어 재화의 생산과 유통을 촉진하는 계책을 언급한 것이다. 여기서 언급하고 있는 진귀한 화폐는 모두 7가지이다. 옥돌, 은, 호표, 황금, 구슬, 증청, 벽옥이 그것이다. 소수의 귀한 것을 이용해 다수의 평범한 것을 통제하는 이과위다以寡爲多를 언급한 것은 이들 진귀한 화폐를 이용해 곡물 등 의식에 필요한 타국의 재화를 거두는 계책을 설명키 위한 것이다. 재정정책의 일환이다. 이협위광以狹爲廣도 마찬가지다. 이는 진귀한 화폐를 이용한 '이과위다'의 계책이 천하를 거머쥐는 득천하得天下의 계책으로 활용될 수 있다는 점을 암시한 것이다. '이과위다'와 '이협위광' 모두 앞의 나온 산지수山至數의 구체적인 계책인 '협광지모'에서 이미 한 차례 언급한 것이다. 여기서는 진귀한 화폐와 연결시켜 그 중요성을 거듭 강조하고 있다.

주목할 것은 '옥폐지모'에서 우리의 고대국가인 조선朝鮮과 부여夫餘를 처음으로 언급하고 있는 점이다. 이는 중국 고전 가운데 최초의 사례에 해당한다. 춘추시대부터 이미 제나라를 비롯한 중원의 국가들과 교역한 사실을 보여준다. 후대의 『관자』 주석가들은 '조선'에 대해 특별한 주석을 가하지 않았다. 그 후신인 고려 및 조선조가 계속 존재했기 때문이다. 그러나 '발'에 대해서는 이론이 분분했다. 건륭제 때의 손성연孫星衍은 북적北狄, 에도시대 중후기에 지금의 교토 일대에서 활약한 유학자

이카이 히코히로猪飼彦博는 『관자보정管子補正』에서 동이東夷의 명칭으로 풀이했다.

『관자』에는 '조선'과 '발'이 두 번에 걸쳐 언급돼 있다. 「구부」편의 '규탁'과 물가조절 문제를 다룬 「경중」편의 '경중 갑'이 그것이다. 양쪽 모두 '발'과 '조선'을 떼어서 언급하고 있다. '경중 갑'에서 관중은 제환공에게 발과 조선이 조공을 오지 않을 경우 거기서 나는 무늬 있는 가죽인 문피文皮와 무두질한 갖옷인 탈복服으로 화폐를 만들어 유인할 것을 건의했다. '규탁'과 '경중 갑'의 해당 구절을 종합해 보면 당시 '발'과 '조선'은 제나라로부터 멀리 떨어져 있었고, 서로 이웃해 있는 것으로 추정되는 '발'과 '조선' 모두 지역특산물인 '문피'를 매개로 제나라와 교역한 사실을 알 수 있다.

『삼국유사』와 『삼국사기』 등에 나오는 고구려와 부여의 건국설화를 토대로 추론하면 '발'은 부여를 뜻하는 말이다. 고구려와 부여의 건국설화가 이를 뒷받침한다. 설화의 골자를 요약하면 다음과 같다.

"천제天帝의 아들 모수慕漱가 지상으로 내려와 나라를 세운 뒤 국호를 북부여北扶餘라고 하고, 성을 해解라고 했다. 해모수의 아들 해부루解夫婁가 동부여東扶餘로 도읍을 옮겼다. 이후 금와金蛙을 낳은 뒤 그를 태자로 삼았다. 이때 해부루가 부친의 부인인 유화柳花 사이에서 주몽朱蒙을 낳았다. 금와가 동부여를 잇게 되자 서자인 주몽이 남하하여 졸본부여卒本扶餘를 세우고 성을 고高라고 했다. 그가 고구려의 시조이다."

모수의 현대 중국어 음가는 'mushu'이다. 하네다 토오루羽田亨가 지난 1947년에 펴낸 『만화사전滿和辭典』에 따르면 이는 만주 일대에 유포된 전설에 나오는 'mosha'의 음역일 공산이 크다. '모샤'는 인면마신人面馬身의 서수瑞獸이다. 흰 얼굴에 붉은 꼬리 및 호랑이 무늬의 말 몸통을 지닌 짐승으로 중원에서 말하는 용 및 기린 등과 별반 다를 바가 없다. 해모수가 9마리의 용마龍馬가 이끄는 수레를 타고 지상에 내려왔다는 설화의 내용이 '모수'가 '모샤'일 가능성을 뒷받침한다. 현재 학계에서는 '주몽'을 중국 사서에 나오는 고구려왕 추모騶牟로 보고 있다. '추모'는 명궁名弓의 뜻이다.

'모샤'의 성인 해解는 태양을 뜻하는 순 우리말로 현대 중국어 음가 역시 '셰xie'이다. 통상적인 구개음화 현상에 비춰볼 때 이는 우리말의 '해hae'와 음가가 같다. 건국설화에 나오는 '천제'는 곧 일신日神을 말한다. 부여와 고구려 모두 '해'를 숭상한 것은 시조인 해부루와 주몽 모두 태양의 아들인 일자日子 즉 천손天孫을 칭한 것과 무관치 않다. 고구려와 백제의 패망 이후 그 유민들이 일본으로 건너간 것을 계기로『일본서기』가 편찬되면서 국호가 왜倭에서 일본日本으로 바뀐 것도 결코 우연으로 볼 수 없다.

현재 '부여'의 명칭과 관련해 평야를 의미하는 벌伐에서 연유했다는 설과 사슴을 뜻하는 만주어 'puhu'에서 비롯했다는 설이 있으나 전자가 유력하다. '벌'은 화火의 뜻인 '불' 내지 '부리夫里'로 표현되기도 한다. 부여의 여餘는 현대 중국어 음가는 'yu'이나 원래 이 음가는 'ru'와 널리 통용되는 것이다. 이는 부여의 시조인 해부루가 '발' 즉 부여라는 국명의 시원이 되었음을 시사한다.

부여의 시조 해부루를 한자로 의역한 동명東明은 '동쪽의 해 뜨는 벌판'의 의미를 지니고 있다. 이는 단군조선의 도읍지인 아사달阿斯達과 같은 뜻이다. '아사달'은 '해 뜨는 아침의 언덕'의 뜻으로 만주어로는 일원日原의 뜻인 'Shun-tala', 일본어로는 조악朝岳의 뜻인 'Asa-dake'가 된다. 이에 대해 최남선은『불함문화론不咸文化論』에서 해부루의 '부루'를

'부여'와 같은 뜻으로 새기면서 '밝明白' 내지 '붉溫赤'과 어원을 같이 하는 것으로 추정했다.『산해경』「대황북경」에 따르면 불함산不咸山은 숙신肅愼의 나라에 있는 산이다.

숙신의 명칭도 매우 오래됐다. 문헌에 따라서는 식신息愼으로도 표기돼 있다. 이를 최초로 언급한 고전은『춘추좌전』이다.「노소공 9년」조에 '숙신'의 명칭이 나온다.『국어』「노어」에도 '숙신' 명칭이 나온다. 교토대의 요시모토 미치마사吉本道雅는『춘추좌전』의 성립시기를 전국시대 초기인 기원전 4세기 전반,『국어』의 성립시기를 전국시대 후기인 기원전 3세기로 보았다. 주목할 것은『사기』「오제본기」가 '발'과 '식신'을 같이 언급해 놓은 점이다.『관자』가 '발'과 '조선'을 같이 언급한 것과 같은 취지이다. 이는 고대에 '조선'이 '숙신'과 같은 의미로 사용됐음을 시사한다.

청조의 건국설화를 기록해 놓은『만주원류고滿洲原流考』를 보면 '숙신'이 시간이 지나면서 주선珠申 또는 주선신諸申 내지 주르전朱里眞 등으로 변한 사실을 확인할 수 있다. '주르전'이 바로 여진女眞의 어원이 된 명칭이다. 여女의 통상적인 음가는 'nu'이나 권설음 'ru'도 존재한다. '뤼'는 '주'와 같은 음으로 혼동될 소지가 크다.

청태종 홍타이지는 '후금'에서 대청大淸으로 국호를 바꾸면서 천총 9년(1635) 10월 13일 칙령을 내려 여진족의 비칭卑稱인 '루전'은 물론 전래의 '주선' 등에 대한 사용을 엄금하면서 만주滿洲의 사용을 강제한 바 있다. 이는 한족이 '루전' 등의 용어를 비칭으로 사용한데 따른 조치였다. 실제로 청조는 말기에 이르기까지 '루전' 뿐만 아니라 만주족의 조상을 뜻하는 '숙신'과 '주르전'은 물론 '우지勿吉'와 '이루挹婁', '메르키드靺鞨' 등의 용어를 일절 사용치 못하게 했다. 건륭제 때까지 지속적으로 터져 나온 문자지옥文字之獄은 바로 이로 인한 것이었다.

주의할 점은 청태종이 '루전'의 사용을 엄금한 이후 '주선'과 '주르전' 모두 그 뜻과 발음이 약간씩 변하면서 극도로 천시된 점이다. '주선'은 노복奴僕을 뜻하는 'Jushen'으로 바뀌었고, 평민平民을 뜻하던 '주르전'은 건주여진에게 귀속한 여타 여진족을 뜻하는 'Irgen'으로 변했다.

현재 '주선' 및 '이르건'의 기원 및 성격과 관련해서는 이견이 분분하다. 여진족의 세력이 확대되면서 군사적 성격의 유무에 따라 구분되었다는 설과 이르건은 칸汗이 관할하는 백성, 주선은 대인大人을 뜻하는 암반amban이 관할하는 백성으로 나눠 보는 설 등이 유력하다. 그러나 생산양식의 분화과정에서 이르건은 갑사甲士로 충원된 까닭에 평민을 뜻하게 되었으나 주선은 수렵민족인 여진족이 가장 천시하는 농민이 된 까닭에 노복의 뜻으로 전화되었다는 설이 가장 그럴듯하다. 숙신에서 기원한 '조선'과 '주선', '주르전', '루전' 등의 명칭이 '만주'로 통일된 후 생산양식의 변화에 따라 '주선' 및 '이르건'으로 잔존하다가 '주선'의 경우는 노복을 뜻하는 비어卑語로 전락한 셈이다.

이를 통해 숙신과 고조선, 부여, 고구려는 원래 하나의 뿌리에서 나온 것임을 알 수 있다. 몽골족과 만주족도 그 후신에 속한다. 실제로 부여의 건국시조 해모수가 지상으로 내려와 건국하는 과정이 단군이 지상에 내려와 나라를 건국하는 과정과 일치하고 있다. 이는 『관자』「구부」편 '규탁'과 「경중」편 '경중 갑'에 나오는 조선과 발 즉 부여가 단군조선의 건국설화를 공유했을 가능성을 시사한다. 일연의 『삼국유사』와 이승휴의 『제왕운기』, 『세종실록』「지리지」 등에 두루 인용된 『단군본기』와 『단군고기』의 해당 기록이 이를 뒷받침하고 있다. 일연은 이런 주석을 단 바 있다.

"『단군본기』에는 해부루가 단군과 하백의 딸 유화 사이에서 태어난 아들로 되어 있다. 그러나『단군고기』에는 해부루와 주몽 모두 해모수와 유화 사이에서 태어난 것으로 되어 있다. 해부루와 주몽은 이복형제로 보는 게 옳다."

단재 신채호申采浩는 이를 근거로 해부루를 단군의 뒤를 이은 고조선 제2대 왕으로 파악한 바 있다. 조선조 정조 때의 실학자 다산 정약용丁若鏞은『아방강역고我邦疆域考』에서 동명왕은 원래 주몽이 아니라 해모수를 지칭하는 말이었고, 부여가 패망한 후 고구려 사람들이 주몽을 동명왕으로 둔갑시킨 것이라고 주장했다. 이는 후대로 내려오면서 창업주인 고조선의 단군과 부여의 해모수, 고구려의 주몽의 건국설화가 서로 뒤섞이게 되었음을 시사하고 있다.

북방민족은 예로부터 부친이 죽으면 생모 이외의 서모 등을 부인으로 맞이하는 부사취모父死娶母와 형이 죽으면 시동생이 형수를 취하는 형사취수兄死娶嫂의 전통을 이어왔다. 부여의 건국설화에는 하백河伯의 딸인 유화가 해모수에 이어 그 아들인 해부루를 가까이 하여 주몽을 낳은 것으로 되어 있다. 이는 서자들이 잇달아 분가해 새로운 부여를 계속 건립한 사실을 전해주고 있다. 백제의 건국설화에 나오는 주몽의 서자 온조가 생모인 소서노와 함께 한반도 한강 일대로 남하해 남부여南扶餘를 세우고 성을 '부여'로 삼은 것도 같은 맥락에서 이해할 수 있다. 화폐의 운용과 교역 문제를 논한『관자』의 해당 기록이 우리 민족의 뿌리를 찾는데 커다란 기여를 하고 있는 셈이다.

12. 중폐지모中幣之謀 중간 화폐로 여러 통화를 조절하라

제환공이 관중에게 물었다.

"음산陰山에서 자란 말 가운데 4필의 말이 이끄는 병거兵車에 이용할 수 있는 것만도 4천 필이나 되고, 말 1필 당 공시 가격은 1만전이라고 하오. 황금 1근의 공시 가격이 1만전이오. 나에게는 황금 1천근밖에 없소. 4천 필을 사려면 어찌 해야 하오?"

관중이 대답했다.

"군주는 백성에게 명해 보유하고 있는 전폐를 모두 황금으로 바꿔 납세토록 하면 됩니다. 그러면 금값이 뛰어올라 황금 1근으로 앉아서 4만전의 수입을 올릴 수 있습니다. 이것이 1로 4를 만드는 계책입니다. 우리가 도가니와 풀무를 사용해 황금을 주조하지 않았지만 지금 금값을 1에서 4로 만든 것은 바로 경중의 계책 덕분입니다. 진귀한 구슬인 진주珍珠는 적야赤野의 말광末光, 황금은 여수와 한수의 오른쪽 합류지점, 벽옥은 월지月氏의 변산에서 나옵니다. 이들 지역 모두 주나라 도성에서 7,800리나 떨어져 있습니다. 매우 먼 까닭에 쉽게 이를 수도 없습니다. 선왕이 그 경중을 분별해 주옥은 가장 가치가 높은 상폐上幣, 황금은 중폐中幣, 도포刀布는 하폐下幣로 정한 이유입니다. 선왕은 황금의 중폐를 통제하는 방식으로 주옥의 상폐와 도포의 하폐를 유통시켰습니다."

'**중폐**'지모'는 상폐와 중폐 및 하폐로 구성된 3종의 화폐 가운데 중폐인 황금을 기준으로 물가를 조절하고 화폐의 유통과 수량을 통제하는 계책을 언급한 것이다. 앞서 '광산지모'에서 간략히 언급한 것처럼 21세기 관점에서 볼 때 '상폐'는 기업들이 주로 사용하는 기업어음의 CP, 중폐는 5만원권 지폐, 하폐는 1만원권 이하의 지폐와 동전에 해당한다.

현재 한국경제에서 5만원권은 '광산지모'에서 얘기하는 황금의 역할을 하고 있다. 5만원권 지폐의 회수율이 작다고 걱정할 이유가 없다는 얘기다. 재화 유통의 기준 역할을 하면 그것으로 충분하다. 오히려 경제 규모가 커지면 재화의 유통 규모에 부응토록 명목화폐의 단위를 상향시켜 10만원권 지폐도 발권할 필요가 있다. 일각에서는 10만원권을 발행할 경우 뇌물공여가 더욱 교묘해질 것을 우려하고 있으나 이는 나무만 보고 숲을 보지 못하는 것이다.

도덕적 타락이나 부정비리는 2014년 초에 빚어진 '세월호참사'가 보여주었듯이 지속적인 '관피아 척결' 등의 기강확립 차원에서 접근해야 한다. 근원적으로는 엄벌을 규정한 법제를 통해 제도적으로 차단할 필요가 있다. 동서고금의 역사가 보여주듯이 경제가 활성화되고 규모가 커질수록 명목화폐 단위도 상향될 수밖에 없다. 조선이 사서삼경에 코를 박고 당쟁에 몰두하고 있을 때 도쿄의 전신인 에도江戶는 이미 1백만 명 이상의 인구를 보유한 채 세계에서 가장 번성한 도시로 발전하고 있었던 점을 명심할 필요가 있다.

13. 입시지모立市之謀 규모에 맞는 시장을 설치하라

백승지국百乘之國의 소국小國은 중심지에 시장을 세우는 입시立市를 행할 때 규모를 사방 50리로 한다. 하루 만에 재화의 교역에 관한 계획을 세우고, 이틀 만에 화물을 실어 나를 채비를 마치고, 사흘 만에 국경으로 화물을 운송하고, 닷새 만에 교역을 마치고 돌아온다. 백승지국은 경중의 계책이 5일 이내에 효과를 나타낸다. 백승지국은 경지 1만 경頃, 민호 1만 호, 인구 10만 명, 납세자 1만 명, 경거輕車 100승, 말 4백 필을 보유하고 있다. 천승지국千乘之國의 중국中國은 중심지에 시장을 세우는 '입시'를 행할 때 규모를 사방 150리로 한다. 이틀 만에 재화의 교역에 관한 계획을 세우고, 사흘 만에 화물을 실어 나를 채비를 마치고, 다섯째 날은 국경으로 화물을 운송하고, 열흘 만에 교역을 마치고 돌아온다. 천승지국은 경중의 계책이 10일 이내에 효과를 나타낸다. 천승지국은 경지 10만 경, 민호 10만 호, 인구 100만 명, 납세자 10만 명, 경거 1천 승, 말 4천 필을 보유하고 있다. 만승지국萬乘之國의 대국大國은 중심지에 시장을 세우는 '입시'를 행할 때 규모를 사방 500리로 한다. 사흘 만에 교역에 관한 계획을 세우고, 닷새 만에 화물을 실어 나를 채비를 마치고, 열흘 만에 국경으로 화물을 운송하고, 스무날 만에 교역을 마치고 돌아온다. 만승지국은 경중의 계책이 20일 내에 효과를 나타낸다. 만승지국은 경지 100만 경, 민호 100만 호, 인구 1천만 명, 납세자 100만 명, 경거 1만 승, 마필 4만 필을 보유하고 있다.

'입시' 지모'는 교역의 규모 등에 따른 효과적인 실물 시장의 건설 및 운용방안을 얘기하고 있다. 소국과 대국의 시장은 외형적인 규모는 10배밖에 차이가 나지 않으나 유통되는 재화와 납세액 등을 기준으로 할 때는 무려 100배 차이가 난다. 시장의 외형적인 규모가 커질수록 유통되는 재화와 화폐의 거래량 등은 기하급수적으로 불어나는 셈이다. 21세기 G2시대의 관점에서 볼지라도 탁견에 해당한다. 2013년을 기준으로 서울 주민의 1인당 GNP가 4만 달러에 육박하고 있는데 반해 부산과 대구의 경우는 2만 달러도 채 안 되는 것 등이 그렇다. 각국의 지역별 편차도 대략 유사하다. 이는 국가 간 GDP의 차이에도 대략 그대로 맞아떨어진다. 시장의 규모를 크게 키워야 하는 이유다.

14. 국책지모國策之謀 소외받는 백성이 없게 하라

관중이 제환공에게 말했다.

"홀로 된 사내를 환부鰥夫, 홀로 된 여인을 과부寡婦, 부양하는 자식이 없는 노인을 독로獨老라고 합니다. 군주는 자식의 전사로 '독로'가 된 자가 있는지 잘 살펴 반드시 책임지고 장사지내주어야 합니다. 이때 수의壽衣와 수금壽衾을 각각 3벌씩 내려주고, 관의 두께는 반드시 3촌으로 하고, 상례는 고향의 관원이 주관하고, 장지는 공공묘지로 합니다. 전사자가 형제가 없는 독자일 경우는 조정에서 반드시 '독로'에게 말 1필로 하루 동안 경작할 수 있는 규모의 땅을 내려줍니다. 그래야 나라를 위해 자식을 희생시킬지라도 그 부모가 고통을 받지 않게 됩니다. 또 군주는 매년 연말에 읍리를 몸소 순시토록 하십시오. 백성 가운데 일족 및 주변 사람과 협력해 집안을 깨끗이 정비해 놓고, 양민良民의 칭송을 듣고, 열심히 경작한 자를 보면 고기를 말린 포脯 2속束과 술 1석石을 내려줍니다. 여력이 충분한데도 방탕하게 지내며 일하지 않는 자가 있으면 노인은 꾸짖고, 장정은 멀리 변방에 수자리를 보냅니다. 백성 가운데 밑천이 없는 자가 있으면 경지와 전폐錢幣를 빌려 줍니다. 이같이 하면 각종 사업을 폐하거나 일으킬지라도 무위도식하거나 농사철을 잃는 백성이 없게 됩니다. 이는 모두 국가의 기본적인 계책인 국책國策에 해당합니다."

'**국책**지모'는 나라를 유지하는 기본적인 계책을 언급한 것이다. 주로 환과고독鰥寡孤獨으로 약칭되는 소외계층의 부양과 복지문제를 언급한 것이다. 서양에서는 20세기 초의 바이마르 헌법이 등장한 이후에 비로소 처음 실시되기 시작한 사회복지 정책이 동양에서는 이미 수천 년 전인 춘추전국시대부터 이뤄졌음을 방증하는 대목이다. 관자가 이를 역설한 것은 기본적으로 부국강병 차원에서 이뤄진 것이다. '무위도식하거나 농사철을 잃는 백성이 없게 된다.'고 언급한 게 그 증거다. 고금동서를 막론하고 소외계층에 대한 지원은 균민均民의 이상을 실현키 위한 최선의 방안에 해당한다. 부국강병도 '균민'이 전제돼야 가능한 일이다. 빈부격차가 벌어지면 상대적 박탈감으로 인해 백성의 역량을 하나로 모으는 이른바 일민一民이 불가능해지고, 이게 악화되면 국론분열로 인한 내분과 외침을 야기하게 된다. 이는 패망의 길이다. '국책지모'에서 소외계층에 대한 부조扶助를 국가의 기본계책인 '국책'으로 규정한 이유가 여기에 있다.

15. 상농지모上農之謀 농사를 잘 짓도록 격려하라

농사를 가장 잘 짓는 상농上農은 5인, 중농中農은 4인, 하농下農은 3인의 식구를 부양할 수 있다. 길쌈을 가장 잘하는 상녀上女는 5인분, 중녀中女는 4인분, 하녀下女 3인분의 옷감을 만들 수 있다. 농부는 농경, 여인은 길쌈에 힘써야 한다. 농부 1인이 밭을 갈지 않으면 굶주리는 자가 나타나고, 여인 1명이 길쌈하지 않으면 추위에 떠는 자가 나타난다. 백성이 기한飢寒으로 헐벗는 것은 반드시 농사를 태만히 한데서 비롯된다. 선왕은 그 발단을 예의 주시한 이유다. 농사와 길쌈의 수익이 원본의 2배면 헐벗은 나머지 자식을 파는 백성이 없게 되고, 3배면 의식衣食이 넉넉해지고, 4배면 향리의 모든 백성이 풍족해지고, 5배면 잉여 물자를 원근의 여러 지역과 교역하며 사자를 정중히 안장할 수 있다. 농사와 길쌈의 수익이 2배가 되지 않는데도 국가가 백성으로부터 거둬들이는 정렴征斂을 그치지 않으면 간악한 자가 사방에서 난을 일으켜 거리를 횡행한다. 양민이 길을 감히 혼자 다니지 못하고, 재화를 보유한 자들이 불안해하는 이유다. 이때 법을 들이대 다스리는 것은 은밀히 자신의 백성을 죽이는 짓이다. 경중의 계책을 제대로 구사하지 못하면 군주는 헐벗은 백성을 다독일 길이 없고, 부모는 팔려간 자식을 품을 길이 없다. 군주가 백성을 잃고, 부모가 자식을 잃는 게 바로 이것이다. 이는 나라를 망치는 짓이다.

'상농지모' 역시 앞에 나온 '국책지모'와 취지를 같이하는 것으로 국가존립의 기본인 의식衣食 문제를 담당한 농업의 진흥방략을 언급한 것이다. 백성이 기한으로 인해 헐벗는 일이 없도록 세심한 주의와 배려를 베푸는 게 관건이다. 이를 소홀히 할 경우 내분이 빚어진다. '간악한 자가 사방에서 난을 일으켜 거리를 횡행한다.'고 언급한 이유다. 이는 '상농지모'에서 언급했듯이 나라를 망치는 짓이다.

주목할 것은 농사와 길쌈의 수익이 2배가 되지 않는데도 국가가 백성으로부터 가혹하게 세금을 거둬들이는 것도 모자라 법을 들이대 다스리는 것은 '은밀히 자신의 백성을 죽이는 짓이다.'고 언급한 대목이다. 원문은 중내삼민中內撕民이다. '삼'은 풀을 벤다는 뜻으로 여기서는 백성을 풀을 베듯이 제거한다는 뜻으로 사용됐다. '중내삼민'을 일삼고도 나라가 오래 유지된 적이 없다. 인민이 모두 헐벗고 있는데도 3대세습의 우상화작업에 박차를 가하며 공포정치의 극을 달리고 있는 북한이 2015년에 들어와 붕괴조짐을 보이는 게 대표적인 경우다.

16. 신농지모神農之謀 농사에 만전을 기하라

관중이 제환공에게 말했다.

"신농씨神農氏는 백성에게 이르기를, '1가지 곡물이 익지 않으면 1가지 곡물의 수확이 줄면서 곡물가격이 10배로 뛰고, 2가지 곡물이 익지 않으면 2가지 곡물의 수확이 줄면서 곡물가격이 20배로 뛴다.'고 했다. 작황이 좋지 않을 때는 채소류로 배를 채우게 하고, 식량이 떨어진 자에게는 비축해 둔 곡물을 제공하고, 파종할 종자가 없는 자에게는 씨앗을 빌려준다. 그러면 10배의 폭리를 취하는 부상대고와 원금의 2배 이자를 받는 대금업자도 사라지게 된다."

'신농지모'에서는 전설적인 삼황三皇 가운데 한 사람인 신농神農을 예로 들어 곡물의 비축과 가격안정 필요성을 언급한 것이다. 「구부」편의 마지막 장인 '규탁'의 마지막 절에서 부상대고의 고리대금업을 언급한 것은 그에 따른 폐해가 엄청나다는 사실을 거듭 상기시키려는 취지로 보인다. 『관자』가 시종 국가의 적극적인 시장 개입을 역설하고 있는 사실이 이를 뒷받침한다. 자율시장에 기초한 '보이지 않는 손'을 역설한 애덤 스미스의 『국부론』이 시장을 교란하는 자에 대한 '보이는 손'의 필요성을 언급한 것도 이런 맥락에서 이해할 수 있다. 이는 『국부론』이 전 세계 GDP의 30%를 차지했던 건륭제 때의 시장경제를 모델로 삼은 점을 감안할 때 그리 이상하게 생각할 것도 아니다. 중국은 청조가 패망할 때까지 국가가 시장에 개입하는 '관독상판'의 전통을 버린 적이 없다. 모택동을 창업주로 하는 21세기의 '신 중화제국'도 하등 다를 게 없다. '사회주의 시장경제'를 이상하게 바라보는 것 자체가 서구 위주의 이분법적 관점에서 나온 편견에 지나지 않는다.

제9의

국준國准 3모 – 물가를 고르게 만들라

1. 시세지모時勢之謀 시세에 맞는 대책을 세워라

제환공이 관중에게 물었다.

"국가차원의 평준화 정책인 국준國准에 관해 들려줄 수 있겠소?"

관중이 대답했다.

"'국준'의 원칙은 시세時勢에 부응하는 대책의 수립에 있습니다."

"'시세에 부응한 대책의 수립에 있다.'는 말은 무슨 뜻이오."

관중이 대답했다.

"황제黃帝가 천하를 다스릴 때는 날카로운 무기가 없었던 탓에 맹수의 조아爪牙를 피하기에 급급했습니다. 순임금이 다스릴 때는 연못을 말리고 숲을 불태워 민둥산으로 만들었습니다. 하나라가 다스릴 때는 가시덤불을 태우고, 늪과 웅덩이 주변을 불살라 백성이 재리를 늘리지 못하게 했습니다. 은나라가 다스릴 때는 제후들의 목축과 예리한 기구의 사용을 막았습니다. 주나라가 다스릴 때는 관직을 설치해 현능賢能한 인재를 임용하고, 재화를 비축케 했습니다. 이상 5개 왕조의 치국 계책은 모두 달랐지만 시세에 부응한다는 원칙만큼은 똑같았습니다."

"그렇다면 5개 왕조의 계책 가운데 어느 것을 차용하는 게 좋겠소?"

관중이 대답했다.

"산림을 불태우고, 짐승의 둥지를 부수고, 늪지대를 불사른 것은 맹수가 너무 많았기 때문입니다. 산을 민둥산으로 만들고 늪지대를 마르게 한 것은 군주의 지혜가 부족했기 때문입니다. 가시덤불을 태우고, 늪과 웅덩이 주변을 불살라 백성이 재리를 늘리지 못하게 하고, 기계를 사용치 못하게 하고, 백성의 지능知能을 막은 것은 보위를 강화코자 했기 때문입니다. 제후들의 목축과 예리한 기구의 사용을 막은 것은 음란한 기물의 확산을 방지하고 백성이 한마음이 되어 농사에 전념키를 바랐기 때문입니다. 관직을 설치해 현능한 인재를 임용하고, 살육을 피하고, 인의를 기치로 내건 것은 천도를 이용해 자신의 권력기반을 안정시키고자 했기 때문입니다. 5개 왕조의 계책은 모두 달랐지만 시세에 부응한다는 원칙만큼은 똑같았습니다."

'시세지모'는 국준國准의 일환으로 나온 것이다. 「구부」편의 마지막 장인 '국준'은 역대 국가차원의 평준화 정책을 집중 거론하고 있다. 전설적인 인물인 황제黃帝와 순舜이 다스리던 시기를 포함해 하나라, 은나라, 주나라 등에 이르는 5대 왕조 모두 해당 시기에 부합하는 '국준'을 통해 성세를 구가했다는 게 요지이다. '5개 왕조의 치국 계책은 모두 달랐지만 시세에 부응한다는 원칙만큼은 똑같았다.'고 언급한 게 그렇다. 교조적인 재정정책의 위험성을 지적한 것이기도 하다.

　사가들은 이를 통상 실사구시實事求是로 표현한다. 시대별로 서로 다른 경제정책을 구사하는 것은 당연한 일이다. 모든 제도는 시간이 지나면 화석화돼 낡게 마련이다. 예외가 없다. 아무리 참신한 개혁조치라 할지라도 이를 금과옥조로 삼을 경우 오히려 변혁을 가로막는 장애물로 작용할 수 있다. 수시로 시의적절한 변법을 강구해야 하는 이유다. 이때 시기時機를 놓치지 말아야 한다. 효과가 반감하거나 자칫 역효과를 야기할 수 있기 때문이다.

　'국준'의 첫 번째 절에 해당하는 '시세지모'는 바로 이를 언급한 것이다. 시세時勢에 부합한 계책을 적시에 구사해야만 나라의 기반을 튼튼히 하고 민생을 안정시킬 수 있다는 취지이다. 임기응변의 관점에서 볼 때 '시세'는 기본적으로 세기勢機의 일환이다. '세기'는 시기時機와 사기事機에 따라 세가 크게 확장되거나 위축되는 계기를 말한다. 세기는 크게 시세時勢와 사세事勢로 나뉜다. 시세는 시기와 맞물린 세기로, 흔히 말하는 세상의 형편이나 인심의 흐름 등을 뜻한다. 고금을 막론하고 시세에 부응하지 못하면 이내 패퇴하고 만다. 공룡이 급격한 기후변화의 시기에 적응하지 못해 일거에 절멸한 게 그렇다. 인간사도 다를 게 없다. 시세를 타지 못하면 낡은 퇴물 취급을 받게 된다. 큰 힘을 발휘할 도리가 없다. 시세와 짝을 이루는 사세는 사기와 맞물린 세기를 뜻한다. 잘 맞아떨어지면 시너지 효과를 내지만 그렇지 못하면 그와 정반대되는 '링겔만 효과'를 낸다. 이는 집단 속에 참여하는 개인의 수가 늘어날수록 성과에 대한 1인당 공헌도가 오히려 떨어지는 현상을 말한다. 천지만물이 늘 돌고 돌듯이 양측의 전력이 비슷할 경우 전세戰勢 역시 오르막길의 승세勝勢와 내리막길의 패세敗勢를 오락가락하게 마련이다. 중요한 것은 설령 패세에 처해 있을지라도 좌절하지 않고 밑바닥이라고 생각되는 시점에 은밀히 힘을 비축해 폭발적인 힘을 분출시켜 승기를 잡는 것이다. 전세가 일시에 뒤집히는 일이 빚어지는 이유다. '시세지모'에서 시세에 부합한 계책을 적시에 구사할 것을 주문한 것도 바로 이 때문이다.

2. 겸용지모兼用之謀 옛 제도를 겸용하되 얽매이지 마라

제환공이 관중에게 물었다.

"지금의 군주는 5개 왕조의 계책 가운데 과연 어느 것을 택해야만 하오?"

관중이 대답했다.

"청컨대 5개 왕조의 계책을 겸용兼用하면서 특정 계책에 얽매이는 일이 없도록 하십시오."

"그게 무슨 말이오?"

관중이 대답했다.

"예컨대 희생양을 잡아 천지의 신에게 제사를 지내는 것은 허용하되 산택山澤 자원의 무분별한 채취를 금하고, 편리한 기계를 만들어 만물을 이용후생利用厚生에 활용하고, 천하의 백성이 고루 이익을 얻도록 합니다. 그러나 모두 물가를 엄격히 통제하는 경중의 계책이 전제돼야 합니다. 또 산택의 개발을 허용해 백성의 재리를 늘리는 동시에 재화의 유통을 통제해야 합니다. 동광을 캐 화폐를 주조하고, 초지를 확보해 목축을 장려함으로써 백성을 부유하게 만들어야 합니다. 야생초가 무성한 지역은 오곡이 자랄 수 있는 곳이 아니고, 사슴과 고라니 및 우마를 기르기에 적당합니다. 봄에 어린 새끼를 백성에게 대여해 기르게 하고, 가을에 늙은 놈을 잡아 제사 때 쓰게 하고, 화폐를 주조해 곡물의 유통을 통제합니다. 이는 쓸모없는 땅을 개간해 백성들의 식량을 풍족하게 만드는 것에 비할 만합니다. 5개 왕조의 계책을 겸용하면서 특정 계책에 얽매이지 말아야 하는 이유입니다."

'겸용지모' 역시 앞에 나온 '시세지모'와 취지를 같이한다. 역대 왕조가 구사한 '시제지모'의 장점을 혼용해 사용하되 특정 계책에 얽매이지 않는 게 관건이다. '시세지모'의 요체인 임기응변의 자세가 똑같이 요구된다. 말할 것도 없이 그래야만 민생을 두텁게 하는 이용후생의 취지를 살릴 수 있기 때문이다. 그러나 여기에도 전제조건이 있다. 바로「구부」편을 관통하는 경중의 계책이 관철돼야 한다. '산택의 개발을 허용해 백성의 재리를 늘리는 동시에 재화의 유통을 통제해야 한다.'고 주문한 게 그렇다. 국가의 통제가 뒤따르지 않으면 부상대고로 상징되는 간상奸商의 농간으로 서민에게 돌아갈 이익이 모두 간상의 손으로 들어간다.「구부」를 비롯해 앞에 나온「승마」와 뒤에 나오는「경중」편 모두 간상의 폭리를 철저히 봉쇄해야 한다고 역설한 이유다. '관자경제학'을 관통하는 기본이치가 국가의 시장개입을 뜻하는 '보이는 손'을 전제로 한 '보이지 않는 손'의 시장경제를 제창하고 있다는 점을 잊어서는 안 된다. 모두 백성을 부유하게 만들고자 한 것이다. 『관자』의 키워드인 경세제민과 부국강병이 백성부터 부유하게 만드는 부민富民에서 출발하고 있는 만큼 이는 당연한 것이기도 하다.

3. 왕업지모王業之謀 원칙을 지키되 임기응변하라

제환공이 관중에게 물었다.

"5개 왕조는 천하를 다스리면서 이미 여러 계책을 구사했소. 장차 왕업王業을 이루고자 하는 군주의 계책에 관해서도 들려줄 수 있겠소?"

관중이 대답했다.

"세밀한 관찰과 조사를 실시하면서 원칙을 어지럽히지 않는 호기불란好譏不亂과 임기응변에 능하되 멋대로 원칙을 바꾸지 않는 극변불변亟變不變, 때가 됐을 때 행하고 지났으면 과감히 폐기하는 시위과거時爲過去를 행해야 합니다. 왕업의 계책은 미리 결정할 수 없습니다. 이상이 5개 왕조가 공히 시행한 평준화 계책입니다."

'**왕업**지모'는 앞에 나온 '시세지모' 및 '겸용지모'의 결론부분에 해당한다. 5개 왕조가 시행한 일련의 정책을 섞어 사용하면서 특정 계책에 얽매이지 않아야 하는 것은 기본이고 여기서 한 발 더 나아갈 것을 주문하고 있다. 호변불란好譏不亂과 극변불변亟變不變, 시위과거時爲過去가 그것이다. 다양한 개념으로 표현됐으나 한마디로 요약하며 이 또한 임기응변을 달리 표현한 것에 지나지 않는다.

임기응변은 크게 '임기'와 '응변'으로 대별된다. 임기는 말 그대로 천지만물이 쉼 없이 변하는 계기를 맞닥뜨리는 상황을 의미한다. 이는 음양의 조화로 인한 만물의 생장소멸 순환과 변역의 이치를 뜻한다. 인간이 개입할 수 있는 게 아니다. 단지 변역의 계기가 올 때를 대비해 스스로를 부단히 연마하는 수밖에 없다. 기회가 사람을 가려서 오는 것은 아니다. 누구에게나 떨쳐 일어나 이름을 날리는 입신양명의 계기는 온다.

그때를 대비해 부단히 연마하는 게 답이다. 이게 '임기'의 기본취지이다.

'임기'만으로는 입신양명이 이뤄지지 않는다. 과거의 성공방식을 과감히 내던지고 모처럼 다가온 계기에 적극 올라타는 적극적인 행보가 필요하다. 그게 '응변'이다. 마키아벨리는 『군주론』 제25장에서 '응변'의 요체를 이같이 설파했다.

"위기 때 임기응변할 줄 아는 군주만이 살아남을 수 있으나 그런 군주는 매우 드물다. 타고난 성품을 바꾸기 어렵기 때문이다. 특히 외길을 걸어 늘 성공을 거둔 경우는 더욱 심하다. 신중한 행보로 일관한 군주가 과감히 행동해야 할 때 어찌할 줄 몰라 당황해하다가 이내 패망하는 이유다. 시변時變을 좇아 기왕의 성공방식을 과감히 바꿀 줄 알면 그간의 행운도 바뀌지 않을 것이다."

마키아벨리가 위기 때 살아남을 수 있는 비결로 제시한 계책은 크게 2가지다. 첫째, 상황에 따른 일대 변신이 선행돼야 한다. 그래야 살아남을 수 있다. 둘째, 임기응변은 기존의 성공방식을 과감히 내던지는데서 시작한다. 관자가 '왕업지모'에서 언급한 '시위과거' 취지와 같다. 그러나 사실 이게 가장 큰 문제다. 마키아벨리가 지적했듯이 타고난 성품을 갑자기 바꾸기가 쉽지 않기 때문이다.

원래 천지만물은 개개인의 변신 여부와 상관없이 늘 변하게 마련이다. 변화의 규모가 작거나 큰 차이만 있을 뿐 쉬지 않고 변한다. 마치 민심이 아침저녁으로 변하는 것과 같다. 그게 시류이고, 민심의 흐름이다. 이를 재빨리 반영하는 군주는 성공하고, 그렇지 못한 군주는 이내 패망한다는 게 마키아벨리의 주장이다.

관건은 역시 어떻게 하면 천하대세의 이런 흐름을 거스르지 않고 재빨리 변신할 수 있는가 하는데 있다. 마키아벨리는 기존의 성공방식을 과감히 내던지는데서 해답을 찾았다. 관건은 기왕의 성공방식에 연연하지 않고 과감히 내던질 것은 내던지고 변신을 서두르는데 있다. 급하거나 차분한 개개인의 성품은 아무런 문제가 되지 않는다.

중요한 것은 위기가 닥쳤을 때 본인의 이런 성품과 정반대의 행보를 취할 수 있는가 하는 점이다. 임기응변의 요체가 여기에 있다. 그럼에도 그런 군주는 드물었다는 게 마키아벨리의 진단이다. 기존의 성품에서 벗어나지 못한 채 기왕의 인순고식因循姑息의 패턴에 안주한 탓이다. 고금동서를 막론하고 결정적인 순간에 과감한 변신과 단호한 결단을 내리지 못하는 자가 성공을 거둔 적은 없다. 관자가 '왕업지모'에서 '호변불란'과 '극변불변' 및 '시위과거'의 계책을 언급한 것도 바로 이 때문이다. '왕업의 계책은 미리 결정할 수 없다.'고 언급한 근본배경이 여기에 있다. 임기응변을 촉구한 것이다.

計略

현존 『관자』는 본서의 제8편 「승마」와 제9편 「구부」를 유향의 분류를 좇아 「경중」편에 끼워 넣었다. 이것이 잘못된 분류라는 것은 이미 언급한 바 있다. 경제정책을 논한 점에서는 공통되나 주안점은 조금씩 다르기 때문이다. 본서가 군이 「승마」와 「구부」를 「경중」과 분리시킨 이유다.

　'경중'이라는 용어는 오랫동안 생산과 유통 및 소비의 조절을 뜻하는 말로 사용됐다. 일종의 경제 및 재정 정책을 뜻하는 통용된 것이다. 청대 말기 일각에서 영어의 '이코노믹스'를 경중학輕重學으로 번역해 사용한 것도 이런 맥락에서 이해할 수 있다. '경중'을 요즘의 '경제' 개념으로 풀이한 대표적인 저서로 당나라 초기 『사기』에 주석을 가한 사마정司馬貞의 『사기색은史記索隱』을 들 수 있다. 사마정은 「관안열전」에 대한 주석에서 이같이 풀이했다.

　"'경중'은 돈을 가리킨다. 물고기를 잡는 방법과 바닷물을 끓여 소금을 만드는 방법도 '경중'이라고 한다. 가난한 자를 구제하고 유능한 자의 봉록을 높여준 덕분에 제나라 백성들로부터 널리 칭송받았다."

'경중'을 천하를 다스리고 백성을 구한다는 뜻의 경세제민經世濟民으로 풀이했음을 알 수 있다. '경제'가 경세제민의 약자인 점을 감안하면 나름 정곡을 찌른 셈이다. 그러나 비슷한 시기에 나온 장수절의 『사기정의』는 형이상적으로 접근했다.

"돈을 뜻하는 경중輕重은 치욕, 권력을 뜻하는 권형權衡은 득실과 밀접한 관련이 있다. 치욕이 뒤따르기에 더욱 귀중하게 여겨야 하고, 득실이 뒤따르기에 더욱 경계하고 삼가야 한다."

윤리도덕의 관점에서 돈과 경제를 바라본 결과다. 장수절은 『관자』에 나오는 '경중'의 뜻을 제대로 파악치 못했는 지적을 면키 어렵다. 중국의 대표적인 관학管學 전문가인 마비백馬非百은 『관자경중신전管子輕重新詮』에서 '경중'을 이같이 풀이한 바 있다.

"『관자』의 저자 관중은 '경중'의 이론을 매우 넓은 분야에 응용했다. 정치, 군사, 법률, 경제, 교육 등의 모든 분야가 그의 연구 대상이었다. 전체적으로 볼 때 '경중' 이론은 '물자가 많으면 가격이 낮고 적으면 가격이 높다. 시중에 풀어 놓으면 가격이 하락하고 거둬들이면 가격이 상승한다.'는 수요공급 법칙에 따라 낮은 가격에 구입해 높은 가격에 파는 물가 조정정책을 통해 재정수입을 증대하는 목적에 많이 응용됐다. 세금을 강제로 징수하지 않고도 나라에 충분한 돈과 식량을 비축함으로써 국가의 재정수입을 풍부하게 만드는데 주로 응용된 셈이다."

『관자』가 집필될 당시 마비백의 지적처럼 '경중' 이론은 정치경제의 여러 문제를 해결하는데 매우 중요한 이론적 도구로 활용됐다. 그게 바로 경중지술輕重之術이다. 이는 마치 『손자병법』이 전황에 따라 정병正兵과 기병奇兵을 섞어 쓰는 기정병용奇正竝用을 역설한 것처럼 변화무쌍한 통치술로 나타났다. 『관자』는 이를 경중지수輕重之數, 경중지책輕重之策, 경중지가輕重之家 등으로 표현해 놓았다. 모두 '경중' 이론을 활용한 계략計略이나 계책計策 내지 술책術策 또는 법술法術을 말한다.

크게 보면 사마천이 『관자』를 접했을 때처럼 본서가 의도적으로 「경중」에서 분리한 「승마」와 「구부」도 따지고 보면 '경중지술'의 일환으로 볼 수 있다. 유향이 독립된 책으로 존재했던 「승마」와 「구부」를 「경중」에 끼워 넣은 것도 전혀 터무니없는 것은 아니다. 그러나 이는 사마천이 전한의 왕실 서고에서 별개의 책으로 읽었다는 『사기』「관안열전」의 기록과 부합치 않는다. 본서가 『관자』 초기의 모습을 살리기 위해 「승마」와 「구부」를 「경중」에서 굳이 떼어낸 이유다. 실제로 사마정은 『사기색은』에서 유사한 입장을 피력한 바 있다. 해당 대목이다.

"『관자』에는 사람을 다스리고 경제를 조절하는 이른바 이인경중지법理人輕重之法이 갑, 을, 병, 정, 무, 기, 경 등 모두 7편 수록돼 있다"

유향이 「승마」와 「구부」를 「경중」의 일부로 끼워 넣었음에도 사마정은 본래의 「경중」을 '경중 갑'에서 '경중 경'까지만 인정한 것이다. 마비백은 『관자경중신전』에서 「이인경중지법」이라는 별개의 책이 따로 존재했을 것으로 추정했으나 이는 지나치다. 또 다른 관학 전문가인 무보삼巫寶三은 『관자경제사상연구管子經濟思想研究』(社會科學出版社, 1989)에서 이같이 주장한 바 있다.

"『사기색은』에 나오는 이인理人은 경중지법輕重之法을 설명하기 위해 나온 말이다. '경중지법'은 사람을 다스리기 위한 제도라는 뜻이다. 이를 두고 '경중지법' 이외의 또 다른 '이인경중지법'이 있다는 식으로 해석해서는 안 된다. 남북조시대 남조 송나라의 배인裵駰이 『사기』를 주석한 『사기집해史記集解』에서 '경중지법'을 처음으로 언급했다. 이후 당나라 때 사마정이 『사기색은』에서 '이인'이라는 두 글자를 임의로 덧붙여 '이인경중지법'이라고 한 것이다."

이를 통해 사마정과 배인 모두 유향이 분류한 『관자』「경중」에서 「승마」와 「구부」를 제외한 가운데 '경중 갑'에서 '경중 정'까지만 원래의 '경중지술'로 간주했음을 알 수 있다. 현재는 '경중 병'과 '경중 경'이 도중에 실전된 까닭에 '경중 갑'과 '경중 을', '경중 정', '경중 무', '경중 기' 등 5개 장만 남아 있다.

경중 갑 17계 – 재정의 확충을 꾀하라

1. 이윤지계伊尹之計 천하의 부를 끌어들이는 계책

제환공이 관중에게 물었다.

"경중의 계책을 운용할 때 어떤 규율이 있소?"

관중이 대답했다.

"경중의 계책에는 정해진 규율이 없습니다. 사물이 움직이는 조짐을 보이면 곧바로 대응하고, 구체적인 소식이 들리면 곧 이를 이용하면 됩니다. 치국 과정에서 천하의 재부財富와 인민人民을 모을 수 없으면 결코 치국을 성공적으로 이끌 수 없습니다."

"'천하의 재부를 모은다.'는 말은 무슨 뜻이오?"

관중이 대답했다.

"옛날 하나라 걸이 다스릴 때 여악女樂이 3만 명이나 되었고, 맑은 첫 새벽에 궁정의 남쪽 단문端門 안에서 울리는 풍악 소리가 시끄럽기 그

지없어 멀리 떨어진 삼거리까지 들렸고, 여악들 가운데 화려한 무늬의 의상으로 치장하지 않은 자가 없었습니다. 탕왕을 도와 은나라를 건국한 이윤伊尹은 당시 일손이 없는 박亳 땅의 뛰어난 여공女工에게 화려한 무늬를 수놓은 띠를 짜게 한 뒤 이를 걸에게 헌상했습니다. 1필匹 당 곡물 100종鍾에 해당했습니다. 무릇 걸이 다스린 하나라는 원래 천자의 나라였는데도 걸은 천하의 일을 근심하지 않고, 종고鐘鼓에서 울리는 풍악을 즐기며 성색聲色만 탐닉했습니다. 이윤이 하나라의 곡물을 손에 넣어 유통을 통제하며 재부를 쌓은 이유입니다. 이를 일컬어 '천하의 재부를 모은다.'고 합니다."

"그렇다면 '천하의 인민을 모은다.'는 말은 무슨 뜻이오?"

관중이 대답했다.

"청컨대 각 주州마다 대창大倉 1곳씩 두고, 각 읍리마다 소규모 움막 창고 5곳씩 설치토록 하십시오. 또 백성 가운데 납세의 여력이 없는 궁민窮民은 국유의 원유苑囿와 공전公田 등을 장기간 대여해 경작케 하고, 사자를 장사지내지 못하는 빈민貧民은 관전官錢을 빌려 관 등을 마련토록 도와주십시오. 이어 굶주린 자는 먹을 것을 얻고, 추위에 떠는 자는 옷을 얻고, 죽은 자는 장지에 묻히고, 빈한한 자는 구휼을 받을 수 있게 합니다. 그러면 천하의 인민이 군주에게 귀의하는 것이 마치 물이 위에서 아래로 흐르듯 할 것입니다. 이를 일컬어 '천하의 인민을 모은다.'고 합니다. 성인이 자기 소유가 아닌 재부를 이용하고, 자기 백성이 아닌 백성까지 부리고, 감동적인 호령으로 천하 만민을 가까이 다가오도록 만든 배경이 여기에 있습니다."

'이윤 지계'는 경중 계측의 일환으로 나온 것이다. 원래 현존하는 「경중」편의 남아 있는 5개장 가운데 '경중 갑'과 '경중을', '경중 정', '경중 무'는 경중지술輕重之術 가운데 주로 기책奇策, '경중기'는 정책正策을 다루고 있다. '경중 갑'과 '경중 을' 및 '경중 정'은 주로 국내 경제에 관한 계책을 다루고 있다.

'경중 갑'의 첫째 절에 해당하는 '이윤지계'는 은나라의 건국공신인 이윤伊尹에 가탁假託해 천하의 부를 그러모으는 계책을 언급한 것이다. 대외무역을 통해 타국의 자원을 손에 넣고, 한 발 더 나아가 천하의 재화를 끌어들여야 한다는 게 골자이다. 그래야만 천하를 호령할 수 있다고 본 것이다. 21세기 G2시대의 미국이 그같이 하고 있다. 다만 방법론에 문제가 있다. 투기적인 금융으로 이를 달성코자 하는 게 그렇다.

대표적인 예로 미국의 헤지펀드가 아르헨티나의 디폴트를 촉발시킨 사례를 들 수 있다. 지난 2001년 12월 아르헨티나는 약 1,000억 달러의 빚을 견디지 못하고 디폴트를 선언한 바 있다. 이후 아르헨티나는 채권자들과의 협상을 통해 채무를 조정해 나갔다. 2005년과 2010년 서로 다른 금리 또는 통화로 표시된 부채를 상호 교환하는 거래인 부채스왑에서 부채액의 약 93%인 758억 달러가 조정됐다. 하지만 미국계 헤지펀드인 엘리엇 매니지먼트와 NML Capital 등 일부 채권자들은 채권 재조정 협상에 응하지 않고 미 연방법원에 아르헨티나의 채무 반환에 대한 소송을 제기했다. 여러 차례에 걸친 협상 결렬과 항소 끝에 미 대법원은 아르헨티나 정부에게 부채스왑 당시 참여하지 않은 엘리엇 등에게 15억 달러를 배상하라고 최종 판결했다. 이로 인해 아르헨티나는 엘리엇 등 승소한 채권자들에 대한 배상액을 지급하지 않을 경우 기존에 채무를 조정한 나머지 채권단에 진 빚도 갚을 수 없게 됐다.

엘리엇은 지난 2015년 초 삼성물산과 제일모직의 합병을 정면으로 반대하고 나서 우리나라에서도 악명을 떨친 바 있다. 이 회사는 변호사 출신의 폴 엘리엇 싱어가 지난 1977년에 세웠다. 하버드 로스쿨을 졸업한 싱어는 변호사 활동으로 모은 돈과 친지 등으로부터 끌어들인 130만 달러를 종자돈으로 삼아 악명 높은 헤지펀드 엘리엇을 만들었다. 미 포브스에 따르면 그의 헤지펀드 자산은 지난 2014년 기준으로 약 250억 달러이다. 개인 자산은 19억 달러에 달한다. 엘리엇이 삼성물산의 경영참여를 목적으로 하는지 단순히 시세차익만을 노린 것인지 여부는 아직 알 수 없다. 다만 엘리엇이 남의 약점을 빌미로 폭리를 취해 왔고, 이번에 삼성이 그런 악성 헤지펀드의 사냥감이 된 것만은 분명하다.

당초 아르헨티나의 채무조정 채권에는 '채권자 동등 대우 조항'인 RUFO가 명시돼 있다. 헤지펀드에 채무액 전액을 물어줄 경우 채무를 재조정한 나머지 채권단에게 빌린 돈 역시 전액 갚아야 한다. 아르헨티나가 두 번째로 디폴트 상황에 처한 이유다. 현재 아르헨티나는 디폴트를 선언한 게 아니라 그에 준하는 상황에 놓여 있는 격이다. 이를 두고 실제 디폴트라고 말할 수 있는지에 대해서는 논란이 계속되고 있다.

신자유주의를 근간으로 한 현대 자본주의는 신용을 통해 이뤄진다. 신용거래를 통해 현재의 소비에 더 큰 가치를 두는 채무자는 미래의 소비를 당겨 사용할 수 있고, 미래의 소비에 더 큰 가치를 두는 채권자는 미래의 소득을 보장하는 투자수단을 마련할 수 있다. 일견 합리적인 거래처럼 보이지만 부채를 얻기 위해 제공한 담보의 미래 가치가 달라질 경우 문제가 발생한다.

2008년 미국 서브프라임 모기지 금융위기가 그렇다. 주택을 담보로 무분별한 대출을 해주던 금융기관들은 담보로 잡은 주택의 시장가격에 상당한 거품이 형성됐다는 의혹이 현실화되면서 무너지기 시작했다. 세계 자본시장을 지배하던 미국이 휘청거리면서 글로벌 금융위기가 빚어져 2014년 현재까지 지속되고 있다.

부채를 갚지 못해 부도위기에 처한 국가는 통상 3가지 조치를 취한다. 첫째, 타국이나 국제금융기관에 구제금융을 신청한다. IMF 구제금융이 대표적이다. 우리나라도 지난 1997년 IMF환란 때 혹독한 조건 때문에 멀쩡한 기업을 헐값에 매도한 바 있다. '경제신탁통치'로 불리는 IMF 구제금융으로부터 급전을 빌려 조속한 상환을 재촉하며 헐값 매도를 압박한 채권자들의 배를 채운 결과다. 지금까지 그 후유증이 지속되고 있다. 월가의 유태인 금융자본을 탓하기 전에 멋도 모르고 독약이 묻은 달러를 마구 빌려다가 빚잔치를 벌인 후과다. 은행의 관련자들과 이를 방치한 당시의 관료들은 나라를 팔아먹은 매국노에 준하는 짓을 한 셈이다.

둘째, 채무 지불의 연기를 선언하는 모라토리엄이 있다. 상환 시점에 부채를 갚을 여력이 없어 일시적으로 부채상환을 연기해야 할 때 사용한다. 전쟁, 경제위기, 외환위기 등 급박한 상황이 있을 경우 선언되는 경우가 많다. 제1차 세계대전 당시 패전국 독일이 막대한 배상금을 지불하지 못하고 모라토리엄을 발동한 게 대표적이다. 이후 부채삭감이나, 이자감면을 위한 협상이 진행되기도 한다. 모라토리엄을 선언한 나라는 국제적으로 신용이 하락해 대외경제 활동에 어려움을 겪게 된다. IMF환란 당시 우리도 나름 펀더멘털이 튼튼했던 까닭에 이를 택하는 게 옳았다. 그러나 김대중 정부는 독약이 묻은 IMF 구제금융을 택했다. 그 결과는 혹독했다. 수많은 가장이 거리로 나앉은 게 그렇다. 게다가 경기를 활성화한답시고 재임 도중 카드대란까지 야기했다. IMF환란을 초래한 김영삼 정부는 말할 것도 없고 뒷수습을 맡은 김대중 정부 역시 이에 대한 역사적 책임으로부터 자유롭지 못하다.

셋째, 채무불이행 상태인 디폴트를 선언하는 길이다. 채무에 대한 원금과 이자를 상환할 수 없는 최악의 경우에 택한다. 디폴트와 모라토리엄은 채무자가 빚을 상환할 의사가 있는지 여부에 따라 구분된다. '상환할 마음이 있으니 기다려 달라.'는 모라토리엄과 달리 디폴트는 '상환할 수 없으니 알아서 하라.'는 쪽에 가깝다.

아르헨티나의 경우는 본의 아니게 디폴트 상황에 몰린 셈이다. 당시 미국계 헤지펀드를 제외한 다른 채권단들은 '아르헨티나가 자력으로 일어날 수 있는 통로를 열어줘야 한다.'며 미국계 헤지펀드와 법원 판결을 비판하고 나섰다. 채무 지급을 유예한다고 해서 악명 높은 헤지펀드인 엘리엇 등의 이익이 침해되지 않을 것이라는 게 논거이다. 유럽 채권단은 파격적으로 RUFO 조항에 따른 권리도 포기할 것이라고 밝혔다. 남미공동시장 정상회의에 참석한 대표들도 입을 모아 격렬한 어조로 엘리엇 등을 비난했다.

"남의 불행을 이용하는 이런 투기자본들은 단순히 아르헨티나뿐만이 아니라 전 세계에 위협이 될 수 있다."

베네수엘라 대통령은 남미 국가 모두 아르헨티나를 위한 '전투 연대'에 돌입했다며 엘리엇 등으로 상징되는 미국계 '벌처 펀드' 투기자본과 맞서 싸울 것이라고 선언했다. 이때 시진핑 중국 국가주석이 아르헨티나를 방문해 75억 달러 지원을 약속하며 이같이 제안했다.

"국제경제금융시스템 개혁에서 서로 밀접한 협력을 유지하면서 신흥시장국과 개발도상국의 권익을 함께 수호해 나가자!"

아르헨티나 등의 남미 및 재정위기에 처한 남유럽 국가들과 협력해 월스트리트 투기 금융자본과 맞서 싸우겠다는 취지를 밝힌 것이다. 중국이 4조 달러에 달하는 외환보유고를 무기로 국제 투기금융의 먹잇감이 된 나라들과 손을 잡을 경우 미국의 입지는 더욱 좁아지게 될 것이다.

원래 한국을 비롯한 동아시아의 전통에서는 고리대금업자처럼 남의 궁박한 처지를 악용해 이득을 챙기는 자를 악질적인 소인배로 간주해 왔다. 유럽도 크게 다르지 않았다. 그런 전통이 미국에서는 이들 유태인 금융자본의 철면피한 투기행각으로 인해 통하지 않게 됐다. 이미 IMF 구제금융을 겪고 그 후유증으로 각종 몸살을 앓고 있는 한국으로서는 두 번 다시 유태인 금융자본의 조종을 받고 있는 IMF 구제금융과 같은 독약 묻은 돈을 만져서는 안 된다. 남을 탓하기 전에 스스로를 돌아보는 자성의 자세가 절실히 필요하다. 현재 가계부채 비율이 급속도로 늘고 있어 더욱 그렇다.

2. 탕왕지계湯王之計 측근을 매수해 이익을 얻는 계책

제환공이 관중에게 물었다.

"탕왕湯王은 사방 70리의 좁은 영토에서 흥기해 하나라 걸의 천하를 겸병했소. 이는 무슨 까닭이오?"

관중이 대답했다.

"하나라 걸은 추운 겨울에 다리를 놓지 않고, 홍수가 나는 여름에 뗏목을 만들지 않았습니다. 오히려 백성이 물을 건너다가 얼어 죽거나 빠져 죽는 것을 구경했습니다. 또 마구 날뛰는 암컷 호랑이를 저자에 풀어놓고 백성들이 크게 놀라 달아나는 모습을 보고 즐거워했습니다. 은

나라 탕왕은 그리하지 않았습니다. 채소를 거두고, 곡물을 비축하고, 굶주린 자는 먹이고, 추위에 떠는 자는 입히고, 가난한 자는 구휼해 주었습니다. 천하의 민심이 탕왕에게 귀의하는 것이 마치 물이 흐르는 것과 같았습니다. 하나라 걸이 천하를 잃은 이유입니다."

"하나라 걸이 탕왕에게 그런 어부지리를 안긴 이유는 무엇이오?"

관중이 대답했다.

"여화女華는 걸이 좋아하는 총비寵妃인데, 탕왕은 1천금의 뇌물을 뿌려 그녀를 포섭했습니다. 또 곡역曲逆은 걸이 신임하는 총신寵臣인데, 그 역시 1천금의 뇌물을 뿌려 포섭했습니다. 내궁에서는 여화가 은밀히 도와주고, 조정에서는 곡역이 공개적으로 도와준 이유입니다. 여화와 곡역이 안팎으로 음모陰謀와 양모陽謀를 구사해 도와준 덕분에 탕왕은 마침내 천자의 자리에 오를 수 있었습니다. 이것이 바로 탕왕이 구사한 '음모'의 실체입니다."

'**탕왕**지계' 역시 '이윤지계'와 취지를 같이한다. 은나라의 창업주 탕왕을 예로 들어 나라를 지키고, 한 발 더 나아가 천하를 거머쥐기 위해서는 음모를 곁들여야 한다고 주문한 게 그렇다. 21세기 G2시대의 관점에서 볼 때 각국 첩보기관 요원의 활약도 유사한 행보로 볼 수 있다. 경제학자로 활동한 존 퍼킨스가 지난 2005년 『경제저격수의 고백』을 통해 고발한 미 첩보기관의 '음모'가 그 증거다. 그는 이 책에서 이같이 고백했다.

"나는 경제저격수였다. 나의 공식적인 직함은 듣기에도 그럴듯한 경제학자였다. 뿐만 아니라 합법적인 것처럼 보이는 인상적인 보고서를 만들어 내는 우수한 경제학자, 컨설턴트, 금융 분석가를 휘하에 거느리고 있었다. 하지만 내가 담당한 진짜 임무는 제3세계 국가들을 속여 강탈하는 것이었다."

『경제저격수의 고백』에 나오는 내용은 매우 충격적이다. 경제저격수는 자원이 풍부한 나라 대통령에게 정권유지와 천문학적인 뇌물 제공을 조건으로 그 나라 자원의 미국 활용을 용인해 줄 것을 청하는 자이다. 결국 그 나라는 막대한 차관 때문에 미국에 자국의 자원을 빼앗기고 빈곤의 악순환을 거듭한다. 그러한 제의를 거부한 민족주의 대통령은 CIA의 자칼이라는 비밀조직에 의해 암살을 당한다. 이마저 실패하면 이라크처럼 무력을 사용한다.

그의 고백에 따르면 미국이 G1의 자리를 유지하기 위해 사용한 방법은 비열하기 짝이 없다. 무한대로 찍어낼 수 있는 달러를 무기로 빈곤한 나라에 차관을 제공해 그 나라에 발전소와 댐, 각종 기반시설들을 세우면서 모든 공사를 미국 기업이 맡는다. 막대한 이자 수입을 올리면서 빌려준 돈 역시 다시 미국으로 환수된다. 차관을 제공받는 나라의 몇몇 사람만 부유하게 하고 나머지 대다수 국민은 빈곤의 나락으로 떨어지는 이유다. 차관을 제공받은 나라가 파산을 하거나 경제가 악화되면 미국은 이를 틈타 각종 자원을 헐값에 사들인다. 그는 이같이 고백했다.

"미국의 차관을 공여 받은 나라의 국민 총생산에 관해 솔직하게 말하겠다. 예컨대 전기 회사 소유주 한 사람만 혜택을 보고 나머지 국민 모두가 빚을 떠안게 되더라도 국민 총생산은 늘어날 수 있다."

극소수의 사람이 모든 이익을 독점하고 나머지 99퍼센트가 빈곤에 허덕여도 수치상의 경제는 성장할 수 있는 얘기다. 정부의 기관원까지 기업에서 월급을 받으며 '기업저격수' 역할을 하고 있다. 그의 주장에 따르면 그런 기업을 가장 많이 거느린 나라가 바로 미국이다. 세계의 많은 나라가 종잇조각에 불과한 달러를 받고 자국의 소중한 천연자원과 힘들여 만든 생산품을 헐값에 약탈당하고 있는 셈이다. 미국은 기본적으로 부채가 하늘을 찔러도 또 찍어내면 되는 까닭에 전혀 개의치 않는다. 그러나 미국에게도 아킬레스건이 있다. 그의 고백이다.

"전 세계가 달러를 기축통화로 받아들이는 한 미국의 천문학적인 부채는 미국의 기업 정치에 아무런 위협이 되지 않는다. 그러나 다른 화폐가 달러를 대신하게 되거나, 중국이나 일본 등 미국의 채권국이 부채를 갚을 것을 요구하면 상황은 급변할 것이다. 미국은 순식간에 위태로운 상황에 놓일 수밖에 없다."

자이위중의 『부국책』에 따르면 자금성의 수뇌부는 미국이 그간 벌여온 약탈행각과 아킬레스건을 통찰하고 있다. 『경제저격수의 고백』의 중국어 번역판 서문에 나오는 중국의 경제학자 양빈楊斌의 다음과 같은 경고가 그 증거다.

"미국 경제저격수들의 전략적 임무는 바로 수단과 방법을 가리지 않고 세계 각국의 정치 경제 엘리트들을 포섭하는 것이다. 경제저격수들은 뇌물수수, 미인계, 협박, 사기 등의 방법을 모두 동원해 타국의 정치 경제 엘리트들을 타락시킨 뒤 뒤에서 조종한다. 이들 엘리트들에게 잘못된 거시경제 관련 분석정보와 경제발전 계획을 제시하는 게 그렇다. 궁극적으로 경제적 함정에 빠뜨린 뒤 엘리트들이 경제저격수에게 의존토록 만든다. 이런 식으로 해당 기업을 낮은 가격에 인수하고, 전략적 산업과 천연자원을 손에 넣는다. 미국에 의해 경제가 잠식당한 국가가 경제위기와 사회 변란 등의 혼란을 겪은 뒤 빈곤의 늪에 빠져 미국의 조종을 받는 이유다.

아르헨티나의 도밍고 카발로 전 경제부 장관은 아르헨티나의 경제 사유화를 단행해 미국의 총애를 받았다. 그러나 글로벌 금융위기가 터진 후 경제안전법 위반 혐의로 철창신세가 됐다. 미국의 다국적 은행에 기밀을 누설해 대규모 외화유출을 초래했다는 죄목이다. 그를 경제장관에 임명한 메넴 대통령 역시 횡령혐의로 당국의 수배 대상이 됐다. 경제저격수의 꼭두각시가 된 아르헨티나의 고위 관원은 미국 기업에 아르헨티나 국유기업을 헐값으로 넘기고 많은 이익을 챙겼다. 그러나 이들 역시 얼마 못가 은행파산 및 증시 급락 등으로 인해 오히려 막대한 손실을 입었다. 결국 미국 금융가들에게 좋은 일만 시켜준 셈이 된 것이다. 옐친 전 러시아 대통령도 경제저격수의 꼭두각시인 추바이스를 발탁한 것을 두고 '모든 것이 사유화를 주장한 추바이스 탓이었다.'며 크게 후회한 바 있다. 경제학자들의 국가안보에 대한 의식이 얼마나 중요한지 뒤늦게 깨달은 것이었다. 그가 나중에 등용한 3명의 총리는 모두 KGB 출신이었다."

양빈의 지적을 보면 IMF환란 당시 알짜기업을 공짜로 넘겨주는데 일조한 관료들 역시 경제저격수의 꼭두각시 노릇을 한 게 아닌가 하는 강한 의구심이 들지 않을 수 없다. 2015년 5월 대한민국 정부를 상대로 미국 법원에 손해배상 소속을 낸 미국의 사모펀드 론스타도 예외가 아니다. 지난 2011년 론스타가 '먹튀' 논란으로 크게 시끄러웠을 당시 거물급 퇴직 관료들이 외환은행 헐값 매각과 깊숙이 관련돼 있다는 사실이 대대적으로 보도된 바 있다. 이 또한 전직 퇴직 관료들이 경제저격수의 꼭두각시 노릇을 한 게 아닌가 하는 의심을 받을 만하다. 이를 제도적으로 차단할 수 있는 대대적인 관련 법제의 정비가 시급한 상황이다.

중국은 이런 일이 없다. 적발될 경우 엄벌에 처할 뿐만 아니라 대대로 '매국노' 집안으로 손가락질을 받기 때문이다. 자금성의 수뇌부는 미국의 내부사정을 꿰고 있다. 위안화 절상을 요구할 때마다 막대한 규모의 '달러채권 상황'을 거론하며 미국의 요구를 잠재우고 있는 게 그렇다. 알아서 환율을 조절할 터이니 개입하지 말라는 것이다. 언제 휴지가 될지 모르는 달러를 최대한 활용해 전 세계를 대상으로 무차별적인 기업사냥에 나서는 것도 같은 맥락이다. 월스트리트를 좌지우지하는 극소수의 유태인 금융자본에 휘둘리는 G1 미국에 날린 일종의 카운터펀치에 해당한다.

G1 미국이 명성에 걸맞지 않게 극소수의 월스트리트 유태인 금융자본에 휘둘리며 '경제저격수' 행각을 벌이는 것은 분명 비정상이다. 미국뿐만 아니라 전 세계의 불행이기도 하다. 이런 행각이 '메이플라워 파더'의 청교도 건국정신과 괴리된 것임은 말할 것도 없다. 우려스러운 것은 이런 행각이 하나의 고질이 되어 개선될 여지가 거의 없다는 점이다. 물론 미국 내에도 『경제저격수의 고백』을 쓴 퍼킨스와 같은 양심적인 인물이 없는 것은 아니다. 그러나 그 목소리가 미미하다. 나아가 이들 유태인 투기자본에게 문제의 인물로 찍힐 경우 대통령조차 목숨을 유지키가 쉽지 않다. 케네디가문에 대한 잇단 암살도 이와 무관치 않다는 게 중론이다.

이를 통해 전 세계에 들끓고 있는 반미 정서가 결코 하루아침에 이뤄진 게 아님을 알 수 있다. 이런 식의 행각이 지속되면 언젠가는 반드시 부메랑이 되어 월스트리트를 강타할 수 있다. 최근 목도하는 것처럼 차이나머니의 무차별적인 공세가 그 증거다. 중국은 과거의 소련과 달리 미국에 대한 최대 채권국인 동시에 천문학적인 달러를 보유하고 있다. 이미 월스트리트의 유태인 투기금융자본이 멋대로 손을 댈 수 없는 '거인'으로 성장해 있는 것이다. 많은 사람이 조만간 G2 중국의 G1 등극이 가시화할 것으로 내다보는 것도 이와 무관치 않다. 그리될 경우 미국의 G1 퇴위는 부상대고에게 휘둘리면 안 된다는 『관자』의 가르침과 정반대로 나간 후과로 풀이할 수 있다.

3. 오전지계五戰之計 5가지 경제전에서 승리한 뒤 용병하는 계책

제환공이 관중에게 물었다.

"물가를 조절하는 경중輕重의 계책과 물가를 평준화하는 계책인 국준國准의 차이에 관해서는 내가 이미 들었소. 묻건대 용병用兵은 어찌하는 게 좋소?"

관중이 대답했다.

"먼저 경제책략의 5가지 방면의 전투인 5전五戰을 해결한 뒤 용병해야 합니다."

"그게 무슨 말이오?"

관중이 대답했다.

"첫째, 군수물자의 수급 균형을 토대로 작전하는 전형戰衡입니다. 둘째, 군수물자의 가격 조종을 토대로 작전하는 전준戰准입니다. 셋째, 군수물자의 유통 조절을 토대로 작전하는 전류戰流입니다. 넷째, 군수물자의 임기응변 대체를 토대로 작전하는 전권戰權입니다. 다섯째, 군수물자의 형세를 토대로 작전하는 전세戰勢입니다. 이들 5전을 해결한 뒤 용병하는 것을 일컬어 이른바 5전병五戰兵이라고 합니다."

'**오전**'지계'는 경제전의 유형을 논하고 있는 게 특징이다. 춘추전 국시대의 고전 가운데 경제전을 언급한 유일한 사례이기도 하다. 여기에 소개된 경제전의 유형은 모두 5가지이다. 전형戰衡, 전준戰 准, 전류戰流, 전권戰權, 전세戰勢가 그것이다. 이른바 5전五戰이다. 부국강 병의 방략이 전략전술에도 그대로 적용되고 있음을 알 수 있다. 관건 은 5전을 해결한 뒤 용병하는 이른바 5전병五戰兵에 있다. '오전병'은 군 수물자와 관련한 군사재정의 기반을 튼튼히 한 뒤 작전을 펼치는 것을 말한다.『손자병법』「작전」에서 역설하고 있는 철저한 사전준비와 취지를 같이한다.

21세기 G2시대의 경제전의 관점에서 볼 때 '전형'은 재화의 수급 균 형, '전준'은 재화의 가격 안정, '전류'는 재화의 유통 조절, '전권'은 재 화의 대체 및 보완, '전세'는 재화의 시장 장악 등으로 바꿔 표현할 수 있다. 이를 국가 간의 무역전으로 확대해석할 경우 '재화'를 각각 수출 입 대상이 되는 재화로 바꿔 해석하면 되고, 화폐전쟁으로 풀이할 경 우 '재화'를 달러나 위안화 등의 각국 통화로 간주하면 된다. 안팎의 모 든 재화와 화폐가 바로 경제전의 대상이 되는 셈이다. 고금동서를 막론 하고 경제전도 싸움의 양상을 보이는 한 여기서 승리하기 위해서는 무 엇보다 먼저 자신과 적의 전력현황부터 정확히 파악해야 한다.『손자병 법』「모공」에서 강조하고 있는 '지피지기'의 이치와 하등 다를 게 없다.

4. 호소지계縞素之計 상복을 입고 부호를 견제하는 계책

제환공이 전몰장병의 유족을 위로할 생각으로 관중에게 물었다.

"우리 제나라는 지리적으로 사방의 적들로부터 침공을 받는 구국衢國의 자리에 위치해 있소. 자급이 안 돼 주변국에서 유입되는 곡물에 의지하고 있소. 산은 많고 경지는 적은 탓이오. 지금 매번 전쟁이 빚어질 때마다 죽거나 다친 장병의 자식과 백발노인의 손자, 참전한 장병에 의지해 살던 과부들이 속출하고 있소. 이들을 도와주고자 하나 뾰족한 대책이 없는 실정이오. 어찌해야만 좋소?"

관중이 대답했다.

"우리 제나라는 부호富豪가 많습니다. 이들은 벼슬이 올라갈 때마다 더 많은 식읍을 받아 재부를 쌓고 있습니다. 군주가 그들의 재화 비축을 허용하면 물가가 오르고, 허용하지 않으면 물가가 내려갑니다. 또 그들의 재화 통제를 허용하면 물가가 오르고, 허용하지 않으면 물가가 내려갑니다. 많은 식읍을 보유한 자와 부상대고富商大賈를 위시해 여러 재화를 비축해 많은 이익을 남기고 있는 재력가 모두 제나라의 대표적인 부호들입니다. 군주는 전몰장병을 추도하는 흰 상복인 호소縞素를 입고 지방 관부인 사실士室로 나아가 공신세가功臣世家와 많은 식읍을 보유한 자를 비롯해 여러 재화를 비축해 많은 이익을 남기고 있는 재력가를 두루 불러놓고 이같이 말하십시오. '성이 튼튼하지 못하면 적의 공격을 받고, 나라에 비축한 곡물이 없으면 곤경에 처한다. 천하가 모두 이런 우려를 하고 있는데 어찌 제나라만 홀로 예외가 될 수 있겠는가? 그대 대부들은 비축한 오곡 등의 곡물을 임의로 매매하지 않도록 하라. 국가에서 평균 시장가격으로 수매토록 할 것이다!' 이어 이들과 계약할 때 비축한 곡물의 양을 파악하는 과정에서 이들이 임의로 부풀리거나 줄이지 못하게 하십시오. 이같이 하면 곡물이 떨어진 백성들이 소식을 듣고 달려와 곡물을 사갈 것입니다. 많이 사든 적게 사든 많은 백성들이 원근을 막론하고 달려오는 까닭에 곡물을 사려는 자의 행렬이 끊이지 않을 것입니다. 그러면 국내의 곡물가격이 앉은 자리에서 40배로 뛰어오를 것입니다. 군주는 40배로 뛰어오른 곡물의 수입을 활용해 고아와 과부들을 구휼하고, 병자와 빈자를 거두고, 자식도 없어 의지할 곳이 없게 된 독로獨老를 돌보고, 자식을 팔아 간신히 입에 풀칠하는 자를 구제하고, 길 위에서 아사해 도랑에 처박히는 일을 막을 수 있습니다. 이같이 하면 병사들은 전장에서 다퉈 선봉에 나서고, 죽음도 두려워하지 않은 채 나라를 위해 기꺼이 목숨을 바치고자 할 것입니다. 그들이 절반가량의 장병이 죽거나 다치는 절박한 상황에서 기꺼이 희생을 택하는 이유입니다. 이는 무슨 까닭이겠습니까? 결코 싸움을 좋아하고 죽음을 가벼이 여기기 때문이 아닙니다. 모두 경중의 계책으로 장병의 본분을 각성시켜 분전奮戰을 고취한 덕분입니다."

'호소지계'는 부상대고의 부호와 공신세가 등의 유력자들을 회유해 재정수입을 늘림으로써 병사들의 분전을 고취하고, 전몰장병의 유족을 구휼하는 계책을 언급한 것이다. 균부均富를 통해 부국강병을 이루기 위한 조치이다. 주목할 것은 유력자들을 적극 설득해 재정확충에 기여토록 만들라고 주문한 점이다. '창조경제'를 기치로 내건 박근혜 정부가 천문학적인 외화를 쌓아 놓고 있는 글로벌 기업의 국내 투자를 독려하는 모습을 연상시킨다.

객관적으로 볼 때 삼성과 현대 등의 글로벌 기업을 향해 국내투자를 무조건 요구하는 것은 적잖은 무리가 있다. 강성노조 등으로 인해 기업운영의 여건이 매우 열악하기 때문이다. 정부가 노동시장의 유연성을 해치고 기업경영의 장애물로 작용하는 강성노조를 제압치도 않은 채 기업의 국내투자를 독려하는 것은 한계가 있을 수밖에 없다. 멍석을 깔아놓은 뒤 놀더라도 놀라고 하는 게 순서이다.

그런 점에서 스마트폰의 부진으로 영업이익이 반 토막 난 삼성이 지난 2015년 5월 경기도 평택의 고덕 산업단지에 세계 최대 규모의 최첨단 반도체 라인 건설의 삽을 뜬 것은 것은 칭송할 만하다. 삼성은 지난 2012년 해당 부지에 100조원의 투자 계획을 발표한 바 있다. 국제 반도체 수요 급증과 수출 주종인 스마트폰의 경쟁력이 치열해짐에 따라 착공과 가동 시기를 1년 앞당긴 것이다. 2017년 하반기 완공 후 곧바로 가동에 들어갈 예정이다. 삼성의 조기 착공 결정 배경에는 '창조경제'를 기치로 내건 박근혜 정부의 적극적인 지원이 크게 주효했다. 정부는 전력과 용수 등 인프라 지원과 투자관련 애로사항들을 적극적으로 해결해 줌으로써 조기투자를 가능하게 했다. 멍석을 앞당겨 깔아줌으로써 국내투자를 활성화한 셈이다. '호소지계'가 주효한 사례로 꼽을 수 있다.

이보다 1달 앞서 진행된 서울 강남구 삼성동 한전부지 입찰 경쟁에서 현대기아차의 정몽구 회장이 천문학적인 입찰금액을 써 넣은 것도 같은 맥락에서 이해할 수 있다. 당시 정 회장은 공시지가 3조3천억 원의 부지 입찰에 무려 10조5,500억 원을 제시했다. 당초 전문가들은 5조 원가량의 응찰자에게 낙찰될 것으로 내다봤다. 사람들은 예상을 훨씬 뛰어넘는 액수에 입을 다물지 못했다. 경쟁입찰에서 패한 삼성은 5조원 가까이 제시한 것으로 알려졌다. 입찰이 끝난 후 정 회장은 그 배경을 이같이 설명했다.

"그 돈이 어디로 가나, 해외로 나가는 것 아니고 결국 나랏돈으로 쓰이는 것 아니냐?"

'파격'이란 지적과 '승자의 저주'라는 비판을 단호히 일축한 것이다. 주목할 것은 '나랏돈' 운운한 대목이다. 거액의 부채에 몸살을 앓고 있는 공기업의 부채 절감 노력에 일조하겠다는 취지에서 '통 큰 결단'을 내렸음을 짐작케 해준다. 실제로 한전의 부채는 금액으로 볼 때 한국토지공사에 이어 두 번째로 많다. 한전은 본사부지 매각으로 2017년까지 감축하기로 한 부채 감경 일정도 충분히 맞출 수 있게 됐다. 여기에는 정부의 적극적인 주선이 크게 작용했다. 원래 한전은 본사를 전남 나주로 이전한 뒤 1년 안에 삼성동 본사 부지를 처분할 계획이었다. 그러나 정부의 경영정상화 요구에 따라 매각시점을 앞당겼다. 정 회장이 정부의 이런 노력에 적극 호응하고 나선 셈이다. 기업의 존립 이유인 사업보국事業報國을 몸으로 보여준 것이다.

앞으로 현대기아차는 이곳에 글로벌 비즈니스센터를 세우고 현대타운을 건립할 예정이다. 100층이 넘는 초고층 빌딩에 전시장과 박물관 등이 들어설 경우 서울의 랜드마크가 될 공산이 크다. 원래 정 회장은 선대인 정주영 회장의 생존 시 장남인데도 불구하고 적통 계승에 실패했지만 현대차를 물려받은 뒤 기아자동차를 인수해 글로벌 빅5로 육성해 냈다. 나아가 선대가 몇 차례나 도전하다 실패한 일관제철소도 뚝심으로 밀어붙여 선대의 숙원을 풀어 주었다. 게다가 IMF환란 때 팔려나간 현대건설마저 인수함으로써 선대의 유업을 모두 완수했다는 칭송을 받고 있다. 삼성이 이건희 회장의 와병에도 불구하고 세계 최대 규모의 최첨단 반도체 라인을 건설을 앞당기고, 현대가 천문학적인 입찰금액으로 공기업의 부채 절감 노력에 일조하고 나선 것 모두 '호소지계'의 개가로 평가할 수 있다.

5. 우마지계牛馬之計 천하의 우마를 그러모으는 계책

제환공이 관중에게 말했다.

"우마의 가죽과 갈비뼈, 힘줄, 뿔에 대한 징세가 너무 급하오. 백성의 세금이 가중되면서 이들 재화의 시장 가격이 치솟고 있소. 이는 치국의 계책이 아닌 듯하오!"

관중이 청했다.

"청컨대 명을 내려 연못 위의 다리를 개축할 때 다리의 바닥을 크게 높이고 연못을 깊이 파게 하십시오. 이때 다리의 동쪽과 서쪽, 남쪽과 북쪽이 서로 보이지 않게 하십시오."

"잘 알겠소."

다리를 개축한 지 1년이 지나자 우마의 가죽과 갈비뼈, 힘줄, 뿔의 거래에 대한 징세가 크게 줄었다. 덕분에 백성의 부담도 덜게 됐다. 제환공이 관중을 불러 물었다.

"이는 무슨 까닭이오?"

관중이 대답했다.

"다리 바닥이 평탄할 때는 부부가 함께 수레를 몰고 쉽게 100리를 갈 수 있었습니다. 그러나 지금 다리를 개축하면서 바닥을 높이고 연못을 깊이 파면서 동서와 남북이 서로 보이지 않게 하자 하늘에서 보슬비만 내려도 10인의 장정이 아니고는 오를 수 없게 됐습니다. 큰 비가 내릴 경우는 연못의 물이 넘어 다리 바닥이 온통 진흙밭으로 변하는 까닭에 10인의 장정이 매달려도 안 되고, 오직 우마의 힘을 빌려야만 했습니다. 그러나 이로 인해 우마가 극도로 피로에 지치게 되고 잇달아 길 위에서 죽게 됐습니다. 우마의 가죽과 갈비뼈, 힘줄, 뿔 등은 무거운 세금으로 인해 거저 내줄지라도 가져가는 사람이 없었습니다. 우마가 달리게 되자 값이 반드시 100배나 치솟을 수밖에 없었던 이유입니다. 천하의 백성이 이 소식을 듣고는 우마를 수레에서 떼어내 마치 물이 위에서 아래로 흐르듯 제나라로 들어왔습니다. 다리의 바닥을 높이자 천하의 우마가 모여들고, 백성의 부담도 크게 줄어든 배경이 여기에 있습니다. 경중가의 옛 책인 『도약비道若秘』에 이르기를, '재화의 생산도 중요하지만 재화의 수집을 중시해야 한다.'고 했습니다."

'우마지계'는 외국의 힘을 빌려 경제발전을 도모하는 계책을 언급한 것이다. 자국의 생산력에만 의존해서는 비약적인 발전을 꾀할 수 없다는 사실을 암시한다. 지금은 전해지지 않는 『도약비』에서 '재화의 생산도 중요하지만 재화의 수집을 중시해야 한다.'고 언급한 사실을 상기할 필요가 있다. 공업도 중요하지만 상업을 중시해야 부국강병을 꾀할 수 있다는 것을 역설한 것이다. 시장의 수요를 증대시켜 물가를 치솟게 함으로써 천하의 재물을 끌어들이는 계책을 제시한 게 그렇다.

주의할 것은 '우마지계'가 정부의 적극적인 개입을 통한 시장 수요의 창출이 아니라 소와 말 등의 물자 소비량을 자연스럽게 늘려 물자의 가격을 올리는 방법을 제시한 점이다. 『관자』「단어」편 '치미'에서 부자의 사치스런 소비가 빈자의 일자리를 만들어낸다고 언급한 것과 취지를 같이하는 것이다. 이는 사치성 소비가 백성의 이익 균점均霑 내지 일자리 창출 차원에서 필요하다는 취지이다. 결코 국가의 기본적인 경제정책으로 삼아도 된다고 언급한 게 아니다. 『관자』가 시종 군주를 비롯해 위정자의 근검행보를 역설한 것과 하등 모순될 일이 없다는 얘기다.

이를 명심해야 할 나라는 실제 수요를 뛰어넘는 무분별한 과소비를 부추기고 있는 미국이다. 미국의 이런 소비 행태는 코카콜라처럼 국민의 건강은 아랑곳하지 않은 채 이익의 극대화에 눈이 어두운 기업들에 놀아난 결과다. 매스컴이 여기에 동조해 국민들의 건강을 해치는데 일조하고 있다.

'우마지계'를 통찰한 대표적인 인물로 국무원 부총리를 지내며 중국의 경제정책을 총괄한 '신 중화제국'의 건국공신 진운陳雲을 들 수 있다. 그는 서구 경제학을 그대로 응용하는 것을 결사반대한 인물로 유명하다. 지난 1995년의 사망 이후에도 중국이 천문학적인 재정적자에 시달리고 있는 미국과 달리 건실한 재정을 유지하게 된 것도 그의 공이다. 그의 사상적 후계자들이 중국의 경제를 담당한 덕분이다. 중국의 학계 내에서 그는 '관자경제학'의 가장 충실한 제자로 꼽히고 있다.

이를 뒷받침하는 일화가 있다. 1944년 7월 10일 서북재정경제판사처 부주임 진운이 전략 물자인 목화의 수집과 관련해 이런 결정을 이끌어냈다.

"목화 가격의 상승을 막고 사인의 목화 밀수를 방지하기 위해 일률적으로 목화를 수매한다. 단체와 기관 또는 개인을 막론하고 직접 민간에서 목화를 구입해서는 안 된다. 각 수출입 부도의 목화가격을 일률적으로 인상한다."

목화를 높은 가격에 일률적으로 수매한 정책은 커다란 효과를 거뒀다. 국민당 관할 구역의 목화가 대거 유입된 게 그렇다. 당시 국민당 관할 구역은 이와 정반대로 나갔다. 농민에게 대출금 상환을 독촉하면서 목화 가격까지 낮췄다. 농민들의 불만이 폭발할 수밖에 없었다. 목화가 홍군 점령 지역으로 대거 유입된 배경이다. 4년여에 걸친 국공내전 당시 홍군이 두터운 솜옷을 입고 장개석 군과 싸워 승리를 거둘 수 있었던 이유다. 『도약비』에서 언급한 '재화의 생산도 중요하지만 재화의 수집을 중시해야 한다.'는 구절이 절로 연상되는 대목이다.

진운이 「경중」편의 '경중 갑'에 나오는 '우마지계'를 알고 있었는지는 알 길이 없으나 결과적으로 '우마지계'를 적극 활용해 홍군 승리의 견인차 역할을 한 셈이다. '신 중화제국' 등장 후 경제를 총괄하는 부총리 자리에 오른 게 우연이 아님을 알 수 있다. 문화대혁명 때 등소평 사람으로 몰려 한직으로 밀려나는 등 우여곡절을 겪었다. 이후 등소평이 권력을 잡자 다시 국무원 부총리로 복귀해 '개혁개방' 이후의 중국경제 기반을 다지는데 대공을 세웠다. 중국이 미국이 구사한 온갖 회유와 압박에 굴하지 않고 독자적인 발전전략을 통해 G2로 우뚝 선 데에는 그의 공이 컸다. '관자경제학'을 편 덕분이다.

6. 강궁지계强弓之計 무기 제조업을 발전시키는 계책

제환공이 관중에게 물었다.

"활과 쇠뇌가 크게 비틀어져 필요할 때 쓸 수 없게 됐소. 백성들로부터 세금을 더 거둬 솜씨가 좋은 궁장弓匠에게 공임을 두터이 주고 수리를 맡겨야 할 듯하오. 활과 쇠뇌가 비틀어진 것은 무슨 까닭이오?"

관중이 청했다.

"거위나 집오리는 둥지를 낮은 곳에 틀지만 댓닭과 고니 및 느시는 둥지를 높은 곳에 틉니다. 군주는 옥벽玉璧을 예물로 보내 댓닭 등을 전문적으로 잡는 포수를 초청토록 하십시오."

"잘 알겠소."

포수를 초청한지 1년이 지나자 비틀어진 활과 쇠뇌가 사라지고, 오발로 인해 곁에 있는 사람을 다치게 하는 일도 없었다. 3달 뒤 활집을 열어 활과 쇠뇌를 꺼내 쏠지라도 비틀어져 쓰지 못하는 경우도 없었다. 제환공이 관중을 불러 물었다.

"이는 어찌된 까닭이오?"

관중이 대답했다.

"군주가 옥벽을 예물로 보내 댓닭 등을 잘 쏘는 포수를 초청했습니다. 수초가 무성한 호택湖澤 주변에 사는 엽호獵戶가 이 얘기를 듣고는 모두 이에 응하기 위해 멀리까지 가서 댓닭 등을 쏘고자 했습니다. 그러나 10균鈞의 강궁強弓이 아니면 결코 댓닭 등을 맞힐 수 없습니다. 또한 10균의 강궁은 활과 쇠뇌를 교정하는 도지개로 고치지 않으면 표적을 제대로 맞힐 수 없습니다. 3달 뒤 활집에서 활과 쇠뇌를 꺼낼지라도 비틀어져 쓰지 못하는 일이 없게 된 것은 바로 이 때문입니다. 이는 무슨 까닭이겠습니까? 바로 엽호 모두 활과 쇠뇌를 깊숙이 익힌 덕분입니다."

'강궁 지계'는 병기 제조의 비약적인 발전을 꾀한 계책이다. 댓닭 등을 전문적으로 잡는 포수를 유인해 장인들로 하여금 질 좋은 활과 화살을 만들도록 유인한 게 주효했다. 21세기 G2시대의 관점에서 볼지라도 매우 뛰어난 당근책에 해당한다. 부국강병 책략의 성패는 결국 강병 여부에 따라 판가름 날 수밖에 없다. 뛰어난 무기가 필요한 이유다. 병법을 논한 『관자』「경언」편 '칠법'에 이를 뒷받침하는 대목이 나온다.

"군사운용의 책략인 위병지수爲兵之數를 논하면 다음과 같다. 첫째, 재부財富를 쌓아야 하고, 그 재부가 천하무적이어야 한다. 둘째, 기술이 뛰어난 공인을 선발해야 하고, 그 기술이 천하무적이어야 한다. 셋째, 날카로운 무기를 제작해야 하고, 그 무기가 천하무적이어야 한다. 넷째, 정예병을 선발해야 하고, 그 용맹이 천하무적이어야 한다. 다섯째, 정령에 의한 교육을 강화해야 하고, 그 수준이 천하무적이어야 한다. 여섯째, 군사 훈련을 강화해야 하고, 그 훈련의 수준은 천하무적이어야 한다. 일곱째, 천하의 실정을 두루 알아야 하고, 그 정보의 수준은 천하무적이어야 한다. 여덟째, 시기를 잘 포착하고 책략에 밝아야 하고, 그 운용이 천하무적이어야 한다. 군사가 국경 밖으로 출병하기 전에 이들 8가지 사항에서 천하무적을 이룬 연후에 비로소 천하를 바로잡을 수 있다."

정교한 무기를 확보하기 위해서는 품질 검사가 철저히 이뤄져야 한다. 봄가을로 병기검사를 실시한 이유다. 이를 뒷받침하는 같은 '칠법'의 해당 대목이다.

"천하의 뛰어난 무기 재료를 확보하고, 백공百工으로 하여금 뛰어난 무기를 개발케 하고, 봄가을로 공인들을 비교검토를 해 가장 정예한 것을 상등품으로 삼는다. 이같이 만든 무기는 시험을 거치지 않으면 사용하지 않고, 시험이 끝나지 않으면 무기고에 수장하지 않는다."

동양의 고전 가운데 기술관련 문헌은 춘추시대에 나온 『고공기考工記』이다. 『고공기』의 내용이 '칠법'과 별반 차이가 없다. 곽말약은 『고공기』를 춘추시대 말기 제나라 직하학궁稷下學宮의 학자가 만든 관서官書로 보았다. 『관자』도 제나라 직하학궁에서 나왔다. 서로 깊은 영향을 준 것으로 보인다. 동양은 춘추시대 이래 기술을 중시하는 전통이 나름 존재했다. 성리학이 등장한 이래 이런 전통이 사라지고 말았다. 동아3국 가운데 유독 일본에서만 장인을 존중하는 전통이 살아남았다. 일명 '도자기전쟁'으로 불린 왜란 때 일본으로 끌려가 조선의 도공陶工이 '사쓰마 야끼'를 만들어 전 세계로 수출한 게 대표적이다. 지난 2014년 일본이 노벨 물리학상을 3명이 동시에 수상해 노벨상 수상자를 총 22명이나 보유하게 된 것도 장인을 우대하는 이런 전통과 무관치 않을 듯싶다.

7. 귀신지계鬼神之計 선현에 대한 제사로 재정을 확충하는 계책

제환공이 관중에게 말했다.

"나는 백성에게 가옥세를 물릴 생각이오."

관중이 반대했다.

"불가합니다. 이는 백성들로 하여금 멀쩡한 집을 마구 허물도록 부추기는 것입니다."

제환공이 다시 말했다.

"나는 백성에게 인두세를 물릴 생각이오."

"불가합니다. 이는 백성의 정욕을 억눌러 민호民戶를 줄어들게 만드는 것입니다."

제환공이 또 말했다.

"나는 백성에게 가축세를 물릴 생각이오."

"불가합니다. 이는 백성들로 하여금 가축을 마구 죽이도록 부추기는 것입니다."

제환공이 또다시 말했다.

"나는 백성에게 수목세를 물릴 생각이오."

"불가합니다. 이는 백성들로 하여금 생나무를 마구 베도록 부추기는 것입니다."

제환공이 거듭 물었다.

"그렇다면 과인은 나라를 어찌 다스려야만 하는 것이오?"

관중이 대답했다.

"청컨대 군주는 귀신에게 세금을 물리도록 하십시오!"

제환공이 화난 표정으로 안색을 바꾸며 물었다.

"인두세와 가옥세, 가축세, 수목세 모두 불가하다고 말하면서 귀신에게 세금을 물리라고 하니 이는 무슨 말이오?"

관중이 대답했다.

"응당 시세에 부합해야 세리勢利를 얻어 일을 성사시킬 수 있습니다. 또한 심모원려를 통해 권변權變에 능해야만 일을 할 때 주변의 도움을 받을 수 있습니다. 왕자王者는 시세를 활용하는데 능하고, 성인은 유령幽靈을 활용하는데 능합니다. 천지만물의 변역 이치에 부합하지 않은 게 없었던 이유입니다."

"그같이 하려면 어찌해야 하오?"

관중이 대답했다.

"옛날 요임금 때 활약한 5명의 현신은 지금까지 제사를 받지 못하고 있습니다. 청컨대 군주는 이들을 위해 제사를 올리도록 하십시오. 그러면 백성들 모두 제사를 올리며 이들 5명의 현신을 기릴 것입니다. 봄에는 난초, 가을에는 잘 익은 5곡을 바칩니다. 산 물고기를 말려 포를 뜬 뒤 제사상에 올리고, 작은 물고기를 잡은 뒤 나물에 묻혀 제수祭需로 쓰면 됩니다. 이같이 하면 연못 등에서 거두는 어세魚稅가 이전의 100배에 달하게 됩니다. 굳이 벌금과 인두세를 거둬들일 필요도 없습니다. 이를 두고 말하기를, '귀신에게 제사를 올려 예의염치를 권장한다.'고 합니다. 이미 세수가 충분한데 군이 백성에게 무엇을 더 구하겠습니까!"

'**귀신**'지계'는 전통 예제와 재정을 결합시킨 절묘한 재정확충 계책을 언급하고 있다. 물고기 포를 떠 제사상에 올리는 방식으로 백성을 교화하고 생선의 수요 확대로 인한 세수 증대를 동시에 꾀한 게 그렇다. 관자가 5명의 공신에게 제사를 지내는 요임금 때의 제도를 언급한 이유다. '귀신지계'를 통해 관자경제학이 말하는 경제정책이 무궁무진하다는 사실을 대략 짐작할 수 있다. 통화량의 축소와 확대를 통한 금융정책과 추가경정예산 편성 등의 재정정책에 한정된 서구의 경제정책과 대비된다.

8. 수예지계水豫之計 수전에 대비해 적을 물리치는 계책

제환공이 관중에게 물었다.

"천하의 타국 가운데 월越나라보다 강한 나라는 없소. 이제 과인이 북쪽의 고죽孤竹과 영지令支를 치려고 하는데, 혹여 그 틈을 노려 월나라가 쳐들어오지나 않을까 두렵소. 이를 대비할 계책이 있소?"

관중이 대답했다.

"청컨대 군주는 강물이 발원하는 원산原山의 물길을 막고, 대부들로 하여금 큰 저수지를 만들게 하고, 백성들로 하여금 물속에서 신나게 헤엄치며 노는 훈련을 즐기게 하십시오. 그러면 월나라 군사가 어찌 감히 쳐들어올 수 있겠습니까?"

제환공이 물었다.

"그리 하려면 어찌해야만 하오?"

관중이 대답했다.

"청컨대 군주는 밀명을 내려 3개 하천의 물길을 막아 둥근 방죽을 만들고, 큰 배가 다닐 수 있는 커다란 연못을 조성토록 하십시오. 큰 배가 다니려면 연못의 깊이는 10인仞을 넘어야만 합니다. 그러고는 명하기를, '헤엄을 잘 치는 자에게는 10금을 하사토록 하겠다.'고 하십시오. 1천금을 채 쓰기도 전에 제나라 백성의 수영실력이 오월의 백성에 뒤지지 않을 것입니다."

제환공이 이내 군사를 이끌고 가 고죽과 영지를 치자 월나라가 과연 그 틈을 노려 습래襲來했다. 곡치曲菑의 물을 막은 뒤 수공을 가해 제나라 도성을 함락시키고자 했다. 관중이 수영을 잘하는 병사 5만 명을 몰래 매복시켜 놓았다가 곡치에서 월나라 군사를 대파했다. 이를 일컬어 수전의 대비책인 수예水豫라고 한다.

'수예지계'는 만반의 대비책을 세워 최강의 적을 물리치는 계책을 언급하고 있다. 관자가 당대 최고의 수군을 자랑한 월나라 격파 계책을 제시한 게 그렇다. 방죽을 만든 뒤 헤엄을 잘 치는 자를 집중 육성한 게 주효한 결과다. 그 어떤 적도 미리 대비만 잘한다면 능히 물리칠 수 있다. 관자가 '수예지계'를 언급한 것은 경세제민과 부국강병의 불가분성을 알리기 위한 것이다. 중국의 역대 왕조는 이를 통찰했다. 『사기』「평준서」에 이를 뒷받침하는 대목이 나온다.

"처음에는 염철 전매를 담당한 대농大農이 관리해야 할 돈이 너무 많아 신설된 수형도위水衡都尉를 통해 염철을 주관하도록 할 생각이었다.

양가楊可의 건의를 좇아 상인과 고리대금업자의 허위 재산 신고에 대한 고발 포상제를 실시한 후 상림원에 몰수재산이 쌓이게 됐다. 수형도위로 하여금 상림원까지 관리하게 했다. 상림원이 몰수재산으로 가득 차게 되자 이내 상림원을 확충했다. 이때 남월이 배를 이용해 한나라와 일전을 벌이려고 했다. 곧 곤명지를 크게 수리해 주위에 누관樓觀을 배열했다. 또 누선樓船을 건조했다. 높이가 십여 장이었다. 그 위에 깃발을 꽂자 매우 볼만했다. 천자가 감동해 박량대柏梁臺를 지었다. 높이가 수십 장이나 되었다."

이는 한무제 때 3개의 강을 막아 큰 호수인 곤명지昆明池를 만든 뒤 큰 배를 건조해 수군을 훈련시키는 책임을 경제총괄 부서인 수형도위에게 맡긴 것을 기록한 것이다. 경제와 군사 문제를 하나로 묶어 대처했음을 짐작케 해준다. 삼국시대 당시 오나라의 주유도 악양岳陽에서 위나라 조조의 침공에 대비해 미리 수군을 훈련시킨 바 있다. 적벽대전에서 승리를 거둔 비결이다.

관자경제학의 가장 큰 특징 가운데 하나는 바로 경제를 정치 및 군사와 불가분의 관계로 파악한데 있다. 『손자병법』을 포함해 클라우제비츠의 『전쟁론』에 이르기까지 동서양의 모든 병서는 군사를 정치의 연장으로 파악했다. 정치와 경제를 하나로 녹인 정치경제학의 효시인 관자경제학이 경제와 군사를 하나로 묶은 것은 자연스런 일이다.

고금의 역사가 증명하듯이 국방을 소홀히 한 채 경제건설에만 매진할 경우 혹독한 대가를 치러야만 한다. 남송이 거란의 요나라 및 여진의 금나라에게 매년 막대한 규모의 세폐歲幣를 바치며 '안보'를 구걸한 게 대표적이다. 과거 북한의 협박을 무마하기 위해 온갖 명목의 대북지원을 한 것도 따지고 보면 남송의 비굴한 행보를 답습한 것에 지나지 않는다. 『관자』「경언」편 '이정'에서 '군비를 폐지하자는 침병지설寢兵之說이 우세하면 험요險要한 진지가 지켜지지 않는다.'고 언급한 이유다. 『관자』「해언」편 '이정구패해立政九敗解'는 이를 이같이 풀이해 놓았다.

"군주가 군비폐지를 뜻하는 침병寢兵의 주장을 받아들이면 군신들은 군사문제를 감히 거론하지 못한다. 그러면 안으로는 국내의 치란을 알 수 없고, 밖으로는 제후들의 강약을 알 수 없다. 성곽이 무너져도 수축할 사람이 없고, 갑옷이 해어지고 무기가 무뎌져도 수선할 사람이 없게 된다. 이런 일이 오래 되면 방어 시설과 장비가 크게 훼손된다. 변경의 사정이 어둡고 처량한 상황으로 치달은 나머지 병사들은 태만을 일삼으며 소극적인 자세가 되고, 백성 또한 항적抗敵의 의지가 사라지게 된다. 「경언」의 '이정'에서 '군비를 폐지하자는 침병지설이 우세하면 험요한 진지가 지켜지지 않는다.'고 말한 이유다."

평화 시에도 완벽하고 독립적인 산업체계를 구축해 군수산업을 발전시키지 않으면 안 되는 이유다. '안보'를 구걸하거나 용병 및 모병처럼 돈으로 사고자 할 경우 혹독한 대가를 치러야만 한다. 이내 나라가 패망하고 만다. 춘추시대 말기 제나라의 병법가 사마양저가 『사마법司馬法』에서 천하가 비록 편안할지라도 전쟁을 잊으면 반드시 위험해진다는 취지의 '천하수안天下雖安, 망전필위忘戰必危'를 역설한 이유다.

9. 북택지계北澤之計 늪지 화재로 농민 소득을 늘리는 계책

제나라 북쪽 늪지인 북택北澤에 큰 불이 났다. 불빛이 궁궐의 조당朝堂을 훤히 비출 정도로 불길이 거셌다. 관중이 조정으로 들어가 제환공에게 축하의 말을 전했다.

"우리 제나라의 전야가 크게 개간된 셈이니 올해는 농부들이 반드시 100배의 이익을 얻을 것입니다."

과연 이해는 9월에 조세가 완납됐고, 곡식 또한 풍성했다. 제환공이 관중을 불러 물었다.

"이는 어찌된 것이오?"

관중이 대답했다.

"만승지국과 천승지국은 땔나무가 없으면 밥을 지을 수 없습니다. 지금 북쪽 소택지에 큰 불이 나 나무가 사라진 탓에 땔나무를 구하기 어렵게 되자 농부들이 모아둔 땔나무를 들고나가 한 묶음 당 이전의 10배 가격으로 팔았습니다. 씨뿌리고 김을 매는 춘경春耕과 하운夏耘 모두 잘 됐습니다. 조세가 9월에 일찌감치 완납된 배경입니다."

'북택北澤지계'는 북쪽 소택지의 화재로 농민의 소득이 늘어나는 계책을 언급하고 있다. 땔감이 줄어들어 가격이 치솟자 농부들이 모아둔 땔나무를 들고나가 커다란 수익을 얻었다는 내용이다. 이 계책은 균부均富의 취지에서 나온 것이다.

이는 천재지변 내지 인재로 인한 재해가 다른 한편으로는 균부 내지 재정 확충의 계기로 작용할 수도 있다는 사실을 암시하고 있다. 실제로 일본의 경우는 제2차 세계대전의 패배로 인해 폐허 상태로 있다가 한반도에서 전쟁이 터지자 각종 산업을 일거에 회복시킬 수 있었다. 한반도의 불행이 이웃 일본에게는 부활의 계기로 작용한 셈이다.

10. 북곽지계北郭之計 외곽의 백성을 구휼하는 계책

제환공이 북쪽 성곽인 북곽北郭의 백성이 크게 빈곤한 처지에 있는 것을 우려했다. 관중을 불러 물었다.

"북곽의 백성 모두 짚신을 삼고 길쌈을 하는 가난한 백성들로 근근이 채소를 가꿔먹고 살고 있소. 이들을 구제하려면 어떤 계책이 있소?"

관중이 대답했다.

"청컨대 영을 내려 금하기를, '곡식 100종鍾을 보유한 자는 짚신을 삼지 말고, 1천종을 보유한 집은 채마밭을 운영하지 말고, 시장에서 300보步 이내에 사는 자는 채소를 심지 말라!'고 하십시오. 그러면 실업자들은 서로 도움을 주고받을 수 있고, 북곽의 빈민도 자신의 제품을 시장에 내다팔수 있을 것입니다. 직접 품을 들여 만든 짚신과 공들여 가꾼 채소를 내다팔아 10배의 이익을 얻을 수 있을 것입니다."

'**북곽** 지계'는 분업을 통한 경제발전 계책을 언급한 것이다. 동양에서는 이미 춘추전국시대에 분업 현상이 보편화했음을 짐작케 해준다. 이를 뒷받침하는 내용이 『맹자』와 『순자』 등에도 나온다. 『맹자』「공손추 상」의 해당 대목이다.

"현자를 높이고 능자를 기용해 준걸俊傑이 합당한 자리에 있게 되면 천하의 사인士人들이 모두 기뻐하며 그 조정에서 벼슬하고자 할 것이다. 시장에서 점포세만 받고 세금을 징수하지 않거나, 법대로 처리하기만 하고 점포세를 받지 않으면 천하의 상인商人들이 모두 기뻐하여 그 시장에 재화를 쌓아두고자 할 것이다. 경작하는 사람에게 정전제에 따른 징수방법인 조법助法을 적용하고 따로 세금을 거두지 않으면 천하의 농인

農人들이 모두 기뻐하며 그 전야에서 경작하고자 할 것이다."

여기서는 비록 공인工人을 함께 언급해 놓지 않았으나 공인을 언급한 대목은 매우 많다. 『맹자』「이루 상」에서 '불인不仁한 자가 고위직에 앉아 있으면 조정에서는 선왕의 도를 믿지 않고, 공인은 도량度量의 기준을 지키지 않는다.'고 언급한 게 그렇다. 『순자』「왕제」에 나오는 '사사농농士士農農, 공공상상工工商商'의 구절도 같은 맥락이다. 선비는 선비답고 농민은 농민다워야 한다는 식으로 사민四民의 역할 분담과 분업의 필요성을 언급한 것이다.

애덤 스미스는 『국부론』에서 영국의 바늘 공장에 갔다가 분업 공정으로 생산 능률을 높이는 모습을 보고는 분업의 필요성을 역설했다. 관자가 '북곽지계'에서 분업의 필요성을 역설한 것과 비교할 때 무려 2,300년의 차이가 난다. 더구나 『국부론』은 관자경제학이 역설하는 '균부'의 이념이 결여돼 있다. 『국부론』을 토대로 한 서구의 자유주의 경제학이 내재한 가장 큰 문제점이 바로 여기에 있다.

이는 애덤 스미스 자체가 불합리한 분업이 사회의 빈부 격차를 더욱 심화시키고 나아가 경제 주체인 인민의 민생을 위협한다는 사실을 간과한데서 비롯됐다. 정치와 경제를 하나로 녹인 관자경제학이 시종 '균부'의 이념을 전면에 내세운 것과 대비된다.

실제로 21세기 G2시대의 관점에서 볼 때 자유주의 경제를 상징하는 미국의 산업 발달과정을 보면 제2차 산업이 극성했을 당시 노동자에 대한 착취가 극에 달했다. 20세기 후반으로 들어와 제3차 산업인 서비스 산업이 제조업을 대신한 이후에는 1%에 불과한 월스트리트 금융자본에게 모든 부가 집중되는 양상이 빚어지고 있다. 유태인 금융자본의 끝없는 탐욕이 부른 재앙이다. 그 폐해는 미국뿐만 아니라 전 세계가 떠

안고 있다. 세계경제가 침체의 늪에서 빠져나오지 못하고 있는 현실이 그 증거다. '사회주의 시장경제'로 상징되는 중국이 관자가 제시한 '북곽지계'를 통해 생산의 효율을 극대화하면서도 관자가 역설한 '균부'의 이념을 좇아 농민공의 이익을 높이기 위해 애쓰는 것과 대비된다. 아직은 만족할 만한 수준은 아니나 자금성 수뇌부가 '균부'의 이념을 잊지 않는 한 조만간 실현될 것이다. 『국부론』에 기초한 서구의 개인주의 경제학과 『관자』에 기초한 중국의 국가주의 경제학에 대한 진지한 비교연구가 절실한 시점이다.

11. 음왕지계陰王之計 자원을 활용해 부를 쌓는 계책

관중이 제환공에게 말했다.

"지금 천하의 제후국 가운데 지하자원의 이익을 독점적으로 챙기는 나라인 이른바 음왕지국陰王之國은 모두 3개국입니다. 제나라도 그 안에 있습니다."

제환공이 물었다.

"그에 관해 보다 자세히 들려줄 수 있겠소?"

관중이 대답했다.

"초나라는 여수와 한수 유역에서 황금이 나고, 제나라는 거전渠展에서 소금이 나고, 연나라는 요동에서 자염煮鹽이 납니다. 이것이 바로 지리를 독점적으로 취하는 '음왕지국'입니다. 그러나 초나라의 황금은 사실 제나라에서 나오는 치석菑石과 유사한 것입니다. 다만 가공기술이 공교工巧하지 못하고 잘 활용할 줄 몰라 천하가 이를 귀중하게 생각지 않

을 뿐입니다. 만일 제가 초나라의 황금을 손에 넣을 수만 있다면 농부
는 밭을 갈지 않아도 밥을 먹고, 여인은 길쌈을 하지 않아도 옷을 입게
해줄 수 있습니다. 지금 제나라는 거전에서 소금이 나오고 있습니다. 청
컨대 군주는 명을 내려 땔나무로 쓰는 섶과 풀인 시초柴草를 베어다가
바닷물을 끓이도록 조치하십시오. 그러면 소금을 대량 생산할 수 있습
니다. 여기에 염세를 징수하면 재정을 튼튼히 할 수 있습니다."

"잘 알겠소."

이에 10월에 염세를 걷기 시작해 이듬해 정월에 이르러 순염純鹽 3만
6천종을 얻었다. 제환공이 관중을 불러 물었다.

"이 소금을 어찌 이용하는 게 좋겠소?"

관중이 대답했다.

"초봄에 농사일이 시작되면 대부에게는 무덤이나 집을 손질하고, 누
대와 정자를 세우고, 담장을 쌓거나 하는 일을 못하게 하십시오. 또 북
해 소금이 나오는 지역의 백성들에게는 사람을 고용해 소금을 만드는
일을 금하도록 하십시오. 그러면 소금 가격은 반드시 앉아서 10배로 오
르게 됩니다."

"좋은 말이오. 그렇다면 그 일을 과연 어찌해야 하오?"

관중이 대답했다.

"청컨대 양梁, 조趙, 송宋, 위衛, 복양濮陽 등지에 팔아 저들 모두 이 소
금에 의지해 살아가도록 만드십시오. 나라에 소금이 없으면 병사의 몸
에 부종이 생기는 까닭에 수비를 중시하는 나라에서는 소금이 매우 소
중합니다."

"좋은 말이오."

이내 소금을 팔도록 명해 순금純金 1만1천여 근을 얻었다 제환공이

관중을 불러 물었다.

"이 순금을 어찌 이용하는 게 좋겠소?"

관중이 대답했다.

"청컨대 명을 내려 조하朝賀 때의 예물과 납세 때의 세금 모두 반드시 금으로 바치게 하십시오. 그러면 앉은 자리에서 금값이 100배로 뛰어오를 것입니다. 고가의 황금으로 여타 재화를 통제하면 천하의 재리가 모두 군주에게 귀속됩니다. 이를 일컬어 재용財用이 마치 바닷물을 길어 올리는 것처럼 영원히 마르지 않고, 노름판에서 돈 대신 사용하는 산가지를 쓰는 것처럼 무궁무진한 읍해수마挹海輸碼라고 합니다. 이것이 바로 지하자원의 이익을 독점하는 군주인 음왕陰王의 사업입니다."

'음왕陰王지계'는 부존 지하자원을 최대한 활용해 국부를 쌓은 계책을 언급한 것이다. 소금의 산지인 제나라의 특징을 최대한 활용해 국가재정을 튼튼히 하는 염철론을 사상 최초로 제시한 것과 취지를 같이한다. 말할 것도 없이 부국강병 책략의 일환으로 나온 것이다.

21세기 G2시대의 관점에서 볼 때 부존 지하자원을 최대한 활용해 부국강병에 성공한 나라는 거의 없다. 석유로 부를 쌓은 중동국가는 부자 나라이기는 하나 강병을 이룬 나라는 아니고, 석탄 등 여타 자원을 보유한 나라는 강대국에 자원을 공급하는 기지국 비슷한 처지에 놓여 있다. 아무리 풍부한 물적 자원을 지니고 있을지라도 관자경제학이 역설하는 '경중지술'에 능하지 못하면 세계의 광산 내지 제조공장으로 전락하고 만다. 자금성의 수뇌부가 중국을 '세계의 공장'에서 '세계의 시장'으로 일대 전환시킨 근본배경이 여기에 있다. 저임금으로 국부를 쌓는 일은 이제 끝났다는 선언이나 다름없다.

객관적으로 볼 때 애플이 비록 삼성과 더불어 세계 IT시장을 양분하고 있으나 자칫 일거에 무너질 수도 있는 급소가 여기에 있다. 현재 대만출신 제조업자를 매개로 아이폰 시리즈를 잇달아 출시하며 폭리를 취하고 있으나 앞으로도 얼마나 더 저임금을 토대로 이런 제품을 만들어낼 수 있을지는 미지수다. 이미 샤오미와 화웨이 등 중국 토종기업의 도전이 거세다. 게다가 애플이 자랑하는 소프트웨어도 얼마나 오래 갈 수 있을지 의문이다. 사실 이는 남의 얘기도 아니다. 한국을 대표하는 글로벌 기업 삼성의 얘기이기도 하다. 미래의 유망사업인 신수종新樹種 사업을 속히 찾아나서야 하는 이유다.

12. 군민지계君民之計 백성을 적극 돕고 나서는 계책

관중이 제환공에게 말했다.

"만승지국에는 반드시 1만금을 축적한 부상대고인 만금지고萬金之賈, 천승지국에는 반드시 1천금을 쌓은 부상대고인 천금지고千金之賈, 백승지국에는 1백금을 쌓은 부상대고인 백금지고百金之賈가 있습니다. 이들 모두 군주에게 불리한 자들로 군주가 기대서는 안 되고 오히려 통제해야 할 대상입니다. 군주가 호령을 신중히 발하지 않으면 1국에 2명의 군왕이 존재하는 게 됩니다."

제환공이 물었다.

"'1국에 2명의 군왕이 존재한다.'는 말은 무슨 뜻이오?"

관중이 대답했다.

"지금 군주가 직접 백성에게서 세금을 거두는 와중에 백성이 생산한 재화의 가격이 떨어지고, 상인이 기회를 틈타 재화를 거둬들이면 그 차익이 모두 상인의 수중으로 들어갑니다. 이것이 1국에 2명의 군왕이 존재하는 이유입니다. 이는 백성이 상인에게 세금을 내는 꼴이 됩니다. 천하의 재화가 상인의 수중에 들어가는 이유입니다. 모두 1국에 2명의 군왕이 존재한 탓입니다. 상인이 백성의 곤궁한 틈을 노려 시기時機를 조종하면 빈자는 얼마 한 되는 재산마저 잃고 더욱 가난해지고, 농부는 오곡을 잃고 더욱 굶주리게 됩니다. 군주가 산림과 소택지, 목초지 등을 엄히 통제하지 못하면 천하의 왕업을 이룰 수 없는 것은 이 때문입니다."

"그것은 무슨 뜻이오?"

관중이 대답했다.

"산림과 소택지 및 목초지 등은 땔나무를 베고, 가축을 기르는 곳입니다. 백성들로 하여금 땔나무를 베고, 제사 때 희생으로 잡아 일상생활을 영위하며 자급할 수 있도록 허용하는 이유입니다. 군주가 애민愛民 행보를 아우가 형, 자식이 부모에게 대하는 것처럼 친근히 한 연후에 비로소 군민君民 사이에 재화를 통용시킬 수 있습니다. 청컨대 군주는 남는 자금을 인출해 읍리의 백성에게 예치하도록 하십시오. 음력 정월인 양춘陽春은 양잠을 시작하는 계절이니 각 읍리의 양잠 농가에 곡물과 양잠 도구를 빌려주십시오. 이후 백성이 생사生絲를 생산한 뒤 이를 이용해 빌린 자금을 상환하면 국가는 싼 값에 다량의 생사를 손에 넣을 수 있습니다. 만일 사방의 백성이 귀의하지 않으면 일시적으로 식량이 달리는 6개 절기를 통제해야 합니다. 봄에 땅을 가는 사사傳耜, 보리를 거두는 획맥獲麥, 모시풀의 종자를 심는 박자薄芋, 삼을 심는 수마樹

麻, 김을 매는 절저絶菹, 큰 비가 왔을 때 잡초를 뽑고 땅을 북돋워주는 운배芸培가 그 절기입니다. 이들 6개 절기에 맞춰 곡물과 영농자금을 대여해주면 사방의 백성을 도성으로 불러 모을 수 있습니다. 치국에 능한 군주가 경중의 계책을 구사해 곡물 등의 수확물을 창고에 비축해 둔 덕분에 어떤 재난에도 능히 여유 있게 대처한 이유입니다. 이같이 한 연후에 비로소 왕업도 이룰 수 있습니다."

'**군민**지계'는 국가가 백성들의 생업을 적극 돕고 나서는 방식으로 왕업을 이루는 계책을 언급한 것이다. 부상대고의 폭리를 제도적으로 차단하는 게 관건이다. 이를 방치할 경우 1국에 2명의 군왕이 존재하는 망국의 길로 들어선다고 경고한 이유다. 군왕은 권력權力을 장악하고 있지만 부상대고는 이에 준하는 금력金力을 장악하고 있다. 난세의 시기에는 군주가 권력을 제대로 행사치 못할 경우 이내 금력이 권력을 압도하는 일이 빚어진다. 천하가 더욱 어지러워지는 이유다. 그 폐해는 고스란히 일반 서민이 떠안게 된다. '군민지계'에서 군주가 백성들의 생업을 적극 돕고 나서는 방식으로 금력의 월권을 차단하라고 주문한 것도 바로 이 때문이다. 이는 '균부'를 통한 부국강병을 역설한 『관자』의 입장에서 볼 때 당연한 주문이기도 하다.

객관적으로 볼 때 유태인 금융자본에 휘둘리며 전 세계의 '반미' 기운을 자초하고 G1 미국은 이런 가르침과 정반대의 방향으로 나아가고 있는 셈이다. 조만간 이런 '반미'의 기운이 부메랑이 되어 덮칠 공산이 크다. 지난 2014년 10월 중국 안방安邦보험 그룹이 미국 뉴욕 맨해튼의 월도프 아스토리아 호텔을 인수한 게 상징적이다. 종이처럼 찍어낸 달러가 미국의 안방을 강타하고 있는 셈이다. 차이나머니의 미국 기업 및 부동산 사냥은 한동안 지속될 것이다. 자금성 수뇌부는 쟁여놓은 달러를 최대한 활용해 언제 휴지가 될지 모르는 만약의 사태를 대비코자 한 것이다. 보유한 미국채의 비율도 점차 줄여나갈 수밖에 없다. 위험을 분산시켜야 하기 때문이다. 월스트리트의 유태인 금융자본의 입장에서 볼 때 차이나머니의 미국 쇄도는 일종의 부메랑에 해당한다. 마구 휘둘렀던 양날의 검이 자신을 찌르는 격이다.

13. 의식지계衣食之計 먹고 입는 것을 풍족하게 만드는 계책

관중이 제환공에게 말했다.

"농부 1인이 밭을 갈지 않으면 굶주리는 자가 나타나고, 여인 1명이 길쌈하지 않으면 추위에 떠는 자가 나타납니다. 농사를 짓는 수익이 본전의 2배가 되면 농부가 자기 자식을 파는 일이 없고, 3배가 되면 먹고 입는 의식衣食이 풍족해지고, 4배가 되면 세금을 완납하고, 5배가 되면 남는 곡식을 원근에 유통시키며 사자死者를 편히 장사지낼 수 있습니다. 지금 수익이 본전의 2배가 되지도 않았는데 군주가 끊임없이 거둬들이면 간민姦民이 들고 일어나 백성이 감히 홀로 길을 다닐 수 없고, 재산도 보유할 길이 없게 됩니다. 이때 법을 들이대 다스리는 것은 은밀히 자신의 백성을 죽이는 것과 같습니다. 오곡 가운데 3가지 곡식만 익으면 향리마다 식량이 부족해져 도적이 나타나고, 2가지 곡식만 익으면 읍리마다 식량이 부족해져 도적이 나타나고, 1가지 곡식만 익으면 가호마다 식량이 부족해져 도적이 나타납니다. 지금 농사를 지어 본전도 못

찾는 상황에서 40배나 뛰어오른 곡물을 사먹게 하면 백성이 향리를 떠나지 않기를 바랄지라도 이는 불가능한 일입니다. 군주가 아침에 명을 내려 저녁까지 거둬들일 것을 다그치면 있는 자는 재물을 내다팔고, 없는 자는 입는 옷가지까지 내다팔고, 농부는 근근이 생계를 유지케 하는 오곡까지 내다팔게 됩니다. 이처럼 급하게 팔면 겨우 시세의 10분의 3만 손에 쥐게 됩니다. 이처럼 군주의 명령이 한 번 잘못되면 곡물과 포백布帛 등 천하의 재화는 이내 상인의 수중으로 들어가고, 천지 사방으로 흩어지게 됩니다. 군주의 독촉이 끊이지 않으면 더 이상 버틸 길이 없는 백성은 산속으로 달아나 몸을 숨깁니다. 참전한 병사들이 귀가해도 가족을 볼 수 없고, 온 가족이 뿔뿔이 흩어져 만날 길이 없습니다. 백성이 나라 안을 유랑하고, 병사가 나라 밖으로 달아나는 이유입니다. 이는 전쟁을 하지 않고도 안으로 무너져 스스로 패망하는 내패內敗의 길입니다."

'의식 지계'는 『관자』「경언」편 '목민'에서 역설한 예의염치 대목과 취지를 같이한다. 민생의 기초가 되는 의식衣食을 제때 공급하지 못할 경우 안으로 무너져 스스로 패망하는 내패內敗의 길을 걷게 된다고 경고한 게 그렇다. 정치의 시작이 인민을 먹여 살리는 데서 시작하는 만큼 재정을 포함한 모든 경제정책 역시 여기서 출발해야 한다는 사실을 상기시키고 있다. '농부 1인이 밭을 갈지 않으면 굶주리는 자가 나타나고, 여인 1명이 길쌈하지 않으면 추위에 떠는 자가 나타난다.'고 언급한 게 그렇다. 말할 것도 없이 이 또한 『관자』를 관통하는 '균부'의 이념에서 도출된 것이다. 헐벗고 굶주리는 자가 없도록 만드는 것이 군왕의 1차적인 과제에 해당한다는 점을 역설하고 있다. 여기서도 틈을 노린 부상대고의 폭리 행각을 경고하고 있다.

14. 계을지계癸乙之計 재화의 유통으로 호령하는 계책

관중이 제환공에게 말했다.

"지금 국가를 통치하면서 영토를 보유하고 백성을 다스리는 군주는 사계절에 맞춰 농사를 짓는 일에 힘쓰고, 수확한 곡물을 창고에 비축하는 일에 주의를 기울여야 합니다. 나라에 재화가 넘치면 먼 곳의 백성도 찾아오고, 땅이 개간되면 본국의 백성이 안거낙업安居樂業하게 되고, 창고가 가득 차야 백성이 예의를 알고, 의식衣食이 족해야 백성이 영욕榮辱을 알게 됩니다. 지금 군주도 친히 쟁기를 들고 경작에 나서, 파종하고 김을 매면 오곡을 거둘 수 있습니다. 백성이 먹고사는 데는 1인당 일정한 넓이의 경지만 있으면 됩니다. 그런데도 여전히 굶주린 사람들이 길거리를 떠돌고 있습니다. 이는 무슨 까닭입니까? 곡물이 한쪽에만 쌓여 있는 탓입니다. 지금 군주는 전폐錢幣를 만들어 백성들 내에 유통시키고 있습니다. 대략 1인당 100여전을 보유하고 있습니다. 그런데도 백성 가운데 여전히 자식을 파는 자가 있습니다. 이는 무슨 까닭입니까? 전폐가 한쪽에만 몰려 있는 탓입니다. 군주가 비축한 곡물을 방출하는 산적취散積聚와 물가의 등락을 조절하는 조고하調高下 및 비축한 전폐를 분산시키는 분병재分幷財를 행하지 못하면 설령 부단히 농업을 강조하고, 경작을 독려하고, 황무지를 개간하고, 전폐를 만들지라도 백성은 부유해질 길이 없습니다."

제환공이 관중에게 물었다.

"지금 나는 물가의 등락을 조절하고, 비축한 곡물과 재화를 두루 나눠줄 생각이오. 그리하지 않으면 전폐와 곡물의 독점이 그치지 않을 것이고, 빈자를 비롯해 과부와 홀아비 및 고아와 자식 없는 노인 모두 먹고 살 길이 없게 되오. 곡물과 재화를 방출해 고루 나누는 계책으로는 어떤 것이 있소?"

관중이 대답했다.

"오직 경중에 정통한 자만이 그리할 수 있습니다. 청컨대 이를 경중가에게 맡기도록 하십시오."

"잘 알겠소."

이에 좋은 수레 5승을 보내 주나라 하원下原 땅에 사는 계을癸乙을 맞아들였다. 제환공이 계을과 관중 및 영척과 자리를 함께 한 뒤 계을에게 청했다.

"청컨대 경중의 계책에 관해 묻고자 하오."

계을이 대답했다.

"안으로 세금을 무겁게 하면 민심을 잃고, 밖으로 제후들의 신의를 잃으면 동맹국이 없게 됩니다."

관중이 약간 뒤로 물러나며 물었다.

"백성들로부터 세금을 걷지 않으면 무엇으로 군비를 갖추고, 주변국의 침공을 막을 수 있단 말이오?"

계을이 대답했다.

"이는 오직 부호가 비축해 놓은 재화를 방출해야 가능한 일입니다. 부호가 비축한 재화를 방출해야 비로소 만물이 원활히 유통되고, 만물이 유통돼야 비로소 변화가 있게 되고, 변화가 있어야 비로소 가격이 떨어지고, 가격이 떨어져야 비로소 이용이 가능해집니다. 만물을 이용해야 한다는 사실을 알면서도 이용하지 않으면 재화는 이내 천하 각지로 유실되고, 재화가 천하 각지로 유실되면 나라는 대재앙을 입게 됩니다."

제환공이 물었다.

"청컨대 부호가 비축해 놓은 재화를 방출시켜 비우게 하고 만물을 이용하는 계책에 관해 묻고자 하오."

계을이 대답했다.

"공경과 부용국의 제후가 재화를 풍족히 비축하고도 병거兵車의 비용을 부담치 않으려 들면 공경과 부용국의 제후를 책망해 전재錢財를 내놓도록 해야 합니다. 현령과 대부가 재화를 풍족히 비축하고도 외교外交의 비용을 부담하지 않으려 들면 현령과 대부들을 꾸짖어 전재를 내놓도록 해야 합니다. 이같이 하면 만물이 통할 것입니다. 만물이 통해야 비로소 재화가 부단히 시장으로 유입되고, 재화가 부단히 시장으로 유입돼야 비로소 물가가 떨어지고, 물가가 떨어져야 비로소 만물을 이용할 수 있습니다. 산적취散積聚와 조고하調高下 및 분병재分幷財 등 3가지 평준화 조치인 이른바 3준三准이 결국 동일한 경중의 계책에서 나온 사실을 통찰한 군주는 능히 천하를 다스리고, 그렇지 못한 군주는 천하를 다스릴 수 없습니다. 호령을 발하면서 3준의 조치를 명확히 하고 시의에 따라 완급을 조절하면 이내 천하의 백성이 물 흐르듯 귀의할 것입니다. 이것이 바로 경중의 계책입니다."

'계을 지계'는 부국강병을 이루기 위해서는 반드시 '경중지술'을 구사해야 한다는 점을 강조하고 있다. 관중이 자신의 입으로 직접 말하는 대신 '경중지술'을 꿴 가공의 인물 계을의 입을 빌린 것은 '경중지술'의 중요성을 부각시키고자 한 것이다.

주목할 것은 계을이 제시한 3가지 경중지술이다. 첫째, 군주가 비축한 곡물을 방출하는 산적취散積聚이다. 둘째, 물가의 등락을 조절하는 조고하調高下이다. 셋째, 비축한 전폐를 분산시키는 분병재分幷財이다. 계을은 이를 3가지 평준화 조치인 '3준三准'으로 표현했다. '3준'에 능한 자만이 천하를 호령할 수 있다는 게 계을의 주장이다. '만물이 통해야 비로소 재화가 부단히 시장으로 유입되고, 재화가 부단히 시장으로 유입돼야 비로소 물가가 떨어지고, 물가가 떨어져야 비로소 만물을 이용할 수 있다.'는 게 논거이다. 부호가 비축해 놓은 재화를 방출토록 만드는 게 관건이다. 그래야 비로소 만물이 원활히 유통될 수 있다는 것이다.

'3준'으로 상징되는 '계을지계'는 21세기 G2시대의 관점에서 볼 때 자본과 재화가 일부 재벌에게 집중되는 것을 차단해 물가를 안정시키면서 재정을 확충코자 하는 계책으로 정리할 수 있다. 큰 틀에서 보면 이 또한 '균부'의 이념에 입각한 것이다. 부자와 빈자가 공존공영共存共榮하는 계책에 해당한다. 부자와 빈자의 공존공영은 고금동서를 막론하고 최대 난제에 해당한다. 모든 왕조가 거의 예외 없이 창업 초기에 이를 시도했으나 성공을 거둔 경우는 거의 없다. 설령 일시적인 성공을 거뒀을지라도 이내 다시 '부익부 빈익빈' 양상으로 돌아간 것이다.

21세기 현재도 모든 나라가 이 문제로 골머리를 앓고 있다. 그러나 전혀 해법이 없는 것도 아니다. 『주역』의 음양론陰陽論과 『중용』의 중화론中和論을 이용하면 된다. 이 이론을 적용하면 음 속에 양이 있고, 양 속에 음이 있는 까닭에 한쪽으로 치우치지 않게 된다. 부자가 빈자를 감싸고, 빈자가 부자를 질시하지 않도록 만드는 게 핵심이다. 결국 '균부'의 이념으로 수렴된다.

15. 호령지계號令之計 호령으로 물가의 완급을 조절하는 계책

제환공이 관중에게 물었다.

"지금 우리 제나라는 10만 대군을 육성하고 있소. 이들이 매일 소비하는 땔나무 풀인 시초柴草와 채소의 규모는 사방 10리의 생산물을 텅비게 만들 정도요. 게다가 전쟁이라도 나면 매일 들어가는 전비戰費는 무려 1천금 이상이오. 이런 일이 지속될 경우 어찌 대처해야만 좋소?"

관중이 대답했다.

"통상 곡물가격은 1부釜에 40전, 금값은 1근에 4천전입니다. 곡물가격이 1부에 40전이면 1종은 4백전, 10종은 4천전, 20종은 8천전이 됩니다. 금값이 1근에 4천전이면 2근은 8천전이 됩니다. 농부 1인 당 1년에 100무畝를 경작할 경우 평균 곡물 수확량은 20종입니다. 겨우 황금 2근 값에 지나지 않습니다. 곡물가격이 오르면 금값이 내리고, 금값이 오르면 곡물가격이 내리는 이유입니다. 이 양자는 서로 평형을 유지할 수 없습니다. 치국에 능한 군주가 곡물가격을 높이 유지하는 이유가 여기에 있습니다. 곡물 1부의 가격이 4백전이면 1종은 4천전, 10종은 4만전, 20종은 8만전이 됩니다. 금값이 1근에 4천전이면 10근은 4만전, 20근은 8만전입니다. 군주가 고가의 곡물 정책에 관한 호령을 발하면 농부 1인 당 1년간의 농사로 황금 20근에 해당하는 수익을 거둘 수 있습니다. 경지의 광협廣狹과 국가의 빈부에 상관없이 치국의 관건은 오직 호령을 발동하는 발호출령發號出令을 통해 완급을 조절하며, 시의적절한 경중의 계책을 제대로 구사하는지 여부에 달려 있을 뿐입니다."

'호령 지계'는 군대의 유지비용인 군비軍費 내지 전쟁비용인 전비戰費의 조달방안을 재정정책과 연계시켜 언급한 것이다. 곡물가격과 화폐가격을 조절해 그 차익을 적극 활용할 것을 주문하고 있다. '치국의 관건은 오직 호령을 발동하는 발호출령發號出令을 통해 완급을 조절하며, 시의적절한 경중의 계책을 제대로 구사하는지 여부에 달려 있다.'고 언급한 게 그렇다.

주목할 것은 관자가 치국의 관건으로 군사상의 명령권을 뜻하는 '발출호령'을 재정정책을 뜻하는 '경중지술'과 함께 언급한 점이다. 나라를 지키는 국방과 민생을 안정시키는 경제의 불가분성을 언급한 것이다. 이는 국가의 규모와 무력의 강약을 막론하고 군주가 반드시 지켜야 할 기본 과제이다. '경지의 광협廣狹과 국가의 빈부에 상관없이 시행해야 한다.'고 언급한 게 그렇다. 『관자』의 키워드인 경세제민과 부국강병의 이치가 마치 수레의 두 바퀴처럼 맞물려 있음을 뒷받침하는 대목이다. 국가총력전 양상으로 전개되고 있는 21세기 G2시대의 경제전 양상이 꼭 그와 같다.

16. 출입지계出入之計 천하를 임의로 드나드는 계책

관중이 제환공에게 말했다.

"북소리가 '둥둥' 울리면 병사들은 기세 좋게 진격하고, 징소리가 '쟁쟁' 울리면 병사들은 숙연한 자세로 명을 기다립니다. 다시 북소리가 울리면 병사들은 죽거나 다치는 것을 고려치 않고 쉬지 않고 적진을 향해 앞다퉈 돌진합니다. 이는 적이 부모를 죽인 원수보다 더하기 때문에 그런 게 아니라, 나라에서 배불리 먹고 여윳돈을 쓸 수 있는 두터운 녹봉과 포상을 내리기 때문입니다. 군주가 조정에서 국정을 주재할 때 두터운 작록을 내리지 없으면 신하는 충성을 다하는 진충盡忠에 힘쓰지 않고, 장수가 병사를 지휘하며 작전을 펼 때 두터운 포상을 내리지 않으면 병사는 죽음을 무릅쓴 사전死戰에 나서지 않습니다. 대신은 높은 작록에 얽매인 까닭에 '진충'을 행하고, 병사는 두터운 포상에 얽매인 까닭에 전장에서 '사전'을 마다하지 않는 것입니다. 부모가 자식을, 형이 아우를, 아내가 남편을 나라를 위해 기꺼이 바칠 수 있는 것도 오직 두터운 작록과 포상이 존재하기 때문입니다. 이같이 해야 비로소 군사는 먼 길을 마다하지 않고 달려가 변경의 이적夷狄을 두렵게 만들 수 있고, 산천의 험한 길을 두려워하지 않고 달려가 험준한 지형에 위치한 적국을 정복할 수 있습니다. 떨치고 일어나는 기세는 천둥처럼 사납고, 전장을 누비는 움직임은 비바람처럼 빠릅니다. 홀로 천하를 종횡하는 독출독입獨出獨入을 행할지라도 막을 자가 없는 이유입니다."

'출입지계'는 앞에 나온 「구부」편 '전승지모全勝之謀'와 취지를 같이하는 것이다. '전승지모'에서 전승의 요건을 갖추면 천하를 종횡무진하며 홀로 출정했다가 홀로 회군하는 독출독입獨出獨入을 행할지라도 저지할 자가 없다고 언급한 게 그렇다. '출입지계'에서 '홀로 천하를 종횡하는 독출독입을 행할지라도 막을 자가 없다.'고 언급한 것과 같은 취지이다. '전승지모'는 곡물을 넉넉히 비축을 통해 적을 온전히 굴복시키는 '전승'을 거두는데 주안점을 둔데 반해 '출입지계'는 두터운 포상으로 장병들을 고취하는데 초점을 맞추고 있는 게 약간 다르다. '전승지모'는 군비軍備, '출입지계'는 신상필벌의 신상信賞에 방점을 찍은 셈이다.

주목할 것은 '출입지계'에서 신상필벌 가운데 필벌必罰 대신 '신상'에 무게중심을 둔 점이다. 원래 신상과 필벌은 동전의 양면과 같아 어느 한쪽만을 강조할 경우 그 효과가 반감되기 마련이다. 그럼에도 '출입지계'는 오직 '신상'만을 논하고 있다. 대신은 높은 작록에 얽매인 까닭에 진충盡忠을 행하고, 병사는 두터운 포상에 얽매인 까닭에 전장에서 죽음을 무릅쓴 사전死戰을 마다하지 않는다고 언급한 게 그렇다. 이는 '필벌'의 효과를 과소평가했기 때문이 아니다. 그보다는 '신상'의 효과가 훨씬 크다는 사실을 통찰한 결과로 보아야 한다.

앞서 언급한 것처럼 한비자를 비롯한 법가와 손무를 비롯한 병가 모두 이익을 향해 무한 질주하며 손해를 극도로 꺼리는 인간의 호리오해好利惡害 심성을 통찰했다. 법가와 병가가 인의예지를 인간의 본성으로 간주해 덕치를 역설한 맹자와 달리 신상필벌의 법치 내지 무치武治를 역설한 이유다. '신상필벌'은 호리오해를 인간의 본성으로 파악한 법가와 병가가 만나는 지점이기도 하다.

주목할 것은 호리오해의 '호리'와 '오해'가 동전의 양면관계를 이루고 있지만 그 효과가 정반대로 나타나고 있다는 점이다. '호리'는 받들며 공경하는 존경尊敬, '오해'는 두려워하며 따르는 외포畏怖를 겨냥한 것이다. 난세의 군주는 신민에게 존경과 외포의 대상이 되는 것이 바람직하나 이게 쉽지 않다. 마키아벨리는 이를 통찰했다. 『군주론』 제17장의 해당 대목이다.

"군주가 신민들로부터 사랑받는 대상이 되는 길과 두려운 대상이 되는 길 가운데 어느 쪽을 택하는 게 더 나은가? 신민들로부터 사랑받고 두려운 대상이 되는 게 가장 바람직하나 이는 지극히 어려운 일이다. 부득불 하나를 포기해야 한다면 사랑받는 대상보다 두려운 대상이 되는 게 낫다. 은혜를 모르고, 변덕스럽고, 위선적이고, 해악을 멀리하며 이익을 향해 줄달음치는 인간의 기본 품성 때문에 그렇다. 신민은 위험이 멀리 떨어져 있는 한 재물은 물론 생명과 자식들까지 군주에게 바칠 것처럼 행동하나, 위험이 박두하면 이내 등을 돌리고 만다. 그들의 맹서만 믿고 달리 대책을 강구하지 않은 군주가 위기 때 패망하는 이유다."

마키아벨리가 신민들로부터 동시에 존경과 외포의 대상이 되는 게 어려운 만큼 존경보다는 외포의 대상이 되는 게 낫다고 언급한 것은 인간의 '호리오해' 심성을 통찰한 결과다. 어차피 하나밖에 택할 수 없다면 신민들로부터 사랑을 받는 인정仁政을 버리고 두려움의 대상이 되는 위정威政을 택하라고 주문한 이유다.

이는 기본적으로 한비자처럼 '성악설'에 입각한데 따른 것이다. '신상'보다 '필벌'에 방점을 찍은 셈이다. 군주에게 형벌권과 인사권을 상징하는 호랑이의 이빨과 발톱인 조아爪牙를 지니라고 주문한 한비자도 대략 같은 입장이다. 이는 관자가 '호리'에 방점을 찍고 '필벌' 대신 '신상'을 역설한 것과 반대된다.

주의할 것은 '필벌'에 방점을 찍은 마키아벨리와 한비자의 이런 입장이 결코 '신상'을 역설한 관자의 입장과 대립되는 게 아니라는 점이다. 한비자와 마키아벨리가 '조아'와 '외포'를 역설한 것은 군주의 자리를 지키기 위한 최소한의 조건을 언급한 것이다. 이에 반해 관자는 천하를 호령하는 치국평천하 차원에서 '신상'을 역설한 것이다. 말하고자 하는 목표가 다르다. 관자 역시 보위를 유지하기 위한 최소한의 조건과 관련해서는 한비자 및 마키아벨리와 유사한 목소리를 냈다. 「외언」편 '법법法法'에서 애민愛民을 이유로 법기法紀를 무너뜨려서는 안 된다고 역설한 게 그렇다. 해당 대목이다.

"명군은 사랑하는 백성 때문에 법령을 훼손하지 않으니 법령이 백성보다 소중하기 때문이다."

마키아벨리와 한비자 역시 천하를 호령하는 방략에서는 관자처럼 '신상'의 효과를 중시했다. 마키아벨리가 『군주론』 제21장에서 '군주는 그 누구든지 정치 또는 사회적으로 특별한 일을 행하면 반드시 세간의 화젯거리가 될 수 있도록 신상필벌 원칙을 관철해야 한다.'고 역설한 게 그렇다. 한비자도 마찬가지다. 『한비자』「간겁시신」에서 '상앙은 곧 법을 위반한 자에게는 반드시 중벌을 내리고, 그런 자를 고발한 자에게는 후한 상을 내려 새 법을 믿게 했다.'고 언급한 게 그렇다. 두 사람 모두 '필벌'만으로는 천하를 호령하는 게 불가능하다는 사실을 통찰한 결과다. '출입지계'에서 관자가 '필벌' 대신 '신상'을 역설한 이유가 바로 여기에 있다. 천하를 호령하는 계책의 일환으로 '출입지계'를 언급한 것이다.

총력전으로 치닫고 있는 21세기 G2시대의 관점에서 볼 때 '출입지계'가 암시하는 바는 매우 크다. 삼성의 이건희 회장이 이를 실천한 장본인이다. 선대인 이병철 전 회장 때부터 삼성은 파격적인 보수와 과감한 발탁으로 유명했다. 이 회장이 늘 임원진에게 회사에 도움이 되는 인력에게는 비용을 아끼지 말라는 주문한 게 그 증거다. 그는 성과가 부진할지라도 노력을 인정할 만하면 인센티브를 줘야 한다고 주장했다. 일각에서 삼성의 인센티브 제도를 두고 이른바 신상필상信賞必賞으로 규정한 이유다. '신상필상'은 법가와 병가에서 역설하는 '신상필벌'에서 벌罰을 상賞으로 대체한 독특한 용인술에 해당한다.

객관적으로 볼 때 『한비자』를 관통하는 법치 이론의 사상적 뿌리에 해당하는 상앙商鞅의 법치사상은 작은 범죄에도 무거운 벌을 내리는 중벌주의重罰主義를 관철한 게 특징이다. 진효공의 세자도 처벌을 받을 정도였다. 그가 진나라를 부강한 나라로 만드는 대공을 세웠음에도 진효공 사후 비참한 죽음을 맞은 배경이 여기에 있다. '필벌'을 지나치게 강조하는 바람에 '신상'의 의미를 퇴색케 만든 결과다. 한비자가 '신상'의 중요성을 역설한 이유가 여기에 있다. 이를 뒷받침하는 『한비자』「내저설상」의 해당 대목이다.

"상을 내리면서 인색하고 적절하지 않아 신뢰성이 없으면 신하들은 군주의 명을 따르지 않는다. 그러나 상이 후하고 적절해 신뢰성이 있으면 신하들은 죽음을 가볍게 여긴다. 포상이 후하면 누구나 용사가 된다. 부녀자들이 징그러운 누에를 손으로 만지고 어부가 뱀장어를 잡는게 족히 그 증거가 될 만하다."

이 회장이 인센티브 제도와 후상厚賞 관행으로 요약되는 '신상필상'을 시행하는 것도 이런 맥락에서 이해할 수 있다. 그 역시 '필벌'의 중요성을 잘 알고 있다. '필벌'은 아닐지라도 조직의 근간을 흔들 정도의 위험이 있다고 판단될 경우 가차 없이 인사조치의 '필벌'을 행하는 게 그렇다. 관자가 '출입지계'에서 '필벌' 대신 '신상'을 역설한 것도 이런 맥락에서 이해할 수 있다. 인간의 본성에 해당하는 '호리오해'에서 '호리'와 '오해'의 특징을 꿴 결과로 볼 수 있다.

17. 사이지계四夷之計 사방과 교유해 조공을 오게 하는 계책

제환공이 관중에게 물었다.

"사방의 이적夷狄인 사이四夷가 아직 신복臣服하지 않은 상황에서 잘못된 정사가 천하에 널리 퍼져 결국 제나라를 크게 해치지나 않을까 두렵기만 하오. 이에 대처할 수 있는 계책으로는 어떤 것이 있소?"

관중이 대답했다.

"청컨대 남쪽의 오월吳越이 조현朝見을 오지 않으면 거기서 나는 진주와 상아로 화폐를 만들고, 동쪽의 발發과 조선朝鮮이 오지 않으면 거기서 나는 무늬 있는 가죽인 문피文皮와 무두질한 갖옷인 탈복服으로 화폐를 만들고, 북쪽의 월지月氏가 조현을 오지 않으면 거기서 나는 백벽白璧으로 화폐를 만들고, 서쪽의 곤륜산崑崙山 주변국이 조현을 오지 않으면 거기서 나는 구슬인 구림璆琳과 옥돌인 낭간琅玕으로 화폐를 만드십시오. 손으로 쥐거나 입안에 머금어 그 모습을 드러내지 않을지라도 1천금만큼이나 귀한 것이 바로 진주珍珠입니다. 이를 화폐로 만들면 8천리 밖의 오월이 조현을 올 것입니다. 표범 가죽 1장은 1천금만큼이나 귀합니다. 이를 화폐로 만들면 8천리 밖의 발과 조선이 조현을 올 것입니다. 가슴에 품거나 겨드랑이에 끼워 그 모습을 드러내지 않을지라도 1천금만큼이나 귀한 것이 옥벽입니다. 이를 화폐로 만들면 8천리 밖의 월지月氏가 조현을 올 것입니다. 비녀나 귀걸이로 만들 경우 천1금만큼이나 귀한 것이 구림과 낭간입니다. 이를 화폐로 만들면 8천리 밖의 곤륜산 주변 나라들이 조현을 올 것입니다. 이런 보물을 주관하는 자도 없고, 관련된 사업을 벌이는 자도 없고, 교역을 통해 원근의 여러 나라가 서로를 이롭게 하는 것도 없으면 사방의 이적은 결코 조현을 오지 않을 것입니다."

'사이지계'는 주변의 나라를 복종케 만드는 계책을 언급한 것이다. 앞서 다양한 화폐 발행을 통해 주변국을 유인하는 계책을 논한 「구부」편 '규탁'의 '옥폐지모玉幣之謀'와 취지를 같이한다. 내용면에서 '옥폐지모'을 부연 설명하는 성격이 짙다. 우리의 고대국가인 부여의 발을 비롯해 숙신과 같은 뜻인 조선을 거듭 언급하면서 교역내용을 보다 상세히 설명해 놓은 게 그렇다. '사이지계'의 관건은 원근의 여러 나라를 이롭게 만드는 데 있다. 치국평천하의 방략으로 나온 것이다. 앞서 언급한 '출입지계'의 취지와 하등 다를 게 없다.

주목할 것은 '옥폐지모'와 '사이지계' 모두 자유주의 시장경제를 내세운 서구의 '약탈경제'와 커다란 대조를 이루고 있는 점이다. '국제분업'이라는 미명 하에 교묘한 방법을 동원해 아프리카와 라틴 아메리카의 자원을 착취하는 현실이 그 증거다. 방법만 달라졌을 뿐 식민지로 만들어 무차별적으로 착취하던 제국주의 시대와 별반 다를 게 없다. 관자가 '교역을 통해 원근의 여러 나라가 서로를 이롭게 하는 것도 없으면 사방의 이적은 결코 조현을 오지 않을 것이다.'라며 서로가 '윈-윈'하는 교역을 역설한 것과 대비된다. 관자경제학의 국제경제에 대한 기본철학이 '옥폐지모'와 '사이지계'에 선명히 드러나고 있다. 각기 상이한 재화를 생산하는 나라들이 서로 '윈-윈'하는 경제교류가 해답이다. 조공朝貢무역에 기초한 동양 전래의 조공질서를 새롭게 해석할 필요가 있다.

제2략
경중 을 14계 – 외국 자본을 유치하라

1. 봉후지계封侯之計 제후를 분봉해 천하를 다스리는 계책

제환공이 관중에게 물었다.

"천하의 물가변동을 안정시킬 수 있소?"

관중이 대답했다.

"끝까지 안정시킬 수는 없는 일입니다."

제환공이 청했다.

"'끝까지 안정시킬 수 없다.'는 말에 관해 자세히 들려줄 수 있겠소?"

관중이 대답했다.

"천하는 동서로 2만8천리, 남북으로 2만6천리에 달합니다. 천자는 중앙에 거처하고 있고, 중앙에서 사방의 주변까지 거리는 1만여 리입니다. 백성 가운데 세금을 내기 위해 1만여 리를 달려와야 하는 자도 있습니다. 100배, 10배의 노력을 기울일지라도 도성까지 세금을 보내지 못하는 경우가 빚어지는 이유입니다. 물론 눈 깜박할 사이에 보내는 경우가 있기는 합니다. 이처럼 거리가 멀면 천자와 소원해지고, 심지어 원한을 품기도 합니다. 변경의 제후 가운데 천자를 원망하는 백성을 다독여 후대하면서 점차 조현을 오지 않는 자가 나타나는 이유입니다. 이는 천자가 스스로 백성의 접근로를 차단한 탓입니다. 곡물의 교역에 밝은 자마저 천자의 곁을 떠나면 과연 천하를 틀어쥐는 패업을 이룰 수 있겠습니까?"

"그렇다면 어찌해야 좋소?"

관중이 대답했다.

"청컨대 천하를 중앙과 지방으로 나눈 뒤 제후를 세워 다스리도록 하십시오. 천자는 중앙에 거처하며 사방 1천리를 다스립니다. 또 작위가 공작公爵과 후작侯爵인 제후는 사방 3백여 리, 백작伯爵인 제후는 사방 100리, 해변에 인접한 지역의 자작子爵과 남작男爵은 사방 70리를 다스립니다. 마치 가슴이 갈라져 나온 양팔을 부리고, 양팔이 갈라져 나온 열 손가락을 부리는 것과 같습니다. 그러면 제후들의 세력이 미약해져 백성을 놓고 천자와 다툴 길이 없게 됩니다. 그들은 영내에서 발하는 정령의 완급 조절과 재정 수입 수완이 뛰어나지 못한 까닭에 결코 천자의 우환이 될 수 없습니다. 무릇 바다는 소금 생산을 그치지 않고, 산은 금옥과 목재의 생산을 그치지 않습니다. 초목은 계절을 좇아 생장하고, 기물은 때가 되면 낡고, 바닷물이 만드는 소금은 매일 소모됩니다. 끝나면 다시 시작하는 것이 천지의 변환과 더불어 끊임없습니다. 이를 일컬어 천자가 제후에게 분봉하여 천하를 다스리는 봉후封侯의 계책이라고 합니다."

'**봉후**지계'는 주변국의 군주를 제후에 봉해 중원을 안정시키는 계책을 언급한 것이다. 천자가 사는 경성京城을 중심으로 친소에 따라 공작, 후작, 백작, 자작, 남작 등의 제후에 봉하는 게 골자이다. 주목할 것은 제후를 봉하는 목적이 해당 지역 세력의 약화에 있다는 점이다. 중원과 주변을 엄밀히 구분하는 이른바 화이관華夷觀의 소산이다. 공자가 관자의 패업을 두고 인자仁者의 행보로 칭송한 것과 취지를 같이한다. 이적의 침공으로부터 중원의 문화를 지켰다는 게 논거이다. 관자와 공자는 '화이관'에서 완전히 일치하고 있다.

주의할 것은 관자와 공자의 '화이관'이 결코 민족개념에 입각한 게 아니라는 점이다. 주변의 민족도 중원의 문화를 추종해 세련된 문화를 가꿀 경우 이내 '중화'에 편입되고, 그 반대의 경우도 가능하다. 위진남북조시대 이래 북방민족이 중원으로 내려와 천하를 호령할 때 바로 이런 '화이관'을 적극 활용했다. 몽골의 원나라는 아예 전래의 화이 개념을 뒤바꿔 버렸다. 끝까지 저항했던 남송 치하의 한족을 만자蠻子로 폄하하며 천시한 게 그렇다.

2. 계탁지계癸度之計 화폐로 물가를 통제하는 계책

일찍이 주나라 무왕이 경중가인 계탁癸度에게 물었다.

"제후가 천자에게 바치는 공물貢物이 풍후豊厚하지 않으면 천자의 친애親愛를 받기 어렵고, 천자가 대신에게 내리는 상사賞賜가 풍족하지 않으면 천자의 근신近臣이 군신들과 화친和親하기 어렵소. 백성들로부터 직접 세금을 거두지 않고도 좌우의 군신들을 만족시킬 수 있는 길이 과

연 있는 것이오?"

계탁이 대답했다.

"우리 주나라는 사통팔달한 천하의 교통 요지입니다. 원근의 모든 대로가 이곳과 연결돼 있고, 유객遊客과 부상대고 모두 이곳을 지나고, 천하의 모든 재화가 이곳을 거쳐 사방으로 흩어집니다. 우리 주나라로 들어오는 사람은 반드시 우리 음식을 먹어야 하고, 우리 화폐를 써야 하고, 황금을 갖고 와 모든 비용을 충당해야 합니다. 청컨대 군주는 고가의 금값 정책으로 유입되는 모든 재화의 가격을 낮추고, 유입된 여러 재화가 상호 교역되는 과정에서 이익을 만들어낼 수 있도록 하십시오. 이같이 하면 나라의 재용財用 계책을 완성시킬 수 있습니다. 군주가 삼가이 원칙을 잃지 않도록 주의해야 하는 이유입니다. 그러니 어찌 그리하지 않을 수 있겠습니까? 그리하지 않고도 능히 천하의 백성을 다스릴 수 있겠습니까?"

"어찌해야 그리할 수 있겠소?"

계탁이 대답했다.

"황금은 여수와 한수의 오른쪽 합류지점, 진귀한 구슬은 적야赤野의 말광末光, 벽옥은 월지月氏의 변산邊山에서 납니다. 이들 지역 모두 주나라 도읍에서 7,800리나 떨어져 있습니다. 매우 먼 까닭에 쉽게 오갈 수도 없습니다. 선왕이 그 경중을 분별해 주옥은 가장 가치가 높은 상폐上幣, 황금은 중폐中幣, 도포刀布는 하폐下幣로 정한 이유입니다. 선왕은 금값을 통제하는 방식으로 상폐와 하폐를 유통시키며 그 용도를 통제했습니다. 천하의 재용이 풍족해진 이유입니다."

'계탁지계'는 화폐를 이용해 천하의 재화를 그러모으는 계책을 언급한 것이다. 주무왕과 가공의 경중가인 계탁을 등장시킨 것은 '계탁지계'가 체후 차원이 아닌 천자의 치국평천하 방략으로 나온 것임을 드러내기 위한 것이다. 관건은 재화의 가격과 황금 등의 화폐 가격이 반대로 움직이는 성질을 최대한 활용해 재정의 기반을 확충하는데 있다. 계탁이 주무왕에게 '우리 주나라로 들어오는 사람은 반드시 우리 음식을 먹어야 하고, 우리 화폐를 써야 하고, 황금을 갖고 와 모든 비용을 충당해야 합니다.'라고 건의한 게 그 증거다. 주목할 것은 화폐정책을 구사할 때 '상폐'인 주옥이나 '하폐'인 도포 대신 '중폐'인 황금을 기준으로 삼아야 한다고 건의한 점이다. '상폐'는 너무 희귀하고, '하폐'는 너무 많아 일률적인 효과를 기대하기 어렵기 때문이다. 중폐를 기준으로 삼아야 화폐정책이 주효할 수 있는 이유다. 이는 마치 G1 미국이 달러정책을 수립할 때 100불짜리 지폐를 기준으로 삼는 것과 같다. 우리의 경우는 5만원권이 이에 해당한다. 국가의 경제규모에 따라 '중폐'의 명목가치도 높아질 수밖에 없다. 그래야 효과를 극대화할 수 있기 때문이다.

3. 칠할지계七割之計 백성에게 7할을 얻게 해 부리는 계책

제환공이 관중에게 물었다.

"경중가를 자처하는 어떤 사람이 과인에게 말하기를, '농사를 지을 때 반드시 가래와 쟁기, 낫, 호미, 곰방메, 수확용 낫 등의 공구가 갖춰져야 농부가 제대로 일을 할 수 있습니다. 수레를 만들 때 역시 반드시 도끼와 톱, 바퀴통 쇠, 끌, 정, 나무 끌, 길이의 기준이 되는 도끼자루 등의 공구가 갖춰져야 수레를 만드는 장인인 거장車匠이 제대로 일을 할 수 있습니다. 길쌈과 방직을 할 때도 반드시 칼과 송곳, 시침바늘, 돗바늘 등의 공구가 갖춰져 있어야 여공女工이 제대로 일을 할 수 있습니다.'라고 했소. 묻건대 지금 영을 내려 산에서 나무하는 벌목伐木과 숯을 굽는 소탄燒炭, 동철을 야금하는 주철鑄鐵을 허용하면 백성들로부터 직접 징세하지 않고도 과연 나라의 재용을 풍족하게 할 수 있는 것이오?"

관중이 대답했다.

"불가합니다. 지금 형도刑徒와 노비들을 동원해 이런 일을 시키면 대부분 달아나 이내 통제할 길이 없을 것입니다. 또 백성을 동원하면 대부분 군주를 원망하는 까닭에 변경에서 전쟁이라도 나면 마음속에 원망을 품고 있어 열심히 싸우려 하지 않을 것입니다. 그러면 광산을 개발해 동철을 주조하는 이익을 얻기도 전에 내부의 혼란으로 인해 스스로 무너지고 말 것입니다. 이는 치국에 능한 군주가 했던 것처럼 백성들로 하여금 자유롭게 제철업을 운영하고, 나라는 철제품의 가치를 계산해 그 이익을 보장하느니만 못합니다. 그러면 백성은 전체 수익의 7할, 군주는 3할을 얻게 됩니다. 이 와중에 군주는 경중의 계책을 구사해 철제품 가격의 등락을 조절하면 됩니다. 이같이 하면 백성은 전력을 기울이며 마치 군주에게 포로로 잡힌 것처럼 열심히 일할 것입니다."

'칠할' 지계'는 염철의 전매 가운데 철의 전매를 통해 가장 효과적인 재정확충을 꾀하는 방안에 관해 얘기하고 있다. 관건은 백성의 자유로운 제철업 진출을 허용한 가운데 이익의 3할은 국고로 돌리고, 나머지 7할을 백성에게 나눠주어 경제를 활성화하는 데 있다. 군주는 '경중지술'을 구사해 철제품의 가격을 조절하면 된다. 철제품의 제조 및 유통 과정에서 얻은 이익의 7할을 백성에게 돌려주는 것은 당시의 기준에서 볼 때 매우 파격적이다. '이같이 하면 백성은 전력을 기울이며 마치 군주에게 포로로 잡힌 것처럼 열심히 일할 것이다.'라고 언급한 게 그렇다. 관자가 이런 파격적인 비율을 제시한 것은 백성들로 하여금 제철의 생산 과정에 적극 가담토록 하는 게 경제 활성화에 가장 효과적이라고 판단한 결과로 보인다.

4. 민정지계民情之計 민심을 다독여 부리는 계책

제환공이 청했다.

"청컨대 주어진 토양을 적극 활용하는 계책인 양수壤數에 관해 묻고자 하오."

관중이 대답했다.

"비옥한 삼각주를 지닌 강하 주변의 나라는 1무畝에서 1종鍾의 곡물을 수확하지만, 척박한 땅인 산지 주변의 나라는 곡물 수확이 매우 적습니다. 그런데도 강하 주변의 나라가 왕왕 산지 주변의 나라보다 국력이 떨어지는 것은 산지 주변의 나라가 미리 경계하기 때문입니다."

"그게 무슨 말이오?"

관중이 대답했다.

"강하 주변의 나라는 1무에서 곡물을 1종이나 수확하는 까닭에 관리도 제대로 하지 않을 뿐더러 비축도 하지 않습니다. 국력이 약해지는 이유입니다. 반면 산지 주변의 나라는 곡물을 왕겨만 벗긴 상태로 비축하면서, 오이와 채소까지 저장합니다. 이를 일컬어 미리 경계하는 예계豫戒라고 합니다."

제환공이 물었다.

"주어진 토양을 적극 활용하는 계책은 여기서 끝나는 것이오?"

관중이 대답했다.

"아직 아닙니다. 옛날 적씨狄氏 제후국은 강하 주변에 위치한 까닭에 1무에 곡물 1종을 수확했습니다. 곡물이 흔한 까닭에 10종의 곡물로 겨우 1치鍿의 황금을 살 수 있었습니다. 또 정씨程氏 제후국은 산지 주변에 위치한 까닭에 1종의 절반인 5부釜의 곡물로도 1치의 황금을 살 수 있었습니다. 적씨 제후국은 곡물 수확이 많은데도 군대를 편제할 수 없었고, 정씨 제후국은 곡물 수확이 극히 적은데도 능히 군대를 편제할 수 있었습니다. 적씨 제후국은 정씨 제후국보다 곡물 수확량이 10배나 많았지만 나라의 재용財用이 부족했고, 정씨 제후국은 적씨 제후국에 비해 곡물 수확이 절반도 안 됐지만 나라의 재용에 여유가 있습니다. 이는 정씨 제후국이 경중의 계책을 훤히 꿰고 물가를 적절히 조절했기 때문입니다. 나라에서 10년 치 곡물을 비축하고 있으면 민간의 식용食用이 부족해질 경우 백성 모두 열심히 일하며 군주의 녹봉祿俸을 받고자 합니다. 또 군주가 염철 전매의 재리財利를 손에 쥐고 있으면 민간의 재용이 부족해질 경우 백성 모두 열심히 일하며 각자 생산한 재화로 군주의 전폐錢幣와 바꾸고자 합니다. 통상적인 조세租稅는 군주가 응당 거두는 것이고, 통상적인 세금 이외의 잡세는 군주가 강제로 거두는 것입니다. 나라를 패망케 만드는 망군亡君은 응당 거둬야 하는 통상적인 조세는 버려둔 채 강제로 거두는 일에 몰두합니다. 백성이 군주를 원망하고, 정령이 시행되지 않는 이유입니다. 백성은 자신의 재리를 빼앗으면 분노하고, 더해주면 기뻐합니다. 민정民情이란 본래 그런 것입니다. 선왕은 이를 통찰한 까닭에 이익을 주는 모습만 보이고, 빼앗는 흔적을 남기지 않았습니다. 오곡은 백성의 생명을 좌우하는 관건이고, 황금과 도포刀布는 재화의 민간 교역과 유통의 수단입니다. 선왕은 통화通貨를 장악해 백성의 생명을 좌우하는 곡물가격을 조절했습니다. 민력을 최대한 활용할 수 있었던 배경입니다."

'민정 지계'는 지역마다 상이한 토양의 특성을 최대한 활용한 재정 확충 방안을 언급한 것이다. 염철 전매 등을 통해 백성들의 생산 의욕을 고취하는 게 관건이다. '백성은 자신의 재리를 빼앗으면 분노하고, 더해주면 기뻐합니다. 민정民情이란 본래 그런 것입니다.'라고 언급한 게 그렇다. 이익을 향해 무한 질주하며 손해를 피하고자 하는 호리오해好利惡害를 지적한 것이다. 고금과 동서에 따라 인성이 바뀔 리 없다. 군주는 이를 토대로 치국평천하에 임할 필요가 있다.

이를 무시할 경우 맹자나 플라톤처럼 왕자王者 내지 철인왕哲人王 등의 현실과 동떨어진 군주의 모습을 제시하게 된다. '호리오해'에 기초한 인성 내지 민성을 무시한 결과다. 난세의 시기에 이런 비현실적인 군주 리더십을 추종할 경우 이는 나라의 패망을 야기할 수밖에 없다. 관자가 '군주는 이익을 주는 모습만 보이고, 빼앗는 흔적을 남기지 않아야 한다.'고 언급한 것도 바로 이 때문이다. 신민을 부국강병에 동원코자 한 것이다.

주목할 것은 '빼앗는 흔적을 남기지 않아야 한다.'고 언급한 대목이다. 반면교사로 삼을 만한 일화가 있다. 지난 2013년 8월 청와대 경제수석은 정부의 조세개편안에 대한 월급쟁이와 영세상인 등의 반발이 폭발하자 해명 자리에서 '올해 세법개정안의 정신은 거위가 고통을 느끼지 않도록 깃털을 살짝 빼내는 식으로 세금을 더 거두는 것이다.'라고 언급했다. 이는 루이 14세 때의 재무장관 콜베르가 '징세 기술은 거위가 비명을 덜 지르게 하면서 최대한 많은 깃털을 뽑는 것과 같다.'고 한 말을 인용한 것이다.

나름 현학적인 비유를 든 것이기는 하나 결코 공개적으로 해명하는 자리에서 할 말이 아니었다. 결국 그의 경솔한 발언은 가뜩이나 증세로 불만이 가득한 월급쟁이와 영세 상인들을 크게 자극했다. 이들 모두 졸지에 '의식 없는 거위'로 전락한 꼴이 됐기 때문이다. 불난 집에 기름을 부은 격이다. 관자가 '군주는 이익을 주는 모습만 보이고, 빼앗는 흔적을 남기지 않아야 한다.'고 언급한 취지를 망각한 후과로 해석할 수밖에 없다.

5. 선후지계先後之計 쥐락펴락 하며 제압하는 계책

관중이 제환공에게 말했다.

"폭우가 잦아 오곡이 잘 여물지 않는 나라의 군주는 반드시 치욕을 당합니다. 반대로 오곡의 수확이 많은 나라는 반드시 패망합니다. 곡물을 비축한 백성이 많기 때문입니다. 서리와 눈을 견디는 나무는 계절의 영향을 받지 않고, 집안이 풍족한 자는 성인의 말도 따르지 않습니다. 치국에 능한 군주는 먼저 거둔 뒤 베푸는 선탈후여先奪後予, 먼저 띄운 뒤 낮추는 선고후하先高後下, 먼저 기쁘게 한 뒤 격노케 만드는 선희후노先喜後怒를 행합니다. 그래야 천하를 거머쥘 수 있습니다."

'**선후**지계'는 부국강병을 통해 천하를 거머쥐는 계책을 언급한 것이다. 주목할 것은 관자가 여기서 풍년이 들 때 오히려 흉년이 들 때보다 더 위험할 수 있다는 사실을 지적한 점이다. '오곡이 잘 여물지 않는 나라의 군주는 반드시 치욕을 당하나 오곡의 수확이 많은 나라는 반드시 패망한다.'고 언급한 게 그렇다. 치욕은 일시적이나 패망은 복구가 불가능하다.

관자가 이런 언급을 한 것은 신민이 사적으로 곡물을 대거 비축하면 군주가 '경중지술'을 발휘할 길이 없고, 결국 적의 침공과 같은 비상시에 임기응변의 계책을 구사할 길이 없어 패망케 된다는 논리 위에서 나온 것이다. '서리와 눈을 견디는 나무는 계절의 영향을 받지 않고, 집안이 풍족한 자는 성인의 말도 따르지 않는다.'고 언급한 이유다. '경중지술'을 단호하게 밀어붙여야 한다고 주문한 것이다.

관자는 '경중지술'의 구체적인 방안으로 크게 3가지를 들었다. 첫째, 먼저 거둔 뒤 베푸는 선탈후여先奪後予이다. '경중지술'을 구사해 곡물을 국고로 흡수하는 게 이에 해당한다. 둘째, 먼저 띄운 뒤 낮추는 선고후하先高後下이다. 이는 '경중지술'을 이용해 물가를 오르내리는 식으로 조절하며 그 차익으로 재정기반을 튼튼히 하는 것을 의미한다. 셋째, 먼저 기쁘게 한 뒤 격노케 만드는 선희후노先喜後怒이다. 이는 '경중지술'을 이용해 적에 대한 적개심을 자극하는 계책을 언급한 것이다. 내용상 치국의 차원을 뛰어넘는 평천하의 계책에 가깝다. '그래야 천하를 거머쥘 수 있다.'고 언급한 게 그렇다. 똑같은 '경중지술'일지라도 치국과 평천하는 구사하는 계책이 달라질 수밖에 없다. 평천하의 '경중지술'로 '선탈후여'와 '선고후하' 및 '선희후노'의 계책을 언급한 것은 『관자』 전편을 통틀어 '선후지계'가 유일하다. 국가총력전 양상을 보이고 있는 21세기 G2시대에 암시하는 바가 크다. 특히 G1의 자리를 놓고 치열한 접전을 벌이고 있는 G1 미국과 G2 중국의 경우는 더욱 그렇다.

6. 다과지계多寡之計 천하와 반대로 움직여 호령하는 계책

제환공이 관중에게 물었다.

"농업을 강화하고 소비를 줄이면 나라가 오랫동안 살아남을 수 있소?"

관중이 대답했다.

"상황을 약간 낫게 만들 수는 있으나 오랫동안 살아남기에는 부족한 점이 있습니다. 옛날 기씨紀氏의 나라도 농업을 강화하고 소비를 절약한 덕분에 오곡이 풍성했습니다. 그러나 관리가 부실했던 탓에 오곡이 사방으로 흩어져 결국 천하 각국의 수중으로 들어갔습니다. 이처럼 기씨의 나라는 농업을 강화하고 소비를 절약했지만 제대로 관리하지 못한 탓에 끝내 백성이 애써 생산한 곡물을 모두 잃고, 백성을 천하 각국의 노비로 만들고 말았습니다. 기씨의 나라는 패망하고 백성들 모두 몸 둘 곳조차 없어진 이유입니다. 제가 '상황을 낫게 만들 수는 있으나 오랫동안 살아남기에는 부족한 점이 있다.'고 말한 이유입니다. 치국에 능한 군주는 천하의 물가가 낮아지면 자국은 높이는 천하하아고天下下我高, 천하의 만물이 경시되면 자국은 중시하는 천하경아중天下輕我重, 천하의 재화가 많아지면 자국은 적게 하는 천하다아과天下多我寡 계책을 구사해야 합니다. 이같이 해야 비로소 천하를 신복臣服시킬 수 있습니다."

'다과 지계' 역시 앞에 나온 '선후지계'와 마찬가지로 부국강병 을 통해 천하를 거머쥐는 계책을 언급한 것이다. 여기의 '기씨紀氏의 나라'는 주나라 초기 농업의 신으로 떠받들어진 신농씨神農 氏의 후손을 찾아서 봉한 나라를 말한다. 오곡이 풍성한 나라의 예로 '기씨의 나라'를 언급한 이유다. '다과지계'는 아무리 열심히 농사를 지어 오곡이 넘쳐날지라도 관리를 잘못하면 곡물뿐만 아니라 백성까지 잃을 수 있다는 점을 경고하고 있다. '경중지술'의 중요성을 언급한 것이다.

관중은 곡물을 비롯한 재화를 지키는 '경중지술'로 크게 3가지를 들었다. 첫째, 타국의 물가가 낮아지면 자국은 높이는 천하하아고天下下我高이다. 그래야 곡물을 비롯한 생필품이 밖으로 빠져나가지 않는다. 둘째, 타국에서 경시되는 것을 자국은 중시하는 천하경아중天下輕我重이다. 그래야 천하의 기재奇才가 몰려든다. 셋째, 타국에서 넘쳐나면 자국은 적게 하는 천하다아과天下多我寡이다. 그래야 천하의 재화가 흘러들어온다. 21세기 G2시대에도 그대로 적용되는 이치이다.

7. 관개지계灌漑之計 천시와 지리로 인민을 부양하는 계책

제환공이 관중에게 물었다.

"과인은 단 1인의 병사도 다치지 않고, 단 1개의 무기도 만들지 않은 상황에서 2개 도시의 인구를 먹여 살리고자 하오. 과연 그런 길이 있겠소?"

관중이 대답했다.

"작은 물길을 지형의 고저에 따라 조절하면 가히 문수汶水와 사수泗水, 수수洙水, 연수沿水의 수량을 3배로 늘릴 수 있습니다. 이어 청컨대 다시 하령하여 9월에 보리를 파종한 뒤 이듬해 하지에 수확토록 조치하십시오. 그러면 때맞춰 비가 내리지 않을지라도 관개灌漑를 통해 능히 농사를 지을 수 있습니다."

"잘 알겠소."

곧 명을 내려 9월에 보리를 심고, 이듬해 하지에 수확토록 했다. 나중에 따져 보니 1년 수확량이 2개 도시의 곡물수요를 충당할 만했다. 이를 일컬어 '천시天時를 잘 이용하고 지리地利를 명확히 밝혀 도시의 인구를 먹여 살리는 길'이라고 할 수 있다.

'**관개**' 지계'는 천시와 지리를 활용해 곡물을 증산하는 계책을 언급한 것이다. 물길을 잘 조절해 관개灌漑에 만전을 기하는 게 관건이다. 농사를 잘 지으려면 농업용수가 넉넉해야 한다. 그러나 강수는 그해의 기상에 따라 들쑥날쑥하기 마련이다. 결국 방죽 등을 만들어 농업용수를 충분히 확보하고, 필요할 때 농사를 바로 끌어 쓸 수 있도록 평소 봇도랑을 잘 관리하는 수밖에 없다. 역대 왕조 모두 관개에 심혈을 기울인 이유다. 대표적인 예로 전설적인 군왕인 하나라의 창업주 우왕禹王을 들 수 있다.

8. 소상지계素賞之計 미리 포상해 사기를 높이는 계책

관중이 보고서를 위로 올려 제환공에게 고했다.

"올해의 전조田租 수입은 4만2천금입니다. 청컨대 병사들에게 1번 포상토록 하십시오."

"잘 알겠소."

곧 하령하여 태주泰舟의 들판에 군사를 소집했다. 제환공이 단 위로 올라서자 관중을 위시해 영척甯戚과 포숙아鮑叔牙, 습붕隰朋, 역아易牙, 빈서무賓胥無가 그 뒤에 나란히 섰다. 관중이 북채를 들고 장병을 향해 두 손을 맞잡고 인사한 뒤 이같이 포고했다.

"누가 능히 적진을 함몰시키고 적군을 격파하는 함진파적陷陳破敵을 행할 수 있겠는가? 100금을 상으로 내리겠다."

관중이 3번이나 거듭 물었는데도 대답하는 병사가 없었다. 이때 어떤 병사가 칼을 든 채 앞으로 쑥 나서며 물었다.

"'함진파적'의 적군은 몇 명을 말하는 것입니까?"

관중이 대답했다.

"적군 1천명을 말한다."

"전국 1천명이라면 제가 능히 깨뜨릴 수 있습니다."

관중이 그에게 곧바로 100금을 주었다. 관중이 또 말했다.

"누가 능히 칼이 부딪치고 화살이 오가는 혼전의 와중에 적장을 포획할 수 있겠는가? 100금을 상으로 내리겠다."

어떤 병사가 물었다.

"적장은 몇 명의 부하를 거느린 장수를 말하는 것입니까."

"1천명의 부하를 거느린 장수를 말한다."

"1천명의 부하를 거느린 장수라면 제가 잡아올 수 있습니다."

관중이 그에게 곧바로 100금을 주었다. 관중이 또 말했다.

"누가 능히 정기旌旗의 지시를 좇아 적장의 목을 베어 올 수 있겠는가? 1천금을 상으로 주겠다."

능히 할 수 있다며 나서는 자가 수십 명이나 되었다. 곧바로 이들에게 1천금을 주었다. 그밖에도 적군의 머리를 베어 오겠다고 나선 자에게는 10금씩 주었다. 단 1번의 포상으로 전조 수입으로 거둔 4만2천금이 단박에 사라졌다. 제환공이 크게 놀라 한숨을 내쉬며 탄식했다.

"내 어찌 이리 될 줄 알았겠는가!"

관중이 말했다.

"군주는 걱정할 필요가 없습니다. 이는 병사들로 하여금 밖으로는 향리에서 공명을 떨치고, 안으로는 부모에게 보답하며 집안의 처자에게 은덕을 베풀게 만드는 것입니다. 이같이 하면 병사들은 반드시 다퉈 공명을 세워 군주의 은덕에 보답하고, 달아날 생각을 하지 않을 것입니다. 군사를 동원해 출정하면서 적군을 격파하고 적지를 병탄하면 이는 결코 4만2천금에 비할 바가 아닙니다."

영척 등 5인이 입을 모아 동조했다.

"옳은 말입니다."

제환공도 수긍했다.

"잘 알겠소."

관중이 곧바로 군중軍中의 대장에게 이같이 경계시켰다.

"백인장百人長의 장령將領을 대할 때는 반드시 예의를 갖추고, 천인장千人長의 장령을 대할 때는 반드시 섬돌의 2계단 아래에서 배송拜送토록 하시오. 그들의 부모가 생존해 있으면 반드시 술 4석石과 고기 4정鼎을 보내고, 없으면 그 처자에게 술 3석과 고기 3정을 반드시 보내도록 하시오."

정령을 시행한지 반년이 지나자 부모는 자식, 형은 아우, 아내는 남편을 이같이 격려했다.

"군주가 이토록 후대하고 있는데, 전장에서 목숨을 걸고 싸우지 않으면 무슨 면목으로 귀향할 수 있겠는가?"

제환공은 마침내 군사를 일으켜 내萊나라를 치고, 거莒나라의 필시리必市里에서 싸웠다. 내나라와 싸울 때 양측의 북과 깃발이 서로 보이지도 않고, 병력이 얼마나 되는지 서로 알 수도 없는 상황에서 겁에 질린 내나라 군사가 모두 황급히 달아났다. 이내 달아나는 내나라 군사를 쫓아가 대파하며 땅을 병탄하고 적장을 포획했다. 아직 땅을 나눠 분봉도하지 않고 전폐를 내어 포상도 시행하지 않았는데, 적군을 격파해 그 땅을 병탄하고 군주까지 생포했다. 이것이 바로 미리 포상하는 소상素賞의 계책이다.

'소상'**지계**'는 미리 포상하는 소상素賞을 통해 적을 격파하는 계책을 언급한 것이다. 『손자병법』을 비롯한 역대 병서 모두 공을 세운 뒤 포상할 것을 역설하고 있다. 유독 『관자』「경중」편 '경중갑'에서만 미리 포상해 대승을 거두는 계책을 언급하고 있다. 전무후무한 일이다. 관자는 왜 '소상'을 언급한 것일까? 『관자』「외언」편 '팔관'에서 '비옥한 전답을 전사들에게 상으로 내리지 않으면 3년 후 전투력이 약해진다.'고 언급한 바 있다. '공훈을 세운 자에게 녹봉을 주지 않으면 병사들이 말을 듣지 않는다.'는 구절도 나온다. 이를 통해 대략 짐작할 수 있듯이 관자는 공을 세운 것을 보고 포상하는 것도 효과적이지만 상황에 따라서는 미리 포상하는 게 더 효과적일 수도 있다는 사실을 통찰한 것이다. 관자경제학의 위대한 면모를 방증하는 대목이다.

프랑스 계몽주의 철학을 대표하는 볼테르가 이를 통찰했다. 공증인의 아들로 태어나 귀족에게 결투를 신청한 일로 인해 영국으로 추방을 당한 바 있는 그는 각국의 문명과 역사를 연구한 것으로 유명하다. 그 결과물이 바로『풍속론』이다. 그는 비록 '경중 을'의 '소상지계'에 나오는 소상素賞의 의미까지 꿰지는 못했으나 '경중 갑'의 '출입지계出入之計'에서 역설한 신상信賞의 효력만큼은 통찰하고 있었다. 이를 뒷받침하는『풍속론』의 해당 대목이다.

"다른 국가의 법률은 죄를 다스리는 데만 사용한다. 그러나 중국에서는 상을 주고 선행을 유도하는데도 사용한다. 그 역할이 매우 크다고 할 수 있다."

사실 '신상필벌'의 '신상'과 '필벌'은 법가와 병가가 역설하는 군주의 칼자루이기도 하다. 앞서 살펴보았듯이『관자』「구부」편 '산권수'는 이를 군주가 쥐고 있는 칼자루라는 뜻의 군병君柄으로 표현했다. '신상'과 '필벌' 모두 양날의 칼에 해당한다. 잘 활용하면 군주의 여의봉으로 작용하지만 그렇지 못할 경우 오히려 군주 자신을 해치는 흉기로 작용한다. 공을 세우지도 못한 자를 군주와 가깝다는 이유만으로 포상하거나, 죄를 지었는데도 군주와 가깝다는 이유만으로 면죄할 경우 이런 일이 빚어진다.

볼테르가『풍속론』에서 법률의 '신상' 기능을 통찰한 것은 서양의 당시 기분에서 볼 때 일종의 정신혁명에 해당했다. 당시까지만 해도 서양의 지식인들은 법률의 '필벌' 기능만 알고 있었을 뿐이다. 지적으로 그만큼 '천박'했다. 민중을 계몽하겠다는 취지에서 자신들의 철학을 '계몽철학'으로 부른 이유다. 그만큼 공자를 비롯한 제자백가를 경이의 눈초리로 바라보았다. 대표적인 인물이 바로 볼테르였다. 그러나 그는 공자보다 앞선 시기에 관자가 존재했다는 사실을 알지 못했다. '신상'의 의미만 알고 '소상'의 의미를 깨닫지 못한 게 그 증거다.

사실 이는 볼테르만 탓할 일도 아니다. 동양은 오히려 사상적인 고립을 자초하고 있었다. 바로 성리학으로 인한 것이었다. 동아시아에서 공자사상이 성리학으로 인해 거의 질식 상태에 빠진 17–18세기 당시 서구는 오히려 공자 열풍이 거세게 일고 있었다. 15세기부터 선교사들에 의해 서서히 진행된 동양고전에 대한 라틴어 번역은 볼테르가 소년 시절인 18세기 초에 거의 완료됐다.

주목할 것은 무신론으로 의심받은 성리학 서적은 번역에서 제외된 점이다. 이게 서구에는 축복으로 작용했다. 주희에 의해 왜곡된 공자사상이 아니라 『논어』로 상징되는 순수한 공자사상만이 전해진 게 그렇다. 이 순수한 공자사상이 서구의 지식인들을 강타했다. 서구의 지식인들이 스콜라철학을 내팽개치고 '신의 계시'가 아닌 '인간의 이지理智'에 대한 한없는 신뢰를 배경으로 과학혁명과 이성혁명의 기치를 높이 들게 된 배경이다. 순수한 공자사상의 세례를 받은 덕분이다.

여기에는 동양고전의 라틴어번역서 못지않게 중국의 역사문화와 명청대의 제도 및 현황을 소개한 선교사들의 보고서가 크게 기여했다. 과거제와 관료제, 내각제 등은 서양이 전혀 접해보지 못한 통치시스템이었다. 중국의 국가제도를 높이 찬양한 이유다. 1679년 영국이 중국식 내각제를 도입한 배경이다. 볼테르를 비롯해 케네와 데이비드 흄, 애덤 스미스 등은 『공자』와 『맹자』 등의 라틴어 번역서를 통해 자유경쟁의 시장과 복지국가, 중농주의 이념 등을 개발해 냈다. 서양의 신분해방과 보통교육, 3단계 학교제도 등도 세습귀족을 인정치 않은 명청대의 신사紳士제도와 국자감 등의 교육제도를 흉내낸 것이다. 한마디로 유럽의 근대화는 동아시아에서 기원했다고 해도 과언이 아니다. 유럽이 스콜라철학의 암굴에서 빠져나와 사상혁명을 하는 사이 정작 동아시아는 공자사상을 비롯해 제자백가 사상을 질식시킨 성리학으로 인해 사상적 고립을 자초한 것은 실로 지독한 패러독스에 해당한다.

공자사상의 세례를 받은 뛰어난 인물이 동양뿐만 아니라 서양에도 대거 등장케 된 것도 이런 맥락에서 이해할 수 있다. 송나라의 건국공신 조보趙普는 이른바 '반부논어치천하半部論語治天下' 성어가 암시하듯 『논어』만으로도 능히 천하를 통치할 수 있다고 공언했다. '논어를 반만 알아도 천하를 다스릴 수 있다.'는 뜻이다. 지방의 아전 출신인 그는 시쳇말로 가방끈이 짧았다. 그가 오랫동안 재상의 자리에 앉아 있을 수 있었던 것은 바로 『논어』를 통해 순수한 공자사상을 접한 덕분이다. 어찌 보면 성리학이 아직 등장하지 않은 덕분이라고도 볼 수 있다.

프랑스에서 '계몽주의의 아버지'로 불리는 볼테르는 공자사상의 세례를 받은 대표적인 서구의 지식인이다. 그는 『풍습론』에서 '공자는 지극히 순수할 뿐 기적을 말하지 않았다. 인류의 지혜가 공자보다 위대할 수는 없다.'고 단언했다. 그는 자신의 서재에 공자의 초상화를 걸어 놓고 조석으로 절을 올렸다. 이는 84세로 죽는 그날 아침까지 지속됐다. 죽는 순간 '살아있는 동안 당신을 알아 삶이 기뻤다!'는 유언을 남겼다. 공자사상의 세례가 어느 정도였는지를 짐작케 해주는 대목이다. 미국의 3대 대통령으로 미국의 독립선언문을 기초한 제퍼슨은 대통령이 되기 전 '공자학회'의 회원이었다. 공자사상에서 유출된 평등과 인권 개념은 독립선언문의 기초를 잡는데 결정적인 영향을 끼쳤다.

공자사상의 세례는 현대의 기업경영에도 그대로 이어진다. 대표적인 인물의 삼성의 창업주인 이병철 전 회장이다. 그가 생전에 가장 감명 깊게 읽은 책이 바로 『논어』이다. 그는 자서전에서 이같이 술회한 바 있다.

"나의 인격을 형성하는 데 가장 큰 영향을 미친 책은 바로 『논어』이다. 내가 관심을 갖는 것은 경영의 기술보다는 그 저류에 흐르는 기본적인 인간의 마음가짐에 관한 것이다."

그가 기업의 존재의미를 '사업보국事業報國'과 '공존공영共存共榮'에서 찾은 이유다. 공자가 말한 대동大同 세계를 그대로 수용한 결과다. 사실 삼성의 이 전 회장보다 '논어경영학'의 요체를 꿴 인물은 '일본 경제의 아버지'로 불리는 시부사와 에이이치澁澤榮一였다. 그는 『논어』를 탁상공론의 고담준론이 아니라 개인 윤리와 사회윤리가 조화를 이룬 '실용적 경제경영서'라고 주장했다.

주목할 것은 자금성의 수뇌부와 중국의 기업CEO들이 21세기에 들어와 『논어』로 상징되는 공학孔學 대신 『관자』로 상징되는 관학管學에 열을 올리고 있는 점이다. 관자의 가르침이 21세기 G2시대에 훨씬 부합한다고 판단한 결과다. '공학'에 관한 한 광신도에 가까운 볼테르가 '신상'의 의미만 알고 '소상'의 의미를 통찰하지 못한 게 그 증거다. 미국을 밀어내고 G1의 자리에 등극코자 하는 자금성의 수뇌부와 월스트리트를 장악한 유태인 투기금융을 제치고 글로벌 시장을 석권코자 하는 중국 기업CEO들의 속셈이 여실히 드러나는 대목이다. 삼성의 창업주인 이 전 회장과 시부사와 에이이치가 '공학'을 토대로 한국과 일본의 자본주의를 이끈 것을 뛰어넘어 '관학'을 통해 아예 세계시장을 평정코자 하는 것이다. 21세기 G2시대를 능동적으로 타개해 나가기 위해서는 한국의 위정자와 기업CEO들 역시 '관학'에 대한 인식을 새롭게 할 필요가 있다.

9. 곡방지계曲防之計 부자의 재산을 징수하는 계책

제환공이 관중에게 물었다.

"곡방曲防의 싸움 당시 부상대고로부터 자금을 빌려 군비를 조달했소. 과인은 이를 상환코자 하는데 어찌해야 좋겠소?"

관중이 대답했다.

"청컨대 영을 내려 명하기를, '부상대고 가운데 100장의 채권을 가진 자는 이를 국가에 교부한 뒤 말 1필이 이끄는 수레의 사용 권리를 얻고, 말이 없는 자는 국가로부터 구입토록 하라.'고 하십시오. 이같이 하면 말의 가격은 반드시 앉은 자리에서 100배로 뛸 것이고, 국내의 말을 말구유에서 떨어뜨리지 않은 채 곡방의 싸움 때 빌린 자금도 족히 상환할 수 있을 것입니다."

'곡방지계'는 부상대고를 유인해 군비를 조달하는 계책을 논한 것이다. 부상대고의 폭리를 극도로 경계한 관자경제학의 특징이 여실히 드러나는 계책이다. 국가의 주도면밀한 대비에도 불구하고 부상대고의 폭리 행각을 근원적으로 막는 것은 불가능하다. 특히 전쟁과 같은 비상시기에 더욱 그렇다. '곡방지계'는 바로 부상대고를 사후적으로 관리하는 방안을 제시한 것이다.

실제로 전쟁과 같은 비상시기는 부상대고가 폭리를 취할 수 있는 절호의 기회에 해당한다. 록펠러와 카네기를 비롯한 미국의 유태계 자본이 남북전쟁 등을 계기로 세계적인 부호로 우뚝 선 게 그 증거다. 동양에도 유사한 사례가 있다. 전국시대 말기 국가 간 무역을 통해 거만의 자산을 모은 뒤 최강국인 진나라 재상의 자리까지 오른 조나라 출신 상인 여불위가 대표적이다. 관자가 '곡방지계'를 제시한 것도 이런 맥락에서 이해할 수 있다. 부상대고의 금력金力이 천하를 호령하는 제왕의 권력權力까지 넘어서는 것을 방치해서는 안 된다는 취지이다.

주목할 것은 '곡방지계'에는 관자경제학을 관통하는 '균부' 이념이 배경에 깔려 있다는 점이다. 전시에는 국가의 존망이 걸린 까닭에 국력과 민력이 평시와는 비교할 수 없을 정도로 일거에 소모된다. 『손자병법』을 비롯한 역대 병서 모두 속전속결速戰速決을 외친 이유다. 그러나 이는 이상적인 제안일 뿐이고 현실은 다르다. 상황에 따라서는 장기 소모전으로 진행되는 경우가 매우 많다. 민력이 크게 피폐해지는 이유다. 아무리 전투의지가 높을지라도 민력이 뒷받침되지 않으면 이내 패배를 면키 어렵다. 부상대고의 '금력'을 적극 활용해야 하는 이유가 바로 여기에 있다. 서민의 부담을 최대한 줄여야 한다는 취지이다. 마키아벨리는 이를 통찰했다. 『군주론』 제16장에 이를 뒷받침하는 대목이 나온다.

"무릇 군주는 스스로 해를 초래하지 않는 한 관대한 자질을 발휘하면서 동시에 칭송을 받기가 매우 어렵다. 현명한 군주가 인색하다는 평판에 신경을 쓰지 않는 이유다. 군주는 검약을 통해 재정을 튼튼히 해야 한다. 그래야 적의 공격을 막거나 원정에 나설 때 백성에게 전비 부담을 주지 않고도 전쟁을 치를 수 있다. 이런 사실을 알게 된 백성들은 군주의 검약을 오히려 매우 관대한 행보로 칭송할 것이다. 자신들의 재산을 전혀 건드리지 않았기 때문이다. 단지 뭔가를 기대한 소수의 사람들만 인색하다고 비난할 뿐이다."

마키아벨리 역시 그 어떤 전쟁이든 기본적으로는 막대한 규모의 인력과 물자를 쏟아 붓는 소모전의 성격을 벗어날 수 없다는 사실을 통찰하고 있었다. 가능한 한 승리를 거두는 순간까지 민력을 최대한 아낄 필요가 있다. 마키아벨리가 군주에게 인색하다는 세간의 비난에 아랑곳하지 말고 평소 근검 행보를 통해 재정을 튼튼히 하라고 주문한 이유가 여기에 있다. 적의 급습을 포함해 비상시를 대비해 민력을 최대한 아끼고자 한 것이다. 관자가 제시한 '곡방지계'의 취지를 통찰한 결과로 볼 수 있다.

북송 때 왕안석이 신법新法을 제시한 것도 같은 맥락이다. 당시 북송의 납세자들은 세금 이외에도 이른바 차역差役을 부담해야 했다. 이는 요역傜役의 일종으로 무보수로 지방의 관아에 복무하는 것을 말한다. 당시 관원과 토호, 대지주, 부상대고, 진사시험에 합격한 선비, 승려와 도사 등은 '차역'을 면제받았다. 차역의 종류는 매우 번잡한데다 일이 고된 까닭에 백성들의 고생은 이루 형언할 수 없었다. 전답을 관원과 토호의 명으로 바꿔놓고 소작농으로 들어가거나, 아예 전답을 내팽개친 뒤 고향을 떠나는 백성이 속출한 이유다. 왕안석은 희녕 4년(1071)년 신종에게 이같이 상주했다.

"국가 재정이 궁핍한 상황에서 개력을 실시하면 만사가 수포로 돌아갈 것입니다. 신은 천하의 일이 마치 한 수로 인해 승패가 갈리는 바둑과 같다고 생각합니다. 재정을 풍족하게 하려면 농업을 진흥시키는 게 급선무입니다. 그러기 위해서는 농민에게 커다란 고통을 안겨주는 차역부터 없애야 합니다."

돈으로 사람을 고용해 대신 차역에 나갈 수 있도록 하는 방안을 적극 강구할 것을 제안한 이유다. 이를 계기로 3등호三等戸 이상의 가구는 8개 등급으로 나뉘어 봄가을로 차역의 부담금을 내야 했다. 이를 면역전免役錢이라고 했다. 또한 차역에서 제외됐던 관원과 사찰 등도 농민이 부담하는 액수의 세금을 내야 했다. 이를 조역전助役錢이라고 했다. 면역전의 목적은 크게 3가지로 요약할 수 있다.

첫째, 윤번제로 복역했던 농민들의 부담을 덜어 주어 농사에 전념토록 했다. 둘째, 차역의 면제 특권을 누리던 사람도 일정 액수의 돈을 내는 것이 공평과세의 원칙에 부합했다. 셋째, 부족한 재정을 확충할 필요가 있었다. 그러나 이는 이후 사대부 세력을 대변한 문언박文彦博 등의 반대에 부딪쳐 시행된 지 10여년 뒤에 폐지되고 말았다. 북송이 여진족의 금나라에게 밀려 남쪽에 망명정권을 세우게 된 것도 이와 무관치 않다. 민력을 피폐케 만든 후과다.

10. 둔전지계屯田之計 둔전의 실시로 징세하는 계책

제환공이 관중에게 물었다.

"지금 숭제崇弟와 장제蔣弟, 정丁, 혜惠 모두 공신의 후예요. 해마다 이들로부터 세금을 거의 거두지 못하고 있소. 거두는 세금이 1말 1되에도 미치지 못해 총수입의 1할이 줄고 있소. 토양이 거친 황무지와 짠 맛이 나는 염전 지대, 구릉 등의 산지, 울퉁불퉁한 지역 등은 곡물을 심을 수 없소. 거두는 세금이 1말 1되에도 미치지 못해 총수입의 1할이 줄고 있소. 변경 부근의 사방 15리 내의 경작지 역시 억지로 개간해 부락을 이룬 까닭에 거두는 세금이 1말 1되에도 미치지 못하고 있다. 사정이 이렇다 보니 과인의 나라는 전체의 5분의 2가 세금을 내지 않고 있소. 만승지국萬乘之國의 호칭만 있을 뿐 실은 천승지국千乘之國의 재용財用도 없는 셈이오. 이런 상태에서 과연 천자와 어깨를 나란히 하며 여러 제후들과 세력을 다툴 길이 있겠소?"

관중이 대답했다.

"호령을 발해 징세하는 수밖에 없습니다."

"구체적으로 어찌해야 하오?"

관중이 대답했다.

"청컨대 징병의 영을 내려 변경의 수자리를 서며 농사를 짓는 둔전屯田을 실시하고, 백성들이 비축한 곡물의 양을 장부에 올리도록 하십시오. 비축 곡물의 양이 10종鍾 이상인 집안 모두 수자리를 면제토록 규정합니다. 물론 100종 또는 1천종인 경우도 갈 필요가 없습니다. 그러면 수자리를 서는 백성은 전체의 100분의 1 내지 1천분의 10에도 미치지 못할 것입니다. 덕분에 백성이 비축한 곡물을 정확히 파악할 수 있게 됩니다. 이때 군주는 각 가구기 비축한 곡물의 양을 감안해 명하기를, '나라가 가난해 재용이 부족하다. 시장가격으로 곡물을 수매코자 하니 그대들은 비축한 곡물의 양에 따라 일정부분을 내놓도록 하라. 그 양을 임으로 줄일 수는 없다.'고 하십시오. 이어 군주는 수매하는 곡물의 대금을 수매 현장에서 전폐로 지급하면 됩니다. 국가가 문서로 맺은 채무를 지지 않고자 하는 것입니다. 그러면 각 가구가 비축한 곡물은 모두 군주의 수중에 들어오게 되고, 군주는 천하무적이 되어 변경을 일거에 안정시킬 수 있습니다."

제환공이 말했다.

"군대가 해산돼 병사들이 고향으로 돌아가 농사를 짓게 되면 이들 곡물을 이내 쓸모가 없게 될 것이오."

관중이 대답했다.

"전쟁이 있으면 비축 곡물을 군량으로 쓰고, 없으면 빈민에게 나눠주면 됩니다. 이같이 하면 황지와 함지, 산지, 외루 모두 크게 개간되어 초목이 자라지 않는 곳이 없게 됩니다. 이를 일컬어 호령을 발해 징세하는 계책이라고 합니다."

'둔전지계'는 곡물의 일괄 매수로 재정기반을 튼튼히 하는 계책을 논한 것이다. 중국은 갓 건국된 1950년대부터 시작해 개혁개방 이후인 지난 1985년까지 밀과 쌀, 식용유, 목화 등에 대한 일괄 구매, 일괄 판매 정책을 실시한 바 있다. '둔전지계'를 활용한 것이다. 이는 중국이 경제건설 자본을 축적하는 데 크게 기여했다.

역사적으로 볼 때 '둔전지계'로 천하를 거머쥔 대표적인 인물을 들라면 단연 삼국시대의 조조를 들 수 있다. 그는 대대적인 둔전제를 실시해 병사와 농민에게 일하면서 싸우는 '농전'을 역설했다. 부국강병이 천하를 통일하는 요체라는 사실을 통찰한 결과다. 건안 원년(196) 그는 헌제를 맞아 허도에 정도한 것을 계기로 군신들에게 경제 문제에 대한 광범위한 토론을 전개케 했다. 이른바 '대의손익大議損益'이다. 당시 군신들의 의견이 하나로 통합되지 못해 곧바로 실시하지 못했다. 얼마 후 사마랑司馬郎이 승상주부가 되어 조조에게 정전제井田制의 실시를 권했다.

이는 고대의 전제田制로 농민들이 토지를 공전公田과 사전私田으로 나눠 동시에 경작케 하는 제도이다. 맹자 등이 이를 이상적인 전제로 강조한 이래 많은 유학자들이 이를 이상적인 전제로 간주했으나 사실 이 제도는 난세는 말할 것도 없고 치세에서조차도 그 효용이 의문시돼 폐기된 제도다. 조조가 사마랑의 건의를 받아들이지 않은 것도 정전제의 한계를 익히 알고 있었기 때문이다. 『삼국지』「위서, 한호전」의 배송지주에 인용된 『위서』는 조조가 자신의 의중에 둔 둔전제를 채택케 된 배경을 이같이 기록해 놓았다.

"이때 '대의손익'이 있자 한호韓浩는 급전急田이 필요하다고 생각해 이를 조조에게 상주했다. 태조가 이를 옳게 여겨 그를 호군護軍으로 전직시켰다."

한호는 하내 사람으로 후에 중호군中護軍 등을 거친 뒤 열후에 봉해진 인물이다. 이때 조조의 둔전책을 지지한 사람으로는 한호 이외에도 우림감羽林監 조지棗祇를 들 수 있다. 그는 즉각적인 둔전실시를 건의한 바 있다. 『자치통감』「한헌제 건안 원년」조의 기록에는 조지가 둔전의 즉각적인 실시를 건의하자 조조가 이를 좇았다고 되어 있다. 조지는 영천 사람으로 동아東阿 현령을 지낼 때 여포의 난이 일어나자 동아현을 필사적으로 사수하는 공을 세운 바 있었다.

한호와 조지 두 사람이 바로 조조가 건안 원년에 둔전을 실시하는 데 결정적인 역할을 수행한 사람들이다. 그러나 조조가 둔전을 처음으로 실시한 시기와 관련해 현재 학자들간의 견해가 엇갈리고 있는 상황이다. 크게 건안 원년설과 초평·흥평 연간설이 대립되고 있으나 후자가 유력한 상황이다. 그러나 초평·흥평 연간에는 부국강병의 방안으로 둔전을 거론한 것이지 실시한 것은 아니었다. 이는 건안 원년에 군신들 사이에 '대의손익'이 전개된 사실을 통해 쉽게 확인할 수 있다. 조조가 둔전을 본격적으로 실시케 된 시기는 건안 원년이다.

조조가 실시한 둔전은 크게 민둔民屯과 군둔軍屯 두 종류로 나눌 수 있다. 이는 전래의 '농전'과 '둔전'을 하나로 합친 데 따른 것이기도 했다. '민둔'은 상앙이 실시한 '농전'에 가까운 것이었고, '군둔'은 한무제가 실시한 원래의 '둔전'에 가까운 것이었다.

당시 군량의 확보는 전쟁의 승패를 좌우하는 관건이기도 했다. 『삼국지』「무제기」의 배송지주에 인용된 『위서』의 다음 기록은 군량의 확보가 얼마나 중요한지 극명하게 보여주고 있다.

"사방을 정벌하면서 운량에 따른 수고가 없게 되었다. 이에 마침내 적도들을 모두 멸하고 천하를 평정케 되었다."

조조는 결정적인 시기에 과단성을 발휘해 상앙의 '농전' 사상과 진한 대 이래의 역사적 경험을 받아들여 둔전을 성공적으로 실시했다. 이는 군벌들을 토벌하고 자신의 정치적 기반을 더욱 굳건히 하는 결정적인 배경으로 작용했다. 조조가 마음 놓고 군웅토벌에 나설 수 있었던 것도 바로 후방에서 군량을 제때 공급해 주었기 때문에 가능했다. 조조의 둔전책은 몇 가지 점에서 높이 평가하지 않을 수 없다.

첫째, 조조는 둔전 실시 몇 년 만에 기아문제를 완전히 해결한 점을 들 수 있다. 조조는 허도의 민둔에서 첫 해에 1백만 곡의 곡식을 거둔 데 이어 해마다 크게 수확할 수 있었다. 전국 단위로 민둔을 실시하게 되자 관부는 물론 백성들까지 여유 있는 비축 분을 확보하게 되었다. 건안 중기에 이르러서는 창고마다 곡식이 가득차고 백성들은 전란 중임에도 불구하고 풍족한 비축으로 크게 만족해하는 현상이 나타났다. 건안 말기에 위나라가 세워지자 민둔에 이어 군둔까지 크게 발전했다. 건안 연간에 조조가 용병하면서 군량 문제로 곤란을 겪은 적이 있기는 하나 이는 운량運糧 문제로 인한 것이었다. 비록 둔전민의 반발이 있기는 했으나 이 또한 모두 기근과 식량문제로 인한 것은 아니었다. 건안 연간에 조조가 통치한 지역에서는 재해에도 불구하고 식량 문제로 인한 소요가 전혀 일어나지 않았다는 것은 조조의 둔전을 통한 부국 책략이 대성공을 거둔 결과로 해석할 수밖에 없다.

둘째, 수많은 유민과 황건적 항졸 수십만 명을 비롯해 소비만 했던 병사들을 모두 둔전제에 편입시켜 생산에 가담케 함으로써 민생을 안정시킨 점을 들지 않을 수 없다. 만일 둔전을 실시하지 않았다면 근원적인 기아 문제를 해결할 길이 없어 수많은 유민과 황건적 항졸들의 이반을 초래할 공산이 컸다. 이런 관점에서 볼 때 둔전은 백성의 안정에 결정적인 공헌을 했던 셈이다.

셋째, 조조 본인의 입장에서 볼 때는 군벌들을 격파하여 자신의 권력기반을 강고하게 만드는 계기로 작용했다. 조조는 이 사실을 분명히 인식하고 있었다. 둔전책의 전국 단위 실시는 그의 권력기반이 전국 단위로 확산되었음을 의미했다. 사방의 군벌에 대한 대대적인 토벌은 그의 둔전책이 전국 단위에 걸쳐 성공리에 실시되고 있었음을 반증한다.

조조의 둔전책은 기본적으로 백성들의 기아문제를 근원적으로 해결키 위해 노력의 일환으로 실시된 것이다. 성공을 거둔 근본 배경이다. 여타 군벌들이 오직 무력을 통한 세력 확장에 혈안이 되어 있을 때 백성을 살리는 일에 우선순위를 둔 조조의 판단은 탁견이 아닐 수 없다. 이는 한마디로 백성부터 살리는 이른바 '생민生民'으로 요약할 수 있다. 그가 시행한 이른바 '생민둔전生民屯田' 계책이야말로 『관자』「경중」편 '경중 을'에 나오는 '둔전지계'의 대표적인 사례에 속한다.

주목할 것은 관자경제학과 애덤 스미스의 『국부론』을 토대로 한 서구 자유주의 경제학의 이론적 차이를 '둔전제'를 통해 선명히 확인할 수 있는 점이다. 관자경제학은 물자의 비축을 중시하면서, 국가가 나서 중요 물자에 대한 취산聚散을 통제하는 것을 당연시하고, 이런 방법을 통해 직접적인 징세를 가급적 피하면서 재정확충을 꾀하는 게 특징이다. '둔전지계'는 바로 이런 사상적 토대 위에서 나온 것이다.

주목할 것은 '둔전지계'가 「승마」편 '거승마'에서 곡물과 농기구를 대여해 재정확충을 꾀하는 '순우지책舜虞之策'과 여러모로 닮은 점이다. 정부가 금융적 수단을 통해 식량을 일괄 매수하고 일괄 판매하는 계책이 그렇다. '둔전지계'는 '순우지책'과 더불어 관자경제학의 요체를 언급한 것이나 다름없다.

21세기 G2시대에 들어와 '둔전지계'와 '순우지책'의 중요성이 날로 부각되고 있다. 전 세계 곡물 거래의 90%를 장악하고 있는 4대 곡물 메이저 기업의 농간 때문이다. 1위 기업인 미국의 카길Cargill을 위시해 에이디엠Archer Daniels Midland 및 벙기Bunge y Born Bunge, 프랑스의 루이 드레퓌스Louis Dreyfus가 그들이다. 통상 ABCD로 약칭한다. 세계인의 식탁이 이들에 의해 점령된 셈이다. 유사시 세계의 모든 나라가 경계해야 할 공룡기업에 해당한다.

13억의 인구를 먹여 살려야 하는 중국이 최근 세계 곡물시장에 적극 뛰어들고 있는 것도 이런 맥락에서 이해할 수 있다. 유사시 국제적인 '부상대고'인 ABCD의 농간에 맥없이 당할 수 있다는 위기의식이 작용한 것이다. 지난 10년간 에너지의 안정적 공급 차원에서 2천억 달러 이상을 전 세계 유전과 광산 확보에 쏟아 부은 중국은 이제 식품과 음료 및 농업기업들을 인수 합병하는데 총력을 기울이고 있다.

지난 2014년 5월 투자은행 제프리스그룹에 따르면 중국은 세계 인구의 21%를 차지하지만 경작지 면적은 9%에 불과하다. 소득증가로 단백질이 풍부한 육류 등에 대한 수요가 늘면서 국내 공급이 한계에 이르고 있다. 2013년 중국의 농업기업에 대한 인수 합병 규모는 123억 달러에 달했다. 10년래 최고치를 기록한 것이다. 전문가들은 식량안보 측면에서 '중량中糧그룹'이 선봉에 설 것으로 내다보고 있다. 중량그룹은 중국 내 밀 수입의 90%를 차지하고 있다. 2014년에 네덜란드 곡물 트레이딩업체 니데라홀딩스와 노블그룹의 농업사업부 지분을 사들여 대주

주로 부상했다. 앞으로 ABCD와 치열한 경쟁을 벌일 전망이다. 일본의 '미쓰이三井 상사'도 글로벌 곡물 유통망 구축에 적극 발벗고 나섰다. OECD 국가 가운데 식량자급도가 최하위인 한국은 STX그룹의 부도로 그나마 있던 벙기와 함께 출자해 세운 회사의 지분도 팔아버렸다. 정부 차원의 적극적인 대책이 절실한 상황이다.

11. 유수지계流水之計　물 흐르듯 국외 곡물을 확보하는 계책

　관중이 제환공에게 말했다.

　"등滕나라와 노魯나라는 지금 곡물가격이 1부釜에 100전입니다. 제나라의 곡물가격을 1부에 1천전으로 올리면 등나라와 노나라의 곡물이 마치 사방의 물이 깊은 계곡으로 흘러드는 것처럼 우리 제나라로 유입될 것입니다. 이는 흉년으로 인해 작황이 좋지 않고 백성이 굶주릴 때 사용하는 게 아닙니다. 호령을 발하면서 곡물가격 조절의 완급을 통해 국외의 곡물을 유입시키고자 하는 것입니다. 그러면 국외의 곡물이 제나라로 유입되는 것이 마치 높은 곳에서 낮은 곳으로 흐르는 유수流水와 같을 것입니다."

　'유수지계'는 앞에 나온 '둔전지계'의 후속 계책의 성격을 띠고 있다. 이웃나라의 곡물가격과 비교해 적절히 조절함으로써 곡물이 일거에 이웃나라로 빠져 나가는 것을 막고, 이웃나라의 곡물을 자국 내로 대거 유입시켜야 한다는 게 골자이다. 이를 마치 높은 곳에서 낮은 곳으로 흐르는 유수流水에 비유했다. 주의할 것은 '유수지계'가 흉년으로 인해 작황이 좋지 않고 백성이 굶주릴 때 사용하는 게 아니라 평소에 구사하는 계책이라는 점이다. 관건은 국내 곡물가격을 국제시세와 비교한 뒤 호령을 통해 등락의 완급을 일괄적으로 조절하는데 있다.

12. 성장지계城藏之計 창고를 지어 생산을 독려하는 계책

제환공이 관중에게 물었다.

"나는 부상대고의 과도한 이익을 줄이고, 농업생산을 대폭 늘리고자 하오. 이를 행하려면 과연 어떤 방법이 있소?"

관중이 대답했다.

"곡물가격이 비싸지면 여타 재화의 가격은 싸지고, 싸지면 여타 재화의 가격이 비싸집니다. 양자는 균형을 맞추기가 어렵습니다. 부상대고의 과도한 이익을 줄이고 농업생산을 대폭 늘리고자 하면 먼저 곡물가격을 1부에 3백전까지 올리도록 하십시오. 이같이 하면 농지가 대거 개간되고, 농부 또한 근면히 농사에 종사할 것입니다."

"곡물가격을 올리려면 어찌해야 하오?"

관중이 대답했다.

"청컨대 공경과 부용국 제후 및 대부들에게 명을 내려 각기 창고를 세되, 공경과 부용국 제후는 1천종, 상대부上大夫는 5백종, 중대부中大夫와 하대부下大夫는 100종, 부상대고는 50종을 비축케 하십시오. 그러면 안으로는 국가의 곡물 비축량을 늘리고, 밖으로는 농업생산을 촉진하는 결과를 낳게 됩니다."

"좋은 말이오."

이에 곧바로 명을 내려 공경과 부용국의 제후, 대부 등에게 창고를 짓도록 하는 성장城藏의 계책을 시행했다. 곡물가격이 오르자 농부는 증산에 힘쓰게 됐다. 곡물가격이 3배로 오르면서 부상대고의 이익은 대폭 줄어들고, 농부는 전에 비해 100배의 이익을 거두게 됐다.

'성장지계'는 곡물의 비축으로 농민의 생산의욕을 고취하는 계책을 논한 것이다. 말할 것도 없이 관자경제학의 요체인 '균부' 이념의 실현 차원에서 나왔다. 빈부격차의 위험성을 통찰한 결과다. 최근 중국 고고학자들의 발굴로 인해 큰 곡창 주변에 커다란 성벽을 쌓은 사실이 확인되고 있다. 관자가 '성장지계'에서 역설한 성장城藏이 그 실물을 드러내고 있는 셈이다. '성장지계'는 경중지술을 이용해 재화의 수급을 조절함으로써 균부를 실현하는 대표적인 계책에 해당한다. 관자경제학의 특징이 여실히 드러나는 대목이다.

주목할 것은 관자경제학이 자유주의 시장경제를 상징하는 애덤 스미스의 '보이지 않는 손'은 물론 계획경제를 뜻하는 '보이는 손'을 주장한 적이 없다는 점이다. 자이위중은 『국부책』에서 미국 산타페 연구소 브라이언 아서Brian Arthur가 주장한 '복잡계 경제학Complexity Economics' 이론과 닮았다고 주장해 눈길을 끌고 있다. '복잡계 경제학'은 경제현상이 고전경제학이 얘기하는 것처럼 단순한 요소의 상호작용에 따른 게 아니라는 인식에서 출발하고 있다. 아서는 '복잡계'를 풀이한 수학이론을 통해 경제현상을 해석코자 한다.

원래 '복잡계'는 수많은 구성 요소들이 서로 다양한 상호작용을 벌이면서 나타나는 복잡한 현상을 뜻한다. 여러모로 현실 속의 인간이 살아가는 사회현상과 닮았다. 과학계에서는 이를 통상 '나비효과'에 비유해 설명하고 있다. 브라질에 있는 나비의 날갯짓이 미국에 토네이도를 일으킬 수 있다는 식이다. 독일 막스플랑크 연구소, 미국 산타페 연구소가 이에 관한 연구로 유명합니다.

'복잡계'와 관련해 가장 널리 인용되는 게 '검은 백조' 이론이다. 제임스 쿡 선장이 호주에서 검은 백조를 발견하면서 백조는 응당 하얀 것으로 여기는 우리의 믿음이 깨진 것처럼 기존의 지식과 믿음이 불확실한 것에 지나지 않는다는 것이다. 지난 2008년 금융위기가 있기 전까지만 해도 금융업계는 리스크를 통제할 수 있다는 믿음이 있었다. 그러나 금융위기 이후 이런 믿음은 산산조각 나고 말았다. '검은 백조'가 등장한 셈이다.

사실 세상사가 모두 그런데도 사람들은 하나만 알고 둘을 모르고 지낼 뿐이다. 이를 두고 아서는 이른바 '경로의존성Path dependency' 개념을 통해 이같이 설명했다.

"사람들이 특정한 방향에 익숙해지면, 그것이 비효율적이거나 심지어는 잘못 되었다는 사실을 깨닫게 되어도 기존의 방향에서 벗어나지 못하는 경향이 존재한다."

작은 행동 하나하나가 모여 커다란 시스템을 만들고, 이것이 시스템의 방향을 결정한다는 것이다. 소셜 네트워크를 통한 여론형성도 유사한 모습을 보인다. 여기에는 여론을 형성하는 특별한 주도자가 없는 게 특징이다. 여러 사람이 모여 상호작용을 통해 여론을 만들어간다. '팩트'의 진위 여부는 별개의 문제이다. 온갖 루머가 나도는 주식시장도 그 한 예라고 할 수 있다.

'복잡계 경제학'은 현재 다양한 분야로 뻗어나가고 있다. 주식시장은 물론 빅 데이터, 마케팅, 소셜 네트워크 등에 이르기까지 매우 다양하다. 물리학과 생물학 등의 과학계도 다양한 연구를 추진하고 있다. 현재 '복잡계 경제학' 출현 이후 사회과학과 자연과학을 넘나드는 통섭이 하나의 대세로 자리 잡고 있다. 과학기술과 수학이론이 더욱 발전하면 경제행위를 포함한 인간사회의 여러 복잡한 현상도 명쾌히 설명될 날이 올 것이다.

'복잡계 경제학'은 인간을 합리적 생산과 소비를 영위하는 이성적인 개체로 상정한 기존의 경제학을 뿌리부터 흔들고 있다. 감정과 심리적 요인에 영향을 받는 현실의 인간행동원리를 수학적 모델로 설명하는 것은 한계가 있다. 수학적 접근을 시도하고 있는 아서의 해석도 일정한 한계를 드러낼 수밖에 없다. 여타 사회과학의 도움을 받아야 하는 이유다. 노벨경제학을 수상한 다니엘 카네만의 이론을 중심으로 한 행동경제학, 역시 노벨경제학을 수상한 하이에크의 이론을 중심으로 한 인지경제학, 인간의 뇌를 연구하는 신경과학의 방법론을 도입한 신경경제학 모두 '복잡계 경제학'의 일환에 속한다. 이들 모두 기존의 경제학이 전제로 삼은 인간행동 원리의 한계를 지적하고 있지만 대안으로 제시한 정책방향은 각기 다르다. 비록 '복잡계 경제학'이라는 새로운 울타리 속에서 공존하고 있지만 조만간 현실을 가장 잘 설명하는 이론이 새로운 패러다임으로 자리 잡을 것이다.

주목할 것은 이들 '복잡계 경제학'이 시카고대의 행동경제학자 리처드 탈러의 넛지nudge 이론을 적극 원용하고 있는 점이다. 원래 '넛지'는 팔꿈치로 슬쩍 찌르며 주의를 환기시킨다는 뜻이다. 탈러는 타인의 선택을 유도하는 부드러운 개입을 의미하는 용어로 사용했다. 더 나은 선택을 하도록 유도하지만 유연하고 비강제적으로 접근하여 선택의 자유를 침해하지 않는다는 의미이다. 탈러는 이를 '자유주의적 개입주의'로 명명했다. 전통적인 자유주의와 그 반대편에 서 있는 개입주의를 하나로 녹인 개념이다. 여기서 개입은 시장을 이용한 '부드러운 개입'을 뜻한다. 문제는 '부드러운 개입'이 과연 구체적으로 무엇을 말하는 것인가 하는 점이다. 이에 대한 논란이 뜨겁다. 아직 정설이 없다는 얘기다.

이와 관련해 자이위중은 『국부책』에서 관자경제학을 '부드러운 개입'의 핵심으로 내세워 관심을 끌고 있다. 그는 북송 때 왕안석이 신법을 추진할 당시 정부 관원들이 저잣거리에서 과일 노점상을 한 것을 구체적인 사례로 들었다. 이른바 시역법市易法이다. 이는 한무제 때 실시한 평준법平準法을 응용한 것이다. 시역법의 궁극적인 목적은 부상대고가 장악한 재화의 가격 결정권을 박탈해 민생을 안정시키고, 재정을 확충하는데 있었다. 자이위중은 시역법의 장점을 크게 3가지로 요약했다.

첫째, 물가를 안정시킬 수 있었다. 둘째, 소상공인의 이익을 지킬 수 있었다. 셋째, 부상대고가 장악한 시장 통제권을 회수할 수 있었다. 가장 중요한 것은 세 번째 사항이었다. 국가의 독점적인 경제계획 및 재정정책 권한을 회복한 것에 해당하기 때문이다. 희녕 5년(1072) 시역법 선포와 관련한 조서의 내용이 이를 뒷받침한다.

"천하의 중소 상공인들이 상품을 갖고 도성으로 몰려들고 있다. 그러나 그들 가운데 대부분이 호상豪商에게 물건을 거의 빼앗기다시피 헐값에 넘기고 파산하는 실정이다. 호상이 노점을 벌이는 목적은 물건을 싸게 사서 비싸게 팔아 폭리를 취하는데 있다. 중소 상공인이 가난을 면치 못하는 이유다. 황실 소유 내장고內藏庫의 경비로 도성에 상업과 무역을 통제하는 기관인 시역무市易務를 설치하는 게 마땅하다."

이를 계기로 각 시장마다 정부에서 파견한 제거관提擧官 1명을 두고, 감독관 2명과 구당공사관勾當公司官 1명이 제거관을 보좌케 했다. 상인은 시역무로부터 자금을 대출받아 장사를 할 수 있었고, 대출자금은 늦어도 1년 내에 갚아야 했다. 기한이 지날 경우 매달 2%의 벌금이 부과됐다. 외래 행상인 객상客商도 시역무에 상품을 팔거나 다른 상품과 교환할 수 있었다.

정부가 국영기업을 설립해 장사를 하는 것을 두고 중농주의를 추종한 유학자들이 대거 반발하고 나섰다. 이들을 더욱 화나게 만든 것은 정부가 아예 관원을 파견해 도성의 저잣거리에서 노점을 벌인 일이다. 추밀사樞密使 문언박이 시역법을 강력 비판하고 나선 이유다. 그가 올린 상주문 「언시역소言市易疏」의 골자이다.

"신은 최근 상국사相國寺에 향을 피우러 갔다가 해괴한 장면을 목격했습니다. 시역무가 대궐로 통하는 길인 어가御街 동쪽 회랑에서 수십 칸에 달하는 과일 노점을 차려 놓은 뒤 연일 관원을 파견해 푼돈을 벌고 있었습니다. 과일을 팔아 조그마한 이익을 얻겠다며 대국의 체통을 잃고 서민의 원망을 사는 것은 옳지 않습니다. 버려진 볏단과 벼이삭이 있어야 과부들도 그것을 주워 생활할 수 있습니다. 하물며 도성의 중심지에 시역무를 차려놓고 장사를 하면 오랑캐들의 비웃음을 살 것입니다."

시역법은 부국강병 책략의 일환으로 나온 것이다. 신종이 문언박의 거듭 된 상소에 마음이 흔들려 폐지하려고 하자 왕안석이 『주례』를 대거 인용해 신종을 설득하고 나섰다.

"『주례』는 상인에게 세금을 부과한다는 내용을 담고 있습니다. 그러나 상인에게 얼마나 세금을 매기는 게 좋은지에 대해서는 규정하지 않았습니다. 재화를 관할하는 「천부泉府」의 법에는 '팔리지 않아 민간에 적체된 상품을 적정 가격에 수매해 필요한 사람에게 다시 판매한다.'는 내용이 있습니다. 그러나 상품 가격에 관해서는 언급하지 않았습니다. 또 황제의 음식을 다룬 「선부膳府」에는 시장에 있는 진기한 음식 가운데 팔리지 않는 것을 수매해 황제에게 올린다는 내용도 있습니다. 주공周公의 법은 자질구레한 것을 부끄러워하지 않았습니다. 선왕의 법은 자연의 순리를 따르도록 했습니다. 보고 듣고 먹는 기관은 모두 머리에 달려 있으나 가려운 곳을 긁는 것은 손인 것과 같은 이치입니다. 시역법은 호상의 자본을 통제하고 남는 이익을 거둬들여 나라의 명성과 이익을 높이고, 빈궁한 자를 도와주려는 취지에서 나온 것으로 선왕의 정치에 부합합니다. 이를 두고 국가가 사소한 이익을 밝힌다고 말할 수는 없는 일입니다."

결국 신종은 시역법을 폐지하지 않았다. 시역법의 효과는 엄청났다. 전국에 걸쳐 상품 유통이 원활해지고, 재정수입 또한 크게 늘어났다. 희녕 10년(1077)에 시역법을 통해 얻은 재정수입이 그해 여름과 가을 두 번에 걸쳐 징수한 세수의 10분의 3에 달한 게 증거다. '시역법'은 관자경제학을 현실에 적용해 큰 성공을 거둔 대표적인 사례에 속한다. 자이위중이 관자경제학을 넛지 이론에 입각한 아서의 복합경제에 비유한 것은 나름 일리가 있다. 말 그대로 넛지 이론에서 말한 '부드러운 개입'에 성공한 셈이다. 사상적 연원을 따지고 올라가면 '경중 을'에 나오는 '성장지계'와 닿게 된다.

주목할 것은 '성장지계'에서 말한 곡물은 국내에서 생산된 것뿐만 아니라 외국에서 유입된 것까지 포함한 것이라는 점이다. '성장지계'가 앞에 나온 '유수지계'와 불가분의 관계를 맺고 있는 이유다. 고금을 막론하고 민생의 가장 기본이 되는 것은 식량이다. 이는 이웃한 나라의 곡물가격과 불가분의 관계를 맺고 있다. 그만큼 민감하게 반응한다는 얘기다. '유수지계'는 바로 이런 이치를 통찰한 결과물로 나온 것이다.

그런 점에서 해외로부터 대거 유입된 곡물의 보관방안까지 언급한 '성장지계'는 '유수지계'의 후속 대책에 해당한다. 국내경제가 국제경제와 불가분의 관계를 맺고 있다는 사실을 통찰한 결과로 해석할 수 있다. 국내경제와 국제경제를 연동시킨 것은 시장과 재정의 불가피성을 간파하고 시장에 대한 국가의 적극적 개입을 역설한 관자경제학의 또 다른 특징이기도 하다.

13. 시기지계時機之計 시기에 올라타 부를 쌓는 계책

제환공이 관중에게 물었다.

"재화의 수급균형에 정해진 수치가 있소?"

관중이 대답했다.

"재화의 수급균형에 정해진 수치는 없습니다. 관건은 물가를 상황에 따라 위아래로 조절하는데 있습니다. 일정하게 고정시킬 수는 없는 이유입니다."

"그렇다면 재화의 수급균형에 관한 수량을 획일적으로 조절할 수 없다는 것이오?"

관중이 대답했다.

"획일적으로 조절할 수 없습니다. 획일적으로 조절하면 가격변동이 멈추고, 가격변동이 멈추면 가격이 고정되고, 가격이 고정되면 물가의 등락이 사라지고, 물가의 등락이 사라지면 경중의 계책을 이용해 물가를 조절할 길이 없게 됩니다."

"그렇다면 물가의 등락 시기時機는 어찌해야 장악할 수 있는 것이오?"

관중이 대답했다.

"통상 1년에 4번의 수확기가 있습니다. 모두 사계절로 나뉘어 있습니다. 봄은 농사를 시작하는 계절입니다. 농사일이 시작될 때 각 가구를 십오什伍로 조직한 뒤 농부에게 농기구를 빌려줍니다. 이를 일컬어 봄의 수확시기인 춘지추春之秋라고 합니다. 여름에는 양잠하며 실과 솜을 만듭니다. 이를 일컬어 여름의 수확시기인 하지추夏之秋라고 합니다. 가을에는 만물이 성숙해 오곡을 수확합니다. 이를 일컬어 가을의 수확시기인 추지추秋之秋라고 합니다. 겨울에는 여인이 방안에서 길쌈하며 삼으로 실을 만듭니다. 이를 일컬어 겨울의 수확시기인 동지추冬之秋라고 합니다. 1년에 4번의 수확기가 있고, 모두 사계절의 사시四時로 나뉘어 있는 이유입니다. 이 4번의 수확기를 감안해 호령을 내리면 재화의 가격이 10배에서 100배까지 오르게 됩니다. 물가를 일정하게 고정시킬 수 없는 이유입니다. 재화의 수급균형에 정해진 수치가 없다고 말한 것도 바로 이 때문입니다."

'시기 지계'는 계절에 따라 국가재정을 충실히 할 수 있는 4번의 기회를 적극 활용하는 방안을 논한 것이다. 봄에 농부에게 농기구를 빌려주는 춘지추春之秋, 여름에는 양잠하며 실과 솜을 만드는 하지추夏之秋, 가을에는 만물이 성숙해 오곡을 수확하는 추지추秋之秋, 겨울에는 여인이 방안에서 길쌈하며 삼으로 실을 만드는 동지추冬之秋가 그것이다. '춘지추'와 '하지추'의 추秋는 가을을 뜻하는 게 아니라 결실 내지 수확을 뜻하는 말이다.

주목할 것은 '시기지계'가 현대 경제학의 통화주의자 입장과 서로 통하고 있는 점이다. 통화주의자의 대표격인 밀턴 프리드먼은 인플레이션을 억제코자 할 때 화폐금융정책을 틀어쥔 채 물가는 그대로 두는 게 낫다고 충고한 바 있다. 이는 관자가 '재화의 수급균형에 정해진 수치는 없다.'고 언급한 것과 취지를 같이한다. 관자경제학이 이미 수천 년 전에 경제현상을 분석하면서 정태적情態的 접근이 아닌 동태적動態的 접근을 한 결과다. 탁견이다.

『주례』「지관, 사도」에 따르면 이미 주나라 초기에 연대책임을 기초로 한 신용대출 제도가 시행됐음을 알 수 있다. 당시 백성들은 대출을 받을 때 소재지 관원이 연대책임을 졌다. 채권자와 채무자 및 소재지 관원 함께 금융기관 역할을 한 천부泉府로 가 대출수속을 밟아야 했다. 춘추시대로 들어와 서민을 위한 대출제도가 더욱 발전했다. 앞서 살핀 「구부」편 '산국궤'의 '대궤지모大軌之謀'에 나오는 다음 구절이 이를 뒷받침한다.

"소비하고도 남을 정도의 곡물을 생산한 농가에 대해서는 관부에서 잉여 곡물을 매수하면서 화폐로 값을 지불합니다. 부자 등의 대가大家에게는 많이 주고, 서민인 소가小家에게는 조금만 줍니다. 산간의 밭 등 비옥도가 떨어지는 하지와 중지를 경작하는 일반 농가에 대해서도 화폐를 빌려주어 기본적인 생활을 이어갈 수 있도록 해줍니다. 풍년이 들어 오곡의 수확이 많으면 상지를 경작하는 농부에게 말하기를, '나라에서 빌려준 액수는 얼마이고, 지금 향리의 곡물가격은 얼마이고, 10분의 7은 곡물로 돌려받고 나머지는 화폐로 대신하겠다.'고 말합니다. 그러면 시중에 곡물이 줄어들어 곡물가격은 올라가고, 화폐의 가치는 떨어지게 됩니다."

현재 중국의 도농 간 격차가 심각하다. 여기에는 농촌의 여신 경색이 크게 작용하고 있다. 중국의 4대 은행이 농촌 지역에서 거의 영업을 하지 않고 있는 게 그렇다. 그러나 모범적인 사례도 있다. 하북성 패주霸州가 그렇다. 신용등급 평가가 어려운 중소기업의 융자 문제를 해결해 주기 위해 중소기업 연대보증 대출 제도를 실시하고 있다. 신속하면서도 저렴한 비용이 장점이다.

가장 눈에 띄는 것은 전자 상거래 사이트인 알리바바阿里巴巴가 지난 2007년 건설은행과 손을 잡고 온라인 연대보증 대출제도를 내놓은 점이다. 이 금융상품이 기업들에게 커다란 인기를 얻고 있다. '시기지계'의 취지를 적극 살리고 있는 셈이다.

14. 객사지계客舍之計 객사를 지어 물자를 채우는 계책

제환공이 관중에게 물었다.

"지금 짐승의 가죽과 갈비뼈, 힘줄, 뿔을 비롯해 죽전竹箭과 우모羽毛와 상아 및 여타 가죽제품 등의 재화가 모자라오. 이를 얻을 수 있는 길이 있겠소?"

관중이 대답했다.

"오직 우회적이면서도 은밀한 방법을 통해서만 얻을 수 있습니다."

"어찌해야만 하오?"

관중이 대답했다.

"청컨대 명을 내려 먼저 여러 제후국 객상客商을 위한 객사客舍를 세우십시오. 이어 객상 가운데 화물 수레가 1승乘인 자는 식사를 제공하고, 3승인 자는 우마의 사료까지 제공하고, 5승인 자는 5명의 노비까지 제공합니다. 이같이 하면 천하의 객상이 제나라로 몰려오는 것이 마치 물이 위에서 아래로 흐르듯 할 것입니다."

'객사 지계'는 부족한 물자를 타국에서 구하는 계책을 논한 것이다. 우회적이면서도 은밀한 방법을 동원하는 게 관건이다. 관자는 구체적인 방안으로 객상客商을 위한 객사客舍를 세우고, 객상을 규모에 따라 차별대우하는 식으로 유인하는 방안을 제시했다. 객상이 몰려드는 답지遝至 현상은 곧 천하의 재화와 돈이 몰려드는 것을 의미한다. 치국의 차원을 뛰어넘는 평천하 계책의 일환으로 나온 것임을 알 수 있다. 활과 화살의 재료로 사용된 짐승의 가죽과 갈비뼈, 힘줄, 뿔 등을 수집코자 한 게 그렇다.

관자가 활약하는 춘추시대 중엽 당시 열국 모두 무력강화 차원에서 무기의 재료가 되는 짐승의 가죽과 갈비뼈 등을 수집하는데 심혈을 기울였다. '객사지계'는 상인에 대한 특혜조치를 통해 이를 매집買集하는 계책에 해당한다. 이를 두고 북경대 교수를 지낸 호기창胡寄窗은 지난 1990년에 펴낸 『중국경제사상사中國經濟思想史』에서 이같이 평했다.

"고대 중국에서 순수하게 경제적 목적으로 국제무역을 공개적으로 장려한 사람은 관자 한 사람뿐이었다!"

공개적인 국제무역을 주창한 관자의 '객사지계'를 높이 평가한 것이다. 객상은 이익에 민감할 수밖에 없다. 이익이 많이 남고 우대하는 곳으로 몰릴 수밖에 없다. 관자가 '천하의 객상이 제나라로 몰려오는 것이 마치 물이 위에서 아래로 흐르듯 할 것이다.'라고 언급한 것은 이런 이치를 통찰한 결과다. '세계의 공장'에서 '세계의 시장'으로 부상한 중국에 천하의 부상대고가 몰려드는 것과 같은 이치이다. 최고급 차인 벤츠가 중국에서 가장 많이 팔리고 있는 현실이 이를 뒷받침한다.

중국이 '세계의 공장'이 되고 나아가 '세계의 시장'으로 변신하는 과정에서 세금감면과 토지의 무상 제공 등 파격적인 대우를 약속하며 외국의 유수 기업을 대거 유치한 것도 '객사지계'를 활용한 경우다. 주목할 점은 '세계의 공장'으로 발돋움할 때 필요한 기업과 '세계의 시장'으로 변신할 때 필요한 기업의 종류와 특성이 다르다는 점이다. 여러 이유가 복합적으로 작용했겠지만 저임금을 배경으로 진출했던 많은 한국 기업이 야밤에 도주하다시피 빠져 나온 것도 이와 무관치 않을 것이다. 중국의 토종 IT업체인 샤오미가 중국시장에서 애플과 삼성을 위협하는 상황에서는 접근방식을 달리해야 한다. '세계의 시장'이 요구하는 시대적 요구를 좇지 못할 경우 패퇴를 면키 어렵다. 중국시장에서 밀리는 것은 곧 세계시장에서 퇴장당하는 것을 의미한다. 한국 기업CEO들의 심기일전 각오와 분발이 요구되는 대목이다.

제3략
경중 정 16계 – 천하의 재물을 거둬라

1. 석벽지계石璧之計 성을 쌓는다는 구실로 독점을 완성한 계책

제환공이 관중에게 물었다.

"과인은 서쪽으로 가 주나라 왕실의 천자를 조현朝見코자 하나 공물 貢物을 바치는 공헌貢獻의 비용이 부족하오. 이를 해결할 계책은 어떤 것이오?"

관중이 대답했다.

"청컨대 명을 내려 음리陰里에 성을 쌓되 성곽을 3겹, 성문을 9겹으로 만들게 하십시오. 이때 옥공玉工에게 명해 제나라에서 나는 치석菑石을 다듬어 석벽石璧을 만들게 하십시오. 석벽 가운데 길이 1척은 1만전, 8촌은 8천전, 7촌은 7천전으로 정합니다. 반면 옥돌로 된 규벽珪璧은 4천전, 구멍이 큰 벽옥인 원벽瑗璧은 5백전으로 하십시오."

다양한 규격의 석벽이 준비되자 관중은 서쪽으로 가서 천자를 조현하며 이같이 말했다.

"폐읍弊邑의 군주는 제후들을 대동한 채 선왕의 종묘를 참배하고 주나라 왕실을 조현할 생각입니다. 청컨대 호령을 발하여 천하의 제후가 선왕의 종묘를 참배하고 주나라 왕실을 조현할 때 반드시 붉은색 활인 동궁彤弓과 석벽을 패용케 하십시오. 동궁과 석벽을 패용하지 않은 제후는 입조할 수 없게 해야 합니다."

천자가 허락했다.

"잘 알겠소."

천자가 호령을 발하자 천하의 제후들 모두 황금과 주옥, 오곡, 금수錦繡, 포백布帛 등을 신고 제나라로 달려가 석벽을 다퉈 구입했다. 석벽이 천하에 널리 퍼지고, 천하의 재물이 일거에 제나라로 흘러들어온 이유다. 덕분에 제나라는 8년 동안 세금을 거둘 필요가 없었다. 이는 음리지모陰里之謀 덕분이다. 이상이 석벽으로 천하의 재물을 거두들인 계책인 석벽지계石璧之計이다.

'석벽지계'는 독점을 통한 재정 확충 계책을 논한 것이다. 고금을 막론하고 독점은 최대 이윤을 보장하는 가장 손쉬운 방법이기도 하다. 반드시 필요한 물건은 아무리 가격을 높일지라도 울며 겨자 먹는 식으로 이를 구입하지 않을 수 없기 때문이다. 주목할 것은 관자가 제나라에서 생산되지 않는 동궁彤弓까지 언급한 점이다. 당나라 때 『관자』에 주석을 가한 윤지장尹知章은 '석벽지계'를 두고 이같이 풀이해 놓았다.

"동궁은 붉은 색 활을 뜻한다. 이는 제나라에서 나는 물건이 아니다.

천자를 알현키 위해 필요한 물건을 언급할 때 석벽만 언급하지 않고 동궁까지 포함시킨 것은 '석벽지계'의 숨은 속셈을 감추기 위한 것이다."

석벽만 언급할 경우 천자가 곧바로 '석벽지계'의 속셈을 알아챌까 우려해 '덤'으로 동궁까지 끼워 넣은 것이다. 주나라 천자는 동궁과 석벽을 예물로 받을 것만 생각해 아무 생각 없이 관자의 제안을 흔쾌히 수락했다. 만일 관중의 속셈을 읽었다면 다시 생각했을 공산이 크다. 관자의 주도면밀한 계책은 단순히 '동궁'을 끼워 넣는데 그치지 않았다. 석벽의 독점을 철저히 감출 속셈으로 음리陰里에 성을 쌓는다는 그럴듯한 구실을 붙인 게 그렇다. 속셈을 철저히 숨긴 것이다. '이는 음리지모 덕분이다.'라는 표현이 이를 뒷받침한다. '석벽지계'가 통한 요체가 바로 '음리지모'에 있음을 드러낸 것이다.

당시 만일 '음리지모'를 시행하지 않았으면 주나라 왕실의 신하 가운데 누군가 관자의 속셈을 눈치 채고 천자에게 귀띔했을 가능성도 배제할 수 없다. 그러나 '음리지모' 덕분에 아무도 관자의 속셈을 눈치 채지 못했다. 상대를 기망에 빠뜨리는 최고의 계책에 속한다. '음리'는 말할 것도 없이 가공의 지명이다. 굳이 '음리'라는 가공의 지명을 끌어들인 것은 '석벽지계'가 음모陰謀의 소산이라는 취지를 밝히고자 한 것이다.

국가총력전 양상을 보이고 있는 21세기 G2시대의 관점에서 볼 때 지금은 관중이 활약할 때와는 비교할 수 없을 정도로 '음리지모'보다 훨씬 정교한 음모에 기초한 '석벽지계'가 횡행하고 있다. G1 미국을 중심으로 한 정보기술 시장에 대한 독점이 그렇다. 마이크로소프트와 애플, 구글, 페이스북 등이 운영체제인 OS와 중앙처리장치인 CPU를 독점하다시피 하고 있는 현실이 그렇다. 이보다 더 위험한 것도 있다. 이른바 컴퓨터 주소로 통하는 IP의 최상위에 있는 영문 주소 도메인을 뜻하는 이른바 루트root 서버를 독점하다시피 하고 있는 점이다. 루트 서버는 국가코드 최상위 도메인과 일반 최상위 도메인 서버의 데이터를 저장한다. 원하기만 하면 손쉽게 감청할 수 있다는 얘기다. 현재 전 세계의 13개 루트 서버 가운데 10개가 미국에 있다. 나머지 3개는 영국, 스웨덴, 일본에 있다.

이밖에 80여 개의 하부단위 서버인 미러 서버가 있다. 미러 서버는 루트 서버와 동일한 콘텐츠와 접근 권한을 갖고 있으나 루트 서버보다는 한 등급 낮다. 이밖에도 '.com'과 '.net' 등 최상위 도메인 네임 서버도 13개 가운데 8개가 미국에 있다. '.com'과 '.net'을 빌려주는 것만으로도 한 해에 10억 달러가량을 챙긴다. 중국은 지난 2003년 2급 도메인 네임인 '.cn'을 개통했다. 사실상 독점을 하고 있는 미국의 의도적인 접속차단을 우려한 결과다.

2. 청모지계菁茅之計 제사를 지내며 재정을 확충하는 계책

제환공이 관중에게 물었다.

"지금 천자를 봉양할 재용이 부족하오. 천하에 명하여 세금을 거둬들이게 하면 제후들이 좋지 않을 것이오. 이를 해결할 방안은 과연 어떤 것이오?"

관중이 대답했다.

"장강과 회수 사이의 띠 풀 가운데 줄기가 3갈래로 갈라져 뿌리 끝까지 이어지는 게 있습니다. 이를 청모菁茅라고 합니다. 청컨대 천자의 관원에게 부탁해 산지 주변에 울타리를 치고 엄히 지키게 하십시오. 천자는 태산에서 천제天祭, 양보산에서 지제地祭를 올립니다. 천하의 제후들에게 호령을 발해 명하기를, '천자를 수행해 태산과 양보산의 제사에 참가하는 제후는 반드시 청모 한 묶음을 갖고 와 제단의 자리에 깔도록 하라. 명을 좇지 않으면 천자를 수행할 수 없다.'고 하십시오."

이에 천하의 제후들이 황금을 들고 앞뒤를 다퉈가며 청모 산지로 달려갔다. 장강과 회수 사이의 청모는 앉은 자리에서 값이 10배로 올라 한 묶음에 100금이나 됐다. 천자가 3일 동안 조정에 가만히 앉아 있었는데도 천하의 황금이 마치 물이 위에서 아래로 흐르듯 주나라로 흘러들어왔다. 덕분에 주나라 왕실의 천자는 7년 동안 굳이 제후들로부터 공헌의 예를 받을 필요가 없었다. 제후에게 청모를 바치도록 한 계책 덕분이다. 이상이 청모로 천하의 재물을 거둬들인 계책인 청모지계菁茅之計이다.

'청모 지계' 역시 앞에 나온 '석벽지계'와 취지를 같이한다. 다만 제나라의 독점 이익을 꾀한 '석벽지계'와 달리 주나라 왕실의 재정을 뒷받침하려는 취지에서 나온 게 다를 뿐이다. '석벽지계'를 가능케 했던 '음리지모'가 생략된 것도 이런 맥락에서 이해할 수 있다. 천자를 섬긴다는 뚜렷한 명분이 있는 까닭에 '음리지모'까지 나아갈 필요가 없었던 것으로 보인다. 그러나 그럴듯한 구실을 대며 재정을 확충코자 한 점에서는 하등 차이가 없다.

'청모'는 원래 고대에 제사를 지낼 때 술을 거르는 도구로 사용한 풀이다. 고고학자들은 『서경』「우공禹貢」의 내용을 근거로 고대부터 남만南蠻으로 천시된 초나라가 청모를 공물로 바친 것으로 보고 있다. 그러던 것이 관자가 활약하는 춘추시대 중엽에 이르러 문득 청모의 공납貢納이 끊어졌다. 왕을 칭한 초나라가 자존심이 상한 나머지 스스로 공납을 끊은 것이다. 결국 관중은 제환공을 부추겨 제후들을 이끌고 무력시위를 벌임으로써 초나라로부터 다시 청모의 공납을 약속받았다. 명실상부한 제환공의 패업이 확인되는 순간이었다.

3. 반준지계反準之計 백성의 부채를 상환해주는 계책

제환공이 관중에게 물었다.

"과인은 일이 너무 많은 까닭에 세무 담당 관원을 부상대고와 대금업자에게 보내 세금을 거둔 뒤 이를 빈민과 농부에게 대여해 농사를 차질 없이 짓도록 만들 생각이오. 이것 말고 달리 좋은 방안이 있소?"

관중이 대답했다.

"오직 부호의 지원을 활용하는 호령을 발해야만 가능합니다."

"어찌해야 되는 것이오?"

관중이 대답했다.

"청컨대 먼저 빈서무를 남쪽, 습붕을 북쪽, 영척을 동쪽, 포숙아를 서쪽으로 파견하십시오. 이들 4인의 행로가 정해지면 제가 이들에게 호령키를, '그대들 모두 군주를 위해 사방의 대출 현황과 고리를 내며 근근이 살아가는 빈민의 숫자를 조사해 보고토록 하라!'고 하겠습니다."

포숙아가 서쪽 일대를 조사한 뒤 돌아와 보고했다.

"서쪽 백성은 제수와 황하 부근의 초택草澤에 살며 어렵과 땔감 채취로 생계를 유지하고 있습니다. 대금업자의 대여 현황을 보면 많게는 곡물 1천종, 적게는 6-7백종입니다. 1년간 이자는 곡물 1종당 1종입니다.

이자를 내는 가구는 모두 9백여 호입니다."

빈서무가 남쪽 일대를 조사한 뒤 돌아와 보고했다.

"남쪽 백성은 산곡 주변에 모여 살면서 산곡을 오르내리며 채취한 산물을 이용해 생계를 유지하고 있습니다. 산에 올라가 나무를 베어 차륜과 차축을 만들거나, 떨어진 작은 밤 등을 줍거나, 사냥을 하거나 하여 먹고삽니다. 대금업자의 대여 현황을 보면 많게는 1천만 전, 적게는 6-7백만 전입니다. 1년간 이자는 원본의 100분의 50입니다. 이자를 내는 가구는 8백여 호입니다."

영척이 동쪽 일대를 조사한 뒤 돌아와 보고했다.

"동쪽 백성은 산과 바다를 끼고 사는 까닭에 땅에 소금기가 많아 곡식이 자라지 않습니다. 산에 올라가 나무를 베어 차축을 만들거나, 바다로 나가 물고기를 잡거나 하여 생활합니다. 옷 또한 칡을 편직編織해 입는 수준에 머물러 있습니다. 대금업자의 대여 현황을 보면 가운데 정丁, 혜惠, 고高, 국國의 대성大姓이 서민을 대상으로 빌려준 것이 많게는 곡물 5천종, 적게는 3천종입니다. 1년간 이자는 곡물 1종당 5부釜입니다. 이자를 내는 가구는 8-9백호입니다."

습붕이 북쪽 일대를 조사한 뒤 돌아와 보고했다.

"북쪽 백성은 바닷가 저습지에 살면서 바닷물로 소금을 만들고, 제수濟水에 통발을 놓아 물고기를 잡고, 땔감을 채취하거나 하여 생계를 유지합니다. 대금업자의 대여 현황을 보면 많게는 1천만 전, 적게는 6-7백만 전입니다. 1년간 이자는 100분이 20입니다. 이자를 내는 가구는 9백여 호입니다."

모두 합쳐보니 사방의 대금업자는 대략 전폐 3천만 전과 곡물 3천만 종을 대여했고, 이자를 내며 생계를 유지하는 서민은 3천여 가구였다. 4

인의 보고가 끝나자 관중이 탄식했다.

"지금 제나라 백성이 한 나라에 살면서 무려 5개국에 세금을 내는 수준의 가렴주구를 당하고 있을 줄은 생각지도 못했습니다. 이런 상황에서 나라가 빈궁하지 않고, 군대가 빈약해지지 않기를 바랄지라도 과연 그게 가능하겠습니까?"

"어찌 해결해야만 하오?"

관중이 대답했다.

"오직 부호의 지원을 활용하는 호령을 발해야만 해결이 가능합니다. 청컨대 호령을 발해 헌례獻禮를 올리는 자는 반드시 악기와 무기 등이 수놓아진 아름다운 비단인 거지란고鐻枝蘭鼓를 바치게 하십시오. 그러면 반드시 앉아서 값이 10배로 뛰어오르고, 군주의 창고인 잔대棧臺에 있는 비단 또한 앉은 자리에서 값이 10배로 뛰어오를 것입니다. 이후 다시 호령을 발해 대금업자들을 불러 모은 뒤 군주가 주연을 베풀며 태재太宰로 하여금 병을 들고 일일이 이들에게 술을 올리게 하십시오. 이어 군주가 옷을 여미고 일어나 말하기를, '과인은 일이 너무 많은 까닭에 세무 담당 관원을 보내 세금을 거두고자 하오. 과인은 그대들이 가난한 백성에게 전량錢糧을 빌려주어 그들의 세금 납부를 도와주고 있다고 들었소. 과인에게 지금 악기와 무기 등을 수놓은 아름다운 비단이 있소. 1돈純당 1만 전이오. 그것으로 가난한 백성이 진 빚의 원본을 갚고, 채무를 모두 없앨 생각이오.'라고 하십시오. 그러면 대금업자들 모두 머리가 땅에 닿도록 조아리며 말하기를, '군주가 이토록 백성을 걱정하시니 저희들이 가지고 있는 채권을 모두 군주에게 바치고자 합니다.'라고 할 것입니다. 이때 군주는 말하기를, '불가하오. 그대들은 나의 가난한 백성들이 봄에 파종하고, 여름에 김을 맬 수 있게 도와주었소. 그대들의 뜻을 높이 평가하지만 과인은 그대들에게 보답할 게 없소. 만일 그대들이 아름다운 비단을 받지 않으면 과인은 결코 마음이 편치 않을 것이오.'라고 하십시오. 그러면 대금업자들이 모두 입을 모아 말하기를, '우리 모두 재배하며 공손히 받겠습니다.'라고 할 것입니다. 이같이 하면 잔대에 비축한 비단이 3천돈도 안 되지만 전국의 가난한 백성이 빌린 빚의 원본을 모두 갚고 부채를 없앨 수 있습니다. 전국의 백성이 이 말을 들으면 부모는 자식에게, 형은 아우에게 가르치며 말하기를, '씨 뿌리며 김매는 일은 나라의 시급한 사업이다. 우리가 어찌 명심하지 않을 수 있겠는가? 군주가 이토록 우리를 걱정해 주고 있는데 말이다!'라고 할 것입니다. 이를 일컬어 백성을 위해 부채를 상환해주는 계책인 반준反準이라고 합니다."

'반준지계'는 부호를 회유해 서민의 부채를 상황해주는 계책을 언급한 것이다. '균부'를 전제로 한 부국강병을 추구하는 관자경제학의 특징이 그대로 드러나는 대목이다. 여기의 '반준'은 평준平準과 대비된다는 뜻에서 나온 것이다. 비단 1돈純은 사금絲錦과 포백布帛 등의 1단段을 말한다. '돈純'은 원래 '순'으로 읽지만 도량형으로 사용될 때는 '돈'으로 읽는다.

관자가 '반준지계'를 언급한 것은 빈부의 격차가 크게 벌어지면 나라를 다스리기 어렵다고 판단한 결과다. 빈서무와 습붕 등을 사방으로 보내 민생 현황을 살피도록 한 것은 서민들을 옥죄고 있는 고리대금업의 실정을 파악해 이를 일거에 끊어내고자 하는 취지에서 나온 것이다. 그가 서민의 부채를 일거에 끊어내기 위해 고안한 계책은 고리대금의 채권자인 부상대고 등의 부호를 회유하는 계책이다. 명예심을 북돋아주면서 적극적인 협력을 끌어내고자 한 것이다.

주의할 것은 '반준지계'를 함부로 사용할 경우 자칫 투기광풍을 불러 일으킬 수 있다는 점이다. 아름다운 비단인 거지란고鍊枝蘭鼓를 대금업 자에게 팔아 얻은 돈으로 가난한 백성의 채무를 갚아준 것은 평가할 만한 일이다. 문제는 '균부' 차원이 아니라 단순히 상업적 이득을 볼 생 각으로 특정 상품의 가격을 인위적으로 올릴 경우 끔찍한 결과를 초래 할 수 있다는 점이다. 실제로 유럽에서 17세기부터 18세기 초까지 그런 일이 잇달아 일어났다. 네덜란드의 튤립 버블, 영국의 남해회사 버블, 프 랑스의 미시시피 버블이 그것이다. 이른바 '3대 버블' 사건이다.

가장 먼저 일어난 튤립 버블은 1554년 이스탄불 주재 신성로마제국 대사 뷔스베크가 오스만 제국 황실 화원에서 본 튤립의 종자를 손에 넣은 뒤 비엔나에 있는 친구이자 식물학자인 클루시우스에게 보낸 데 서 시작한다. 클루시우스는 1593년 네덜란드 레이던대 식물원 책임자로 부임했다. 1588년 스페인으로부터 독립한 네덜란드는 이후 100년 이상 중상주의의 선도국으로서 번영을 누렸다. 세계 최초의 주식회사인 연합 동인도회사가 세계의 대양을 누비면서 국제무역을 주도하였고 암스테르 담이 세계 금융의 중심지로서 이름을 떨쳤다. 튤립은 신흥 부국 네덜란 드와 그 중심축인 상인 계층의 찬란한 번영을 상징하는 기념물로 떠올 랐다. 품종이 개량되면서 단색보다는 둘 이상의 색깔이 줄무늬나 불꽃 무늬를 이룬 품종이 특히 인기를 끌었다. 사실 이런 무늬는 바이러스에 알뿌리가 감염되어 발생하는 것이었다. 이 바이러스에 걸린 튤립은 쉽 게 번식하지 못하기 때문에 단기간에 공급을 늘릴 수 없었다. 인기 품 종은 대개 부왕副王, 제독, 장군 등의 호칭이 붙어 있었다. 역사상 가장 비싼 튤립은 '셈페르 아우구스투스Semper Augustus'라는 품종이었다.

'영원한 황제'라는 뜻이다. 흰 바탕에 진한 빨강의 무늬가 화려했던 이 품종은 1630년대 '튤립광' 시대를 이끈 최고의 명품이었다.

명품 튤립은 1637년 상반기 네덜란드에서 사상 최고가를 기록하였다. 알뿌리 하나에 숙련된 장인이 버는 연소득의 10배나 되었다. 가격 폭등은 바이러스 탓에 인기 품종의 공급이 제한되었다는 사실도 작용했지만 1636년 금융시장에서 선물계약이라는 새로운 기법이 확산된 게 더 결정적이었다. 여기에 옵션 계약이 더해졌다.

계약자는 튤립 가격이 떨어지면 구입을 포기하고 소액의 벌금만 내면 되도록 1637년에 새 법령이 제정됐다. 유례가 없는 투기 광풍의 배경에는 선물과 옵션이라는 새로운 파생금융상품의 등장이 있었다. 사람들은 이를 '바람거래'라고 했다. 튤립 자체의 이동 없이 금융거래에 의해 손만 바뀐다는 의미다. 투기 열풍이 불면서 단타매매가 급증하고 가격이 폭등했다. 투매가 이어지고 파산자가 속출하자 결국 정부가 개입해 계약을 일괄 무효화하는 것으로 사태를 정리하였다. 튤립 버블은 21세기 현재까지 3백여 년 동안 투기광풍의 상징인 버블의 대표적인 사례로 인용되고 있다.

'거품경제bubble economy' 용어를 만들어낸 남해회사The South Sea Company 버블은 주식 투기의 배경이 얼마나 사악한 모습을 하고 있는지 여실히 보여준다. 최근 남해회사 버블 사건을 비롯한 각종 투기 사건에 대한 재평가가 그렇다. 버블의 배경을 비이성적 충동이나 단순한 인간과 시장의 탐욕으로만 설명하는 것은 적절하지 않다는 것이다. 이를 강조하다 보면 사건의 진짜 주인공인 정부나 공직자, 정부의 실패에 면죄부를 줄 가능성이 크다는 이유다. 남해회사 버블의 전말이 꼭 그렇다.

남해회사가 설립된 18세기 초 영국은 주식시장 시스템이 크게 발달해 있었다. 1700년께 주요 주식거래소에 주식 가격과 정보를 알려주는 통신사도 생겨났다. 1688년 주식회사 3곳만 있던 런던주식시장에 6년 뒤 53개의 주식회사가 이름을 올렸다. 18세기 초 또다시 주식회사 설립 붐이 일어났다. 남해회사 버들이 일어난 1720년에는 200여 개의 주식 회사가 존재했다.

남해회사는 1711년 존 블런트와 조지 카스웰 등 일단의 은행가에 의해 설립됐다. 당시 영국은 스페인 왕위계승 전쟁에서 프랑스를 상대로 전쟁을 치르며 부채가 크게 늘어나 커다란 어려움을 겪고 있었다. 총 1000만 파운드에 달했다. 남해회사는 주식발행을 통해 국채 900만 파운드를 인수하면서 정부로부터 연리 6%를 보장받는 한편 '남해지역'의 무역독점권을 획득했다. '남해'는 남미지역을 말한다. 오리노코 강부터 티에라 델 푸에고까지의 남미 동해안 지역과 전체 서해안을 아우르는 지역이다. 당시 영국인에게는 남미는 자원과 노예무역을 통해 떼돈을 벌 수 있는 곳으로 알려져 있었다.

남해회사는 영국 정부의 국채를 인수해 연 54만 파운드의 이자 수입을 보장받았을 뿐만 아니라 부의 보고로 불리는 남해의 무역독점권까지 따냈다. 영국 정부는 무역독점권 특혜가 활용될 수 있도록 배 4척도 제공했다. 당시 사람들은 남해 지역에서 노예무역 우선권을 갖고 있는 스페인과의 스페인 왕위계승 전쟁에서 승리한 까닭에 큰 기대를 걸었다. 그러나 스페인의 특권 약간 제한된 것일 뿐이다. 남해회사의 첫 항해는 1717년이 돼서야 시작됐다. 그것도 배 한 척만이 허용됐다. 남해회사는 이내 곤경에 처했다.

영국 정부는 다시 터진 스페인과의 전쟁으로 인해 부채가 급격하게 쌓여갔다. 1720년 초 남해회사가 영국 정부에 매력적인 제안을 했다. 회사자본을 무한정으로 증자할 수 있고, 원하는 가격에 주식을 발행할 수 있게 해주면 낮은 이자인 연리 5%로 국채 3,200만 파운드를 인수하겠다는 조건이었다. 이게 성사됐다. 사람들이 앞 다퉈 남해회사 주식을 사들인 이유다. 여기에는 의회 논의 과정에서 남해회사가 강력한 경쟁자 잉글랜드은행을 제친 게 결정적인 배경으로 작용했다. 이 소식이 전해지자 주가는 128파운드에서 160파운드로 뛰었다. 회사는 4회에 걸쳐 주식을 발행했다. 발행된 주식 모두 두세 시간 만에 소진됐다.

당시 남해회사뿐 아니라 거의 모든 회사의 주가가 동반 상승했다. 회사가 난립한 이유다. 남해회사는 새로운 회사의 등장을 꺼렸다. 이해 6월 주식 상장을 어렵게 하고 본래 사업 목적을 벗어나지 못하도록 규제하는 '버블법The Bubble Act'이 통과된 배경이다. 남해회사의 특권을 보호하려는 취지였으나 결과적으로 거품의 단초를 제공했다. 이해 8월 24일 4개 회사에 대한 법률위반 영장이 주가 하락의 신호탄으로 작용한 결과다. 모든 회사의 주가가 일거에 폭락했다. 졸지에 파산한 많은 사람이 자살했다. 만유인력법칙을 발견한 과학자 뉴턴은 남해회사 주식으로 7천 파운드를 벌었지만 이후 주가 폭락으로 2만 파운드의 손해를 봤다. 요즘의 돈으로 약 20억 원에 달했다. 그는 이런 말을 남겼다.

"나는 천체의 움직임까지도 계산할 수 있지만 인간의 광기는 도저히 계산할 수가 없다!"

당시 투자자들의 분노는 남해회사의 이사와 남해회사의 주식을 뇌물로 받은 정치인에게 집중됐다. 스탄호프 정권이 붕괴되고, 본인은 급사했다. 이 와중에 버블과 관련된 정부인사와 왕실인사 명단이 적힌 '녹색 장부'와 핵심 증인인 남해회사 회계 과장 로버트 나이트가 잠적했다. 나이트는 이내 벨기에에서 체포됐지만 영국으로 송환되지 않았다. 그가 증언대에 서게 되면 장관뿐만 아니라 왕실에까지 영향을 미칠 것은 분명했다.

재정 전문가 로버트 월폴의 내각이 들어섰다. 그는 1721년까지 남해회사 사건의 처리 방침을 확정했다. 다시 경제가 회복 궤도에 올랐으나 월폴은 사건을 애매하게 마무리 했다. 일관되게 뇌물을 받은 장관과 남해회사 이사들을 감싸는 발언을 반복한 게 그렇다. 토리당에게 정권이 넘어갈 것을 우려한 것이다. 덕분에 국왕 조지 1세의 신뢰를 얻은 그는 1742년까지 정권을 잡았고, 의원내각제의 기틀을 닦게 됐다.

아이러니하게도 남해 버블은 공인회계사 제도와 회계감사 제도를 탄생시키는 배경이 되기도 했다. 당시 의회에는 남해 버블의 책임을 추궁하기 위한 위원회가 설립돼 있었다. 여기서 남해회사의 회계 기록을 자세히 알고 있는 간부 가운데 한 명인 브리지가 경영한 브리지 상회의 장부를 조사했다. 그 결과가 '브리지 상회 장부에 대한 소견'이라는 보고서로 나타났다. 이것이 세계 최초의 회계감사 보고서이다. 남해 거품 사건이 공인회계사와 회계감사 제도를 탄생시킨 배경이다.

남해회사 버블과 비슷한 시기에 터진 프랑스의 미시시피 버블은 프랑스혁명의 도화선이 된 것으로 유명하다. 일각에서는 프랑스 식민지였던 북미 미시시피 강변 루이지애나의 개발과 무역독점권을 통해 얻게 될 부에 대한 환상에서 빚어진 시장의 광기로 보기도 하나 이 역시 프랑스 왕실의 섭정과 존 로John Law라는 인물이 만들어낸 인재였다.

존 로는 스코틀랜드의 부유한 은행가의 아들로 1671년 에든버러에서 태어났다. 젊은 나이에 많은 상속을 받고 런던에서 도박사로 명성을 떨쳤다. 1694년 결투로 연적을 죽인 죄로 수감됐으나 이내 뇌물을 주고 네덜란드로 탈출했다. 이후 10년 동안 암스테르담 등 유럽을 떠돌며 유태인들로부터 금융기법을 배웠다. 1703년 스코틀랜드로 돌아온 그는 1705년 토지에 기초해 화폐를 발행하는 은행에 대한 계획을 스코틀랜드 의회에 제시했으나 이내 거부됐다. 그는 평소 친분을 쌓아둔 프랑스 오를레앙 공 필리프 2세가 루이 15세의 섭정이 되자 자신의 계획을 프랑스에서 실험코자 했다.

당초 루이 14세는 무려 72년 동안 재위하면서 프랑스를 군사대국으로 만든 장본인이다. 그러나 그는 흉노를 정벌한 한무제와 마찬가지로 말년에는 재정을 파탄상태로 만들었다. 1715년 프랑스 정부 부채는 30억 리브르에 달했다. 당시 1년 재정수입은 1억6,500만 리브르에 불과했다. 부채의 1년 이자만 8,600만 리브르에 달했다. 1709년 금과 은을 감추거나 해외로 유출하는 사태가 빚어졌다. 리브르 가치가 계속 하락한 탓이다. 여러모로 한무제 말기의 모습과 닮았다.

원래 프랑스는 루이 14세 때 유럽 최고의 부를 자랑했다. 여기에는 중상주의자인 재무장관인 콜베르Colbert의 공이 컸다. 비록 단기간 내 산업을 키우겠다는 욕심이 만든 지나친 규제로 민간 자본 축적을 저해했다는 비판도 있지만 통상 프랑스 산업의 기반을 닦았다는 칭송을 받고 있다. 그는 자신의 구상을 구체화하기 위해 각국에서 다양한 장인들을 불러보았다. 네덜란드에서는 조선공을, 스웨덴에서는 광산기술자를, 이탈리아에서는 유리제조공을 불러들여 산업을 발전시켰다. 비록 위그노를 탄압했지만 무역과 해운업 및 조선업 등에 종사하는 위그노들에게는 차별을 하지 않았다. 프랑스가 유럽에서 가장 부강한 나라가 된 배경이다.

주목할 것은 그가 관자경제학과 유사한 방식을 동원한 점이다. 수출 증대와 수입 억제, 상선대商船隊와 해군력 증강, 생산시설의 보호와 육성

등이 그렇다. 모두 『관자』를 관통하는 키워드인 경세제민과 부국강병 책략에 해당한다.

그러나 프랑스는 1683년 콜베르가 사망하고 1685년 루이 14세가 위그노에 대한 차별을 조건부로 없앤 낭트칙령을 폐지하면서 점차 쇠락의 길을 걷게 됐다. 루이 14세의 사치가 화근이었다. 그는 베르사유 궁전을 짓는 등 사치와 전쟁에 돈을 쏟아 부었다. 재정이 악화일로의 길을 걸은 이유다. 그가 겨우 5세에 불과한 루이 15세를 남겨두고 숨을 거둔 1715년 당시 정부의 채무는 30억 리브르에 달했다. 연간 재정수입 1억 4500만 리브르에, 지출 1억 4200만 리브르를 뺀 나머지 300만 리브르로는 이자조차 전부 내지 못할 지경이었다.

존 로는 바로 이런 시기에 루이 15세의 섭정인 오를레앙 공 필리프 2세 앞에 나타난 것이다. 여기에는 섭정 필리프 2세가 부유층의 은닉 재산을 찾아내 세금을 늘리려고 시도했다가 실패로 돌아간 게 크게 작용했다. 필리프 2세 앞에 나타난 존 로는 획기적인 아이디어를 내놓았다. 바로 통화 공급 정책이다. 영국이나 네덜란드처럼 주화만을 고집하면 통화부족 현상이 생긴다며 자기에게 기회를 주면 지폐를 발행해 거액의 채무를 일거에 다 갚아줄 수 있다고 호언했다. 그가 필리프 2세의 전폭적인 지원 하에 1716년 5월 '방크 제네랄Banque Générale'을 설립케 된 배경이다.

자본금 600만 리브르로 출발한 프랑스 최초의 은행 '방크 제네랄'이 발행한 지폐는 초기에 대성공을 거뒀다. '방크 제네랄'은 2년 뒤인 1718년 왕립은행인 '방크 루아얄Banque Royale'로 바뀌었다. 원래 '방크 제네랄'의 은행권은 법정화폐가 아닌 까닭에 금화 단위로 표시됐고, 소지자가 원하면 금화로 바꿔줘야 했다. 그러나 주식을 모두 왕이 보유한

'방크 루아얄'로 변신하면서 사정이 달라졌다. 기존 금화를 배제시키며 왕립은행의 은행권을 법정화폐로 바꿔나간 게 그렇다. '방크 루아얄'의 지폐는 사상 최초의 전면적 불환지폐에 해당한다.

당시 경제가 잘 돌아가는 데 놀란 필리프 2세는 존 로가 새로 제시한 미시시피 회사 설립과 운영계획도 그대로 승인했다. 필리프 2세가 이를 허용한 것은 주식의 매각대금을 프랑스 국채로 받겠다는 계획에 솔깃해 한 결과다. 골치 아픈 채무를 해결하고 식민지도 개발할 수 있는 일석이 조의 효과를 기대한 것이다. 덕분에 존 로는 담배 판매와 프랑스 동인도 회사, 중국회사, 세금청부회사 설립까지 허락받았다.

원래 미시시피 회사는 1717년 프랑스 식민지인 미시시피 강을 끼고 있는 루이지애나를 개발하고, 무역독점권을 이용하려는 목적으로 설립 됐다. 당시 존 로는 아무도 관심을 가지지 않던 미시시피 회사의 경영권 을 획득한 뒤 이름을 '서방회사Compagnie d'Occident'로 고쳤다. 1718 년 여름부터 여타 무역독점권과 징세권을 사들였다. 프랑스 정부는 그 에게 북아메리카와 서인도 제도와의 무역에 대한 25년 독점권을 주었 다. 1719년 서방회사는 동인도 회사, 중국 회사, 기타 프랑스 무역 회사 를 합병하여 '인도회사Compagnie des Indes'를 만들었다. 인도회사는 프랑스 정부 소유인 루이지애나를 적극 개발해 민부民富와 국부國富를 동시에 증대한다는 기치를 내세웠다.

당시 존 로는 인도회사의 주식을 일반 공모했다. 식민지 건설은 곧 황 금의 유입으로 인식된 까닭에 주가는 날로 치솟았다. 게다가 존 로는 왕실의 절대적인 신임을 받고 있었다. 사람들이 인도회사의 주식을 사 기 위해 안달이 난 이유다. 주가가 약세로 돌아가려고 할 때마다 대형 호재가 잇달아 터져 나와 반등세를 이끌었다. 1720년 1주의 주가가 1만

5천 리브르에 달했다. 회사의 시가 평가액은 75억 리브르였다. 엄청난 양이었다.

존 로가 프랑스 내에서 가장 영향력 있고 누구나 만나보고 싶어 하는 인물로 떠오른 이유다. 한 귀족 부인이 그가 지나가는 길목에서 일부러 마차가 뒤집히는 사고를 낸 뒤 놀라서 달려온 그에게 사정해 주식을 추가로 얻어내는 일까지 벌어졌다. 그가 일거에 재무총감 자리와 공작 작위까지 얻게 된 배경이다.

그러나 준비자산도 없이 주식물량을 너무 많이 공급하고 불환지폐까지 남발한 게 결국 문제를 만들었다. 주가가 급등하면서 덩달아 오른 물가도 존 로를 압박했다. 당시 그는 정부채권 소지자들이 인도회사의 주식을 사도록 유도하기 위해 주가를 시장가격 이상으로 고정하는 정책을 실시했다. '방크 루아얄'의 은행권을 대량 발행한 이유다. 그러나 이는 인플레이션을 야기했다. 빵과 우유 등 기본 식품 가격이 6배, 의복은 3배나 올랐다. 물가가 더 오를 것으로 생각한 사람들은 인도회사의 주식과 '방크 루아얄' 은행권을 부동산이나 금화 내지 은화와 바꾸기 시작했다. 태환해 줄 금이나 은이 지폐 발행고의 2퍼센트에 불과한 상황에서 이를 황급히 막아야만 했다. 그는 '방크 루아얄'의 지폐를 유일한 법정화폐로 지정하고, 지폐와 금화의 교환비율을 변경시키는 식으로 거액의 금과 은 거래를 제한코자 했다.

그러나 1720년 5월 '방크 루아얄'의 은행권은 이미 시장의 신뢰를 잃고 있었다. 이후 6개월간 그는 은행권을 다시 매입하고 부채 전환 계획을 발표하는 등 회사의 파산을 막기 위해 노력했으나 모두 무위로 끝났다. 법정화폐인 지폐가 일상화된 21세기의 관점에서 보면 이상하게 보일지 모르나 당시만 해도 지폐는 금화나 은화를 손에 넣기 위한 보증서에 불과했다.

더구나 그는 배당할 재원이 없으면 회사들을 합병하고, 더 많은 은행권을 발행하는 식으로 지폐의 가치를 유지코자 했다. 4년 새 통화량을 4배로 늘리게 된 배경이다. 필연적으로 인플레이션이 뒤따를 수밖에 없었다. 물가가 천정부지로 치솟으면서 인도회사의 주가가 폭락한 배경이다. 당시 왕실은 국채 부담에서 벗어났지만 국채 투자자들의 손에는 가치가 10분의 1로 줄어든 인도회사 주식만 남게 됐다. 국채투자자들과 인플레이션으로 실질소득이 줄어든 사람들이 정부 빚을 대신 갚아준 셈이다.

분노한 시민들이 들고 일어나자 존 로는 필리프 2세의 명에 의해 이내 재무총감 자리에서 해임됐다. 2달 뒤 정부의 조사보고서가 나오고 모든 책임은 외국인 출신 존 로에게 돌아갔다. 그는 황급히 외국으로 달아났다. 우연의 일치인지 모르나 당시 영국에서는 남해회사 버블이 절정에 이르던 때였다.

4년 동안 프랑스에 휘몰아쳤던 광풍은 재정을 더욱 엉망으로 만들고 물가의 폭등을 야기해 서민들을 곤궁으로 몰아넣었다. 역대 재무총감 모두 세금제도를 개혁해 재정난을 피하려고 했지만 귀족층의 거센 반발에 부딪쳐 번번이 좌절됐다. 그 사이 계급 간의 위화감이 깊어졌다. 이는 끝내 프랑스 시민혁명으로 이어졌다.

당시 버블이 꺼지면서 미시시피와 루이지애나는 쓸모도 없는데다 오히려 손해만 입힌 땅이라는 인식이 널리 퍼졌다. 1803년 루이지애나를 미국에 헐값에 팔아버린 배경이다. 투기의 광기가 황금알을 낳는 거위를 죽인 셈이다. 존 로의 실험이 안긴 후유증은 21세기까지 이어지고 있다. 프랑스에서 은행의 명칭을 '방크' 대신 회사를 뜻하는 소시에테나 신용을 의미하는 크레디로 쓰는 이유다. '방크'는 모두 외국계 은행이다. 200여 년 전의 쓰라린 기억이 은행 자체에 대한 불신으로 이어진 후과다.

구미에는 이후에도 유사한 버블이 계속 일어났다. 21세기에 터져 나온 월스트리트 발 금융대란도 주택담보 버블의 일종으로 볼 수 있다. 큰 틀에서 볼 때 서구에서 잇달아 터져 나온 모든 버블은 『관자』「경중」편 '경중 정'이 말하는 '반준지계'의 가르침을 좇지 않은 결과로 볼 수 있다. '반준지계'는 반드시 '균부'에 초점을 맞춰야 업적 이득을 볼 요량으로 특정 상품의 가격을 인위적으로 올릴 경우 반드시 버블을 부르게 된다.

21세기 G2시대의 관점에서 볼 때 '균부'에 초점을 맞춘 '반준지계'는 여전히 유효하다. 예컨대 대통령이 재벌 총수들을 청와대로 불러 함께 식사를 하며 기업의 사회적 책임에 대한 동의를 얻어내는 게 그렇다. 이때 훈장이나 포장 등의 명예를 안겨주는 방안을 적극 강구할 필요가 있다. 고금을 막론하고 금력金力은 권력權力에 상응하는 까닭에 부상대고는 권력을 높이 평가하지 않는다. 그러나 명예는 다르다. 이는 돈으로 살 수 없는 것이다. 인간은 정도의 차이만 있을 뿐 이른바 호명오욕好名惡辱의 심성을 공히 지니고 있다. 명예를 추구하며 치욕을 당하는 것을 극도로 꺼리는 것을 말한다. 호리오해好利惡害와 궤를 같이한다. 사회생활을 영위하는 영장류 모두 호리오해의 본성을 지니고 있다. 그러나 '호명오욕'은 오직 인간만이 지니고 있는 것이다. 훈장과 포장 등의 영예가 바로 부호의 이런 명예심을 충족시켜줄 수 있다. 21세기에도 '반준지계'가 그대로 먹힐 수 있다는 얘기다.

4. 국준지계國準之計 재물로 천하를 다스리는 계책

관중이 제환공에게 말했다.

"옛날 경중가인 계탁癸度은 다른 나라를 방문할 때마다 반드시 천하 각국의 물가를 살폈습니다. 천하의 물가가 높으면 응당 함께 높여야 합니다. 천하의 물가가 높은데 자국만 유독 낮으면 반드시 그 나라는 살아남기 힘듭니다."

제환공이 물었다.

"그게 무슨 말이오?"

관중이 대답했다.

"전에 내萊나라에서 염색을 잘하는 사람이 만든 자색 명주실이 1돈純에 값이 황금 4분의 1량兩인 1치錙, 자색 명주실로 만든 인끈 역시 1돈에 값이 황금 1치였습니다. 당시 주나라에서는 같은 물건이 황금 10근斤이나 나갔습니다. 내나라 상인이 이 얘기를 듣고 다퉈 사들이자 주나라의 자색 명주실과 인끈이 일순 바닥나고 말았습니다. 주나라 사람이 이를 알고 당시 국제교역의 결제화폐로 사용되던 딱지를 대거 저당 잡아 사실상 내나라 상인의 보유한 자색 명주실과 인끈을 손에 넣었습니다. 내나라 상인은 결국 자색 명주실과 인끈의 소유권을 잃고 점유권만 보증하는 딱지만 손에 쥐는 꼴이 되었습니다. 이는 내나라 상인이 스스로 자색 명주실과 인끈을 내놓고 딱지를 산 탓입니다. 이로써 보면 이용할 때 이용할 줄 알고, 기회가 왔을 때 속히 올라탈 줄 알아야 합니다. 이것이 천하를 이용해 천하를 제압하는 이른바 '이천하제천하以天下制天下'계책을 통해 국제교역의 평형을 이루는 국준國準이라고 합니다."

'**국준**지계'는 천하의 재물을 이용해 천하를 통제하는 이른바 이천하제천하以天下制天下의 계책을 논한 것이다. 관건은 화폐정책을 통해 재화를 손에 넣는데 있다. '주나라 사람이 이를 알고 당시 국제교역의 결제화폐로 사용되던 딱지를 대거 저당 잡아 사실상 내나라 상인의 보유한 자색 명주실과 인끈을 손에 넣었다.'고 언급한 게 그렇다. 당시 주나라 사람이 발행한 결제화폐는 일종의 어음에 해당하다. 종이쪽지에 불과한 어음을 받아든 내나라 상인이 실물 재화인 자색 명주실과 인끈의 소유권을 잃고 딱지만 손에 쥐는 꼴이 된 이유다.

21세기에도 유사한 일이 빚어지고 있다. 바로 유일한 기축통화로 통용되고 있는 달러를 쥐고 있는 게 그렇다. 앞서 '반준지계'의 반면교사 사례로 든 미시시피 버블을 통해 알 수 있듯이 금과 은 등의 금속화폐 내지 곡물 등의 실물 재화가 뒷받침되지 않는 한 지폐의 남발은 반드시 버블을 부르게 마련이다. 미국이 2008년의 월스트리트 발 금융위기 이후 이른바 '양적완화'를 통해 어느 정도 버블을 잠재우기는 했으나 이는 더 큰 버블의 불길한 전조에 해당한다. 월스트리트 투기금융이 천문학적인 지원을 받고도 보너스 잔치를 벌인 게 그렇다. 미국에서는 아무도 이를 제지하지 못하고 있다. 더구나 전대미문의 IMF환란을 겪은 한국을 비롯해 태국 등의 동남아는 물론 디폴트 상태에 몰린 아르헨티나 등의 남미 모두 월스트리트 투기금융의 속셈을 훤히 읽고 있다. 학습효과 덕분이다.

주목할 것은 『관자』를 옆에 끼고 사는 자금성의 수뇌부가 점유권만 있는 딱지 어음만 손에 든 채 앉은 자리에서 당하는 식의 어리석은 짓을 결코 하지 않을 것이라는 점이다. 주나라 사람이 화폐발행권을 장악해 내나라 비단을 싹쓸이한 '국준지계'의 흑막을 모를 리 없다.

실제로 자이위중의 『국부책』은 미국의 '국준지계'를 적나라하게 폭로하고 있다. 독일계 기자 출신 경제학자인 윌리엄 엥달W. Engdahl이 지난 2004년에 펴낸 『석유전쟁, 영미의 석유패권과 새로운 세계질서』를 인용해 미국이 구사하는 '국준지계'의 그 흑막을 상세히 까발려 놓은 게 그렇다. 엥달은 미국이 천하를 이용해 천하를 제압하는 이른바 '이천하 제천하' 계책을 잇달아 폭로한 까닭에 중국의 식자층 내에서 커다란 인기를 얻고 있다. 그는 지난 2007년 『파괴의 씨앗』, 2009년 『전방위 지배』, 2010년 『월스트리트와 미국시대의 죽음』, 2012년 『신화, 거짓 그리고 석유전쟁』, 2013년 『타겟 차이나, 워싱턴과 월스트리트는 아시아의 용을 어떻게 포위코자 했는가』 등을 잇달아 펴냈다. 엥달이 이런 연작은 미국의 주류 사회가 싫어하는 대표적인 좌파경제학자인 사실과 무관치 않다. 자금성 수뇌부를 비롯한 중국인들은 『타겟 차이나』의 제목을 통해 알 수 있듯이 엥달을 서구의 최고 작가로 꼽고 있다.

엥달은 지난 30년간 석유 지정학 문제를 집요하게 연구해왔다. 『석유전쟁』이 그 결과물이다. 지난 1980년대 후반 소련과 동구권의 붕괴로 평화의 시대가 곧 도래할 것으로 생각했으나 세계는 여전히 대립과 갈등, 전쟁과 빈곤의 연속선상에서 벗어나지 못하고 있으며 『석유전쟁』에 따르면 모두 미국의 패권 야욕에 의한 것이다. 엥달은 두 차례에 걸친 세계대전과 최근의 이라크 전쟁, 그리고 코소보 사태, 아프리카 내전, 영국의 아르헨티나 공격 등이 모두 석유 때문에 비롯되었다고 주장했다. 이란의 팔레비 왕과 호메이니에 의한 정권 교체도 석유 때문에 빚어졌다. 한국을 포함한 아시아의 IMF환란도 직간접적으로 석유와 연관이 있다는 것이다.

제2차 세계대전을 실질적으로 이끌 때까지만 해도 대영제국이 세상을 이끌었다. 영국의 '금'은 세계 신용의 공급원으로서 파운드 스털링화의 토대가 되었다. '스털링처럼 좋은'이란 표현은 곧 대영제국의 위력을 상징한 관용구였다. 그런 영국에 대적하여 프랑스와 독일은 때로 손을 잡기도, 때로 손을 떨치기도 했다. 드레퓌스 사건도 단순한 프랑스와 독일만의 문제가 아니었다. 영국에 대적하여 협력을 모색하는 프랑스와 독일의 사이를 벌려놓기 위해 영국정보부는 치밀하게 이 사건을 이용했다. 제1차 세계대전도 독일이 중동지역으로부터 안정적으로 석유 공급을 위해 부설하려던 베를린–바그다드 노선에 대한 영국의 저지에 따른 것이었다.

그의 주장에 따르면 영국이 독일에 선전포고한 실질적인 이유가 1914년 8월 전야에 영국 재무성과 대영제국의 재원이 사실상 파산상태에 있었기 때문이라는 사실은 전혀 알려지지 않았다. 히틀러의 나치당이 집권하는 데 결정적인 역할을 한 것 또한 영국이었다고 한다. 1930년 선거에서 겨우 600만 표밖에 얻지 못한 히틀러를 도운 것은 잉글랜드은행 총재 노먼과 잉글랜드은행 이사회 일원인 티아크스 등의 국제적인 지원이었다. 영국은 독일이 소련의 방패막이 역할을 해주리라 믿었지만 예상이 빗나가 독소불가침조약으로 세계대전을 맞이하게 됐다는 것이다.

이 무렵 영국과 미국은 10여 년 넘게 석유 장악력을 확고히 하기 위해 서로 간에 격렬하게 부딪쳤다. 결국 1928년 현상유지를 골자로 한 아크나카리 협정으로 석유 동반자의 길을 걷게 되었다. 그 결과 탄생한 게 바로 일곱 자매를 뜻하는 영미의 7대 메이저 석유회사이다. 엑슨, 모빌, 걸프, 텍사코, 셰브런, 로열더치셸, 브리티시석유회사가 그것이다. 일명 '세븐 시스터스'로 불리는 이들 7대 메이저 석유회사는 전 세계 석유의 채굴과 정유, 판매에 대한 독점적 권리를 행사했다. 이들의 은밀할 카르텔 지배력을 깨뜨리려는 위협에 대해서는 가차 없는 응징을 가했다. 석유재벌과 영미의 금융가가 '석유' 패권의 유지와 확대를 위해 영미 정부에 압력을 가하거나 석유시장을 임의로 조절한 것이다. 흔히 알려져 있는 제1, 2차 석유파동은 결코 OPEC에 의한 게 아니라 이들 '세븐 시스터스'와 영미의 금융세력, 이들과 결탁한 고위 관원의 작품이라는 것이다.

그 결과로 태어난 게 '금본위제'의 브레턴우즈체제이다. 이는 '미국의 세기'가 도래했음을 의미했다. 브레턴우즈체제는 3가지 핵심으로 구성돼 있다. 첫째, 회원국의 분담금으로 국제수지 균형이 위기에 처할 때 사용할 수 있는 긴급 준비금을 조성하는 국제통화기금 즉 IMF이다. 둘째 대규모 공공 프로젝트를 위해 회원국 정부에 차관을 공여하는 세계은행 즉 World Bank이다. 셋째, '자유무역'의 조정된 의제들을 만들어내는 임무를 띤 관세 및 무역에 관한 일반협정 즉 GATT이다.

겉으로 보기엔 그럴듯한 국제기구이나 속을 들여다보면 영미 양국을 위한 것이다. 특히 IMF와 세계은행의 실질적인 표결 통제권은 영미에 주어져 있다. 브레턴우즈체제는 회원국의 통화를 달러화와 연동시킴으로써 달러화를 세계의 가장 강력한 통화로 만들었다. 이제 미국은 자국의 해안에서 멀리 떨어진 나라에서 전략적 이익을 통제하는 영국의 노선을 본받아 20세기 중반 이래 실질적인 패권국이 되었다.

브레턴우즈체제의 목적은 미국이 '석유'와 '달러'를 매개로 전 세계를 장악하는 것을 돕는데 있다. 가장 극명하게 드러난 최근의 이라크 전쟁이다. 후세인을 몰아내고 민주주의 체제를 공고히 하려는 취지가 아니다. 바로 중동의 풍부한 석유 때문이다. 이에 앞서 지난 1950년대 이탈리아 민족주의자 마테이가 석유와 개발에 독립을 시도했다. 결국 1962년 10월 27일 마테이를 태운 비행기가 시칠리아에서 밀라노로 가던 가운데 공중 폭발했다. 로마 주재 CIA 책임자 토머스 카라메신스는 아무런 해명 없이 로마를 떠났다. 이후 그는 살바도르 아옌데 정권에 대한 칠레의 군사쿠데타에도 관여했다. 마테이가 의문사 했을 당시 매콘 CIA 국장은 셰브런 석유회사의 주식을 100만 달러 이상 보유하고 있었다. 미국은 마테이 암살에 관한 카라메신스의 보고서를 국가안보를 이유로 아직까지 공개하지 않고 있다.

금본위 폐지 과정도 유사한 맥락이다. 1969년 말 미국경제에 쇠퇴의 조짐이 나타났다. 미국 정부는 부득불 금리를 대폭 인하했다. 투자자들이 앞다퉈 자금을 빼내기 시작했다. 1971년 5월 처음으로 월별 무역적자를 기록했다. 세계적인 달러화 순매도 현상이 빚어졌다. 이해 8월부터 서구 국가들이 거액의 달러화로 미국의 금을 매입하려 한다는 소문이 무성했다. 결국 8월 15일 닉슨 정부는 태화제도를 정지한다고 선언했다. 1944년부터 시작된 브레턴우즈 협정의 파기를 뜻한다. 미시시피 버블 당시 프랑스 왕실의 전폭적인 지원이 있었음에도 존 로는 '방크 루아얄'의 은행권을 법정화폐로 만드는데 실패했지만 막강한 군사력을 지닌 미국은 태환권에 불과했던 달러를 법정화폐로 만드는데 성공했다.

주목할 것은 미국이 이를 계기로 달러를 마구 찍어낼 수 있는 구실을 얻게 된 점이다. 그게 21세기 현재까지 지속되고 있다. 종이돈이 세계의 법정화폐로 자리 잡은 이후의 모든 버블은 월스트리트를 장악한 유태인 투기금융의 손에 놀아났다는 게 엥달의 지적이다.

엥달의 분석에 따르면 지난 1973년 5월 스웨덴 발렌베리 은행 가문이 보유한 휴양지 섬 살트셰바덴에 세계를 좌우하는 금융황제와 정계

거물이 모였다. 애틀랜틱 리치필드 컴퍼니의 로버트 안데르손, BP의 그린힐 이사장, 빌더버그 그룹의 에릭 롤, 리먼 브라더스의 조지 폴, 체이스맨해튼 은행의 데이비스 록펠러 등이었다. 키신저 역시 이 그룹의 단골손님이었다고 한다. 이 회의에서 이들은 에너지 가격 폭등에 따른 오일 달러를 손에 넣는 대책을 숙의했다.

1973년 10월 6일 이집트와 시리아가 이스라엘에 기습을 가했다. '욤키푸르 전쟁'의 시작이다. 영미 정부는 비밀리에 시나리오를 작성했다. 핵심 역할은 닉슨의 안보특보 키신저였다. 그는 이스라엘 주재 미 대사를 통해 이스라엘을 효과적으로 통제했다. 동시에 이집트와 시리아의 외교채널도 개통했다. 상대국에 잘못된 정보를 흘려 전쟁의 주도권을 장악하는 게 목적이었다. 이내 발표될 OPEC의 석유금수조치가 '세븐 시스터스'와 금융재벌에게 유리한 방향으로 제정되도록 만드는 게 그것이다.

이해 10월 16일 OPEC이 빈에서 회의를 소집했다. 예정대로 유가를 배럴당 3.01달러에서 5.11달러로 인상하는 결정이 내려졌다. 인상폭이 70%나 됐다. 다음날 미국과 네덜란드로 향하는 석유의 수출을 전면 금지되는 발표가 터져 나왔다. 이른바 제1차 오일쇼크다. 이 와중에 미국 정부는 사우디아라비아 화폐당국과 비밀협정을 체결했다. 사우디아라비아 석유 세수 대부분을 미국 정부의 재정적자를 메우는데 사용하는 내용이었다. 1974년 키신저는 최대산유국인 사우디아라비아로 달려가 석유 대금으로 달러만 받도록 설득하는데 성공했다. 얼마 후 OPEC의 다른 나라도 이를 좇았다. 이를 통해 전 세계는 반드시 달러를 사용해 석유를 수입하고, 중동 산유국은 오일 머니를 미국의 은행에 다시 집어넣는 구도가 만들어졌다. 보다 단순화시켜 말하면 미국은 브레턴우즈협약의 파기를 계기로 종이돈을 매개로 중동석유를 공짜로 손에 넣은 것이나 다름없다. 이 체제는 21세기 현재까지 그대로 이어지고 있다. 주나라 사람이 '이천하제천하' 계책을 구사해 점유권만 보증하는 딱지로 내나라 명주를 공짜로 손에 넣는 '국준지계'를 완성한 것이나 다름없다.

만일 산유국이 석유의 최대 수입국인 중국의 위안화를 석유결제 자금으로 사용할 경우 달러화는 일거에 휴지가 될지도 모를 일이다. 미국이 온갖 수단을 동원해 중국의 목을 조르고자 하는 이유가 여기에 있다.

지난 2013년에 나온 엥달의 『타겟 차이나』가 바로 이 문제를 다룬 책이다. 그는 이 책에서 미국이 기하급수로 늘어나는 중국의 달러를 오일 머니처럼 미국의 은행에 다시 집어넣도록 해 공짜로 중국의 생산품을 먹으려 하고 있다고 지적했다. 그러나 이는 실패했다. 『관자』를 통해 '국준지계'를 익히 알고 있는 중국은 중동과 달리 미국의 '이천하제천하' 속셈을 훤히 꿰고 있었다. 오히려 적당한 선에서 국채를 이용해 미국을 압박하는 수단으로 활용하고 있다. 코를 꿰려다가 코가 꿰인 셈이다. 이를 뒷받침하는 일화가 있다.

지난 2005년 말 중국이 수출로 벌어들인 달러 보유액이 1조 달러를 육박할 때였다. 미국 정부는 이라크 및 아프가니스탄과 전쟁을 치르며 엄청난 재정 적자 상태에 빠져 있었다. 위기의식에 휩싸인 미국은 통화와 석유, 식량, 보건, 군사, 경제, 환경, 미디어 등 8가지 도구를 적극 활용해 은밀하고도 치밀한 '중국 죽이기'에 나서기 시작했다. 아편전쟁 당시 영국 수상이던 파머스턴 경의 언급처럼 미국을 비롯한 패권 국가에게는 영원한 친구나 동맹은 없다. 오직 영원한 이해관계만이 존재할 뿐이다.

이 책에서도 엥달은 미국이 1971년까지 유지된 브레턴우즈체제를 포기한 이래 달러의 패권을 유지하기 위해 전 세계의 부를 약탈하며 기생해왔다고 주장했다. 월스트리트의 투기금융 세력이 지난 1973년 인위적으로 석유파동을 일으켜 달러가치를 끌어올린 것을 비롯해 1980년대 남미 등 제3세계의 부채 위기, 1990년대 러시아와 동유럽의 시장화 충격 요법, 1997년 한국을 비롯해 동남아시아를 강타한 IMF환란 등을 교묘히 조작해 부를 흡혈귀처럼 빨아들여왔다고 지적했다. 이제 마지막 대상은 중국이라는 것이다.

이라크 및 아프가니스탄과 잇달아 전쟁을 벌이면서 각국에 군대를 파병하도록 종용한 것 역시 중국을 견제하려는 방안의 하나라는 게 그의 주장이다. 중국의 도움을 받는 이라크나 아프가니스탄에서 전쟁을 지속함으로써 중국으로 들어가는 석유를 원천봉쇄하겠다는 전략적 계산이 담겼다고 보는 것이다. 엥달은 한국이 앞으로도 미국의 노선을 맹목적으로 추종할 경우 장차 커다란 타격을 입을 수밖에 없다고 경고하고 있다.

엥달은 미국이 NGO 단체들을 훈련시켜 반反중국 폭력시위를 부추기고 있다고 지적했다. 그의 주장에 따르면 티베트 국내외 현장에서 활동하는 NGO 단체들 대부분이 미 국무부나 CIA가 운영하는 단체들로부터 많은 원조를 받고 있다. 달라이 라마도 1959년 인도로 추방된 이래 미국과 그 밖에 서구 첩보 세력 및 NGO들의 보호 아래 경제적인 지원을 받아왔다. 미국은 조정이 가능한 인권 NGO들을 동원해 중국 접경지대를 비롯해 국경 안팎에서 일련의 작전을 펼쳐왔다. 미얀마를 시작으로 티베트와 중국의 주요 석유 생산지인 신장위구르자치구까지 용의주도하게 작전을 펼친 게 그렇다. 백악관은 달라이 라마를 이용해 티베트에서 벌어지고 있는 반중국 시위를 달라이 라마가 이끄는 대

중국 항쟁과 연결시켜 중국의 인권을 문제 삼았다. 당시 중국은 베이징 올림픽을 준비하던 터라 이를 효과적으로 막아내지 못했다. 각종 테러가 빈발한 이유다.

엥달은 중국이 직면한 가장 큰 문제인 에너지 위기도 미국의 봉쇄전략 차원에서 해석하고 있다. 미국이 NATO 군대를 아프리카 지역에 주둔시킴으로써 중국이 전략적 석유 공급지로 접근할 수 없도록 철저히 봉쇄한 점을 들었다. 또 미 육군에 아프리카 사령부를 신설해 아프리카에 대한 군사적·경제적 개입에도 나서고 있다. 중앙아시아 지역에서는 카자흐스탄에 새로운 송유관을 건설하려는 중국의 계획을 방해하는 시도도 포함돼 있다. 엥달이 인용한 오바마의 대외정책 자문역 브레진스키의 《포린어페어스》 분석은 암시하는 바가 크다.

"유라시아는 세계의 중심축이 되는 초대륙이다. 유라시아를 지배하는 권력은 서유럽과 동아시아에 대한 결정적 권한을 행사할 수 있고, 나아가 중동과 아프리카도 통제할 수 있다. 유라시아가 결정적으로 지정학적 체스판 역할을 하고 있는 지금, 유럽에 대해서는 이런 정책을 취하고, 아시아에 대해서는 저런 정책을 취할 수는 없다. 유라시아의 땅덩어리에서 일어나는 일은 1인자인 미국에게도 결정적으로 중요하다."

오바마 행정부는 집권 2기를 맞아 군사외교적 중심축을 기존의 유럽과 중동에서 아시아로 옮기겠다고 천명했다. 아시아 회귀 전략으로 불리는 이른바 '피봇 투 아시아'이다. 이는 겉으로만 그럴 뿐 사실은 '피봇 투 차이나'나 다름없다. 미국의 속셈을 훤히 읽고 있는 중국도 무력을 강화시키며 단호한 외교정책을 펼치고 있다. 지난 2014년 7월 3일 이뤄진 시진핑의 한국방문도 이런 정책의 일환이다. 한반도를 중심으로 미중이 정면충돌하고 있는 양상이다. 미국과 중국 모두와 상호 의존관계를 맺고 있는 한국의 절묘한 대응이 절실한 상황이다.

현재 시진핑을 필두로 한 자금성 수뇌부는 엥달 못지않게 미국의 속셈을 훤히 읽고 있다. 미국의 끈질긴 위안화 절상 압력에도 불구하고 대미 국채를 일거에 쏟아내겠다는 으름장을 놓으며 전 세계를 대상으로 무차별적인 기업사냥에 나서는 게 그 증거다. G1 미국은 사상 처음으로 말을 듣지 않는 '팬더' G2 중국의 등장으로 인해 곤혹스런 입장에 처하게 됐다. 달러를 갖고 농간을 부리는 일이 어렵게 된 이유다. 조만간 미시시피 버블이 재현될지도 모를 일이다.

중국은 아편전쟁 이후 '신 중화제국'이 들어서는 20세기 중반에 이르기까지 서구 열강의 먹잇감으로 전락한 역사를 지니고 있는 까닭에 투기자본에 대한 학습효과가 훨씬 크다. '신 중화제국'의 제4대 황제에 해당하는 시진핑을 위시해 일반 인민에 이르기까지 미국을 위시한 구미의 교묘한 경제침탈에 촉각을 곤두세우는 이유다. 전 세계의 각종 자원과 유명 브랜드 기업에 대한 무차별적인 사냥은 바로 언제 휴지가 될지 모를 막대한 규모의 달러를 최대한 활용해 실물 재화를 최대한 확보하자는 속셈에서 나온 것이다.

만일 유태인 투기금융에 휘둘리고 있는 G1 미국이 이를 무력화하기 위해 달러를 마구 찍어낼 경우 이는 독배를 마시는 것이나 다름없다. 중국이 보유한 달러가 너무 많기 때문이다. 중국을 베는 순간 자신도 다치게 돼 있다. 달러가 양날의 칼로 작용하고 있는 것이다. 과거 냉전시대 당시 미국과 소련이 핵무기로 인해 '공포의 균형'을 유지한 것과 같다. 이제 인위적인 환율조작을 통해 일본과 독일을 제압했던 수법이 중국에는 전혀 통하지 않는다. 차이나머니의 공습은 달러를 종이처럼 마구 찍어낸데 따른 부메랑이다. 일종의 자승자박에 해당한다.

5. 준평지계準平之計 각지의 물가를 고르게 하는 계책

제환공이 물었다.

"지금 제나라 서쪽에서는 홍수가 나 백성이 굶주리고 있으나, 동쪽에서는 풍년이 들어 곡물가격이 크게 떨어졌소. 동쪽은 곡물가격이 싸고 서쪽은 비싸니, 이를 조정할 수 있는 계책으로는 어떤 것이 있소?"

관중이 대답했다.

"지금 제나라 서쪽의 곡물가격은 1부釜에 100전, 1우鏂에 20전입니다. 동쪽의 곡물가격은 1부에 10전, 1우에 2전입니다. 청컨대 명을 내려 모든 백성이 1인 당 30전의 세금을 내도록 하면서, 곡물로 대납하는 것을 허용하십시오. 대략 서쪽은 곡물 3말, 동쪽은 3부를 세금으로 낼 것입니다. 그러면 동쪽에서 1부 당 10전으로 납부한 곡물이 나라의 창고를 가득 채울 것이고, 서쪽의 백성 가운데 굶은 자는 먹을 것을 얻고 헐벗은 자는 옷을 얻게 됩니다. 이때 나라에서는 먹을 게 없는 자에게는 곡물, 파종할 씨앗이 없는 자에게는 씨앗을 빌려줍니다. 이같이 하면 동쪽과 서쪽이 서로 돕고, 원근 각지의 물가 또한 평균에 가까워지는 준평準平을 이룰 수 있을 것입니다."

'준평지계'는 원근 각지의 물가를 조절해 재난을 극복하는 계책을 논한 것이다. 전국 각지의 물가를 정밀하게 조사해 평준平準을 꾀하는 게 관건이다. '준평'과 '평준'은 같은 말이다. '먹을 게 없는 자에게는 곡물, 파종할 씨앗이 없는 자에게는 씨앗을 빌려준다'고 언급한 게 그렇다. 이 또한 관자경제학이 기본전제로 내세우고 있는 '균부'의 이념에서 도출된 것이다. 당나라 때의 윤지장은 이 대목을 이같이 주석해 놓았다.

"제나라 군주는 명을 내려 인구 당 30전의 세금을 받는다고 했다. 제나라 서쪽 백성은 곡물 3말, 동쪽 백성은 3부를 납부하게 됐다. 서부 백성을 구휼하고 동서의 균형을 이뤘다. 관자의 지혜는 무궁무진했다. 보잘것없던 제나라가 천하를 평정한 이유다. 관자가 행한 정책은 시의적절한 것으로 결코 평범한 치국평천하 방략이 아니었다."

중국의 기업이 거의 모든 제품에 대해 고가와 저가의 두 가지 상품을 내놓은 것도 '준평지계'와 밀접한 관련이 있다. 돈이 없는 사람은 과거 배급표를 받았을 때처럼 저가 제품을 사서 쓰고, 돈이 있는 사람은 고가 제품을 사서 쓰면 된다는 식이다. 얼핏 부당한 차별처럼 보이지만 『국부론』에 기초한 서구의 자유주의 경제학보다 이게 진정한 의미의 평등에 가깝다. 서구의 자유주의 경제학이 지닌 가장 큰 문제점은 돈이 없는 사람은 아예 제품에 접근하는 길이 봉쇄된데 있다. 일반 서민을 위한 상품이 따로 존재하지 않기 때문이다. 미국 인구의 15%가량이 의료보험의 혜택을 전혀 받지 못하는 현실이 그렇다. 통계에 잡히지는 않지만 상당수의 인구도 의료 혜택을 제대로 받지 못하고 있다. 의료수가가 너무 높기 때문이다. 서민을 위한 의료서비스인 공중의公衆醫가 부재한데 따른 불공정한 차별이다.

6. 사물지계謝物之計 싼 값에 급매물을 거두는 계책

제환공이 청했다.

"물가의 평준 계책에 관해서는 이미 들었소. 청컨대 이제는 국가차원의 평준정책인 이른바 국준國準에 관해 묻고자 하오."

관중이 대답했다.

"초봄에는 도랑이 좁아져 잘 통하지 않는 까닭에 계곡의 제방에 물이 넘치기 시작해 안으로는 마을의 가옥과 담장을 훼손시키고, 밖으로는 논밭과 작물을 해칩니다. 수리 시설의 수축 및 확충이 시급해질 수밖에 없습니다. 이때 국가는 백성들을 조심스럽게 통제해 수리세를 내도록 분위기를 조성하고, 이들이 급매물로 내놓은 물자인 사물謝物을 대거 사들여야 합니다. 여름에는 병영의 휘장 덮개나 천막이 부족합니다. 삼가 포백布帛의 교부와 급매물로 나오는 재화의 수급을 잘 조절하면서, 이들 물자를 미리 사두어야 하는 이유입니다. 가을에는 무기를 수선하고 활과 쇠뇌 등을 고쳐야 합니다. 삼가 명주실과 삼의 교부와 급매물로 나오는 재화의 수급을 잘 조절하면서, 이들 물자를 미리 사두어야 하는 이유입니다. 겨울에는 갑옷 등의 무기를 제조해야 하고, 군량과 포상용 황금 등이 부족해집니다. 곡물과 황금의 교부와 급매물로 나오는 재화의 수급을 잘 조절하면서, 이들 물자를 미리 사두어야 하는 이유입니다. 이같이 하면 군주는 백성들이 급매물로 내놓는 값싼 재화를 대거 확보해 물가를 능히 조절할 수 있고, 부상대고의 폭리를 막을 수 있습니다. 이를 일컬어 '국준'이라고 합니다."

'**사물**지계'는 민간부분에서 급매물로 내놓은 재화를 대거 사들여 물가를 안정시키는 계책을 논한 것이다. 갑옷 등의 무기에도 적용된다. 부국강병 계책의 일환으로 나온 것임을 알 수 있다. 국가 전체 차원의 평준 계책에 해당하는 까닭에 '국준國準'으로 표현해 놓은 것도 이 때문이다.

농민은 땅에서 작물을 키우는 까닭에 천시天時와 지리地利의 영향을 크게 받는다. 춘하추동의 계절에 따른 편차가 심할 수밖에 없다. 묵은 곡식은 다 떨어지고 햇곡식은 아직 익지 아니하여 식량이 궁핍한 봄철을 가리키는 춘궁기春窮期 내지 춘황春荒 등의 표현이 나온 이유다. 우리말로는 '보릿고개'라고 한다. 국가가 적극 개입해 '국준'을 꾀해야 하는 이유다. '사물지계'는 바로 이를 언급한 것이다. 작황 및 계절 등에 따른 가격 등락의 위험을 최소화해 모든 지역의 인민이 고루 잘사는 '균부'를 꾀하고자 한 것이다.

주의할 것은 나라가 적극 나서 수매하고 방출하는 시점을 잘 선택해야 한다는 점이다. 그게 바로 시기時機이다. 서구의 정치경제학에서는 '시기'의 개념이 없다. 단지 '타이밍'으로 해석할 뿐이다. 그러나 '시기'는 타이밍보다 엄중한 의미가 있다. 바로 철저한 사전 준비와 주어진 상황 하의 최선의 선택이라는 의미를 내포하고 있기 때문이다. 인간의 지략智略이 전제돼야 비로소 '시기'의 의미를 지니게 된다. 『관자』「내언」편 '패언霸言'에 이를 뒷받침하는 구절이 나온다.

"성인은 장차 움직이고자 할 때 반드시 미리 알고, 우인은 위험이 닥쳐 죽게 됐는데도 고집을 바꾸지 않는다. 성인은 시기時機를 잘 포착해 어긋나는 일이 없고, 지혜로운 자는 일을 꾀하는 데는 뛰어나지만 시기를 포착해 움직이는 것이 성인만 못하다. 시기를 잘 살펴 움직이면 단기간 내에 많은 공을 세울 수 있다. 일을 꾀하면서 주관이 없으면 막히고, 일에 임하면서 준비가 없으면 폐기된다. 성왕이 준비에 만전을 기하고, 시기를 신중히 지킨 이유다. 예로부터 지금까지 먼저 거병하면서 시기를 어기고 형세를 뒤집고도 공명을 세운 경우는 없다. 늘 먼저 거사하면서 시기를 어기고 형세를 뒤집고도 패하지 않은 경우도 없다. 폭군을

쳐 사해를 바로잡고자 하는 경우 단지 무력으로만 공격해 천하를 취하려고 생각해서는 안 된다. 반드시 먼저 계책을 정한 뒤 지형을 유리하게 이용하고, 득실을 재고, 동맹국과 연락하고, 시기를 보아 움직여야 한다. 이것이 왕업을 이루고자 하는 왕자王者의 계책이다."

'시기'의 중요성을 이처럼 잘 설명해 놓은 것도 없다. 천하대세와 민심의 흐름 등을 종합적으로 살펴 적시에 움직이는 게 관건이다. '사물지계'에서 말하는 시기도 꼭 이와 같다. 시기를 놓치면 힘만 많이 들고 효과를 보기 어렵다. 오히려 역효과를 낳을 수도 있다. 어떤 계책을 수립했다가 주변의 반발 내지 여론에 밀려 포기하는 경우가 여기에 속한다. 여론이 흉흉해져 민심만 잃고 오히려 시도하지 않은 것만도 못한 결과를 낳는 게 그렇다. '시기'가 이처럼 중요하다. '시기'를 잘 포착하는 자만이 천하를 거머쥘 수 있다. 「내언」편의 '패언'에서 '왕자의 계책' 운운한 게 그 증거다.

주목할 것은 서구의 자유주의 경제학이 사상사적으로 전한 초기 한소제 때의 염철회의에서 나온 유가의 입장이 반영된 결과라는 점이다. 케네를 비롯한 프랑스의 중농주의 사상이 애덤 스미스의 『국부론』에 반영됨으로써 시장 방임주의 성격을 띤 고전경제학을 탄생시킨 것이다. 여기에는 웃지 못 할 오역誤譯이 개입돼 있다. 라틴어 번역본이 무위無爲를 아무것도 하지 않는 불위不爲로 번역한데 따른 것이다. 래세 패르 구호가 나오게 된 배경이다. 서구의 자유주의 시장주의가 부상대고의 폭리를 합리화하는 그릇된 이론으로 왜곡된 것도 이와 무관치 않다. 『국부론』이 여기에 적극 인용된 결과다.

그러나 동양의 역대 정부는 관자경제학의 세례를 받은 『사기』「평준서」와 그 후신인 『한서』「식화지」의 가르침을 좇아 시장에 적극 개입하는 것을 당연시해 왔다. '균부' 이념을 실천코자 한 것이다. '래세 패르'를 외치는 것과 정반대이다. 청대 말기 『발해국지渤海國志』 등을 저술한 만주족 출신 학자 당안唐晏은 '래세 패르'를 이같이 비판했다.

"이른바 '무위'는 '불위'와 완전히 다른 개념이다. '불위'는 좋은 시기가 다 지나도록 가만히 앉아 아무 것도 하지 않는 것을 말한다. 반면 '무위'는 신중히 살펴 적절한 시기를 포착해 사물의 발전 추세에 따라 유리한 방향으로 이끄는 것을 말한다. 우왕의 치수治水, 한신과 백기의 용병이 그렇다."

애덤 스미스의 고전경제학은 유가의 도덕주의 관점 대신 뉴턴의 기계론적 우주관을 도입했다. '보이지 않는 손'이 수요와 공급을 조절해 시장의 균형을 자율적으로 이룬다고 본 이유다. 시장을 그대로 두면 부상대고의 먹잇감으로 전락한다고 본 동양의 관점과 정반대된다. '무위'와 '불위'가 이런 커다란 차이를 빚어낸 셈이다.

현대의 '복잡계 경제학'에 따르면 애덤 스미스의 이론은 근본적인 결함을 안고 있다. 현실의 시장은 단 한 번도 자유경쟁에 의해 자율적으로 균형을 이룬 적이 없기 때문이다. 시장은 거대하고 복잡한 시스템이다. 고금을 막론하고 자동조절의 기제機制가 작동할 여지가 없는 것이다. 21세기 현재 월스트리트의 유태인 투기금융 자본이 미국을 쥐락펴락 하게 된 것도 이와 무관치 않다. 『국부론』이 역설한 자유주의 시장경제에 입각한 자본주의가 온갖 병폐를 자아낸 근본배경이 여기에 있다. 이분법적인 발상을 벗어나지 못한 채 시장과 국가의 개입을 대립 개념으로 간주한 후과다. 러시아의 푸틴 대통령도 뒤늦게 이를 통찰했다. 그는 지난 2007년 말 대선 기간에 옐친 시대의 금융자본을 지지한 정객을 싸잡아 이같이 비판했다.

"10년 전 정치 투기꾼들이 연방의회와 정부의 요직에 포진하면서 국가권력을 마구 휘둘렀다. 이들 고관은 금융자본의 비위를 맞추기 위해 러시아의 국가이익을 서슴없이 해쳤다. 국가 재산도 마구 탕진했다. 그들이 정치과 경제에 임한 유일한 수단은 부패였다. 해마다 정부예산을 제정했으나 한 번도 수지균형을 맞춘 적이 없다. 그럼에도 책임을 지려고 하지 않았다. 러시아가 빚더미에 올라선 이유다. 러시아 경제가 붕괴의 위기에 처하고 인민의 생활이 갈수록 어려워진 것도 바로 이 때문이다."

이는 옐친정부 시절 고관들이 체제변혁의 혼란스런 와중에 국가의 자원을 대량 매수해 치부한 투기행태를 비판한 것이다. 무자비한 자원약탈로 수많은 졸부가 등장했다. 푸틴이 『관자』를 읽었을 리 없으나 관자경제학을 관통하는 '균부' 이념을 통찰한 것만은 확실하다. 집권 이후 이들 부패세력에 대한 대대적인 소탕작전을 펼친 게 그 증거다.

7. 용투지계龍鬪之計 하늘의 위세를 빌려 호령하는 계책

두 마리 용이 마위산馬謂山 남쪽과 우산牛山 북쪽 사이에서 서로 싸우는 용쟁龍爭이 빚어졌다. 보고를 접한 관중이 급히 궁궐로 들어가 제환공에게 말했다.

"하늘이 사자를 파견해 지금 도성의 교외에 와 있습니다. 청컨대 대부에게 명하여 좌우와 함께 모두 검은 예복을 입고 가 천사天使를 영접케 하십시오. 천하 사람들이 이 얘기를 들으면 서로 말하기를, '제나라 군주는 실로 신과 같다. 하늘에서 사자를 도성의 교외로 내려 보내니!'라고 할 것입니다. 그러면 용병할 필요도 없이 제나라에 조현을 오는 제후가 8명가량 될 것입니다. 이는 하늘의 위세를 빌려 천하의 제후들을 두렵게 만드는 계책입니다. 지자智者가 귀신을 부려 목적을 이루고자 할 때 우자愚者가 이를 사실로 믿는 것도 같은 맥락입니다."

'용투지계'는 백성들의 믿음을 적극 활용해 천하를 호령하는 계책을 논한 것이다. 고금을 막론하고 종교적 신앙이든 아니면 민간 차원의 믿음이든 하늘은 두려움과 존경의 대상이다. 제자백가 가운데 이를 종교적 신앙 차원에서 접근한 학파가 묵가이다. 묵자는 하늘의 뜻을 천의天意 내지 천지天志로 표현하면서 인간의 거동을 선악에 따라 복과 화를 내린다고 주장했다. 비록 사후세계를 논하지는 않았으나 종교에서 말하는 화복禍福 교리와 별반 차이가 없다. 관자는 백성들의 이런 믿음이 옳은지 여부를 따지지 말고 치국평천하에 적극 활용할 것을 주문한 것이다. '대부에게 명하여 좌우와 함께 모두 검은 예복을 입고 가 천사天使를 영접케 하십시오.'라고 건의한 게 그 증거다. 이는 이후 괴력난신怪力亂神을 멀리하는 공자사상으로 이어졌다.

8. 승재지계乘災之計 천재를 이용해 재물을 거두는 계책

제환공이 귀신에게 올리는 제사를 끝내자 관중이 제환공에게 보고했다.

"지진은 역병의 징조인 까닭에 나라에 조만간 재난이 빚어집니다. 폭풍 또한 역병의 징조에 해당합니다. 예컨대 천상天象의 어떤 나라 분야分

野에 재앙을 불러오는 천창성天槍星이 출현하면 해당국의 군주가 반드시 욕을 당하고, 혜성彗星이 나타나면 반드시 전쟁이 빚어지는 식입니다. 부구浮丘의 싸움 당시 혜성이 나타났으니 이는 반드시 천하의 적들을 정복하라는 계시입니다. 지금 혜성이 또 제나라 분야에 나타났습니다. 청컨대 명을 내려 공신과 세가世家를 모은 뒤 이르기를, '지금 혜성이 나타난 까닭에 과인은 출병하여 천하의 적들을 칠 것이오. 오곡을 비롯한 곡물과 무늬 있는 비단을 비롯한 포백布帛을 쌓아둔 사람은 이를 임의로 처분치 마시오. 국가에서 전쟁에 대비해 시장가격으로 사들일 것이오.'라고 하십시오. 그러면 공신세가와 백성 모두 곡물과 전폐 및 황금을 나라에 바치고, 군주에게 군자금 지원용으로 재물을 보내면서 군주의 대업을 돕고 나설 것입니다. 이를 일컬어 천재天災를 이용해 신민의 재물을 거두는 승재구재乘災求財 계책이라고 합니다."

'승재지계'는 앞에 나온 '용쟁지계'와 취지를 같이한다. 천재지변에 대한 신민의 두려움을 적극 활용해 신민의 재물을 거둠으로써 재정을 튼튼히 하는 계책을 논한 것이다. 관자는 이를 '승재구재乘災求財' 계책으로 명명했다.

예로부터 문득 긴 꼬리를 끌고 천상을 가로지른 혜성은 두려움의 대상이었다. 혜성이 나타나면 전쟁 등의 불상사가 빚어진다고 믿은 이유다. 21세기의 관점에서 보면 미신에 지나지 않으나 당시는 이게 지금의 과학적 진리처럼 당연시됐다. 관자는 백성들의 이런 믿음이 옳은 것인지 여부를 따지지 말고 재정확충에 적극 활용하라고 주문한 것이다.

백성의 미신적 심리를 이용한 점에서 비난 받을 소지가 크다. 중세 때 교황이 면죄부를 팔아 치부한 게 그렇다. 16세기 종교개혁 당시 면죄부는 각국 인민의 재물을 수탈하는 도구로 악용됐다. 서민들 사이에서 면죄부와 관련한 숱한 풍자가 나돈 이유다. 대표적인 예로 메디치 가문 출신 교황 레오 10세의 일화를 들 수 있다. 면죄부 통을 들고 다니던 신부가 골목을 돌아다니며 이같이 말했다.

"여기에 돈을 넣으세요."

한 사람이 돈을 넣자 신부가 말했다.

"잘했어요. 당신 아버지의 왼쪽 다리가 지옥의 불구덩이에서 빠져 나오는 모습이 내 눈에 보여요. 돈을 조금 더 추가하세요. 그러면 오른쪽 다리도 빠져 나올 것입니다."

그러자 돈을 넣은 사람이 말했다.

"필요 없을 것 같네요. 저의 아버지는 오른쪽 다리가 없습니다."

메디치 가문과 밀접한 관련이 있던 마키아벨리가 『군주론』에서 교황의 부패를 적나라하게 묘사한 것도 같은 맥락이다. 이로 인해 『군주론』은 오랫동안 금서목록에 올라가 있었다. 마키아벨리가 죽기 10년 전인 1517년 루터가 비텐베르크대 교회당 정문에 95개 조에 이르는 면죄부 반박문을 내걸고 종교개혁의 깃발을 올린 것도 비슷하다. 그럼에도 카톨릭 교회는 면죄부 판매를 중지하지 않았다. 중지한 것은 루터가 깃발을 올린 지 50년이 지난 1567년이다.

이는 백성의 충직한 종교적 믿음을 이용한 가톨릭의 부패상을 여실히 드러낸 사례에 해당한다. 동양도 사서를 보면 백성의 신앙을 이용한 불교계의 타락한 사례가 수도 없이 많다. 이른바 '삼무일종三武一宗의 법난法難'도 타락한 불교계가 자초한 측면이 강하다. 이는 4번의 걸쳐 사원이나 불당 및 불상 등을 파괴하고, 승려를 환속시키고, 사찰 소유 장원莊園과 노비를 몰수하는 폐불廢佛 사건을 말한다. '삼무'는 북위北魏의 태무제太武帝, 북주北周의 무제武帝, 당나라 무종武宗을 가리킨다. '일종'은 후주後周의 세종世宗을 지칭한다.

'폐불'의 원인은 복합적이다. 표면적으로는 불교와 도교의 대립 형태를 취하고 있다. 그러나 '폐불'로 나아간 데에는 정치경제적 요인이 컸다. 황제는 '폐불'을 통해 경제 위기를 벗어날 수 있었다. 불교계의 타락이 구실을 제공했다. 세금과 노역을 피하기 위하여 많은 사람이 출가한 게 그렇다. 재정이 커다란 압박을 받을 수밖에 없었다. 여기에는 서양의 가톨릭처럼 승려의 타락도 한 몫을 했다.

주의할 것은 관자가 제시한 '승재지계'는 비록 백성의 믿음을 이용한 것이기는 하나 그 목적이 재정의 확충에 있었다는 점이다. 재정을 포함한 국가의 정치경제 행위를 도덕적인 잣대로 평가해서는 안 된다. 이를 고집하는 것은 마키아벨리가 『군주론』을 쓰기 이전의 스콜라철학의 시기로 돌아가자고 주장하는 것이나 다름없다.

객관적으로 볼 때 '승재지계'는 시기時機의 중요성을 역설한 앞서 살펴본 「구부」편 '산권수'의 승시지모乘時之謀와 취지를 같이한다. '승시지모' 역시 물가 조절을 포함한 모든 경제정책도 때가 있는 까닭에 시기를 놓치면 효과가 반감하거나 심지어 역효과가 날 수도 있다고 경고한 바 있다. 매사가 그렇듯이 절호의 기회가 왔는데도 머뭇거리며 결단하지 못하면 자칫 화를 자초할 수 있다.

9. 성양지계城陽之計 대부를 압박해 노약자를 돕는 계책

제환공이 관중에게 말했다.

"대부들 모두 재화를 쌓아 두고도 나라를 위해 바칠 생각을 하지 않고, 쌓아둔 오곡이 썩어나고 있는데도 기민饑民을 위해 내놓을 생각을 하지 않고 있소."

관중이 청했다.

"청컨대 성양城陽의 대부들을 불러 놓고 질책토록 하십시오."

"어찌 말해야 하오?"

관중이 대답했다.

"우선 말하기를, '성양의 대부들은 총희寵姬에게 좋은 비단옷을 입히고, 집의 거위는 배가 불러 곡물을 남기고, 식사 때 종고鐘鼓를 일제히 울리면서 생황과 젓대의 연주를 즐기는 등 사치가 극에 달해 있소. 일족조차 문 안에 들이지 않는 까닭에 백부와 백모를 비롯한 원근의 형제 모두 기한飢寒에 떨며 헐벗고 있소. 그대들은 과연 이런 모습을 보이면서 과인에게 충성을 다할 수 있겠소? 그대들은 다시는 과인을 만나지 못할 것이다!'라고 하십시오. 연후에 그 지위를 빼앗고 문을 봉쇄해 밖으로 나오지 못하게 하십시오. 그러면 공신과 세가 모두 다퉈 비축한 재화를 꺼내 원근의 일족에게 나눠줄 것입니다. 그것도 모자라다고 판단되면 나라의 가난하고 병든 나머지 먹고 살기가 막막한 고독孤獨과 노인에게도 재물을 나눠주도록 합니다. 그러면 군주는 인의를 세우고, 공신세가는 형제와 일가가 서로 친근해지고, 나라 또한 굶는 사람이 없게 됩니다. 이를 일컬어 기지를 발휘해 빈민을 구조하는 계책인 무수繆數라고 합니다."

'성양 지계'는 일벌백계로 부유한 대부들을 압박해 사회적 약자를 돕는 계책을 논한 것이다. 백성을 고르게 잘 살게 만드는 '균부' 이념을 실현코자 한 점에서 앞에 나온 '준평지계'와 취지를 같이한다. 다만 방법과 대상이 약간 다르다. '준평지계'는 재난이 빚어졌을 때 원근 각지의 물가를 조절해 '균부'를 실현코자 한 것이다. 이에 반해 '성양지계'는 평소 많은 재부를 쌓아 두고도 사회적 약자를 돕는데 인색한 모습을 보이는 대부들을 압박해 '균부'를 실현코자 한 것이다. '부익부 빈익빈' 양상이 격화하고 있는 21세기 G2시대의 관점에서 보면 '성양지계'가 훨씬 쓸모가 많다.

관중이 '성양지계'를 제시한 것은 기본적으로 가진 자들의 자발적인 헌신을 겨냥한 것이다. 그게 제대로 안 될 때 강압적인 방법도 구사할 필요가 있다. 한무제 때 '성양지계'를 활용한 정책을 펼친 적이 있다. 국방재정에 보태 쓰라며 수차례 재산을 헌납한 복식卜式을 전면에 내세워 크게 선양했으나 크게 효과를 보지 못했다. 이는 유자들이 복식의 행보를 벼슬을 얻기 위한 기만책으로 간주한 사실과 무관치 않았다. 그러나 객관적으로 볼 때 복식의 재산 기부행위는 순수한 마음에서 나온 것이었다. 당시 한무제는 복식을 전면에 내세워 대부들의 국방비 헌납을 유도할 때 좀 더 강압적인 방법을 동원할 필요가 있었다. 마키아벨리가 『군주론』에서 역설했듯이 군주의 가장 큰 임무는 외적의 침공으로부터 나라를 지키는데 있기 때문이다. 백성의 생명과 재산도 나라가 존재한 뒤에야 가능한 일이다. 마키아벨리가 군주에게 '전쟁 전문가'가 되어야 한다고 역설한 것도 이런 맥락에서 이해할 수 있다.

'성양지계'의 요체를 일벌백계에서 찾는 이유다. 주목할 것은 중국의 역대 정부 모두 정도의 차이는 있을지언정 '성양지계'의 취지에 공감한 점이다. 인민대 교수 고왕릉高王凌이 지난 2005년에 펴낸 『조전관계신론租佃關係新論』이 그 증거다. 그는 지주와 소작인 관계를 분석한 이 책에서 이같이 주장했다.

"역대 중국 정부는 부유한 지주와 가난한 소작농 가운데 어느 한쪽을 일방적으로 편들지 않았다. 전체 사회의 균형과 조화로운 발전을 위해 양자의 이해관계를 조율하는데 많은 주의를 기울였다."

청대 역사를 전공한 그가 구체적인 통계 자료를 근거로 밝힌 내용을 보면 그간 알고 있던 것과 많은 차이가 난다. 그의 분석에 따르면 중국의 지주층이 점유한 토지 면적은 전체 경작지 면적의 40%에 불과했다. 소작료의 실제 징수율도 30%에 지나지 않았다. 지주가 농민을 경제적으로 착취했다는 상식과 적잖은 차이가 있다. 이는 중국의 역대 황제들이 결코 일방적으로 사대부의 손을 들어주지 않았다는 사실을 암시한다. 역대 제왕 모두 정도의 차이는 있으나 '성양지계'의 취지를 나름 충분히 이해하고 있었다는 평이 가능하다.

이는 비슷한 시기 땅을 지닌 사대부들이 가혹한 소작료를 챙기며 지방관장이 아전들과 합세해 가렴주구를 일삼았던 세도정치의 조선조 후기 모습과 대비되는 것이다. IMF환란 이후 소수의 '귀족노조'와 다수의 '저임금 비정규직' 대립이 구조화된 21세기 상황도 심각하기는 마찬가지다. '성양지계'에 입각한 대대적인 개혁이 요구된다. '성양지계'의 요체가 일벌백계에 있다고 말하는 이유다.

10. 쟁구지계崢丘之計 포상을 활용해 빈민을 구하는 계책

제환공이 관중에게 물었다.

"쟁구崢丘의 싸움 당시 대다수 백성들은 대여를 받아 이자까지 부담하면서 나라가 급히 필요로 하는 것을 공급하는 등 군주의 요구를 적극 헤아렸소. 지금 과인은 농업생산을 회복시키고자 하는데 어찌해야 이를 이룰 수 있겠소?"

관중이 대답했다.

"이는 오직 기지를 발휘해야만 가능합니다."

"잘 알겠소."

제환공이 곧 좌우의 각 주에 하명했다.

"백성에게 자금 등을 대여해 준 집을 표창한다. 일률적으로 그들의 집 문에 흰 칠을 하고, 해당 향리의 이문里門을 높여 주도록 하라!"

또 각 주의 장관은 그 결과를 향사鄕師에게 보고한 뒤 관부의 명을 좇아 대여해 준 집에 이같이 통보했다.

"군주가 친히 사자를 보내셨다!"

제환공이 직접 8명의 사자에게 명해 석벽石璧을 들고 가 대여해준 집을 위문하고, 소금과 나물 비용을 지원케 했다. 대여해준 집 모두 머리를 조아리며 물었다.

"어찌하여 이토록 저희를 후대하는 것입니까?"

사자가 말했다.

"군주가 명하기를, '과인은 『시경』에서 너그러운 군자인 개제군자愷悌君子는 백성의 부모라고 언급한 대목이 있다고 들었다. 과인은 또 그대들이 가난한 백성에게 대여해 주어 나라가 급히 필요로 하는 것을 공급하는 등 군주의 요구를 적극 헤아렸다고 들었다. 백성들이 봄에 파종하고 여름에 김을 매며 나라의 수요에 적극 기여한 것 또한 그대들의 공로이다. 이에 석벽石璧을 보내 그대들의 노고를 위로하고 소금과 나물 비용을 돕고자 한다. 그대들이야말로 실로 백성의 부모이다!'라고 했다."

그러자 대여해 준 집들 모두 채권을 찢어버리고, 비축한 곡물을 풀면서 재물을 내어 가난하고 병든 자들을 구휼했다. 비축한 자들의 재물을 나눔으로써 나라를 두루 풍족하게 만든 것이 바로 쟁구의 지략이다. 이를 일컬어 기지를 발휘해 빈민을 구조하는 계책인 무수繆數라고 한다.

'쟁구'지계'도 앞서 언급한 '성양지계'와 취지를 같이하는 것이다. 다만 '성양지계'는 평소 많은 재부를 쌓아 두고도 사회적 약자를 돕는데 인색한 대부를 겨냥한데 반해, '쟁구지계'는 유사한 모습을 보이는 부호에 초점을 맞추고 있다. 방법론도 약간 다르게 나타나고 있다. '성양지계'는 일벌백계의 방법이 동원되고 있으나 '쟁구지계'는 회유와 설득을 위주로 한다.

자이위중은 『국부책』에서 지난 1997년 IMF 환란 당시 한국의 자발적인 '금모으기 운동'을 '쟁구지계'의 대표적인 사례로 꼽았다. 멀쩡한 기업을 헐값에 넘기는 등 월스트리트의 유태인 투기금융 자본에 당한 측면을 생각하면 '금모으기 운동'을 무턱대고 높이 평가하는 것은 약간 문제가 있다. 그러나 전 국민이 위기의식을 공유해 자발적으로 참여한 점만큼은 나름 높이 평가할 만하다. 이는 여러 모로 순종의 융희 1년 (1907) 2월에 벌어진 국채보상운동과 닮았다. 이 운동은 일본에서 도입한 차관 1300만 원을 갚아 주권을 회복하려는 취지에서 나온 것이다. 일제의 방해로 소기의 성과를 거두지는 못했으나 제1차 세계대전 직후 거족적인 독립운동으로 전개된 삼일만세운동의 효시가 된 점에서 높이 평가할 만하다.

11. 수상지계水上之計 농민을 부유하게 만드는 계책

제환공이 관중에게 물었다.

"교외의 백성은 가난하고 성내의 상인은 부유하오. 과인은 성내 상인의 재부를 줄여 교외에 사는 농민을 돕고자 하오. 어찌해야 가능하겠소?"

관중이 대답했다.

"청컨대 명을 내려 웅덩이에 고인 물을 터서 양쪽의 큰 길 사이의 저지대로 흘려보내도록 하십시오."

"잘 알겠소."

제환공이 좌우에 명을 내리자 1년도 채 안 돼 교외의 백성은 점점 풍요로워지고, 성내 상인들의 재산은 점점 줄어들었다. 제환공이 관중을 불러 물었다.

"이는 어찌된 일이오?"

관중이 대답했다.

"웅덩이에 고인 물을 양쪽 큰 길 사이의 저지대로 흘려보내자 길가의 푸줏간과 술집의 하수가 흘러들었고, 덕분에 쏙독새 같은 큰 새와 물총새와 제비 같은 작은 새들이 수변에 모여들었습니다. 황혼녘에 술을 마시기에 좋은 장소로 변하자 이내 수상水上 낙원이 됐습니다. 상인들은 이곳에서 장사를 하면서 사고파는 일을 모두 급하게 합니다. 매매가 절반도 이뤄지지 않았는데 매대賣臺를 버려 둔 채 큰 새를 잡으러 다녔습니다. 갓 관례冠禮를 치른 사내와 5척의 어린 소년들 역시 새총과 탄환을 갖고 수변 주위를 배회하며 물총새나 제비 같은 작은 새를 잡기 위해 해가 질 때까지 새 사냥을 했습니다. 교외의 농민이 물건을 살 때는 싸게 사고, 곡물을 팔 때는 비싸게 판 이유입니다. 그러니 농민이 어찌 부유해지지 않고, 상인이 어찌 가난해지지 않을 리 있겠습니까?"

‘**수상**지계’ 역시 앞에 나온 ‘성양지계’ 및 ‘쟁구지계’와 마찬가지로 ‘균부’ 이념을 실현키 위한 계책으로 나온 것이다. 초점을 부유한 상인에게 맞춘 게 약간 다르다. ‘수상지계’는 국가가 적극 개입해 가난한 농민에게 유리한 쪽으로 물길을 낸 데서 알 수 있듯이 의도적인 균형에 초점이 맞춰져 있다. 21세기 관점에서 보면 도시와 농촌의 빈부차이를 줄이기 위해 농촌지역의 개발을 촉진하는 것에 비유할 수 있다. 산업인프라를 구축할 때 경제적인 측면만 따지지 않는 이유다.

자국 산업에 대한 보호도 같은 맥락에서 이해할 수 있다. 19세기 독일 경제학자 리스트는 『정치경제학의 국민적 체계』에서 보호무역을 강력 주장했다. 그는 그 이유를 이같이 밝혔다.

"애덤 스미스를 위시한 자유주의 경제학파는 시장의 본질과 특징을 논할 때 세계주의 철학의 관점에서만 접근한다. 정치적 관점의 분석을 아예 하지 않는 것이다. 유럽의 연해국가 가운데 대다수가 런던이나 리버풀, 맨체스터의 산업시장 범위를 벗어나지 못하고 있다. 자유무역 환경에서는 극소수 지역의 공산품만이 자국 수출 항구에서 영국의 공산품과 대등한 가격으로 매매된다. 영국은 막강한 산업자본, 첨단 기술, 큰 규모의 국내시장을 확보하고 있다. 저렴한 원가로 대규모 생산이 가능한 이유다. 해상운송 비용도 비교적 저렴하다. 영국이 다른 나라에 비해 훨씬 월등한 산업 비교우위를 확보한 이유다. 이에 반해 유럽 대륙의 다른 해안 국가들은 자국 시장을 장기적으로 보호하고 내륙의 교통 환경을 적극 개선해야만 영국과 같은 산업 우위를 점진적으로 갖출 수 있다. 연해지역 시장에서 외국 산업이 우위를 점하고 자국 산업이 열세에 처하면 그 국가는 경제적으로 열세에 처하는 것은 물론 정치적으로도 분열되기 십상이다. 이는 확실한 진리이다. 한 국가가 연해도시에서 자국 산업보다 외국 산업을 더 선호하는 풍조를 보이면 그 나라는 정치경제적으로 가장 위험한 상황에 처하고 말 것이다."

21세기 현재까지 리스트가 애덤 스미스를 추종하는 영미의 주류 경제학계에서 이단으로 취급받는 이유다. 보호무역주의로 낙인 찍혔기 때문이다. 그러나 리스트의 주장은 강력한 호소력을 지니고 있다. 그의 주장을 한마디로 요약하면 자유무역은 서로 비슷한 수준의 경제력을 지닌 국가들 사이에서만 이익이 된다. 그렇지 못할 경우 일방적인 '경제침탈'이 자행된다.

리스트가 활동하던 당시 독일은 수많은 영주국으로 분열돼 통일된 주권국가를 형성하지 못했다. 산업발전도 아주 더딘 상태였다. 봉건지주 '융커'들이 경제 권력을 틀어쥐고 부르주아 혁명을 적대시했다. 자본가 단체인 '독일 상공인동맹'의 전권위원으로 활동하던 리스트가 '급진선동가'로 몰려 미국으로 추방당한 이유다. 리스트가 지적한 것처럼 이처럼 봉건적인 '융커'들이 활개치고 산업기반마저 낙후된 상황에서 애덤 스미스의 자유주의 국제교역을 추종할 경우 독일은 이내 영국의 경제식민지로 전락할 소지가 컸다.

그가 볼 때 가장 큰 문제는 조국 독일이 커다란 위기에 봉착해 있는데도 이를 정확히 인식치 못한데 있었다. 조속히 산업을 부흥시켜 부국강병을 이뤄야 한다고 주장한 이유다. 전 세계의 4분의 1을 식민지로 가지고 있던 영국에 맞서 급속한 산업화를 이룬 뒤 식민지 경쟁에 뛰어들어야 한다는 게 그가 주창한 보호무역주의의 궁극적 목적이었다.

21세기 현재 애덤 스미스를 추종하는 영미의 주류 경제학에서는 그의 주장이 훗날 나치의 사상적 기반이 되었다는 등의 이유를 들어 이단시하고 있다. 그러나 당시 독일의 입장에서는 리스트의 주장이 옳았다. 속히 산업화를 이룬 뒤 식민지 경쟁에 뛰어들어야 한다고 주장한 것만 빼면 21세기 G2시대에도 그대로 적용될 만한 것이다. 특히 산업발전이 뒤쳐진 신흥국의 경우는 더욱 그렇다.

12. 목수지계沐樹之計 가지를 쳐내 일하도록 하는 계책

제환공이 관중에게 물었다.

"오방五方의 백성을 보면 대부분 낡은 옷에 찢어진 신발을 신은 빈궁한 모습이오. 과인은 포백布帛과 실의 가격을 내려 이들에게 혜택을 줄 생각이오. 어떤 계책이 있겠소?"

관중이 대답했다.

"청컨대 길가의 나뭇가지를 쳐내는 목수沐樹의 명을 내려 한 치의 그늘도 드리우지 않게 하십시오."

"잘 알겠소."

제환공이 좌우에 명을 내리자 1년도 채 안 돼 오방의 백성들 모두 비단옷을 입고 제대로 된 신발을 신게 됐다. 제환공이 관중을 불러 물었다.

"이는 어찌된 일이오?"

관중이 대답했다.

"길가에 나뭇가지를 쳐내기 전에는 오방의 젊은 남녀가 서로 사랑을 나누기 위해 모여들고, 흩어진 후에도 나무그늘 아래 서로 모여 종일토록 애정에 관한 얘기를 나누느라 집에 돌아갈 생각을 하지 않았습니다. 장년의 남녀는 수레를 타고 오가다가 나무그늘 아래서 만나 종일토록 웃고 즐기며 춤을 추느라 집에 돌아갈 생각을 하지 않았습니다. 나이 많은 부형들은 나무그늘 아래 모여 종일토록 현실과 동떨어진 고담준론을 논하느라 집에 돌아갈 생각을 하지 않았습니다. 논밭이 개간되지 않고, 오곡이 경작되지 않고, 삼과 뽕나무가 재배되지 않고, 견사繭絲를 제대로 뽑아내지 못하는 이유입니다. 한 집안에서 늙고 젊은 사람 3인이 밖으로 나가 귀가할 생각을 하지 않는 것을 볼 때 포백과 실의 가격이 어찌 비싸지지 않을 리 있겠습니까?"

'목수지계'는 실물경제를 튼튼히 해 부국강병을 꾀하는 계책을 논한 것이다. 여기의 목수沐樹는 나뭇가지를 쳐낸다는 뜻으로 실물산업 이외의 여타 산업을 멀리하는 것을 뜻한다. 금융과 오락 등의 서비스산업에 기초한 경제발전을 경계한 것이다. 서비스산업의 활황으로 인한 거품이 일거에 붕괴할 경우 나라가 파탄지경에 이른다는 역사적 경험을 토대로 볼 때 '목수지계'는 21세기 G2시대에 암시하는 바가 매우 크다. 중국에서는 '목수지계'를 나라의 공사에 참여시켜 실업자를 구제하는 이른바 이공대진以工代賑 계책의 일환으로 간주하고 있다.

주의할 것은 중국이 현재 시행하고 있는 '이공대진'의 계책이 주효하기 위해서는 반드시 물자가 충분히 비축돼 있어야 한다는 점이다. 이는 비축 물자가 충분치 않을지라도 유효수효를 인위적으로 늘리는 재정확대를 통해 경제를 살릴 수 있다는 케인즈의 주장과 배치된다. 중국 학계는 대개 미국 정부가 천문학적인 재정적자를 초래한 근본 배경이 케인즈의 주장을 맹목적으로 추종한데 있다고 본다. 나름 일리 있는 분석이다.

13. 균경지계囷京之計 곳간을 세워 곡물을 비축하는 계책

제환공이 관중에게 물었다.

"시장의 곡물가격이 너무 낮아 과인은 국내의 곡물이 모두 이웃 제후국으로 흘러들어갈까 두렵소. 과인은 백성 모두 곡물 비축에 힘쓰도록 만들고자 하는데 과연 어떤 계책이 있소?"

관중이 대답했다.

"오늘 제가 시장을 지나다가 두 집이 곡물창고인 균경囷京를 신축하는 것을 보았습니다. 청컨대 군주는 사람을 시켜 석벽을 갖고 가 이들을 위로토록 하십시오."

"잘 알겠소."

제환공이 좌우에 명을 내린지 반년이 지나자 이 소식을 들은 백성들 가운데 절반가량이 농사를 제쳐둔 채 곡물창고를 지어 오곡을 비축했다. 제환공이 관중에게 물었다.

"이는 어찌된 일이오?"

관중이 대답했다.

"새로 곡물창고를 만든 두 집에 군주가 사람을 시켜 석벽을 갖고 가 위로토록 해 그들의 이름을 널리 알리자 온 나라에 이를 모르는 사람이 없게 됐습니다. 두 집은 아무런 공도 세우지 못했지만 천하에 이름을 널리 알리며 공명을 이뤘습니다. 아래로는 자신의 곡식창고를 충실히 채우고, 위로는 국가를 위해 납세를 충실히 이행한 셈입니다. 1번 행하여 명분과 실리를 모두 챙기는 일거양득一擧兩得을 얻게 되었으니 백성들이 어찌 이를 좋아하지 않을 리 있겠습니까!"

'균경 지계'는 재화의 유출을 막기 위한 계책을 언급한 것이다. 재화의 비축에 애쓰는 자를 모범적인 사례로 내세워 국부 유출을 막고, 동시에 재정 확충도 꾀할 수 있다는 게 논거이다. '일거양득' 표현이 나온 이유다. 안방과 문밖의 구별이 사라진 21세기 G2시대의 관점에서 볼 때 그대로 적용할 만한 계책이다.

주목할 것은 백성들의 자발적인 '균경' 건설을 촉진키 위해 포상 제도를 적극 활용한 점이다. 백성들이 스스로 이익이 된다고 여기게끔 만드는 게 관건이다. 고금동서를 막론하고 자신에게 이익이 된다고 생각하면 기꺼이 참여하게 마련이다. '균경지계'는 바로 백성들의 호리오해好利惡害 성향을 적극 활용해 '일거양득'의 성과를 얻으라고 주문한 것이다. 여기에는 군주를 비롯한 지도층의 솔선수범이 매우 중요하다. 전국시대 제나라의 윤문尹文이 엮은『윤문자』「대도大道 상」에 이를 뒷받침하는 구절이 나온다.

"위정자의 행동이 백성의 풍속 및 습관과 생활방식에 미치는 영향을 신중히 따져야만 한다. 옛날 제환공은 자주색 옷을 즐겨 입었다. 그러자 제나라 경내에 다른 색의 비단을 파는 자가 없게 됐다. 또 초장왕이 허리가 가는 여인을 총애하자 초나라 여인 모두 밥을 거의 먹지 않아 얼굴이 바싹 말랐다. 위정자가 어떤 본보기를 보이는가에 따라 그 나라는 태평할 수도 있고, 혼란스러워질 수도 있다."

'윤문'은 복성複姓이다. 이름과 생몰연도는 알려져 있지 않다. 전국시대 말기 제나라 선왕宣王과 그의 아들 민왕湣王과의 나눈 문답이 『설원說苑』과 『여씨춘추』 등에 나오고 있는 점에 비춰 실존인물로 보인다. 『윤문자』「대도 상」에서 초장왕이 허리가 가는 여인을 총애했다고 언급한 일화는 원래 『묵자』「겸애 하」에 나오는 것이다. 초왕호세요楚王好細腰 성어가 그것이다. 『윤문자』가 '초왕호세요' 일화를 거론한 것은 '군경지계'에서 명분과 실리를 모두 챙기는 일거양득을 언급한 것과 취지를 같이한다. 명분은 군주의 솔선수범, 실리는 민리民利의 증진과 재정확충을 뜻한다.

관자는 춘추전국시대의 제자백가 가운데 유일하게 상업의 중요성을 역설한 인물이다. 『관자』에 부국강병의 계책을 가득 담은 「승마」와 「구부」 및 「경중」편이 편제된 이유다. 관자는 말업으로 천시된 상업이 본업인 농업의 토대라는 과감한 주장을 펼쳤다. 이를 뒷받침하는 『관자』「단어」편 '치미'의 해당 구절이다.

"크게 소비하는 치미侈靡보다 나은 계책이 없습니다. 실용적인 재화를 천시하고 먹거나 입을 수 없는 비실용적인 재화를 중시하면, 능히 사람들을 새롭게 변화시킬 수 있습니다. 곡식을 천시하며 주옥을 중시하며, 예악을 애호하고 생산을 경시하는 것이 본업인 농업을 발전시키는 첫걸음입니다. 진주는 음기인 물속의 양물陽物로 불을 이긴 물의 산물이고, 옥은 양기인 산속의 음물陰物로 물을 이긴 불의 산물입니다. 자연산물에 드러나는 음양의 조화가 이처럼 신령하기만 합니다. 천자가 주옥, 제후가 금석金石, 대부가 구마狗馬, 백성이 포백布帛을 저장하거나 기르는 것도 같은 이유입니다. 이같이 하지 않으면 강자는 힘으로 이를 손에 넣고 지자智者는 지략으로 이를 수집한 뒤 가격을 조종해 귀한 것을 천하게 만들고, 천한 것을 귀하게 만들어 버립니다. 그 경우 홀아비와 과부, 독신자, 노인 등은 살아갈 길이 없게 됩니다. '치미'는 천하의 부를 고루 나누는 균부均富의 시작입니다."

『관자』를 관통하는 기본이념인 '균부'의 시작을 크게 소비하는 '치미'에서 찾고 있는 점에 주목할 필요가 있다. 중농을 역설한 맹자 등의 유가사상과 정면으로 배치된다. 『관자』「단어」편 '치미'의 이런 이념을 그대로 좇은 것이 바로 사마천의 『사기』「화식열전」이다. 관자를 상가商家의 효시, 사마천을 상가 이론의 집대성자로 간주하는 이유다. 중국의 역대 왕조 가운데 관자의 '치미' 정신을 가장 완벽하게 실천한 인물로 북송의 정치가 범중엄范仲淹을 들 수 있다. 1세대 가량 뒤에 활약한 같은 북송대의 심괄沈括이 쓴 『몽계필담夢溪筆談』에 이를 뒷받침하는 일화가 나온다. 해당 대목이다.

"황우 2년(1050) 오주吳州 일대에 큰 기근이 들었다. 당시 절서浙西 지역을 다스리던 항주杭州 지주知州 범중엄은 명을 내려 구제 양곡을 널리 나눠줬다. 백성들을 장려해 알곡을 저장하게 하는 등 여러 대책을 강구했다. 당시 오주에는 경정競艇을 즐기는 풍속이 있었다. 오주 사람들 모두 불교를 숭상했다. 범중엄은 경정을 장려했다. 친히 구경을 나가 술을 마시며 함께 즐기곤 했다. 고장 백성들 모두 남녀노소 불문하고 봄부터 여름까지 호수에 나와 경정을 구경했다. 범중엄은 각 사원 주지들을 소집해 기황이 든 해는 품값이 제일 싼 때이니 이런 때 토목공사를 하면 좋을 것이라고 권했다. 그의 권유로 각 사원 모두 인부를 써 토목공사를 시작했다. 그는 인부들을 고용해 관가의 창고나 역리의 집을 짓게 했다. 매일 고용한 인부 수가 1천 명을 넘었다. 마침 이때 조정에서 감찰을 나왔다. 범중엄이 기근이 든 해에 국가 재정을 탕진하고, 백성들의 경정을 장려하고, 주지를 부추겨 토목공사를 벌인 것을 못마땅하게 생각했다. 범중엄을 탄핵하는 상주문을 올리자 범중엄도 자신을 변호하는 상주문을 올렸다. 여기서 고하기를, '신이 백성들로 하여금 경정을 하도록 하고 사원과 관가에서 토목공사를 벌이게 한 것은 다른 목적이 있어 그런 게 아닙니다. 백성들에게 돈을 벌어 기근을 이겨내도록 독려코자 그런 것입니다. 그래야 부자들은 돈을 내고, 가난한 자는 품을 팔아 식량을 살 수 있지 않겠습니까? 이 방법으로 일을 할 수 있는 사람이 매일 1만 명이 넘습니다. 기근이 든 해에 백성을 위한 조치로 이보다 더 중요한 것이 또 있겠습니까?'라고 했다."

범중엄이 의도적으로 『관자』「단어」편 '치미'에서 역설한 '균부' 차원의 사치성 소비 행보를 보인 것을 알 수 있다. 백성의 경정을 장려하고, 함께 술을 마시고, 대대적으로 토목공사를 벌린 이유를 쉽게 짐작할 수 있다. 그 효과가 자못 컸다. 자연재해를 입은 지역 가운데 범중엄이 사치성 소비를 유도한 항주 일대만 평온했던 게 이를 뒷받침한다. 그가 「악양루기岳陽樓記」에 천하가 걱정하기에 앞서 걱정하고, 천하가 즐거워하는 연후에 즐거워한다는 뜻의 '선선하지우이우先天下之憂而憂, 후천하지락이락後天下之樂而樂'을 쓴 배경을 알 수 있다. 천고의 명구인 이 구절은 줄여서 선우후락先憂後樂 성어로 자주 사용된다.

14. 서출지계黍秫之計 곡물 재배의 시기를 조절하는 계책

제환공이 관중에게 물었다.

"청컨대 군주가 농사 개시 시점을 조절하는 계책에 관해 들려줄 수 있겠소?"

관중이 대답했다.

"정월 상순은 오곡을 파종하는 시기이고, 동지 이후 100일까지는 수수와 기장인 서출黍秫을 재배하는 시기이고, 9월 수확이 끝난 이후는 보리농사를 시작하는 시기입니다."

'서출 지계'는 곡물 재배 시기의 조절을 언급한 계책이다. 농사의 시기를 놓치지 않는 게 관건이다. 농사는 말 그대로 천시와 지리에 부합해야 제대로 된 수확을 할 수 있다. 기본적으로 부지런해야 한다. 군주를 비롯한 위정자의 정사政事가 바로 그렇다. 잠시도 게을러서는 안 된다. 죽는 순간까지 손에서 책을 놓지 않는 수불석권手不釋卷의 자세를 흩트리지 않는 게 중요하다.

15. 삼원지계三原之計 물자의 3가지 근원을 틀어쥐는 계책

관중이 제환공에게 물었다.

"감히 묻건대 제나라의 영토는 사방 몇 리나 됩니까?"

제환공이 대답했다.

"사방 500리요."

관중이 물었다.

"평음平陰의 제방과 장성이 국토의 3분의 1에 달해 오곡을 심을 수 없습니다. 또 해장海莊과 용하龍夏 일대는 국토의 4분의 1, 조석潮汐이 들이치고 바닷물이 빠져나가지 못하는 땅은 국토의 5분의 1에 달합니다.

이곳 역시 오곡이 나는 곳이 아닙니다. 그러니 군주가 어찌 타국에 기대어 먹고 사는 탁식지주託食之主가 되지 않을 수 있겠습니까?"

제환공이 황망히 일어서며 물었다.

"그러니 어찌해야만 좋소?"

관중이 대답했다.

"호령을 시기에 맞춰 발하면 치국의 기반을 단단히 할 수 있습니다. 군주가 세금을 오직 전폐로만 거두면 상인이 화폐의 수급을 주무르며 국가경제를 농단하게 됩니다. 또 군주가 세금을 오직 곡물로만 거두면 지주가 곡물의 수급을 주무르며 국가경제를 농단하게 됩니다. 군주가 호령을 시기에 맞춰 발하면 능히 좌우사방의 재화를 모두 장악할 수 있습니다."

제환공이 말했다.

"과인은 이미 재화의 생산과 귀속은 물론 가격까지도 잘 알고 있소."

관중이 말했다.

"장성의 남쪽은 노나라, 북쪽은 제나라입니다. 두 나라 사이에 전쟁이 그치지 않았습니다. 이 와중에 제나라는 도성에서 멀리 떨어져 고립되거나 돌출된 지역을 노나라에 베어주었습니다. 아직도 제나라의 산지山地에는 산만 있고, 수지水地에는 늪지대만 있는 이유입니다. 이들 지역 모두 그저 땔나무와 꿀이나 채취하는 척박한 땅에 불과합니다."

제환공이 물었다.

"남에게 빌어먹는 '기식지주'의 처지를 면하고 타국에 점유된 땅을 되찾는 해결책으로는 어떤 것이 있소?"

관중이 대답했다.

"3가지 재원인 3원三原을 통제하면 됩니다."

"3원이 어떤 것이오?"

관중이 대답했다.

"군주는 포목을 통제하려면 먼저 그 원료인 삼에 세금을 부과해야 합니다. 삼 가격이 10배로 오르면 포목의 가격은 50배로 뛰어오르게 됩니다. 이는 필연의 이치입니다. 군주가 직물을 통제하려면 먼저 그 원료인 원사는 물론 원사 이전의 실을 포함해 완제품에 대해서도 두루 세금을 부과해야 합니다. 이런 식으로 직물을 생산단계부터 통제하면 20배의 수익을 거둘 수 있습니다. 그러면 굳이 곡물에 세금을 부과하지 않아도 됩니다. '3원'의 통제는 이와 같습니다. 첫째, 포목과 비단에 징세하기 전에 먼저 그 원료인 삼과 실 등에 세금을 매깁니다. 둘째, 곡물에 징세하기 전에 먼저 그 원료인 양잠 뽕나무를 공급하는 산지에 세금을 매깁니다. 셋째, 가축에 징세하기 전에 먼저 목축을 하는 교외에 세금을 매깁니다. 모두 호령을 시기에 맞게 발하면서 물자 생산의 근원에 징세하는 게 관건입니다."

'삼원 지계'는 물자의 근원을 장악해 이익을 얻는 계책을 논한 것이다. 삼원三原은 물자 생산의 근원을 뜻하는 말로 곧 자원을 의미한다. 관자는 삼원을 장악하는 방안으로 크게 3가지 방안을 제시했다. 첫째, 포목과 비단에 세금을 매기기 전에 먼저 그 원료인 삼과 실 등에 세금을 매긴다. 둘째, 곡물에 징세하기 전에 먼저 그 원료인 양잠 뽕나무를 공급하는 산지에 세금을 매긴다. 셋째, 가축에 징세하기 전에 먼저 목축을 하는 교외에 세금을 매긴다. 모두 시기時機를 어기지 않아야 한다. 그래야 효과를 극대화할 수 있다. '호령을 시기에 맞게' 운운한 게 그렇다.

고금동서를 막론하고 근원을 장악하면 이후의 과정도 능히 통제할 수 있다. 관자가 생산의 근원에 세금을 매긴 이유다. 이를 통찰한 인물이 앞서 언급한 진운陳雲이었다. 그는 개혁개방 직후인 지난 1978년 12월 10일에 열린 중앙공작회의에서 향후 중국이 나아갈 경제발전 방향을 이같이 제시했다.

"중국은 일본과 독일, 영국, 프랑스에 비해 산업토대가 훨씬 더 약하고 기술수준도 낮다. 산업토대와 기술수준은 매우 중요한 요인이다. 중국의 산업토대와 기술수준은 해방 초기에 비해 장족의 발전을 가져왔다. 그러나 아직 일본과 독일, 영국, 프랑스에 비할 바가 못 된다. 그렇다고 한국 및 대만을 좇아가서도 안 된다. 한국과 대만은 미국의 지원을 받는데다 가공업을 우선시하고 있다. 중국은 현대화 산업 체계를 구축하는 게 올바른 길이다. 점진적으로 차근차근 나아가야 한다. 한꺼번에 잇따라 착수해서는 안 된다. 너무 서두르면 오히려 목적을 달성하지 못한다."

오늘의 G2 중국을 만드는데 초석을 다진 인물을 꼽으라면 진운을 들 수 있다. 그는 중국이 장차 G2를 넘어 G1으로 도약할 수 있는 기본노선을 정확히 파악하고 있었다. 그것은 바로 중국의 역사문화에 부합하는 독자적인 경제발전 모델이었다. 그게 바로 전래의 관독상판官督商辦 전통에 기초한 '사회주의 시장경제'로 나타났다고 해도 과언이 아니다.

16. 원구지계源究之計 물자 통제로 천하를 제어하는 계책

관중이 또 말했다.

"나라에서 세금을 관장하는 신하가 1만 냥의 포목을 비축하고, 그 원료인 삼에 높은 세금을 부과하면 40배의 수익을 거둘 수 있습니다. 포목의 가격이 50배로 뛸 경우 군주가 가격이 급등한 비싼 포목을 타국으로 수출하면 제나라의 재정수입은 20배로 늘어나게 됩니다. 물가를 조절하면서 경중의 계책을 제대로 구사하지 못하면 재물의 생성과 수집 또한 시기時機를 잃게 됩니다. 치국에 능한 군주는 본국의 재화를 통제하고, 물가의 등락을 이용해 수익증대를 꾀하고, 호령의 완급을 통해 재화의 유통 시기를 조절함으로써 재화의 가격을 1에서 100으로 만듭니다. 일찍이 명군의 치세 때 백성에게 세금을 한 푼도 거두지 않았는데 국가의 재용이 마치 강해江海의 물결처럼 끊어지는가 하면 다시 시작하는 식으로 풍족했던 이유가 여기에 있습니다. 이를 일컬어 물자를 통제해 천하를 제어하는 수물어천하守物御天下 계책이라고 합니다."

"그렇다면 무에서 유를 창출하고, 빈자를 부자로 만들 수 있는 것이오?"

관중이 대답했다.

"사물은 생성될 당시 아직 그 형상이 뚜렷이 나타나지 않게 마련입니다. 그 시원을 통제할 수 있는 자만이 능히 패왕의 대업을 이룰 수 있습니다. 세리稅吏를 보내 징세하는 이인구인以人求人의 직접적인 방식을 택하면 세수가 사람에 의해 결정되지만, 경중의 계책으로 징세하는 이수구물以數求物의 간접적인 방식을 택하면 세수가 자연스럽게 결정돼 무에서 유를 창출하고, 빈자를 부자로 만들 수 있습니다."

"그 말은 구체적으로 무엇을 뜻하는 것이오?"

관중이 대답했다.

"국내의 물가를 하나로 통일하면, 이익을 도모할 길이 없습니다. 국내의 물가가 10배의 차이가 나면 그 이익은 100배가 됩니다. 호령의 완급을 통해 물가를 조절하면 마치 왼손으로 오른손을 잡고 오른손으로 왼손에 잡는 것처럼 재화의 흐름이 자연스러워져 나라 안팎의 재화 수급도 절로 조절되고 종신토록 허물이 없을 것입니다. 패왕의 대업을 이루는 군주는 백성에게 직접 세금을 거두는 '이인구인'의 방식을 택하지 않고, 재화 생산의 초기단계를 통제해 계절에 따른 물가의 등락과 호령의 완급을 연계시켜 조절하는 '이수구물'의 방식만을 택할 뿐입니다. 샘물도 마를 때가 있고, 귀신도 갈증을 느낄 때가 있습니다. 그러나 재화 생산의 초기단계부터 통제해 적절히 조절하면 종신토록 쓸지라도 결코 다하는 법이 없습니다. 이를 일컬어 사물의 원천을 깊이 탐구하는 원구源究라고 합니다."

'원구지계'는 앞에 나온 '삼원지계'와 취지를 같이하는 것이다. '삼원지계'가 물자 생산의 근원인 천연자원의 확보에 초점을 맞추고 있다면, '원구지계'는 물가 조절을 통해 재정을 확충하는데 방점을 찍고 있는 것이 약간 다르다. 그러나 재화의 생산단계부터 적극 개입해 수급과 가격 등을 조절한다는 점에서는 아무런 차이가 없다.

주목할 것은 관자가 '원구지계'에서 세리를 보내 징세하는 이인구인以人求人의 직접적인 방식 대신 경중지술을 동원한 이수구물以數求物의 간접적인 방식을 주문한 점이다. 경중지술에 입각해 징수하는 '이수구물'의 접근방식은 비단 '원구지계'에만 한정되는 게 아니다. 모든 재정확충 정책에 적용되는 기본 이념에 해당한다. 『관자』의 기본이념이 모든 인민이 고루 잘 사는 '균부'에 있다면, 『관자』를 관통하는 재정정책의 기본이념은 경중지술을 적극 활용하는 '이수구물'에 있다고 해도 과언이 아니다.

제4략
경중 무 7계 — 적의 자만을 부추겨라

1. 약강지계弱强之計 강자를 억눌러 약하게 만드는 계책

제환공이 관중에게 물었다.

"경중의 계책은 어찌 시행해야 하오?"

관중이 대답했다.

"복희씨가 나라를 다스리기 시작한 이래 지금까지 경중의 계책을 구사하지 않고도 패왕의 대업을 이룬 군주는 없습니다."

"그게 무슨 말이오?"

관중이 대답했다.

"복희씨가 등장해 나라를 다스리면서 8괘八卦를 만들어 음양에 배치하고 구구산법九九算法을 만들어 천도를 증명한 덕분에 천하가 교화됐습니다. 신농씨가 등장한 후 기산淇山의 남쪽에 오곡을 심어 구주九州 백성이 오곡을 식용으로 삼으면서 천하가 교화됐습니다. 수인씨가 등장한 후 부싯돌 나무인 수목燧木의 구멍을 문질러 불을 얻은 덕분에 백성이 날고기를 익히거나 끓여 먹음으로써 다시는 식중독에 걸리는 일이 없게 되면서 천하가 교화됐습니다. 황제는 천하를 다스릴 때 산림과 늪지에서 나무를 베고 물고기를 잡게 했습니다. 순임금은 천하를 다스릴 때 늪지를 불사르고 맹수를 제거하는 식으로 백성의 이익을 꾀했고, 토지신을 받들어 사당을 건립하고 나무로 마을 입구의 문인 이문里門을 세워 백성들로 하여금 예절을 알게 만들었습니다. 이때에 이르러 백성 가운데 원노怨怒와 증오憎惡로 인해 불복하는 자가 사라지면서 천하가 교화됐습니다. 하나라는 천하를 다스릴 때 새로 12곳의 대하大河를 뚫고, 17곳의 수도水道를 준설하고, 3강三江을 소통시키고, 5호五湖를 뚫고, 황하와 장강 등 4독四瀆의 물을 바다로 연결시키고, 구주의 지세를 좇아 9개의 늪지를 관리했습니다. 이때 백성이 비로소 성곽과 문, 담장, 방 등을 짓는 법을 알게 되면서 천하가 교화됐습니다. 은나라는 천하를 다스릴 때 우마를 사육하기 시작했고, 백성이 그 이로움을 얻으면서 천하가 교화됐습니다. 주나라는 천하를 다스릴 때 8괘를 이용하기 시작했고, 이것이 음양의 조화에 부합하면서 천하가 교화됐습니다."

"그렇다면 지금의 군주가 어찌해야만 하오?"

관중이 대답했다.

"거두면서 비축하되, 일거에 모두 이루려고 하지 말아야 합니다."

"그게 무슨 말이오?"

관중이 대답했다.

"선대의 제왕이 이미 치도治道를 완비한 만큼 거기에 더할 게 없습니다. 군주는 치도를 실천하기만 하면 됩니다."

"'치도를 실천하기만 된다.'는 말은 무슨 뜻이오?"

관중이 대답했다.

"지금 주나라 왕실의 천자는 유약하고, 제후는 지나치게 강합니다. 제후들이 천자에게 공물을 바치지 않는 이유입니다. 군주는 응당 강한 제후를 억눌러 약하게 만들면서 패망한 나라를 다시 세우며 끊어진 후사를 이어주어 약강계절弱强繼絶을 행하고, 제후들을 이끌어 쇠잔해진 주나라 왕실을 다시 일으켜 세워야 합니다."

'**약강**지계'는 경제전에서 이기는 계측을 논하고 있다. 여러모로 병법원리와 닮았다. 원래 '경중 무'는 주로 국가 간의 경제전을 다루고 있는 게 특징이다. 상대국이 기초산업인 농업을 포기하고 비교우위 산업만 집중 육성하게 부추겨 결국 스스로 무너지게 만드는 게 골자이다. 실제로 '경중 무'에는 애덤 스미스의 『국부론』이 지니고 있는 국제교역의 문제점을 적나라하게 보여주는 사례로 가득 차 있다. 서구 열강이 제국주의 시절에 『국부론』을 이론적 무기로 원용한 것을 결코 우연으로 볼 수 없다. 실제로 마비백은 『관자경중신전』에서 '경중 무'의 특징을 이같이 요약했다.

"「경중」편의 '경중 무'에 나오는 계책은 상대국을 멸망시키는 구체적인 방법을 논하고 있다. 이 전략의 핵심은 한마디로 말해 '음모'를 꾸미는 것이다. 특정 상품의 가격을 의도적으로 상승시켜 특정 상품의 주요 생산국이 주요산업을 포기하고 특정상품만 생산토록 유인한 뒤 이내 목줄을 쥐고 경제식민지 내지 경제 반식민지로 만드는 계책에 해당한다."

대외무역에 의존하는 경제는 이내 경제식민지로 전락할 수밖에 없다는 점을 지적한 것이다. 앞서 언급한 것처럼 독일 경제학자 리스트가 역저 『정치경제학의 국민적 체계』에서 국내시장을 육성하는 것이 해외시장에 진출하는 것보다 훨씬 중요하다고 역설한 것도 같은 맥락이다. 당시 리스트는 조국 독일의 앞날에 커다란 위기감을 느끼고 있었다. 영국의 경제적 속국이 될 것을 우려한 것이다. 그는 이 책에서 이같이 경고했다.

"점차 영국을 맹주로 하는 나라들이 새로운 세계질서를 만들고, 프랑스와 독일 등 유럽 대륙의 다른 나라 국민들은 제2급 국민으로 전락해 영국이 만든 세계질서 속에 녹아들고 말 것이다. 프랑스는 스페인이나 포르투갈과 함께 영국에 최고급 포도주를 공급하면서 자신은 저질 포도주를 마시는 신세가 될 것이다. 프랑스인에게는 기껏해야 화장품 제조 정도가 허용될 것이다. 독일에 맡겨지는 일은 장난감, 목재, 벽시계, 언어학 서적의 제조 또는 러시아와 아프리카의 황무지에 영국의 상공업 지배권과 언어를 보급하는 데 전념하는 지원군 역할이 고작일 것이다."

그가 볼 때 경제적 예속을 막기 위해서는 어떤 희생을 감수하고서라도 조속한 경제성장을 이루어야만 했다. 그가 내세운 보호무역주의는 하나의 방편에 불과했다. 그의 보호무역주의는 결코 민중들의 생활을 보호하려는 취지가 아니었다. 국가가 주도적으로 나서 핵심 전략산업을 집중 육성해 강국으로 우뚝 서는 게 궁극적인 목적이었다. 여러모로 관자경제학과 취지를 같이한다.

독일과 같은 후발 산업국가는 높은 관세장벽을 형성해 유약한 자국 산업을 보호해야만 한다는 게 요지이다. 통상 이를 '유치幼稚산업보호론'이라고 한다. 그가 '유치산업보호론'을 제창한 것은 조국 독일의 산업이 크게 낙후돼 있는 현실을 통찰한 결과로 해석할 수 있다. 21세기 G2시대의 관점에서 볼 때 과거 제3공화국이 '유치산업보호론'에 기초해 '한강의 기적'을 이룬 것은 높이 평가할 만한 일이다. 개혁개방을 주도한 중국의 등소평과 러시아의 푸틴이 '한강의 기적'으로 불린 박정희 전 대통령의 경제개발 방식에 찬사를 보낸 것도 이런 맥락에서 이해할 수 있다.

'경중 무'에서 첫 번째 계책으로 거론한 '약강지계'는 기본적으로 상대국이 비교우위 산업만 집중 육성하게 부추겨 스스로 무너지게 만드는 데 초점을 맞춘 것이다. 궁극적인 목적은 주나라 왕실을 보위하며 중원을 지키는 존왕양이尊王攘夷이다. 허약해진 주나라 왕실을 대신해 사방의 강력한 이적을 제압하고 천하를 호령하는 계책을 제시한 셈이다. 관자경제학이 제시하고 있는 모든 계책이 기본적으로 치국의 단계를 넘어 평천하를 염두에 둔 것임을 뒷받침한다. 이는 관자경제학의 궁극적인 목표가 예의염치를 아는 문화대국의 건설에 있는 점을 감안하면 당연한 것이기도 하다.

주목할 것은 관자가 '약강지계'를 언급하면서 '거두면서 비축하되, 일거에 모두 이루려고 하지 말아야 한다.'고 주문한 점이다. 이는 적이 기초산업인 농업을 포기하고 비교우위 산업만 집중 육성하다가 스스로 패망케 만들려면 2가지 전제조건이 필요하다는 사실을 지적하고 있다. 첫째, 거두면서 비축하는 것이다. 삼황오제와 하나라 및 은나라 등이 이미 다양한 실험을 통해 치국평천하 계책을 마련해 놓은 만큼 이를 상황에 따라 적절히 배합해 사용하면 된다는 뜻이다. 둘째, 점진적으로 접근하는 것이다. 이는 주나라 왕실을 위협하는 초나라 등과 같이 강력한 이적은 일거에 제압하려 해서는 안 되고 그리 할 수도 없는 만큼 점진적인 방법을 동원해 굴복시켜야 한다는 주문이다. 실제로 관중은 이런 식으로 접근해 초나라의 굴복을 얻어냈다. '경중 무'에 소개된 계책이 모두 이런 2가지 전제조건 위에 서 있는 것이다. 국가총력전 양상을 보이고 있는 21세기 G2시대의 경제전에 암시하는 바가 매우 크다.

2. 순치지계脣齒之計 산업을 교란시켜 적을 제압하는 계책

제환공이 관중에게 물었다.

"노나라의 부용국인 양梁 땅은 제나라 국경과 인접해 있는 까닭에 마치 두렁을 사이에 둔 논밭과 같고, 인가의 벌이 사람을 해를 끼치는 것처럼 순치상의脣齒相依의 관계를 맺고 있소. 지금 내가 양 땅을 치고자 하는데 어찌하면 좋겠소?"

관중이 대답했다.

"양 땅 백성은 두꺼운 비단옷을 입는 풍속이 있습니다. 군주도 그런 비단옷을 입고 좌우의 군신들 모두 그같이 하도록 명하십시오. 백성도 이내 이를 좇아서 입을 것입니다. 이어 다시 명을 내려 비단의 직조를 금하면 반드시 양 땅의 제품이 대거 유입될 것입니다. 그러면 양 땅의 백성 모두 농사를 팽개친 채 비단만 짤 것입니다."

"잘 알겠소."

태산의 남쪽에서 두꺼운 비단옷을 10일 만에 완성하자 제환공이 이를 입었다. 관중이 양 땅의 상인들에게 말했다.

"그대들이 우리에게 두꺼운 비단 1천 필을 보내면 황금 3백근, 그 10배인 1만 필이면 황금 3천근을 내도록 하겠소!"

양 땅은 두꺼운 비단을 수출한 덕분에 백성에게 세금을 걷지 않고도 재용이 풍족해졌다. 양 땅의 군주가 이 말을 듣고는 곧 백성에게 다른 일을 멈춘 채 두꺼운 비단을 짜는 일에 전념토록 했다. 13달이 지난 뒤 관중이 양 땅으로 사람을 보내 정황을 살피게 했다. 양 땅 백성이 10보 앞이 보이지 않을 정도로 길을 가득 메운 까닭에 행인이 발꿈치를 들기 어려울 지경이었다. 수많은 수레가 바퀴가 서로 맞물린 모습으로 지나가고, 말을 탄 사람들이 열을 이뤄 길을 갔다. 관중이 제환공에게 건의했다.

"이제 양 땅을 칠 수 있습니다."

"어찌해야 하오?"

관중이 대답했다.

"군주는 이제 솔선하여 통상적인 비단옷으로 갈아입은 뒤 신민 역시 두꺼운 비단옷을 입지 못하게 유인하십시오. 이어 관문을 폐쇄해 양 땅을 오가지 못하게 하십시오."

"잘 알겠소."

이후 10달이 지난 뒤 관중이 양 땅에 사람을 보내 정황을 살피게 했다. 양 땅의 백성 가운데 굶주리는 자가 속출하고, 관부에 내는 통상적인 세금도 납부하지 못하는 모습을 목도하게 됐다. 양 땅의 군주가 황급히 영을 내려 두꺼운 비단을 짜지 못하게 하고 농사를 짓게 했지만 곡물은 심은 지 3달밖에 되지 않아 수확할 길이 없었다. 양 땅의 백성들은 1두당 1천전의 비싼 값을 지불하고 제나라로부터 곡물을 수입해야만 했다. 당시 제나라의 곡물가격은 1두당 10전밖에 안 되었다. 2년 뒤 양 땅의 백성 가운데 10분의 6이 제나라로 귀순했다. 3년 뒤 양 땅의 군주가 마침내 귀복歸服을 청했다.

'순치지계'는 순망치한脣亡齒寒의 고사와는 정반대로 이웃을 쳐야만 자국을 보호할 수 있다는 취지에서 나온 계책이다. 춘추시대 말기 이웃한 오나라와 월나라가 생사를 건 싸움을 벌인 것을 상기하면 그 취지를 쉽게 이해할 수 있을 것이다. 그런 점에서 은밀한 계색을 구사해 이웃을 거꾸러뜨리고자 하는 '순치지계'는 『손자병법』에 나오는 오월동주吳越同舟와 맥을 같이한다고 평할 수 있다.

주의할 것은 '오월동주'가 서로 손을 잡고 환란을 함께 헤쳐 나가는 과정에만 초점을 맞추고 있는 점이다. 환란을 공동으로 막아낸 뒤의 얘기가 생략돼 있다. 당시 오월은 누대에 걸친 원한으로 인해 같은 하늘 아래 공존키가 어려웠다. 설령 이웃한 초나라 등의 압박을 이겨내기 위해 일시적으로 '오월동주'의 행보를 보일지라도 결국은 불구대천의 앙숙으로 돌아갈 수밖에 없다. '순치지계'는 바로 이를 언급한 것이다. 마비백이 『관자경중신전』에서 지적했듯이 오월 모두 상대를 거꾸러뜨리고자 하는 '음모'를 꾸밀 수밖에 없었던 사실을 감안해야 한다.

구한말 조선의 많은 사대부들은 국가존망의 엄중한 상황에서 부국강병을 소홀히 한 채 '소중화小中華' 운운하며 양이洋夷는 물론 왜이倭夷 모두 공맹의 인의도덕으로 설복시킬 수 있다고 떠벌였다. 그 결과는 나라의 패망이었다. 오왕 부차가 월왕 구천을 살려주었다가 되레 당한 것과 하등 다를 게 없다. 이를 도덕적 잣대를 들이대 월왕 구천을 매도해서는 안 된다. 국가의 존망이 걸린 사안만큼은 마키아벨리가 『군주론』에서 역설했듯이 도덕적으로 비난을 받는 악행도 저지를 수 있어야만 한다. 그게 현실이고 정치이다. 특히 국제정치의 경우는 더욱 그렇다. 고금동서를 막론하고 군사와 외교가 강력한 힘과 정교한 책략을 기반으로 하는 이유가 여기에 있다. G1 미국이 막강한 무력과 간교한 외교술로 전 세계를 호령하는 현실이 바로 그 증거다.

미중이 치열한 접전을 벌이는 21세기 G2시대는 국가총력전 양상을 띤 경제전의 시대이기도 하다. '총성 없는 전쟁'에 해당한다. 패할 경우 오히려 총칼을 들고 맞서 싸우는 열전보다 더 참혹한 상황을 맞이할 수 있다. 그 나라는 이내 경제식민지가 되고, 인민은 경제노예가 될 수밖에 없기 때문이다. IMF환란의 후유증으로 인해 아직도 몸살을 앓고 있는 우리의 현실이 그렇다. 가장 그럴듯한 삼성도 말만 토종기업이지 이미 주식의 절반 가까이가 외국인의 손에 넘어간 상태이다. 대우자동차를 비롯한 대우 계열사는 이리저리 찢겨져 외국기업에 넘어갔다.

살벌하기 짝이 없는 21세기 경제전의 상황에서 또 다시 IMF환란과 유사한 재난을 당할 경우 이내 구한말의 전철을 밟게 된다. 남북이 공멸하는 최악의 시나리오에 해당한다. 최고 통치권자를 비롯한 전 국민의 대오각성이 절실하다. 국민의 모든 역량을 모아 역경을 헤쳐 나가는 수밖에 없다. 위기는 기회의 또 다른 얼굴인 까닭에 중지衆智를 짜낼 수만 있다면 얼마든지 전화위복의 계기로 만들 수 있다.

3. 치생지계治生之計 귀가시켜 생계를 꾸리도록 하는 계책

제환공이 관중에게 물었다.

"백성이 굶주려도 먹을 길이 없고, 추워도 입을 길이 없고, 통상적인 세금에도 낼 길이 없고, 집이 새도 수리할 길이 없고, 담장이 무너져도 고칠 길이 없다면 이를 어찌해야 하오?"

관중이 대답했다.

"청컨대 도로변의 나뭇가지를 잘라 내도록 하십시오."

"잘 알겠소."

제환공이 좌우의 친위부대장에게 명해 도로변의 나뭇가지를 자르게 했다. 좌우의 친위부대장이 명을 집행하자 도로변의 나뭇가지가 듬성듬성해졌다. 1년 뒤 백성들이 비단 옷을 입고, 오곡을 먹고, 세금을 제때 내고, 집이 새는 것을 수리하고, 무너진 담장을 고칠 수 있었다. 제환공이 관중을 불러 물었다.

"이는 어찌된 일이오?"

관중이 대답했다.

"제나라는 동이족東夷族인 내이萊夷와 근접한 나라입니다. 한 그루의 커다란 나무 아래 100승의 거마가 휴식을 취하는 것은 나뭇가지를 잘라내지 않아 커다란 그늘이 만들어졌기 때문입니다. 온갖 새들이 나무 위에 둥지를 트는 까닭에 젊은이들은 나무 아래서 새총으로 새를 잡으려고 뛰어다니면서 종일토록 귀가할 생각을 하지 않았습니다. 부로들은 나무에 기대어 세상사를 논하는 까닭에 종일토록 귀가할 생각을 하지 않았습니다. 저잣거리에서 일을 마치고 돌아가던 자는 나무 아래서 휴식을 취하는 까닭에 종일토록 귀가할 생각을 하지 않았습니다. 지금 도로변의 나뭇가지를 잘라낸 덕분에 햇볕이 쨍쨍 내리쬘 때 자그마한 그늘조차 사라지게 되자 출입하던 자는 시간을 아까워하게 됐고, 행인은 잰 걸음으로 지나다니게 됐고, 노인은 집으로 돌아가 생계를 꾸리는 치생治生에 힘쓰게 됐고, 청장년은 열심히 농사를 짓게 됐습니다. 저는 귀가할 생각조차 하지 않던 이들 3부류의 사람들을 모두 집으로 돌려보냈을 뿐입니다. 전에 저들이 의식衣食이 부족했던 이유가 바로 여기에 있습니다."

'치생지계'는 앞서 나온 '목수지계沐樹之計'와 내용이 거의 같다. 『관자』를 편제하는 과정에서 부주의로 인해 중복해 삽입된 것으로 보인다. 그러나 이에 대한 반론도 있다. '수목지계'는 백성이 생업에 열심히 종사토록 하는데 초점을 맞춘데 반해 '치생지계'는 적을 거꾸러뜨리는 계책으로 활용할 수 있다는 취지를 담고 있다는 것이다. 관자가 '지생시계'를 언급하면서 모두에 '제나라는 동이족인 내이萊夷와 근접한 나라이다.'라고 주의를 환기시킨 점을 예로 들고 있다. 바로 뒤에 나오는 '장산지계'에도 '음모'를 통해 내萊나라와 거筥나라를 제압하는 얘기가 나온다. 부주의로 인해 중복 삽입된 게 아니라는 주장이 나오는 이유다. 동일한 일화가 중복 편제된 유일한 사례이고, '경중 정'의 일화가 적국을 무너뜨리는 계책을 모아 놓은 '경중 무'에 굳이 중복해 나오고 있는 점 등을 감안할 때 부주의로 인한 게 아니라는 주장도 나름 일리가 있다.

21세기 현재 많은 사람들은 루즈벨트의 뉴딜정책을 '치생지계'의 대표적인 성공사례로 꼽고 있다. 실제로 외형만 보면 뉴딜정책이 펼쳐질 당시 미국은 제2차 세계대전 전까지 180억 달러를 투자했고, 미국 전역에 걸쳐 1천여 개의 공항과 800여개의 학교와 병원이 세워졌다. 수천 만 명의 실직자가 일자리를 얻었다.

그러나 학계에서는 이를 반박하는 견해가 만만치 않다. 비판자들은 재정정책의 효과가 과대평가됐을 뿐만 아니라 오히려 경기회복을 지연시켰다고 비판하고 있다. 뉴딜정책으로 대규모 공공사업이 시행된 것은 사실이지만 현재 기준으로 보면 변변한 재정정책이 없었다는 것이다. 일각에서는 대공황 때 경제를 회복시킨 결정적 요인은 오히려 통화증가이고, 재정정책은 1942년 이전에는 경기 회복에 거의 도움을 주지 못했다는 주장을 내놓고 있다. 1942년에 이르러 국민소득은 대공황 이전 추세로 회복되는데 통화 증가로 70%가량이 회복됐고, 재정정책으로는 14% 밖에 회복되지 않았다는 것이다.

객관적으로 볼 때 뉴딜정책에 대한 정확한 평가를 위해서는 루즈벨트의 전임자인 후버가 대공황 직후에 취한 일련의 경제정책과 비교할 필요가 있다. 대공황은 1929년 10월 24일 뉴욕 월스트리트의 '뉴욕주식거래소'에서 주가가 대폭락하면서 발단했다. 1933년 말까지 거의 모든 자본주의 국가들이 여기에 말려들었다. 그 여파는 1939년까지 이어졌다. 대공황은 파급범위와 파장, 지속기간 등에서 그 이전의 어떤 것과 비교할 수 없을 정도로 참혹했다. 제2차 세계대전의 도화선으로 작용했다는 평이 나오는 이유다.

제1차 세계대전 직후 미국은 표면적으로는 경제적 번영을 누리고 있는 것처럼 보였지만 그 배후에는 만성적인 과잉생산과 누적되는 실직자의 음영이 드리워져 있었다. 주가 대폭락이 일거에 각 부문으로 급속히 확산된 이유다. 적체된 상품의 격증, 모든 물가의 동반 폭락, 생산의 급격 감소, 경제활동의 마비 등이 그 결과다. 기업도산이 속출해 실업자가 늘어나자 1933년에는 그 숫자가 전 근로자의 약 30%에 해당하는 1,500만 명 이상에 달했다.

그 여파는 이내 독일과 영국, 프랑스 등 유럽 각국으로 파급됐다. 각국의 공업생산고가 대폭 하락하고, 1932년의 미국의 공업생산고도 대공황 이전과 비교하여 44%나 떨어져 1908년 수준으로 후퇴했다. 이는 농업부문에도 커다란 영향을 미쳐 세계 각지의 농산물 가격이 폭락하고 소맥과 커피 및 가축 등이 대량 폐기되는 사태로 이어졌다. 금융부문도 예외가 아니었다. 1931년 오스트리아의 은행 도산을 계기로 유럽 각국에 금융공황이 발생했다. 영국이 1931년 9월 금본위제를 정지하자 여러 나라가 다퉈 금본위제로부터 이탈했다. 미국도 1933년 금본위제를 정지하는 사태에 이르게 됐다.

공화당 출신 후버는 취임 직후에 터진 대공황으로 인해 재위기간동안 거의 그 여진을 막는데 소진해야만 했다. 그러나 성적이 신통치 않았다. 민주당 출신 루즈벨트에게 패해 재선에 실패한 이유다. 두 사람이 백악관 자리를 교체할 당시 미국은 '8시간 대 6시간 논쟁'으로 크게 달아올랐다. 후버는 '일자리 나누기' 운동을 펼쳤다. 그는 하루 노동시간을 8시간에서 6시간으로 줄이면 기업들이 그만큼 더 사람을 뽑을 수 있다고 생각했다. 노동자 개개인의 수입은 다소 줄어들지만 그 정도는 일자리가 늘어나면서 생기는 사회 전체의 혜택과 비교할 때 견딜만할 것으로 보았다. 반면 루즈벨트는 물건이 안 팔리면 '새로운 수요'를 만들어내면 된다는 식으로 경제에 드라이브를 걸었다. 유효수요 창출을 위한 대규모 재정투자를 역설한 케인즈의 생각과 닮았다.

후버의 '일자리 나누기'와 루즈벨트의 '유효수요 창출'에 대한 평가는 미국경제를 어떻게 보느냐에 따라 달라질 수밖에 없다. 표면상 뉴딜 정책은 미국경제가 대공황을 탈출하는 데 큰 몫을 했다. 그러나 일자리 쏠림 현상이 극심해지고, 근무 시간도 점점 늘어나는 부정적인 양상도 나타났다. 더 많이 일할수록 소득이 늘어난 결과다. 가장 큰 문제는 취업하지 못한 자들이 빈곤층으로 전락해버린 점이다. 뉴딜정책의 빛과 그림자에 해당한다. 객관적으로 볼 때 경제성장과 일자리 나누기는 상호 불가분의 관계를 맺고 있다. 뉴딜정책에 대한 평가는 21세기 들어와 한국을 비롯한 많은 나라의 화두로 등장한 '일자리 나누기 운동'에 대한 평가와 맞물려 있다.

관자가 '치생지계'를 언급한 취지를 상기할 필요가 있다. 요체는 도로변의 나뭇가지를 잘라내는 식의 간접적인 방법을 동원해 백성들의 생산참여를 독려한데 있다. 그런 점에서 이론적으로 볼 때 후버의 일자리 나누기 계책이 보다 합당하다. 다만 경제가 극도의 침체기에 빠져 있을 때는 특단의 조치가 필요한 만큼 국가가 적극 개입해 대대적인 토목공사를 벌이는 것도 나름 일리가 있다. 정치는 어디까지나 현실인 만큼 한쪽의 편향된 잣대로 평가해서는 안 된다. 두 사람의 설전은 루즈벨트의 승리로 끝났다고 보는 게 합리적이다. 후버가 재선에 실패한데 반해 루즈벨트가 미국 헌정사상 유일한 4선 대통령에 당선된 사실이 이를 뒷받침한다.

다만 대공황과 같은 비상사태가 아닌데도 국토대운하 건설을 기치로 내세워 대선에 승리한 이명박 전 대통령이 빗발치는 반대여론을 무마하기 위해 차선으로 택한 4대강 프로젝트는 적잖은 문제가 있다. 막대한 예산을 투입한 것을 감안할 때 '유효수요'도 크게 창출되지 않아 실효성에 의문이 제기되고 있을 뿐만 아니라 최근에는 수질 오염과 담합에 따른 부실시공 등의 문제까지 불거지고 있다. 청문회 등을 통한 철저한 감시와 그에 따른 엄정한 법집행이 필요하다. 대표적인 혈세낭비의 사례로 남을 수도 있기 때문이다.

4. 장산지계莊山之計 동전을 주조해 적을 제압하는 계책

제환공이 관중에게 물었다.

"내萊나라와 거莒나라가 공히 땔나무 채취와 영농의 이익을 누리고 있으니 이를 어찌해야 좋소?"

관중이 대답했다.

"두 나라의 산에서 땔감이 나오면 군주는 신병을 이끌고 장산莊山으로 가 동철로 화폐를 주조하십시오. 이같이 하면 틀림없이 내나라의 땔나무 가격이 치솟을 것입니다."

내나라 군주가 이 소식을 듣고는 좌우의 군신들에게 말했다.

"전폐錢幣는 사람이 중시하는 것이고, 땔나무는 우리나라의 재화생산 과정에서 나오는 부산물副産物일 뿐이다. 우리나라의 부산물로 제나라의 전폐와 바꾸면 제나라를 야금야금 잠식할 수 있다."

이후 내나라는 농사를 팽개친 채 땔나무 채취에만 힘썼다. 관중은 곧 습붕에게 명해 신병을 철수해 농사에 종사토록 조치케 했다. 2년 뒤 제환공이 내나라의 땔나무 구매를 중지시켰다. 내나라와 거나라 백성은 1두당 370전을 지불하고 제나라로부터 곡물을 수입해야만 했다. 당시 제나라의 곡물가격은 1두당 10전에 지나지 않았다. 두 나라 백성 가운데 10분의 7이 제나라로 귀순했다. 2년 4개월 뒤 두 나라 군주가 마침내 귀복을 청했다.

'장산 지계'는 화폐정책을 통해 이웃 나라의 기본산업 육성을 차단함으로써 굴복시키는 계책을 논한 것이다. 일종의 경제식민지 개척의 음모에 해당한다. 관자가 화폐정책으로 이웃나라를 제압하는 방안을 제시한 것은 금융이 경제에서 마치 몸의 각 기관에 영양분과 산소를 공급하는 혈맥의 역할을 수행한다는 사실을 통찰한 결과로 볼 수 있다. 『관자』「구부」의 '권도지모權道之謀'에서 '경중의 계책으로 화폐의 유통을 합리적으로 조절해야 한다.'고 언급한 대목이 이를 뒷받침한다. 『관자』는 시종 군주에게 자국의 화폐 발권 및 유통에 관한 권한을 확고히 장악할 것을 역설하고 있다. 미국처럼 사실상 부상대고에게 달러의 발행 및 유통량 조절의 권한을 부여하는 것은 상상도 못할 일이다. 이는 관자경제학의 큰 특징이기도 하다.

동서고금의 역사를 개관할 때 이른바 '화폐주권'을 상실한 나라는 거의 예외 없이 패망하고 말았다. 북한의 국경지대 거래에서 달러와 위안화만 사용되고 북한의 화폐가 통용되지 않는 것은 북한의 패망을 알리는 명백한 조짐에 해당한다. 구한말 일제가 조선을 침탈할 때 유사한 수법을 구사한 바 있다.

자이위중은 『국부책』에서 역사적으로 금융 주권을 가장 확실하게 행사한 인물로 히틀러 집권 초기 경제장관을 지내며 마르크화의 안정에 성공한 마르 샤흐트Hjalmar Schacht를 들었다. 샤흐트는 나치 집권 시기 '금융의 귀재'라는 칭송을 받았다.

원래 샤흐트는 지금은 덴마크 땅인 프로이센 왕국 내의 팅글레프에서 태어나 양친과 함께 미국으로 이주했다. 부친 빌헬름은 미국시민권을 획득한 후 미국 저널리즘에 감명 받아 성씨 샤흐트를 미국의 저널리스트 호레스 그릴리의 이름을 따 와서 붙였다. 뉴욕의 체이스 뱅크에서 30년 가까이 근무하던 가운데 부인이 병이 나자 가족을 이끌고 독일로 돌아갔다. 이때 장차 '금융의 귀재'로 불린 아들 샤흐트를 얻었다. 1877년 2월이었다. 독일이 샤흐트를 얻게 된 배경이다.

샤흐트는 어릴 때부터 총명하고 부지런했다. 그는 의학, 철학, 정치학, 과학 등 다양한 전문지식을 익혔다. 독일의 킬, 베를린, 뮌헨 등의 대학에서 경제학을 전공한 뒤 1899년에 경제학 박사학위를 얻었다. 그는 부친의 뒤를 이어 금융업에 종사할 생각으로 1903년 드레스덴 은행에 입사했다. 본인의 뛰어난 능력과 부친이 닦은 금융계 인맥을 토대로 승승장구했다. 1916년 민영은행 '독일국가은행' 은행장이 된 이유다. 당시 그의 나이 39세였다. 제1차 세계대전 중에 그는 통화위조 사건에 휘말리기도 했다.

제1차 세계대전이 끝난 직후인 1918년 민주당 창당의 공동 주역이 되었다. 1922년에는 독일국가은행을 다름슈타트 은행과 합병시켜 '다름슈타트&국가은행'을 설립했다. 1923년 1월 11일 독일정부가 베르사유 조약에서 정한 배상금 지불의무를 불이행한다는 이유로 프랑스군과 벨기에군이 문득 루르 지방을 점령했다. 독일은 우익부터 좌익에 이르기까지 모든 정당이 분개해 쿠노 내각 주도 하에 루르 일대의 공장 정지 등 소극적인 저항을 실시했다. 그 영향으로 독일의 마르크화는 순식간에 폭락하고, 독일은 전쟁이나 대재난 후 생산이 수요를 따라가지 못해 단기간에 발생하는 심한 물가 상승 현상인 '하이퍼 인플레이션'을 맞았다.

1923년 8월 12일 쿠노 내각이 무너지고 인민당과 중앙당, 사민당, 민주당이 참여한 슈트레제만 연립내각이 구성되었다. 슈트레제만은 매국노라는 비판을 받아가면서도 루르 점령에 대한 저항을 중지시키고 마르크화 안정의 길을 택했다. 마르크화의 안정을 위해 샤흐트는 민주당 내에서 새로운 마르크화의 발행을 주장했다. 그의 주장이 채택되었다. 1923년 11월 13일 샤흐트는 에베르트 대통령으로부터 라이히 통화위원으로 임명되었다. 에베르트 대통령은 중앙은행인 라이히스방크 총재인 하펜슈타인의 역할을 기대했지만 그는 신용을 완전히 상실한 상태였다. 새로운 통화위원인 샤흐트가 나서 화폐개혁을 주도한 배경이다. 그가 제안한 렌텐마르크는 독일의 부동산과 상공업 자본을 기초로 하는 보조통화였다. 1923년 11월 20일부터 1조 마르크는 1렌텐마르크로 교환되었다. 덕분에 마르크화는 기적적으로 신용을 회복할 수 있었다. 이듬해인 1924년 금본위의 라이히스마르크로 교환되었다.

그는 하펜슈타인이 사망으로 공석이 된 라이히스방크의 총재로 취임했다. 곧 프랑스가 무력을 동원한 것에 반감을 가진 영국은행 총재 노먼에 접근했다. 프랑스가 계속 루르 점령을 고집했지만 영국이 이에 반발해 독일의 배상방법에 대한 전문 위원회의 창설을 요구했다. 미국도 동조하자 프랑스는 이를 좇을 수밖에 없었다. 미국의 찰스 도스를 위원장으로 하는 도스 위원회가 창설됐다. 샤흐트는 이 위원회에 참가했다. 1924년 4월 도스 위원회는 새로운 배상금 지불안인 도스안을 작성했다. 1926년 독일 민주당의 좌경화에 염증을 느낀 샤흐트는 탈당 후 우파 진영에 접근했다.

1929년 2월 11일 독일의 새로운 배상금 지불 방식에 관한 전문가 회의가 파리에서 개최되었다. 의장은 미국 은행가 어윈 영이었다. 독일의 수석대표로 출석한 샤흐트는 조약체결 후 우파로부터 받을 비난을 두려워해 슈트레제만 수상의 방침을 무시하고 이해 6월 7일 영이 제시한 안을 받아들였다. 덕분에 독일의 배상총액이 대폭으로 줄어들었다. 그러나 독일은 이후에도 59년에 걸쳐 배상금을 지불해야만 했다. 나치당을 비롯한 우파가 크게 반발했다. 샤흐트는 영 안 도입의 책임을 슈트레제만에게 전가했다.

이해 10월 24일 미국 뉴욕의 월가 증시가 대폭락하면서 대공황이 터져 나왔다. 그 여파로 독일도 실업자가 넘쳐났다. 실업보험법이 개정되었음에도 재정의 균형은 회복되지 못했다. 재무장관 힐퍼딩과 재무차관 포피츠는 외채발행을 결의했다. 적자를 세금으로 메울 요량이었다. 정부로부터 독립된 라이히스방크의 총재 샤흐트가 반대했다. 이때 샤흐트는 국가인민당의 후겐베르크와 함께 나치당의 히틀러와 연대했다. 외채에 관심을 보이던 미국은행이 손을 놓자 이해 12월 21일 힐퍼딩과 포피츠가 사직했다.

이듬해인 1930년 3월 6일 샤흐트는 힌덴부르크 대통령과 대담하며 영 안에 반대했다. 힌덴부르크는 샤흐트를 설득했지만 샤흐트는 3월 7일 라이히스방크 총재직을 사임했다. 이후 그는 히틀러의 『나의 투쟁』에 커다란 감명을 받고 나치당에 접근했다. 1931년 10월 나치당과 국가인민당 등이 연합한 반反 브뤼닝내각 공동전선인 하르츠부르크 전선이 형성됐다. 이에 가담한 그는 자신이 아는 은행가와 실업가를 히틀러에게 소개하는 등 나치당의 활동자금을 유치하는데 애썼다. 크루프를 비롯한 여러 대기업이 이에 동조했다.

1932년 11월 29일 정재계 인사를 포섭해 힌덴부르크 대통령에게 히틀러를 수상으로 임명하라는 탄원서를 냈다. 이듬해인 1933년 1월 30일 히틀러가 수상에 임명되자 나치당이 마침내 정권을 합법적으로 장악했다. 이해 2월 20일에는 히틀러가 괴링의 집무실에서 샤흐트를 비롯한 실업계 수뇌부 25명을 소집했다. 마르크스주의의 근절과 재무장관 자리를 약속하는 대신 나치당에 대한 헌금을 부탁코자 한 것이다. 이해 3월 16일 샤흐트가 다시 라이히스방크 총재로 취임했다. 이듬해인 1934년 8월 2일 힌덴베르크 대통령이 사망하자 히틀러는 즉각 그를 경제장관에 임명했다.

당시 독일은 유럽에서 미래가 가장 암담한 나라였다. 제1차 세계대전 패전과 살인적 인플레이션, 대공황이 연속되면서 나라를 파산으로 몰아넣고 있었다. 국민의 90%가 빈민층이었고, 실업률은 35%에 이르렀다. 천정부지로 치솟는 물가로 인해 화폐 가치가 급속도로 떨어져 하루에 두 번씩 월급을 줄 정도였다. 1932년 국민총소득이 110억 마르크로 떨어져 그 이전의 반토막이 되고 말았다.

히틀러는 모든 수단을 동원해서라도 경제파탄을 해결해야 했다. 이때 샤흐트가 마법을 보여줬다. 라이히스방크 총재와 경제장관을 겸임한 그의 수완 덕분에 1933년부터 5년 동안 실업률은 5.5%로 뚝 떨어졌다. 263만개의 새로운 일자리가 만들어졌다. 국민총생산은 40% 정도 늘었다. 그야말로 상전벽해의 일대반전이었다.

샤흐트 마법이 정체는 '네오플란Neoplan'이었다. 골자는 상거래와 무역, 관세, 투자, 자본시장, 외환거래 등을 정부가 직접 통제하는 관치금융에 있었다. 1935년 5월 21일 전시 경제에 대한 전권위원이 된 샤흐트는 아무런 제약 없이 독일 경제를 주물렀다. 시장경제 신봉자였던 그는 대기업이 나치당의 지배 및 간섭을 받지 않도록 노력했다. 경영자단체, 상공회의소를 아우르며 제국 경영자단체 연합의 창설에도 관여했다. 그를 '나치당 최후의 부르주아 대표'로 부르는 이유다.

재무장으로 인해 군사비가 늘어나자 인플레 불안이 높아졌다. 그는 대안으로 100만 마르크를 투자해 메포MEFO라는 작은 주식회사를 설립했다. 그러고는 고용창출 능력이 있는 크루프, 라인스탈, 구테호푸눙스휘테, 지멘스 등 4개 기업에 이른바 모포-벡셀Mefo-Wechsel로 불리는 어음을 발행했다. 이는 독일 국방군으로부터 수주를 받은 기업이 채권을 발행하면 정부가 이를 사들이고, 라이히스방크가 채권의 재할인을 보증하는 증서를 말한다. 덕분에 이들 기업으로부터 손쉽게 재화와 용역을 구매할 수 있었다. 이 어음은 5년 만기에 4%의 금리를 적용했다. 어음이기는 했으나 조건이 좋았다. 게다가 독일의 모든 은행에서 아무 때나 마르크로 할인이 가능했다. 주목할 것은 이 어음이 중앙은행의 공개 보고서나 정부 예산에 반영되지 않은 점이다. 유사시 휴지로 만들어 채권자 몫으로 돌리고 정부에 전혀 부담을 주지 않으려는 속셈이었다. 덕분에 나치는 외부에 전혀 발각되지 않고 재무장에 박차를 가할 수 있었다. 그를 두고 제2차 세계대전을 일으킨 실질적인 장본인으로 지목하는 이유다. 그러나 이는 지나쳤다. 그는 히틀러의 군비강화는 찬성했으나 전쟁 도발은 반대했기 때문이다.

메포-벡셀은 초기에 4대 기업에만 발행이 허용됐으나 나중에는 다른 중요한 기업도 허용됐다. 1934년부터 1937년 사이 발행총액이 204억 마르크를 상회했다. 1934년 9월 그는 모든 수출입 무역을 감독하는 새로운 금융전략을 전개했다. 나치 당국의 엄한 통제 하에 독일의 수출입 상품 구조에 커다란 변화가 생겼다. 수출품 가운에 공산품의 비중이 증가한 게 대표적이다. 또 공산품과 농산물의 수입이 하락하고 전략물자 수입이 급증했다. 주요 무역대상국도 북유럽과 동남 유럽으로 바뀌었다. 제2차 세계대전 개전 직후 독일이 동남유럽 시장을 완전히 장악한 배경이다.

나치 정권은 부족한 외화를 보충하고 대외무역을 증대시키기 위해 1930년대 중반부터 국제외환시장을 거치지 않는 쌍무 결제무역을 전개했다. 덕분에 동남유럽으로부터 물자를 대량으로 구입할 수 있었다. 그러나 구매 총액의 일부만 결제하는 이 방법은 독일의 채무를 급증시켰다. 이로 인해 독일은 동남유럽의 최대 수출국이자 채무국이 됐다. 이들 채권국은 자연스럽게 독일경제에 의존케 됐다.

독일은 1936년까지 28개국과 외환 지불 필요가 없는 '청산협정'을 체결했다. 마르크화로 결제하는 게 가능케 됐다. 독일 공산품을 수입하지 않으면 안 되는 이들 국가들은 대금을 마르크화로 결제하기 위해 끊임없이 자국 물자를 독일에 수출해야만 했다.

이 와중에 샤흐트는 월스트리트의 자금을 끌어들였다. 1933년부터 1939년까지 독일이 제2차 세계대전을 준비하는 6년 동안 듀폰과 록펠러, 모건, 포드 등 미국의 대기업이 앞다퉈 나치 독일과 군수물자 납품과 군사시설 건설계약을 맺었다. 당시 독일과 거래한 미국 기업이 모두 60여개에 달했다.

그러나 1930년대 중반 이후 거센 인플레이션 압력을 피할 길이 없게 되자 1938년 메포–벡셀의 발행이 중지됐다. 4개년 계획의 주도자였던 헤르만 괴링과의 마찰이 늘어났다. 샤흐트는 1937년 11월 경제장관과 전권위원직에서 해임 되었다. 형식적으로는 장관직과 라이히스방크 총재직은 계속 유지했다.

1939년 1월 7일 샤흐트는 히틀러에게 군사비가 늘어나 인플레가 올 것이라고 진언하며 전쟁을 반대하였다. 히틀러가 대로했다. 1939년 1월 19일 샤흐트는 중앙은행 총재직을 떠나야 했다. 1943년 1월에는 장관직에서도 해임됐다. 1944년 7월 20일 히틀러 암살 미수사건이 발생했다. 샤흐트도 연루 혐의로 체포됐다. 강제수용소에 특수 수형자로 구금됐다가 미군이 진주하면서 풀려났다. 풀려난 뒤 이내 나치 협력 혐의로 군사재판에 회부됐다. 뉘른베르크 재판에서 그는 '반평화적 범죄 공모죄'와 '침략전쟁을 계획하고 실행한 죄'로 기소됐다. 소련 재판관인 니키첸코는 유죄를 주장했고 미국 판사가 이에 동조했지만 나머지 8명의 재판관이 반대했다. 결국 무죄로 방면됐다. 재판기간 내내 그는 늘 당당한 태도로 일관했다.

그는 히틀러 사후에도 수십 년 동안 생존했다. 브라질, 에티오피아 제국, 인도네시아, 이란 제국, 이집트, 시리아, 리비아 등의 경제발전 자문으로 활동하다가 1970년 6월 3일 뮌헨에서 사망했다. 당시 93세였다. 그는 생전에 나치와 협력한 배경을 묻는 질문에 이같이 말하곤 했다.

"나는 위대하고 강한 독일 건설을 원했다. 그래서 악마와 손을 잡기로 한 것이다."

객관적으로 볼 때 그가 주도한 경제정책은 독일 경제의 부흥을 가져왔고, 이는 제1차 세계대전 패배 후 거리로 내몰린 독일 인민에게 커다란 희망을 안겨 주었다. 그가 보여준 경제에 대한 희망은 나치의 선동에 독일 국민들이 휘말리게 되는 배경이 되었지만 이는 결과론적인 얘기다. 그가 행한 일련의 경제정책은 높이 평가할 만하다. 공공 일자리가 대폭 늘어나고, 아우토반이 깔리고, 세금이 감면돼 생산이 늘어나면서 실업자가 대폭 줄어든 게 그렇다.

이는 통계가 보여준다. 1938년 독일의 국민총생산은 1933년에 비해 무려 102% 성장했다. 연평균 11%에 달한다. 그 중에서도 생산수단 성장률은 5년 사이에 2배나 늘었다. 실업률은 1933년 초의 33%에서 1938년 1%로 줄어들었다. 하나의 가정이지만 히틀러가 그의 말을 듣고 전쟁을 일으키지 않고 부국강병에만 매진했으면 독일은 20세기 중반에 미국과 어깨를 나란히 하는 G2의 일원이 되었을지도 모를 일이다.

각국의 경제 사령탑 가운데 그를 추종한 대표적인 인물이 의외로 많았던 것도 이런 맥락에서 이해할 수 있다. 대표적인 인물로 일본의 전후 경제를 총지휘하면서 '금융의 법황法皇'으로 불린 이치마다 히사토一萬田尙登를 들 수 있다. 오사카 출신인 그는 제5고를 졸업한 뒤 동경제대 법학부 정치학과에 진학해 1918년 졸업한 당대의 수재였다. 훗날 일본은행 총재만 역대 최장인 8년 동안 한 그는 대학 졸업 후 일본은행에 들어갔다. 1944년 일본은행의 이사에 취임했다. 주목할 것은 그가 도중에 라이히스방크에서 2년 동안 연수를 하며 샤흐트의 관치금융 수법을 철저히 배운 점이다. 그는 샤흐트를 사적으로 존경한 '샤흐트 마니아'에 가까웠다. 제2차 세계대전 이후 샤흐트를 일본으로 초대해 극진히 대접한 게 그렇다.

그의 진면목이 전후에 유감없이 발휘됐다. 일본은행 총재에 앉아 전후 부흥을 주도한 게 그렇다. 그는 철저히 샤흐트를 흉내 냈다. 엔화를 찍어내 은행의 부실채권을 털어주는 대신 은행이 정부 채권을 우선 매입하도록 한 게 그렇다. 금융을 장악해 일본경제의 부흥을 이뤄냈다. 이는 박정희 정부의 관치금융 모델이 됐다.

샤흐트를 존경한 또 하나의 인물이 있다. 바로 장개석의 국민당 정권 하에서 경제총수 역할을 한 공상희孔祥熙가 주인공이다. 공자의 후예로 알려진 그는 손문 및 장개석과 동서지간이다. '찰리 송'의 세 딸인 송경령宋慶齡, 송애령宋靄齡, 송미령宋美齡이 차례로 손문과 공상희 및 장개석에게 시집을 간 결과다. 젊었을 때 미국에 유학해 예일대학을 졸업하고 귀국 후 동서인 장개석과 함께 손문의 혁명운동에 가담했다. 1931년 중앙은행 총재 등을 지냈다. 중앙은행 총재로 있던 그는 1937년 작심하고 샤흐트를 방문했다. 관치금융의 노하우를 전수받고자 한 것이다. 실제로 1934년부터 국민당 정부에 화폐 발행권을 집중시키는 일련의 화폐개혁이 단행됐다.

그러나 그의 정책은 실패로 끝났다. 국민당 정부의 법폐가 영국의 파운드화와 미국의 달러화를 기반으로 신용을 유지하고 있다는 사실을 간과한 후과다. 이로 인해 오히려 화폐개혁은 영국과 미국의 중국 침략을 더욱 용이하게 만들어주는 결과만 낳았다. 공상희는 샤흐트가 시행한 관칙금융이 독일의 라이히방크의 강력한 지원과 신용을 담보로 했기에 가능했다는 사실을 간과한 것이다. 서시西施 흉내 내려다가 오히려 더욱 지탄을 받은 『장자』의 동시효빈東施效顰을 범한 셈이다.

난세의 시기에 관치금융은 당연한 일이다. 고금의 역사가 증명하듯 이런 중차대한 시기에 관치를 포기하면 금융시장은 이내 부상대고의 독

무대가 된다. 거품을 만들어지고, 거품이 터질 즈음 유태인 등의 국제 투기금융 세력이 그 과실을 앉은 자리에 챙기게 된다. 아시아를 강타한 IMF환란이 그 증거다. 이 경우 그 나라는 이내 경제식민지로 전락해 국민들 모두 빚더미 위에 올라앉아 이자를 내는 일로 허덕이게 된다. 모습만 약간 바뀐 과거 제국주의 시대의 식민지 노예나 별반 다를 게 없다.

관자경제학의 관점에서 볼 때 관치금융은 난세의 시기에 화력을 집중해 일사불란하게 위기를 돌파하는 강력한 수단에 해당한다. 다만 개입의 수준은 상황에 따라 적절히 조절할 필요가 있다. 관치가 길어지면 정반대의 부작용을 낳기 때문이다. 이른바 '모피아'로 불리는 감독기관 관원이 낙하산인사로 내려오고, 그들만의 회전문인사가 관행으로 굳어지는 게 그렇다. 이런 상황에서는 비리불법이 판을 치게 된다.

경제위기 속에서 나라를 살려낸 샤흐트와 이치마다의 경우를 상기할 필요가 있다. 관치금융을 무턱대고 배척하는 것은 자유주의 시장경제에 대한 맹신에 지나지 않는다. 치열한 국제경쟁 속에 놓여 있는 자국의 실물시장과 금융시장 현황을 냉철히 돌아볼 줄 알아야 한다. 그렇다고 관치금융의 고질적인 병폐인 낙하산인사를 방치해서도 안 된다. 장점을 결합한 '운용의 묘'가 중요하다.

5. 생록지계生鹿之計 사슴을 사들여 적을 제압하는 계책

제환공이 관중에게 물었다.

"초나라는 효산崤山 동쪽인 산동山東의 강국으로 백성들 모두 싸움의 본령을 잘 익히고 있소. 제나라가 군사를 동원해 토벌코자 해도 오히려 실력이 달리지나 않을까 걱정이오. 만일 병사들이 패하고 주나라 왕실을 위해 공도 세우지 못하면 이를 어찌해야만 하오?"

관중이 대답했다.

"전투 방식으로 대응해야만 합니다."

"그게 무슨 말이오?"

관중이 대답했다.

"청컨대 군주는 비싼 값으로 초나라 살아 있는 사슴인 생록生鹿을 대거 사들이도록 하십시오."

제환공은 곧 사방 100리의 원유園囿를 조성한 뒤 사람을 초나라로 보내 생록을 대거 사들였다. 초나라의 생록은 1마리당 8만전이나 나갔다. 관중은 제환공에게 청해 경중의 계책으로 민간이 보유한 곡물의 10분의 6을 사들여 비축하고, 좌사마左司馬 백공伯公에게 명해 신병을 이끌고 장산으로 가 화폐를 주조케 하고, 중대부中大夫 왕읍王邑에게 명해 화폐 2천만 전을 싣고 초나라로 가 생록을 구해 오도록 했다. 초왕이 이 소식을 듣고 재상에게 말했다.

"전폐錢幣는 사람이 중시하는 것이고, 나라가 의존해 생존을 도모하는 것이고, 명군이 공신에게 상사賞賜를 내릴 때 사용하는 것이오. 반면 금수는 사람에게 온갖 해를 끼치니 명군은 응당 이를 내쫓아야만 하오. 지금 제나라에서 전폐를 싸들고 와 우리에게 온갖 해만 끼치는 금수를 대거 사들이고 있소. 이는 초나라의 복이오. 하늘이 장차 제나라를 우리 초나라에 내주려는 계시이기도 하오. 그대는 우리 초나라 백성에게 급히 생록을 포획해 제나라의 전폐가 다 떨어질 때까지 교역에 발 벗고 나서도록 독려하시오."

초나라 백성이 농사를 팽개친 채 생록 포획에 몰두했다. 관중이 초나라 상인들에게 말했다.

"그대들이 나에게 생록 20마리를 사주면 황금 100근, 10번에 걸쳐 사주면 1천근을 내주도록 하겠소."

덕분에 초나라는 백성에게 세금을 걷지 않아도 나라의 재용이 풍족해졌다. 초나라의 남녀 모두 사슴을 포획키 위해 들판에서 살다시피 하며 사방으로 분주히 뛰어다녔다. 이사이 습붕은 제나라 백성에게 이전보다 5배 많은 곡물을 집안에 비축토록 했고, 초나라는 생록을 비싼 값에 판 덕분에 전폐가 5배나 늘었다. 관중이 마침내 제환공에게 말했다.

"이제 초나라를 가히 정복할 수 있습니다!"

"어떻게 그리할 수 있다는 것이오?"

관중이 대답했다.

"초나라의 전폐가 5배 늘자 초왕은 스스로 득의양양해한 나머지 농사도 쉽게 지을 수 있다고 착각하고 있습니다. 전폐의 5배 증대를 강한 초나라의 징표로 삼은 탓입니다."

"잘 알았소."

곧 좌우에 명해 관문을 폐쇄하고 초나라와 서로 오가지 못하게 했다. 초왕은 스스로 득의양양해하며 곡물을 늘리고자 했지만 곡물은 3-4달 사이에 생산할 수 있는 게 아니어서 부득불 1두당 4백전의 비싼 가격으로 곡물을 수입할 수밖에 없었다. 제환공이 백성에게 명해 곡물을 싣고 국경 부근인 천芊 땅의 남쪽으로 가 비싼 값에 팔게 했다. 초나라 백성 가운데 10분의 4가 이내 제나라로 귀순했다. 3년 뒤 초나라 군주가 마침내 귀복을 청했다.

'생록지계' 역시 앞에 나온 '순치지계' 및 '장산지계'와 마찬가지로 음모를 꾸며 적을 제압하는 계책을 논한 것이다. 초나라 군주가 제나라에 귀복했다는 얘기는 허구에 지나지 않고, 좌사마 백공과 중대부 왕읍 역시 가공의 인물에 지나지 않는다. 이런 허구를 끌어들인 것은 초나라가 당시 최강의 국가로 군림했기 때문이다. 막강한 나라로 '생록지계'의 계책을 구사해 일거에 제압할 수 있다는 취지를 드러낸 것이다.

역사적으로 볼 때 '생록지계'를 활용해 적대국 내지 경쟁국을 제압한 사례는 매우 많다. 대표적인 사례로 유엔이 미국의 주도 하에 지난 1990년부터 2003년까지 13년 동안 이라크에 실시한 봉쇄조치를 들 수 있다. 당시 이라크는 이로 인해 커다란 위기를 겪었다. 국민들의 건강상태가 날로 악화되고 전염병이 만연했으나 의약품이 턱없이 부족했다. 1999년 유엔이 조사단을 파견해 시찰케 했다. 이들의 조사보고서 내용은 충격적이었다. 해당 보고서의 골자이다.

"이라크의 아동사망률은 세계 최고를 기록하고 있다. 신생아의 23%가 저체중아로 태어나고 있다. 5세 이하 어린이 가운데 4분의 1이 만성영양실조에 걸려 있다. 1994년 신생아 사망률이 10%에 달했다."

당시 5세 이하 어린이 사망률은 이라크가 경제제재 조치를 받기 전과 비교할 때 무려 30배로 늘었다. 노년층의 사망률도 크게 늘었다. 당시 코피아난 유엔 사무총장은 2000년에 열린 국제평화학회 회의에서 이같이 말했다.

"유엔의 이라크에 대한 10년간의 제재는 비효율적이었을 뿐만 아니라 이라크의 무고한 국민을 이라크 정부와 국제사회의 희생물로 만들었다."

G1 미국에 적대한 대가로 이런 참사를 당한 것이다. 여불위가 편제했다고 알려진 『여씨춘추』 「심분란審分覽, 집일執一」에 이를 경계하는 구절이 나온다.

"천하가 하나로 통일되면 안정되지만, 둘로 나뉘면 위태로워진다. 지금 4마리 말이 이끄는 수레를 4명의 마부가 채찍을 하나씩 들고 몬다고 할 경우 대문을 나서기도 힘들 것이다. 채찍이 하나로 통일돼 있지 않기 때문이다."

채찍을 든 사람의 숫자가 2명인 시대가 남북조시대이고, 3명인 시대가 바로 삼국시대이고, 7명인 시대가 전국7웅으로 불린 전국시대이고, 그 숫자가 매우 많았던 시대가 바로 춘추시대에 해당한다. '천하가 하나로' 운운의 원문은 '일즉치一則治, 양즉란兩則亂'이다. 이는 미중이 G1의 자리를 놓고 치열한 각축을 벌이는 21세기 G2시대의 난세 상황에 그대로 적용될 만한 얘기다. 미중 모두 '생록지계'의 계책을 훤히 꿰고 있다. 정작 문제가 되는 것은 중간에 낀 나라이다. 자칫 고래 싸움에 새우등 터지는 격의 유탄을 맞을 수 있다. 미중이 격돌하는 한복판에 한반도가 있다. 위정자와 기업CEO의 대오각성과 분발이 요구되는 대목이다.

6. 백호지계白狐之計 여우 가죽 구매로 적을 제압하는 계책

제환공이 관중에게 물었다.
"대代나라에는 어떤 특산물이 있소?"
관중이 대답했다.

"대나라의 특산물로 백호白狐 가죽이 있습니다. 군주는 이를 비싼 값으로 사들이십시오."

제환공이 그 방법을 묻자 관중이 대답했다.

"백호의 가죽은 음양의 변화에 응하는 까닭에 6달에 1번 나옵니다. 군주가 이를 비싼 값에 사들이면 대나라 백성은 이를 구하기가 어렵다는 사실을 잊은 채 값이 비싸다는 것만 기쁘게 여겨 반드시 이를 구하기 위해 분주히 돌아다닐 것입니다. 그러면 제나라는 전폐를 사용할 필요도 없이 대나라 백성들로 하여금 농사를 팽개친 채 산속에서 살다시피 하도록 만들 수 있습니다. 대나라 인근의 이지離枝가 이 얘기를 들으면 반드시 대나라 북쪽 변경을 침략할 것입니다. 이지가 북쪽 변경을 침공하면 대나라는 반드시 제나라에 귀복할 것입니다. 군주는 곧 사람을 시켜 전폐를 싣고 대나라로 들어가 백호의 가죽을 사오도록 하십시오."

"잘 알겠소."

곧 중대부 왕사북王師北에게 명해 부하들과 함께 돈을 싣고 대곡代谷 지역으로 가서 백호의 가죽을 사오게 했다. 대나라 군주가 이 얘기를 듣고는 재상에게 말했다.

"우리 대나라가 이지보다 국력이 약한 것은 전폐가 없기 때문이오. 지금 제나라가 많은 전폐를 갖고 와 백호의 가죽을 사러 왔으니 이는 우리 대나라의 복이오. 급히 백성에게 명해 백호의 가죽을 대량 손에 넣어 제나라의 전폐와 바꾸도록 독려하시오. 나는 장차 이를 이용해 이지의 백성을 대거 귀순토록 만들겠소."

대나라 백성이 과연 너나 할 것 없이 농사를 내팽개친 채 산속으로 들어가 백호의 가죽을 구하기 시작했다. 그러나 2년이 지나도록 단 1장도 구하지 못했다. 이지가 이 애기를 듣고는 대나라의 북변을 침공했다. 대나라 군주가 보고를 듣고는 크게 두려워하며 병사들을 이끌고 대곡 일대에 머물며 침공을 저지코자 했다. 이지가 마침내 북변을 점령하자 대나라 군주는 병사를 이끌고 제나라에 귀복하지 않을 수 없었다. 이처럼 제나라는 단 1푼의 금전도 쓰지 않은 채 사자를 보낸 지 3년 만에 대나라를 귀복케 만들었다.

'**백호**지계' 역시 기본취지는 앞에 나온 '생록지계'와 통한다. 다만 '생록지계'는 초나라처럼 당대 최고의 무력을 자랑한 강대국에 초점을 맞춘데 반해, '백호지계'는 대나라처럼 약소국을 대상으로 삼은 게 약간 다르다. 21세기 G2시대의 관점에서 보면 월스트리트의 유태인 투기금융 세력이 IMF환란 때처럼 태국과 한국 등을 먹잇감으로 삼은 경우가 대표적인 '백호지계'에 해당한다. 두 번 다시 이런 참사를 당하지 않기 위해서는 위정자와 관원, 금융 종사자들이 대오각성 해야만 한다. 우려스런 것은 이후 IMF청문회가 열렸음에도 이를 제대로 규명하지 못해 경각심을 불러일으키지 못한 점이다. 재차 청문회를 열어 지난 2014년 김우중 전 대우그룹 회장이 『아직도 세계는 넓고 할일은 많다』 출간기념회에서 눈물을 흘리며 증언했듯이 멀쩡한 기업을 헐값에 넘긴 후속 정권 관련자들의 책임도 함께 추궁할 필요가 있다.

7. 형산지계衡山之計 무기를 사들여 적을 제압하는 계책

제환공이 관중에게 물었다.

"나는 형산衡山을 제어코자 하는데 어찌하면 좋겠소?"

관중이 대답했다.

"군주는 사람을 보내 비싼 값으로 형산에서 나오는 무기를 구입한 뒤 다른 나라에 더 비싼 가격으로 내다팔도록 하십시오. 그러면 연나라와 대나라가 반드시 군주를 흉내 내 무기를 사러 올 것입니다. 서쪽 진秦나라와 조나라도 그 소문을 들으면 반드시 군주와 경쟁할 것입니다. 형산의 무기는 반드시 그 값이 배로 오르게 됩니다. 만일 천하가 모두 다퉈 구입하면 형산의 무기는 반드시 10배 이상 뛰어오를 것입니다."

"잘 알겠소."

제환공이 곧 사람을 보내 형산의 무기를 구매하면서, 가격의 고하에 대해서는 따지지 말게 했다. 제나라가 형산에서 무기를 구매한 지 10달 뒤 연나라와 대나라가 그 소식을 듣고는 과연 사람을 형산으로 보내 무기를 구매했다. 연나라와 대나라가 무기를 구매한 지 3달 뒤 진나라도 그 소식을 듣고는 과연 사람을 형산으로 보내 무기를 구매했다. 신이 난 형산의 군주가 재상에게 말했다.

"천하가 우리 형산의 무기를 다퉈 사려고 하니 값을 20배 이상 올려야 하겠소!"

마침내 형산의 백성들 모두 농사를 팽개친 채 무기를 정교하게 만들기 위해 전력을 기울였다. 제나라는 습붕에게 명해 수로를 이용해 조나라의 곡물을 사들이도록 했다. 조나라의 곡물가격은 1석당 15전이었으나 습붕은 50전의 비싼 값으로 사들였다. 천하 각국이 이 소식을 듣고는 분분히 곡물을 싣고 제나라로 들어가 팔았다. 제나라가 무기를 사들인 지 17개월, 곡물을 사들인 지 5개월이 지난 시점에 문득 관문을 봉쇄하면서 형산과 서로 오가지 못하도록 조치했다. 연나라와 대나라, 진나라, 조나라도 곧 무기구매 차 형산으로 보낸 사자들을 불러 들였다. 형산의 무기가 이미 모두 소진된 까닭에 노나라는 형산의 남부, 제나라는 형산의 북부를 빼앗았다. 형산의 군주는 내심 국내에 무기가 전무한 까닭에 두 나라에 대항할 길이 없다고 판단해 이내 나라를 제나라에 바치고 귀복했다.

'**형산**지계' 역시 앞에 나온 '백호지계' 및 '생록지계'와 취지를 같이한다. 다만 '생록지계'와 '백호지계'는 단독으로 강대국 및 약소국에 초점을 맞추고 있는데 반해 '형산지국'은 여러 나라와 함께 약소국을 겨냥하고 있는 게 다르다. G1 미국이 베트남과 이라크, 아프가니스탄 등을 칠 때 여러 나라를 끌어들인 계책을 연상시킨다.

주목할 것은 관중이 '형산지계'를 통해 무기가격과 곡물가격을 동시에 올린 뒤 열국과 협동작전을 통해 형산국의 재화와 곡물유입 루트를 차단함으로써 패망시킨 점이다. 이는 2가지 의미를 함축하고 있다. 첫째, 적의 기본산업을 무너뜨리는 것이다. 무기가격을 올려 형산이 본업인 농사를 팽개치고 무기제조에 집중케 만든 게 그렇다. 둘째, 적을 들뜨게 만들었다가 문득 목줄을 죄는 것이다. 제나라가 식량을 모두 거둬들인 까닭에 형산이 아무리 무기를 많이 팔아 화폐를 많이 쌓아두었을지라도 유사시 휴지조각이 되고 말았다. 스스로 패망할 수밖에 없는 상황이었다.

21세기 G2시대의 관점에서 보면 적대국으로 전략무기와 관련한 첨단기술이 유출되는 것을 통제하는 것도 '형산지계'와 같은 맥락으로 볼 수 있다. 첨단무기의 보유가 승패의 관건으로 작용하는 상황에서 최첨단기술에 대한 접근을 차단하는 것은 '형산지계'에 나오는 것처럼 적의 목줄을 죄는 것이나 다름없다.

미중이 치열한 접전을 벌이는 21세기 G2시대의 관점에서 볼 때 '형산 지계'는 암시하는 바가 크다. 원래 미국은 오래전부터 중국을 지속적으로 견제해 왔다. 지난 1949년 중국을 견제하기 위해 대중수출을 금지하는 COCOM을 발족시킨 게 그렇다. 이후 1972년 소련을 견제하기 위한 닉슨의 중국방문을 계기로 일부 품목이 금수대상에서 해제했다. 그러나 곧바로 그 대안으로 나온 '바세나르 체제'의 통제 품목 역시 과거 COCOM 때와 별반 차이가 없다. 말할 것도 없이 중국이 타깃이다. 지난 2003년 중국 최초의 유인 우주선 선저우神舟 5호를 쏘아올린 설계 총책임자 치파런戚發靭은 이같이 말했다.

"중국은 오랫동안 우주항공 기술을 도입하는데 커다란 어려움을 겪었다. 미국은 물론 소련도 기술을 제공하지 않았기 때문이다. 우리는 자력갱생의 자세로 이를 개발해 냈다. 첨단 기술은 돈으로 살 수 없는 것이다. 나에게도 있고 남에게도 있는 것은 돈을 받고 팔 수 있으나 나에게만 있는 것은 아무리 돈을 많이 줘도 팔려고 하지 않는 법이다."

아직 발사체조차 자력으로 만들지 못한 한국과 대비된다. 한국도 지난 2003년 한국항공우주연구원이 주관하는 우주발사체 개발사업의 일환으로 '나로호' 프로젝트를 가동했다. 100kg급의 과학기술위성2호를 지구 저궤도에 진입시키는 프로젝트였다. 1단 로켓은 러시아가 개발하고, 상단 로켓은 국내 기술로 개발했다. 원래 2005년 9월경 발사할 예정이었으나 몇 차례 연기 끝에 지난 2009년 8월 19일 첫 발사를 시도했다. 그러나 발사 7분 56초를 남기고 고압탱크 압력을 측정하는 소프트웨어 결함으로 발사가 자동 중지됐다. 6일 뒤 발사가 이루어졌으나 상단부 페어링이 한쪽만 분리되는 바람에 목표궤도에 진입하지 못하였다.

2010년 6월 9일 2차 발사를 시도했으나 소화 용액이 잘못 분출되어 발사가 중지됐다. 다음날 2차 발사가 이루어졌으며 발사 후 2분도 안 돼 공중 폭발했다. 2012년 10월과 11월에 두 차례의 3차 발사를 시도했으나 부품 문제로 발사가 연기됐다. 2013년 1월 30일 오후 4시 정각 처음으로 목표 궤도에 진입에 성공했다.

1단 로켓을 자체 제작하지 못한 상태에서 프로젝트를 시작한 지 10년 만에 반쪽 성공을 거둔 셈이다. 북한이 자체 개발한 로켓으로 위성을 궤도에 진입시켰다고 발표한 것과 비교할 때 한심하기 짝이 없는 노릇이다. 이는 기본적으로 위성발사를 정치적으로 이용하려고 한 역대 정부 모두 책임을 져야 한다. 과학자들로 하여금 차분하게 자체 로켓을 개발토록 독려하기는커녕 임기 내에 가시적인 성과를 내려고 채근하는 바람에 '누더기 프로젝트'가 되고 말았다. 국가안보와 직결된 문제를 이 지경으로 만든 것은 매국적인 행각이다.

로켓기술을 러시아로부터 사들여 성급하게 위성을 발사코자 한 발상 자체가 있을 수 없는 일이다. 그런 사례가 단 한 번도 없었기 때문이다. 중국 최초의 유인 우주선을 쏘아올린 설계 총책임자 치파런의 '나에게만 있는 것은 아무리 돈을 많이 줘도 팔려고 하지 않는 법이다.'라는 언급을 상기할 필요가 있다. 최첨단 과학기술은 결코 돈으로 살 수 있는 게 아니다. 스스로 일류 과학자를 육성해 자체 개발하는 길밖에 없다. 북한이 앞서 나가고 있는 점을 감안할 때 이는 시급한 과제이기도 하다.

제5략
경중 기 5계 – 일하며 싸우게 만들라

1. 춘령지계春令之計 봄에 농사짓게 만드는 계책

정신은 마음, 마음은 그림쇠, 그림쇠는 곱자, 곱자는 네모, 네모는 평정, 평정은 역법曆法, 역법은 사계절, 사계절은 만물을 생산한다. 성인은 이런 이치를 좇아 천지만물을 다스린다. 치천하의 치도가 완비됐다고 칭송한 이유다.

동지에서 46일 뒤면 겨울이 다하고 봄이 시작한다. 이때 천자는 도성에서 동쪽으로 46리 되는 곳에 제단을 세우고, 푸른 옷과 관을 착용하고, 옥홀을 꽂고, 옥거울을 띠로 두르고, 제후와 경대부 및 열사列士의 조회를 받고, 백성에게 호령을 발한다. 이를 일컬어 해를 제사지내는 제일祭日이라고 한다. 제수로는 물고기를 쓴다.

천자는 호령에서 이르기를, "봄철은 어린 생명을 중시하니 살생하지 말고, 두터이 포상하며 징벌하지 말고, 죄안罪案은 판결하지 않은 채 겨울이 올 때까지 기다리도록 하라."고 한다. 이때 백성을 가르쳐 방안을 따뜻하게 하고, 부싯돌 나무인 수목燧木의 구멍을 문질러 새 불씨를 얻고, 부뚜막에 새롭게 흙을 바르고, 우물을 청소해 묵은 물을 바꾼다. 모두 백성의 건강을 지키기 위한 조치이다. 또 백성을 가르쳐 괭이와 낫과 도롱이 등 계절에 따라 필요한 농기구를 미리 준비토록 한다. 이들 농기구 모두 봄에 파종하고 여름에 김매는 등 계절별 농경에 필요한 도구들이다. 이어 백성을 가르쳐 주식酒食을 넉넉히 준비토록 한다. 모두 부모를 효경孝敬케 하려는 취지이다.

백성 가운데 어릴 때 부모를 모두 여읜 자를 고자孤子, 처자가 없는 자를 늙은 홀아비인 노환老鰥, 나이가 들어 남편과 자식이 없는 여인을 늙은 과부인 노과老寡라고 한다. 고자孤子와 노환老鰥 및 노과老寡 등 이들 3부류 모두 관부에서 거두어 부양한다. 일할 수 있는지 여부는 당사자의 뜻에 맡기되, 관부는 이들에게 공히 먹을 것을 제공하며 결코 방치하지 않는다. 거두어 부양하는 숫자가 많으면 해당 관부는 포상하고, 적으면 죄를 묻는다. 그러면 길에서 구걸하는 자가 없게 된다. 길에서 구걸하는 자가 있으면 이는 재상의 직무를 제대로 이행하지 못한 죄이다. 이것이 천자가 봄에 발하는 정령인 춘령春令이다.

동지에서 92일 뒤를 춘분春分이라고 부른다. 천자는 도성에서 동쪽으로 92리 되는 곳에 제단을 세우고, 제후와 경대부 및 열사의 조회를 받고, 백성에게 정령을 발한다. 이를 일컬어 별을 제사지내는 제성祭星이라고 한다. 춘분을 전후로 10일 안에는 집에서 한가히 지내는 여인이 없도록 하고, 길에 쓸데없이 나다니는 자가 없도록 한다. 이때 농사를 짓지 않는 자를 일컬어 도적을 뜻하는 적인賊人이라고 한다. 경작을 하되 근면하지 않고, 오직 천시天時와 지리地利에만 의존코자 하는 자를 일컬어 게으른 백성인 불복지민不服之民이라고 한다. 향리와 군대에서 노비가 하는 천역賤役에 종사하며 농사짓지 않는 자를 일컬어 역부役夫라고 한다. 이 3부류의 경작에 힘쓰지 않는 게으른 백성은 관원이 강제로 농사에 종사토록 만든다. 이것이 천자가 봄에 내리는 정령인 춘령春令이다.

'춘령지계'는 계절에 부응하는 경제정책을 논하고 있다. 원래 '경중 기'는 앞에 나온 계책이 대화체로 구성된 것과 달리 모두 서술체로 되어 있다. 하여장은 후대의 음양가가 끼워 넣은 것으로 보았다. '경중 기'를 「단어」편의 '오행' 내지 '사시' 뒤에 오는 게 옳다고 주장한 이유다. 이에 대해 마비백은 이같이 반박했다.

"모든 '경중'은 시령을 잃지 않는 수시守時를 역설하고 있다. 시령이 어찌 '경중'과 무관할 수 있겠는가? 앞장은 모두 재화의 분배, 이 장은 재화의 생산에 초점을 맞춘 것이다. '경중' 계책의 대미에 해당한다."

객관적으로 볼 때 마비백의 주장이 옳다. '춘령지계'의 요체는 '고자와 노환 및 노과 등 이들 3부류 모두 관부에서 거두어 부양한다. 일할 수 있는지 여부는 당사자의 뜻에 맡기되, 관부는 이들에게 공히 먹을 것을 제공하며 결코 방치하지 않는다.'는 구절에 있다. 21세기의 관점에서 볼지라도 탁월한 복지철학에 해당한다. 사실 동양은 수천 년 전부터 인민의 후생과 관련한 복지를 매우 중시했다. 서양이 바이마르 공화국 헌법을 계기로 복지정책을 본격 추진한 것과 대비된다.

지난 1993년 강소성의 연운항시連雲港市 윤만尹灣에서 동양의 복지정책 역사를 뒷받침하는 전한 시대 지방관아의 공문서가 발견된 바 있다. 양로정책이 당시 지방관아의 주요 과제였음을 짐작케 해주는 결정적인 사료에 해당한다. 후술하는 것처럼 '경중 기'의 모든 계책이 일하며 싸우는 농전農戰 문제로 매듭지은 것도 이런 맥락에서 이해할 수 있다. 부국강병을 역설코자 한 것이다. 『관자』의 키워드인 경세제민과 부국강병이 서로 동전의 양면 관계를 이루고 있음을 뒷받침하는 대목이다.

2. 하금지계夏禁之計 여름에 남획을 막는 계책

춘분에서 46일 뒤면 봄이 다하고 여름이 시작한다. 천자는 노란 옷을 착용한 채 조용히 보양하고, 제후와 경대부 및 열사의 조회를 받고, 백성에게 호령을 발한다. 천자는 호령에서 이르기를, "많은 사람이 한곳에 모이지 말고, 산림을 불태우는 대화大火를 일으키지 말고, 큰 나무를 베지 말고, 큰 산을 개간하지 말고, 큰 초택草澤을 불사르지 마라. 큰 나무, 큰 산, 큰 초택을 없애면 나라에 해가 된다."고 한다. 이것이 천자가 여름에 내리는 금령인 하금夏禁이다.

춘분에서 92일 뒤를 하지夏至라고 부른다. 새 보리가 익는 때이다. 이때 천자는 태종太宗을 제사지내고, 새 보리를 제수로 쓴다. 보리가 오곡 가운데 가장 빨리 익고, 종손이 씨족 가운데 가장 먼저 태어나기 때문이다. 혈통이 같은 종족은 제사에 참여할 수 있고, 혈통이 다른 종족은 밖에 머문다. 이때는 모두 재계齋戒하고, 큰 희생을 잡아 조모에게 제사를 올린다. 천자가 혈연의 시작과 선조의 은덕을 잊지 않고 기리는 이유다.

'하금지계'는 자원의 남벌 및 남획을 막아 국부를 증진하는 계책을 언급한 것이다. '춘령지계'가 환과고독鰥寡孤獨에 대한 부조扶助에 초점을 맞춘 것과는 달리 '하금지계'에서는 조상에 대한 제사를 경건히 치를 것을 주문하고 있다. 동양 전래의 조상숭배 전통이 매우 오래됐음을 알 수 있다.

3. 추령지계秋令之計 가을에 죄를 다스리는 계책

하지에서 46일 뒤면 여름이 다하고 가을이 시작한다. 기장이 익는 때이다. 이때 천자는 태조太祖를 제사지내고, 기장을 제수로 쓴다. 기장이 곡식 가운데 가장 맛있고, 태조를 제사지내는 것이 국가의 중대사이기 때문이다. 대공大功을 세운 자는 태조를 모신 태묘太廟, 소공小功을 세운 자는 고조 이하의 신위를 모신 소묘小廟, 무공無功인 자는 사당에 들어갈 수 없다. 제사를 지낼 때 유공자有功者는 직위에 따라 서서 연례宴禮를 행하고, 무공자無功者는 사당 밖에서 연례를 지켜본다. 조상에 대한 제사는 생전의 공적을 따르고, 일족 간의 항렬에 따르지 않는다. 천자가 귀천을 구별하고 논공행상을 통해 유공자를 포상하는 이유다.

하지에서 92일 뒤를 추분秋分이라고 부른다. 추분이 되면 모든 곡물이 익는다. 이때 천자는 교외에서 달에 제사를 올린다. 도성에서 서쪽으로 138리 되는 곳에 제단을 세우고, 흰 옷과 관을 착용하고, 옥홀을 꽂고, 구리거울을 띠로 두르고, 훈塤과 지篪를 불고, 금석金石의 악기를 울리고, 제후와 경대부 및 열사의 조회를 받고, 백성에게 호령을 발한다. 이를 일컬어 달을 제사지내는 제월祭月이라고 한다. 제수로는 돼지를 쓴다. 천자는 호령에서 이르기를, "처벌은 하되 포상은 하지 말고, 박탈은 하되 사여賜與하지 말고, 사죄死罪는 참수하여 살려두지 말고, 종신형의 범죄는 결코 사면하는 일이 없도록 하라."고 한다. 이때를 맞춰 우마를 들판에서 널리 방목하기 시작하면 반드시 온갖 일이 흥한다. 이것이 천자가 가을에 내리는 명령에 관한 계책인 추계秋計이다.

'**추령**'지계'는 군주가 가을에 행사하는 핵심 과제인 형벌의 적절한 시행을 언급한 것이다. 관건은 친소와 귀천을 가리지 않고 법에 따라 엄정히 시행하는데 있다. 가을에 형벌을 행하는 것은 사시四時 가운데 가을이 만물을 숙살肅殺하는 기운이 가장 드세다고 판단한 결과다. 초목이 겨울을 나기 위해 낙엽을 떨어뜨리는 것과 같은 이치이다. 추상秋霜 표현이 나온 것도 이 때문이다. 그런 점에서 인권을 내세워 사형을 금지하는 저간의 관행은 재고할 필요가 있다. '사죄死罪는 참수하여 살려두지 말라!'고 언급한 대목이 이를 뒷받침한다. 국가공동체 차원의 '치국평천하'는 개인 차원의 '수신제가'와는 엄히 구분할 필요가 있기 때문이다. 마키아벨리가 『군주론』에서 군주가 정직과 경건 등의 덕목을 그대로 지키고자 할 경우 오히려 국익에 해로울 수 있다고 언급한 이유다.

4. 동금지계冬禁之計 겨울에 땔감을 비축하는 계책

추분에서 46일 뒤면 가을이 다하고 겨울이 시작된다. 천자는 검은 옷과 관을 착용한 채 조용히 보양하고, 제후와 경대부 및 열사의 조회를 받고, 백성에게 호령을 발한다. 천자는 호령에서 이르기를, "큰 불을 내지 말고, 큰 산을 개간하지 말고, 큰 강을 막지 말고, 하늘의 존엄을 범하지 않도록 하라."고 한다. 이것이 천자가 겨울에 내리는 금령인 동금冬

禁이다.

추분에서 92일 뒤를 동지冬至라고 부른다. 천자는 도성에서 북쪽으로 92리 되는 곳에 제단을 세우고, 검은 옷과 관을 쓰고, 제후와 경대부 및 열사의 조회를 받고, 백성에게 호령을 발한다. 이를 일컬어 북극성을 제사지내는 제진祭辰이라고 한다. 천자는 호령에서 이르기를, "지금은 응당 요역을 부과할 때이다. 산간의 백성은 서둘러 벌목해 무기제조의 재료를 완비하고, 초택의 백성 역시 서둘러 갈대를 벌채해 땔감을 충분히 비축토록 하라."고 한다. 3달 뒤 백성 모두 자신에게 있는 것을 들고 시장으로 가 자신에게 없는 것과 바꾸도록 한다. 이를 일컬어 겨울 3달 동안 비축한 물자를 대대적으로 유통시키는 대통동축大通冬蓄이라고 한다.

'동금' 지계'는 월동越冬을 위한 땔감 등의 채비를 점검하는 계책을 논한 것이다. 사계절 가운데 겨울을 나는 월동이 가장 혹독하다. 충분한 식량 등이 갖춰지지 않았을 경우 자칫 목숨을 잃을 수 있다. 고전에 헐벗어 몸이 얼고 먹을 것이 없어 굶주린다는 뜻의 동아凍餓 내지 동뇌凍餒 표현이 자주 등장하는 이유다. 모든 고전이 군주에게 백성들이 헐벗고 굶주리는 일이 없도록 세심한 주의를 기울일 것을 당부한 것은 바로 이 때문이다. 『관자』도 예외가 아니다. 첫 편인 「목민」에서 '창고가 풍족해야 백성이 예절을 알고, 의식衣食이 족해야 영욕을 알게 된다.'고 역설한 게 그렇다. 관자경제학의 가장 큰 특징도 여기서 찾을 수 있다. 관중을 상가商家의 효시로 보는 이유이기도 하다.

5. 농전지계農戰之計 농기구를 무기로 쓰는 계책

무릇 춘경春耕 때 파종을 못해 백성의 생활이 좋지 않은 것은 제때 파종하지 못한 폐해이고, 하운夏耘 때 김을 매지 못해 온갖 잡초가 무성하고 백성이 근근이 먹고사는 것은 제때 김을 매지 못한 폐해이고, 추수秋收 때 수확을 못해 비바람이 크게 일고 오곡의 수확이 줄어들어 병사와 백성이 굶주려 죽는 것은 제때 수확하지 못한 폐해이고, 동장冬藏 때 갈무리를 못해 자욱한 안개 속에 죽어야 할 해충이 살아 있고 동면할 동물이 오히려 소리 내어 우는 것은 제때 갈무리하지 못한 폐해이다. 권농勸農과 연병練兵을 하나로 결합시킨 농전農戰으로 부국강병을 도모해야 하는 이유다. 예컨대 쟁기와 보습을 쇠뇌, 괭이와 호미를 검극劍戟, 도롱이를 갑옷, 삿갓을 방패로 삼는 게 그것이다. 농기구가 모두 갖춰지면 전쟁 무기도 갖춰지는 셈이다.

'농전지계'는 '경중 기'의 마지막 대목일 뿐만 아니라 「경중」편 전체에 걸쳐 대미를 장식하는 대목에 해당한다. '경중 기'는 시령에 따른 평천하 이치를 두루 언급한 뒤 여기서 농전農戰으로 부국강병을 도모해야 하는 이유를 설명하고 있다. 전국시대 중엽 서쪽 변방의 진秦나라를 문득 최강국으로 만들어낸 상앙의 '농전'도 여기서 힌트를 얻었을 공산이 크다.

상앙은 『상군서』「획책」에서 일을 하지도 않으면서 밥을 먹고, 녹봉을 받지 않고도 부유하고, 관직도 없이 권세를 떨치는 자를 간민姦民이라고 했다. 그러나 『상군서』「설민」에서는 간인姦人을 임용하면 오히려 나라가 더 부강해진다고 주장했다. 같은 간姦인데도 그 의미가 천양지차가 있다. 「획책」의 '간민'은 법가에서 말하는 간사한 백성이고, 「설민」의 '간인'은 유가에서 말하는 간사한 인물을 뜻한다. 이는 유가의 덕목에 충실한 선인善人과 대비된다. 상앙은 유가에서 말하는 '선인'을 임용할 경우 나라는 이내 패망할 수밖에 없다고 진단했다. 그 이유는 무엇일까? 그는 「설민」에서 이같이 주장했다.

"선인을 임용하면 백성들은 그들의 친족을 사랑하고, 유가에서 말하는 간인을 임용하면 백성들은 나라의 법제를 따른다. 선인을 표창하면 백성들의 죄과가 숨겨지고, 간인을 임용하면 죄과가 드러나 죄인이 처벌을 받게 된다. 죄과가 숨겨지면 백성들이 법을 따르지 않고, 죄과가 드러나 죄인이 처벌을 받으면 법제가 백성들 사이에 차질 없이 통용된다. 백성이 법을 따르지 않으면 나라가 혼란해지고, 법제가 백성들 사이에 차질 없이 통용되면 군사력이 강해진다. '나라가 선인을 임용해 다스리면 반드시 혼란해져 약하게 되고, 간인을 임용해 다스리면 반드시 잘 다스려져 강하게 된다.'고 말하는 이유다."

「설민」의 선善은 인의도덕 등의 유가 덕목을 지칭하고, 간姦은 남의 잘못을 고발하는 행위를 뜻한다. 유가에서 볼 때는 간사한 자에 지나지 않으나 법가의 입장에서 볼 때 법을 준수하며 법치를 보장하는 자에 해당한다. '선인'과 '간인'에 대한 해석이 정반대이다. 상앙이 「설민」에서 '간인'을 임용해야 나라가 부강해진다고 역설한 것은 부국강병을 상징하는 용감한 전사로 만들려는 취지에서 나온 것이다. 「설민」의 다음 대목이 이를 뒷받침한다.

"백성이 용감하면 그들이 바라는 것으로 보상하고, 백성이 겁을 내면 그들이 싫어하는 것으로 그것을 제거한다. 겁 많은 백성은 형벌을 사용해 부리면 용감해지고, 용감한 백성은 상을 이용해 부리면 목숨을 바친다. 겁 많은 백성이 용감해지고 용감한 백성이 목숨을 바치면 국가는 적수가 없어지고 반드시 천하를 호령하는 왕국이 된다."

이를 통해 알 수 있듯이 '농전'의 기본취지는 백성들이 평소 농사에 매진하다가 전쟁이 일어나면 자발적으로 전쟁에 적극 참여해 천하무적의 용감한 전사로 활약하도록 만드는데 있다. '경중 기'에 나오는 '농전지계'를 심화시킨 결과로 보인다. 관자가 상가를 비롯한 모든 제자백가의 효시가 되었을 뿐만 아니라 관자사상의 키워드가 경세제민과 부국강병이라는 점을 감안할 때 이는 합리적인 추론에 해당한다.

G 2 시 대 와
관자경제학 활용

시진핑의 '중국몽'과 관자경제학

현재 중국 유수 대학의 경영대학원에서는 구미의 비즈니스 스쿨에서 금과옥조로 삼는 교재를 참고서 정도로밖에 활용하지 않고 있다. 이들이 주요 텍스트로 삼고 있는 것은 『관자』와 『사기』「화식열전」 등의 고전이다. '사회주의 시장경제'를 제대로 해석할 수 있는 이론을 제자백가 이론에서 찾고자 하는 과정에서 관중을 효시로 하는 '상가'를 발견해낸 덕분이다. 구미 교재 일색인 한국의 경영대학과 대비된다.

현재 G1 미국은 일본과 똑같이 리더십 위기를 맞고 있다. 미국이 주도한 신자유주의가 무너져 내리고 있다는 명백한 증거다. 미국의 쇠락으로 인해 중국의 부상이 더욱 돋보이는 것도 이런 맥락에서 이해할 수 있다. 고금동서를 막론하고 하늘에는 두 개의 태양이 동시에 떠 있을 수 없다. 지금의 G2는 새로운 G1의 등장을 예고하는 전조에 해당한다.

중국 학계가 중상주의를 골자로 한 상가 이론의 폭과 깊이를 확장하기 위해 다각적인 노력을 기울이는 것도 바로 이 때문이다. 상가의 효시 관중과 유가의 시조 공자를 결합하는 일련의 작업이 그 증거다. 이들이 찾아낸 것이 바로 『관자』 「경언」편 '목민'에 나오는 부민부국 이론이다.

"나라에 재물이 많고 풍성하면 먼 곳에 사는 사람도 찾아오고, 땅이 모두 개간되면 백성이 안정된 생업에 종사하며 머물 곳을 찾게 된다. 창고가 가득 차야 백성들이 예절을 알고, 의식衣食이 족해야 영욕榮辱을 알게 된다."

오늘날에도 증명되듯이 나라의 부강은 서민경제를 충족시키는 데서 출발한다. 관중은 부국강병을 이루기 위해서는 먼저 백성부터 고루 잘 살게 만들어야 한다고 생각했다. 그게 바로 이민利民을 통한 부민富民이다. 그가 중농 대신 중상을 통한 부민부국과 부국강병을 추구한 이유다. 실제로 그는 일련의 중상주의 정책을 통해 제환공을 춘추5패의 우두머리로 만드는데 성공했다. 훗날 관중의 부민부국 이론에 공명한 공자는 『논어』 「헌문」에서 관중의 부국강병 책략을 극찬했다.

"관중이 생전에 제환공을 도와 제후들을 호령하는 패업을 이루고, 일거에 천하를 바로잡는 대공을 세운 덕분에 지금까지 백성들이 그 혜택을 받고 있다. 관중이 없었다면 우리는 머리를 풀고 옷깃을 왼편으로 하는 오랑캐가 되었을 것이다."

그럼에도 중국의 역대 왕조는 이를 외면했다. 한무제가 '독존유술'을 선포한 후 20세기 후반 등소평이 개혁개방을 선언하기 전까지 2천여 년 넘게 상가의 '중상주의' 대신 유가와 법가의 '중농주의'를 추종한 탓이다. 그러나 여불위가 활약하는 전국시대 말기만 해도 '중상주의'가

'중농주의'를 압도했다. 자본주의 시장경제가 꽃을 피운 것이나 다름없다. 사마천이 상가 이론을 집대성하면서 『사기』「화식열전」에 수많은 부상대고를 소개해 놓은 이유다. 사마천은 중상주의 정책의 필요성을 이같이 역설했다.

"사람들은 각기 저마다의 능력에 따라 그 힘을 다하여 원하는 것을 손에 넣는 것뿐이다. 그러므로 물건 값이 싼 것은 장차 비싸질 징조이며, 비싼 것은 싸질 징조다. 적당히 팔고 사며, 각자 생업에 힘쓰고 일을 즐기는 것은 마치 물이 낮은 곳으로 흐르는 것과 같다. 물건은 부르지 않아도 절로 모여들고, 강제로 구하지 않아도 백성이 그것을 만들어낸다."

애덤 스미스가 말한 '보이지 않는 손'에 의한 수요와 공급의 시장원리가 이미 수천 년 전에 사마천에 의해 논파된 셈이다. 경제학의 효시를 꼽는다면 사실 사마천에게 영광을 돌리는 게 옳다. 사마천이 이런 놀라운 얘기를 할 수 있었던 것은 이미 춘추시대 이전부터 '중상주의' 흐름이 존재했기에 가능했다.

등소평의 개혁개방 이후 자금성의 수뇌부는 시종 부민부국을 제1의 국가목표로 삼고 있다. 등소평이 '롤 모델'로 삼은 사람이 한국의 박정희 전 대통령이다. 그는 조선조 개국 이래 20세기 중반에 이르기까지 6백 년 동안 불변의 진리처럼 여겨진 중농주의 이데올로기를 일거에 뒤집은 장본인이다. 등소평의 개혁개방이 이뤄진 것보다 대략 20년가량 빨랐다. 한국에서 사상 최초로 정치전기학政治傳記學의 지평을 연 바 있는 김학준 동북아역사재단 이사장의 평가가 이를 뒷받침한다.

"장사하는 사람을 제일 낮춰 본 사농공상의 시대에 '상업국가론'은 혁명에 해당했다. 박정희 대통령은 농업국가로부터 상업국가 즉 무역국가로의 대전환을 이뤄 대한민국을 흥륭케 한 주인공이다."

실제로 중국이 G2의 일원으로 우뚝 설 수 있었던 것은 등소평이 '불균형발전론'에 입각한 박 전 대통령의 압축 성장 방식을 철저히 흉내 낸 덕분이다. 당시 서구의 학자들은 하나같이 '균형발전론'을 역설했다. 그러나 이는 높은 수준의 자본축적이 이뤄진 상황에서나 가능한 일이다. 많은 사람들이 무력을 동원한 제3공화국의 등장 배경에 지나치게 주목한 나머지 중농주의를 중상주의로 뒤바꾼 혁명적인 조치를 간과하고 있다. 계절의 변환에 맞춰 옷을 바꿔 입어야 하듯이 해당 시기에 부응하는 통치이념과 정책기조가 존재하는 법이다. 박정희와 등소평의 '불균형발전론'은 국가의 적극적인 시장개입을 통해 재정을 확충하고 이를 토대로 부국강병을 추진해야 한다는 관자경제학의 요체를 꿴 경우에 해당한다.

21세기 현재 서구의 많은 지식인들은 중국이 결국엔 서구식 민주주의를 채택할 것으로 내다보고 있다. 그러나 이는 그들의 희망에 지나지 않는다. 실제로 지난 2013년 시진핑 시대가 출범한 이래 이들의 바람과는 정반대되는 모습이 구체화하고 있다. 지난 2014년 초 중국 상하이의 최고 명문 푸단復旦대에 개설된 '중국발전모델연구중심'이 그 증거다. 이 연구소의 개소는 2가지 점에서 주목을 받고 있다.

첫째, 명칭이다. 이제껏 중국모식中國模式 즉 '중국모델'을 명칭으로 내건 연구소는 세계 어디에도 존재하지 않았다. 중국에서는 어떤 명칭을 임의로 사용할 수 없다. 인민人民 명칭이 대표적이다. 〈인민일보〉나 〈인민출판사〉 등의 '인민' 명칭은 중국 당국의 특별한 허가가 있기에 가능했다. '중국모델'을 간판으로 내세운 것 역시 중국 당국의 허락이 있기에 가능했다고 보아야 한다.

둘째, 연구소의 책임자이다. 초대 주임에 상하이사회과학원 중국학연구소 소장 장웨이웨이張維爲가 선임됐다. 그는 지난 2011년 중국모델을 깊숙이 탐사한『중국의 물결: 한 문명국가의 굴기』로 각종 상을 휩쓴 바 있다. 이 책은 시진핑이 그해에 중국을 방문한 로버트 졸릭 세계은행 총재에게 일독을 권했을 정도로 화제를 모았다. 푸단대 당서기 주즈원朱之文의 축사는 자금성 수뇌부의 자신감을 잘 보여주고 있다.

"중국 발전의 경험을 독창적으로 해석해 세계가 이해할 수 있는 말로 전하라!"

'중국모델'의 수출에 앞장서라는 독려이다. G2를 넘어 이제 G1으로 비상하기 위한 준비작업의 일환으로 중국이 걸어온 성공의 길을 전 세계에 소개할 때가 됐다는 주장이나 다름없다. 실제로 2014년 이후 '중국모델'을 주제로 한 국제 세미나를 비롯해 각종 출판 등 다양한 계획이 진행되고 있다.

중국이 과연 이들이 장담하는 것처럼 긍정 일변도로 나아갈지 여부는 미지수이다. 다만 시진핑을 비롯한 자금성의 수뇌부가 한껏 고양된 자부심을 토대로 일련의 개혁에 박차를 가할 경우 '중국모델'의 성공 가능성은 매우 높다. 박정희와 등소평의 리더십이『관자』의 키워드인 부국강병 이론을 추종해 성공을 거둔 것과 같은 맥락이다.

정작 중요한 것은 세계의 공장에서 세계의 시장으로 부상한 중국의 혁명적 변화에 대한 우리의 대응이다. 현재 중국의 굴기가 서방 전문가들의 전망보다 훨씬 빠르다. 위기의식에 빠진 일본은 적대적인 입장에서 대응하고 있다. 이에 대한 중국의 대응은 강경하기만 하다. 막강해진 경제력을 바탕으로 국방비를 지속적으로 10% 이상 증대시키며 군사력 증강에 박차를 가하고 있는 게 그렇다. 중간에 낀 우리만 곤혹스럽게 됐다.

매사가 그렇듯이 모든 위기 상황은 대응하기에 따라서는 절호의 기회로 작용할 수 있다. 지난 2013년 11월 중국의 일방적인 방공식별구역 선포 당시 이를 구실로 그간 일본의 방공식별구역에 포함돼 있던 마라도 일대를 우리의 방공식별구역으로 편입시킨 게 그렇다. 미중의 갈등을 최대한 활용한 덕분이다. 모두 우리가 하기 나름이다.

시진핑 체제가 내건 이른바 중국몽中國夢에 적극 올라타야 하는 이유가 여기에 있다. '중국몽'은 시징핑 자신의 임기가 끝나는 2023년 내에 중국을 경제적으로 G1의 반열에 올려놓겠다는 야심찬 계획이다. 정적을 제어하는 정교한 타이밍과 강력한 추진력 등을 감안할 때 그의 꿈이 실현될 공산이 크다. 능동적으로 대응할 필요가 있다. 시진핑 체제가 '부정부패'와 '환경'을 상대로 전쟁을 벌이고 있기에 더욱 그렇다.

G2 중국은 지구상에 하나밖에 없는 '사회주의 시장경제'로 천하를 움켜쥐고자 한다. 현재 그들은 자본주의 하에서만 시장경제가 가능하다는 서구 경제학의 철칙을 깨부수고 있는 중이다. 관자경제학의 요체를 꿴 덕분이다. 우리도 서구의 자유주의 경제학 이념에 얽매여서는 안 된다. 임기응변이 필요한 이유다. 이는 마키아벨리가 역설한 것이기도 하다. 그는 『군주론』 제25장에서 이같이 충고한 바 있다.

"위기 때 임기응변할 줄 아는 군주만이 살아남을 수 있으나 그런 군주는 매우 드물다. 타고난 성품을 바꾸기 어렵기 때문이다. 특히 외길을 걸어 늘 성공을 거둔 경우는 더욱 심하다. 신중한 행보로 일관한 군주가 과감히 행동해야 할 때 어찌할 줄 몰라 당황해하다가 이내 패망하는 이유다. 시변을 좇아 기왕의 성공방식을 과감히 바꿀 줄 알면 그간의 행운도 바뀌지 않을 것이다."

마키아벨리는 위기 때 임기응변을 해야 살아남을 수 있고, 이는 기존의 성공방식을 과감히 내던져야 가능하다고 조언하고 있다. 시류時流는 늘 변한다. 민심이 아침저녁으로 변하는 것과 같다. 시류는 민심의 흐름을 반영할 수밖에 없는 까닭에 당연한 일이기도 하다. 문제는 최고통치권자를 비롯한 기업CEO 등의 지도자들이 어떻게 하면 이런 흐름을 거스르지 않고 재빨리 변신할 수 있는가에 있다. 마키아벨리가 기존의 성공방식을 버리지 않으면 이내 패망할 수밖에 없다고 단언한 이유다.

객관적으로 볼 때 시진핑 체제가 내건 '중국몽'은 시대적 요구에 해당하는 시류를 거스르지 않겠다는 의지의 표현이기도 하다. 사실 그리하지 않으면 G1은커녕 G2를 유지하기도 어렵다. 원래 '중국몽'은 시진핑의 모교인 칭화대 현대국제관계대학원장 옌쉐퉁閻學通이 제시한 것이다. 중국의 대표적인 현실주의 정치학자인 그는 중국의 전래학문과 21세기 국제정치학을 접목시킨 창조적인 인물이기도 하다.

주목할 것은 그가 맹자가 아닌 순자의 전문가라는 점이다. 지난 2007년 『국제정치과학』 제1기에 기고한 「순자의 국제정치사상 및 계시」가 이를 증명한다. 어떻게 하면 G1 미국을 제압하고 명실상부한 G1의 자리에 등극할 수 있는가 하는 게 논점이다. 그는 지난 2013년에 펴낸 『역사의 관성』에도 유사한 논지를 편 바 있다.

"중국은 왕도를 추구하는 외교 정책을 추구해야 한다. 왕도를 실천하는 국가는 다른 나라의 존경을 받는 나라이며 핵심은 '책임감 있는 강대국'이 되는 것이다."

바로 순자가 역설한 선왕후패先王後覇에 입각한 주장이다. 이제 G2의 반열에 오른 만큼 왕도를 전면에 내걸고 패도를 구사해 실력으로 천하를 제압해야 한다는 것이다. G1 미국을 제압한 뒤 명실상부한 '신 중화질서'를 구축하려는 저의가 짙게 묻어난다.

옌쉐퉁은 청나라와 영국 및 러시아가 '제국은 몰락한다.'는 역사의 관성을 벗어나지 못했듯이 21세기의 G1 미국도 이를 피해 갈 길이 없다는 입장이다. 향후 10년 동안 역사의 관성이 중국의 부상에 유리하게 작용할 것이라고 내다본 이유다. 보다 노골적으로 표현하면 미국은 몰락하는 G1, 중국은 욱일승천旭日昇天하는 미래의 G1이라는 얘기다.

그의 주장에 따르면 미국과 중국의 국력차가 좁혀질수록 국익을 놓고 양국의 충돌도 커지고, 중국을 견제하려는 미국의 압박 수위도 높아지게 된다. 결선으로 갈수록 라이벌의 실력이 강해지고 승리할 가능성도 줄어드는 것에 비유했다. 일본에 대해서는 더딘 사회 개혁이 발목을 잡는 바람에 더 이상 미중과 함께 놀지 못하고 지역대국으로 전락할 것으로 전망했다. 중국 수뇌부의 자부심이 선명히 드러나는 대목이다.

전문가들은 21세기에 들어와 크게 유행하기 시작한 '중국모델'이 성공하기 위해서는 크게 3가지 조건이 충족돼야 한다고 말한다. 첫째, 성과이다. 이는 중국의 지속적이고 빠른 성장으로 입증된 바 있다. 둘째, 과연 모델로서의 독창성이 있는가 하는 점이다. 이 또한 전혀 어울릴 것 같지 않은 정치적 권위주의와 경제적 시장주의를 동시에 추구하는 '사회주의 시장경제'로 입증된 바 있다. 셋째, 과연 이 모델을 제3국에 적용할 수 있는가 하는 문제이다. 사실 이게 관건이다. '중국모델' 옹호론자들은 이미 아프리카와 남미 국가들이 중국의 발전경험을 도입하고 있어 모델로 손색이 없다고 주장한다. 그러나 반론이 만만치 않다. 장웨이잉張維迎 베이징대 교수는 이같이 반박하고 있다.

"아직까지 중국은 기생寄生경제이다. 단지 후발주자의 이점을 누리고 있을 뿐이다. 남이 닦아놓은 길을 뒤따르다 보니 걸음이 빠를 수밖에 없다. 그러나 컴퓨터와 인터넷 등 현대경제의 총아는 자유체제에서 만들어진 것이다. 중국과 같은 비非자유체제가 이룰 수 없는 것이다."

그의 이런 지적에도 불구하고 시진핑을 비롯한 자금성의 수뇌부는 낙관적인 입장이다. '중국발전모델연구중심'의 개소가 이를 웅변한다.

문제는 한국이다. 주변 4강이 한반도를 둘러싸고 치열한 신경전을 벌이고 있기에 택할 수 있는 카드가 그리 많지 않다. 3대 세습으로 이미 패망의 그림자가 짙게 드리워진 북한에 이어 남한마저 진영 논리에 갇혀 세월을 허투루 보냈다가는 구한말의 전철을 밟을지도 모를 일이다. 이는 최악의 시나리오에 해당한다. 지축이 흔들리는 G2시대의 지진이 한반도 주변을 진앙으로 삼아 서서히 몰아치고 있는 상황에서 만반의 준비를 서두를 필요가 있다. 춘추전국시대에 만개한 제자백가의 치국평천하 방략을 깊숙이 탐사해야 하는 이유가 여기에 있다.

동서고금의 역사를 개관하면 한때 세계를 호령했던 모든 제국은 언젠가는 역사의 무대 뒤로 퇴장했다. 영원한 제국은 존재하지 않는다. 주목할 것은 제국의 몰락에는 반드시 '재정위기'라는 하나의 공통점이 있다는 점이다. 대영제국의 경우 세계대전 이후 막대한 전비를 감당하지 못해 빚더미에 올라앉으면서 기축통화인 파운드화가 붕괴했다. 미국도 재정적자가 지속되고 심화되면 결국 영국의 전철을 밟을 수밖에 없다. 실제로 그런 조짐이 가시화하고 있다. 로마제국과 대영제국처럼 해외 군사기지를 너무 많이 유지하는 게 문제다. 나름 촘촘한 그물망으로 꾸며진 달러화의 세계통화 신화가 무너지는 순간 '팍스 아메리카나'도 종언을 고할 수밖에 없다.

G2 중국의 입장에서 볼 때 달러화의 추락은 곧 위안화의 격상을 의미한다. 문제는 시간이다. 한국은 달러화와 위안화가 국제통화로 공존하

는 곳이다. 최근 '여우커遊客'로 상징되는 중국관광객이 한국의 관광특수를 주도하고 있는데서 힌트를 얻을 수 있듯이 각종 '한류'의 양과 질을 대폭 강화할 필요가 있다. 중국의 기술이 쫓아올 생각을 하지 못할 정도의 최첨단 기술개발에 박차를 가하는 한편 문화예술의 소프트파워를 크게 증강시키는 게 관건이다. 그리하지 않으면 앞날이 매우 불투명해진다.

그런 점에서 발상의 대전환이 절실하다. 지금까지는 1등 정신과 애사심, 빠른 승진 등으로 한국의 기업문화를 나름 성공적으로 이끌어왔다. 그러나 이제는 상황이 달라졌다. 연례행사처럼 돼버린 현대기아차의 노조파업을 통해 알 수 있듯이 생산성은 최하인데도 임금만큼은 독일과 일본의 최고 자동차업체보다 더 많은 기현상이 지속되면 앞날은 없다. 인건비 상승을 못 견딘 기업이 계속 해외로 빠져나가면 이를 막을 길도 없다. 국내 산업이 공동화되면 결국 남 좋은 일만 하는 게 된다.

문제의 근원을 알면 해결책도 찾아낼 수 있다. 중국과 베트남, 인도네시아, 인도 등으로부터 뛰어난 인재를 대거 한국으로 유학시켜 첨단기술을 가르칠 필요가 있다. 우리의 첨단기술을 유출시키자는 취지가 아니다. 그들을 적극 활용해 한국공장과 연구소에서 일하게 만들어 아시아로 뻗어나가는 교두보를 만들자는 취지이다. 쉽게 말해 '친한파 엘리트'를 대거 육성하자는 것이다.

이는 불가능한 게 아니다. 2014년 8월 이스라엘의 요즈마펀드가 한국의 벤처기업에 1조원의 투자를 결정한 게 그 증거다. 이는 지금까지 국내에 투자한 외국계 벤처캐피털 가운데 최대 규모이다. 싱가포르의 국부펀드 테마섹과 미국 블랙록 등 글로벌 투자자들로부터 2014년 연말까지 우선 투자금 3000억 원을 받고, 이어 향후 3년 동안 투자금을 1

조원 이상으로 늘려 한국의 500여 창업 기업에 투자한다는 계획이다. 요즈마 그룹은 한국의 벤처기업에 투자하는 이유를 이같이 밝혔다.

"1990년대 초 이스라엘에 불었던 벤처 열풍이 한국에서도 재현되고 있으며 바이오기술·통신 등 여러 분야의 창업 기업이 글로벌화할 가능성이 높다고 판단했다."

세계는 아직도 한국의 가능성을 높이 평가하고 있는 것이다. 시진핑이 자신의 모든 것을 걸고 진행시키고 있는 '중국몽'을 최대한 활용하는 게 관건이다. 전문가들은 향후 10년 동안 진행될 '중국몽'의 7가지 빅뱅 분야로 소비, 에너지, 금융, 바이오, 전기차, 유통, 모바일을 들고 있다. 모두 우리가 중국보다 우위에 있는 분야이다. '중국몽'을 제대로 활용하기만 하면 그야말로 대박을 터뜨릴 수 있다. 금융도 '우물 안 개구리' 소리를 듣고는 있으나 아직은 중국보다 한 수 위이다. 서둘러 '중국몽'에 올라타 시장을 선점해야 하는 이유다.

21세기 현재 중국은 G2로 우뚝 선 것을 계기로 자동차와 TV 등 일반 공산품에 박차를 가하고 있다. 조만간 현대와 삼성을 뛰어넘는 글로벌 기업이 나올 공산이 커졌다. 벌써 그런 조짐이 나타나고 있다. 불과 4년밖에 안 된 토종 전자업체 샤오미小米가 지난 2014년 2분기에 세계 최고의 하드웨어를 자랑하는 삼성을 제치고 판매순위 1위를 차지한 게 그렇다.

비슷한 시기에 나온 미국의 시사 주간지 《타임》은 샤오미가 어렵게 거머쥔 중국 시장 1위 자리를 결코 삼성에게 쉽게 빼앗기진 않을 것으로 전망했다. 뛰어난 가격 경쟁력 때문이라는 것이다. 그러나 전문가들은 샤오미가 애플에 이어 삼성마저 누른 것은 또 다른 매력이 있기 때문이라고 본다. 현지화와 고객 맞춤형 전략이 그것이다. 완벽한 승리에 해당한다. 샤오미는 말 그대로 '좁쌀'이라는 뜻이다. 그러나 그 꿈은 원대하다. 중국시장에 이어 세계시장마저 석권하겠다는 게 그렇다.

현재 중국은 9억 명에 가까운 막대한 소비시장을 미끼로 서구의 선진 기술을 도입코자 애쓰고 있다. 세계 500대 기업이 중국에 경쟁적으로 몰려드는 이유다. 덕분에 한국은 한때 대중무역에서 막대한 무역흑자를 기록했다. 지리경제학적으로 가장 가까운 거리에 위치한 게 긍정적인 요인으로 작용한 결과다.

그러나 2014년 들어오면서 상황이 일변했다. 중국이 세계의 공장에서 세계의 시장으로 탈바꿈한 결과다. 중국 내에서 자체적으로 생산하는 품목이 많아짐에 따라 중간재는 공급과잉 상태에 빠졌고, 전자와 자동차 등도 세계 최대 소비시장으로 부상하면서 '레드 오션'으로 돌변했다. 수출에 의존하며 중국에서 한국 전체 무역수지 흑자의 3배를 올리고 있는 만큼 발등에 불이 떨어진 셈이다.

적극적이면서도 능동적으로 움직일 필요가 있다. 위기는 당사자가 대응하기에 따라서는 천재일우의 호기로 작용할 수 있다. 이른바 전화위복轉禍爲福이 그것이다. 이와 정반대되는 것이 전복위화轉福爲禍이다. 청나라 말기 이여진李汝珍이 쓴 『경화연鏡花緣』은 제12회에서 이같이 말했다.

"세상사에서 '전화위복'보다 더 좋은 게 없고, '전복위화'보다 더 나쁜 게 없다."

매사가 그렇듯이 똑같은 상황을 맞이할지라도 당사자의 노력 여하에 따라 그 결과는 전혀 다르게 나타난다. 모든 게 당사자가 하기 나름이다. 전자제품과 자동차 등에서 중국이 기술적으로 한국의 턱 밑까지 치고 들어온 것을 오히려 '전화위복'의 계기로 삼을 줄 아는 발상의 전환이 필요하다. 중국인의 소비패턴이 하루가 다르게 변하고 있다. 차만 마시던 관습에서 벗어나 일반 음료수에도 입을 대기 시작했다. 노하우를 가지고 있는 우리에게는 청신호이다.

중국의 문화와 습관을 철저히 연구해 맞춤형 제품을 출하하면 거대한 소비시장을 장악할 수 있다. 이미 드라마와 영화 등의 엔터테인먼트 시장에서 좋은 조짐이 나타나고 있다. '한류'가 그렇다. 현재 '한류'가 전방위적으로 확산되고 있다. 엔터테인먼트 한류에 이어 의료 한류, 미용 한류, 패션 한류, 음식 한류 등을 더욱 확산시킬 필요가 그렇다. '한류'의 흐름을 양적으로 더욱 확산시키는 동시에 질적으로 심화시킬 수만 있다면 한국의 미래는 매우 밝다. 이미 미용 한류를 주도하고 있는 아모레 퍼시픽의 화장품이 대표적이다.

여기서 잊지 말아야 할 것은 그같이 해야만 G1 미국이 주도하는 '팍스 아메리카나'가 중국 주도의 '팍스 시니카'로 바뀔 때 그 과실을 한국이 차지할 수 있다는 점이다. 그게 바로 '팍스 코레아나'이다. 코앞으로 박두한 한반도통일도 '팍스 코레아나'가 본격 작동할 때 절로 이뤄질 것이다. 역대 정부가 구두선처럼 내세웠던 '동북아 허브시대' 역시 이때에 이르러 비로소 활짝 개화할 수 있다. 심기일전의 각오와 배전의 노력이 절실히 요구되는 이유다.

한국처럼 중국을 잘 이해하고, 지리경제학적으로 가까운 나라는 이 세상에 없다. 게다가 중국의 소비자들에게 어필할 수 있는 소비재 산업이 크게 발달해 있다. 초코파이와 신라면, 전기밥솥과 갤럭시 시리즈를 제외하고는 아직 널리 알려진 상품이 많지 않다. 세계 최고 수준의 기술을 자랑하며 가장 비싼 독일 자동차의 최대 소비국이 중국이라는 사실을 염두에 둘 필요가 있다. 하루속히 기술수준을 한 단계 더 높여 글로벌 브랜드 제품으로 중국의 내수시장을 파고드는 게 관건이다.

G2시대 경제전과 한국의 선택

21세기의 경제전에서 자국을 대표하는 글로벌 기업의 성패는 곧 국가의 존망과 직결될 수밖에 없다. 한때 미국과 일본을 대표한 GM과 소니의 쇠락을 두고 미국과 일본의 몰락으로 해석하고 있는 저간의 상황이 그 실례이다. 이들 기업 모두 기왕의 성과에 안주한 나머지 노조의 과도한 요구를 묵인하며 방만한 경영으로 일관하다가 이내 정상의 자리를 내줘야만 했다. 천하를 호령하던 제국의 흥망사가 그렇듯이 아무리 세계 최고의 초일류 글로벌 기업일지라도 끊임없이 노력하지 않는 한 이내 쇠망의 길로 접어들 수밖에 없다.

국가경영의 기본원칙인 '보민흥국保民興國'은 기업경영의 대원칙인 '흥업보국興業報國'과 하등 다를 게 없다. 1인자는 늘 정상을 차지하기 위해 각고면려刻苦勉勵한 후발주자에게 정상의 자리를 내줄 수밖에 없는 게 고금의 이치이다. 제국의 흥망사와 초일류 글로벌 기업의 흥망사가 이를 적나라하게 보여주고 있다. 국가경영과 기업경영의 이치가 상통하는 이유이다.

삼성과 LG 등 한국을 대표하는 글로벌기업의 성적표가 곧 한국경제를 가늠하는 바로미터로 작동하고 있는 저간의 상황이 이를 뒷받침한다. 2014년 하반기 승승장구하던 삼성전자의 분기별 영업이익이 반토막나면서 많은 사람들이 경악했다. 나라의 경제가 침체의 늪으로 고꾸라질까 우려한 것이다. 이는 많은 국민이 이들 기업의 흥망을 나라의 성쇠와 직결시켜 해석하고 있음을 보여준다.

정치와 경제를 하나로 녹여 치국평천하를 바라보는 정치경제학 전문가들이 기업경영 연구에 보다 적극적으로 참여해야 하는 이유가 여기에 있다. 실제로 최근 경영학계 내에서도 기업을 '공동사회'가 아닌 '이익사회'로 분류한 과거의 도그마를 깨고, '공동사회'의 선도자로 새롭게 정의해야 한다는 주장이 나오고 있다. 이는 수천 년 간에 걸쳐 정밀하게 다듬어 온 동양 고전의 치국평천하 방략을 21세기의 기업경영에 적용시키는 게 오히려 타당할 수 있다는 주장으로 이어지고 있다. 이 동양 고전의 정점에 바로 제자백가 사상을 하나로 녹인 『관자』가 있다.

안타까운 것은 많은 사람들이 국가경영과 기업경영의 기본취지가 동일하다는 사실을 제대로 파악치 못하고 있는 점이다. 한발 더 나아가 국가가 시장에 개입하는 것을 잘못된 것으로 생각하는 경우마저 있다. 관자경제학과 정반대되는 발상이다. 개인주의에 입각한 자유주의 경제학이 끼친 대표적인 폐해에 해당한다. 미국에서 미시경제학을 전공한 학자들 가운데 자유주의 경제학을 맹신하는 경향이 강하다. 이런 식의 접근은 21세기 G2시대에 패배를 자초하는 길이다.

이들 가운데 상당수는 국가공동체의 기본 운영원리는 국내를 평안케 하고 이웃과 친하게 지내는 '안내친외安內親外'에 근본취지가 있다고 본다. 기업공동체의 기본 운영원리는 이윤을 극대화해 부를 축적하는 '흥리적부興利積富'에 있다고 생각하는 이유다. 이는 모든 것이 광속도로 바뀌고 있고 전 세계가 '총성 없는 전쟁'을 치르고 있는 21세기 G2시대의 속성을 제대로 파악치 못한데 따른 것이다.

천하가 태평한 치세에는 안팎으로 가급적 일을 만들지 않고 이웃과 친하게 지내는 '안내친외'가 맞다. 그러나 천하가 소란한 난세에 '안내친

외'를 견지할 경우 이는 나라를 패망으로 이끄는 길이다. 난세에는 반드시 '부국강병'으로 나아가야 한다. 이는 이웃을 침공해야 한다는 취지가 아니다. 나라를 지키고 민생을 안정시키는 최소한의 주문에 불과하다. 이에 실패해 나라를 일제에게 빼앗기고 끝내 국토가 남북으로 분단된 근현대사를 보면 그 이치를 쉽게 알 수 있다.

기업경영도 하등 다를 게 없다. 치세와 난세에 따라 운영원리가 달라질 수밖에 없고, 반드시 달라져야만 한다. 천하가 태평한 치세에는 이윤을 극대화해 부를 축적하는 '흥리적부'가 통용될 수 있다. 그러나 난세의 상황에서마저 이를 관철할 경우 이는 매점매석 등을 부추겨 혼란을 가중시키게 된다. 난세에는 기업공동체 역시 국가공동체와 발을 맞춰 부국강병의 첨병 역할을 수행할 필요가 있다. 기업이 '부국'의 주춧돌을 놓아주어야만 국가도 '강병'을 도모할 수 있기 때문이다. 19세기의 제국주의 시기 이래 21세기 현재에 이르기까지 천하를 호령한 나라 모두 이런 공식에서 벗어난 적이 없다. 지난 2008년 월스트리트 발 금융위기 때 미국이 무려 6조 달러를 마구 종이돈 찍듯이 찍어내 파산위기에 몰린 GM과 BOA를 살려낸 게 그 생생한 증거다.

어리석게도 우리는 이와 정반대로 지난 IMF환란 때 멀쩡한 기업마저 헐값으로 내다파는 짓을 자행했다. 대표적인 게 대우그룹 해체를 통한 대우차의 헐값 매각 논란이다. 지난 2014년 8월 26일 김우중 전 회장이 신장섭 싱가포르국립대 경제학과 교수와 20여 차례에 걸쳐 나눈 이야기를 담은 『김우중과의 대화』 출간기념회를 프레스센터에서 가졌다. 그는 출간기념회 당일 눈물을 흘리며 이같이 술회했다.

"이제 시간이 충분히 지났으니 적어도 잘못된 사실은 바로잡아야 한다고 생각했습니다. 지난 일에 연연하려는 게 아니라 역사에서 우리가

한 일과 주장을 정당하게 평가받고 과연 대우 해체의 결정이 합당했는지 명확히 밝혀지길 기대하기 때문입니다."

그간 대우그룹이 정부에 의해서 기획해체됐다는 정관계 일각의 주장을 뒷받침하는 증언이다. 그는 『김우중의 대화』에서 이를 증언하고 있다. 그 내용이 자못 충격적이다. 그는 이 책에서 대우그룹의 유동성 악화와 워크아웃에 대해 이같이 언급했다.

"대우의 유동성 문제가 외부로 본격적으로 불거진 계기는 금감원에서 두 차례에 걸쳐 시행한 유동성 규제조치였다. 대우의 유동성 위기에 대한 정부 측 주장은 본말이 전도된 것이다."

정부가 대우를 해체할 요량으로 대우의 유동성 위기를 조장했다는 주장이나 다름없다. 당시 대우그룹이 넘어갈 때 가장 큰 이슈가 된 것은 대우차였다. 그는 대우 몰락의 원흉으로 지목된 대우자동차에 대한 재평가가 이뤄져야 한다고도 했다. 그의 주장이다.

"정부가 '국민경제 손실을 막는다.'는 명분으로 미국 GM에 대우자동차를 거의 공짜로 넘긴 것은 큰 잘못이다. 결국 남 좋은 일만 시켜주고 한국경제는 천문학적인 손해를 입게 된 배경이다."

대우자동차와 GM간 합작 협상이 대우의 자금사정 악화로 깨진 게 아니라는 주장이다. 제대로 된 투자만 받았다면 대우차가 버틸 수 있었고, 그러면 대우그룹까지도 살릴 수 있었다는 게 그의 주장이다. 당시에 GM이 50억 달러 상당의 투자인수 의향서를 DJ정권 시절에 경제 관료에게 보냈으나 이를 묵살했다는 것이다. 결국 대우차는 4억 달러에 팔려나갔다. 고철값이나 마찬가지이다. 이게 사실이라면 당시 정부와 경제 관료들은 매국행위를 자행한 것이나 다름없다. 당시의 경제 관료들은 부실을 자초한 장본인은 어디까지나 김 회장이었다며 책임회피에 불가하다고 반박하고 있다.

　그의 주장에 따르면 추징금 18조원도 크게 잘못된 것이다. 유동성 위기에 몰린 해외법인의 빚을 갚기 위해 황급히 입출금한 내역을 모두 계상한 징벌적 배상이라는 게 그의 주장이다. 당시 법원도 이를 알고도 이런 판결을 냈다는 그의 주장이 사실이라면 사법부도 정권의 핵심세력 및 경제 관료들과 한통속이 되어 매국행위에 앞장섰다는 얘기가 된다. 대우그룹이 해체된 지 15년이 지난 시점에 나온 이 책의 내용은 매우 충격적이다. 두 번 다시 이런 일을 만들지 않기 위해서라도 관련사항에 관한 정밀한 수사가 필요하다. 청문회를 여는 것도 한 방법일 것이다.

　난세일수록 국민들로부터 적극적인 지지와 호응을 받는 국민기업이 더욱 절실한 이유가 여기에 있다. 미국의 GM과 BOA가 재정당국으로부터 천문학적인 지원을 받은 게 그렇다. 해체될 당시 대우가 '국민기업'이었는지 여부를 떠나 미국이 종이돈을 마구 찍어 빈사상태의 GM과 BOA를 살린 것을 보면 커다란 회한이 남는다. 이후 수많은 일자리가 사라지고 '부익부 빈익빈' 현상이 더욱 가속화한 점을 감안할 때 더욱 그렇다.

　IMF환란 당시를 복기하는 것은 매우 고통스런 일이기는 하나 반드시 한번은 거쳐야 한다. 반성을 하지 않으면 똑같은 우를 범할 수 있기 때문이다. 세월호 참사를 통해 확인할 수 있듯이 기업의 이름을 뒤집어쓴 사이비 종교집단이 일반국민의 생명까지 위협하는 지경에 이르게 된 것은 악의 뿌리를 도려내지 않은 탓이다. '관피아'를 비롯해 정계와 법조계 및 언론계 등에 기생하고 있는 '정피아'와 '법피아' 및 '언피아' 등을 깨부숴야만 미래를 기약할 수 있다. 파리든 호랑이든 모두 때려잡겠다며 대대적인 부정부패 척결작업에 나선 시진핑의 '부패와의 전쟁' 드라이브를 벤치마킹할 필요가 있다.

우리말 속담에 나오듯이 집에서 새는 바가지는 밖에 나가서도 새게 마련이다. 21세기 G2시대가 아무리 다국적기업이 일화화한 시기라고 할지라도 반드시 국적을 갖고 있어야 한다. 마치 항공기와 선박이 국적을 지닌 채 전 세계를 누비는 것과 같다. 고금을 막론하고 국내의 소비자들로부터 외면 받는 기업은 밖에 나가서도 다른 나라 소비자들로부터 외면을 받게 마련이다. 기업CEO 모두 '국민기업'의 의미에 대해 깊이 생각해야 할 때이다.

명실상부한 '국민기업'은 관자경제학의 관점에서 볼 때 당연한 주문이기도 하다. 관자경제학이 '균부'의 이념 하에 경세제민과 부국강병을 두 개의 기본방략으로 삼고 있기 때문이다. 국가공동체와 기업공동체의 운영원리는 기본적으로 같다는 게 관자경제학의 지적이다. 정치와 경제를 나눌 수 없기 때문이다. 그게 『국부론』으로 상징되는 애덤 스미스가 창시한 진정한 의미의 정치경제학이다. 칼레츠키가 자본주의 4.0을 제시한 것과 취지를 같이한다.

정작 중요한 것은 국가든 기업이든 치세와 난세를 엄히 구분해 대응하는데 있다. 관자경제학에 그 해답이 있다. 난세의 모든 방략을 하나로 녹여 놓았기 때문이다. 정치와 경제를 하나로 녹인 관자경제학은 21세기 G2시대의 난세를 타개할 수 있는 다양한 해법을 제시하고 있다. 중국 학계에서 '균부'를 기본이념으로 삼은 관자의 정치경제학을 21세기의 새로운 패러다임으로 내세우고자 하는 움직임도 이런 맥락에서 이해할 수 있다. 우리도 오늘의 G2를 가능케 한 관자의 정치경제학을 깊이 탐사할 필요가 있다. 자금성 수뇌부와 중국의 기업CEO들이 『관자』를 옆에 끼고 살다시피 하며 G1의 '중국몽'을 꿈꾸고 있기에 더욱 그렇다. 최

고통치권자를 비롯한 위정자와 기업CEO들의 심기일전 각오와 배전의
분발이 요구되는 대목이다.

관중 연표(시기는 기원전, 괄호 안은 관중의 나이)

시기	주요 사건

725(1)　　관중이 지금의 안휘성 북부지역인 영상潁上에서 출생.

708(18)　포숙아와 함께 십여 년간 여러 나라를 돌아다니며 장사.

697(29)　제희공이 관중과 포숙아를 공자 규糾와 소백小白의 사부로 임명.

694(32)　제양공이 여동생 문강과 간통하며 매제인 노환공을 살해.

692(34)　관중과 소홀은 공자 규와 노나라, 포숙은 공자 소백과 거나라로
　　　　　도주.

686(40)　공자 무지가 제양공을 살해함. 옹름이 공자 무지를 살해.

685(41)　소백이 제환공으로 즉위. 직후 노나라 군사를 간시에서 대파. 관
　　　　　중이 포숙의 천거로 제환공을 만남.

684(42)　제환공이 노나라 장수 조귀에게 패배. 관중이 재상이 됨.

683(43)　겨울, 제환공이 왕녀 공희共姬를 맞이함.

682(44)　가을, 송나라에 내분이 일어남.

681(45)　제환공이 북행北杏 회맹 후 송나라 내란을 평정. 제환공과 노장공
　　　　　이 가 땅에서 결맹. 조귀의 위협에 문양 땅을 돌려줌.

680(46) 제환공이 패자霸者를 자처. 관중이 송나라 정벌 가운데 영척을 천거하고, 영척이 송환공을 설득.

679(47) 제환공이 위·정·송과 견鄄에서 회맹. 제후들이 제환공의 위엄에 복종.

678(48) 제환공이 정나라를 토벌. 유幽에서 회맹.

675(51) 제환공이 송 진과 함께 노나라를 토벌.

671(55) 제환공이 노장공과 호扈에서 회맹.

668(58) 제·송·노가 서徐나라를 침략.

667(59) 주혜왕이 제환공을 후백侯伯으로 삼음. 존왕칭패尊王稱霸에서 존왕양이尊王攘夷로 목표를 바꿈.

666(60) 제환공이 주혜왕의 명을 받아 위나라를 정벌.

664(62) 산융이 연燕을 침공하자 이를 구함. 영지令支·고죽孤竹에 이르러 산융을 괴멸.

663(63) 제나라 군사 개선. 전리품의 절반을 노장공에게 기증.

662(64) 제환공이 소곡小谷을 관중의 식읍으로 하사하자 노장공이 관중을 위해 소곡에 성을 축조.

661(65) 적인狄人이 형邢을 침공하자 이를 격퇴하고 형邢을 구함.

660(66) 적인이 위衛를 침략. 노나라 경보慶父의 난을 평정하고 질녀 애강哀姜을 살해. 적적赤狄을 물리치고 위나라를 구함.

659(67) 적인을 물리치고 형邢을 구함. 군사를 파견해 형邢을 도와 성을 지킴.

658(68) 위衛를 위해 새로 성을 쌓음.

656(69) 채蔡를 토벌. 천자에게 불손한 초나라를 침략. 소릉召陵에서 초와 회맹해 실질적인 패업을 이룸.

655(70) 수지首止회동으로 왕실 태자의 지위를 확립. 주혜왕의 사주로 정문공이 이탈.

654(71) 수지회맹 위반으로 정나라를 침. 정문공이 강화 요청.

653(72) 제환공이 노나라 영모寧母에서 회맹.

652(73) 도洮에서 회맹해 주양왕周襄王 자리를 굳건히 함. 왕자 대帶가 주양왕에게 도전했다가 패한 뒤 망명.

651(74) 주양왕이 태재太宰를 보내 제사음식인 조胙를 하사. 규구葵丘에서 회맹.

650(75) 적인이 온溫을 멸하자 온자溫子가 위나라로 망명. 북적의 침공을 받은 위衛를 구함.

649(76) 규구에서 재차 회맹. 희생犧牲 의식만 치르고 전래의 삽혈歃血 의식은 생략.

648(77) 위衛를 위해 새로 성을 쌓고 북적의 침입을 막음.

647(78) 융인戎人이 위를 침략. 함鹹에서 회맹. 주왕실을 굳건히 하고 융인의 침공을 막음.

646(79) 연릉緣陵에 성을 쌓은 뒤 기杞나라를 그곳으로 옮김.

645(80) 무구牡丘에서 회맹. 관중 사망.

643 제환공 사망. 공자들 간의 후계자 다툼으로 제나라가 혼란에 빠짐.

참고문헌

1. 기본서

『논어』, 『맹자』, 『관자』, 『순자』, 『열자』, 『한비자』, 『윤문자』, 『도덕경』, 『장자』, 『묵자』, 『양자』, 『상군서』, 『안자춘추』, 『춘추좌전』, 『춘추공양전』, 『춘추곡량전』, 『여씨춘추』, 『회남자』, 『춘추번로』, 『오월춘추』, 『신어』, 『세설신어』, 『잠부론』, 『염철론』, 『국어』, 『설원』, 『전국책』, 『논형』, 『공자가어』, 『정관정요』, 『자치통감』, 『독통감론』, 『일지록』, 『명이대방록』, 『근사록』, 『송명신언행록』, 『설문해자』, 『사기』, 『한서』, 『후한서』, 『삼국지』.

2. 저서 및 논문

1) 한국

가나야 사다무 외, 『중국사상사』(조성을 역, 이론과 실천, 1988).

가리노 나오끼, 『중국철학사』(오이환 역, 을유문화사, 1995).

가이쯔까 시게끼, 『제자백가』(김석근 외 역, 까치, 1989).

고성중 편, 『도가의 명언』(한국문화사, 2000).

곽말약, 『중국고대사상사』(조성을 역, 도서출판 까치, 1991).

관중, 『관자』(김필수 외 역, 소나무, 2006).

김덕삼, 『중국도가사 서설』(경인문화사, 2004).

김승혜, 『원시유교』(민음사, 1990).

김충열, 『노장철학 강의』(예문서원, 1995).

김학주, 『장자』(연암서가, 2010).

나카지마 다카시, 『한비자의 제왕학』(오상현 역, 동방미디어, 2004).

니담, 『중국의 과학과 문명』(이석호 역, 을유문화사, 1988).

마쓰시마 다까히로 외, 『동아시아사상사』(조성을 역, 한울아카데미, 1991).

모리모토 준이치로, 『동양정치사상사 연구』(김수길 역, 동녘, 1985).

모리야 히로시, 『한비자, 관계의 지략』(고정아 역, 이끌리오, 2008).

미조구치 유조, 『중국 사상문화 사전』(김석근 외 역, 책과 함께, 2011).

샤오꿍취엔, 『중국정치사상사』(최 명 역, 서울대출판부, 2004).

서복관, 『중국예술정신』(이건환 역, 이화문화사, 2001).

서울대동양사학연구실 편, 『강좌 중국사』1-7(지식산업사, 1989).

소공권, 『중국정치사상사』(최 명 역, 서울대출판부, 2004).

송영배, 『제자백가의 사상』(현암사, 1994).

슈월츠, 『중국고대사상의 세계』(나성 역, 살림출판사, 1996)

신동준, 『관중과 제환공』(한송, 1998).

신동준, 『후흑학』(인간사랑, 2010).

신창호, 『관자, 최고의 국가건설을 위한 현실주의』(살림출판사, 2013).

오카모토 류조, 『한비자 제왕학』(배효용 역, 예맥, 1985).

유필화, 『역사에서 리더를 만나다』(흐름출판, 2010).

윤재근, 『학의 다리가 길다고 자르지 마라』(둥지, 1990).

이상수, 『한비자, 권력의 기술』(웅진지식하우스, 2007).

이성규 외,『동아사상의 왕권』(한울아카데미, 1993).

이철,『가슴에는 논어를, 머리에는 한비자를 담아라』(원앤원북스, 2011).

이치카와 히로시,『영웅의 역사, 제자백가』(이재정 역, 솔, 2000).

이택후 외,『중국미학사』(권덕주 역, 대한교과서 주식회사, 1992).

전목,『중국사의 새로운 이해』(권중달 역, 집문당, 1990).

전일환,『난세를 다스리는 정치철학』(자유문고, 1990).

전해종 외,『중국의 천하사상』(민음사, 1988).

진고응,『노장신론』(최진석 역, 소나무, 1997).

초굉익후,『노자익』(이현주 역, 두레, 2000).

최명,『춘추전국의 정치사상』(박영사, 2004).

풍우란,『중국철학사』(정인재 역, 형설출판사, 1995).

한국도교문화학회,『도교와 생명사상』(국학자료원, 1998).

한국동양철학회 편,『동양철학의 본체론과 인성론』(연세대출판부, 1990).

한무희 외 편,『선진제자문선』(성신여대출판부, 1991).

한비자,『한비자』(김동휘 역, 신원문화사, 2007).

황원구,『중국사상의 원류』(연세대출판부, 1988).

후쿠나가 미쓰지,『장자, 고대중국의 실존주의』(이동철 외 역, 청계, 1999).

2) 중국

耿振東,『管子硏究史-戰國至宋代』(學苑出版社, 2011).

高亨,『老子正詁』(中華書店, 1988).

高懷民,『中國先秦道德哲學之發展』『華岡文科學報』14(1982).

顧頡剛 外,『古史辨』1926-1941(上海古籍出版社).

郭沂,『郭店竹簡與先秦學術思想』(上海敎育出版社, 2001)

郭末若,『十批判書』(古楓出版社, 1986).

_____ 外,『管子集校』(科學出版社, 1956).

管仲,『管子輕重篇新詮』(馬非百 譯注, 中華書局, 2006).

_____, 『管子校注』上中下(黎翔鳳 譯注, 中華書局, 2004).

_____, 『管子四篇詮釋』(陳鼓應 譯注, 商務印書館, 2006).

_____, 『管子新注』(姜濤 譯注, 齊魯書社, 2006).

_____, 『管子全譯』上下(謝浩范 朱迎平 譯注, 貴州人民出版社, 2009).

_____, 『中華經典藏書-管子』(李山 譯注, 中華書局, 2009).

_____, 『新譯管子讀本』上下(湯孝純 注譯, 三民書局, 2006).

_____, 『管子今注今譯』上下(李勉 注譯, 臺灣商務印書館, 1988).

冀昀, 『韓非子』(線裝書局, 2008).

童書業, 『先秦七子思想硏究』(齊魯書社, 1982).

羅根澤, 『管子探源』(岳麓書社, 2010).

樓宇烈, 『王弼集校釋』(中華書局, 1999).

馬非百, 『管子輕重新詮』(中華書局, 1979).

牟宗三, 『中國哲學的特質』(臺灣學生書局, 1980).

巫寶三, 『管子經濟思想硏究』(社會科學出版社, 1989)

方立天, 『中國古代哲學問題發展史(上,下)』(中華書局, 1990).

傅樂成, 『漢法與漢儒』『食貨月刊』復刊5-10(1976).

徐復觀, 『中國思想史論集』(臺中印刷社, 1951).

蘇誠鑑, 『漢武帝"獨尊儒術"考實』『中國哲學史硏究』1(1985).

孫謙, 『儒法法理學異同論』『人文雜誌』6(1989).

宋洪兵, 『新韓非子解讀』(人民大學出版社, 2010).

梁啓超, 『先秦政治思想史』(商務印書館, 1926).

楊寬, 『戰國史』(上海人民出版社, 1973).

楊榮國 編, 『中國古代思想史』(三聯書店, 1954).

楊幼炯, 『中國政治思想史』(商務印書館, 1937).

楊義, 『韓非子還原』(中華書局, 2011).

楊鴻烈, 『中國法律思想史』上,下(商務印書館, 1937).

呂思勉, 『秦學術槪論』(中國大百科全書, 1985).

吳光, 『黃老之學通論』(浙江人民出版社, 1985).

吳辰佰, 『皇權與紳權』(儲安平, 1997).

王文亮, 『中國聖人論』(中國社會科學院出版社, 1993).

王先愼, 『新韓非子集解』(中華書局, 2011).

饒宗頤, 『老子想爾注校證』(上海古籍出版社, 1991).

于霞, 『千古帝王術, 韓非子』(江西敎育, 2007).

熊十力, 『新唯識論- 原儒』(山東友誼書社, 1989).

劉澤華, 『先秦政治思想史』(南開大學出版社, 1984).

游喚民, 『先秦民本思想』(湖南師範大學出版社, 1991).

李錦全 外, 『春秋戰國時期的儒法鬪爭』(人民出版社, 1974).

李宗吾, 『厚黑學』(求實出版社, 1990).

李澤厚, 『中國古代思想史論』(人民出版社, 1985).

人民出版社編輯部 編, 『論法家和儒法鬪爭』(人民出版社, 1974).

任繼亮, 『管子經濟思想硏究』(中國社會科學出版社, 2005).

張固也, 『管子硏究』(齊魯書社, 2006).

張寬, 『韓非子譯注』(上海古籍出版社, 2007).

張君勱, 『中國專制君主政制之評議』(弘文館出版社, 1984).

張岱年, 『中國倫理思想硏究』(上海人民出版社, 1989).

張友直, 『管子貨幣思想考釋』(北京大學, 2002).

蔣重躍, 『韓非子的政治思想』(北京師範大出版社, 2010)

錢穆, 『先秦諸子繫年』(中華書局, 1985).

鍾肇鵬, 「董仲舒的儒法合流的政治思想」『歷史硏究』3(1977).

周立升 編, 『春秋哲學』(山東大學出版社, 1988).

周燕謀 編, 『治學通鑑』(精益書局, 1976).

陳鼓應, 『老子注譯及評價』(中華書局, 1984).

馮友蘭, 『中國哲學史』(商務印書館, 1926).

許抗生, 『帛書老子注譯與硏究』(浙江人民出版社, 1985).

胡家聰,『管子新探』(中國社會科學出版社, 2003).

胡適,『中國古代哲學史』(商務印書館, 1974).

侯外廬,『中國思想通史』(人民出版社, 1974).

侯才,『郭店楚墓竹簡校讀』(大連出版社,1999).

3) 일본

加藤常賢,『中國古代倫理學の發達』(二松學舍大學出版部, 1992).

角田幸吉,『儒家と法家』『東洋法學』12-1(1968).

岡田武彦,『中國思想における理想と現實』(木耳社, 1983).

鎌田 正,『左傳の成立と其の展開』(大修館書店, 1972).

高文堂出版社 編,『中國思想史(上,下)』(高文堂出版社, 1986).

高須芳次郎,『東洋思想十六講』(新潮社, 1924).

舘野正美,『中國古代思想管見』(汲古書院, 1993).

溝口雄三,『中國の公と私』(硏文出版, 1995).

宮崎市定,『アジア史硏究(1-V)』(同朋社, 1984).

金谷治,『秦漢思想史硏究』(平樂寺書店, 1981).

_____,『管子の硏究』(岩波書店, 1987).

大久保隆郎也,『中國思想史(上)-古代.中世-』(高文堂出版社, 1985).

大濱晧,『中國古代思想論』(勁草書房, 1977).

渡邊信一郎,『中國古代國家の思想構造』(校倉書房, 1994).

服部武,『論語の人間學』(富山房, 1986).

富谷至,『非子 不信と打算の現實主義』(中央公論新社, 2003).

上野直明,『中國古代思想史論』(成文堂, 1980).

西野廣祥,『中國の思想 韓非子』(德間文庫, 2008).

西川靖二,『韓非子 中國の古典』(角川文庫, 2005).

小倉芳彦,『中國古代政治思想硏究』(靑木書店, 1975).

守本順一郎,『東洋政治思想史硏究』(未來社, 1967).

守屋洋,『右手に論語 左手に韓非子』(角川マガジンズ, 2008).

_____,『韓非子, 强者の人間學』(PHP研究所, 2009).

安岡正篤,『東洋學發掘』(明德出版社, 1986).

安居香山 編,『讖緯思想の綜合的研究』(國書刊行會, 1993).

宇野茂彦,『韓非子のことば』(斯文會, 2003).

宇野精一 外,『講座東洋思想』(東京大出版會, 1980).

栗田直躬,『中國古代思想の研究』(岩波書店, 1986).

伊藤道治,『中國古代王朝の形成』(創文社, 1985).

日原利國,『中國思想史(上,下)』(ペリカン社, 1987).

竹內照夫,『韓非子』(明治書院, 2002).

中島孝志,『人を動かす「韓非子」の帝王學』(太陽企畫出版, 2003).

中村哲,『韓非子の專制君主論』『法學志林』74-4(1977).

紙屋敦之,『大君外交と東アジア』(吉川弘文館, 1997).

貝塚茂樹 編,『諸子百家』(筑摩書房, 1982).

戶山芳郎,『古代中國の思想』(放送大敎育振興會, 1994).

丸山松幸,『異端と正統』(毎日新聞社, 1975).

丸山眞男,『日本政治思想史研究』(東京大出版會, 1993).

荒木見悟,『中國思想史の諸相』(中國書店, 1989).

4) 서양

Ahern, E. M., *Chinese Ritual and Politics* (London—Cambridge Univ. Press, 1981).

Allinson, R.(ed.), *Understanding the Chinese Mind-The Philosophical Roots* (Hong Kong—Oxford Univ. Press, 1989).

Aristotle, *The Politics* (London— Oxford Univ. Press, 1969).

Barker, E., *The Political Thought of Plato and Aristotle* (New York— Dover Publications, 1959).

Bell, D. A., "Democracy in Confucian Societies—The Challenge of Justification." in Daniel Bell et. al., *Towards Illiberal Democracy in Pacific Asia* (Oxford—St. Martin's Press, 1995).

Carr, E. H., *What is History* (London—Macmillan Co., 1961).

Cohen, P. A., *Between Tradition and Modernity-Wang T'ao and Reform in Late Ch'ing China* (Cambridge—Harvard Univ. Press, 1974).

Creel, H. G., *Shen Pu-hai. A Chinese Political Philosopher of The Fourth Century B.C.* (Chicago—Univ. of Chicago Press, 1975).

Cua, A. S., *Ethical Argumentation-A study in Hs n Tzu's Moral Epistemology* (Honolulu—Univ. Press of Hawaii, 1985).

De Bary, W. T., *The Trouble with Confucianism* (Cambridge, Mass./London—Harvard Univ. Press, 1991).

Fukuyama, F., *The End of History and the Last Man* (London—Hamish Hamilton, 1993).

Hsü, L. S., *Political Philosophy of Confucianism* (London—George Routledge & Sons, 1932).

Moritz, R., *Die Philosophie im alten China* (Berlin—Deutscher Verl. der Wissenschaften, 1990).

Munro, D. J., *The Concept of Man in Early China* (Stanford—Stanford Univ. Press, 1969).

Peerenboom, R. P., *Law and Morality in Ancient China-The Silk Manuscripts of Huang-Lao* (Albany, New York—State Univ. of New York Press, 1993).

Plato, *The Republic* (London—Oxford Univ. Press, 1964).

Pott, W. S., *A Chinese Political Philosophy* (New York—Alfred. A. Knopf, 1925).

Rubin, V. A., *Individual and State in Ancient China-Essays on Four Chi-*

nese Philosophers (New York—Columbia Univ. Press, 1976).

Schwartz, B. I., *The World of Thought in Ancient China* (Cambridge—Harvard Univ. Press, 1985).

Stewart, M., *The Management Myth* (New York, W. W. Norton & Company, 2009).

Taylor, R. L., *The Religious Dimensions of Confucianism* (Albany, New York—State Univ. of New York Press, 1990).

Tomas, E. D., *Chinese Political Thought* (New York—Prentice—Hall, 1927).

Tu, Wei—ming, *Way, Learning and Politics-Essays on the Confucian Intellectual* (Albany, New York—State Univ. of New York Press, 1993).

Waley, A., *Three Ways of Thought in Ancient China* (New York—doubleday & company, 1956).

Wu, Geng, *Die Staatslehre des Han Fei-Ein Beitrag zur chinesischen Idee der Staatsr son* (Wien & New York—Springer—Verl., 1978).

관자경제학

발행일 1쇄 2015년 7월 30일
지은이 신동준
펴낸이 여국동

펴낸곳 도서출판 인간사랑
출판등록 1983. 1. 26. 제일 – 3호
주소 경기도 고양시 일산동구 백석로 108번길 60-5 2층
물류센타 경기도 고양시 일산동구 문원길 13-34(문봉동)
전화 031)901 – 8144(대표) | 031)907 – 2003(영업부)
팩스 031)905 – 5815
전자우편 igsr@naver.com
페이스북 http://www.facebook.com/igsrpub
블로그 http://blog.naver.com/igsr
인쇄 인성인쇄 **출력** 현대미디어 **종이** 세원지업사

ISBN 978 – 89 – 7418 – 752 – 1 03320

이 도서의 국립중앙도서관 출판시도서목록(CIP)은 서지정보유통지원시스템 홈페이지(http://seoji.nl.go.kr)와
국가자료공동목록시스템(http://www.nl.go.kr/kolisnet)에서 이용하실 수 있습니다.(CIP제어번호: CIP2015018819)

1

학오學塢 신동준申東埈 중국학 도서

『동양고전 잠언 500선』 범립본, 홍자성, 장조 지음,
　신동준 옮김, 15,000원

『유몽영』 장조 지음, 신동준 옮김, 23,000원

『관자』 관중 지음, 신동준 옮김, 75,000원

『고전으로 분석한 춘추전국의 제자백가』 신동준 지음, 75,000원

『묵자』 묵자 지음, 신동준 옮김, 49,000원

『왜 지금 한비자인가』 신동준 지음, 25,000원

『욱리자』 유기 지음, 신동준 옮김, 29,000원

『명심보감』 범립본 지음, 신동준 옮김, 19,000원

『채근담』 홍자성 지음, 신동준 옮김, 39,000원

『상군서』 상앙 지음, 신동준 옮김, 20,000원

『귀곡자』 귀곡자 지음, 신동준 옮김, 23,000원

『조조의 병법 경영』 신동준 지음, 19,000원

『한비자』 신동준 지음, 59,000원

『장자』 신동준 지음, 49,000원

『인물로 읽는 중국현대사』 신동준 지음, 25,000원

『후흑학』 이종오 지음, 신동준 옮김, 25,000원

『열자론』 신동준 지음, 30,000원

『대학.중용론』 신동준 지음, 35,000원

『주역론』 신동준 지음, 45,000원

『노자론』 신동준 지음, 30,000원

『순자론』 신동준 지음, 45,000원

『맹자론』 신동준 지음, 35,000원

『공자의 군자학』 신동준 지음, 45,000원

『논어론』 신동준 지음, 35,000원

『중국문명의 기원』 신동준 지음, 15,000원

『조조통치론』 신동준 지음, 35,000원

『전국책』 유향 지음, 신동준 옮김, 45,000원

『조엽의 오월춘추』 조엽 지음, 신동준 옮김, 15,000원

『삼국지 통치학』 신동준 지음, 45,000원

2 중국사 총서

『중국 옛 상인의 지혜』리샤오 지음, 이기흥 옮김, 18,000원
『중국 문화 속의 사랑과 성』왕이자 지음, 이기흥 옮김, 23,000원
『중국 고대 선비들의 생활사』쑨리췬 지음, 이기흥 옮김, 25,000원
『근세 백년 중국문물유실사』장자성 엮음, 박종일 옮김, 23,000원
『아편전쟁에서 5.4운동까지』호승 지음, 박종일 옮김, 39,000원

3 기타 중국학 도서

『사회과학도를 위한 중국학강의』-전면개정판,
　　국민대학교 중국인문사회연구소 엮음, 23,000원
『중국통사(上)』범문란 지음, 박종일 옮김, 30,000원
『중국통사(下)』범문란 지음, 박종일 옮김, 30,000원
『2012 차이나 리포트』백창재 외, 15,000원